독학사 2단계
컴퓨터공학과

운영체제

시대에듀

머리말 INTRO

학위를 얻는 데 시간과 장소는 더 이상 제약이 되지 않습니다. 대입 전형을 거치지 않아도 '학점은행제'를 통해 학사학위를 취득할 수 있기 때문입니다. 그중 독학학위제도는 고등학교 졸업자이거나 이와 동등 이상의 학력을 가지고 있는 사람들에게 효율적인 학점 인정 및 학사학위 취득의 기회를 줍니다.

학습을 통한 개인의 자아실현 도구이자 자신의 실력을 인정받을 수 있는 스펙인 독학사는 짧은 기간 안에 학사학위를 취득할 수 있는 가장 빠른 지름길로써 많은 수험생들의 선택을 받고 있습니다.

이 책은 독학사 시험을 준비하는 수험생분들이 단기간에 효과적인 학습을 할 수 있도록 다음과 같이 구성하였습니다.

---

01 '기출복원문제'를 수록하여 최근 시험 경향을 파악하고 이에 맞춰 학습할 수 있도록 하였습니다.

02 시행처의 평가영역을 바탕으로 시험에 출제될 수 있는 내용을 정리하여 '핵심이론'으로 구성하였으며, '더 알아두기'와 '체크 포인트'를 통해 관련 내용까지 파악할 수 있도록 하였습니다. (2022년 시험부터 적용되는 개정 평가영역 반영)

03 해당 영역에 맞는 출제 포인트를 분석하여 구성한 '실전예상문제'를 수록하였습니다.

04 최신 출제 유형을 반영한 '최종모의고사(2회분)'를 통해 자신의 실력을 점검해 볼 수 있도록 하였습니다.

05 요점을 정리한 '핵심요약집'으로 전반적인 내용을 한눈에 파악할 수 있도록 하였습니다

시간 대비 학습의 효율성을 높이기 위해 방대한 학습 분량을 최대한 압축하여 정리하였으며, 출제 유형을 반영한 문제들로 구성하도록 노력하였습니다. 이 책으로 학위취득의 꿈을 이루고자 하는 수험생 여러분의 합격을 응원합니다.

편저자 드림

독학학위제 소개 BDES

◯ 독학학위제란?

「독학에 의한 학위취득에 관한 법률」에 의거하여 국가에서 시행하는 시험에 합격한 사람에게 학사학위를 수여하는 제도

- 고등학교 졸업 이상의 학력을 가진 사람이면 누구나 응시 가능
- 대학교를 다니지 않아도 스스로 공부해서 학위취득 가능
- 일과 학습의 병행이 가능하여 시간과 비용 최소화
- 언제, 어디서나 학습이 가능한 평생학습시대의 자아실현을 위한 제도
- 학위취득시험은 4개의 과정(교양, 전공기초, 전공심화, 학위취득 종합시험)으로 이루어져 있으며 각 과정별 시험을 모두 거쳐 학위취득 종합시험에 합격하면 학사학위 취득

◯ 독학학위제 전공 분야 (11개 전공)

※ 유아교육학 및 정보통신학 전공 : 3, 4과정만 개설
   (정보통신학의 경우 3과정은 2025년까지, 4과정은 2026년까지만 응시 가능하며, 이후 폐지)
※ 간호학 전공 : 4과정만 개설
※ 중어중문학, 수학, 농학 전공 : 폐지 전공으로, 기존에 해당 전공 학적 보유자에 한하여 2025년까지 응시 가능

※ 시대에듀는 현재 4개 학과(심리학과, 경영학과, 컴퓨터공학과, 간호학과) 개설 완료
※ 2개 학과(국어국문학과, 영어영문학과) 개설 중

독학학위제 시험안내 INFORMATION

◯ 과정별 응시자격

단계	과정	응시자격	과정(과목) 시험 면제 요건
1	교양	고등학교 졸업 이상 학력 소지자	• 대학(교)에서 각 학년 수료 및 일정 학점 취득 • 학점은행제 일정 학점 인정 • 국가기술자격법에 따른 자격 취득 • 교육부령에 따른 각종 시험 합격 • 면제지정기관 이수 등
2	전공기초		
3	전공심화		
4	학위취득	• 1~3과정 합격 및 면제 • 대학에서 동일 전공으로 3년 이상 수료 (3년제의 경우 졸업) 또는 105학점 이상 취득 • 학점은행제 동일 전공 105학점 이상 인정 (전공 28학점 포함) • 외국에서 15년 이상의 학교교육과정 수료	없음(반드시 응시)

◯ 응시방법 및 응시료

- 접수방법 : 온라인으로만 가능
- 제출서류 : 응시자격 증빙서류 등 자세한 내용은 홈페이지 참조
- 응시료 : 20,700원

◯ 독학학위제 시험 범위

- 시험 과목별 평가영역 범위에서 대학 전공자에게 요구되는 수준으로 출제
- 독학학위제 홈페이지(bdes.nile.or.kr) ➔ 학습정보 ➔ 과목별 평가영역에서 확인

◯ 문항 수 및 배점

과정	일반 과목			예외 과목		
	객관식	주관식	합계	객관식	주관식	합계
교양, 전공기초 (1~2과정)	40문항×2.5점 =100점	–	40문항 100점	25문항×4점 =100점	–	25문항 100점
전공심화, 학위취득 (3~4과정)	24문항×2.5점 =60점	4문항×10점 =40점	28문항 100점	15문항×4점 =60점	5문항×8점 =40점	20문항 100점

※ 2017년도부터 교양과정 인정시험 및 전공기초과정 인정시험은 객관식 문항으로만 출제

합격 기준

■ 1~3과정(교양, 전공기초, 전공심화) 시험

단계	과정	합격 기준	유의 사항
1	교양	매 과목 60점 이상 득점을 합격으로 하고, 과목 합격 인정(합격 여부만 결정)	5과목 합격
2	전공기초		6과목 이상 합격
3	전공심화		

■ 4과정(학위취득) 시험 : 총점 합격제 또는 과목별 합격제 선택

구분	합격 기준	유의 사항
총점 합격제	• 총점(600점)의 60% 이상 득점(360점) • 과목 낙제 없음	• 6과목 모두 신규 응시 • 기존 합격 과목 불인정
과목별 합격제	매 과목 100점 만점으로 하여 전 과목(교양 2, 전공 4) 60점 이상 득점	• 기존 합격 과목 재응시 불가 • 1과목이라도 60점 미만 득점하면 불합격

시험 일정

1단계 2월 중 → 2단계 5월 중 → 3단계 8월 중 → 4단계 10월 중

■ 컴퓨터공학과 2단계 시험 과목 및 시간표

구분(교시별)	시간	시험 과목명
1교시	09:00~10:40(100분)	논리회로, C프로그래밍
2교시	11:10~12:50(100분)	자료구조, 객체지향프로그래밍
중식 12:50~13:40(50분)		
3교시	14:00~15:40(100분)	웹프로그래밍, 컴퓨터구조
4교시	16:10~17:50(100분)	운영체제, 이산수학

※ 시험 일정 및 세부사항은 반드시 독학학위제 홈페이지(bdes.nile.or.kr)를 통해 확인하시기 바랍니다.
※ 시대에듀에서 개설된 과목은 빨간색으로 표시하였습니다.

독학학위제 출제방향 GUIDE

- 국가평생교육진흥원에서 고시한 과목별 평가영역에 준거하여 출제하되, 특정한 영역이나 분야가 지나치게 중시되거나 경시되지 않도록 한다.

- 독학자들의 취업 비율이 높은 점을 감안하여, 과목의 특성을 반영하는 범주 내에서 학문적이고 이론적인 문항뿐만 아니라 실무적인 문항도 출제한다.

- 단편적 지식의 암기로 풀 수 있는 문항의 출제는 지양하고, 이해력 · 적용력 · 분석력 등 폭넓고 고차원적인 능력을 측정하는 문항을 위주로 한다.

- 이설(異說)이 많은 내용의 출제는 지양하고 보편적이고 정설화된 내용에 근거하여 출제하며, 그럴 수 없는 경우에는 해당 학자의 성명이나 학파를 명시한다.

- 교양과정 인정시험(1과정)은 대학 교양교재에서 공통적으로 다루고 있는 기본적이고 핵심적인 내용을 출제하되, 교양과정 범위를 넘는 전문적이거나 지엽적인 내용의 출제는 지양한다.

- 전공기초과정 인정시험(2과정)은 각 전공영역의 학문을 연구하기 위하여 각 학문 계열에서 공통적으로 필요한 지식과 기술을 평가한다.

- 전공심화과정 인정시험(3과정)은 각 전공영역에 관하여 보다 심화된 전문적인 지식과 기술을 평가한다.

- 학위취득 종합시험(4과정)은 시험의 최종 과정으로서 학위를 취득한 자가 일반적으로 갖추어야 할 소양 및 전문지식과 기술을 종합적으로 평가한다.

- 교양과정 인정시험 및 전공기초과정 인정시험의 시험방법은 객관식(4지택1형)으로 한다.

- 전공심화과정 인정시험 및 학위취득 종합시험의 시험방법은 객관식(4지택1형)과 주관식(80자 내외의 서술형)으로 하되, 과목의 특성에 따라 다소 융통성 있게 출제한다.

독학학위제 합격수기 COMMENT

> 저는 학사편입 제도를 이용하기 위해 2~4단계 시험에 순차로 응시했고 한 번에 합격했습니다. 아슬아슬한 점수라서 부끄럽지만 독학사는 자료가 부족해서 부족하나마 후기를 쓰는 것이 도움이 될까 하여 제 합격전략을 정리하여 알려 드립니다.

#1. 교재와 전공서적을 가까이에!

학사학위 취득은 본래 4년을 기본으로 합니다. 독학사는 이를 1년으로 단축하는 것을 목표로 하는 시험이라 실제 시험도 변별력을 높이는 몇 문제를 제외한다면 기본이 되는 중요한 이론 위주로 출제됩니다. 시대에듀의 독학사 시리즈 역시 이에 맞추어 중요한 내용이 일목요연하게 압축·정리되어 있습니다. 빠르게 훑어보기 좋지만 내가 목표로 한 전공에 대해 자세히 알고 싶다면 전공서적과 함께 공부하는 것이 좋습니다. 교재와 전공서적을 함께 보면서 교재에 전공서적 내용을 정리하여 단권화하면 시험이 임박했을 때 교재 한 권으로도 자신 있게 시험을 치를 수 있습니다.

#2. 시간확인은 필수!

쉬운 문제는 금방 넘어가지만 지문이 길거나 어렵고 헷갈리는 문제도 있고, OMR 카드에 마킹까지 해야 하니 실제로 주어진 시간은 더 짧습니다. 앞부분에 어려운 문제가 있다고 해서 시간을 많이 허비하면 쉽게 풀 수 있는 뒷부분 문제들을 놓칠 수 있습니다. 문제 푸는 속도가 느려지면 집중력도 떨어집니다. 그래서 어차피 배점은 같으니 아는 문제를 최대한 많이 맞히는 것을 목표로 했습니다.
① 어려운 문제는 빠르게 넘기면서 문제를 끝까지 다 풀고 ② 확실한 답부터 우선 마킹한 후 ③ 다시 시험지로 돌아가 건너뛴 문제들을 다시 풀었습니다. 확실히 시간을 재고 문제를 많이 풀어봐야 실전에 도움이 되는 것 같습니다.

#3. 문제풀이의 반복!

여느 시험과 마찬가지로 문제는 많이 풀어볼수록 좋습니다. 이론을 공부한 후 예상문제를 풀다보니 부족한 부분이 어딘지 확인할 수 있었고, 공부한 이론이 시험에 어떤 식으로 출제될지 예상할 수 있었습니다. 그렇게 부족한 부분을 보충해가며 문제유형을 파악하면 이론을 복습할 때도 어떤 부분을 중점적으로 암기해야 할지 알 수 있습니다. 이론 공부가 어느 정도 마무리되었을 때 시계를 준비하고 모의고사를 풀었습니다. 실제 시험시간을 생각하면서 예행연습을 하니 시험 당일에는 덜 긴장할 수 있었습니다.

> 학위취득을 위해 오늘도 열심히 학습하시는 수험생 여러분에게도 합격의 영광이 있길 기원하면서 이만 줄입니다.

이 책의 구성과 특징 STRUCTURES

01 기출복원문제

'기출복원문제'를 풀어 보면서 독학사 시험의 기출 유형과 경향을 파악해 보세요.

02 핵심이론

평가영역을 바탕으로 꼼꼼하게 정리된 '핵심이론'을 통해 꼭 알아야 하는 내용을 명확히 파악해 보세요.

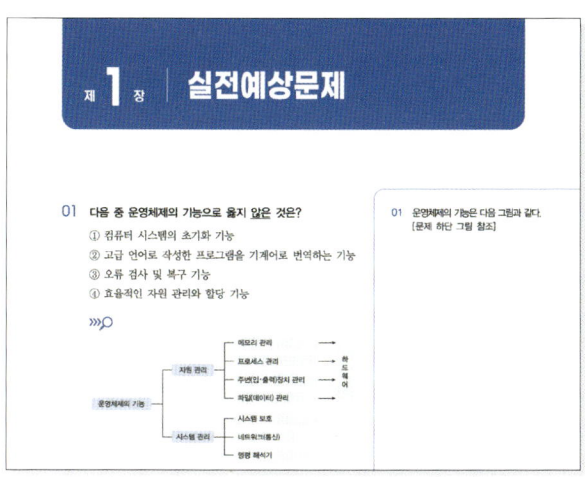

03 실전예상문제

'핵심이론'에서 공부한 내용을 바탕으로 '실전예상문제'를 풀어 보면서 문제를 해결하는 능력을 길러 보세요.

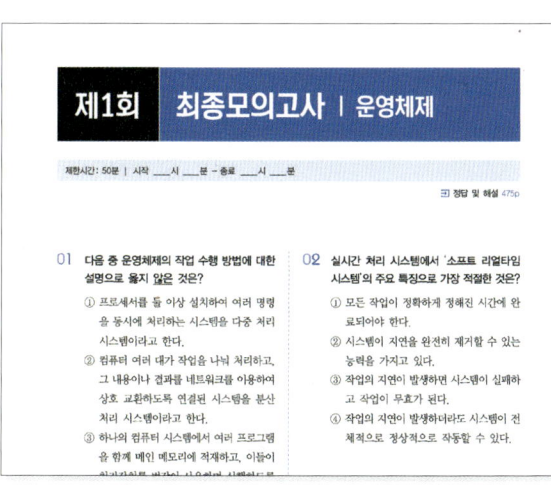

04 최종모의고사

'최종모의고사'를 실제 시험처럼 풀어 보며 실력을 점검해 보세요.

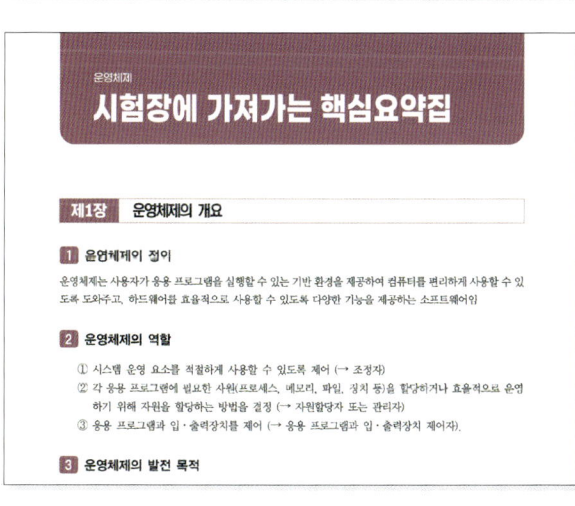

05 핵심요약집

요점을 정리한 '핵심요약집'으로 전반적인 내용을 한눈에 파악해 보세요.

목차 CONTENTS

PART 1　기출복원문제

기출복원문제 · 003

PART 2　핵심이론 & 실전예상문제

제1장 운영체제의 개요
제1절 운영체제의 소개 · 003
제2절 운영체제의 종류 · 010
제3절 운영체제의 역사 · 015
실전예상문제 · 025

제2장 컴퓨터 시스템의 구성
제1절 컴퓨터 하드웨어의 구성 · · · · · · · · · · · · · · · · · · 035
제2절 컴퓨터 시스템의 동작 · 045
제3절 컴퓨터 시스템의 서비스 · · · · · · · · · · · · · · · · · · 052
제4절 커널의 구성 · 056
제5절 멀티프로세서와 멀티코어 구조 · · · · · · · · · · · · 062
실전예상문제 · 067

제3장 주기억장치 관리
제1절 메모리 관리의 개요 · 077
제2절 단일 프로그래밍 환경에서의 메모리 할당 · · · 087
제3절 다중 프로그래밍 환경에서의 메모리 할당 · · · 089
실전예상문제 · 102

제4장 가상기억장치의 구성
제1절 가상기억장치의 개념 · 115
제2절 페이징 기법 · 118
제3절 세그먼테이션 기법 · 132
제4절 세그먼테이션-페이징 혼용 기법 · · · · · · · · · · · 136
실전예상문제 · 143

제5장 가상기억장치의 관리
제1절 페이지 호출 기법 · 153
제2절 페이지 교체 기법 · 160
제3절 메모리를 관리하는 프로세스 적재 정책 · · · · · · · · · · 169

제4절 페이지 크기 · 174
실전예상문제 · 179

제6장 프로세스 관리
제1절 프로세스의 개념 · 189
제2절 스레드 · 200
제3절 스케줄링 · 206
실전예상문제 · 229

제7장 병행 프로세스
제1절 병행 프로세스의 개념 · · · · · · · · · · · · · · · 241
제2절 프로세스 간 통신 · · · · · · · · · · · · · · · · · · 249
제3절 분산 및 다중(병렬) 처리 시스템 · · · · · · · 251
제4절 공유 자원과 임계 구역 · · · · · · · · · · · · · · 259
실전예상문제 · 274

제8장 교착상태
제1절 교착상태의 개념 · · · · · · · · · · · · · · · · · · · 283
제2절 교착상태 필요조건 · · · · · · · · · · · · · · · · · 287
제3절 교착상태 해결 방법 · · · · · · · · · · · · · · · · · 290
실전예상문제 · 308

제9장 입·출력 시스템과 장치 관리
제1절 입·출력 시스템 · · · · · · · · · · · · · · · · · · · 315
제2절 디스크 장치 · 319
제3절 디스크 스케줄링 · · · · · · · · · · · · · · · · · · · 323
제4절 디스크 캐싱과 RAID · · · · · · · · · · · · · · · · 332
실전예상문제 · 345

제10장 파일 관리 시스템
제1절 파일과 파일 시스템 · · · · · · · · · · · · · · · · · 357
제2절 디렉터리의 구조 · · · · · · · · · · · · · · · · · · · 369
제3절 디스크 파일 할당 · · · · · · · · · · · · · · · · · · 375
제4절 파일 보호 · 382
실전예상문제 · 387

제11장 UNIX 운영체제
제1절 UNIX의 탄생과 구성 · · · · · · · · · · · · · · · · 395

목차 CONTENTS

제2절 UNIX 프로세스의 관리 · 399
제3절 시스템 호출 인터페이스 · 402
제4절 UNIX의 파일 시스템 · 407
제5절 UNIX의 메모리 관리 · 412
제6절 UNIX 시스템 사용 명령어 · 416
실전예상문제 · 421

제12장 LINUX 운영체제
제1절 LINUX의 발전 과정 · 429
제2절 LINUX의 특징 · 435
제3절 LINUX의 파일과 디렉터리 · 437
제4절 LINUX의 파일 시스템 · 440
제5절 셸(shell) · 445
제6절 VFS · 447
실전예상문제 · 450

PART 3 최종모의고사

최종모의고사 제1회 · 457
최종모의고사 제2회 · 466
최종모의고사 제1회 정답 및 해설 · 475
최종모의고사 제2회 정답 및 해설 · 482

PART 4 시험장에 가져가는 핵심요약집

제1장 운영체제의 개요 · 003
제2장 컴퓨터 시스템의 구성 · 006
제3장 주기억장치 관리 · 013
제4장 가상기억장치의 구성 · 015
제5장 가상기억장치의 관리 · 020
제6장 프로세스 관리 · 024
제7장 병행 프로세스 · 030
제8장 교착상태 · 037
제9장 입·출력 시스템과 장치 관리 · 040
제10장 파일 관리 시스템 · 043
제11장 UNIX 운영체제 · 047
제12장 LINUX 운영체제 · 052

운영체제

기출복원문제

출/제/유/형/완/벽/파/악/

훌륭한 가정만한 학교가 없고, 덕이 있는 부모만한 스승은 없다.

– 마하트마 간디 –

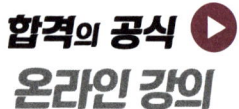  보다 깊이 있는 학습을 원하는 수험생들을 위한
시대에듀의 동영상 강의가 준비되어 있습니다.
www.sdedu.co.kr → 회원가입(로그인) → 강의 살펴보기

운영체제

기출복원문제

※ 본 문제는 다년간 독학사 컴퓨터공학과 2단계 시험에서 출제된 기출문제를 복원한 것입니다. 문제의 난이도와 수험경향 파악용으로 사용하시길 권고드립니다. 본 기출복원문제에 대한 무단복제 및 전제를 금하며 저작권은 시대에듀에 있음을 알려드립니다.

---

01 다음 중 운영체제의 파일 시스템 관리 기능은 무엇을 포함하는가?

① 데이터베이스 관리, 웹 서버 운영, 클라우드 서비스 제공
② 파일 생성 및 삭제, 디렉터리 생성 및 삭제, 파일 권한 관리
③ 하드웨어 드라이버 개발, 전원 관리, 사용자 인터페이스 디자인
④ 그래픽 사용자 인터페이스 디자인, 네트워크 트래픽 분석, 게임 개발

01 운영체제의 파일 시스템 관리 기능은 파일의 생성 및 삭제, 디렉터리 생성 및 삭제, 파일 및 디렉터리의 권한 관리를 포함한다. 이 기능은 파일 시스템을 통해 데이터를 구조화하고 접근할 수 있도록 하며, 데이터의 효율적 저장·관리·보호를 보장하고, 사용자와 응용 프로그램이 파일을 쉽게 접근하고 조작할 수 있도록 하는 핵심 요소이다.

02 다음 중 다중 프로그래밍 시스템과 가장 밀접하게 관련된 기능은?

① 작업을 정해진 시간 내에 처리
② 여러 프로그램이 동시에 실행
③ 여러 프로세서가 동시에 작업 수행
④ 네트워크를 통해 자원 공유

02 다중 프로그래밍 시스템은 하나의 프로세서에서 여러 프로그램이 동시에 실행되도록 하여 CPU 사용률을 최대화하는 시스템이다.
① 실시간 처리 시스템은 작업이 정해진 시간 내에 처리되어야 하는 시스템이다.
③ 다중 처리 시스템은 여러 프로세서가 동시에 작업을 수행하여 시스템의 성능과 신뢰성을 향상시키는 시스템이다
④ 분산 처리 시스템은 여러 컴퓨터가 네트워크를 통해 연결되어 자원을 공유하며 작업을 처리하는 시스템이다.

정답 01 ② 02 ②

03 그리드 컴퓨팅은 자원을 여러 컴퓨터에 분산하여 병렬로 작업을 처리하는 시스템이고, 클라우드 컴퓨팅은 중앙 집중형 데이터 센터를 통해 필요한 자원을 인터넷을 통해 제공하는 서비스이다.
① 그리드 컴퓨팅과 클라우드 컴퓨팅은 개인 및 기업 모두에게 제공될 수 있으며, 연구나 고성능 컴퓨팅 작업에 많이 사용된다. 클라우드 컴퓨팅은 개인과 기업 모두에게 IT 리소스를 제공하여 필요에 따라 활용할 수 있게 해 준다.
③ 그리드 컴퓨팅은 주로 대규모 연산 처리나 데이터 분석, 병렬 처리 등에 활용된다. 클라우드 컴퓨팅은 소프트웨어(SaaS), 플랫폼(PaaS), 인프라(IaaS) 서비스 모두를 제공하며, 단순히 하드웨어뿐만 아니라 소프트웨어 리소스도 포함한다.
④ 그리드 컴퓨팅은 종종 연구기관이나 학교 등에서 무료로 제공되는 경우가 있지만, 반드시 무료인 것은 아니다. 클라우드 컴퓨팅 또한 서비스에 따라 무료 또는 유료로 제공된다. 예를 들어 일부 클라우드 서비스는 제한된 무료 계층을 제공하며, 사용량에 따라 요금이 청구되기도 한다.

03 다음 중 그리드 컴퓨팅과 클라우드 컴퓨팅의 주요 차이점으로 적절한 것은?

① 그리드 컴퓨팅은 주로 개인 사용자를 대상으로 하고, 클라우드 컴퓨팅은 기업을 대상으로 한다.
② 그리드 컴퓨팅은 자원을 분산하여 처리하고, 클라우드 컴퓨팅은 중앙 집중형 데이터 센터를 통해 자원을 제공한다.
③ 그리드 컴퓨팅은 주로 소프트웨어 서비스 제공에 사용되고, 클라우드 컴퓨팅은 주로 하드웨어 제공에 사용된다.
④ 그리드 컴퓨팅은 항상 무료로 제공되고, 클라우드 컴퓨팅은 항상 유료로 제공된다.

04 캐시 메모리의 효율성을 측정하는 주요 지표는 캐시 히트(적중)율이다. 캐시 히트(적중)율은 캐시 메모리에서 데이터가 성공적으로 검색된 비율을 나타내며, 높은 캐시 히트율은 시스템 성능 향상에 기여한다.

04 다음 중 캐시 메모리의 효율성을 측정하는 주요 지표로 가장 적절한 것은?

① 메모리 용량
② 캐시 히트율
③ CPU 클록 속도
④ 전력 소비량

정답 03 ② 04 ②

05 다음 중 폰 노이만 구조에서 CPU가 명령어를 실행하는 기본 과정으로 적절한 것은?

① 명령어 인출 → 명령어 실행 → 명령어 해석 → 결과 저장
② 명령어 해석 → 명령어 인출 → 명령어 실행 → 결과 저장
③ 명령어 실행 → 명령어 인출 → 명령어 해석 → 결과 저장
④ 명령어 인출 → 명령어 해석 → 명령어 실행 → 결과 저장

05 폰 노이만 구조에서 CPU는 명령어를 실행하기 위해 기본적으로 명령어 인출(instruction fetch), 명령어 해석(instruction decode), 명령어 실행(instruction execute), 결과 저장(store result)의 과정을 거친다.

06 다음 중 인터럽트가 발생했을 때 CPU가 수행하는 첫 번째 단계는?

① 현재 작업의 상태를 저장한다.
② 인터럽트 플래그를 클리어한다.
③ 현재 명령어의 실행을 완료한다.
④ 인터럽트 벡터 테이블에서 주소를 검색한다.

06 인터럽트가 발생하면 CPU는 우선 현재 명령어의 실행을 완료하고, 인터럽트 요청을 처리하기 위해 현재 작업의 상태를 저장한 후, 인터럽트 서비스 루틴(ISR)을 실행하기 위해 인터럽트 벡터 테이블에서 적절한 주소를 검색한다.

07 다음 내용에서 괄호 안에 들어갈 용어를 순서대로 고른 것은?

> 마이크로 구조 커널에서는 (ⓐ) 기능만을 커널에서 처리하고, 나머지 시스템 서비스는 (ⓑ) 모드에서 실행된다. 이 구조는 커널의 (ⓒ)을(를) 줄이고, 시스템의 안정성을 높이는 데 도움을 준다.

	ⓐ	ⓑ	ⓒ
①	최소한의	사용자	크기
②	최소한의	커널	안정성
③	모든	커널	안정성
④	모든	사용자	크기

07 마이크로 구조 커널에서는 <u>최소한의</u> 기능만을 커널에서 처리하고, 나머지 시스템 서비스는 <u>사용자</u> 모드에서 실행된다. 이 구조는 커널의 <u>크기</u>를 줄이고, 시스템의 안정성을 높이는 데 도움을 준다.

정답 05 ④ 06 ③ 07 ①

08 절대 주소는 메모리의 **특정** 위치를 정확하게 나타내며, 프로그램의 **로드** 위치와 관계없이 고정된 주소를 참조한다. 반면, 상대 주소는 명령어의 **위치**를 기준으로 주소를 계산하여 코드의 이동에 유연하게 대응할 수 있다.
메모리 주소 지정 방식에 따라 프로그램의 이식성, 메모리 관리 및 주소 계산 방식에 영향을 받는다. 절대 주소는 고정된 주소를 사용하므로 직접적인 메모리 접근이 가능하지만, 코드의 이동에 대한 유연성이 부족할 수 있다. 상대 주소는 코드의 위치 이동에 대해 유연하게 대응할 수 있으며, 코드 재배치가 용이하다.

08 다음 내용에서 괄호 안에 들어갈 용어를 순서대로 고른 것은?

> 절대 주소는 메모리의 (ⓐ) 위치를 정확하게 나타내며, 프로그램의 (ⓑ) 위치와 관계없이 고정된 주소를 참조한다. 반면, 상대 주소는 명령어의 (ⓒ)를 기준으로 주소를 계산하여 코드의 이동에 유연하게 대응할 수 있다.

	ⓐ	ⓑ	ⓒ
①	고정	실행	위치
②	동적	로드	주소
③	특정	실행	주소
④	특정	로드	위치

09 고정 분할 방식에서는 메모리가 일정한 크기로 나뉘며, 이 크기는 시스템이 초기화될 때 정해진다. 따라서 각 분할 영역은 고정된 크기를 가지며, 프로그램의 요구에 따라 조정되지 않는다. 메모리 관리가 상대적으로 간단하지만, 프로그램의 실제 크기와 필요에 맞지 않는 고정된 크기로 인한 메모리 낭비가 발생할 수 있다.

09 다음 중 고정 분할 방식의 특징으로 올바른 것은?

① 메모리가 동적으로 분할되며, 각 분할 크기가 가변적이다.
② 메모리 분할이 고정된 크기로 이루어지며, 프로그램의 크기에 따라 조정되지 않는다.
③ 메모리의 크기가 가변적으로 할당되며, 사용하지 않는 메모리 공간이 발생할 수 있다.
④ 각 분할 영역이 동적으로 재조정되며, 프로그램의 요구에 따라 메모리 크기가 변경된다.

10 가변 분할 방식에서 외부 단편화 문제를 해결하기 위해 사용하는 기술 중 하나는 컴팩션(compaction)이다. 컴팩션은 메모리의 사용 가능한 공간을 재배치하여 빈 공간을 연속적으로 만들어 외부 단편화를 줄이는 방법이다.

10 다음 중 가변 분할 방식에서 외부 단편화(external fragmentation) 문제를 해결하기 위해 사용할 수 있는 기술로 가장 적절한 것은?

① 페이지 교환(paging)
② 컴팩션(compaction)
③ 세그먼트 교환(segmentation)
④ 가장 작은 빈 공간을 찾아 배치(best fit)

정답 08 ④ 09 ② 10 ②

11. 다음 중 메모리 오버레이를 사용하는 주된 이유로 적절한 것은?

   ① 메모리의 용량을 증가시키기 위해
   ② 프로세스 간의 메모리 충돌을 방지하기 위해
   ③ 메모리의 모든 공간을 효율적으로 사용하기 위해
   ④ 대규모 프로그램을 작은 메모리 블록으로 나누어 실행하기 위해

11. 메모리 오버레이는 대규모 프로그램을 작은 메모리 블록으로 나누어 실행하기 위해 사용되며, 메모리 용량이 부족한 상황에서도 큰 프로그램을 실행할 수 있다. 메모리의 용량을 실제로 증가시키지는 않지만, 제한된 메모리 공간을 효율적으로 활용할 수 있게 해준다.

12. 다음 중 세그먼테이션 분할 방식에서 논리 주소를 물리 주소로 변환하기 위해 사용하는 데이터 구조는?

   ① 캐시 테이블
   ② 페이지 테이블
   ③ 프레임 테이블
   ④ 세그먼테이션 테이블

12. 세그먼테이션 분할 방식에서는 논리 주소를 물리 주소로 변환하기 위해 세그먼테이션 (매핑) 테이블을 사용한다. 세그먼테이션 테이블은 각 세그먼트의 시작 주소와 크기를 기록하여, 논리 주소를 물리 주소로 변환할 수 있도록 도와준다.

13. 다음 중 페이지 테이블 직접 매핑 방식(direct mapping)의 장점으로 가장 적절한 것은?

   ① 메모리 검색 속도가 빨라진다.
   ② 메모리 단편화 문제를 해결한다.
   ③ 페이지와 프레임의 매핑이 유연하다.
   ④ 페이지 테이블의 크기를 동적으로 조정할 수 있다.

13. 직접 매핑 방식의 장점 중 하나는 메모리 검색 속도가 빠르다는 것이다. 이 방식은 각 가상 페이지가 물리 메모리의 특정 위치에 고정적으로 매핑되기 때문에 주소 변환이 빠르게 이루어지지만, 유연성이 부족하고 단편화 문제가 발생할 수 있다.

정답 11 ④ 12 ④ 13 ①

14 다음 중 메모리 접근 권한에서 '읽기 전용' 권한이 설정된 메모리 영역의 주요 용도로 올바른 것은?

① 데이터를 수정할 수 있는 상수 데이터를 저장하는 데 사용된다.
② 실행 가능한 코드나 프로그램 데이터를 저장하는 데 사용된다.
③ 임시 데이터를 저장하여 수정할 수 있는 작업 영역으로 사용된다.
④ 읽기만 가능하며, 프로그램의 실행 중에 변하지 않는 데이터를 저장하는 데 사용된다.

15 가상 메모리에서 매핑이 메모리 보호를 제공하는 방법에 대한 설명으로 가장 적절한 것은?

① 물리 메모리의 주소를 직접 관리하여 메모리 충돌을 방지한다.
② 모든 프로세스가 동일한 물리 메모리 영역을 공유할 수 있다.
③ 페이지 테이블의 크기를 동적으로 조절하여 메모리 보호를 제공한다.
④ 각 프로세스는 고유한 가상 주소 공간을 가지므로 다른 프로세스의 메모리 영역에 접근할 수 없다.

---

14 '읽기 전용' 권한이 설정된 메모리 영역은 읽기만 가능하며, 프로그램의 실행 중에 변하지 않는 데이터를 저장하는 데 사용된다. 이는 코드나 상수 데이터를 저장하는 데 유용하며, 데이터의 무결성을 유지하는 데 도움이 된다.

15 가상 메모리에서 매핑은 각 프로세스가 고유한 가상 주소 공간을 가짐으로써 서로의 메모리 영역에 접근할 수 없게 한다. 이는 메모리 보호의 기본적인 메커니즘으로, 시스템의 보안과 안정성을 높인다. 페이지 테이블의 역할은 접근 권한을 설정하여 메모리 보호를 강화하는 데 기여하지만, 메모리 보호의 근본적인 기능은 가상 주소 공간의 독립성에 있다.

정답 14 ④ 15 ④

16 다음 중 페이지 부재(page fault)에 대한 설명으로 올바르지 <u>않은</u> 것은?

① 페이지 부재는 프로세스가 요청한 페이지가 물리 메모리에 존재하지 않을 때 발생한다.
② 페이지 부재가 발생하면 운영체제는 디스크에서 페이지를 로드하고 페이지 테이블을 업데이트한다.
③ 페이지 부재는 시스템 성능을 향상시키기 위해 설계된 기능이다.
④ 페이지 부재가 자주 발생하면 페이지 교체가 빈번해져 시스템 성능이 저하될 수 있다.

16 페이지 부재는 프로세스가 요청한 페이지가 물리 메모리에 없을 때 발생하며, 운영체제는 페이지를 디스크에서 물리 메모리로 로드하여 페이지 테이블을 업데이트한다. 페이지 부재는 실제로 시스템 성능을 저하시킬 수 있으며, 자주 발생하면 페이지 교체가 빈번해져서 성능이 저하될 수 있다.

17 페이지 크기 조정이 시스템 성능에 미치는 영향에 대한 설명으로 올바르지 <u>않은</u> 것은?

① 페이지 크기를 줄이면 내부 단편화는 줄어들지만, 페이지 교체 빈도는 증가할 수 있다.
② 페이지 크기를 늘리면 페이지 테이블의 크기가 줄어들지만, 내부 단편화가 증가할 수 있다.
③ 페이지 크기를 줄이면 페이지 테이블의 크기가 커져서 메모리 사용이 비효율적일 수 있다.
④ 페이지 크기를 늘리면 페이지 교체의 빈도가 줄어들어 시스템 성능이 저하된다.

17 페이지 크기를 늘리면 페이지 교체의 빈도가 줄어들어 시스템 성능이 향상될 수 있다. 큰 페이지는 디스크와 메모리 간의 스왑 횟수를 줄여서 성능을 개선하는 데 기여하지만, 페이지 크기를 너무 크게 설정하면 내부 단편화가 증가할 수 있다.

18 다음 중 Belady's anomaly가 발생할 수 있는 페이지 교체 정책은?

① LRU(Least Recently Used)
② FIFO(First In First Out)
③ OPT(Optimal Page Replacement)
④ LRU와 FIFO 모두 해당

18 Belady's anomaly는 FIFO 페이지 교체 정책에서 발생할 수 있는 현상으로, 페이지 수를 증가시키면 페이지 교체 횟수가 오히려 증가하는 현상을 말한다. LRU와 OPT 페이지 교체 정책에서는 이러한 이상 현상이 발생하지 않는다.

정답 16 ③ 17 ④ 18 ②

19 시간 지역성은 최근에 사용된 페이지를 다시 사용할 가능성을 설명하며, 공간 지역성은 인접한 메모리 주소를 반복적으로 접근하는 경향을 설명한다.
데이터 접근 패턴이 무작위로 변화하는 것은 지역성의 개념에 맞지 않으며, 지역성을 활용한 성능 향상 기법에 포함되지 않는다.

19 다음 중 시간 지역성 또는 공간 지역성의 개념과 관련이 없는 설명은?

① 최근에 사용된 페이지를 다시 사용할 가능성이 크다.
② 인접한 메모리 주소를 반복적으로 접근하는 경향이 있다.
③ 데이터 접근 패턴이 무작위로 변화한다.
④ 데이터 블록을 미리 로드하여 접근 효율성을 높인다.

20 Running 상태의 프로세스가 I/O 작업을 요청할 때는 Blocked 상태로 전이되며, 시간 할당량을 초과하거나 프로세스의 상태에 따라 Ready 상태로 돌아갈 수 있다. 또한 Terminated 상태로 직접 전이되지 않고, I/O 작업이 완료된 후 다시 Ready 상태로 돌아가게 된다.

20 프로세스의 상태 변화에 대한 설명으로 옳지 않은 것을 모두 고른 것은?

㉠ Ready 상태의 프로세스는 CPU 자원을 할당받으면 Running 상태로 전이된다.
㉡ Running 상태의 프로세스가 시간 할당량을 초과하면 Ready 상태로 돌아갈 수 있다.
㉢ Running 상태의 프로세스는 자발적으로 Blocked 상태로 전이될 수 있다.
㉣ Running 상태의 프로세스가 I/O 작업을 요청하면, Blocked 상태로 전이된다.
㉤ Ready 상태의 프로세스는 CPU 자원이 할당되기를 기다리고 있다.
㉥ Blocked 상태의 프로세스는 I/O 작업 완료를 기다리는 중이다.
㉦ Running 상태의 프로세스가 I/O 요청을 하면, 즉시 Terminated 상태로 전이된다.
㉧ Running 상태의 프로세스는 CPU를 사용하여 명령어를 실행한다.

① ㉠, ㉣
② ㉡, ㉣
③ ㉢, ㉦
④ ㉢, ㉥

정답 19 ③ 20 ③

21 다음 중 프로세스 제어 블록(PCB)의 역할에 대한 설명으로 올바르지 <u>않은</u> 것은?

① 프로세스의 메모리 주소를 관리하고, 페이지 테이블 정보를 포함한다.
② 프로세스의 실행을 중단하고 재개하는 과정에서 필요한 정보를 저장한다.
③ 프로세스 간의 데이터 전송을 직접적으로 처리한다.
④ 프로세스의 현재 상태를 기록하고, 컨텍스트 스위치(문맥 교환) 시 프로세스의 상태를 복원한다.

21 PCB는 프로세스 간의 데이터 전송을 직접적으로 처리하지 않는다. PCB는 주로 프로세스의 상태 기록, 메모리 관리 정보 저장, 컨텍스트 스위치(문맥 교환) 시 필요한 정보를 관리하는 역할을 하며, 데이터 전송은 다른 시스템 구성 요소와 관련된 작업이다.

22 스레드와 프로세스의 주요 차이점에 대한 내용에서 괄호 안에 들어갈 내용을 순서대로 고른 것은?

> 스레드는 (ⓐ) 내에서 실행되는 기본 단위로, 각 스레드는 프로세스의 (ⓑ)을(를) 공유한다. 반면 프로세스는 독립적인 (ⓒ)을(를) 가지며, 스레드와는 달리 메모리 공간을 (ⓓ)한다.

	ⓐ	ⓑ	ⓒ	ⓓ
①	프로세스	스택	메모리 공간	공유
②	프로세스	자원	주소 공간	분리
③	프로세스	레지스터	파일 디스크립터	공유
④	프로세스	스택과 레지스터	자원	분리

22 스레드는 <u>프로세스</u> 내에서 실행되는 기본 단위로, 각 스레드는 프로세스의 <u>자원</u>(예 메모리, 파일 디스크립터 등)을 공유한다. 반면 프로세스는 독립적인 <u>주소 공간</u>을 가지며, 스레드와 달리 메모리 공간을 <u>분리</u>한다.

정답 21 ③ 22 ②

23 다음 중 SJF 스케줄링 알고리즘에 대한 설명으로 올바른 것은?

① SJF는 항상 프로세스 도착 시간을 고려하여 스케줄링 순서를 결정한다.
② SJF는 긴 작업보다 짧은 작업을 먼저 처리하므로, 평균 대기 시간이 감소하는 경향이 있다.
③ SJF는 다중 큐 우선순위 스케줄링 기법의 일종으로, 각 작업에 우선순위를 부여하고 순서대로 작업을 처리한다.
④ SJF는 선점형 스케줄링 기법으로, 도중에 더 짧은 작업이 들어오면 현재 실행 중인 작업을 중단하고 새로운 작업을 수행한다.

24 다음 중 분산 시스템의 주요 목표로 옳지 않은 것은?

① 확장성
② 자원 공유
③ 데이터 일관성
④ 중앙 집중식 관리

25 다중 처리 시스템의 운영체제에서 부하 균형(load balancing)의 주된 목적으로 가장 적절한 것은?

① 프로세서의 성능 향상
② 메모리 사용 최소화
③ 프로세서 간 작업량의 균등 분배
④ 네트워크 대역폭 최적화

---

23 SJF 스케줄링은 짧은 작업을 우선적으로 처리하기 때문에 전체 프로세스의 평균 대기 시간을 줄이는 데 효과적이다. 긴 작업이 나중으로 밀리는 특성 덕분에 짧은 작업들이 먼저 완료되므로, 시스템의 응답성이 높아지고 평균 대기 시간이 감소한다.
① SJF 스케줄링은 각 프로세스의 예상 실행 시간(버스트 시간)에 따라 먼저 처리하므로, 도착 시간과는 무관하게 우선적으로 실행할 프로세스를 결정한다.
③ SJF 스케줄링은 각 프로세스의 CPU 버스트 시간을 기준으로 가장 짧은 작업을 먼저 처리하는 방식으로 작동한다.
④ SJF 스케줄링은 일반적으로 비선점형으로 동작하며, 한 작업이 시작되면 완료될 때까지 중단되지 않는다.

24 중앙 집중식 관리는 분산 시스템의 목표와 반대되는 개념이다.
분산 시스템의 주요 목표는 자원의 효율적 공유, 시스템의 확장성, 신뢰성, 가용성 및 데이터 일관성을 포함한다.

25 부하 균형(load balancing)은 각 프로세서에 작업을 균등하게 분배하여 시스템의 성능을 최적화하고, 특정 프로세서에 과부하가 걸리지 않도록 하는 것이다.
① 부하 균형은 프로세서의 성능을 간접적으로 향상시킬 수 있지만, 이것이 주된 목적은 아니다.
② · ④ 부하 균형은 메모리 사용 최소화나 네트워크 대역폭 최적화와는 직접적인 관련이 없다.

정답 23 ② 24 ④ 25 ③

26
상호배제를 달성하기 위한 방법 중의 하나인 세마포어에 대한 설명으로 가장 적절한 것은?

① 세마포어는 주로 단일 사용자 시스템에서 사용된다.
② 세마포어는 하나의 프로세스만 접근할 수 있도록 한다.
③ 세마포어는 교착상태를 방지하는 데 사용되지는 않는다.
④ 세마포어는 정수 값을 가지며, 두 가지 기본 연산인 P와 V를 포함한다.

27
타스(TAS, Test-and-Set) 명령어를 사용하는 상호배제 알고리즘의 특성으로 가장 적절한 것은?

① 하드웨어 지원 없이 소프트웨어만으로 구현된다.
② 단일 프로세서 시스템에서만 사용할 수 있다.
③ 경쟁 조건(race condition)을 방지하기 위해 하드웨어 명령어를 사용한다.
④ 모든 프로세스가 진입 구역에 동시에 들어갈 수 있다.

28
다음 중 교착상태를 예방하기 위한 방법으로 가장 적절한 것은?

① 비선점
② 순환 대기
③ 자원 요청을 분리하여 동시 접근을 허용
④ 자원 요청 시 모든 필요한 자원을 한 번에 요청하는 정책

---

26 세마포어(semaphore)는 다중 프로세스 환경에서 상호배제를 달성하기 위해 사용되는 동기화 도구로, 두 가지 기본 연산인 P(wait)와 V(signal)를 포함한다.
세마포어는 다수의 프로세스가 자원을 공유할 수 있도록 하고, 교착상태를 방지하거나 해결하는데 사용될 수 있으며, 주로 다중 사용자 시스템에서 사용된다.

27 타스(TAS, Test-and-Set) 명령어는 하드웨어 명령어를 사용하여 경쟁 조건을 방지하고, 다중 프로세서 시스템에서도 사용될 수 있다. 또한 상호 배제를 보장하여 모든 프로세스가 동시에 진입 구역에 들어갈 수 없다.

28 자원 요청 시 모든 필요한 자원을 한 번에 요청하는 정책은 교착상태를 예방하는 방법 중 하나로, 이는 교착상태의 필요조건 중 점유와 대기(Hold and Wait)를 방지한다.
①·② 비선점(no preemption)과 순환 대기(circular wait)는 교착상태의 필요조건이다.
③ 자원 요청을 분리하면 교착상태를 해결하는 데 도움이 되지 않는다.

정답 26 ④ 27 ③ 28 ④

29 자원(리소스) 할당 그래프에서 순환이 발생하면 교착상태가 존재할 수 있다. 이 순환은 프로세스와 자원 간의 순환적 의존성을 나타내며, 각 프로세스가 서로 다른 자원을 대기하고 있는 상태를 의미한다.

30 은행원 알고리즘은 자원 요청 시 시스템의 안전성을 평가하여 교착상태를 회피하는 방법으로, 시스템의 자원 요청이 허용되기 전에 현재 상태가 안전 상태인지 확인하여 교착상태를 회피한다. 교착상태를 감지하거나 자원을 회수하는 것이 은행원 알고리즘의 목적은 아니다.

31 자원 할당 우선순위를 조정하는 것은 교착상태 예방 또는 회피 기법에 가깝지만, 교착상태가 발생한 후 이를 회복하기 위한 방법에는 해당하지 않는다.

29 자원(리소스) 할당 그래프에서 교착상태가 발생할 수 있는 상황을 식별할 수 있는 때는 언제인가?

① 자원의 총량이 부족한 경우
② 그래프에서 순환이 발생하는 경우
③ 그래프의 모든 노드가 서로 연결된 경우
④ 모든 프로세스가 자원을 점유하지 않고 대기하는 경우

30 은행원 알고리즘(banker's algorithm)의 주요 목적으로 가장 적절한 것은?

① 교착상태를 감지하고 이를 해결하기 위한 방법을 제공하는 것
② 프로세스 간의 자원 우선순위를 설정하여 교착상태를 방지하는 것
③ 교착상태가 발생했을 때 자원을 회수하여 시스템을 복구하는 것
④ 자원 요청 시 시스템의 안전성을 보장하여 교착상태를 회피하는 것

31 다음 중 교착상태 회복 방법에 해당하지 않는 것은?

① 자원 선점(preemption)
② 프로세스 중단(process termination)
③ 자원 요청 재구성(resource request reorganization)
④ 자원 할당 우선순위 변경(resource allocation priority change)

정답 29 ② 30 ④ 31 ④

32 다음 중 DMA 작동 과정에 대한 설명으로 옳지 않은 것은?

① DMA 컨트롤러는 입출력 장치와 메모리 간의 데이터 전송을 관리하며, CPU의 개입 없이 직접 데이터 전송을 수행한다.
② DMA 컨트롤러는 데이터를 전송하기 위해 메모리의 주소와 입출력 장치의 주소를 설정하고, 전송 완료 후 CPU에 인터럽트를 발생시킨다.
③ DMA는 CPU가 데이터 전송을 직접 제어하며, DMA 컨트롤러는 데이터 전송 작업을 지원하는 역할만 수행한다.
④ DMA 전송 모드에 따라 DMA가 데이터 전송을 연속적으로 수행하거나 간헐적으로 수행할 수 있다.

32 DMA에서는 CPU의 직접 개입 없이 DMA 컨트롤러가 데이터 전송을 제어한다. 즉 CPU는 데이터 전송 과정에서 개입하지 않고, DMA 컨트롤러가 전송을 직접 관리한다.

33 다음은 디스크 장치의 성능과 관련된 수치이다. 디스크에서 특정 트랙의 데이터 100MB를 전송하는 데 걸리는 시간과 디스크에서 데이터를 읽는 총 전송 시간은 각각 얼마인가?

- 디스크 회전 속도 : 7200(RPM)
- 트랙당 데이터 전송률 : 50(MB/s)
- 디스크의 평균 탐색 시간 : 9(ms)
- 디스크의 평균 지연 시간 : 4.17(ms)

① 데이터 전송 시간 : 2.0(s), 총 전송 시간 : 2.0137(ms)
② 데이터 전송 시간 : 2.0(s), 총 전송 시간 : 2.0137(s)
③ 데이터 전송 시간 : 4.0(s), 총 전송 시간 : 2.0142(ms)
④ 데이터 전송 시간 : 4.0(s), 총 전송 시간 : 2.0142(s)

33
- 데이터 전송 시간
 = 데이터 크기 / 트랙당 데이터 전송률
 = 100(MB) / 50(MB/s) = 2(s)
- 총 전송 시간
 = 데이터 전송 시간 + 평균 탐색 시간 + 평균 지연 시간
 = 2(s) + 9(ms) + 4.17(ms)
 = 2.01317(s)

정답 32 ③ 33 ②

34 SSTF(Shortest Seek Time First) 알고리즘은 디스크 헤드와 가장 가까운 요청을 우선 처리하여 디스크 헤드의 이동 거리를 최소화한다. 모든 I/O 요청이 동일한 우선순위를 가지는 것은 아니며, 특정 경우(특히 I/O 요청이 집중될 때) 비효율적일 수 있다.

34 다음 중 SSTF 디스크 스케줄링 알고리즘의 장점으로 올바르지 <u>않은</u> 것은?

① 디스크 헤드의 이동 거리를 최소화하려고 한다.
② 요청된 작업 중 디스크 헤드와 가장 가까운 작업을 우선 처리한다.
③ 모든 I/O 요청이 동일한 우선순위를 가지며, 무작위 분포에 대해 효율적이다.
④ 디스크 헤드의 이동을 최적화하여 평균 대기 시간을 줄인다.

35 RAID 10은 RAID 1과 RAID 0의 조합으로 구성되고, 두 개의 미러(mirror) 세트로 데이터를 저장하여 내결함성을 제공하며, 높은 읽기 성능과 쓰기 성능을 제공한다. RAID 10의 쓰기 성능은 RAID 5와 유사하거나 더 좋을 수 있으며, 데이터와 패리티 정보를 계산할 필요가 없으므로 일반적으로 RAID 5보다 더 나은 쓰기 성능을 제공한다.

35 다음 중 RAID 10의 특징으로 올바르지 <u>않은</u> 것은?

① RAID 10은 RAID 1과 RAID 0의 조합으로 구성된다.
② 데이터가 두 개의 미러(mirror) 세트로 저장되어 내결함성을 제공한다.
③ RAID 10은 최소 4개의 디스크가 필요하다.
④ RAID 10은 높은 읽기 성능을 제공하지만, 쓰기 성능은 RAID 5보다 떨어질 수 있다.

정답 34 ③ 35 ④

36 다음 중 파일 디스크립터에 대한 설명으로 올바르지 <u>않은</u> 것은?

① 파일 디스크립터는 프로세스가 현재 열려 있는 파일에 접근할 수 있도록 참조 정보를 제공한다.
② 파일 디스크립터는 파일을 식별하기 위해 운영체제가 사용하는 정숫값이다.
③ 파일 디스크립터는 파일에 대한 메타데이터를 참조하는 역할을 한다.
④ 파일 디스크립터는 파일에 대한 읽기, 쓰기 등의 권한을 관리한다.

36 파일 디스크립터는 파일에 대한 읽기, 쓰기 등의 권한을 직접 관리하지 않는다. 파일에 대한 권한(읽기, 쓰기, 실행)은 파일 시스템에서 관리하며, 보통 파일의 액세스 제어 리스트(ACL)나 파일 권한 비트로 정의된다.
① 프로세스는 파일 디스크립터를 통해 열린 파일에 접근한다.
② 프로세스가 파일을 열면 운영체제는 이 파일에 대해 고유한 정숫값을 할당하며, 이를 파일 디스크립터라고 부른다.
③ 파일 디스크립터는 파일에 대한 메타데이터(예 파일 이름, 위치, 크기 등)를 참조하는 역할을 한다.

37 파일 할당 방법 중 연속 할당과 연결 할당의 차이점으로 올바르지 <u>않은</u> 것은?

① 연속 할당은 블록이 연속된 위치에 저장되지만, 연결 할당은 블록이 임의의 위치에 저장된다.
② 연결 할당은 접근 속도가 빠르지만, 연속 할당은 느릴 수 있다.
③ 연속 할당은 디스크의 단편화를 유발할 수 있지만, 연결 할당은 단편화를 최소화한다.
④ 연결 할당은 블록이 디스크에서 순차적으로 연결되며, 연속 할당은 연속적으로 저장되므로 순차적이다.

37 연속 할당 방식은 파일 블록이 연속된 디스크 블록에 저장되어 접근 속도가 빠르지만, 연결 할당 방식에서는 각 블록이 다음 블록에 대한 포인터를 포함하므로 파일을 읽으려면 각 블록을 순차적으로 따라가야 하며, 이로 인해 접근 속도가 느릴 수 있다.

정답 36 ④ 37 ②

38 파일 보호의 주요 목적은 데이터의 무결성 보장, 가용성 보장, 기밀성 유지이다. 즉, 의도하지 않은 변경 방지, 필요한 순간에 데이터 접근 보장, 무단 접근 방지 등이 포함된다. 시스템의 불필요한 파일을 정리하는 것은 파일 보호와 관련이 없는 파일 관리 작업이다.

38 다음 중 파일 보호의 중요성에 대한 설명으로 올바르지 <u>않은</u> 것은?

① 파일 보호는 데이터의 기밀성을 유지하여 무단 접근을 방지한다.
② 파일 보호는 시스템의 불필요한 파일을 정리하는 방법으로 사용된다.
③ 파일 보호는 데이터의 무결성을 보장하여 의도하지 않은 변경을 방지한다.
④ 파일 보호는 데이터의 가용성을 보장하여 필요한 순간에 데이터를 사용할 수 있도록 한다.

39 exec 시스템 호출은 현재 프로세스의 메모리 공간을 새로운 프로그램으로 덮어쓰는 데 사용되며, exec는 프로세스를 종료하지 않고, 기존 프로세스의 메모리 공간을 새로운 프로그램으로 교체한다.

39 다음 중 UNIX 프로세스와 관련된 설명으로 올바르지 <u>않은</u> 것은?

① 프로세스는 메모리에서 실행 중인 프로그램이다.
② fork 시스템 호출은 새로운 프로세스를 생성한다.
③ exec 시스템 호출은 현재 프로세스를 종료한다.
④ 각 프로세스는 고유한 프로세스 식별자(PID)를 가진다.

정답 38 ② 39 ③

40 다음 중 가상 파일 시스템(VFS)의 주요 역할로 올바르지 <u>않은</u> 것은?

① 파일 시스템의 마운트 및 언마운트를 관리한다.
② 하드웨어의 물리적 접근을 직접적으로 제어한다.
③ 다양한 파일 시스템을 통합하여 일관된 파일 인터페이스를 제공한다.
④ 파일 시스템의 실제 데이터 저장 방식과 관계없이 파일 조작을 지원한다.

40 VFS는 파일 시스템의 추상화 계층으로서, 하드웨어의 물리적 접근을 직접 제어하지 않는다. 하드웨어 제어는 디스크 드라이버 및 장치 드라이버와 같은 하위 시스템의 역할이다. VFS는 파일 시스템의 인터페이스와 관련된 논리적 계층을 담당하는 반면, 하드웨어와 직접적인 상호작용은 파일 시스템 드라이버와 블록 장치 드라이버에서 담당한다.

정답 40 ②

합격의 공식 시대에듀

교육은 우리 자신의 무지를 점차 발견해 가는 과정이다.

- 윌 듀란트 -

제 1 장

운영체제의 개요

제1절	운영체제의 소개
제2절	운영체제의 종류
제3절	운영체제의 역사
실전예상문제	

교육은 우리 자신의 무지를 점차 발견해 가는 과정이다.

– 윌 듀란트 –

  보다 깊이 있는 학습을 원하는 수험생들을 위한
시대에듀의 동영상 강의가 준비되어 있습니다.
www.sdedu.co.kr → 회원가입(로그인) → 강의 살펴보기

제1장 | 운영체제의 개요

제1절 운영체제의 소개

1 운영체제의 개념

컴퓨터 시스템은 사용자, 소프트웨어, 하드웨어로 구성된다. 운영체제는 사용자가 하드웨어에 접근할 수 있는 유일한 수단이고, 사용자가 응용 프로그램을 실행할 수 있는 기반환경을 제공하여 컴퓨터를 편리하게 사용할 수 있도록 도와주고, 하드웨어를 효율적으로 사용할 수 있도록 다양한 기능을 제공하는 소프트웨어이다.

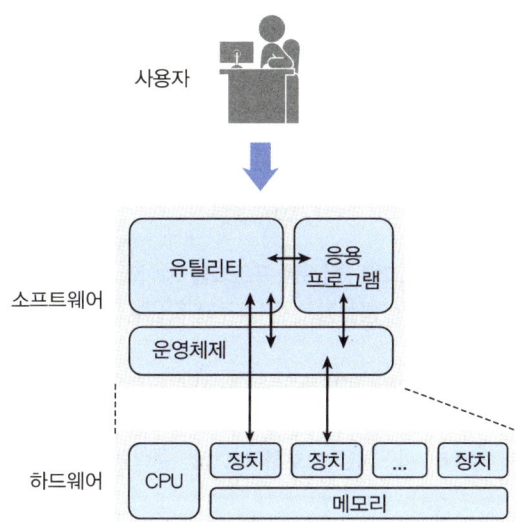

[그림 1-1] 컴퓨터 시스템의 구성요소로서의 운영체제

(1) 운영체제의 구성요소

① **사용자**
  어떤 일(작업)을 수행하려고 컴퓨터를 사용하는 사람이나 장치 또는 다른 컴퓨터를 의미한다.
② **소프트웨어**
  컴퓨터가 기능을 수행하는 데 필요한 모든 프로그램을 의미한다. 시스템 소프트웨어, 유틸리티, 응용 프로그램 등으로 구성된다.

⊙ 시스템 소프트웨어
  컴퓨터 **자원을 관리**하고 응용 프로그램의 실행을 지원하여 **컴퓨터를 제어**하는 프로그램이다. 운영체제를 비롯해 장치 드라이버 등으로 구성된다.
ⓒ 유틸리티
  응용 프로그램보다 작지만 컴퓨터의 여러 **처리 과정을 보조**하여 시스템을 유지하고 **성능을 개선**하는 프로그램으로, 운영체제를 돕는 역할을 하며 필요에 따라 사용자나 운영체제가 메모리 상주 프로그램으로 설치하기도 한다.
ⓒ 응용 프로그램
  특정 작업을 수행하려는 목적, 즉 어떤 문제를 해결하려고 사용자나 전문가가 만든 프로그램이다. 웹브라우저, 워드프로세서, 게임, 이미지 편집 프로그램 등이 이에 해당한다.

③ **하드웨어**
  기본 연산 자원을 제공하는 프로세서(CPU : 중앙처리장치), 메모리, 주변장치 등으로 구성된다.

(2) 운영체제의 역할 중요

컴퓨터 시스템은 여러 사용자가 사용할 수 있으며 다양한 응용 프로그램이 있을 수 있다. 운영체제는 다양한 응용 프로그램이 하드웨어, 즉 컴퓨터 자원을 효율적으로 사용할 수 있도록 관리하고 조정하는 역할을 한다. 즉 사용자와 하드웨어 사이의 중간 매개체로 응용 프로그램의 실행을 제어하고, 자원을 할당 및 관리하며, 입·출력 제어 및 데이터 관리와 같은 서비스를 제공하는 소프트웨어로 정의한다.

- 하드웨어 및 사용자, 응용 프로그램, 시스템 프로그램 사이에서 인터페이스를 제공한다.
- 프로세서, 메모리, 입·출력장치, 통신장치 등 컴퓨터 자원을 효과적으로 활용하려고 조정·관리한다.
- 메일 전송, 파일 시스템 검사, 서버 작업 등 높은 수준의 서비스를 처리하는 응용 프로그램을 제어한다.
- 다양한 사용자에게서 컴퓨터 시스템을 보호하려고 입·출력을 제어하며 데이터를 관리한다.

더 알아두기

좀 더 쉽게 설명하면 인터페이스는 자동차의 핸들 및 계기판과 같다. 자동차는 엔진과 바퀴로 움직이지만 운전자가 핸들로 조종하고 계기판을 통해 현재 주행 상황을 인지한다. 마찬가지로 컴퓨터는 CPU와 메모리로 명령을 처리하지만 사용자가 키보드나 마우스로 자료를 입력하고 출력 결과를 얻는다. 즉 운영체제 인터페이스를 통해서만 컴퓨터 자원을 사용할 수 있다.

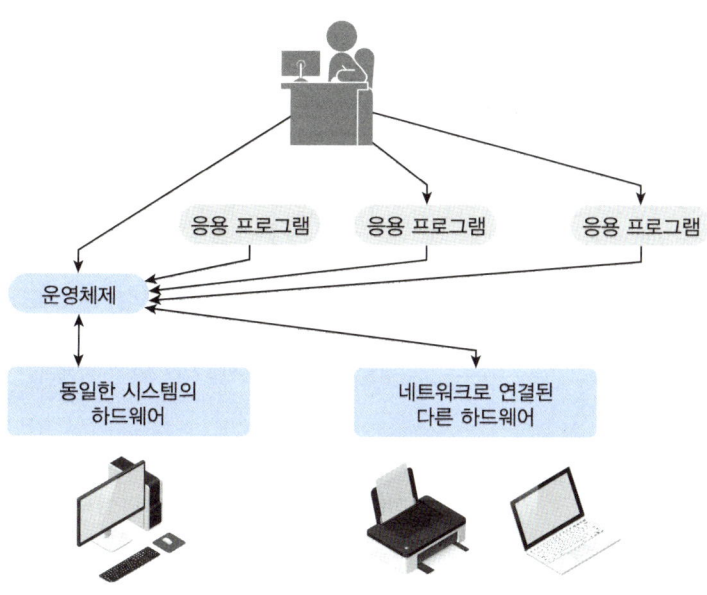

[그림 1-2] 운영체제의 역할

① **조정자**
  컴퓨터 시스템은 하드웨어와 소프트웨어, 이 둘 사이를 오가는 데이터로 운영된다. 운영체제는 이 운영 요소를 적절하게 사용할 수 있도록 제어하면서 사용자와 응용 프로그램 간에 통신할 수 있게 한다. 직접 다른 프로그램이 수행하는 특정 작업을 하는 것이 아니라 이 작업을 할 수 있는 환경만 제공하는 조정자인 셈이다. 예를 들면 워드프로세서 역할을 직접 하는 것이 아니라 워드프로세서가 제 기능을 할 수 있도록 도와준다.

② **자원 할당자 또는 관리자**
  운영체제는 각 응용 프로그램에 필요한 자원을 할당하는 자원 할당자이다. 컴퓨터 자원을 올바른 순서로 할당해야 원하는 업무를 제대로 수행할 수 있는데, 여러 응용 프로그램이 동일한 컴퓨터 자원을 요구하면 충돌이 발생할 수 있다. 이때 운영체제는 컴퓨터 시스템을 공정하고 효율적으로 운영하기 위해 자원을 할당하는 방법을 결정하는 관리자 역할도 한다.

③ **응용 프로그램과 입·출력장치 제어자**
  운영체제는 다양한 입·출력장치와 응용 프로그램을 제어하는 역할을 한다. 컴퓨터 시스템을 부적절하게 사용하거나 오류가 발생하는 것을 방지하기 위해 하드웨어 사용을 조정하고 응용 프로그램의 실행을 제어한다. 특히 입·출력장치를 동작시키고 통제하는 핵심 역할을 한다.

2 운영체제의 발전 목적 중요

운영체제의 목적을 알면 운영체제의 설계 목표와 기능, 운영체제를 배우는 이유를 이해할 수 있을 것이다. 운영체제는 크게 다음 세 가지 목적으로 발전해 왔다. 이 중 편리성과 효율성 목적은 서로 상반될 수 있는데, 과거에는 편리성보다는 효율성을 중요시하여 대부분의 운영체제 이론은 컴퓨터 자원의 최적 이용에 더 관심을 기울였다.

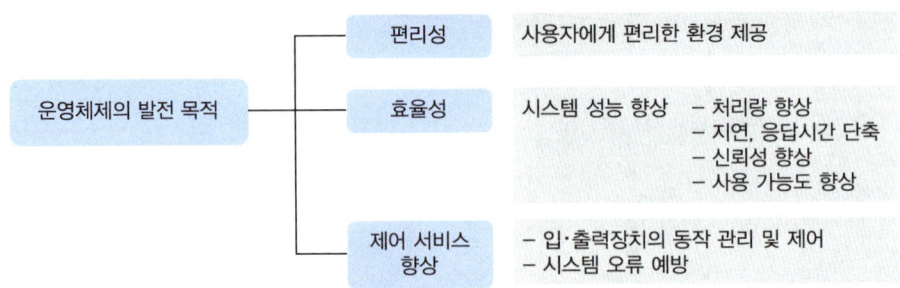

[그림 1-3] 운영체제의 발전 목적

(1) 편리성 : 사용자에게 편리한 환경 제공
사용자가 편리하게 작업할 수 있는 환경을 제공하는 것이 운영체제의 목표이다. 이는 운영체제의 역할 중 '사용자 인터페이스 제공'과 연관된다. 운영제제는 사용자 프로그램을 효율적으로 실행할 수 있는 환경을 제공해야 한다. 사용자가 프로그램을 편리하게 개발할 수 있는 환경뿐만 아니라 응용 프로그램에 대한 사용자 인터페이스, 즉 사용자와 컴퓨터 시스템이 정보 및 명령을 상호 교환할 수 있는 인터페이스를 제공해야 한다.

(2) 효율성 : 시스템 성능 향상
효율성은 사용자가 많은 대형 컴퓨터 시스템에서 특히 중요하다. 대형 컴퓨터 시스템은 대부분 고가이기 때문에 효율적으로 사용해야 하는데, 운영체제는 각 프로그램을 유기적으로 결합하여 시스템 전체 성능을 향상시켜 왔다. 일반적으로 **시스템의 성능은 다음과 같은 기준에 따라 평가한다.**

① **처리량**
시스템의 생산성을 나타내는 대표적인 지표로, 단위시간당 처리하는 작업량이다.

② **지연·응답시간**
사용자가 시스템에 작업을 의뢰한 후 반응을 얻기까지 걸린 시간, 즉 작업을 완료하기까지 걸린 시간이다. 시분할 시스템과 온라인 시스템에서는 응답시간이라고 하며, 일괄 처리 시스템에서는 턴어라운드 타임(turn around time)이라고 한다.

③ **신뢰도**
하드웨어, 소프트웨어가 실패 없이 주어진 기능을 수행할 수 있는 능력이다. 운영체제는 하드웨어 전체를 관리하는 소프트웨어로, 사용자와 응용 프로그램은 운영체제 위에서 작업을 한다고 볼 수 있다. 따라서 운영체제가 불안정하면 모든 작업에 신뢰가 떨어질 수밖에 없다. 운영체제의 신뢰가 떨어지면 그 피해는 사용자에게 돌아가기 때문에 운영체제는 신뢰도가 담보되어야 한다.

④ 사용 가능도

가동률이라고도 한다. 사용자가 일정 기간 동안 컴퓨터를 실제로 사용한 시간(비율)이다. 고장으로 보수한 기간은 제외한다. 고장과 오류가 방해해도 그 영향을 최소화하여 시스템 전체를 중단하지 않고 운영할 수 있어야 한다.

(3) 제어 서비스 향상

운영체제는 시스템을 확장하고 효율적으로 운영할 수 있도록 새로운 기능의 효과적인 개발을 허용하는 방법으로 발전해야 한다. 즉, 서비스를 방해하지 않고 새로운 기능을 도입하고 테스트할 수 있도록 발전해야 한다는 것이다. 그리고 입·출력장치의 동작을 관리 및 제어하거나 시스템 오류 예방 등으로 컴퓨터 자원을 여러 사용자에게 효율적으로 할당하고 관리할 수 있도록 제어 서비스를 발전해 나가야 한다.

3 운영체제의 기능 중요

운영체제는 다양한 역할을 수행하고 그에 따라 제공하는 기능도 다양하다. 주요 기능을 크게 자원 관리와 시스템 관리로 분류한다.

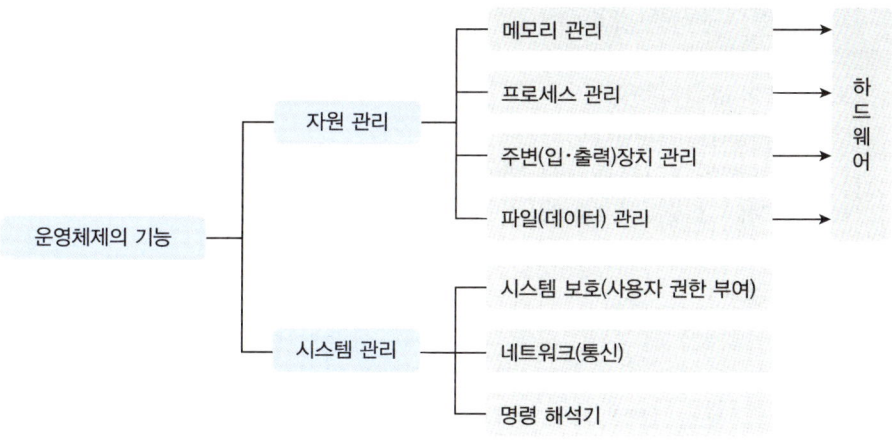

[그림 1-4] 운영체제의 기능

(1) 자원 관리

컴퓨터 시스템의 메모리, 프로세스, 장치, 파일 등 구성 요소를 자원이라고 하는데 운영체제는 이 자원을 관리한다.

① 메모리 관리

운영체제의 메모리 관리 기능은 메인 메모리와 보조기억장치로 구분하여 관리한다.

㉠ 메인 메모리 관리

메인 메모리는 일반적으로 프로세서가 직접 주소로 지정할 수 있는 유일한 메모리이다. 명령어가 메인 메모리에 있어야 프로세서가 명령어를 수행할 수 있으므로, 프로그램을 절대 주소로 맵핑하여 메인 메모리에 저장해야 한다. 그러므로 각 프로세스를 실행할 수 있도록 메인 메모리 공간을 충분히 확보하고, 더불어 각 프로세스를 효율적으로 실행할 수 있도록 메모리를 적절히 사용해야 한다. 메모리에 프로그램을 적게 저장해야 프로세서 이용률과 컴퓨터 응답속도를 높일 수 있는데, 이를 위한 다양한 메모리 관리 방법이 개발되었다. 운영체제는 다음 세부 기능을 수행하여 메인 메모리를 관리한다.

- 메모리의 어느 부분을 사용하고, 누가 사용하는지 점검한다.
- 메모리에 저장할 프로세스를 결정한다.
- 메모리를 할당하고 회수하는 방법을 결정한다.

㉡ 보조기억장치 관리

프로그램을 실행하려면 먼저 필요한 데이터와 함께 메인 메모리에 있어야 한다. 그런데 메인 메모리는 공간이 제한되어 있어 모든 데이터와 프로그램을 계속 저장할 수 없으므로 보조기억장치를 이용한다. 대부분의 응용 프로그램은 메인 메모리에 적재할 때까지는 보조기억장치에 저장하므로 보조기억장치에서 저장하는 방법은 매우 중요하다. 운영체제는 다음 세부 기능을 수행하여 보조기억장치를 관리한다.

- 빈 여유 공간을 관리한다.
- 새로운 파일을 작성할 때 저장 장소를 할당한다.
- 메모리 접근 요청을 스케줄링한다.
- 파일을 생성하고 삭제한다.

② 프로세스 관리

프로세스는 실행 중인 프로그램으로 보통 일괄 처리 작업 하나가 프로세스가 되며, 시분할 사용자 프로그램도 하나의 프로세스가 된다. 또 스케줄링과 같은 시스템 작업도 프로세스가 된다. 하나의 프로세스는 프로세서, 메모리, 파일, 입·출력장치와 같은 자원이 있어야 업무를 수행할 수 있는데, 자원은 프로세스를 생성할 때 제공하거나 실행 중에 할당할 수 있다. 시스템은 이 프로세스의 집합으로 크게 시스템 코드를 수행하는 운영체제 프로세스와 사용자 코드를 수행하는 사용자 프로세스로 구분한다. 모든 프로세스는 프로세서를 분할 사용하여 병행 수행할 수 있다. 운영체제는 다음 세부 기능을 수행하여 프로세스를 관리한다.

㉠ 프로세스와 스레드를 스케줄링한다.
㉡ 사용자 프로세스와 시스템 프로세스를 생성하고 제거한다.
㉢ 프로세스를 중지하고 재수행한다.

㉣ 프로세스 동기화 방법을 제공한다.
  ㉤ 프로세스 통신 방법을 제공한다.
  ㉥ 교착상태(deadlock)를 방지하는 방법을 제공한다.

③ 주변(입·출력)장치 관리

운영체제는 특수 프로그램인 장치 드라이브를 사용하여 입·출력장치와 상호작용한다. 장치 드라이버는 특정 하드웨어 장치와 통신할 수 있는 인터페이스를 제공하므로 특정 하드웨어에 종속된 프로그램이다. 운영체제는 다음 세부 기능을 수행하여 주변(입·출력)장치를 관리한다.
  ㉠ 임시 저장(buffer-caching) 시스템 기능을 제공한다.
  ㉡ 일반 장치용 드라이버 인터페이스를 제공한다.
  ㉢ 특정 장치 드라이버를 제공한다.

④ 파일(데이터) 관리 **기출**

파일 관리는 입·출력 파일의 위치, 저장과 검색 관리를 의미한다. 컴퓨터 시스템은 물리적으로 다양한 형태로 파일을 저장할 수 있는데, 운영체제는 데이터를 효율적으로 사용할 수 있도록 단일화된 저장 형태를 제공한다. 운영체제는 파일을 쉽게 사용하려고 보통 디렉터리로 구성하며, 다수의 사용자가 여기에 접근하려고 할 때는 이 접근을 제어한다. 운영체제는 다음 세부 기능을 수행하여 파일을 관리한다.
  ㉠ 파일을 생성하고 삭제한다.
  ㉡ 디렉터리를 생성하고 삭제한다.
  ㉢ 보조기억장치에 있는 파일을 맵핑한다.
  ㉣ 안전한(비휘발성) 저장장치에 파일을 저장한다.

(2) 시스템 관리

운영체제는 추가로 시스템 보호, 네트워킹, 명령 해석기 등 기능을 제공한다.

① 시스템 보호(사용자 권한 부여)

보호는 컴퓨터 자원에서 프로그램, 프로세스, 사용자의 접근을 제어하는 방법이다. 운영체제는 파일 사용 권한 부여, 데이터 암호화 등 서비스를 제공하여 데이터와 시스템을 보호한다. 컴퓨터 시스템에서는 여러 프로세스를 동시에 실행할 수 있으므로 서로 보호해야 한다. 그리고 네트워크로 파일 공유 사이트에 접속할 때는 다른 사용자의 프로그램에서 보호해야 한다.

② 네트워크(통신)

프로세스는 다양한 방법으로 구성된 네트워크를 이용하여 완전 접속과 부분 접속 방법으로 연결한다. 연결된 프로세서가 통신을 할 때는 경로 설정, 접속 정책, 충돌, 보안 등 문제를 고려해야 하는데, 이를 운영체제가 관리한다.

③ 명령 해석기

명령 해석기는 운영체제에서 중요한 시스템 프로그램이다. 또 사용자나 프로그램에서 대화형으로 입력한 명령어를 이해하고 실행하는 사용자와 운영체제의 인터페이스이다. 사용자가 입력한 명령은 제어문으로 운영체제에 전달하는데, 이 전달을 명령 해석기가 담당한다. 이렇게 명령 해석기는 인터페이스 역할을 할 뿐 운영체제는 아니다. 그리고 명령 해석기는 보통 커널과 분리하는 것이 좋다. 명령 해석기를 커널에서 분리하면 명령 해석기의 인터페이스를 변경할 수 있지만 분리하지 않으면 사용자가 커널의 코드를 변경할 수 없어 인터페이스를 변경할 수 없다. 명령 해석기가 커널의 일부이면 비정상 프로세스가 커널의 특정 부분에 접근할 수 있으므로 커널에서 분리하는 것이 좋다.

제2절 운영체제의 종류

컴퓨터 시스템의 발전 과정과 용도, 응답시간이나 데이터 입력 방법에 따라 운영체제를 구분할 수 있다.

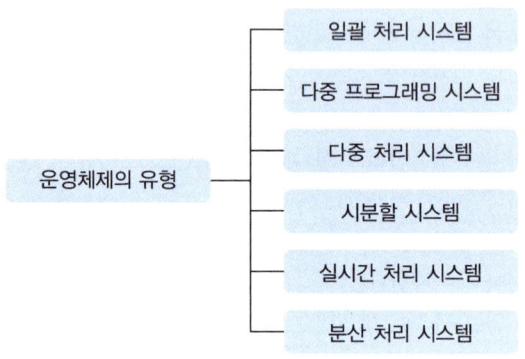

[그림 1-5] 운영체제의 유형

1 일괄 처리 시스템

일괄 처리 시스템(batch processing system)은 작업을 올리는 시간과 해제하는 시간 낭비를 줄이는 데 관심을 두었다. 그래서 데이터가 발생할 때마다 즉시 처리하지 않고 일정 기간 또는 일정량이 될 때까지 모아 두었다가 한꺼번에 처리하여 작업 준비 시간을 줄였다. 이를 위해 일괄 처리, 버퍼링, 스풀링 등 방법을 도입했다.

(1) 일괄 처리

일괄(batch) 처리는 직렬 처리 기술과 동일하다. 사용자가 펀치 카드와 같은 오프라인(off-line)장치에 작업을 저장하여 처리 시스템인 오퍼레이터에 제출한다. 그러면 오퍼레이터에서 비슷한 작업들을 그룹으로 묶어 함께 일괄 처리한다. 즉, 작업 준비 시간을 줄이려고 데이터가 발생할 때마다 즉시 처리하지 않고 데이터를 일정 시간 또는 일정량이 될 때까지 모아 두었다가 한꺼번에 처리하는 것이다.

① 장점
   ㉠ 많은 사용자와 프로그램이 컴퓨터 자원을 공유할 수 있다.
   ㉡ 컴퓨터 자원을 덜 사용 중일 때는 작업 처리 시간을 교대할 수 있다.
   ㉢ 시시각각 수동으로 개입하고 감독하여 컴퓨터 자원의 유휴를 피할 수 있다.

② 단점
　㉠ 준비 작업들의 유형이 동일해야 하고, 작업에 모든 유형의 입력을 할 수 없다.
　㉡ 입·출력장치가 프로세서보다 속도가 느려 프로세서가 종종 유휴 상태가 된다.
　㉢ 작업에 우선순위를 주기도 어렵다.
이런 문제점을 보완하기 위해 모니터링, 버퍼링, 스풀링 등 여러 방법이 등장했다.

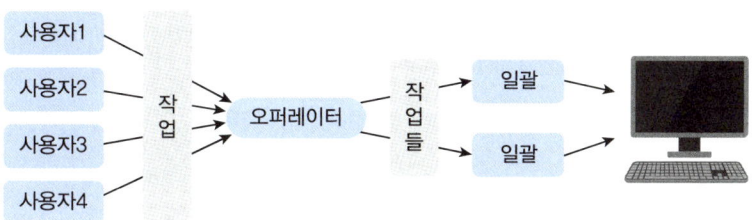

[그림 1-6] 일괄 처리

(2) 버퍼링 중요

버퍼링(buffering)은 프로세서와 입·출력장치의 속도 차이로 생긴 유휴기간이 없도록 입·출력장치 별로 입·출력 버퍼를 두어, 프로세서에서 연산을 할 때 동시에 다른 작업을 입·출력하는 아주 간단한 방법이다.

> **더 알아두기**
>
> **버퍼**
> 프로세서가 어떤 작업을 처리하는 동안 다음으로 처리할(또는 출력할) 작업을 미리 읽어 저장해 두는 메모리이다.

프로세서가 연산을 시작하기 직전 입력장치가 다음 입력을 즉시 받아들이도록 명령했다고 하자. 그러면 프로세서와 입력장치가 동시에 가동된다. 프로세서가 다음 데이터를 준비하고 있을 때 입력장치가 입력을 하면, 프로세서는 데이터를 바로 처리할 수 있고 입력장치는 다음 데이터를 읽어 들일 수 있어 시스템 성능이 향상된다. 출력에서도 이와 비슷한 버퍼링을 수행할 수 있다. 출력장치가 데이터를 받아들일 동안 프로세서가 데이터를 생성하여 버퍼에 넣는다.

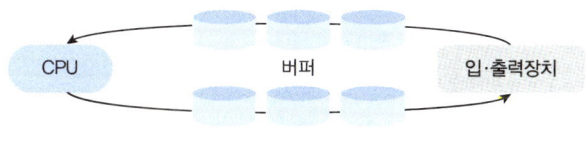

[그림 1-7] 버퍼링

(3) 스풀링 중요

스풀링(spooling)은 속도가 빠른 디스크를 버퍼처럼 사용하여 입·출력장치에서 미리 읽는 것이다. 버퍼링이 컴퓨터 하드웨어의 일부인 버퍼를 사용한다면, 스풀링은 별개의 오프라인 장치를 사용한다. 버퍼링이 하나의 입·출력 작업과 그 작업의 계산만 함께 할 수 있는 반면에, 스풀링은 여러 작업의 입·출력과 계산을 함께 할 수 있다.

스풀링은 성능에 직접적으로 도움을 준다. 프로세서에 일정한 디스크 공간과 테이블만 있으면 하나의 계산 작업과 다른 입·출력 작업을 중복해서 처리할 수 있다. 이처럼 스풀링은 프로세서와 입·출력장치가 고효율로 작업할 수 있도록 한다. 특히 프로세서 중심 작업과 입·출력 중심 작업이 혼합된 경우에 더 좋다.

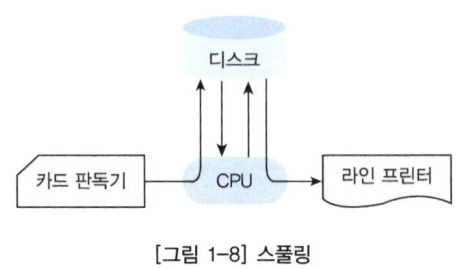

[그림 1-8] 스풀링

2 다중 프로그래밍 시스템 기출

일괄 처리 시스템의 가장 큰 문제는 프로세스가 다른 작업을 하고 있을 때는 입·출력 작업이 불가능하여 프로세서와 메인 메모리의 활용도가 떨어진다는 것이다. 이것은 다중 프로그래밍을 도입하여 해결했다.

다중 프로그래밍은 프로세서가 유휴 상태일 때 실행 중인 둘 이상의 작업이 프로세서를 전환(인터리빙)하여 사용할 수 있도록 동작한다. 즉, 여러 프로그램을 메모리에 적재한 후 하나의 프로그램이 프로세서를 사용하다가 입·출력 동작들을 하여 프로세서를 사용하지 않는 유휴 시간(idle time) 동안 다른 프로그램이 프로세서를 사용하도록 하는 시스템이다.

[그림 1-9]에서 작업 2가 프로세서를 사용하다가 입·출력 동작 중이면 그동안 작업 1이 프로세서를 사용한다. 작업 3은 프로세서 실행 시간을 얻을 때까지 대기하도록 하여 프로세서가 쉬지 않게 함으로써 프로세서 사용을 극대화한다.

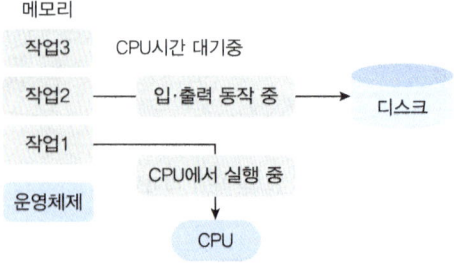

[그림 1-9] 다중 프로그래밍 시스템

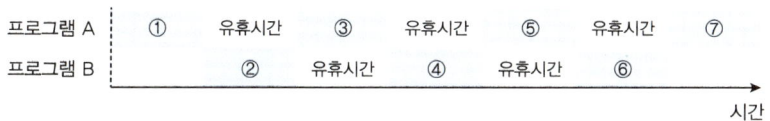

[그림 1-10] 다중 프로그래밍 시스템의 처리 방법

다중 프로그래밍의 장점은 프로세서 사용률(효율적인 운영)이 증가하여 마치 많은 사용자의 프로그램이 거의 동시에 프로세서를 할당받는 듯한 느낌을 준다는 것이다. 단점은 여러 작업을 작업 상태로 두려면 이를 메모리에 보관하고, 일정 형태의 메모리를 관리해야 하므로 다중 프로그래밍 운영체제는 아주 복잡하다는 점이다. 여러 작업이 수행할 준비를 갖추고 있으면, 이 중 하나를 선택하는 결정 방법이 필요하고 이것이 바로 인터럽트를 이용하여 수행하는 프로세서 스케줄링의 다중 프로그래밍으로, 현재 운영체제의 중심 주체이다.

3 시분할 시스템

시분할 시스템(TSS : Time Sharing System)은 다중 프로그램을 논리적으로 확장한 개념으로, 프로세서가 다중 작업을 교대로 수행한다. 다수의 사용자가 동시에 컴퓨터의 자원을 공유할 수 있는 기술이다. 즉, 다양한 터미널에 위치한 많은 사용자가 특정 컴퓨터 시스템을 동시에 사용할 수 있게 한다.

프로세서에 적재된 여러 프로그램을 교대로 실행하지만, 각 프로그램에 **일정한 프로세서 사용시간**(time slice) **또는 규정 시간량**(quantum)**을 할당**하여 사용자가 주어진 시간 동안 컴퓨터와 대화하는 형식으로 실행한다. 여러 사용자에게 짧은 간격으로 프로세서를 번갈아가며 할당해서 마치 자기 혼자 프로세서를 독점하고 있는 양 착각하게 하여 여러 사용자가 단일 컴퓨터 시스템을 동시에 사용할 수 있게 한다.

다중 프로그래밍 시스템과 시분할 시스템을 비교해보면, 둘 다 메모리에 여러 프로그램을 적재하므로 메모리를 관리해야 하고, 어떤 프로그램을 먼저 실행할지 결정하는 스케줄링이라는 개념이 필요하다. 그러나 다중 프로그래밍 시스템이 프로세서 사용을 최대화하는 것이 목표라면, 시분할 시스템은 응답시간을 최소화하는 것이 목표이다.

시분할 시스템은 여러 작업(프로세스)을 메모리에 저장하므로 짧은 시간에 작업을 교체할 수 있도록 메모리를 적절하게 관리해야 하고, 한 작업이 다른 작업의 데이터를 변경할 수 있으므로 작업 보호가 필요하다. 특히 다수의 사용자가 접근하는 파일은 접근 권한을 두어 특정 권한이 있는 사용자만 접근할 수 있도록 파일 시스템을 보호해야 한다. 또 공유 자원에는 액세스 순서를 조정할 수 있는 기능도 제공해야 한다.

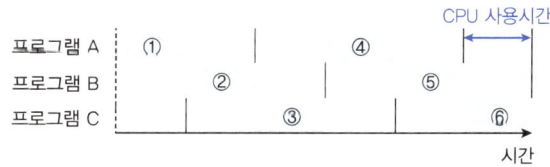

[그림 1-11] 시분할 시스템의 처리방법

4 다중 처리 시스템

다중 처리(multiprocessing) 시스템은 단일 컴퓨터 시스템 내에서 **둘 이상의 프로세서를 사용**하여 동시에 둘 이상의 프로세스(프로그램)를 지원한다. 하나의 프로세서가 2개 이상의 프로그램을 전환하는 다중 프로그래밍과 혼동해서는 안 된다. 다중 처리 시스템은 여러 프로세서와 시스템 버스, 클록, 메모리와 주변장치 등을 공유한다. 일단 프로세서가 둘 이상이므로 **빠르고**, 프로세서 하나가 고장이 나도 다른 프로세서를 사용하여 작업을 계속할 수 있어 신뢰성이 높다.

다중 처리 시스템은 프로세서가 여러 대이므로 프로세서 간의 연결, 상호작용, 역할 분담 등을 고려해야 한다. 다중 처리 시스템을 구성하는 방법에는 비대칭(주종)적 구성과 대칭적 구성이 있다.

5 실시간 처리 시스템

실시간 처리(real time processing) 시스템은 컴퓨터에 어떤 자료를 입력시켰을 때, 빠른 시간 내에 응답을 주어 사용자가 실제로 원하는 시간 내에 문제를 해결할 수 있도록 해 주는 처리 방식을 말한다.

실시간 처리 시스템은 더 높은 적시 응답을 요구하는 장소에서 사용하거나 데이터 흐름 또는 프로세서 연산에 엄격한 시간 요구가 있을 때 사용할 수 있다. 또 전용 응용 프로그램의 제어장치로도 사용한다. 실시간 처리 시스템은 고정시간 제약을 잘 정의하지 않으면 시스템이 실패한다. 실시간 처리 시스템은 다음 두 가지 유형으로 분류할 수 있다.

(1) 경성 실시간 처리 시스템

경성 실시간 처리 시스템(hard real time processing system)은 작업의 실행 시작이나 완료에 대한 시간 제약 조건을 지키지 못할 때 시스템에 치명적인 영향을 주는 시스템이다. 예를 들어 무기 제어, 발전소 제어, 철도 자동 제어, 미사일 자동 조준 등이 이에 해당한다. 보장되는 컴퓨팅, 시간의 정확성과 컴퓨팅 예측성을 갖게 해야 한다.

(2) 연성 실시간 처리 시스템

연성 실시간 처리 시스템(soft real time processing system)은 작업 실행에서 시간 제약 조건은 있으나, 이를 지키지 못해도 전체 시스템에 치명적인 영향을 미치지 않는 시스템이다. 예를 들어, 동영상은 초당 일정 프레임(frame) 이상의 영상을 재생해야 한다는 제약이 있으나, 일부 프레임을 건너뛰어도 동영상을 재생하는 시스템에는 큰 영향을 미치지 않는다.

6 분산 처리 시스템

분산 처리 시스템(distributed processing system)은 시스템마다 독립적인 운영체제와 메모리로 운영하며, 필요할 때 통신하는 시스템이다. 최근 컴퓨터 시스템은 여러 물리적 프로세서에 연산을 분산하는 경향이 있는데, 이는 자원 공유, 연산 속도 향상, 신뢰성과 통신 때문이다. 분산 처리 시스템은 사용자에게는 중앙 집중식 시스템처럼 보이는데, 다수의 독립된 프로세서에서 실행한다. 그리고 데이터를 여러 위치에서 처리·저장하며, 여러 사용자가 공유할 수 있다. 하나의 프로그램을 여러 프로세서에서 동시에 실행할 수도 있다.

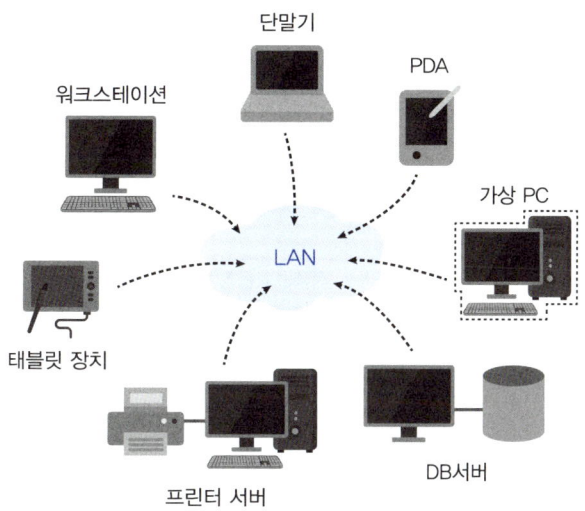

[그림 1-12] 분산 처리 시스템

제3절 운영체제의 역사

운영체제의 역사를 훑어보는 것은 운영체제를 이해하는 데 좋은 방법이고, 나아가 오늘날의 IT환경을 이해하는 데 밑거름이 된다. 현재 쓰이는 운영체제의 기능이 어떻게 만들어지게 되었는지, 그리고 P2P, 클라우드 컴퓨팅과 같은 컴퓨팅 환경이 왜 등장하게 되었는지를 운영체제의 발전과정을 통해 알아보자.

1 개요

운영체제의 역사를 시대 순이나 중요한 사건 순으로 정리할 수도 있지만 주변장치의 개발과 연관지어 설명할 수 있다. 주변장치의 개발은 운영체제의 발전사를 이해하는 데 중요한 단서가 된다.
[표 1-1]은 운영체제의 시기별 주요 기술과 특징을 요약하였다.

[표 1-1] 운영체제의 역사

시기(구분)	운영체제	주요 기술 및 특징
0기 (1940년대)	없음	• 기계어 직접 사용 • 진공관(0과 1) 사용 • 작업별 순차 처리
1기 (1950년대)	일괄 처리	• 작업별로 처리 • 버퍼링, 스풀링 방법 등장 • 운영체제의 등장(IBM 701 개발) • 카드리더, 라인 프린터
2기 (1960년대 초반)	대화형	• 작업시간 예측 어려움 • 문서 편집기, 게임 응용 프로그램 • 키보드, 모니터
3기 (1960년대 후반)	• 시분할 • 다중 프로그래밍 • 다중 처리 • 다중 사용자	• 다중 프로그래밍 기술 개발 • 운영체제를 고급 언어로 작성(C언어) • 데이터 통신 지원용 운영체제 사용
4기 (1970년대 후반)	• 분산 • 다중모드	• 개인용 컴퓨터의 등장(PC) • 일괄 처리, 시분할, 실시간, 다중 프로그래밍들을 제공 • LAN, TCP/IP
5기 (1990년대)	클라이언트/서버	• 웹 시스템 • 서버의 과부하
6기 (2000년대)	• P2P 시스템 • 그리드 컴퓨팅 • 모바일 시스템 • 클라우드 컴퓨팅 • 사물 인터넷	• 메신저 및 파일 공유 • 네트워크 기반의 분산 및 병렬운영체제의 보편화 • 다양한 기능, 확장성, 호환성 극대화 • 다양한 통신망의 확대와 개발형 시스템 발달 • 컴퓨팅 자원, 스토리지, 소프트웨어 등을 사용자에게 서비스 형태로 제공

2 초창기 컴퓨터(1940년대)

최초의 컴퓨터인 에니악은 펜실베이니아 대학의 존 모클리(John Mauchly)와 존 에커트(John Eckert)가 만들었다. 전선에 잭을 꼽아 회로를 연결하여 구성한 에니악은 30톤 규모의 거대한 계산기로 미사일 탄도를 계산하기 위해 제작하였다. 에니악은 사람이 주판으로 7시간 동안 계산했던 것을 단 3초 만에 끝냈다. 진공관이라는 소자를 사용하여 진공관이 켜지면 1, 꺼지면 0이라고 판단했고, 이는 컴퓨터가 2진법을 사용하는 계기가 되었다.

초기의 컴퓨터에는 키보드, 마우스, 모니터와 같은 주변장치가 없고, 18,000개의 진공관을 전선으로 연결한 것이 오늘날의 프로그램을 대신했는데, 이렇게 전선을 연결하여 논리회로를 구성한 것을 '하드 와이어링(hard wiring)' 방식이라고 한다. 하드 와이어링은 전선으로 논리회로를 구성하여 원하는 결과만 얻는 방식으로, 다른 계산이나 수식을 사용하려면 전선을 다시 연결해야 한다. 물론 초창기의 컴퓨터에는 운영체제가 없었다.

3 일괄 작업 시스템(1950년대)

진공관을 전선으로 연결했던 초창기의 컴퓨터는 기술발전을 거쳐 IC(Integrated Circuit)라는 칩으로 만들어지게 되었다. 이 칩은 진공관과 전선으로 만들어진 논리회로를 아주 작은 크기로 구현한 것으로 이를 이용함으로써 현대적인 모습의 컴퓨터가 탄생했다. 이때의 컴퓨터에는 미약하지만 중앙처리장치인 CPU(Central Processing Unit)와 메인 메모리가 있었으나 키보드와 같은 입력장치, 모니터와 같은 출력장치가 없었다. 대신 천공카드 리더(punch card reader)를 입력장치로, 라인 프린터(line printer)를 출력장치로 사용했다.

천공카드 리더는 OMR(Optical Mark Reader)의 원조 격이라 할 수 있다. OMR은 OMR 카드에 특수한 펜으로 표시하면 기계가 이 마크를 읽어서 데이터를 수집하는 장치이다. 라인 프린터는 문자만 출력하는 프린터로 한 번에 한 줄씩 출력하기 때문에 라인 프린터라는 이름이 붙었다.

천공카드 리더와 라인 프린터로 컴퓨터를 사용하는 것은 매우 불편하지만 천공카드 시스템은 현대적인 프로그래밍을 가능하게 해주었다. 프로그램만 바꾸면 다른 작업이 가능했다. 천공카드 리더로 하나의 작업을 읽어 들여 실행하고 결과를 출력한 후 다음 작업을 읽어 들여 실행했다. 이러한 시스템에서는 작업에 필요한 프로그램과 데이터를 동시에 입력해야 작업이 가능하다. 지금의 프로그래밍 환경과 달리 모든 작업을 한꺼번에 처리해야 하고 프로그램 실행 중간에 사용자가 데이터를 입력하거나 수정하는 것이 불가능한데, 이러한 시스템을 일괄 작업 시스템(batch job system) 또는 일괄 처리 시스템(batch processing system)이라고 부른다.

4 대화형 시스템(1960년대 초반) 중요

1960년대 초반에 키보드와 모니터가 등장했다. 키보드는 타자기의 쿼티(QWERTY) 자판에 다양한 키를 추가하여 만들었고, 모니터는 브라운관 기반의 단색(초록색 또는 오렌지색) 모니터였다. 기존의 일괄 작업 시스템은 매우 비효율적이어서 프로그램과 데이터를 같이 입력하여 작업의 최종 결과만 얻을 수 있었다. 작업 중간에 새로운 값을 입력하거나 데이터를 변경하는 것이 불가능했고, 프로그램에 오류가 있거나 잘못된 데이터를 사용하여 결과가 틀렸더라도 그 사실을 최종 프린트 결과물로만 확인할 수 있었다.

키보드와 모니터가 개발됨으로써 작업 중간에 사용자가 입력을 하거나 사용자에게 중간 결과 값을 보여줄 수 있게 되었다. 또한 중간 결과 값을 출력하여 프로그램에 이상이 있는지 혹은 프로그램이 정상적으로 진행되고 있는지도 확인할 수 있게 되었다. 프로그램이 진행되는 도중에 사용자로부터 입력을 받을 수 있어 입력 값에 따라 작업의 흐름을 바꾸는 것도 가능해졌다. 이러한 시스템은 컴퓨터와 사용자의 대화를 통해 작업이 이루어지므로 대화형 시스템(interactive system)이라고 일컫는다.

일괄 작업 시스템은 단순 계산 위주의 작업만 가능했으나, 대화형 시스템의 등장으로 문서 편집기, 게임과 같은 다양한 종류의 응용 프로그램을 만들 수 있게 되었다. 그러나 일괄 작업 시스템은 입·출력이 거의 없어 작업 시간을 예측할 수 있지만 대화형 시스템은 거의 작업 시간을 예측하기 어렵다. 응용 프로그램의 입력과 출력이 얼마 만에 완료될지 예측하기 어렵고 사용자가 얼마 만에 반응할지도 알 수 없었기 때문이다.

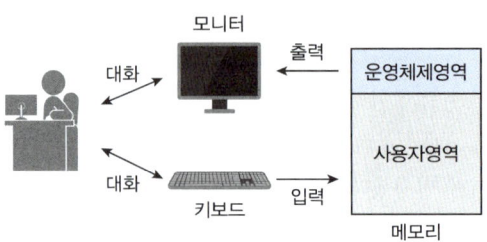

[그림 1-13] 대화형 시스템의 구성

> **더 알아두기**
>
> **CPU 집중 작업과 입·출력 집중 작업**
> - **CPU 집중 작업**
>   일괄 작업 시스템에서는 프로그램이 실행되는 동안에 입·출력이 불가능하기 때문에 대부분의 작업이 CPU만 사용하는 계산 작업이었다. 이를 CPU 집중 작업, CPU 편향 작업 또는 컴퓨터 집중 작업이라고 부른다. 예 수학 계산과 같은 프로그램
>
> - **입·출력 집중 작업**
>   대화형 시스템에서는 프로그램이 실행되는 동안에 입·출력이 가능하기 때문에 입·출력 집중 작업이 생겨났다. 입·출력 집중 작업 또는 입·출력 편향 작업은 대부분의 작업 시간이 주변장치의 입력과 출력에 사용된다. 예 동영상 플레이어, DB 프로그램

5 시분할 시스템(1960년대 후반) 중요

(1) 시분할 시스템의 등장

1960년대 후반에 컴퓨터의 크기가 작아지고 계산 능력이 향상되었지만 허가받은 몇몇 사용자만 사용할 수 있었고 고가였다. 값비싼 기계로 한 번에 하나의 작업만 수행하는 것은 낭비라 효율적으로 사용하기 위한 연구가 진행된 결과 다중 프로그래밍(multiprogramming) 기술이 개발되었다. 다중 프로그래밍은 하나의 CPU로 여러 작업을 동시에 실행하는 기술로, 한 번에 하나의 작업만 가능한 일괄 작업 시스템에 비해 효율성이 뛰어났다.

다중 프로그래밍 시스템에서는 CPU 사용 시간을 아주 잘게 쪼개어 여러 작업에 나누어 준다. 이처럼 여러 작업을 조금씩 처리하여 작업이 동시에 이루어지는 것처럼 보이게 하는 것을 시분할 시스템이라고 한다. 다중 작업(multitasking) 시스템이라고도 불리는 시분할 시스템에서는 CPU 사용 시간을 잘게 쪼개어 작업들에 나누어줌으로써 모든 작업이 동시에 처리되는 것처럼 보인다. 이때 잘게 나눈 시간 한 조각을 타임 슬라이스(time slice) 또는 타임 퀀텀(time quantum)이라고 한다. 오늘날의 컴퓨터에는 대부분 시분할 시스템이 사용된다.

(2) 다중 사용자 시스템

시분할 시스템에서 동시에 실행되는 작업의 개수를 멀티프로그래밍 수준(level of multiprogramming) 또는 멀티프로그래밍 정도(degree of multiprogramming)라고 한다. 일괄 작업 시스템은 멀티프로그래밍 수준이 1이고, 동시에 실행되는 작업이 3개인 경우에는 멀티프로그래밍 수준이 3이라고 한다.

이 시기에 AT&T 벨연구소에서 C언어로 유닉스를 개발했다. 유닉스는 멀티프로그래밍과 다중 사용자를 지원하는 운영체제로서 소스코드를 공개하고 다양한 업체 및 프로그래머와 공동 작업 끝에 탄생한 작고 안정적인 운영체제이다. 'uni-'는 '하나'라는 뜻의 접두어로, 유닉스는 그 이름이 나타내듯이 단순함을 지향하여 현대 운영체제의 기본 개념을 수립했다.

6 분산 시스템(1970년대 후반)

1977년 스티브 잡스(Steve Jobs)가 최초의 개인용 컴퓨터인 '애플Ⅱ'를 발표했다. 그 이전에는 컴퓨터가 고가였지만 개인용 컴퓨터의 출현으로 개인이 소유하기가 쉬워졌다. 이 시기에는 소프트웨어도 급속도로 발전했다. 특히 운영체제 시장이 급속도로 커졌으며, 개인용 컴퓨터의 운영체제로 애플의 매킨토시와 마이크로소프트의 MS-DOS가 많이 사용되었다.

1970년 후반은 인터넷이 등장한 시기이기도 하다. 1960년대에 미국의 ARPA(Advanced Research Project Agency)는 서로 호환되지 않는 LAN(Local Area Network)들을 하나로 묶기 위한 연구를 했는데, 그 결과로 ARPAnet이 만들어졌다. 이후 알파넷은 차츰 대중에게 개방되었고 컴퓨터 간의 네트워킹을 위한 TCP/IP(Transmission Control Protocol/Internet Protocol)를 사용하여 통신하는 것이었다.

7 클라이언트/서버 시스템(1990년대 ~ 현재)

분산 시스템은 시스템에 참가하는 모든 컴퓨터가 동일한 지위이기 때문에 컴퓨터가 고장나거나 추가되면 작업을 분배하고 결과를 모으기가 쉽지 않다. 클라이언트/서버 시스템(Client/Server system)은 이러한 문제점을 해결하는 기술로, 모든 컴퓨터의 지위가 동일한 분산 시스템과 달리 작업을 요청하는 클라이언트와 거기에 응답하여 요청받은 작업을 처리하는 서버의 이중 구조로 나뉜다.

클라이언트/서버 구조가 일반인들에게 알려진 것은 웹 시스템(web system)이 보급된 이후이다. 웹 시스템의 등장으로 그림이나 링크를 통한 다양한 응용 서비스가 가능해지자 인터넷을 사용하는 일반인이 급속도로 늘어나게 되었는데, 웹 시스템은 전형적인 클라이언트/서버 구조를 이루고 있다.

클라이언트/서버 구조의 문제점은 서버 과부하를 꼽을 수 있다. 모든 요청이 서버로 집중되기 때문에 수십만의 클라이언트를 처리하기 위해서는 많은 서버와 큰 용량의 네트워크가 필요하다.

8 P2P 시스템(2000년대 초반 ~ 현재)

(1) P2P 시스템의 등장

1990년대 말에 전 세계의 MP3 음악 파일을 공유하려는 시도가 있었는데 문제는 클라이언트/서버 시스템의 과부하였다. 웹 페이지는 한 페이지가 수kByte이지만 MP3파일은 수MByte이기 때문에 기존의 클라이언트/서버 구조로 MP3 파일 공유 시스템을 구현하면 서버 과부하로 서비스를 할 수 없었다.

이로 인해 서버의 부하를 줄일 수 있는 새로운 시스템으로 P2P 시스템(Peer-to-Peer system)이 만들어졌다. Peer는 말단 노드, 즉 사용자의 컴퓨터를 가리키며, P2P는 서버를 거치지 않고 사용자와 사용자를 직접 연결한다는 의미이다. P2P 시스템에서는 서버가 파일 검색만 맡고 사용자 간에 파일 전송이 이루어지기 때문에 서버의 부하가 적다는 것이 장점이다.

(2) P2P 시스템의 예

① 메신저

P2P 시스템을 이용하여 만든 최초의 MP3 파일 공유 프로그램은 1999년 서비스를 시작한 미국의 냅스터(Napster)이다. P2P 기술은 불법 소프트웨어 기술 규제 때문에 발전하지 못하다가 메신저 프로그램에 도입되면서 크게 발전하게 되었다. 수만명이 동시에 채팅을 하고 파일을 주고 받는 메신저 시스템은 클라이언트/서버 구조로 만들 수 없으며 P2P 기술을 이용하면 서버의 부하없이 구현할 수 있다.

② 파일 공유

대용량의 파일 공유도 P2P 시스템의 발전에 한몫을 했다. 비록 합법, 불법적인 문제가 남아있지만, P2P 시스템은 MP3 파일 공유 시스템의 단점을 보완하며 발전하고 있다.

9 기타 컴퓨팅 환경(2000년대 초반 ~ 현재)

2000년대 초반에는 P2P 컴퓨팅 환경과 더불어 그리드 컴퓨팅, 클라우드 컴퓨팅, 사물 인터넷 등의 새로운 컴퓨팅 환경이 탄생했다.

(1) 그리드 컴퓨팅 기출

고성능 컴퓨터를 다량 구매하여 몇 년에 걸쳐 사용하고 나면 컴퓨터의 성능이 급속도로 발전하기 때문에 몇 년 후에는 컴퓨터가 쓸모없어진다. 이러한 경우 필요한 기간만 컴퓨터를 사용하고 비용을 지불할 수 있다면 좋을 것이다. 이처럼 필요한 컴퓨팅 자원을 구매하여 사용하는 컴퓨팅 환경을 그리드 컴퓨팅(grid computing)이라고 부른다.

그리드 컴퓨팅은 분산 시스템의 한 분야로, 서로 다른 기종의 컴퓨터들을 묶어 대용량의 컴퓨터 풀(computer pool)을 구성하고 이를 원격지와 연결하여 대용량의 연산을 수행하는 컴퓨팅 환경이다. 일반인을 위한 시스템이라기보다는 연구용이나 상업용으로 이용되는 시스템으로, 일반인은 웹하드 서비스에서 그리드 시스템을 경험할 수 있다. 서버에 엄청난 양의 데이터를 보관하고 있는 웹하드는 사용자에게 데이터를 전송할 때 과부하가 걸리기도 하여 이를 해결하기 위해 대용량 데이터 P2P 시스템 기술을 사용한다.

그리드 컴퓨팅이 하드웨어적인 컴퓨팅 환경의 통합이라면 SaaS(Software as a Service)는 사용자가 필요할 때 소프트웨어 기능을 이용하고 그만큼만 비용을 지불하는 개념이다. 일반적으로는 소프트웨어를 사용자의 컴퓨터에 설치한 후 사용하지만, SaaS의 경우 필요한 기능을 모아 서버에서 실행하고 사용자는 인터넷을 통해 필요한 서비스만 제공받으며 월별로 혹은 서비스를 이용한 만큼 비용을 지불한다. SaaS의 큰 장점은 프로그램을 설치하거나 업데이트를 할 필요 없이 인터넷에 접속하면 누구나 이용할 수 있다는 것이다.

(2) 클라우드 컴퓨팅 기출

클라우드 컴퓨팅(cloud computing)은 언제 어디서나 응용 프로그램과 데이터를 자유롭게 사용할 수 있는 컴퓨팅 환경으로 그리드 컴퓨팅과 SaaS를 합쳐놓은 형태이다. 하드웨어를 포함한 시스템이 구름에 가려진 것처럼 사용자에게 보이지 않는 컴퓨팅 환경이라는 의미에서 클라우드라는 명칭이 붙게 되었다.

2006년 구글의 크리스토프 비시글리아(Christophe Bisciglia)가 처음 제안한 것으로 알려진 클라우드 컴퓨팅은 PC, 휴대전화, 스마트 기기 등을 통해 인터넷에 접속하고, 다양한 작업을 수행하며, 기기 간의 데이터 이동이 자유로운 컴퓨팅 환경이다. 집이나 회사의 컴퓨터에 소프트웨어를 깔고 이동식 저장장치로 데이터를 옮기던 것에 비해 매우 편리한 방식이다.

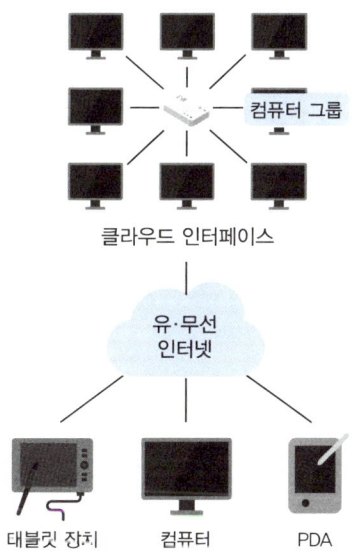

[그림 1-14] 클라우드 컴퓨팅 환경

(3) 사물 인터넷

사물 인터넷(IoT : Internet of Things)은 사물에 센서와 통신 기능을 내장하여 인터넷에 연결하는 기술이다. 인터넷으로 연결된 사물들이 데이터를 주고받아 스스로 분석하고 학습한 정보를 사용자에게 제공하거나 새로운 서비스를 창출하는 사물 인터넷은 인공지능, 로봇 공학, 무인 운송 수단, 3D 인쇄, 나노 기술과 더불어 4차 산업혁명을 이끄는 기술이다.

지하철과 버스의 예정 시간을 알려주고 각종 전자 제품을 스마트폰으로 제어하는 등 사물 인터넷 기술도 점차 대중화되고 있다. 재난 방지 시스템, 안드로이드 운영체제를 이용한 커넥트 카, 에너지를 제어하는 스마트 그리드, 공공 기물을 관리하는 스마트 시티 등 다양한 분야에서 사물 인터넷이 사용되고 있다.

○✕로 점검하자 | 제1장

※ 다음 지문의 내용이 맞으면 ○, 틀리면 ✕를 체크하시오. [1 ~ 10]

01 운영체제의 주요 기능은 자원 관리와 시스템 관리로 구분한다. (   )

> 운영체제의 주요 기능은 자원 관리[메모리 관리, 프로세스 관리, 주변장치(입·출력장치) 관리, 파일(데이터) 관리]와 시스템 관리[시스템 보호(사용자 권한 부여), 네트워킹(통신), 명령 해석기 등 지원]로 나눈다.

02 운영체제는 정의성, 효율성(시스템 성능 향상), 제어 서비스 향상이라는 세 가지 목적에서 발전해 왔다. (   )

> 운영체제의 발전 목적은 사용자에게 편리한 환경을 제공하는 편리성, 시스템 성능 향상을 위한 효율성, 입·출력장치의 동작 관리 및 제어를 하기 위한 제어 서비스 향상에 있다.

03 시스템의 성능 판단 기준의 하나인 처리량(throughput)은 사용자가 시스템에 작업을 의뢰한 후 반응을 얻기까지 걸린 시간, 즉 작업을 완료하기까지 걸린 시간이다. (   )

> 처리량은 시스템의 생산성을 나타내는 대표적인 지표로, 단위시간당 처리하는 작업량이다.

04 시스템의 성능 판단의 기준은 처리량, 지연/응답시간, 신뢰도, 오류율이다. (   )

> 시스템의 성능 판단의 기준은 처리량, 지연/응답시간, 신뢰도, 사용 가능도이다. 사용 가능도는 가동률이라고도 하며, 사용자가 일정 기간 동안 컴퓨터를 실제로 사용한 시간(비율)이다. 고장으로 보수한 기간은 제외한다.

05 일괄 처리 방식은 한 개의 작업들을 한 번씩 처리하는 운영체제이다. (   )

> 일괄 처리 방식은 여러 개의 작업들을 한 개의 그룹 또는 일괄적으로 묶어 자동적으로 처리할 수 있는 모니터라는 운영체제에 의해 시행한다.

정답 **1** ○ **2** ✕ **3** ✕ **4** ✕ **5** ✕

06 다중 프로그래밍에서는 하나의 작업이 입·출력을 하는 동안, 다른 작업이 CPU를 쓸 수 있도록 하나의 프로그램을 주기억공간에 적재시킨다. (   )

>>> 다중 프로그래밍 시스템은 프로세서(CPU) 하나가 둘 이상의 프로그램을 처리하고, 다중 처리 시스템은 둘 이상의 프로세서(CPU)가 프로그램을 여러 개 처리한다.

07 실시간 처리 시스템은 다중 프로그래밍을 논리적으로 확장한 개념으로 프로세서가 다중 작업을 교대로 수행한다. (   )

>>> 실시간 처리 시스템은 컴퓨터에 어떤 자료를 입력시켰을 때 빠른 시간 내에 응답을 주어 사용자가 실제로 원하는 시간 내에 문제를 해결할 수 있도록 해주는 처리 방식이다.

08 시분할 시스템(TSS : Time Sharing System)은 많은 사용자와 프로그램이 컴퓨터 자원을 공유할 수 있다. (   )

>>> 시분할 시스템은 CPU의 시간을 각 사용자가 균등하게 분할하여 사용하는 시스템이다.

09 분산 운영체제는 시시각각 수동으로 개입하고 감독하여 컴퓨터 자원의 유휴를 피할 수 있다. (   )

>>> 분산 운영체제는 처리장치, 기억장치, 입·출력장치 등의 기본적인 처리능력을 가진 독립적인 기계들을 네트워크로 연결하여 구성한 보다 종합적인 컴퓨터 시스템이다.

10 다중 처리 시스템은 여러 개의 작업을 동시에 처리할 수 있도록 다수 개의 CPU를 갖고 있으면서, 주기억공간이나 주변기기를 서로 공유할 수 있도록 하는 시스템이다. (   )

>>> 다중 처리 시스템은 하나의 시스템에서 프로세서를 여러 개 사용하여 처리 능력을 높인다.

정답 6 ✕ 7 ✕ 8 ✕ 9 ✕ 10 ○

제 1 장 | 실전예상문제

01 다음 중 운영체제의 기능으로 옳지 않은 것은?

① 컴퓨터 시스템의 초기화 기능
② 고급 언어로 작성한 프로그램을 기계어로 번역하는 기능
③ 오류 검사 및 복구 기능
④ 효율적인 자원 관리와 할당 기능

01 운영체제의 기능은 다음 그림과 같다.
[문제 하단 그림 참조]

02 다음 중 운영체제의 성능 판단 요소로 옳지 않은 것은?

① 처리량
② 지연·응답시간
③ 비용
④ 신뢰도

02 운영체제는 효율성 있는 시스템의 사용으로 성능 향상에 목적을 두고 있다.
- 처리량: 단위시간당 처리하는 작업량
- 지연·응답시간: 작업을 완료하기 까지 걸린 시간이다(turn around time).
- 신뢰도: 하드웨어, 소프트웨어가 실패 없이 주어진 기능을 수행할 수 있는 능력
- 사용 가능도: 사용자가 일정 기간 동안 컴퓨터를 실제로 사용한 시간 (비율), 가동률

정답 01 ② 02 ③

03 운영체제는 시스템 운영 요소를 적절하게 사용할 수 있도록 제어하면서(조정자), 각 응용 프로그램에 필요한 자원(프로세스, 메모리, 파일, 장치 등)을 할당하거나 효율적으로 운영하려고 자원을 할당하는 방법을 결정한다(자원 할당자 또는 관리자). 그리고 응용 프로그램과 입·출력장치를 제어한다(응용 프로그램과 입·출력장치 제어자).

04 프로세서에 적재된 여러 프로그램을 교대로 실행하지만, 각 프로그램에 일정한 프로세서 사용시간(time slice) 또는 규정 시간량(quantum)을 할당하여 사용자가 주어진 시간 동안 컴퓨터와 대화하는 형식으로 실행한다.

05 스풀링은 성능에 직접적으로 도움을 주며, 스풀 공간으로 고속의 빠른 디스크를 버퍼처럼 사용하여 입·출력장치에서 미리 읽는 것으로, 소프트웨어적으로 구현한다.
버퍼링은 단일 사용자가 한 작업에 대한 입·출력과 계산을 수행한다. 버퍼 공간으로 주기억장치의 일부를 사용하며, 하드웨어적으로 구현한다.

03 다음 중 운영체제의 역할로 옳지 않은 것은?

① 자원 보호 기능 제공
② 자원의 스케줄링 기능 제공
③ 입·출력 제어 및 데이터 관리
④ 응용 프로그램 제어

04 운영체제의 운영 방법 중 시분할 체제에 대한 설명으로 옳지 않은 것은?

① 일괄 처리 형태에서 사용자 대기 시간을 줄이는 형태이다.
② 여러 사용자가 프로세서를 공유하고 있지만, 마치 자신만이 독점하여 사용하는 것처럼 느끼게 한다.
③ 메모리에 여러 프로그램을 적재하므로 메모리 관리 및 스케줄링을 해야 한다.
④ 단위 작업 시간을 time slice라고 한다.

05 컴퓨터 시스템 성능을 향상시키는 스풀링에 대한 설명으로 옳지 않은 것은?

① 여러 작업의 입·출력과 계산을 동시에 수행할 수 있다.
② 스풀 공간으로 가상기억장치의 일부를 사용하며, 소프트웨어적인 방법이다.
③ 제한된 수의 입·출력장치만 사용하여 입·출력 작업의 지연을 방지한다.
④ 저속의 입·출력장치에서 읽어온 자료를 우선 중간의 저장장치에 저장하는 방법이다.

정답 03 ① 04 ① 05 ③

06 다음 설명에 해당하는 운영체제의 목적으로 옳은 것은?

> 컴퓨터 시스템 내의 한정된 각종 자원을 여러 사용자가 요구할 때, 어느 정도로 신속하고 충분하게 지원할 수 있는지를 나타내는 정도이다. 사용 가능한 하드웨어 자원의 수나 다중 프로그래밍의 정도 등의 요소가 좌우하는 것으로, 같은 종류의 시스템 자원 수가 많을 때 높아질 수 있다.

① reliability
② throughput
③ turn around time
④ availability

06 신뢰도(reliability)는 하드웨어, 소프트웨어가 실패 없이 주어진 기능을 수행할 수 있는 능력이다.

07 운영체제의 운영 방법 중 동시에 프로그램을 수행할 수 있는 프로세서를 2개 이상 두고, 각각 그 업무를 분담하여 처리할 수 있는 방법은?

① time sharing system
② real time processing system
③ batch processing system
④ multiprocessing system

07 multiprocessing system(다중 처리 시스템)은 단일 컴퓨터 시스템 내에서 둘 이상의 프로세서를 사용하여 동시에 둘 이상의 프로세스(프로그램)를 지원한다. 다중 처리 시스템은 여러 프로세서와 시스템 버스, 클록, 메모리와 주변장치 등을 공유한다. 일단 프로세서가 둘 이상이므로 빠르고, 프로세서 하나가 고장이 나도 다른 프로세서를 사용하여 작업을 계속할 수 있어 신뢰성이 높다.

정답 06 ④ 07 ④

08 프로그램이 프로세서가 수행하는 속도와 프린터 등에서 결과를 처리하는 속도의 차이를 극복하기 위해 디스크 저장 공간을 사용하는 방법으로 옳은 것은?

① spooling
② linking
③ cycle stealing
④ paging

08
- spooling : 스풀 공간으로 고속의 빠른 디스크를 버퍼처럼 사용하여 입·출력장치에서 미리 읽는 것으로, 소프트웨어적으로 구현한다.
- linking : 프로그래밍 언어에서 분리된 여러 개의 파일을 하나로 결합하는 작업이다.
- cycle stealing : DMA의 방식으로 CPU와 입·출력장치가 메모리에 동시에 접근할 때 입·출력장치가 CPU의 작업 속도보다 느리기 때문에 메모리 접근에 양보하는 상황을 말한다.
- paging : 작업을 크기가 동일한 페이지로 나눠 처리하는 방법으로, 프로세스를 크기가 동일한 페이지로 나누고, 메인 메모리도 프레임이라는 고정 크기 블록으로 나눠 이 프레임에 페이지를 적재하는 방법이다.

09 다음 중 프로세서와 입·출력장치의 속도 차이를 줄이는 데 사용하는 방법으로 옳은 것은?

① storage interleaving(기억장치 상호 배치)
② storage protection(기억장치 보호)
③ buffering(버퍼링)
④ polling(폴링)

09
- storage interleaving(기억장치 상호 배치) : 인접한 메모리 위치를 서로 다른 뱅크에 둠으로써 동시에 여러 곳을 접근할 수 있게 하는 것으로 주기억장치에 접근하는 속도를 빠르게 하는 데 쓰인다.
- storage protection(기억장치 보호) : 악의에 의한 기억내용 파괴, 변경 방지를 위해 쓰기·읽기에 제한을 두어 프로그램의 폭주를 방지하고 프로그램의 실행권한을 보호하는 것이 목적이다.
- buffering(버퍼링) : 속도가 다른 두 장치의 속도 차이를 완화하는 역할을 하고, 느린 장치를 통해 들어오는 데이터를 버퍼에 모아 한꺼번에 이동시키는 동작을 말한다. 버퍼 공간으로 주기억장치의 일부를 사용하며, 하드웨어적으로 구현한다.
- polling(폴링) : CPU가 직접 입·출력장치에서 데이터를 입·출력하는 방식으로, 입·출력장치의 상태를 주기적으로 검사하여 일정한 조건을 만족할 때 데이터를 처리한다.

정답 08 ① 09 ③

10 운영체제의 발달과정을 순서대로 나열한 것으로 옳은 것은?

> ㉠ 일괄 처리 시스템　㉡ P2P 시스템
> ㉢ 다중 모드 시스템　㉣ 시분할 시스템

① ㉠ → ㉣ → ㉢ → ㉡
② ㉢ → ㉣ → ㉠ → ㉡
③ ㉣ → ㉠ → ㉢ → ㉡
④ ㉢ → ㉡ → ㉠ → ㉣

10 [문제 하단 표 참조]

시기(구분)	운영체제	주요 기술 및 특징
0기 (1940년대)	없음	• 기계어 직접 사용 • 진공관(0과 1) 사용 • 작업별 순차 처리
1기 (1950년대)	일괄 처리	• 작업별로 처리 • 버퍼링, 스풀링 방법 등장 • 운영체제의 등장(IBM 701 개발) • 카드리더, 라인 프린터
2기 (1960년대 초반)	대화형	• 작업시간 예측 어려움 • 문서 편집기, 게임 응용 프로그램 • 키보드, 모니터
3기 (1960년대 후반)	• 시분할 • 다중 프로그래밍 • 다중 처리 • 다중 사용자	• 다중 프로그래밍 기술 개발 • 운영체제를 고급 언어로 작성(C언어) • 데이터 통신 지원용 운영체제 사용
4기 (1970년대 후반)	• 분산 • 다중 모드	• 개인용 컴퓨터의 등장(PC) • 일괄 처리, 시분할, 실시간, 다중 프로그래밍들을 제공 • LAN, TCP/IP
5기 (1990년대)	클라이언트/서버	• 웹 시스템 • 서버의 과부하
6기 (2000년대)	• P2P 시스템 • 그리드 컴퓨팅 • 모바일 시스템 • 클라우드 컴퓨팅 • 사물 인터넷	• 메신저 및 파일 공유 • 네트워크 기반의 분산 및 병렬운영체제의 보편화 • 다양한 기능, 확장성, 호환성 극대화 • 다양한 통신망의 확대와 개발형 시스템 발달 • 컴퓨팅 자원, 스토리지, 소프트웨어 등을 사용자에게 서비스 형태로 제공

정답　10 ①

11 다음 설명과 가장 관련 있는 운영체제의 목적으로 옳은 것은?

> • 시스템이 정확하게 작동하는 정도
> • 하드웨어적인 오류의 자체 회복 재시도
> • 상호 조회 시스템 구성
> • 소프트웨어의 오류에 대한 상세한 메시지 제공

① 처리 능력 증대
② 응답시간 단축
③ 신뢰도 향상
④ 사용 가능도 증대

11 신뢰도는 시스템이 정확하게 작동되는 정도를 말하는데, 하드웨어적인 오류의 자체 회복 재시도나 소프트웨어의 오류에 대한 상세한 메시지 등이 시스템의 신뢰도 향상을 위한 기법으로 사용된다.

12 다음 중 몇 개의 작업을 동시에 주기억장치에 적재하여 실행하는 처리 방법으로 옳은 것은?

① 일괄 처리
② 다중 프로그래밍
③ 대화식 처리
④ 온라인 처리

12 다중 프로그래밍은 여러 프로그램을 메모리에 적재한 후 하나의 프로그램이 프로세서를 사용하다가 입·출력 동작들을 하여 프로세서를 사용하지 않는 유휴시간(idle time) 동안 다른 프로그램이 프로세서를 사용하도록 하는 시스템이다.

정답 11 ③ 12 ②

13 다음 중 스풀링과 버퍼링에 대한 설명으로 옳지 않은 것은?

① 버퍼링은 디스크를 큰 버퍼처럼 사용한다.
② 버퍼링은 프로세서의 효율적인 시간 관리를 지향하려고 도입했다.
③ 스풀링은 여러 작업에서 입·출력과 계산을 동시에 수행한다.
④ 스풀링은 시스템의 효율을 높일 수 있는 방향으로 다음에 수행할 작업의 선택과 관련된 스케줄링을 가능하게 한다.

13 [문제 하단 표 참조]

버퍼링	비교	스풀링
두 장치의 속도 완화	역할	두 장치의 속도 완화
프로그램의 공유	공유	프로그램 간의 배타적 공유
하드웨어적 구현	구현방법	소프트웨어적 구현
단일 사용자	사용자	다중 사용자
주기억장치	위치	디스크
한 작업에 대한 입·출력과 계산 중복 가능	작업유형	여러 작업에 대한 입·출력과 계산 중복 가능
느린 입·출력장치의 데이터를 일정량 모아 한꺼번에 전송	동작	작업내용을 하드디스크의 스풀러 공간에 저장하여 다른 작업도 수행
HDD 버퍼용량	용도	프린터 스풀러

14 다음은 운영체제가 해결할 문제이다. 이런 문제점이 발생한 직접적인 원인으로 가장 타당한 것은?

- 교착상태 예방, 회피, 발견, 회복 등 처리 문제
- 프로세서와 자원의 할당 문제
- 메모리 관리 문제
- 병행성 제어 문제
- 공존하는 프로그램 간의 충돌 해결 문제

① 메모리 및 자원의 효율적인 사용
② 사용자에게 편리한 인터페이스 제공
③ 다중 프로그램 방법 이용
④ 프로세서 처리 속도 및 입·출력장치의 속도 차이

14 다중 프로그래밍의 장점으로는 프로세서 사용률(효율적인 운영)이 증가하여 마치 많은 사용자의 프로그램이 거의 동시에 프로세서를 할당받는 듯한 느낌을 준다는 것이다. 단점으로는 여러 작업을 작업 상태로 두려면 이를 메모리에 보관하고, 일정 형태의 메모리를 관리해야 하므로 다중 프로그래밍 운영체제는 아주 복잡하다는 것이다. 여러 작업이 수행할 준비를 갖추고 있으면, 이 중 하나를 선택하는 결정 방법이 필요하고 이것이 바로 인터럽트를 이용하여 수행하는 프로세서 스케줄링의 다중 프로그래밍이다.

정답 13 ① 14 ③

15
- 분산 처리 시스템 : 컴퓨터 네트워크 시스템(LAN)
- 일괄 처리 시스템 : 카드리더, 라인 프린터
- 실시간 시스템 : 예약 시스템, 단말기 컴퓨터 온라인
- 병렬 처리 시스템 : 컴퓨터 운영체제

15 한정된 시간 제약 조건에서 데이터를 분석하여 처리하는 시스템으로, 비행기 제어 시스템이나 교통 제어 시스템에 사용하는 운영체제로 옳은 것은?

① 분산 처리 시스템
② 일괄 처리 시스템
③ 실시간 시스템
④ 병렬 처리 시스템

16 다중 프로그래밍은 긴 작업에 유리하고, 작업들이 동시에 실행되도록 하여 작업들을 메모리에 할당하고 실행하여 처리량을 극대화한다. 시분할 처리는 짧은 응답 시간을 요구하는 작업에 유리하고, 시간 간격을 기준으로 CPU를 여러 사용자에게 순차적으로 할당하여, 응답시간을 최소화한다.

16 다중 프로그래밍 시스템과 시분할 처리 시스템은 모두 다수의 사용자에게 서비스를 제공한다. 이 시스템들에 대한 설명으로 옳은 것은?

① 다중 프로그래밍은 실행 시간이 짧은 작업에 유리하고, 시분할 처리는 실행 시간이 긴 작업에 유리하다.
② 다중 프로그래밍과 시분할 처리는 모두 일정하게 나눈 시간만큼 작업에 할당한다.
③ 다중 프로그래밍과 시분할 처리 모두 실행 시간이 긴 작업에 유리하다.
④ 다중 프로그래밍은 처리량의 극대화를 꾀하고, 시분할 처리는 응답시간의 최소화를 꾀한다.

정답 15 ③ 16 ④

제 2 장

컴퓨터 시스템의 구성

제1절	컴퓨터 하드웨어의 구성
제2절	컴퓨터 시스템의 동작
제3절	컴퓨터 시스템의 서비스
제4절	커널의 구성
제5절	멀티프로세서와 멀티코어 구조
실전예상문제

교육이란 사람이 학교에서 배운 것을 잊어버린 후에 남은 것을 말한다.

– 알버트 아인슈타인 –

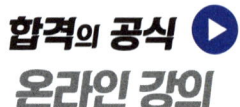

보다 깊이 있는 학습을 원하는 수험생들을 위한
시대에듀의 동영상 강의가 준비되어 있습니다.
www.sdedu.co.kr ➜ 회원가입(로그인) ➜ 강의 살펴보기

제 2 장 컴퓨터 시스템의 구성

제1절 컴퓨터 하드웨어의 구성

컴퓨터 시스템은 데이터를 처리하는 물리적 기계장치인 하드웨어(hardware)와 어떤 작업을 지시하는 명령어로 작성한 프로그램인 소프트웨어(software)로 구성된다. 운영체제(OS : Operating System)는 컴퓨터 하드웨어를 관리하는 소프트웨어이다. 컴퓨터 하드웨어는 크게 프로세서, 메모리(기억장치), 주변장치로 구성되고, 이들은 시스템 버스로 연결된다.

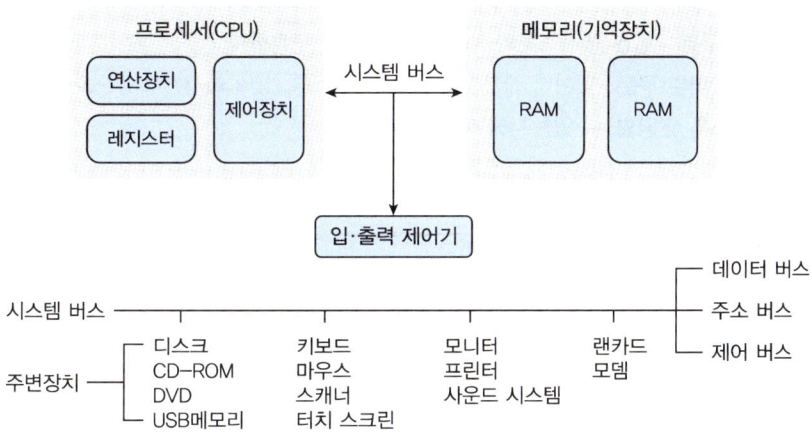

[그림 2-1] 컴퓨터 하드웨어의 구성

1 프로세서

프로세서(processor)는 컴퓨터 하드웨어에 부착된 모든 장치의 동작을 제어하고 명령을 실행한다. **중앙처리장치(CPU : Central Processing Unit)라고도 한다.**

(1) 프로세서의 구성

프로세서는 연산장치, 제어장치, 레지스터로 구성되고, 이들은 내부 버스로 연결된다.

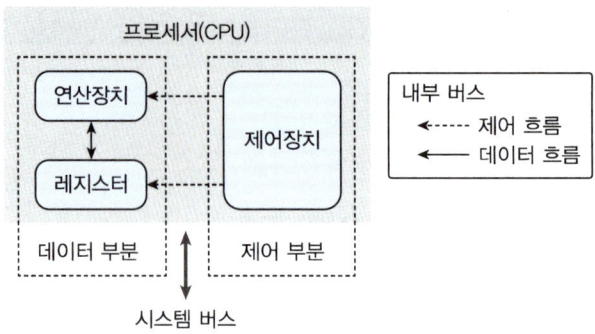

[그림 2-2] 프로세서의 구성

(2) 레지스터의 구분

레지스터는 여러 관점에서 구분할 수 있다.

① **용도에 따른 구분**: 전용 레지스터와 범용 레지스터로 구분한다.
② **정보의 종류에 따른 구분**: 데이터 레지스터, 주소 레지스터, 상태 레지스터 등으로 세분화할 수 있다.
③ **사용자가 정보를 변경할 수 있는지에 따른 구분**
  ㉠ 사용자 가시(user-visible) 레지스터
   사용자가 운영체제와 사용자 프로그램을 이용하여 정보를 변경할 수 있고, 접근이 가능한 데이터와 주소, 일부 조건 코드를 보관한다.
   • 데이터 레지스터(DR : Data Register) : 함수 연산에 필요한 데이터를 저장한다. 값, 문자 등을 저장하므로 산술연산이나 논리연산에 사용하며, 연산 결과로 플래그 값을 저장한다.
   • 주소 레지스터(AR : Address Register) : 주소나 유효 주소를 계산하는 데 필요한 주소의 일부분을 저장한다. 주소 레지스터에 저장한 값(데이터)을 사용하여 산술연산을 할 수 있다. 기준 주소 레지스터, 인덱스 레지스터, 스택 포인터 레지스터로 세분한다.
    - 기준 주소 레지스터 : 프로그램을 실행할 때 사용하는 기준 주소 값을 저장한다. 기준 주소는 하나의 프로그램이나 일부처럼 서로 관련 있는 정보를 저장하며, 연속된 저장 공간을 지정하는 데 참조할 수 있는 주소이다. 따라서 기준 주소 레지스터는 페이지나 세그먼트처럼 블록화된 정보에 접근하는 데 사용한다.
    - 인덱스 레지스터 : 유효 주소를 계산하는 데 사용하는 주소 정보를 저장한다.
    - 스택 포인터 레지스터 : 메모리에 프로세서 스택을 구현하는 데 사용한다. 많은 프로세서와 주소 레지스터를 데이터 스택 포인터와 큐 포인터로 사용한다. 일반적으로 반환 주소, 프로세서 상태 정보, 서브루틴의 임시 변수를 저장한다.
  ㉡ 사용자 불가시(user-invisible) 레지스터
   사용자가 정보를 변경할 수 없는 레지스터로, 프로세서의 상태와 제어를 관리한다.
   • 프로그램 카운터(PC : Program Counter) : 다음에 실행할 명령어의 주소를 보관하는 레지스터이다. 계수기로 되어 있어 실행할 명령어를 메모리에서 읽으면 명령어의 길이만큼 증가하여 다음 명령어를 가리키며, 분기 명령어는 목적 주소를 갱신할 수 있다.

- 명령어 레지스터(IR : Instruction Register) : 현재 실행하는 명령어를 보관하는 레지스터이다.
- 누산기(ACC : ACCumulator) : 데이터를 일시적으로 저장하는 레지스터이다.
- 메모리 주소 레지스터(MAR : Memory Address Register) : 프로세서가 참조하려는 데이터의 주소를 명시하여 메모리에 접근하는 버퍼 레지스터이다.
- 메모리 버퍼 레지스터(MBR : Memory Buffer Register) : 프로세서가 메모리에서 읽거나 메모리에 저장할 데이터 자체를 보관하는 버퍼 레지스터이다. 메모리 데이터 레지스터(MDR : Memory Data Register)라고도 한다.

> **더 알아두기**
>
> 프로세서 수가 많을수록 처리 속도가 빠르다. 탑재한 프로세서 수가 한 개인 싱글코어(Single core), 2개인 듀얼코어(Dual core), 3개인 트리플코어(Triple core), 4개인 쿼드코어(Quad core), 6개인 헥사코어(Hexa core), 8개인 옥타코어(Octa core) 등이 있다.

2 메모리

메모리는 컴퓨터 성능과 밀접하다. 사용자는 당연히 크고 빠르며 비용이 저렴한 메모리를 요구하지만 속도가 빠른 메모리는 가격이 비싸므로 일반적으로 **메모리 계층 구조를 구성하여 비용, 속도, 용량, 접근시간 등을 상호 보완**한다.

속도는 느리나 용량이 큰 보조기억장치부터 속도는 빠르나 용량이 작은 레지스터까지 메모리의 종류는 다양하다. 메모리 계층 구조는 메인 메모리를 중심으로 아래에는 대용량의 자기디스크, 이동이 편리한 광디스크, 파일을 저장하는 속도가 느린 자기테이프가 있다. 그리고 메인 메모리 위에는 프로세서의 속도 차이를 보완하는 캐시가 있고, 최상위에는 프로세서가 사용한 데이터를 보관하는 가장 빠른 레지스터가 있다.

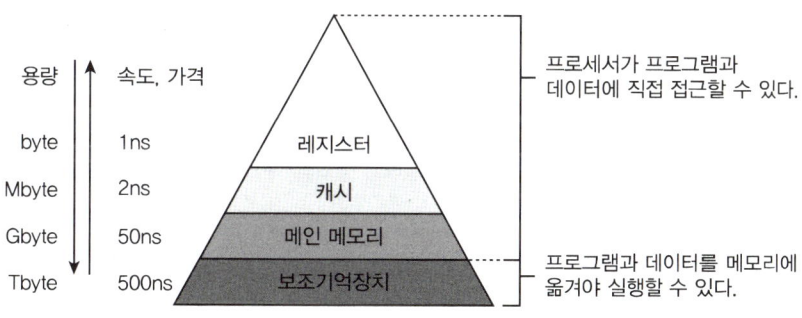

[그림 2-3] 메모리 계층 구조

메모리 계층 구조는 1950~60년대 너무 비싼 메모리의 가격 문제 때문에 제안한 방법이다. 프로그램을 실행하거나 데이터를 참조하려면 모두 메인 메모리에 올려야 한다. 그렇다고 고가인 메인 메모리를 무작정 크게 할 수는 없어서 불필요한 프로그램과 데이터는 보조기억장치에 저장했다가 실행·참조할 때만 메인 메모리로 옮기는 원리를 적용한 방법을 사용한다. 따라서 메모리 계층 구조는 비용, 속도, 크기(용량)가 다른 메모리를 효과적으로 사용함으로써 시스템의 성능을 향상시킨다.

> **더 알아두기**
>
> 메모리 기술이 발달하면서 SSD(Solid State Disk), NVRAM(Non-Volatile RAM) 등도 등장했다. SSD는 자기디스크로 된 하드디스크를 대체하려고 개발한 보조기억장치로 플래시 메모리로 구성되어 있고, 하드디스크보다 데이터 입·출력 속도가 빠르다. 하지만 하드디스크보다 용량이 작고 가격은 비싸 아직은 하드디스크가 대세이다. NVRAM은 외부 전원이 꺼지거나 상실되더라도 내용은 보존되는 RAM이다.

(1) 레지스터

프로세서 내부에 있으며, 프로세서가 사용할 데이터를 보관하는 가장 빠른 메모리이다. 종류는 사용자 가시 레지스터와 사용자 불가시 레지스터의 내용과 같다.

(2) 메인 메모리

① 메인 메모리의 역할

㉠ 프로그램 저장 또는 데이터 저장

프로세서 외부에 있으며, 프로세서에서 즉각적으로 수행할 프로그램과 데이터를 저장하거나 프로세서에서 처리한 결과를 저장한다. 입·출력장치도 메인 메모리에서 데이터를 받거나 저장한다. 주기억장치 또는 1차 기억장치라고도 한다. 저장 밀도가 높고 가격이 싼 DRAM(Dynamic RAM)을 많이 사용한다.

㉡ 입·출력 병목 현상 해결

메인 메모리는 프로세서와 보조기억장치 사이에 있으며, 여기서 발생하는 디스크 입·출력 병목 현상을 해결하는 역할도 한다. 그런데 프로세서와 메인 메모리 간에 속도 차이가 나면서 메인 메모리의 부담을 줄이려고 프로세서 내부와 외부에 캐시를 구현하기도 한다.

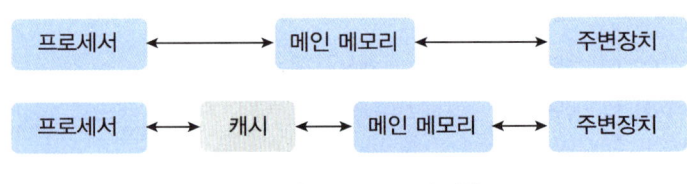

[그림 2-4] 메인 메모리의 역할

② 메인 메모리의 주소 지정

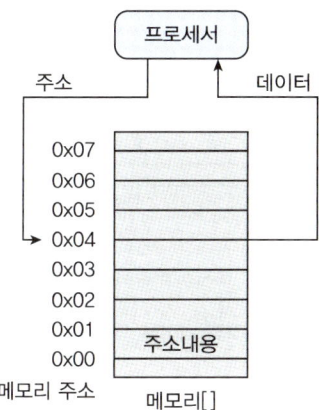

메인 메모리는 다수의 셀(cell)로 구성되며, 각 셀은 비트로 구성된다. 셀이 k비트이면 셀에 2^k값을 저장할 수 있다. 메인 메모리에 데이터를 저장할 때는 셀 한 개나 여러 개에 나눠서 저장한다. 셀은 주소로 참조하는데, n비트라면 주소 범위는 $0 \sim 2^{n-1}$이다.

[그림 2-5] 메인 메모리의 주소 지정

③ 메모리 매핑 **종요**

컴퓨터에 주어진 주소를 물리적 주소라고 한다. 프로그래머는 물리적 주소 대신 수식이나 변수를 사용한다. 그리고 컴파일러가 프로그램을 기계 명령어로 변환할 때 변수와 명령어에 주소를 할당하는데, 이 주소를 논리적 주소(가상 주소, 프로그램 주소)라고 한다. 논리적 주소는 별도의 주소 공간에 나타낸다. 컴파일로 논리적 주소를 물리적 주소로 변환하는데. 이 과정을 매핑(사상 : mapping) 또는 메모리 맵(memory map)이라고 한다. 운영체제는 가상 메모리(virtual memory) 방법을 사용하여 메인 메모리의 유효 크기를 늘릴 수 있다. 이 내용은 후에 가상 메모리에서 다루기로 한다.

[그림 2-6] 메모리 매핑

④ 메모리 접근 시간과 메모리 사이클 시간

메모리 속도는 메모리 접근 시간과 메모리 사이클 시간으로 표현할 수 있다. 일반적으로 사이클 시간이 접근 시간보다 약간 길며, 메모리의 세부 구현 방법에 따라 다르다.

㉠ 메모리 접근 시간

명령이 발생한 후 목표 주소를 검색하여 데이터 쓰기(읽기)를 시작할 때까지 걸린 시간이다. 예를 들면 읽기 제어신호를 가한 후 데이터를 메모리 버퍼 레지스터에 저장할 때까지 걸린 시간이다.

ⓛ 메모리 사이클 시간

두 번의 연속적인 메모리 동작 사이에 필요한 최소 지연시간이다. 예를 들면 읽기 제어신호를 가한 후 다음 읽기 제어신호를 가할 수 있을 때까지 필요한 시간이다.

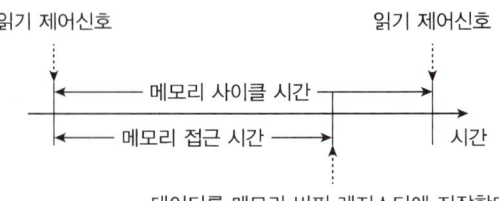

[그림 2-7] 메모리 접근 시간과 메모리 사이클 시간

(3) 캐시 기출

① 캐시의 개념

캐시(cache)는 메모리와 CPU 간의 속도 차이를 완화하기 위해 메모리의 데이터를 미리 가져와 저장해두는 임시 장소이다. 캐시는 필요한 데이터를 모아 한꺼번에 전달하는 버퍼의 일종으로 CPU가 앞으로 사용할 것으로 예상되는 데이터를 미리 가져다 놓는다. 이렇게 미리 가져오는 작업을 '미리 가져오기(prefetch)'라고 한다.

캐시는 CPU 안에 있으며 CPU 내부 버스의 속도로 작동하고, 메모리는 시스템 버스의 속도로 작동하기 때문에 캐시에 비해 느리다. 캐시는 빠른 속도로 작동하는 CPU와 느린 속도로 작동하는 메모리 사이에서 두 장치의 속도 차이를 완화해준다.

② 캐시의 구조

캐시는 메모리의 내용 중 일부를 미리 가져오고, CPU는 메모리에 접근해야 할 때 캐시를 먼저 방문하여 원하는 데이터가 있는지 찾아본다. 캐시에서 원하는 데이터를 찾았다면 캐시 히트(cache hit)라고 하며, 그 데이터를 바로 사용한다. 그러나 원하는 데이터가 캐시에 없으면 메모리로 가서 데이터를 찾는데 이를 캐시 미스(cache miss)라고 한다. 캐시 히트가 되는 비율을 캐시 적중률(cache hit ratio)이라고 하며, 일반적으로 컴퓨터의 캐시 적중률은 약 90%이다.

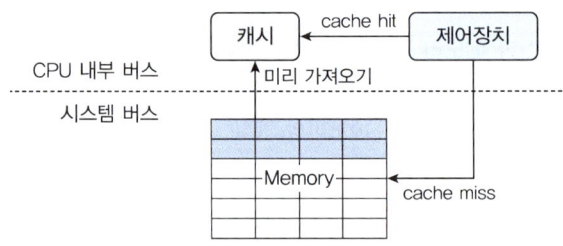

[그림 2-8] 메모리 구조

③ **캐시의 적중률**

컴퓨터의 성능을 향상시키려면 캐시 적중률을 높여야 한다. 캐시 적중률을 높이는 방법은 다음 두 가지가 있다.

㉠ 캐시의 용량 증가

캐시 적중률을 높이는 방법 중 하나가 캐시의 크기를 늘리는 것이다. 캐시의 크기가 커지면 더 많은 데이터를 미리 가져올 수 있어 캐시 적중률이 올라간다. 클록이 같은 CPU라도 저가형과 고가형은 캐시의 크기가 다르다. 예를 들면 저가인 i7은 캐시 메모리가 4MByte이지만 고가의 i7은 8MByte 이상이 된다. 캐시는 가격이 비싸기 때문에 크기를 늘리는 데 한계가 있어 몇 MByte 정도만 사용한다.

㉡ 앞으로 많이 사용될 데이터를 가져오기

캐시 적중률을 높이는 또 다른 방법은 앞으로 많이 사용될 데이터를 가져오는 것이다. 이와 관련된 이론으로는 현재 위치에 가까운 데이터가 멀리 있는 데이터보다 사용될 확률이 더 높다는 지역성(locality) 이론이 있다. 예를 들면 현재 프로그램의 100번 행이 실행되고 있다면 다음에 101번 행이 실행될 확률이 200번 행이 실행될 확률보다 더 높다. 따라서 현재 100번 행을 실행하는 경우 지역성 이론에 따라 101~120번 행을 미리 가져오면 된다.

> **더 알아두기**
>
> **웹 브라우저의 캐시**
>
> 캐시는 소프트웨어적으로도 사용되는데 대표적인 예가 웹 브라우저 캐시이다. 웹에서 사용하는 캐시는 '앞으로 다시 방문할 것을 예상하여 지우지 않은 데이터'라고 정의할 수 있다. 네이버 같이 자주 방문하는 사이트의 경우 로고나 버튼들의 작은 그림이 자주 바뀌지 않으므로, 로고나 버튼 등의 데이터를 캐시에 보관하고 있다가 사이트를 다시 방문하면 캐시에 있는 데이터를 사용하여 웹 페이지가 열리는 속도를 높인다. 이처럼 웹 브라우저의 캐시는 방문했던 사이트의 데이터를 보관하여 재방문 시 속도를 높이는 역할을 한다. 그러나 너무 많은 데이터가 캐시에 보관되어 있으면 웹 브라우저의 속도를 떨어뜨릴 수 있으므로 가끔 청소를 하는 것이 좋다.

(4) 보조기억장치

주변장치 중 프로그램과 데이터를 저장하는 하드웨어로, 2차 기억장치 또는 외부기억장치라고도 한다. 자기디스크, 광디스크, 자기테이프 등이 있다. 메모리는 전자의 이동으로 데이터를 처리하지만 하드디스크나 CD와 같은 저장장치는 구동장치가 있는 기계이므로 속도가 느리다. 이렇게 느린 저장장치를 사용하는 이유는 저장용량에 비해 가격이 싸기 때문이다. 저장장치는 메모리보다 느리지만 저렴하고 용량이 크며, 전원의 온·오프와 상관없이 데이터를 영구적으로 저장한다.

3 시스템 버스

시스템 버스(system bus)는 하드웨어를 물리적으로 연결하여 서로 데이터를 주고받을 수 있게 하는 통로이다. 컴퓨터 내부의 다양한 신호(데이터 입·출력 신호, 프로세서 상태 신호, 인터럽트 요구와 허가 신호, 클록 신호 등)가 시스템 버스로 전달된다. 시스템 버스는 기능에 따라 데이터 버스, 주소 버스, 제어 버스로 구분한다.

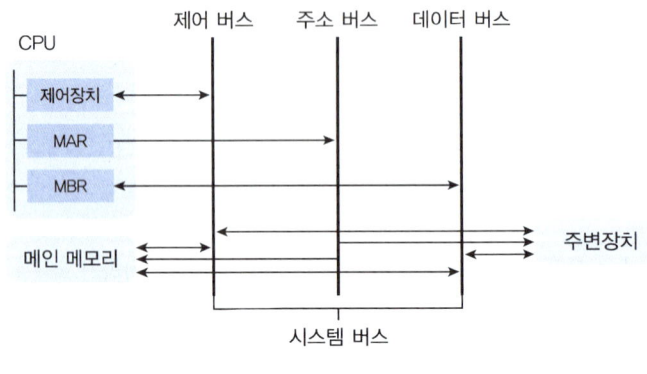

[그림 2-9] 시스템 버스

(1) 데이터 버스(data bus)

프로세서와 메인 메모리, 주변장치 사이에서 데이터를 전송한다. 데이터 버스를 구성하는 배선 수는 프로세서가 한 번에 전송할 수 있는 비트 수를 결정하는데, 이를 워드라고 한다. 제어 버스가 다음에 어떤 작업을 할지 신호를 보내고 주소 버스가 위치 정보를 전달하면 데이터가 데이터 버스에 실려 목적지까지 이동한다. 데이터 버스는 메모리 버퍼 레지스터(MBR)와 연결되어 있으며 양방향이다.

(2) 제어 버스(control bus)

제어 버스에서는 다음에 어떤 작업을 할지 지시하는 제어신호가 오고 간다. 메모리에서 데이터를 가져올지, 아니면 처리한 데이터를 옮겨놓을 지에 대한 지시 정보가 오고 가는데, 메모리에서 데이터를 가져올 때는 읽기 신호를 보내고, 처리한 데이터를 메모리로 옮겨놓을 때는 쓰기 신호를 보낸다. 주변장치의 경우도 마찬가지로 하드디스크에 저장명령을 내리거나 사운드카드에 소리를 내라는 명령을 내릴 때 제어 버스를 통해 전달된다.
제어 버스는 CPU의 제어장치와 연결되어 있다. 메모리에서 오류가 발생하거나 네트워크 카드에 데이터가 모두 도착했다는 신호는 모두 제어 버스를 통해 CPU로 전달된다. 제어 버스의 신호는 CPU, 메모리, 주변장치와 양방향으로 오고 간다.

(3) 주소 버스(address bus)

주소 버스에서는 메모리의 데이터를 읽거나 쓸 때 어느 위치에서 작업할 것인지를 알려주는 위치 정보(주소)가 오고 간다. 주변장치의 경우도 마찬가지로 하드디스크의 어느 위치에서 데이터를 읽어올지, 어느 위치에 저장할지에 대한 위치 정보가 주소 버스를 통해 전달된다. 주소 버스는 메모리 주소 레지스터(MAR)와 연결되어 있으며 단방향이다. CPU에서 메모리나 주변장치로 나가는 주소 정보는 있지만 주소 버스를 통해 CPU로 전달되는 정보는 없다.

[표 2-1] 시스템 버스의 종류와 특징

버스	특징
데이터 버스	메모리 버퍼 레지스터(MBR)와 연결된 버스로, 데이터의 이동이 양방향으로 이루어진다.
제어 버스	제어장치와 연결될 버스로, CPU가 메모리와 주변장치에 제어신호를 보내기 위해 사용한다. 메모리와 주변장치에서도 작업이 완료되거나 오류가 발생하면 제어신호를 보내기 때문에 양방향이다.
주소 버스	메모리 주소 레지스터(MAR)와 연결된 버스로, 메모리나 주변장치에 데이터를 읽거나 쓸 때 위치 정보를 보내기 위해 사용하며 단방향이다.

(4) 버스의 대역폭(band width)

버스의 대역폭은 한 번에 전달할 수 있는 데이터의 최대 크기를 말한다. 8차선 도로는 한 번에 8대의 차가 동시에 다닐 수 있듯이 대역폭의 크기만큼 데이터가 오고 갈 수 있다. 버스의 대역폭은 CPU가 한 번에 처리할 수 있는 데이터의 크기와 같다. 흔히 32bit CPU, 64 bit CPU라고 하는데 여기서 32bit, 64bit는 CPU가 한 번에 처리할 수 있는 데이터의 최대 크기이다. 32bit CPU는 메모리에서 데이터를 읽거나 쓸 때 한 번에 최대 32bit를 처리할 수 있으며, 이 경우 레지스터의 크기도 32bit, 버스의 대역폭도 32bit이다. 버스의 대역폭, 레지스터의 크기, 메모리에 한 번에 저장할 수 있는 데이터의 크기는 항상 같다. 참고로 CPU가 한 번에 처리할 수 있는 데이터의 최대 크기를 워드(word)라고 하며, 버스의 대역폭과 메모리에 한 번에 저장되는 단위도 워드이다. 32bit CPU에서 1워드는 32bit이다.

4 주변장치

주변장치는 프로세서와 메인 메모리를 제외한 나머지 하드웨어 구성요소이다. 단순히 입·출력장치라고도 하나, 크게 입력장치, 출력장치, 저장장치로 구분한다.

(1) 입력장치

컴퓨터에서 처리할 데이터를 외부에서 입력하는 장치이다.

(2) 출력장치

입력장치와 반대로 컴퓨터에서 처리한 데이터를 외부로 보내는 장치이다.

(3) 저장장치

메인 메모리와 달리 거의 영구적으로 데이터를 저장하는 장치이다. 데이터를 입력하여 저장하며, 저장한 데이터를 출력하는 공간이므로 입·출력장치에 포함하기도 한다.

저장장치는 자성을 이용하는 장치, 레이저를 이용하는 장치, 메모리를 이용하는 장치로 구분할 수 있다. 자성을 이용하는 장치는 카세트테이프, 플로피디스크, 하드디스크가 있고, 레이저를 이용하는 장치는 CD(Compact Disk), DVD(Digital Versatile Disk), 블루레이 디스크(Blue-Ray Disc) 등이 있다. 메모리를 이용하는 장치는 USB드라이버(Universal Serial Bus driver), SD카드(Secure Digital card), CF카드(Compact Flash card), SSD(Solid State Drive) 등이다.

5 폰 노이만 구조 중요 기출

오늘날의 컴퓨터는 대부분 폰 노이만 구조(von Neumann architecture)를 따른다.

(1) 폰 노이만 구조의 개념

폰 노이만 구조는 CPU, 메모리, 입·출력장치, 저장장치가 버스로 연결되어 있는 구조를 말한다. 폰 노이만 구조가 등장하기 전의 컴퓨터는 전선을 연결하여 회로를 구성하는 하드 와이어링 형태였기 때문에 다른 용도로 사용하려면 전선의 연결을 바꾸어야 했다. 이러한 문제를 해결하기 위해 미국의 수학자 존 폰 노이만(John von Neumann)은 메모리를 이용하여 프로그래밍이 가능한 컴퓨터 구조, 즉 하드웨어는 그대로 둔 채 작업을 위한 프로그램만 교체하여 메모리에 올리는 방식을 제안했다. 폰 노이만 구조 덕분에 오늘날에는 프로그래밍 기술을 이용하여 컴퓨터로 다양한 작업을 할 수 있게 되었다.

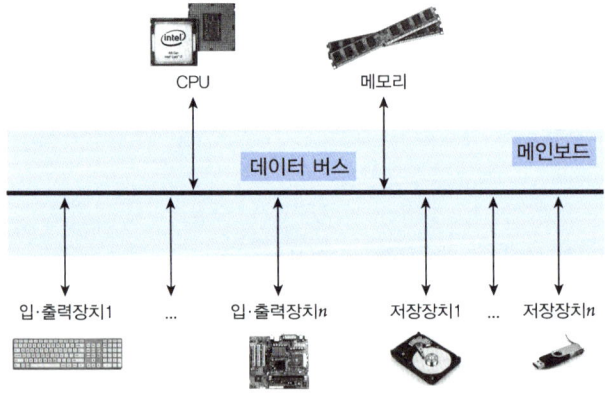

[그림 2-10] 폰 노이만 구조

(2) 폰 노이만 구조의 특징

폰 노이만 구조의 가장 중요한 특징은 '모든 프로그램은 메모리에 올라와야 실행할 수 있다.'는 것이다. 예를 들면 워드프로세서로 보고서를 작성한다고 가정해 보면 워드프로세서 프로그램과 보고서 파일은 저장장치인 하드디스크에 저장되지만 프로그램과 데이터가 저장장치에서 바로 실행되지 않는다. 저장장치에 있는 프로그램을 실행하려면 프로그램이 메모리에 올라와야 하며, 운영체제도 프로그램이기 때문에 메모리에 올라와야 실행이 가능하다. 폰 노이만 구조의 특징은 운영체제와 관련된 전반적인 내용을 이해하는 데 밑거름이 된다.

제2절 컴퓨터 시스템의 동작

컴퓨터 시스템으로 작업을 처리할 때는 다음 순서에 따라 동작하며, 제어장치가 이 동작을 제어한다.

> ① 입력장치로 정보를 입력받아 메모리에 저장한다.
> ② 메모리에 저장한 정보를 프로그램 제어에 따라 인출하여 연산장치에서 처리한다.
> ③ 처리한 정보를 출력장치에 표시하거나 보조기억장치에 저장한다.

입력장치로 컴퓨터에 유입되는 정보는 명령어와 데이터로 분류한다. 명령어는 실행할 산술·논리연산의 동작을 명시하는 문장으로, 어떤 작업을 수행하는 명령어 집합이 프로그램이다. 프로그램은 컴파일러 등을 이용하여 0과 1로 이진화된 기계 명령어로 변환해야 컴퓨터가 이해할 수 있다.

1 명령어의 구조

명령어는 프로세서가 실행할 연산인 연산 부호와 명령어가 처리할 데이터, 데이터를 저장한 레지스터나 메모리 주소인 피연산자로 구성된다. 명령어는 프로세서에 따라 고정 길이나 가변 길이를 구성한다. 연산 부호는 특별한 경우가 아니면 한 개이나 피연산자는 여러 개일 수 있다.

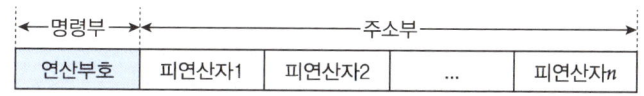

[그림 2-11] 명령어의 기본 구조

(1) 연산 부호

연산 부호(OP code : OPeration code)는 프로세서가 실행할 동작인 연산을 지정한다. 예를 들면 산술연산(+, -, *, /), 논리연산(AND, OR, NOT), 시프트(shift), 보수 등 연산을 정의한다. 연산 부호가 n비트이면 최대 2^n개의 연산이 가능하다.

(2) 피연산자

피연산자(operand)는 연산할 데이터 정보를 저장한다. 데이터는 레지스터나 메모리, 가상기억장치, 입·출력장치 등에 위치할 수 있다. 일반적으로 데이터 자체보다는 데이터의 위치를 저장한다. 가장 일반적인 명령어 구조는 [그림 2-12]와 같다. 여기서는 피연산자가 2개로 하나는 소스 피연산자(source operand)이고, 다른 하나는 목적지 피연산자(destination operand)이다.

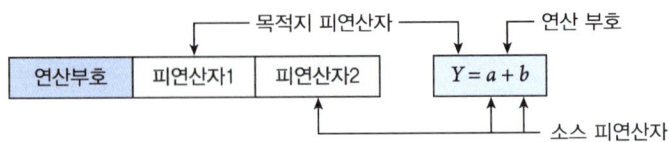

[그림 2-12] 소스 피연산자와 목적지 피연산자

2 명령어의 실행 (중요)

(1) 명령어 실행 과정

명령어는 다음과 같은 과정을 거쳐 실행한다.

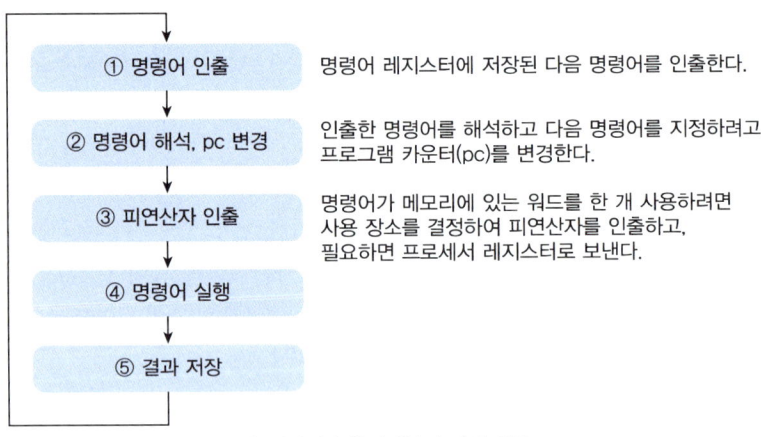

⑥ 다음 명령어로 이동, 다음 명령어의 ①단계부터 다시 시작

[그림 2-13] 명령어 실행 과정

(2) 명령어 실행 사이클

프로세서의 제어장치가 명령어를 실행한다. 프로세서는 메모리에서 명령어를 한 번에 하나씩 인출하고 해석하여 연산한다. 명령어를 인출하여 연산 완료한 시점까지를 인출-해석-실행 사이클 또는 인출-실행 사이클이라고 한다. 간단히 명령어 실행 사이클(명령어 실행 주기)이라고도 한다.

명령어 실행 사이클은 명령어의 인출과 실행을 반복하는데, 가장 일반적인 명령어 사이클이다. 메모리 간접 주소 지정 방법은 실행 사이클을 시작하기에 앞서 그 데이터의 실제 주소를 기억장치에서 읽어오는 간접 사이클을 사용하기도 한다. 그리고 인터럽트를 처리하려고 인터럽트 사이클을 사용하기도 한다.

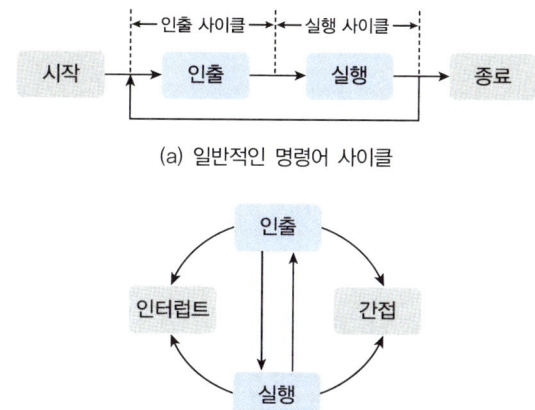

[그림 2-14] 명령어 실행 사이클

(3) 인출 사이클

인출 사이클(fetch cycle)은 명령어 실행 사이클의 첫 번째 단계이다. 인출 사이클은 메모리에서 명령어를 읽어 명령어 레지스터에 저장하고, 다음 명령어를 실행하려고 프로그램 카운터를 증가시킨다. 인출 사이클에 소요되는 시간을 명령어 인출 시간이라고 하는데, 이 사이클에서 시간에 따른 세부 동작은 [그림 2-15]와 같다.

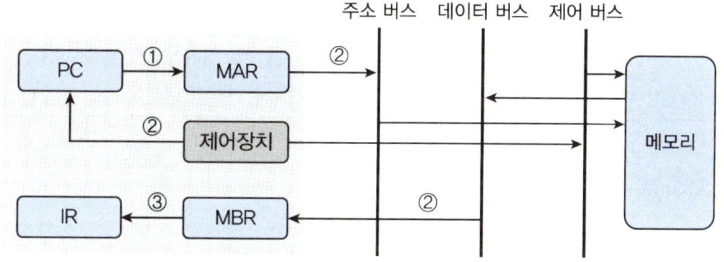

[그림 2-15] 인출 사이클 과정

[표 2-2] 인출 사이클 레지스터 동작 설명

시간	레지스터 동작	설명
①	PC → MAR	PC에 저장된 주소를 프로세서 내부 버스를 이용하여 MAR에 전달한다.
②	MAR(Memory) → MBR	MAR에 저장된 주소에 해당하는 메모리 위치에서 명령어를 인출한 후 이 명령어를 MBR에 저장한다. 이때 제어장치는 메모리에 저장된 내용을 읽도록 제어신호를 발생시킨다.
	PC + 1 → PC	다음 명령어를 인출하려고 PC를 증가시킨다.
③	MBR → IR	MBR에 저장된 내용을 IR에 전달한다.

(4) 실행 사이클

실행 사이클(execution cycle)에서는 인출한 명령어를 해독하고 그 결과에 따라 제어신호를 발생시켜 명령어를 실행한다. 이 단계에서 소비되는 시간을 실행 시간이라고 한다.

(5) 간접 사이클

직접 주소 지정 방법을 사용하는 실행 사이클은 명령어를 즉시 수행하지만, 간접 주소 지정 방법을 사용하는 사이클은 명령어를 수행하기 전에 실제 데이터가 저장된 주기억장치의 주소인 유효 주소를 한 번 더 읽어 온다. 간접 사이클(indirect cycle)에서 시간에 따른 세부 동작은 [그림 2-16]과 같다.

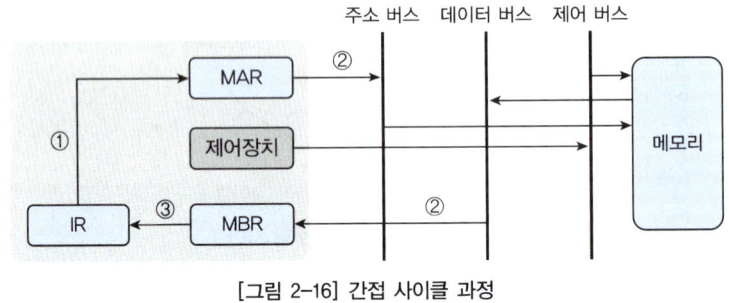

[그림 2-16] 간접 사이클 과정

[표 2-3] 간접 사이클 레지스터 동작 설명

시간	레지스터 동작	설명
①	IR(address) → MAR	IR에 저장된 명령어의 피연산자(주소부)를 MAR에 전달한다.
②	MAR(Memory) → MBR	MAR에 저장된 주소에 해당하는 메모리 위치에서 데이터를 인출한 후 이 데이터를 MBR에 저장한다. 이때 제어장치는 메모리에 저장된 내용을 읽도록 제어신호를 발생시킨다.
③	MBR → IR(address)	MBR에 저장된 내용을 IR에 전달한다.

(6) 인터럽트 사이클

인터럽트는 프로세서가 프로그램을 수행하는 동안 컴퓨터 시스템의 내부와 외부에서 발생하는 예기치 못한 사건을 의미한다. 프로세서는 실행 사이클을 완료한 후 인터럽트 요구가 있는지 검사한다. 인터럽트 요구가 없으면 다음 명령어를 인출하고, 인터럽트 요구가 있으면 현재 수행 중인 프로그램의 주소(프로그램 카운터)값을 스택이나 메모리의 0번지와 같은 특정 장소에 저장한다. 그리고 프로그램 카운터에는 인터럽트 처리 루틴의 시작 주소를 저장해 두었다가 인터럽트 처리를 완료하면 중단된 프로그램으로 복귀하여 계속 수행한다. 인터럽트 사이클(interrupt cycle)의 세부 동작은 [그림 2-17]과 같다.

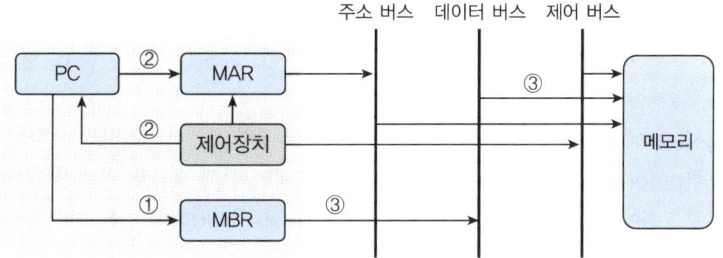

[그림 2-17] 인터럽트 사이클 과정

[표 2-4] 인터럽트 사이클 레지스터 동작 설명

시간	레지스터 동작	설명
①	PC → MBR	PC의 내용을 MBR에 저장한다.
②	IntRoutineAddress → PC	인터럽트 루틴 주소를 PC에 저장한다.
②	Save_Address → MAR	PC에 저장된 인터럽트 루틴 주소를 MAR에 저장한다.
③	MBR → MAR	MBR의 주소에 있는 내용을 지시된 메모리 셀로 이동한다.

3 인터럽트 명령어 중요

(1) 인터럽트의 개념

초기의 컴퓨터 시스템에는 주변장치가 많지 않았다. 당시에는 CPU가 직접 입·출력장치에서 데이터를 가져오거나 내보냈는데, 이러한 방식을 폴링(polling) 방식이라고 한다. 폴링 방식에서는 CPU가 입·출력장치의 상태를 주기적으로 검사하여 일정한 조건을 만족할 때 데이터를 처리한다. CPU가 명령어 해석과 실행이라는 본래 역할 외에 모든 입·출력까지 관여해야 하므로 작업 효율이 떨어진다.

오늘날의 컴퓨터에는 많은 주변장치가 있기 때문에 CPU가 모든 입·출력에 관여하면 작업 효율이 현저하게 떨어진다. 이러한 문제를 해결하기 위해 등장한 것이 인터럽트(interrupt) 방식이다. 인터럽트 방식은 CPU의 작업과 저장장치의 데이터 이동을 독립적으로 운영함으로써 시스템의 효율을 높인다. 즉 데이터의 입·출력이 이루어지는 동안 CPU가 다른 작업을 할 수 있다.

(2) 인터럽트의 종류

인터럽트는 시스템에 예기치 않은 상황이 발생하였을 때, 그것을 운영체제에 알리기 위한 메커니즘이다. IBM 계열의 기계에는 그 발생 원인에 따라 여섯 가지 종류의 인터럽트가 있다.

① **입·출력(I/O) 인터럽트** : 해당 입·출력 하드웨어가 주어진 입·출력 동작을 완료하였거나 또는 입·출력의 오류 등이 발생하였을 때 CPU에 대하여 요청하는 인터럽트이다.

② **외부(external) 인터럽트** : 시스템 타이머에서 일정한 시간이 만료된 경우나 오퍼레이터가 콘솔 상의 인터럽트 키를 입력한 경우, 또는 다중 처리 시스템에서 다른 처리기로부터 신호가 온 경우 등에 발생한다.

③ **SVC(SuperVisor Call) 인터럽트** : 사용자 프로그램이 수행되는 과정에서 입·출력 수행, 기억장치의 할당, 또는 오퍼레이터의 개입 요구 등을 위하여 실행 중인 프로그램이 SVC명령을 수행하는 경우에 발생한다.
④ **기계 검사(machine check) 인터럽트** : 컴퓨터 자체 내의 기계적인 장애나 오류로 인한 인터럽트이다.
⑤ **프로그램(program error) 인터럽트** : 주로 프로그램의 실행 오류로 인해 발생한다. 예를 들면 수행 중인 프로그램에서 0으로 나누는 연산이나, 보호(protection)되어 있는 기억장소에 대한 접근, 허용되지 않는 명령어의 수행, 또는 스택의 오버플로(overflow) 등과 같은 오류가 생길 때 발생한다.
⑥ **재시작(restart) 인터럽트** : 오퍼레이터가 콘솔상의 재시작 키를 누를 때 발생한다.

(3) 인터럽트의 동작 과정 [기출]

인터럽트 방식의 동작 과정은 다음과 같다.

> ① CPU가 입·출력 관리자에게 입·출력 명령을 보낸다.
> ② 입·출력 관리자는 명령받은 데이터를 메모리에 가져다 놓거나 메모리에 있는 데이터를 저장장치로 옮긴다.
> ③ 데이터 전송이 완료되면 입·출력 관리자는 완료 신호를 CPU에 보낸다.

입·출력 관리자가 CPU에 보내는 완료 신호를 인터럽트라고 한다. CPU는 입·출력 관리자에게 작업 지시를 내리고 다른 일을 하다가 완료 신호를 받으면 하던 일을 중단하고 옮겨진 데이터를 처리한다. 이처럼 하던 작업을 중단하고 처리해야 하는 신호라는 의미에서 인터럽트라고 불리게 되었다.

컴퓨터에는 하드디스크뿐 아니라 마우스, 키보드, 프린터 등 다양한 입·출력장치가 있다. 하드디스크가 여러 개 장착된 경우도 있고 USB 드라이버와 같은 외부 저장장치를 사용하는 경우도 있다. 인터럽트 방식에는 많은 주변장치 중 어떤 것이 작업이 끝났는지를 CPU에 알려주기 위해 **인터럽트 번호(interrupt number)**를 사용한다. 인터럽트 번호는 완료 신호를 보낼 때 장치의 이름 대신 사용하는 장치의 고유 번호로서 운영체제마다 다르다. 윈도우 운영체제의 경우 인터럽트 번호를 IRQ(Interrupt ReQuest)라고 부르며, 키보드의 IRQ는 1번, 마우스의 IRQ는 12번, 첫 번째 하드디스크의 IRQ는 14번과 같이 구분해서 사용한다.

인터럽트 요청 신호가 발생하면 대부분의 컴퓨터는 정보를 단일 명령어로 저장할 수 있으므로 실행 중인 프로그램을 메모리에 저장하고, 인터럽트 처리 프로그램으로 분기한다. 그리고 인터럽트 처리 프로그램을 완료하면 발생시킨 프로그램에 제어를 돌려준다.

> ㉠ (a)와 같이 인터럽트가 도달하기 전에 프로그램 A를 실행한다고 가정하자. 프로그램 카운터(PC)는 현재 명령어를 가리킨다.
> ㉡ (b)에서 프로세서에 인터럽트 신호가 도달하여 현재 명령어를 종료한다. 레지스터의 모든 내용을 스택 영역(또는 프로세서 제어 블록)에 보낸다. 그리고 프로그램 카운터에는 인터럽트 처리 프로그램(프로그램 B)의 시작 위치를 저장하고 제어를 넘긴 프로그램 B를 실행한다.
> ㉢ (c)에서 인터럽트 처리 프로그램을 완료하면 스택 영역에 있던 내용을 레지스터에 다시 저장하며, 프로그램 A가 다시 시작하는 위치를 저장하고 중단했던 프로그램 A를 재실행한다.

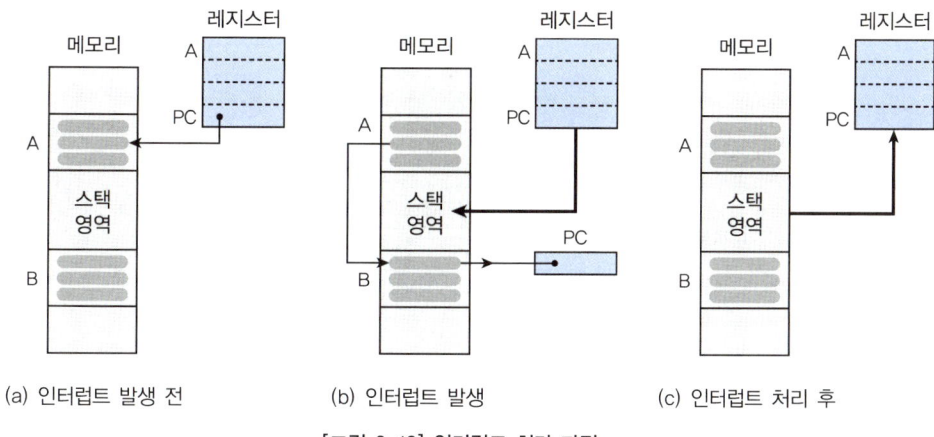

[그림 2-18] 인터럽트 처리 과정

인터럽트는 서브루틴 호출과 매우 비슷하지만, 몇 가지 면에서 다르다. 일반적으로 서브루틴은 자신을 호출한 프로그램이 요구한 기능을 수행하지만, 인터럽트 처리 프로그램은 인터럽트가 발생했을 때 실행 중인 프로그램과 관련이 없을 수 있다. 그러므로 프로세서는 인터럽트 프로그램을 처리하기 전에 프로그램 카운터를 비롯해 중단된 프로그램으로 복귀하여 실행할 때 영향을 미치는 정보를 저장해야 한다. 특히 인터럽트가 발생할 때의 상태코드(상태워드)를 임시기억장치에 저장해 두었다가 나중에 복귀했을 때 이를 다시 적재해야 한다. 그래야 원래 프로그램을 인터럽트의 영향을 받지 않고 다시 실행할 수 있다.

(4) 인터럽트 요청 회선 연결방법

인터럽트는 크게 인터럽트 요청과 인터럽트 서비스 루틴으로 구분할 수 있다. 인터럽트 요청신호에 따라 수행하는 루틴이 인터럽트 처리 프로그램, 즉 인터럽트 서비스 루틴(interrupt service routine)이다. 인터럽트 요청은 단일 회선과 다중 회선으로 연결할 수 있다.

① **단일 회선**: 인터럽트 요청이 가능한 모든 장치를 공통의 단일 회선으로 프로세서에 연결하는 방법이다. 회선 하나에 장치를 여러 개 연결하여 인터럽트를 요청한 장치를 판별하는 기능이 필요하다.
② **다중 회선**: 모든 장치를 서로 다른 고유의 회선으로 프로세서와 연결하는 방법이다. 그러므로 인터럽트를 요청한 장치를 바로 판별할 수 있다.

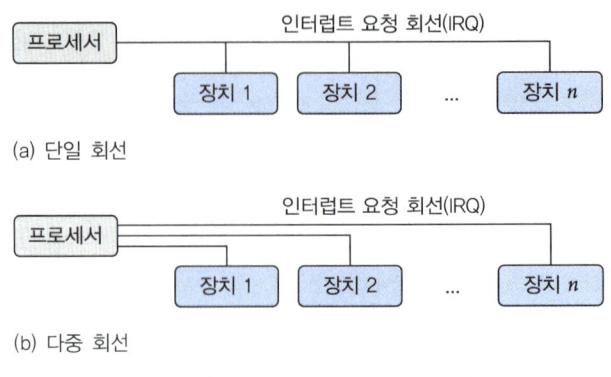

[그림 2-19] 인터럽트 요청 회선 연결 방법

제3절 컴퓨터 시스템의 서비스

컴퓨터 시스템은 어떤 서비스를 제공하는지 알아보자.

- **부팅 서비스**: 컴퓨터 하드웨어를 관리하고 프로그램을 실행할 수 있도록 컴퓨터에 시동을 건다.
- **사용자 서비스**: 사용자 인터페이스 제공, 프로그램 실행, 입·출력 동작 수행, 파일 시스템 조작, 통신(네트워크) 등으로 프로그래머가 프로그래밍 작업을 쉽게 수행할 수 있도록 한다.
- **시스템 서비스**: 자원할당, 계정, 보호와 보안 등으로 시스템의 효율적인 동작을 보장한다.
- **시스템 호출**: 프로세서 제어, 파일 조작, 장치 조작, 정보 관리, 통신 등으로 프로그램이 운영체제의 기능을 서비스 받을 수 있는 프로그램과 운영체제 간의 인터페이스를 제공한다.

1 부팅 서비스

운영체제를 메인 메모리에 적재하는 과정을 부팅(booting) 또는 부트스트래핑(bootstrapping)이라고 한다. 부트 로더는 부트스트랩 로더(bootstrap loader)를 줄인 말로, 하드디스크와 같은 보조기억장치에 저장된 운영체제를 메인 메모리에 적재하는, ROM에 고정시킨 소규모 프로그램이다.

> **더 알아두기**
> 메인 프레임과 같은 대형 컴퓨터에서는 부팅의 의미로 IPL(Initial Program Load), 즉 초기 프로그램 적재라는 용어를 사용한다.

초기 운영체제는 하드웨어를 초기화하지 않고 컴퓨터를 작동시켰다. 하지만 메모리의 효율적인 활동 등에 관심을 가지면서 전체적인 초기화뿐만 아니라, 일시적인 하드웨어 오류로 활동 중인 작업이 손실되지 않도록 복구하거나 회복하는 방법과 비정상적인 작업을 처리하는 부분적인 초기화가 포함되었다.

초기화의 목적으로는 시스템 장치 초기화, 시간 설정, 명령 해석기 적재와 준비 등이 있다. 이 중 시스템 장치의 초기화는 디렉터리, 파일 등을 점검하고, 시스템 버퍼와 인터럽트 벡터를 초기화하며, 운영체제의 루틴 대부분을 메모리 하위 주소에 적재하도록 설정하는 것이다.

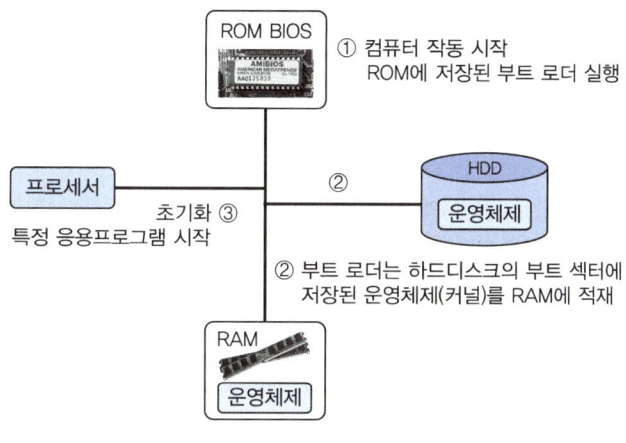

[그림 2-20] 부팅 과정

2 사용자 서비스

운영체제는 프로그래머가 프로그래밍 작업을 쉽게 수행할 수 있도록 다음의 사용자 서비스를 제공한다.

(1) 사용자 인터페이스 제공

운영체제의 기능 중 상당수가 컴퓨터 화면에는 나타나지 않는다. 사용자가 보는 것은 사용자 인터페이스뿐이다. 사용자 인터페이스는 사용자와 컴퓨터 간의 상호작용이 발생하는 공간으로 CLI, 메뉴, GUI 등의 형태로 구현할 수 있다.

① CLI(Commmand Line Interface : 명령 라인 인터페이스)
CLI는 사용자가 키보드 등으로 명령어를 입력하여 시스템에서 응답을 받은 후, 또 다른 명령어를 입력하여 시스템을 동작하게 하는 텍스트 전용 인터페이스이다. 사용자가 프롬프트에서 명령어를 입력하여 컴퓨터와 상호작용할 수 있고, 명령어를 입력한 후에는 반드시 ↵(엔터)를 눌러야 한다.

> **더 알아두기**
>
> **프롬프트(prompt)**
> 컴퓨터가 입력을 기다리고 있음을 가리키려고 화면에 나타나는 표시이다. 유닉스에서는 $ 또는 %를 사용하며, 도스에서는 C:₩ 등으로 표시한다.

② **메뉴 인터페이스**

메뉴 등을 사용하여 시스템과 상호작용한다. 사용이 매우 편리하며, 배우거나 기억해야 할 명령이 없다. iPad나 휴대폰, 현금 자동 인출기(ATM) 등이 대표적인 예이다.

③ **GUI(Graphical User Interface : 그래픽 사용자 인터페이스)**

GUI는 윈도우 환경에서 사용자에게 정보와 작업을 표현하는 텍스트, 레이블이나 텍스트 탐색과 함께 그래픽 아이콘과 시각적 표시기, 버튼이나 스크롤바와 같은 위젯(widget) 그래픽 제어 요소를 사용하여 컴퓨터와 상호작용할 수 있는 가장 보편적인 유형이다. 마이크로소프트의 윈도우나 애플의 맥 OS에 사용하는 방법이 대표적인 예이다.

(2) 프로그램 실행

프로그램을 실행하려면 먼저 메모리에 적재해야 하고, 프로세서 시간을 할당해야 한다. 운영체제는 프로그램을 실행하려고 메모리 할당이나 해제, 프로세서 스케줄링과 같은 중요 작업을 처리한다.

(3) 입·출력 동작 수행

수행 중인 프로그램은 입력이 필요하며, 사용자가 제공하는 입력을 처리한 후에는 출력을 수행해야 한다. 운영체제는 입·출력 동작을 직접 수행할 수 없는 사용자 프로그램의 입·출력 동작 방법을 제공한다.

(4) 파일 시스템의 조작

사용자는 디스크에서 파일을 열고, 파일을 저장하며, 파일을 삭제하는 등 다양하게 파일을 조작한다. 디스크에 파일을 저장하면 특정 블록에 할당해서 저장하고, 이 파일을 삭제하면 파일이름이 제거되면서 할당한 블록이 자유롭게 된다. 운영체제는 파일 시스템 조작 서비스를 제공하여 사용자가 이런 파일 관련 작업을 쉽게 할 수 있도록 한다.

(5) 통신(네트워크)

프로세스가 다른 프로세스와 정보를 교환하는 방법은 크게 두 가지이다. 첫 번째는 동일한 컴퓨터에서 수행하는 프로세스 간의 정보 교환이고, 두 번째는 네트워크로 연결된 컴퓨터 시스템에서 수행하는 프로세스 간의 정보 교환이다. 운영체제는 다중 작업 환경에서 공유 메모리를 이용하거나 메시지 전달로 다양한 유형의 프로세스와 통신을 지원한다.

(6) 오류 탐지

운영체제는 가능한 모든 하드웨어와 소프트웨어 수준에서 오류를 탐지하고, 시스템을 모니터링하여 조정함으로써 하드웨어 문제를 예방한다. 입·출력 장치에 관련된 오류와 메모리 오버플로, 하드디스크의 불량 섹터 검출, 부적절한 메모리 접근과 데이터 손상 등이 그 예이다. 그리고 운영체제는 다음과 같은 오류들을 감지한 후 유형별로 적절히 조치한다.

① **프로세서, 메모리 하드웨어와 관련된 오류** : 기억장치 메모리 오류, 정전
② **입·출력장치 오류** : 테이프의 패리티 오류, 카드 판독기의 카드 체증(JAM), 프린터의 종이 부족
③ **사용자 프로그램 오류** : 연산의 오버플로, 부적절한 기억장치 장소 접근, 프로세서 시간을 지나치게 많이 사용

3 시스템 서비스

시스템 서비스는 사용자가 아닌 시스템 자체의 효율적인 동작을 보장하는 기능이다. 여러 사용자가 사용하는 시스템에서는 컴퓨터 자원을 공유하여 시스템 자체의 효율성을 높일 수 있다.

(1) 자원 할당

운영체제는 다수의 사용자가 작업을 동시에 실행할 때 운영체제가 자원을 각각 할당하도록 관리한다. 프로세서 사이클, 메인 메모리, 파일 저장 장치 등은 특수한 할당 코드를 갖지만, 입·출력장치 등은 더 일반적인 요청과 해제 코드를 가질 수 있다.

(2) 계정

운영체제는 각 사용자가 어떤 컴퓨터 자원을 얼마나 많이 사용하는지 정보를 저장하고 추적한다. 이 정보는 사용자 서비스를 개선하려고 시스템을 재구성하는 연구자에게는 귀중한 도구가 될 수 있다.

(3) 보호와 보안

운영체제는 다중 사용자 컴퓨터 시스템에 저장된 정보 소유자의 사용을 제한할 수도 있다. 서로 관련이 없는 여러 작업을 동시에 수행할 때는 한 작업이 다른 작업이나 운영체제를 방해하지 못하게 해야 한다. 즉, 사용자가 다수인 컴퓨터 시스템에서 여러 프로세스의 동시 실행을 허용하려면 각 프로세스를 서로의 활동으로부터 보호해야 한다.

보호는 시스템 호출을 하려고 전달한 모두 매개변수의 타당성을 검사하고, 시스템 자원에 대한 모든 사용자 접근을 제어하도록 보장하는 것이다. 보안은 잘못된 접근 시도에서 외부 입·출력장치를 방어하며, 외부에 사용자 인증을 요구하는 것이다.

4 시스템 호출

시스템 호출(system call)은 커널이 자신을 보호하기 위해 만든 인터페이스이다. 제4절 중 '시스템 호출과 디바이스 드라이버'에서 설명하기로 한다.

제4절 커널의 구성

1 커널과 인터페이스 중요

(1) **커널(kernel)**

커널은 프로세스 관리, 메모리 관리, 저장장치 관리와 같은 **운영체제의 핵심적인 기능을 모아놓은 것**으로 자동차에 비유하자면 엔진에 해당한다. 세단, 스포츠카, SUV 등 자동차의 종류는 다양하지만 성능은 엔진이 좌우하는데, 이와 마찬가지로 운영체제의 성능은 커널이 좌우한다.

스마트폰의 운영체제에도 커널이 있다. 유닉스 운영체제의 커널을 이용하여 만든 구글의 안드로이드는 다양한 제조사가 사용할 수 있도록 커널이 공개되어 있다. 애플의 iOS도 유닉스 커널을 기반으로 하지만 안드로이드와 달리 커널을 공개하지 않고 자사 제품에만 탑재한다.

(2) **인터페이스**

자동차가 움직이는 데에는 엔진은 물론이고 사람이 조작할 수 있는 핸들과 브레이크가 필요하다. 또한 현재 시속, 기어의 상태, 엔진의 온도 등을 알려주는 계기판이 있어야 하는데 이를 인터페이스라고 한다. 운영체제에도 인터페이스가 있는데, 이는 커널에 사용자의 명령을 전달하고 실행 결과를 사용자에게 알려주는 역할을 한다.

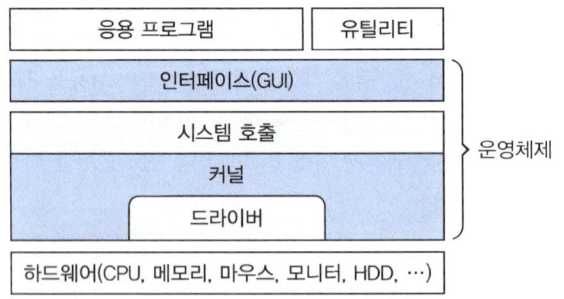

[그림 2-21] 컴퓨터 시스템의 구조

[그림 2-21]을 보면 운영체제는 크게 두 부분으로 나뉜다. 사용자와 응용 프로그램에 인접하여 커널에 명령을 전달하고 실행 결과를 사용자와 응용 프로그램에 돌려주는 인터페이스와 운영체제의 핵심 기능

을 모아놓은 커널이 그것이다.

운영체제는 커널과 인터페이스를 분리하여, 같은 커널을 사용하더라도 다른 인터페이스를 가진 형태로 제작할 수 있다. 같은 커널이라도 다른 인터페이스가 장착되면 사용자에게 다른 운영체제처럼 보인다.

(3) 커널과 인터페이스의 관계

유닉스를 예로 들어보면, 유닉스의 사용자 인터페이스는 셸(shell)이라고 하며 C셸(csh), T셸(tsh), 배시셸(bash) 등 여러 종류의 셸이 있다. 셸은 명령어 기반이라 일반인이 사용하기 불편하여 유닉스 운영체제를 어렵게 느끼는 사람이 많다. 그런데 편리한 인터페이스와 화려한 그래픽을 자랑하는 매킨토시의 운영체제 Mac OS X도 알고 보면 유닉스 계열의 커널을 이용해서 만든 것이다. 엄밀히 말하면 유닉스 운영체제가 어려운 것이 아니라 명령어 기반의 인터페이스가 어려운 것이다. 사용자 입장에서는 커널보다 인터페이스가 먼저 보이기 때문에 좋은 커널의 컴퓨터보다 좋은 인터페이스의 컴퓨터를 사용하려는 경향이 있다.

2 시스템 호출과 디바이스 드라이버

[그림 2-21]의 커널 내부에 있는 시스템 호출과 드라이버에 대해 살펴보자.

(1) 시스템 호출

시스템 호출(system call)은 커널이 자신을 보호하기 위해 만든 인터페이스이다. 커널은 사용자나 응용 프로그램으로부터 컴퓨터 자원을 보호하기 위해 자원에 직접 접근하는 것을 차단한다. 따라서 자원을 이용하려면 시스템 호출이라는 인터페이스를 이용하여 접근해야 한다.

① **직접 접근**

사용자가 직접 컴퓨터 자원에 접근하여 작업하는 방식으로, 사용자가 모든 것을 처리해야 한다. 예를 들면, 원두커피를 내려먹기 위해서는 원두는 어디에 있는지, 커피머신은 어떻게 작동하는지를 모두 알아야 한다. 그리고 본인 입맛에 맞는 커피를 만들 수도 있지만 부주의로 커피머신을 고장내거나 주변을 더럽힐 수도 있다. 즉, 커피머신을 보호하기 어렵다는 단점이 있다.

[그림 2-22]의 직접 접근의 예와 같이 어떤 응용 프로그램은 숫자 14를, 또 어떤 응용 프로그램은 숫자 21을 하드디스크에 저장하려 한다고 가정하면 두 응용 프로그램이 자기 마음에 드는 위치에 데이터를 저장하려 할 것이다. 이 경우 다른 사람의 데이터를 지울 수도 있고 내 데이터가 다른 사람에 의해 지워질 수도 있다.

② **시스템 호출을 통한 접근**

누군가에게 요청하여 작업의 결과만 받는 방식으로, 커피를 직접 만드는 경우가 아니라 다른 사람에게 커피를 만들어 달라고 부탁하는 경우이다. 이와 마찬가지로 운영체제는 사용자나 응용 프로그램이 하드웨어에 직접 접근하지 못하도록 막음으로써 컴퓨터 자원을 보호한다. 그리고 대신 하드웨어와 같은 시스템 자원을 사용할 수 있도록 인터페이스를 제공하는데 이것이 바로 시스템 호출이다.

[그림 2-22]의 시스템 호출을 통한 접근의 예와 같이 응용 프로그램이 직접 하드디스크에 데이터를 저장하지 않고 커널이 제공하는 write( )함수를 사용하여 데이터를 저장해달라고 요청한다. 응용 프로그램은 데이터가 하드디스크의 어느 위치에 어떤 방식으로 저장되는지 알 수 없다. 만약 자신이 저장한 데이터를 읽고 싶다면 read( )함수로 시스템 호출을 이용하여 가져오면 된다. 시스템 호출을 이용하면 커널이 데이터를 가져오거나 저장하는 것을 전적으로 책임지기 때문에 컴퓨터 자원을 관리하기가 수월하다.

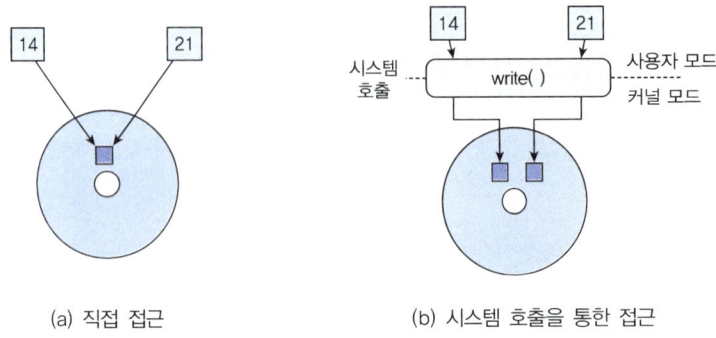

(a) 직접 접근   (b) 시스템 호출을 통한 접근

[그림 2-22] 직접 접근과 시스템 호출을 통한 접근

시스템 호출에 대한 내용을 정리하면 다음과 같다.
㉠ 시스템 호출은 커널이 제공하는 시스템 자원의 사용과 연관된 함수이다.
㉡ 응용 프로그램이 하드웨어 자원에 접근하거나 운영체제가 제공하는 서비스를 이용하려 할 때는 시스템 호출을 사용해야 한다.
㉢ 운영체제는 커널이 제공하는 서비스를 시스템 호출로 제한하고 다른 방법으로 커널에 들어오지 못하게 막음으로써 컴퓨터 자원을 보호한다.
㉣ 시스템 호출은 커널이 제공하는 서비스를 이용하기 위한 인터페이스이며, 사용자가 자발적으로 커널 영역에 진입할 수 있는 유일한 수단이다.

(2) 드라이버

응용 프로그램과 커널의 인터페이스가 시스템 호출이라면 커널과 하드웨어의 인터페이스는 드라이버(driver)가 담당한다. 컴퓨터 하드웨어는 종류가 아주 많은데, 운영체제가 많은 하드웨어를 다 사용할 수 있는 환경을 제공하려면 각 하드웨어에 맞는 프로그램을 직접 개발해야 한다. 그러나 커널이 모든 하드웨어에 맞는 인터페이스를 다 개발하기 어렵다. 또한 각 하드웨어의 특성은 하드웨어 제작자가 가장 잘 알고 있기 때문에 하드웨어 제작자가 관련 소프트웨어를 만드는 것이 더 유리하다.

[그림 2-21]의 시스템 호출 부분을 보면 커널 앞부분 전체를 감싸고 있는데, 이는 시스템 호출을 거치지 않고 커널에 진입할 수 없다는 의미이다. 반면에 드라이버는 커널 전체를 감싸고 있지 않다. 이는 커널이 제공하는 드라이버도 있고 하드웨어 제작자가 제공하는 드라이버도 있다는 뜻으로, 하드웨어는 커널과 직접 연결되기도 하고 하드웨어 제작자가 제공하는 드라이버를 통해 연결되기도 한다.

3 커널의 구성 (중요)

운영체제의 핵심 기능을 모아놓은 커널의 기능은 프로세스 관리, 메모리 관리, 파일 시스템 관리, 입·출력 관리, 프로세스 간 통신 관리 등이다.

[표 2-5] 커널의 기능

핵심 기능	설명
프로세스 관리	프로세스에 CPU를 배분하고 작업에 필요한 제반 환경을 제공
메모리 관리	프로세스에 작업 공간을 배치하고 실제 메모리보다 큰 가상 공간을 제공
파일 시스템 관리	데이터를 저장하고 접근할 수 있는 인터페이스를 제공
입·출력 관리	필요한 입력과 출력 서비스를 제공
프로세스 간 통신 관리	공동 작업을 위한 각 프로세스 간 통신 환경을 지원

운영체제가 점점 더 다양한 하드웨어와 소프트웨어를 지원하면서 구조 또한 복잡해졌다. 그런데 복잡한 시스템은 설계, 구현, 테스트, 유지 보수 등 모든 면에서 쉽지 않다. 이를 해결하기 위해 커널의 기능을 어떻게 구현하는가에 따라 단일형 구조 커널, 계층형 구조 커널, 마이크로 구조 커널로 구분된다.

(1) 단일형 구조 커널(단일 구조 운영체제)

단일형 구조(monolithic architecture) 커널은 초창기 운영체제의 구조로, 커널의 핵심 기능을 구현하는 모듈들이 구분 없이 하나로 구성되어 있다. 단일형 구조에 속하는 대표적인 운영체제는 MS-DOS, VMS, 초기의 유닉스 운영체제이다. 초기에 운영체제를 만들 때는 기능을 구현하기에 바빴기 때문에 모듈을 분리하여 구현할 만한 여력이 없었다. 단일형 구조를 프로그램에 비유하면 함수를 거의 사용하지 않고 main( )에 모든 기능을 구현한 형태와 같다.

> **더 알아두기**
>
> VMS(Virtual Memory System)는 DEC의 VAX 컴퓨터용 운영체계이다. VMS는 PDP-11의 뒤를 이어 1979년에 새롭게 출시된 VAX 컴퓨터의 운영체계로 시작되었다. VMS는 가상기억장치 개념을 이용한 32비트 시스템이다.

① 장점

모듈이 거의 분리되지 않았기 때문에 모듈 간의 통신비용이 줄어들어 효율적인 운영이 가능하다. 프로그램에서 main( )에 모든 기능을 넣으면 함수를 호출하는 오버헤드가 없어서 프로그램이 빨라지는 것과 같은 이치이다.

② 단점

㉠ 모든 모듈이 하나로 묶여 있기 때문에 버그나 오류를 처리하기가 어렵다.
㉡ 운영체제의 여러 기능이 서로 연결되어 있어 상호 의존성이 높기 때문에 기능상의 작은 결함이 시스템 전체로 확산될 수 있다.

ⓒ 다양한 환경의 시스템에 적용하기 어렵고, 여러 종류의 컴퓨터에 이식하려면 수정이 필요한데 단일형 구조에서는 수정이 어렵기 때문에 이식성이 낮다.
ⓔ 현대의 운영체제는 매우 크고 복잡하기 때문에 완전 단일형 구조의 운영체제를 구현하기가 어렵다.

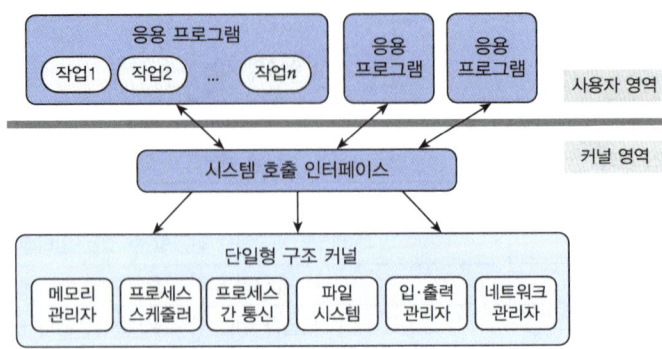

[그림 2-23] 단일형 구조 커널

(2) 계층형 구조 커널

계층형 구조(layered architecture) 커널은 단일형 구조 커널이 발전된 형태로, 비슷한 기능을 가진 모듈을 묶어서 하나의 계층으로 만들고 계층 간의 통신을 통해 운영체제를 구현하는 방식이다. **비슷한 기능을 모아 모듈화했기 때문에 단일형 구조보다 버그나 오류를 쉽게 처리할 수 있다.** 오류가 발생했을 때 전체 커널을 고치는 것이 아니라 해당 계층만 따라 수정하면 되기 때문에 디버깅(debugging)하기도 쉽다. 마이크로소프트의 윈도우를 비롯해 오늘날의 운영체제는 대부분 이 구조로 이루어져 있다.

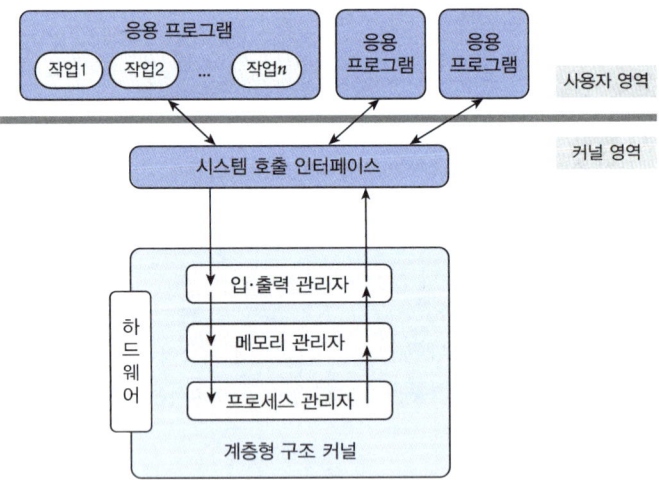

[그림 2-24] 계층형 구조 커널

(3) 마이크로 구조 커널 기출

계층형 구조 커널의 운영체제는 다양한 하드웨어와 사용자의 요구를 수용하기 위해 계속 계층과 기능을 추가했다. 그래서 커널의 크기가 계속 커지고 필요한 하드웨어의 용량이 늘어났으며, 커널 소스가 방대해짐에 따라 오류를 잡기도 어려워졌다. 이러한 계층형 구조의 접근 방식과 반대로 개발된 커널이 마이크로 구조(micro architecture) 커널이다.

마이크로 구조 커널의 운영체제는 프로세스 관리, 메모리 관리, 프로세스 간 통신 관리 등 **가장 기본적인 기능만 제공**한다. 커널의 구조를 살펴보면 다른 커널에 비해 운영체제의 많은 부분이 사용자 영역에 구현되어 있다. 커널은 메모리 관리와 프로세스 간의 동기화 서비스를 제공하며, 메모리 관리자와 동기화 모듈은 프로세스 간 통신 모듈로 연결되어 있다. 그러므로 각 모듈은 세분화되어 존재하고 **모듈 간의 정보 교환은 프로세스 간 통신을 이용**하여 이루어진다.

마이크로 구조 커널에서 각 모듈은 독립적으로 작동하기 때문에 하나의 모듈이 실패하더라도 전체 운영체제가 멈추지 않는다. 또한 많은 컴퓨터에 이식하기 쉽고 커널이 가벼워 CPU 용량이 작은 시스템에도 적용이 가능하다. 이 구조를 사용하는 대표적 운영체제인 마하(Mach)는 애플의 PC 운영체제인 OS X와 모바일 운영체제인 iOS의 커널로 사용되어 유명해졌다.

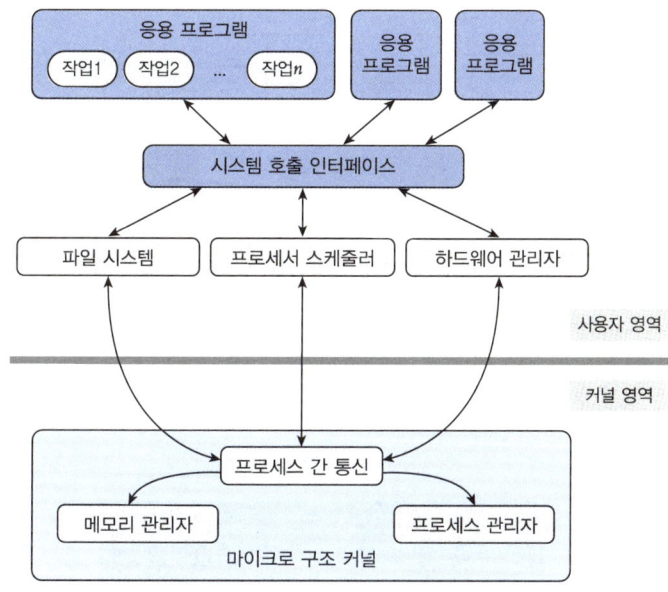

[그림 2-25] 마이크로 구조 커널

제5절 멀티프로세서와 멀티코어 구조

1 멀티프로세서 시스템(Multi-Processor System)

두 개의 이상의 프로세서 또는 CPU가 동일한 컴퓨터에 존재하며, 시스템버스, 메모리 및 I/O를 공유하는 컴퓨터 시스템을 말한다. 여러 프로세서를 병렬로 실행할 수 있으며, 단일프로세서의 고장이 다른 프로세서에 영향을 미치지 않기 때문에 시스템이 안정적일 수 있다. 서버급 컴퓨터 시스템에서는 프로그램 처리 속도를 높이기 위하여 [그림 2-26]과 같이 한 시스템 내의 여러 개의 프로세서를 탑재하는 다중 프로세서 구조가 널리 사용되어 왔다.

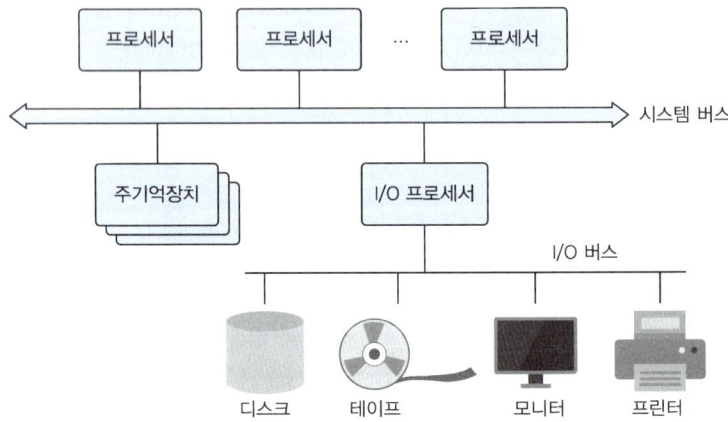

[그림 2-26] 다중 프로세서 시스템의 구조

쿼드 프로세서 시스템은 한 번에 4개의 프로세스를 실행할 수 있으며, 옥타 프로세서 시스템은 한 번에 8개의 프로세스를 실행할 수 있다. 메모리를 비롯한 기타 하드웨어 자원은 프로세스 간에 공유되거나 분류될 수 있다.

[그림 2-27] Three i860 XP-50 CPU's on a single board

(1) 장점
① 두 개 이상의 프로세서가 동시에 작동하므로 처리속도가 빨라진다.
② 한 CPU의 장애가 다른 CPU에 영향을 미치지 않아 안전성이 더 높아진다.
③ 복잡한 구성 작업이 거의 필요하지 않다.
④ Parallel Processing(동시에 실행되는 두 개 이상의 프로세스)은 Multi Processing을 통해 처리된다.

(2) 단점
① 프로세서 간의 물리적인 거리로 인해 트래픽이 많아진다.
② 한 프로세서가 일부 I/O를 사용하는 경우 다른 프로세서가 순서를 기다려야 하므로, 공유 리소스 시스템에서 처리속도가 느려질 수 있다.
③ 하나 이상의 프로세서가 특정 순간마다 동작하기 때문에 공정한 시스템 사용이 매우 힘들다.

2 멀티코어 시스템(Multi-Core System)

최근 반도체 제조 기술이 계속 발전되어 하나의 프로세서 칩에 더 많은 수의 회로들을 집적시킬 수 있게 됨에 따라, 한 칩에 두 개 혹은 그 이상의 CPU 코어들을 포함시킬 수 있게 되었다. 둘 이상의 코어(Core)를 가진 프로세서를 멀티코어 시스템이라고 부르며, 싱글코어를 가진 프로세서는 유니코어 프로세서(Unicore Processor) 또는 유니프로세서(Uniprocessor)라고 부른다. 오늘날 대부분의 시스템은 프로세서 하나에 4개의 코어(쿼드코어, Quad-Core) 또는 8개의 코어(옥타코어, Octa-Core)를 가지고 있다.

코어는 개별적으로 프로그램 명령(Instruction)을 실행할 수 있으므로 여러 개의 코어는 마치 컴퓨터 시스템에서 여러 개의 프로세서가 있는 것처럼 느껴지게 만든다. 코어가 수행할 프로그램의 명령에는 계산, 데이터 전송 명령, 분기 명령 등이 있을 수 있다. 프로세서 안 여러 개의 코어는 서로 다른 명령을 동시에 실행할 수 있다. 그러므로 전체 시스템의 프로그램 실행속도가 향상된다. 멀티코어 프로세서에 의해 발생하는 열은 감소하고 전반적인 시스템 실행속도는 증가한다.

멀티코어 시스템은 멀티스레딩(Multi-Threading)과 병렬 컴퓨팅(Parallel Computing)을 지원하며, 멀티코어 프로세서는 범용 및 임베디드, 네트워크, DSP, GPU를 포함한 많은 어플리케이션에서 널리 사용된다. 더 높은 성능을 위해 코어 구현에 효율적인 소프트웨어 알고리즘을 구현하여 사용하며, 여러 코어를 통해 병렬로 실행될 수 있는 소프트웨어가 선호된다. [그림 2-28]은 하나의 CPU 내의 4개의 코어가 있는 쿼드코어 CPU 내부 구조를 나타낸다.

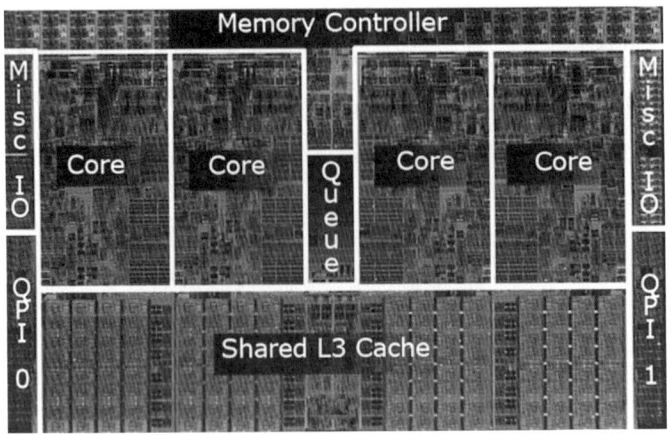

[그림 2-28] 쿼드코어 CPU 내부 구조

(1) 장점
　① 전력소모가 적고 높은 성능을 발휘하여 효율적이다.
　② 단일 칩 안에 있는 여러 개의 코어가 통합되어 있어서 높은 수준의 캐시 일관성(Cache Coherency)을 허용한다. 캐시 일관성은 공유 메모리 시스템에서 각 클라이언트(혹은 프로세서)가 가진 로컬 캐시 간의 일관성을 의미한다.
　③ 물리적인 거리가 줄어 전체 트래픽이 감소한다.

(2) 단점
　① 듀얼코어 프로세서라고 해서 단일프로세서보다 두 배 빠른 속도로 작동하지 않는다. 일반적으로 60%~80%의 속도만 더 빨라진다.
　② 일부 운영체제는 단일코어 프로세서만을 지원하고 있다.
　③ 멀티코어 프로세서용으로 컴파일된 OS는 싱글코어 프로세서에서 약간 느리게 실행된다.

○✕로 점검하자 | 제2장

※ 다음 지문의 내용이 맞으면 ○, 틀리면 ✕를 체크하시오. [1 ~ 11]

01 프로세서의 구성요소에는 연산장치, 제어장치, 레지스터, 주변장치 등이 있다. (   )

> 프로세서는 중앙처리장치(CPU)라고도 하며, 주변장치는 컴퓨터 시스템의 구성요소이므로 프로세서에서는 제외된다.

02 레지스터는 프로세서의 외부에 있으며, 프로세서가 사용할 데이터를 보관하는 가장 빠른 메모리이다. (   )

> 레지스터는 프로세서를 구성하는 한 요소이며, 프로세서 내부에 위치한다. 프로세서가 프로그램과 데이터에 직접 접근할 수 있어 메모리 중에 가장 빠른 처리속도를 보인다.

03 메인 메모리는 프로세서와 보조기억장치 사이에서 입·출력 병목 현상을 해결한다. (   )

> 메인 메모리는 프로세서의 외부에 위치하고, 프로세서에서 즉각적으로 수행할 프로그램과 데이터를 저장하거나 프로세서와 주변장치(보조기억장치) 사이에서 발생하는 디스크 입·출력 병목 현상을 해결하는 역할도 한다.

04 레지스터는 메모리와 CPU 간의 속도 차이를 완화하기 위해 메모리의 데이터를 미리 가져와 저장해두는 임시 장소이다. (   )

> 레지스터는 프로세서가 사용할 데이터를 보관하는 메모리이고, 캐시는 메모리와 CPU 간의 속도 차이를 완화하기 위한 임시 기억장소이다.

05 데이터 버스는 프로세서와 메인 메모리 사이에서 데이터를 전송하고, 메모리 버퍼 레지스터와 연결되어 있으며, 단방향이다. (   )

> 데이터 버스는 프로세서와 메인 메모리, 주변장치, 메모리 버퍼 레지스터와 양방향으로 데이터를 전송한다.

06 주소 버스는 메모리의 데이터를 읽거나 쓸 때 어느 위치에서 작업할 것인지를 알려주는 위치 정보(주소)가 오고 가고, 메모리 주소 레지스터와 연결되어 있으며, 단방향이다. (   )

> CPU에서 메모리나 주변장치로 나가는 주소 정보는 있지만 주소 버스를 통해 CPU로 전달되는 정보는 없으므로 단방향이다.

정답 1 ✕ 2 ✕ 3 ○ 4 ✕ 5 ✕ 6 ○

07 제어 버스에서는 다음에 어떤 작업을 할지 지시하는 제어신호가 오고 간다. 그리고 CPU의 제어장치와 연결되어 있어, CPU의 제어장치, 주변장치, 메인 메모리와 양방향으로 제어신호가 오고 간다. (   )

>>> 제어 버스는 제어장치와 연결될 버스로, CPU가 메모리와 주변장치에 제어신호를 보내기 위해 사용한다. 메모리와 주변장치에서도 작업이 완료되거나 오류가 발생하면 제어신호를 보내기 때문에 양방향이다.

08 명령어 실행 사이클은 명령어의 인출과 실행을 반복하는데, 메모리 간접 주소 방법을 위해 간접 사이클과 인터럽트를 처리하기 위해 인터럽트 사이클을 사용하기도 한다. (   )

>>> 일반적인 명령어 실행 사이클은 명령어의 인출과 실행을 반복하고, 간접 주소 지정 방법을 사용하는 사이클은 명령어를 수행하기 전에 그 데이터의 실제 주소를 기억장치에서 읽어 오는 간접 사이클을 사용하기도 한다. 그리고 인터럽트를 처리하려고 인터럽트 사이클을 사용하기도 한다.

09 폴링 방식은 CPU가 입·출력장치로 데이터를 전송하고자 할 때만 데이터를 처리하는 방식이다. (   )

>>> 폴링 방식은 CPU가 입·출력장치의 상태를 주기적으로 검사하여 일정한 조건을 만족할 때 데이터를 처리하는 방식으로, CPU가 명령어 해석과 실행의 본래 역할 외에 모든 입·출력까지 관여해야 하므로 작업 효율이 떨어진다.

10 컴퓨터 시스템의 서비스에서 시스템 호출은 사용자 프로그램과 운영체제 간의 인터페이스 역할을 하며, 프로세서 제어, 파일 조작, 장치 조작, 정보 관리, 통신 등 다양한 서비스를 제공하고, 프로그램이 운영체제의 기능을 이용할 수 있도록 한다. (   )

>>> 시스템 호출은 커널이 자신을 보호하기 위해 만든 인터페이스로, 커널은 사용자나 응용 프로그램으로부터 컴퓨터 자원을 보호하기 위해 자원에 직접 접근하는 것을 차단하므로 자원을 이용하려면 시스템 호출이라는 인터페이스를 이용하여 접근해야 한다.

11 운영체제의 핵심 기능을 모아 놓은 커널이 주로 하는 일은 프로세스 관리, 메모리 관리, 파일 시스템 관리, 입·출력 관리, 프로세스 간 통신 관리이다. (   )

>>> 커널은 프로세스 관리, 메모리 관리, 저장장치 관리와 같은 운영체제의 핵심적인 기능을 모아놓은 것으로 운영체제의 성능은 커널이 좌우한다. 그리고 운영체제가 점점 더 다양한 하드웨어와 소프트웨어를 지원하면서 커널의 기능을 어떻게 구현하는가에 따라 단일형 구조 커널, 계층형 구조 커널, 마이크로 구조 커널로 구분한다.

정답 7 ○ 8 ○ 9 × 10 ○ 11 ○

제 2 장 실전예상문제

01 다음 중 컴퓨터 내부에서 프로세서와 메모리 사이의 정보 전송에 사용하는 통로로 옳은 것은?

① 버스
② 보조기억장치
③ 블록
④ 레지스터

02 다음 중 프로그램의 실행 속도를 높이기 위해 자주 사용되는 데이터를 저장하며, 주기억장치보다 더 빠르게 접근할 수 있도록 하는 고속 메모리로 옳은 것은?

① 버스
② 레지스터
③ 메인 메모리
④ 캐시

03 다음 중 프로그램 수행을 제어하는 명령어 실행 순서, 즉 다음에 실행할 명령어의 주소를 저장하는 것은?

① 프로그램 카운터
② 주소 레지스터
③ 누산기
④ 명령어 레지스터

---

01 버스는 둘 이상의 관련된 신호선들을 모아놓은 것으로, 공통 기능을 수행하는 배선 그룹이고, 데이터 신호 통로의 집합이다. 컴퓨터 시스템에는 시스템 버스와 입·출력 버스가 있으며, 시스템 버스는 CPU와 메모리 간의 데이터 통로이다. 입·출력 버스는 CPU와 외부 입·출력장치 간의 연결 통로가 된다.

02 캐시는 메모리와 CPU 간의 속도 차이를 완화하기 위해 메모리의 데이터를 미리 가져와 저장해두는 임시 장소로, CPU 안에 있으며 CPU 내부 버스의 속도로 작동한다. 메모리는 시스템 버스의 속도로 작동하기 때문에 캐시에 비해 느리다. 캐시는 빠른 속도로 작동하는 CPU와 느린 속도로 작동하는 메모리 사이에서 두 장치의 속도 차이를 완화해준다.

03 프로그램 카운터는 사용자가 정보를 변경할 수 없는 레지스터로, 프로세서의 상태와 제어를 관리하는 사용자 불가시(user-invisible) 레지스터의 하나이며, 다음에 실행할 명령어의 주소를 보관하는 레지스터이나. 계수기로 되어 있어 실행할 명령어를 메모리에서 읽으면 명령어의 길이만큼 증가하여 다음 명령어를 가리키며, 분기 명령어는 목적 주소를 갱신할 수 있다.

정답 01 ① 02 ④ 03 ①

04 캐시는 컴퓨터 메모리 버퍼로 CPU와 주기억장치 사이에 물리적으로 존재하는 버퍼 형태의 고속의 기억장치이다. 캐시는 CPU와 주기억장치 사이의 속도의 차이를 완화시켜 메모리 읽기 속도를 개선한다. 만일 수행 시에 필요로 하는 명령어나 자료가 캐시에 있으면 고속으로 수행이 가능하고, 캐시에 없으면 주기억장치에서 새로 읽어 들인다.

04 **캐시는 메인 메모리의 접근시간과 프로세서의 어떤 요소 사이의 차이를 줄이는 데 사용하는가?**

① 지연시간
② 설정시간
③ 구조
④ 속도

05 주소 버스는 메모리의 데이터를 읽거나 쓸 때 어느 위치에서 작업할 것인지를 알려주는 위치 정보(주소)가 오고 간다. CPU에서 메모리나 주변장치로 나가는 주소 정보는 있지만 주소 버스를 통해 CPU로 전달되는 정보는 없으므로, 메모리 주소 레지스터(MAR)와 연결되어 있으며 단방향이다.

05 **다음 중 단방향 전송 기능을 가져야 하는 버스로 옳은 것은?**

① 제어 버스
② 인터럽트 버스
③ 주소 버스
④ 데이터 버스

06 보조기억장치는 주변장치 중 프로그램과 데이터를 저장하는 하드웨어이다. 2차 기억장치 또는 외부기억장치라고도 한다. 보조기억장치는 구동장치가 있는 기계이므로 속도가 느리지만 저장용량에 비해 가격이 싸다. 용량이 크며, 전원의 온·오프와 상관없이 데이터를 영구적으로 저장한다.

06 **다음 중 보조기억장치에 대한 설명으로 옳지 않은 것은?**

① 주기억장치에 비해 상대적으로 속도가 느리다.
② 기계적인 장치가 포함되기 때문에 고속 액세스가 가능하다.
③ 저장 밀도가 높고, 비트당 비용이 저가이다.
④ 2차 기억장치에 속한다.

정답 04 ④ 05 ③ 06 ②

07 다음 중 OP code의 기능으로 옳지 <u>않은</u> 것은?

① 주소 지정
② 함수 연산
③ 전달
④ 제어

> **07** OP code(연산부호)는 프로세서가 실행할 동작인 연산을 지정하는데, 산술연산, 논리연산, 시프트, 보수연산을 정의한다. 함수의 연산으로 데이터, 제어신호를 전달한다.

08 다음 중 인터럽트가 발생할 때 운영체제가 가장 먼저 하는 일로 옳은 것은?

① 인터럽트를 처리한다.
② 인터럽트 발생 지점으로 복귀한다.
③ 인터럽트 서비스 루틴으로 제어 이동한다.
④ 현재까지 모든 프로그램 상태를 저장한다.

> **08** 인터럽트는 프로세서가 프로그램을 수행하는 동안 컴퓨터 시스템의 내·외부에서 발생하는 예기치 못한 사건을 의미한다. 프로세서는 실행 사이클을 완료한 후 인터럽트 요구가 있는지 검사한다. 인터럽트 요구가 없으면 다음 명령어를 인출하고, 인터럽트 요구가 있으면 현재 수행 중인 프로그램의 주소(프로그램 카운터)값을 스택이나 메모리의 0번지와 같은 특정 장소에 저장한다. 그리고 프로그램 카운터에는 인터럽트 처리 루틴의 시작 주소를 저장해 두었다가 인터럽트 처리를 완료하면 중단된 프로그램으로 복귀하여 계속 수행한다.

09 프로세서가 명령어를 수행하는 순서로 옳은 것은?

㉠ 인터럽트 조사 ㉡ 명령어 해석
㉢ 명령어 인출 ㉣ 피연산자 인출
㉤ 명령어 실행

① ㉤→㉠→㉢→㉡→㉣
② ㉢→㉡→㉣→㉤→㉠
③ ㉣→㉤→㉠→㉢→㉡
④ ㉡→㉣→㉤→㉢→㉠

> **09** (1) 명령어 레지스터에 저장된 다음 명령어를 인출하고, (2) 인출한 명령어를 해석하고 다음 명령어를 지정하려고 프로그램 카운터를 변경한다. (3) 명령어가 메모리에 있는 워드 한 개를 사용하려면 사용 장소를 결정하여 피연산자를 인출하고, 필요하면 프로세서 레지스터로 보낸다. (4) 명령어를 실행하고 (5) 결과를 저장한 후 (6) 인터럽트의 여부를 조사한다.

정답 07 ① 08 ④ 09 ②

10 일반적인 명령어 실행 사이클은 명령어의 인출과 실행을 반복하지만, 간접 주소 지정이나 인터럽트 처리를 하려면 간접 사이클, 인터럽트 사이클을 사용하기도 한다. 다음 그림은 명령어 실행 사이클을 보여준다. [문제 하단 그림 참조]

10 다음 중 명령어 실행 주기(사이클)에 해당하지 <u>않는</u> 것은?

① 간접 사이클
② 해석 사이클
③ 인출 사이클
④ 실행 사이클

(a) 일반적인 명령어 사이클

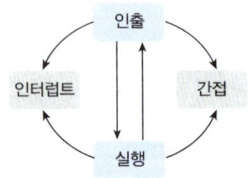

(b) 세분화된 명령어 사이클

11 인출 사이클(fetch cycle)은 명령어 실행 사이클의 첫 번째 단계이다. (1) 프로그램 카운터(PC)에 저장된 주소를 프로세서 내부 버스를 이용하여 메모리 주소 레지스터(MAR)에 전달하고(PC → MAR), (2) MAR에 저장된 주소에 해당하는 메모리 위치에서 명령어를 인출한 후 이 명령어를 MBR에 저장한다[MAR(Memory) → MBR]. 이때 제어장치는 메모리에 저장된 내용을 읽도록 제어신호를 발생시킨다. (3) 다음 명령어를 실행하기 위해 프로그램 카운터를 증가시킨다 (PC + 1 → PC). (4) 메모리 버퍼 레지스터에 저장된 내용을 실행하는 명령어를 보관하는 레지스터인 명령어 레지스터에 전달한다(MBR → IR).

11 다음 중 명령어 인출 사이클의 첫 레지스터의 동작으로 옳은 것은?

① PC → MAR
② MAR(Memory) → MBR
③ MBR → IR
④ IR(address) → MAR

정답 10 ② 11 ①

12 다음 중 메모리에서 명령어를 읽어 프로세서로 가져오는 상태로 옳은 것은?

① 인터럽트 상태
② 간접 상태
③ 실행 상태
④ 인출 상태

12 명령어의 실행은 명령어의 인출과 실행을 반복하는 명령어 실행 사이클을 통해 진행된다. 인출 사이클은 메모리에서 명령어를 읽어 명령어 레지스터에 저장하고, 프로그램 카운터를 증가시킨다. 실행 사이클은 인출한 명령어를 해독하고, 그 결과에 따라 제어신호를 발생시켜 명령어를 실행한다.

13 다음 중 인터럽트 우선 순위를 결정하는 폴링(polling) 방법에 대한 설명으로 옳지 않은 것은?

① 많은 인터럽트가 발생할 때 처리 시간 및 반응 시간이 매우 빠르다.
② 소프트웨어적으로 CPU가 각 장치를 하나씩 차례로 조사하는 방법이다.
③ 조사 순위가 우선 순위가 된다.
④ 모든 인터럽트의 공통 서비스 루틴이 있다.

13 폴링 방식은 많은 인터럽트가 발생할 때 처리 시간이 느리고, 반응 시간도 느릴 수 있다. 각 장치를 주기적으로 조사하기 때문에, 많은 장치를 검사해야 하는 경우 시간이 많이 소요된다.
폴링 방법은 소프트웨어적으로 CPU가 각 장치를 주기적으로 조사하여 인터럽트 상태를 확인한다. 장치는 폴링 순서에 따라 우선 순위가 결정되며, 모든 장치가 동일한 공통 서비스 루틴을 사용할 수도 있다.

14 다음 중 메모리 계층 구조를 구성하는 요소로 옳지 않은 것은?

① 레지스터
② 비용
③ 속도
④ 접근시간

14 메모리는 컴퓨터 성능과 밀접한 관계가 있으며, 사용자의 요구에 따라 메모리의 용량은 크고, 저렴하며, 속도 면에서 빠른 것을 요구한다. 일반적으로 메모리 계층 구조를 구성하여 비용, 속도, 용량, 접근시간 등을 상호 보완한다. 다음 그림은 메모리 계층 구조를 보여준다.
[문제 하단 그림 참조]

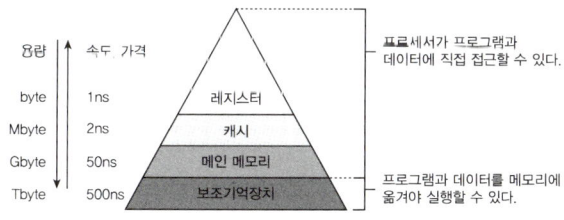

정답 12 ④ 13 ① 14 ①

15 메모리 속도는 메모리 접근 시간과 메모리 사이클 시간으로 표현할 수 있으며, 사이클 시간이 접근 시간보다 약간 길다. 메모리 접근 시간은 명령이 발생한 후 목표 주소를 검색하여 데이터 쓰기(읽기)를 시작할 때까지 걸린 시간이다. 메모리 사이클 시간은 두 번의 연속적인 메모리 동작 사이에 필요한 최소 지연 시간이다.

16 제어 버스는 CPU의 제어장치와 연결되어 있다. 메모리에서 오류가 발생하거나 네트워크 카드에 데이터가 모두 도착했다는 신호는 모두 제어 버스를 통해 CPU로 전달된다. 제어 버스의 신호는 CPU, 메모리, 주변장치와 양방향으로 오고 간다.

정답 15 ② 16 ④

15 다음 내용에 해당하는 것은?

> 읽기 제어신호를 가한 후 데이터를 메모리 버퍼 레지스터에 저장할 때까지 걸린 시간이다.

① 메모리 사이클 시간
② 메모리 접근 시간
③ 읽기 제어 시간
④ 쓰기 제어 시간

16 다음 중 시스템 버스에 대한 설명으로 옳지 않은 것은?

① 제어 버스는 제어장치와 연결될 버스로, CPU가 메모리와 주변장치에 제어신호를 보내기 위해 사용한다.
② 주소 버스는 메모리 주소 레지스터(MAR)와 연결된 버스로, 메모리나 주변장치에 데이터를 읽거나 쓸 때 위치 정보를 보내기 위해 사용하며 단방향이다.
③ 데이터 버스는 메모리 버퍼 레지스터(MBR)와 연결된 버스로, 데이터의 이동이 양방향으로 이루어진다.
④ 제어 버스는 메모리와 주변장치에서도 작업이 완료되거나 오류가 발생하면 제어신호를 보내기 때문에 단방향이다.

17 다음 중 간접 사이클 레지스터 동작에 대한 설명으로 옳지 <u>않은</u> 것은?

① MBR에 저장된 내용을 PC에 전달한다.
② 명령어를 수행하기 전에 실제 데이터가 저장된 주기억장치의 주소인 유효주소를 한 번 더 읽어 온다.
③ 간접 사이클 레지스터의 첫 번째 동작으로 IR에 저장된 명령어의 피연산자(주소부)를 MAR에 전달한다.
④ MAR에 저장된 주소에 해당하는 메모리 위치에서 데이터를 인출한 후 이 데이터를 MBR에 저장한다.

17 다음 그림은 간접 사이클 과정 그림과 레지스터 동작 설명 표이다.
[문제 하단 그림 참조]

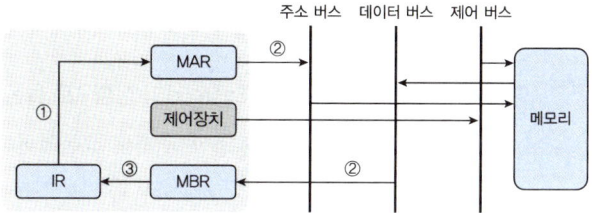

시간	레지스터 동작	설명
①	IR(address) → MAR	IR에 저장된 명령어의 피연산자(주소부)를 MAR에 전달한다.
②	MAR(Memory) → MBR	MAR에 저장된 주소에 해당하는 메모리 위치에서 데이터를 인출한 후 이 데이터를 MBR에 저장한다. 이때 제어장치는 메모리에 저장된 내용을 읽도록 제어신호를 발생시킨다.
③	MBR → IR(address)	MBR에 저장된 내용을 IR에 전달한다.

정답 17 ①

18 ② 멀티코어 시스템(Multi-Core System)의 장점이다.
- 멀티프로세서 시스템의 장점
  - 두 개 이상의 프로세서가 동시에 작동하므로 처리속도가 빨라진다.
  - 한 CPU의 장애가 다른 CPU에 영향을 미치지 않음으로써 안전성이 더 높아진다.
  - 복잡한 구성 작업이 거의 필요하지 않다.
  - Parallel Processing(동시에 실행되는 두 개 이상의 프로세스)은 Multi Processing을 통해 처리된다.

19 ② 듀얼코어 프로세서는 단일프로세서보다 두 배 빠른 속도로 작동하지 않는다. 일반적으로 60%~80%의 속도만 더 빨라진다.
③ 일부 운영체제는 단일코어 프로세서만을 지원하고 있다.

20 둘 이상의 코어(Core)를 가진 프로세서를 멀티코어 시스템이라고 부르며, 프로세서 하나에 4개의 코어(쿼드코어, Quad-Core) 또는 8개의 코어(옥타코어, Octa-Core)를 가지고 있다. 그러므로 옥타코어 시스템은 1개의 CPU에 Core가 8개인 시스템이다.

21 쿼드 프로세서 시스템은 멀티프로세서 시스템으로 CPU가 여러 개 있는 시스템이다. 멀티프로세서 시스템에는 한 번에 4개의 프로세스를 실행할 수 있는 쿼드 프로세서 시스템과 한 번에 8개의 프로세스를 실행할 수 있는 옥타 프로세서 시스템이 있다.

정답 18 ② 19 ① 20 ④ 21 ②

---

18 멀티프로세서 시스템(Multi-Processor System)의 장점으로 적절하지 <u>않은</u> 것은?
① 두 개 이상의 프로세서가 동시에 작동하므로 처리속도가 빨라진다.
② 물리적인 거리가 줄어 전체 트래픽이 감소한다.
③ 한 CPU의 장애가 다른 CPU에 영향을 미치지 않음으로써 안전성이 더 높아진다.
④ 동시에 실행되는 두 개 이상의 프로세스는 Multi Processing을 통해 처리된다.

19 멀티코어 시스템(Multi-Core System)의 장점으로 옳은 것은?
① 전력소모가 적고 높은 성능을 발휘하여 효율적이다.
② 듀얼코어 프로세서는 단일프로세서보다 두 배 빠른 속도로 작동한다.
③ 모든 운영체제를 지원한다.
④ 복잡한 구성 작업이 거의 필요하지 않다.

20 옥타코어 시스템에는 CPU가 몇 개 있는가?
① 2   ② 4
③ 8   ④ 1

21 쿼드 프로세서 시스템은 한 번에 몇 개의 프로세스를 실행할 수 있는가?
① 2   ② 4
③ 8   ④ 16

제 3 장

주기억장치 관리

- **제1절** 메모리 관리의 개요
- **제2절** 단일 프로그래밍 환경에서의 메모리 할당
- **제3절** 다중 프로그래밍 환경에서의 메모리 할당
- 실전예상문제

우리 인생의 가장 큰 영광은 결코 넘어지지 않는 데 있는 것이 아니라
넘어질 때마다 일어서는 데 있다.

– 넬슨 만델라 –

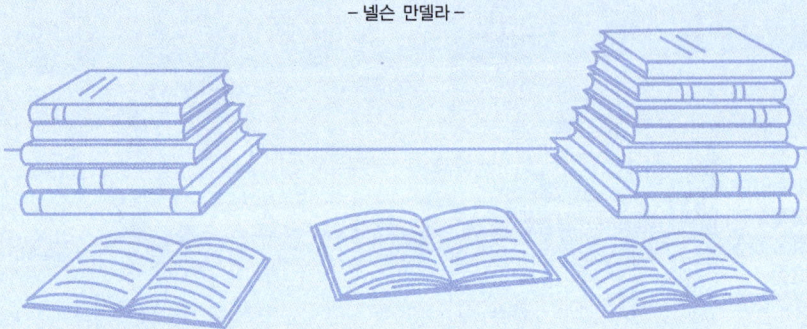

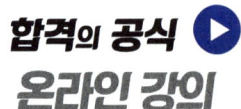 

보다 깊이 있는 학습을 원하는 수험생들을 위한
시대에듀의 동영상 강의가 준비되어 있습니다.
www.sdedu.co.kr ➜ 회원가입(로그인) ➜ 강의 살펴보기

제 3 장 주기억장치 관리

제1절 메모리 관리의 개요

1 메모리 관리

(1) 메모리 관리의 복잡성

이 장에서 살펴볼 메모리는 메인 메모리를 가리킨다. 메모리의 구조는 1바이트 크기로 나뉜다. 1바이트로 나뉜 각 영역은 메모리 주소로 구분하는데 일반적으로 0번지부터 시작한다. CPU는 메모리에 있는 내용을 가져오거나 작업 결과를 메모리에 저장하기 위해 메모리 주소 레지스터(MAR)를 사용한다. 메모리 주소 레지스터에 필요한 메모리 주소를 넣으면 데이터를 메모리에서 가져오거나 메모리에 데이터를 옮길 수 있다.

폰 노이만 구조의 컴퓨터에서 메모리는 유일한 작업 공간이며 모든 프로그램은 메모리에 올라와야 실행이 가능하다. 과거의 일괄 처리 시스템에서는 한 번에 한 가지 작업만 처리했기 때문에 메모리 관리가 어렵지 않았지만, 오늘날의 시분할 시스템에서는 운영체제를 포함한 모든 응용 프로그램이 메모리에 올라와 실행되기 때문에 메모리 관리가 복잡하다. 운영체제도 프로그램이라서 메모리에 올라와야 실행할 수 있으므로 메모리에는 사용자 프로세스뿐 아니라 운영체제 프로세스도 공존한다.

(2) 메모리 관리의 이중성

메모리 관리의 이중성은 프로세스 입장에서 작업의 편리함과 관리자 입장에서 관리의 편리함이 충돌을 일으키는 것을 말한다. 현대의 메모리 관리 시스템은 프로세스와 메모리 관리자의 상충되는 요구 사항을 완벽하게 처리한다. 물론 이러한 요구 사항을 만족시키기 위해 메모리 관리자의 작업은 더욱 복잡해졌다.

(3) 소스 코드의 번역과 실행

① **컴파일러와 인터프리터의 동작**

컴퓨터에서 작동하는 응용 프로그램은 프로그래밍 언어로 만들며, 보통 컴파일러를 사용하여 작성한 프로그램을 실행 가능한 코드로 변경한다. 물론 프로그램을 만들 때 처음부터 컴퓨터에서 바로 실행 가능한 코드로 만들 수 있다. 즉, 0과 1의 기계어로 만드는 것이지만 기계어는 배우기 어렵고 이해하기도 힘들다.

언어 번역 프로그램은 고급 언어로 작성한 소스 코드를 컴퓨터가 실행할 수 있는 기계어로 번역하는 프로그램이다.

⊙ 컴파일러

소스 코드를 컴퓨터가 실행할 수 있는 기계어로 번역한 후 한꺼번에 실행한다. C언어, 자바 등이 이러한 방식으로 프로그램을 실행한다.

컴파일러를 사용하는 프로그래밍 언어는 사용할 변수를 먼저 선언한 후 코드를 작성한다. 변수 선언은 오류를 찾고 코드를 최적화하기 위해 반드시 필요한 작업이므로, 변수는 반드시 미리 선언되어야 한다.

컴파일러는 실행 전에 소스 코드를 점검하여 오류를 수정하고 필요 없는 부분은 정리하여 최적화된 실행파일을 만든다.

ⓒ 인터프리터

소스 코드를 한 행씩 번역하여 실행한다. 자바스크립트, 베이직 등이 이 방식으로 프로그램을 실행한다.

인터프리터는 한 줄씩 위에서부터 아랫방향으로 실행되기 때문에 같은 일을 반복하는 경우나 필요 없는 변수를 확인할 수 없다. 따라서 크고 복잡한 프로그램에서는 컴파일러를 사용하고, 간단한 프로그램에서는 인터프리터를 사용한다.

[표 3-1] 컴파일러와 인터프리터의 차이

구분	컴파일러(자바, C언어 등)	인터프리터(자바스크립트, 베이직 등)
변수	변수를 선언해야 한다.	변수를 선언할 필요가 없다.
실행	컴파일 후 실행된다.	한 줄씩 실행된다.
장점	오류 찾기와 코드 최적화, 분할 컴파일에 의한 공동작업이 가능하다.	실행이 편리하다.
용도	대형 프로그램	간단한 프로그램

② **컴파일러의 목적**

⊙ 오류 발견

컴파일러의 첫 번째 목적은 소스 코드에서 오류를 발견하여 실행 시 문제가 없도록 하는 것이다. 컴파일러는 오류를 찾기 위해 심벌 테이블을 사용한다. 심벌 테이블은 변수 선언부에 명시한 각 변수의 이름과 종류를 모아 놓은 테이블로, 선언하지 않은 변수를 사용하지는 않았는지, 변수에 다른 종류의 데이터를 저장하지는 않았는지를 알 수 있다.

ⓒ 코드 최적화

코드의 최적화는 불필요한 코드와 사용하지 않는 변수를 삭제해서 코드를 간결하게 하고 실행 속도를 빠르게 하는 것이다. 결과적으로 컴파일러는 실행하기 전에 코드를 점검하여 오류를 수정하고 최적화함으로써 크기가 작고 실행이 빠른 파일을 만든다.

③ **컴파일 과정** 중요

컴파일은 사용자가 작성한 소스 코드를 목적 코드(object code)로 변환한 후 라이브러리를 연결하고 최종 실행 파일을 만들어 실행하는 과정이다.

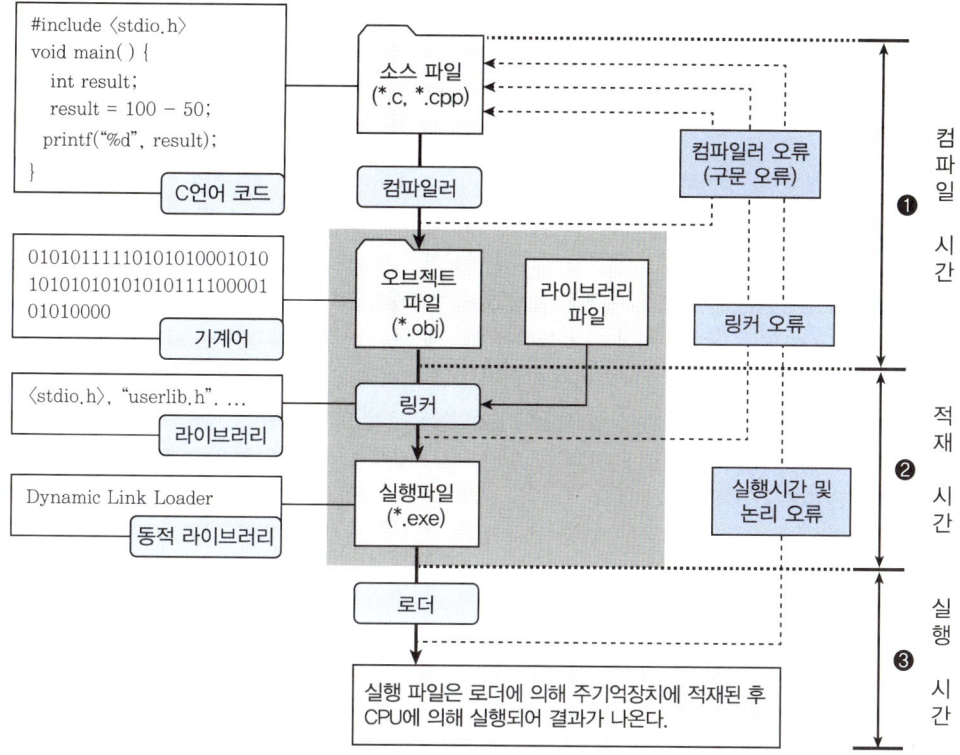

[그림 3-1] 컴파일 과정과 디버깅 과정

㉠ 소스 코드 작성과 컴파일

프로그래머가 C언어나 자바로 소스 코드를 작성하여 컴파일하면 **목적 코드**가 만들어진다. 컴퓨터는 0과 1의 기계어만 인식할 수 있기 때문에 사용자가 작성한 소스 코드를 컴파일러로 일차로 번역하는데 이렇게 얻은 코드가 목적 코드이다.

[그림 3-1]의 ❶ **컴파일 시간**은 프로세스가 메모리에 적재될 위치를 컴파일 과정에서 알 수 있다면 컴파일러는 물리적 주소를 생성할 수 있다. 예를 들면, 사용자 프로세스가 임의의 위치로 시작해서 적재한다고 알려주면 생성된 컴파일러 코드는 그 위치에서 시작하여 확장해 나갈 것이다. 이후에 시작 위치가 변하지 않으면 코드를 다시 컴파일할 필요가 없다.

㉡ 목적 코드와 라이브러리 연결

목적 코드가 만들어지면 라이브러리에 있는 코드를 목적 코드에 삽입하여 최종 실행 파일을 만든다. 라이브러리는 자주 사용하는 함수를 시스템 내에 미리 만들어둔 것으로, 프로그래머가 직접 만들기 어렵거나 또는 만드는 데 시간이 많이 걸리는 함수를 파일 형태로 모아 놓은 것이다. [그림 3-1]의 예에서 컴파일러는 라이브러리 연결단계에서 printf( )문에 해당하는 기계어 코드를 〈stdio.h〉 라이브러리에서 가져와 목적 코드에 삽입한다. 〈stdio.h〉 라이브러리는 입·출력 함수를 미리 만들어놓은 것으로, 사용자가 printf( )함수를 따로 정의하지 않고 소스 코드 맨 앞에 #include〈stdio.h〉라고 명시하면 자동으로 라이브러리가 연결된다.

[그림 3-1]의 ❷ **적재 시간**은 프로세스를 메모리의 어디에 적재해야 할지 컴파일 과정에 알려주

지 않으면 컴파일러는 대체 가능한 상대 주소를 생성한다. 상대 주소는 프로그램의 시작 주소가 0으로 생성되므로 최종 연결을 적재 시간까지 연기한다. 시작 주소가 변하면 단지 변화된 값을 반영하려고 사용자 코드를 재적재한다. 이런 과정을 **정적 대치**라고 한다.

ⓒ 동적 라이브러리를 포함하여 최종 실행

동적(연결) 라이브러리(dll : dynamic linking library)는 프로그래머가 정의한 함수를 실행파일과 분리해서 dll파일 안에 넣어둘 수가 있다. 프로그램이 처음 로딩될 때 메모리에서 적재할 코드와 실행 시에 그때그때 필요한 코드를 구분해서 메모리를 효율적으로 사용할 수 있다. 또한 동시에 실행되는 여러 프로그램에서 같은 함수를 사용할 경우 각 프로그램에서 동일한 dll을 참조하면 되므로 같은 함수를 여러 번 로딩하는 비효율성을 없앨 수 있다. 즉, 로더(loader)는 재배치가 가능한 기계어 프로그램을 입력으로 하여 절대 주소를 갖는 동등한 프로그램을 생성하는 연결 적재를 하고, 링크 전체가 실행 시점에 사용하는 동적 로드도 한다.

[그림 3-1]의 ❸ 실행 시간은 한 프로그램(프로세스)이 동일한 장소에서 작동한다면 적재 시간 과정에서 연결할 수 있으나 프로세스를 실행하는 도중에 메모리의 한 세그먼트에서 다른 세그먼트로 이동한다면 연결은 수행시간까지 연기(지연)된다. 이런 주소 체계는 기본 및 경계(한계) 레지스터 등 특수한 하드웨어의 지원이 필요하다. 현재 범용 운영체제 대부분은 실행 시간에 연결하는 이 방법을 사용한다.

> **더 알아두기**
>
> 컴파일러가 원시 코드를 컴파일하여 목적 파일을 생성하면 링커(연결기)가 이 목적 파일에 라이브러리 파일이나 다른 목적 파일을 결합한다. 그런 다음 로더(적재기)가 지정 위치에서 시작하여 메모리에 프로그램을 배치하는데, 하드웨어 구조에 따라 다음과 같은 방법으로 수행한다.
> - 절대 적재 : 프로그램을 메모리의 지정된 위치에 적재한다.
> - 교체 적재 : 프로그램을 메모리의 여러 위치에 적재한다.

(4) 메모리 관리자의 역할 중요

모든 프로그램은 우선 메모리에 적재되어야 실행이 가능하므로 메모리는 프로그램을 실행하는 중요한 작업 공간이다. 그리고 다중 프로그래밍 환경에서는 한정된 메모리를 여러 프로세스가 함께 사용하므로 이를 효율적으로 관리하는 방법이 필요하다.

메모리 관리는 프로세스들을 위해 **메모리를 할당하고 제거하며 보호하는 활동**이다. 더 단순하게는 프로세스의 요청에 따라 메모리의 일부를 할당하고, 필요가 없으면 자유로이 재사용할 수 있도록 하는 것이다. 또 디스크에 있는 프로그램을 실행하려면 먼저 메모리에 적재한 후 메모리 관리자가 예약된 메모리를 할당해 주어야 하는데, 이것도 메모리 관리에 해당한다. 다중 프로그래밍 시스템에서는 여러 프로세스가 메모리에 상주할 수 있도록 운영체제가 동적으로 메모리를 세분화하는데, 이 과정도 메모리 관리에 해당한다.

메모리 관리는 메모리 관리자가 담당한다. 메모리 관리자는 **메모리 관리 유닛(Memory Manage Unit, MMU)**이라는 하드웨어로 일반적으로 메모리 관리자라고 말한다. 메모리 관리자의 작업은 가져오기(fetch), 배치(placement), 재배치(replacement)이다.

① **적재 정책**(fetch policy)
  ㉠ 적재 작업
   프로세스와 데이터를 메모리로 가져오는 작업이다. 메모리 관리자는 사용자가 요청하면 프로세스와 데이터를 모두 메모리로 가져온다. 그런데 어떤 상황에서는 데이터의 일부만 가져와 실행하기도 한다. 예를 들면, 용량이 큰 동영상을 실행해야 하는데 메모리가 충분하지 않다면 동영상 플레이어를 먼저 가져와 실행하고, 동영상 데이터는 필요할 때마다 수시로 가져와 실행하는 것이다. 메모리 관리자는 사용자의 요청이 없더라도 앞으로 필요할 것이라고 예상되는 데이터를 미리 가져오기도 한다.
  ㉡ 적재 정책
   적재 정책은 프로세스가 필요로 하는 데이터를 언제 메모리에 가져올지 결정하는 정책이다. 프로세스가 요청할 때 메모리로 가져오는 것이 일반적인 방법이지만, 필요하다고 예상되는 데이터를 미리 가져오는 방법(prefetch)도 있다.
   • 요구 적재(demand fetch) : 운영체제나 시스템 프로그램, 사용자 프로그램 등 참조 요청에 따라 다음에 실행할 프로세스를 메모리에 적재하는 오래된 방법이다.
   • 예상 적재(anticipatory fetch) : 시스템의 요청을 미리 예측하여 메모리에 적재하는 방법이다. 요청된 페이지 외의 다른 페이지도 함께 불러들여 탐색 시간과 회전 지연시간을 가지는 보조기억장치(디스크)의 특성을 참조한다.

② **배치 정책**(placement policy)
  ㉠ 배치 작업
   가져온 프로세스와 데이터를 메모리의 어떤 부분에 올려놓을지 결정하는 작업이다. 배치 작업 전에 메모리를 어떤 크기로 자를 것인지가 매우 중요하다. 같은 크기로 자르느냐, 실행되는 프로세스의 크기에 맞게 자르느냐에 따라 메모리 관리의 복잡성이 달라지기 때문이다. 이렇게 나누어진 메모리의 구역에 따라 프로세스와 데이터를 어떤 위치에 놓을지 결정하는 것이 바로 배치 작업이다.
  ㉡ 배치 정책
   배치 정책은 디스크에 반입한 프로세스를 메모리 어느 위치에 저장할 것인지 결정한다. 사용 가능 공간 리스트에서 충분히 큰 첫 번째 공백 분할 공간에 적재하는 최초 적합, 사용 가능 공간 리스트에서 가장 작은 크기의 사용 공간을 작업에 적재하는 최적 적합, 가장 큰 사용 공간에 적재하는 최악 적합 등이 있다.

③ **재배치 정책**(replacement policy)
  ㉠ 재배치 작업
   새로운 프로세스를 가져와야 하는데 메모리가 꽉 찼다면 메모리에 있는 프로세스를 하드디스크로 옮겨놓아야 새로운 프로세스를 메모리에 가져올 수 있다. 이처럼 꽉 차 있는 메모리에 새로운 프로세스를 가져오기 위해 오래된 프로세스를 내보내는 작업이다.
  ㉡ 재배치 정책
   재배치 정책(대치 정책, 교체 정책)은 메모리가 충분하지 않을 때 현재 메모리에 적재된 프로세스 중 제거할 프로세스를 결정하는 교체 방법이다. 시기 및 사용 빈도에 따라 선입선출(FIFO : First In First Out) 배치 알고리즘, 최근 최소 사용(LRU : Least Recently Used) 배치 알고리즘 등 다양한 방법이 가능하다.

(5) 메모리 적재(할당) 방법 종요

메모리에 프로세스를 적재하는 방법은 크게 두 가지로 분류한다. 하나는 연속적으로 적재하는 연속 메모리 적재 방법이고, 다른 하나는 페이지나 세그먼트 단위로 나눠 여러 곳에 적재하는 비연속(분산) 메모리 적재 방법이다.

① 연속 메모리 할당

초기 컴퓨터 시스템은 각 프로그램이 연속된 하나의 블록을 차지하도록 연속 메모리 할당을 사용했다. **직접 배치, 중첩(오버레이), 고정 분할 방법** 등이 이에 해당한다. 그런데 고정 분할 방법은 크기가 다른 프로세스에 모두 같은 크기의 메모리를 할당하여 메모리 낭비를 초래했다. 프로세스의 크기에 따라 메모리를 다르게 분할하는 가변 분할 메모리 할당을 제안하여 연속 메모리 할당의 문제를 해결하였고, 다중 프로그램 방법에 적용하면서 분산 메모리 할당이 유용해졌다.

연속 메모리 할당에서는 고정 분할이나 가변 분할이 효과적인 메모리 활용 방법은 아니다. 또 내부 단편화나 외부 단편화 문제가 발생할 수 있다. 물론 제한된 압축을 활용하여 메모리 할당을 변화시켜서 외부 단편화를 해결하면 연속적인 공간을 만들 수 있지만 실행 시간을 낭비하는 결과를 가져온다. 그래서 외부 단편화를 해결하고 내부 단편화를 최소화하려는 새로운 방법이 바로 분산 메모리 할당이다.

② 불연속 메모리 할당

분산 메모리 할당은 불연속 메모리 할당이라고도 하는데, 프로그램 하나가 물리적 주소의 여러 공간에 분산해서 올라갈 수 있도록 하는 방법이다. 이 방법도 크게 고정 분할과 가변 분할로 분류할 수 있다. 먼저 고정 분할에 해당하는 페이징은 프로그램 하나를 분할하는 기준에 따라 동일한 크기로 나눠 메모리로 적재하는 방법이고, 세그먼테이션은 크기는 일정하지 않지만 의미 단위로 나눠 메모리로 적재하는 방법이다. 이런 메모리 관리 기술은 계속 발전하여 **가상 메모리**를 지원할 수 있게 되었다.

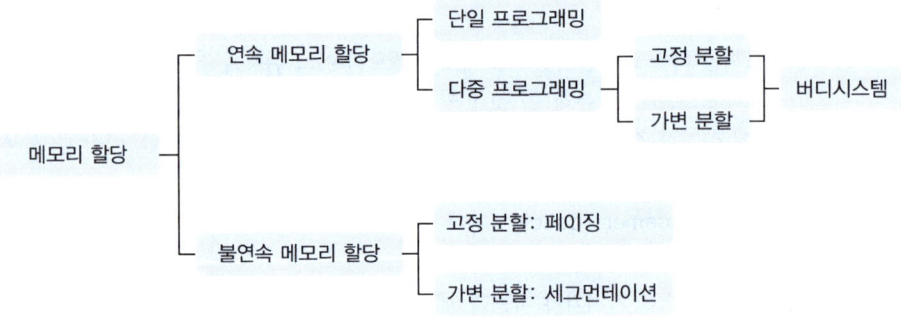

[그림 3-2] 메모리 할당 방법

2 메모리 주소

메모리에 접근할 때는 주소를 이용한다. 따라서 메모리와 주소는 매우 밀접한 관계이다. 메모리 주소는 절대 주소와 상대 주소로 나뉜다.

(1) 32bit CPU와 64bit CPU의 차이

CPU의 비트는 한 번에 다룰 수 있는 데이터의 최대 크기를 의미한다. 32bit CPU는 한 번에 다룰 수 있는 데이터의 최대 크기가 32bit이고, 64bit CPU는 64bit이다. CPU 내부 부품은 모두 이 비트를 기준으로 제작된다. 32bit CPU 내의 레지스터 크기는 전부 32bit이고, 산술 논리 연산 장치도 32bit를 처리할 수 있도록 설계된다. 또한 데이터를 전송하는 각종 버스의 크기, 즉 대역폭도 32bit이다. 32bit 대역폭의 버스를 통해 한 번에 옮겨지는 데이터의 크기는 당연히 32bit이다.

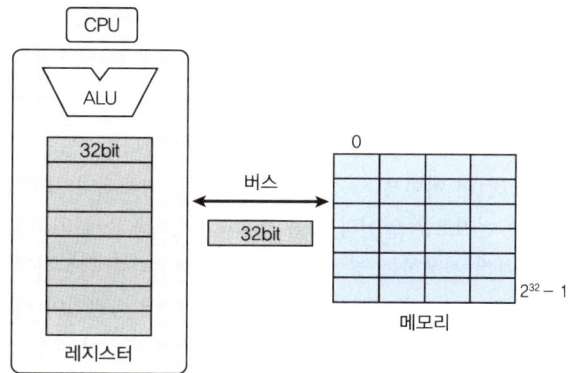

[그림 3-3] 32bit CPU의 구조

CPU의 비트는 메모리 주소 공간의 크기와도 연관이 있다. 32bit CPU의 경우 메모리 주소를 지정하는 레지스터인 메모리 주소 레지스터(MAR)의 크기가 32bit이므로 표현할 수 있는 메모리 주소 범위가 $0 \sim 2^{32}-1$, 총 개수가 2^{32}개다. 이를 16진수로 나타내면 00000000 ~ FFFFFFFF이며 총 크기는 2^{32}바이트, 약 4Giga바이트이다. 따라서 32bit CPU 컴퓨터는 메모리를 최대 4G바이트까지 사용할 수 있다. 64bit CPU는 레지스터의 크기, 버스의 대역폭, 한 번에 처리되는 데이터의 최대 크기 등이 32bit CPU의 2배이다. 따라서 32bit CPU보다 처리 속도가 빠르고 사용할 수 있는 메모리도 크다. 64bit CPU는 $0 \sim 2^{64}-1$번지의 주소 공간을 제공한다. 또한 32bit CPU의 메모리는 4G바이트로 제한되지만 64bit CPU의 메모리는 2^{64}바이트, 약 16,777,216 Tera바이트이기 때문에 거의 무한대에 가까운 메모리를 사용할 수 있다.

32bit CPU, 64bit CPU 컴퓨터에는 메모리가 설치되니 각 메모리 주소 공간이 있다. 이렇게 설치된 메모리의 주소 공간을 물리 주소 공간(physical address space)이라고 한다. 물리 주소 공간은 하드웨어 입장에서 바라본 주소 공간으로 컴퓨터마다 그 크기가 다르다. 이와 반대로 사용자 입장에서 바라본 주소 공간은 논리 수소 공간(logical address apace)이라고 한다.

> **더 알아두기**
> 32bit CPU가 달린 컴퓨터에는 당연히 32bit용 운영체제를, 64bit CPU가 달린 컴퓨터에는 64bit용 운영체제를 설치해야 한다.

(2) 절대 주소와 상대 주소 중요

① 메모리 영역의 구분

㉠ 단순 메모리 구조

단순 메모리 구조는 한 번에 한 가지 일만 처리하는 **일괄 처리 시스템**에서 볼 수 있다. 메모리 관리자는 이러한 메모리를 운영체제 영역과 사용자 영역으로 나누어 관리한다. 운영체제는 시스템을 관리하는 중요한 역할을 하기 때문에 사용자가 운영체제를 침범하지 못하도록 분리하여 관리한다. [그림 3-4]의 (a)에서 운영체제가 0 ~ 359번지를 사용하고 사용자가 360 ~ 999번지를 사용한다.

㉡ 상위 메모리부터 사용자 영역 할당

사용자 프로세스는 운영체제 영역을 피하여 메모리에 적재되어 [그림 3-4]의 (a)에서는 360부터 적재되는데, 만약 운영체제 영역을 399번지까지 사용한다면 사용자 프로세스가 400번지부터 적재되어야 한다. 그런데 이렇게 사용자 프로세스가 운영체제의 크기에 따라 매번 적재되는 주소가 달라지는 것은 번거로운 일이라 이를 개선하여 [그림 3-4]의 (b)와 같이 사용자 프로세스를 메모리의 최상위부터 사용하는 방법이 있다. 즉, 메모리를 최상위에서 운영체제 방향으로 내려오면서 사용하는 것이다. 이 방법은 운영체제의 크기에 상관없이 사용자 영역의 시작점을 결정할 수 있으나 메모리를 거꾸로 사용하기 위해 주소를 변경하는 일이 복잡하기 때문에 잘 쓰지 않는다.

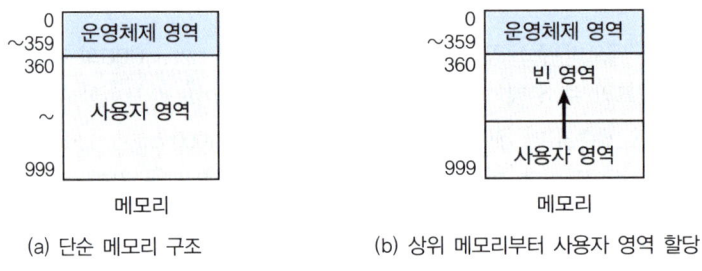

[그림 3-4] 메모리 영역 구분

㉢ 경계 레지스터

사용자 영역이 운영체제 영역으로 침범하는 것을 막으려면 하드웨어의 도움이 필요한데 이는 CPU 내에 있는 경계 레지스터가 담당한다. 경계 레지스터는 운영체제 영역과 사용자 영역 경계 지점의 주소를 가진 레지스터이다. 메모리 관리자는 사용자가 작업을 요청할 때마다 경계 레지스터의 값을 벗어나는지 검사하고, 만약 경계 레지스터를 벗어나는 작업을 요청하는 프로세스가 있으면 그 프로세스를 종료한다.

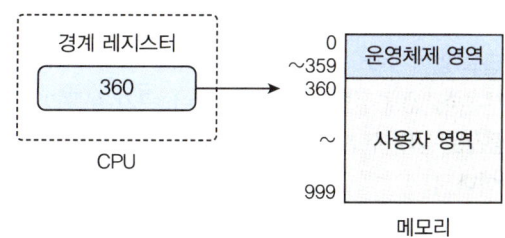

[그림 3-5] 운영체제와 경계 레지스터

② 절대 주소와 상대 주소의 개념 중요 기출
  ㉠ 절대 주소
    사용자 프로세스가 [그림 3-6]에서 메모리의 사용자 영역 400번지에 올라왔다고 가정하자. 컴파일 방식을 사용하는 프로그램의 경우 컴파일 시 변수의 주소를 0번지부터 배정한다. 컴파일할 당시에는 변수가 메모리의 어느 위치에 올라가는지 알 수 없기 때문에 0번지부터 배정하고 실제로 실행할 때 주소를 조정한다. 만약 사용자 프로세스가 메모리의 400번지에 올라간다면 프로세스 내 변수의 주소에 400을 더하는데, 이때 400번지는 절대 주소(absolute address)이다. 실제 물리 주소(physical address)를 가리키는 절대 주소는 **메모리 관리자 입장에서 바라본 주소이다.** 즉, 메모리 주소 레지스터가 사용하는 주소로, 컴퓨터에 꽂힌 램 메모리의 실제 주소를 말한다. 메모리 관리자는 절대 주소를 사용하지만 사용자 입장에서 절대 주소는 불편하고 위험하다. 절대 주소를 사용하면 운영체제 영역을 확인해야 한다. 현재 359번지까지 사용하더라도 운영체제가 업그레이드되면 그 이상의 주소 범위를 사용할 수도 있다. 또한 운영체제 영역의 주소가 사용자에게 노출되면 실수나 고의적인 조작으로 운영체제 영역을 침범할 수도 있다.
  ㉡ 상대 주소
    사용자 프로세스 입장에서 운영체제 영역은 어차피 사용할 수 없는 공간이다. 또한 운영체제의 절대 주소(물리 주소)를 알 필요도 없다. 상대 주소(relative address)는 **사용자 영역이 시작되는 번지를 0번지로 변경하여 사용하는 주소 지정 방식이다.** 예를 들면 [그림 3-6]에서는 360번지가 0번지로, 400번지가 40번지로 바뀌는데, 이때 360번지와 400번지는 절대 주소이고 0번지와 40번지는 상대 주소이다.

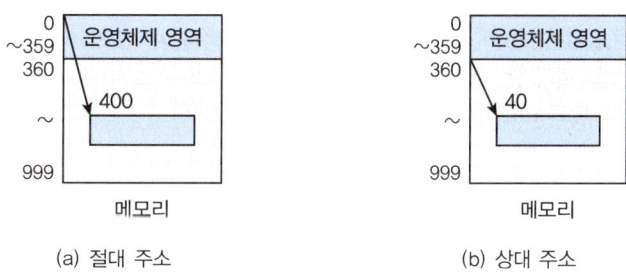

(a) 절대 주소   (b) 상대 주소

[그림 3-6] 절대 주소와 상대 주소

상대 주소는 사용자 프로세스 입장에서 운영체제가 어디서 끝나는지, 자신의 데이터가 어디에 존재하는지 알 필요 없이 주소 공간이 항상 0번지부터 시작하는데, 이러한 주소 공간을 논리 주소 공간이라고 부른다. 앞서 설명했듯이 논리 주소 공간은 물리 주소 공간의 상대적인 개념이다. 즉, 논리 주소 공간은 상대 주소를 사용하는 주소 공간이고, 물리 주소 공간은 절대 주소를 사용하는 주소 공간이다.

[표 3-2] 절대 주소와 상대 주소

구분	절대 주소	상대 주소
관점	메모리 관리자 입장	사용자 프로세스 입장
주소 시작	물리 주소 0번지부터 시작	물리 주소와 관계없이 항상 0번지부터 시작
주소 공간	물리 주소(실제 주소) 공간	논리 주소 공간

③ **상대 주소를 절대 주소로 변환하는 과정**
메모리 접근 시 절대 주소를 사용하면 특별한 변환 과정 없이 작업을 할 수 있다. 그러나 상대 주소를 사용하면 상대 주소를 실제 메모리 내의 물리 주소, 즉 절대 주소로 변환해야 한다. 이러한 변환 작업은 프로세스가 실행되는 동안 메모리 관리자가 매우 빠르게 처리한다. 메모리 관리자가 상대 주소를 절대 주소로 변환하는 과정은 [그림 3-7]과 같다.

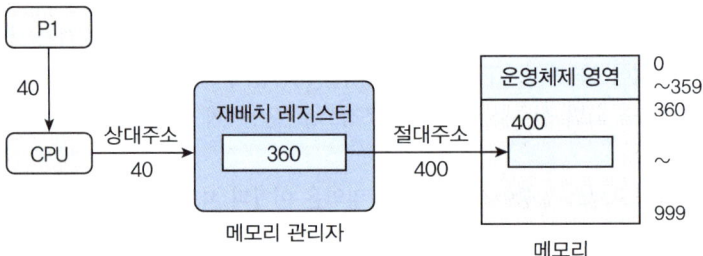

[그림 3-7] 상대 주소를 절대 주소로 변환하는 과정

㉠ 사용자 프로세스가 상대 주소 40번지에 있는 데이터를 요청한다.
㉡ CPU는 메모리 관리자에게 40번지에 있는 내용을 가져오라고 명령한다.
㉢ 메모리 관리자는 재배치 레지스터를 사용하여 상대 주소 40번지를 절대 주소 400번지로 변환하고 메모리 400번지에 저장된 데이터를 가져온다.

메모리 관리자는 사용자 프로세스가 상대 주소를 사용하여 메모리에 접근할 때마다 상대 주소 값에 재배치 레지스터 값을 더하여 절대 주소를 구한다. 재배치 레지스터는 주소 변환의 기본이 되는 주소 값을 가진 레지스터로, 메모리에 사용자 영역의 시작 주소 값이 저장된다. [그림 3-7]에서는 360번지가 재배치 레지스터에 저장된다. 사용자 프로세스 입장에서는 메모리 관리자가 재배치 레지스터를 사용하여 상대 주소를 절대 주소로 변환하기 때문에 메모리가 항상 0번지부터 시작하는 연속된 작업 공간으로 보인다. 만약 운영체제 영역이 바뀌어 사용자 영역이 500번지부터 시작한다면 재배치 레지스터에 500을 넣으면 된다.

제2절 단일 프로그래밍 환경에서의 메모리 할당

1 메모리 오버레이 기출

과거에는 개인용 컴퓨터에 큰 메모리를 사용할 수 없었다. 한 예로 마이크로소프트 윈도우 운영체제의 전신인 MS-DOS는 기본 메모리가 640KB로 한정되었다. MS-DOS를 개발할 당시에는 640KB보다 큰 사용자 프로그램이 없을 것이라고 생각하여 한정한 것이다.

지금은 메모리의 가격이 부담스럽지 않고 용량도 넉넉하여 문제가 없지만 과거에는 작은 메모리로 큰 프로그램을 어떻게 작동할 것인가가 문제였다. 1MB 메모리의 컴퓨터에서 100MB의 프로그램을 실행시킬 수는 없을 것이다. **프로그램의 크기가 실제 메모리(물리 메모리)보다 클 때 전체 프로그램을 메모리에 가져오는 대신 적당한 크기로 잘라서 가져오는 기법을 메모리 오버레이(memory overlay)라고 한다.** 'overlay'는 '겹겹이 쌓다', '중첩시키다'라는 뜻으로, 메모리 오버레이는 하나의 메모리에 여러 프로그램을 겹겹이 쌓아놓고 실행하는 것을 말한다. 메모리 오버레이의 경우 프로그램을 몇 개의 모듈로 나누고 필요할 때마다 모듈을 메모리에 가져와 사용한다. 전체 프로그램을 메모리에 올려놓고 실행하기에는 메모리의 크기가 작기 때문에 실행하는 데 필요한 중요한 모듈만 올려놓고 나머지는 필요할 때마다 메모리에 가져와 사용하는 것이다.

(1) 메모리 오버레이의 작동방식

일반적인 문서 편집기에는 기본 문서 편집 기능 이외에 맞춤법 검사, 출력, 그림판 등의 기능이 있다. 이러한 기능은 각각 모듈 형태로 분리되어 있다가 프로그램이 실행되면 필요한 모듈만 메모리에 올라와 실행된다. 기본 문서 편집기를 사용하다 그림판이 필요하면 메모리에 그림판을 가져오고, 맞춤법 검사기가 필요하면 그림판을 제외하고 그 자리에 맞춤법 검사기를 가져온다. 프로그램 전체를 메모리에 올려놓고 실행하는 것보다 속도가 느리지만 메모리가 프로그램보다 작을 때도 실행할 수 있어 유용하다.

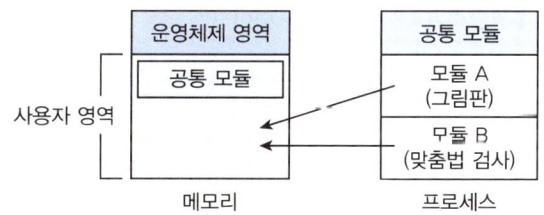

[그림 3-8] 메모리 오버레이의 작동 방식

메모리 오버레이에서 어떤 모듈을 가져오거나 내보낼지는 CPU 레지스터 중 하나인 프로그램 카운터(PC)가 결정한다. PC는 앞으로 실행할 명령어의 위치를 가리키는 레지스터로, 해당 모듈이 메모리에 없으면 메모리 관리자에게 요청하여 메모리로 가져오게 한다.

(2) 메모리 오버레이의 중요한 의미
① 한정된 메모리에서 메모리보다 큰 프로그램의 실행이 가능하다. 이는 가상 메모리 시스템의 기본이 되는 개념으로, 다음 장에서 설명한다.
② 프로그램 전체가 아니라 일부만 메모리에 올라와도 실행이 가능하다. 프로그램은 개념적으로 한 덩어리지만 일부분만 가지고도 실행할 수 있다. 이는 메모리를 여러 조각으로 나누어 여러 프로세스에 할당할 수 있다는 의미이기도 하다.

2 스왑 중요

메모리 오버레이를 이용하면 메모리보다 큰 프로그램을 실행할 수 있다. 그러나 처리해야 할 문제는 남아 있다. [그림 3-8]에서와 같이 메모리에 모듈 B를 가져올 때 먼저 메모리에 올라온 모듈 A를 어딘가에 보관해야 한다. [그림 3-9]와 같이 모듈 A를 원래의 하드디스크 위치에 옮겨 놓으면 되겠지만, 다시 사용할지도 모르고 아직 작업이 끝나지 않았기 때문에 저장장치의 별도 공간에 보관해야 한다. 이처럼 메모리가 모자라서 쫓겨난 프로세스는 저장장치의 특별한 공간에 모아두는데, 이러한 영역을 스왑 영역(swap area)이라고 부른다. 스왑 영역에서 메모리로 데이터를 가져오는 작업은 스왑-인(swap in), 메모리에서 스왑 영역으로 데이터를 내보내는 작업은 스왑-아웃(swap out)이라고 한다.

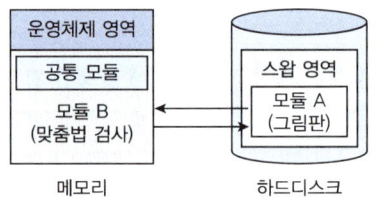

[그림 3-9] 스왑-인, 스왑-아웃

스왑 영역은 **메모리 관리자가 관리한다**. 원래 하드디스크 같은 저장장치는 저장장치 관리자가 관리하지만, 스왑 영역은 메모리에서 쫓겨났다가 다시 돌아가는 데이터가 머무는 곳이기 때문에 저장장치는 장소만 빌려주고 메모리 관리자가 관리하는 것이다.

메모리 오버레이에서는 메모리보다 큰 프로그램을 실행할 때 프로그램을 메모리보다 작은 크기의 모듈로 나누어서 사용한다. 여기에 스왑을 이용하면 스왑 영역의 크기가 메모리의 크기로 인식된다. 다시 말해 사용자는 실제 메모리의 크기와 스왑 영역의 크기를 합쳐서 전체 메모리로 인식하고 사용할 수 있다. 예를 들면 실제 메모리의 크기가 1GB, 스왑의 크기가 3GB라면 사용자가 인식하는 메모리는 4GB이다. 이는 실제 메모리가 4GB인 컴퓨터보다 속도가 느리겠지만, 스왑을 사용하면 실제 메모리의 모자란 부분을 보충할 수 있다. 사용자 입장에서는 실제 메모리의 크기에 상관없이 큰 프로그램을 실행할 수 있는 것이다.

제3절 다중 프로그래밍 환경에서의 메모리 할당

한 번에 여러 프로세스를 실행하는 경우 메모리 관리가 더욱 복잡해지는데, 프로세스들의 크기가 다를 때 메모리를 어떻게 나누어 사용할 것인지에 대해 알아보자.

1 메모리 분할 방식

메모리를 어떤 크기로 나눌 것인가는 메모리 배치 정책에 해당된다. 메모리에 여러 개의 프로세스를 배치하는 방법은 가변 분할 방식(variable-size partitioning)과 고정 분할 방식(fixed-size partitioning)으로 나뉜다.

- 가변 분할 방식: 프로세스의 크기에 따라 메모리를 나누는 것이다.
- 고정 분할 방식: 프로세스의 크기와 상관없이 메모리를 같은 크기로 나누는 것이다.

(1) 가변 분할 방식과 고정 분할 방식의 예

[그림 3-10]은 식당에 17개의 의자가 놓여 있는 상황이라고 가정한다. 가변 분할 방식의 경우는 어디에 앉든 상관없기 때문에 손님들이 알아서 편한 자리에 앉는다. 그러나 고정 분할 방식에서는 의자를 4개씩 파티션으로 나누고 손님들의 자리를 파티션 단위로 배정했다. 한 일행이 같은 파티션에 앉을 수 없다면 다른 파티션에 나누어 앉는다. 함께 온 손님은 의자 색깔로 구분했으며, 격자무늬는 빈 의자를 나타낸다.

가변 분할 방식에서는 손님들이 앉고 싶은 자리에 앉을 수 있고, 파티션으로 구분되지 않았기 때문에 함께 온 일행이 나란히 앉을 수 있다. 그러나 식당 관리자 입장에서는 관리가 복잡하다. [그림 3-10]의 (a)에서 손님 B팀의 3명이 식사를 마친 후, 새로운 손님 4명이 온 경우를 생각해 보면 4명이 나란히 앉을 수 있는 빈자리가 없기 때문에 손님 C팀이 옆으로 이동해서 4명이 나란히 앉을 수 있다. 이처럼 식사하는 도중에 자리를 옮기는 것은 매우 불편한 일이다.

이와 달리 고정 분할 방식은 관리가 용이하다. 의자를 4개씩 파티션으로 나누었기 때문에 손님들이 알아서 적당한 파티션에 앉으면 된다. 단, 함께 온 일행이 분산해서 앉는 것을 감수해야 한다. [그림 3-10]의 (b)에서는 A팀의 7명이 2개의 파티션에 나누어 앉았다. 고정 분할 방식은 함께 온 일행이 따로 앉는 문제를 신경 쓰지 않아도 되므로 가변 분할 방식처럼 식사 도중에 손님이 자리를 옮길 필요가 없다.

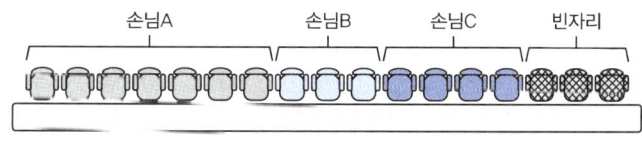

(a) 가변 분할 방식

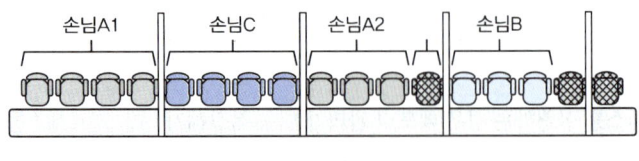

(b) 고정 분할 방식

[그림 3-10] 손님 자리 배치에 비유한 가변 분할 방식과 고정 분할 방식

(2) 메모리 분할 방식의 구현

[그림 3-11]은 가변 분할 방식과 고정 분할 방식이 메모리에서 어떻게 구현되는지 보여준다.

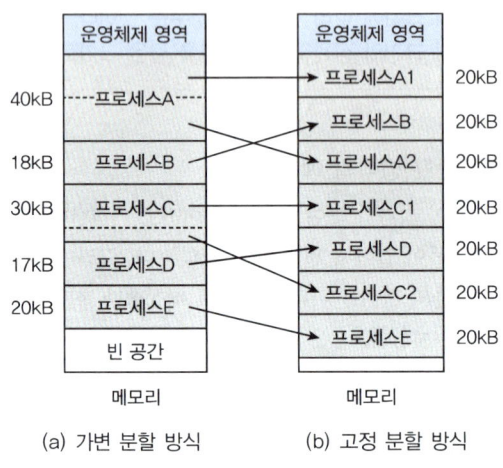

(a) 가변 분할 방식   (b) 고정 분할 방식

[그림 3-11] 메모리 분할 방식의 구현

① 가변 분할 방식 종요

프로세스의 크기에 맞게 메모리가 분할되므로 메모리의 영역이 각각 다르다. 한 프로세스가 연속된 공간에 배치되기 때문에 연속 메모리 할당(contiguous memory allocation)이라고 한다.

㉠ 장점

가변 분할 방식에서는 **프로세스를 한 덩어리로** 처리하여 하나의 프로세스를 연속된 공간에 배치한다.

㉡ 단점

가변 분할 방식은 **메모리 관리가 복잡**하다. [그림 3-11]의 (a)에서 프로세스 B와 D가 작업을 마쳤다면 각각 18kB와 17kB의 빈 공간이 생긴다. 이때 19kB가 넘는 프로세스가 메모리에 올라오려고 한다면 어떻게 될까? 빈 공간이 떨어져 있기 때문에 올라올 수 없다. 19kB가 넘는 프로세스를 실행하려면 비어 있는 공간을 하나로 합쳐야 하며, 이 과정에서 프로세스 C의 자리도 옮겨야 한다. 이처럼 가변 분할 방식은 메모리 통합 등의 부가적인 작업이 필요하므로 메모리 관리가 복잡하다.

② **고정 분할 방식** 중요 기출

프로세스의 크기에 상관없이 메모리가 같은 크기로 나뉘며, 큰 프로세스가 메모리에 올라오면 여러 조각으로 나뉘어 배치된다. [그림 3-11]의 (b)에서는 프로세스 A가 프로세스 A1과 프로세스 A2로, 프로세스 C가 프로세스 C1과 프로세스 C2로 나눠 배치되었다. 한 프로세스가 분산되어 배치되기 때문에 비연속 메모리 할당(noncontiguous memory allocation)이라고 한다.

㉠ 장점

고정 분할 방식에서는 **메모리를 일정한 크기로 나누어 관리하기 때문에** 메모리 관리가 수월하다. 가변 분할 방식의 메모리 통합 같은 부가적인 작업을 할 필요가 없다.

㉡ 단점

고정 분할 방식에서는 쓸모없는 공간으로 인해 **메모리 낭비가 발생**할 수 있다. 즉, 일정하게 나누어진 공간보다 작은 프로세스가 올라올 경우 메모리 낭비가 발생한다. [그림 3-11]의 (b)에서 프로세스 B는 18kB, 프로세스 D는 17kB이므로 메모리의 한 조각인 20kB에 배치하면 공간이 남는다. 이는 다른 프로세스가 사용할 수 없는 공간이라 메모리가 낭비되는 것이다. 이 남는 공간을 활용하려고 처리하는 비용이 더 클 것이고, 대부분 사용할 수 없는 공간이 되는데 이를 보통 **내부 단편화**라고 한다.

[그림 3-12]에서 22kB 메모리를 10kB, 4kB, 4kB, 4kB 사용자 공간으로 각각 나눈다고 가정하자. 작업 대기 큐에 〈7kB, 3kB, 6kB, 6kB〉 작업이 있다면, 7kB 작업은 10kB 영역에 3kB 내부 단편화가 발생하고, 3kB 작업은 4kB 영역 중 하나에 할당할 수 있으나 1kB 내부 단편화가 발생한다. 6kB 작업은 메모리를 할당할 수 없다.

또 다른 작업은 22kB 메모리를 10kB, 8kB, 4kB 사용자 공간으로 나눈다면, 7kB 작업은 10kB 영역에 3kB 내부 단편화가 발생하고, 3kB 작업은 4kB 영역에 1kB 내부 단편화, 6kB 작업은 8kB 영역에 2kB 내부 단편화가 발생한다. 따라서 총 6kB의 내부 단편화가 발생한다. 또는 7kB 작업을 8kB 영역에 할당하고, 6kB 작업을 10kB에 할당해도 된다. 총 6kB 내부 단편화가 발생한다.

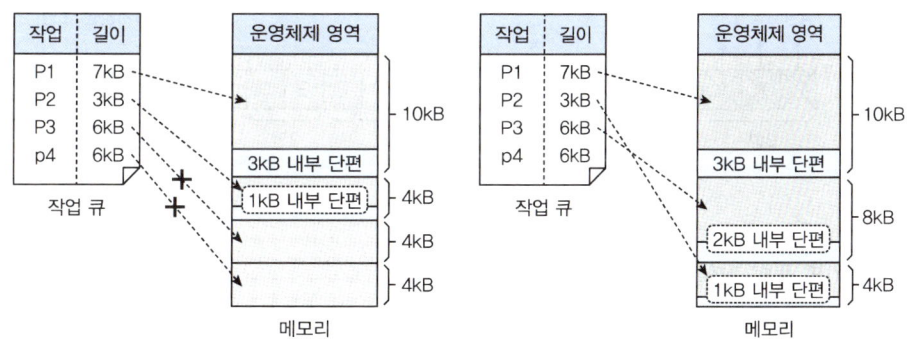

[그림 3-12] 분할 크기에 따른 내부 단편화

현대 운영체제에서 메모리 관리는 기본적으로 고정 분할 방식을 사용하면서 일부분은 가변 분할 방식을 혼합하고 있다.

2 가변 분할 방식의 메모리 관리

가상 메모리 시스템에서는 가변 분할 방식을 세그먼트 기법이라고 한다. 여기서는 가변 분할 방식에서 프로세스를 배치하는 방법과 이에 따른 문제점을 알아보자.

(1) 프로세스 배치와 외부 단편화

① 가변 분할 방식의 자리 배정 예 1

[그림 3-13]과 같이 총 16개의 의자가 놓인 식당이 있다고 가정하자. 식당의 의자에는 번호를 매기고, 손님은 어디에 앉아도 상관없지만 일행은 나란히 붙어 앉도록 한다. 손님들의 도착 순서는 A팀(3명)→B팀(2명)→C팀(2명)→D팀(1명)→E팀(4명)→F팀(1명)→G팀(2명)→H팀(4명)→I팀(2명)이다. 16번호 의자는 빈 의자를 의미한다. 현재 A팀부터 G팀까지 앞에서부터 차례대로 의자에 앉았고, H팀 4명과 I팀 2명은 자리를 배정받지 못하고 대기하는 인원으로 한다.

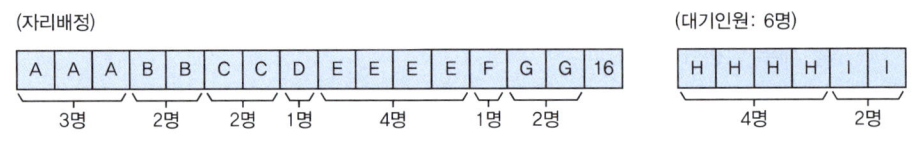

[그림 3-13] 가변 분할 방식의 자리 배정 예 1

② 가변 분할 방식의 자리 배정 예 2

[그림 3-14]는 A팀 3명과 D팀 1명이 식사를 마치고 퇴장해서 1번, 2번, 3번, 8번, 16번 의자가 비어 있는 상황이다. 의자가 5개 비어 있지만 4개가 나란히 비어 있는 상태가 아니기 때문에 H팀 4명에게 자리를 배정할 수 없다. 이때 B팀과 C팀에게 오른쪽으로 한자리씩 옮겨달라고 부탁하면 문제가 해결될 수는 있으나, 식사 도중 자리를 옮겨달라고 하기엔 어려운 일이고 복잡하다.

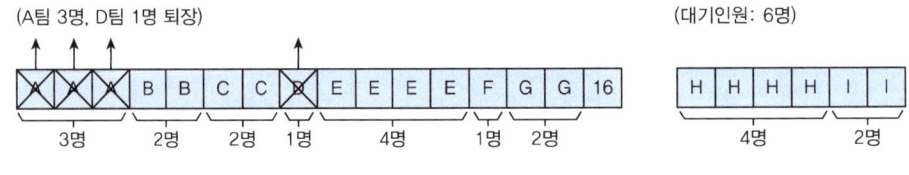

[그림 3-14] 가변 분할 방식의 자리 배정 예 2

③ 가변 분할 방식의 자리 배정 예 3

마지막 대기 중인 I팀 2명을 먼저 빈자리에 배정할 수도 있지만, H팀이 먼저 기다렸다면 양보하지 않을 가능성이 높다. 만약 양보하더라도 이러한 방법은 **아사현상(기아상태)**을 유발해서 바람직하지 않다. 인원이 많은 팀이 계속 자리를 배정받지 못하는 문제가 발생할 수 있으므로 의자가 비었다고 우선순위에 상관없이 아무 팀이나 앉히면 안 된다.

[그림 3-15]는 [그림 3-14]에 이어서 B팀 2명과 F팀 1명이 식사를 마치고 나간 상황으로 1~5번 의자가 비게 되어 H팀 4명이 자리를 배정받는다. 결과적으로 5번, 8번, 13번, 16번 의자가 비어 있지만 I팀 2명은 여전히 자리를 배정받지 못한다.

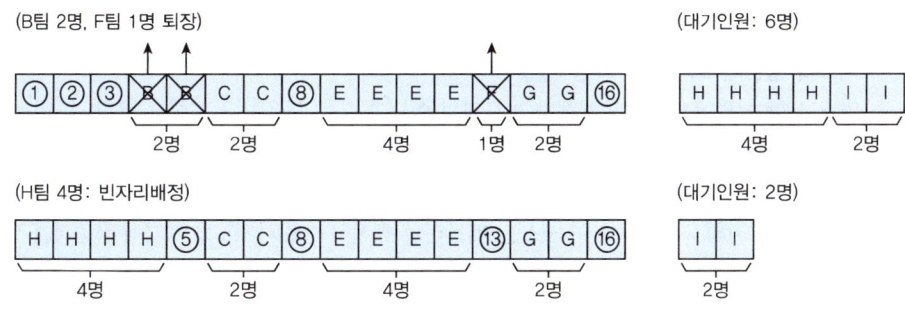

[그림 3-15] 가변 분할 방식의 자리 배정 예 3

[그림 3-13] ~ [그림 3-15]에서 의자는 메모리에, A ~ I팀의 손님들은 프로세스에 비유할 수 있다. 위의 자리 배정과 같이 가변 분할 방식은 빈 영역이 있어도 서로 떨어져 있으면 **프로세스를 배정하지 못하는 것이 문제이다.** 이로 인해 작은 조각들이 발생하는 현상을 단편화(fragmentation) 또는 조각화라고 한다.

④ **가변 분할 방식과 외부 단편화**

[그림 3-16]과 같이 물리 메모리에 프로세스 A, B, C, D, E를 순서대로 배치했을 때 프로세스 B와 D가 종료되면 18kB와 17kB의 빈 공간이 생긴다. 이후 18kB보다 큰 프로세스가 들어오면 적당한 공간이 없어 메모리를 배정하지 못했는데, 가변 분할 방식에서 발생하는 이러한 작은 빈 공간을 **외부 단편화(external fragmentation)**라고 한다. 프로세스의 바깥쪽에 조각이 발생하기 때문에 이렇게 불리는 것이다.

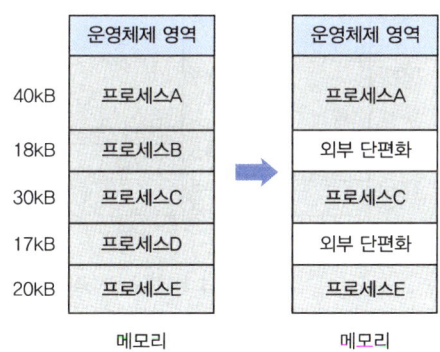

[그림 3-16] 가변 분할 방식과 외부 단편화

가변 분할 방식에서는 외부 단편화로 인한 문제를 해결하기 위해 메모리 배치 방식(memory placement strategy)이나 조각 모음(defragmentation)을 사용한다. 메모리 배치 방식은 작은 조각이 발생하지 않도록 프로세스를 배치하는 것이며, 조각 모음은 조각이 발생했을 때 작은 조각들을 모아서 하나의 큰 덩어리로 만드는 작업이다. 메모리 배치 방식은 가변 분할 방식에서 선처리에 해당하고 조각 모음은 후처리에 해당한다.

⑤ **메모리 할당과 스케줄링 과정** 〔중요〕

가변 분할 방법에서는 운영체제가 메모리의 어느 부분을 사용하고 또한 사용할 수 있는지를 알 수 있는 테이블을 유지해야 한다. 예를 들어 메모리가 256kB이고 운영체제가 40kB이며 작업 큐에 [그림 3-17]의 (a)와 같은 작업이 있다고 하자. 작업 1 ~ 작업 3에 메모리를 할당하면 (b)의 ❶와 같다. 5시간 후에 작업 2를 종료하여 사용한 메모리를 해제하면 ❷가 되고, 여기에 작업 4를 할당하면 ❸이 된다. 그리고 작업 1을 10시간 후에 종료하여 메모리를 해제하면 ❹가 되고, 작업 5에 메모리를 할당하면 ❺가 된다.

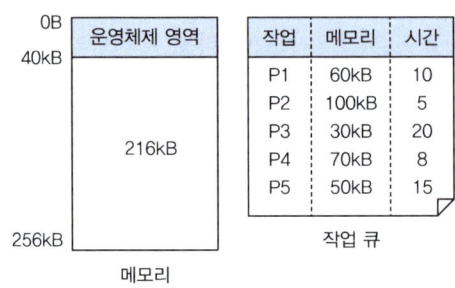

(a) 가변 분할 할당을 설명하는 메모리와 작업 큐

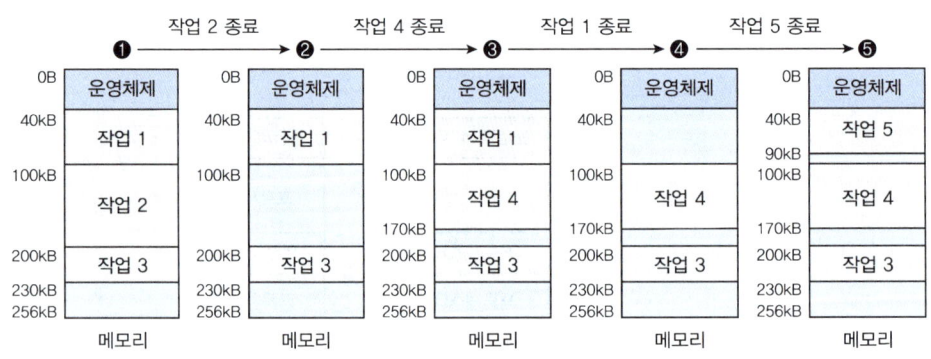

(b) 메모리 할당과 스케줄링 과정

[그림 3-17] 가변 분할 방법의 예

[그림 3-17]의 예로 사용 가능 공간이 메모리에 흩어져 있고 작업 큐에 대기 중인 프로세스를 실행하려면 프로세스에 할당할 충분한 크기의 메모리 영역을 찾아야 한다는 사실을 알 수 있다. 이때 인접한 공간 블록이 있다면, 블록 2개를 합쳐서 커다란 사용 가능 공간을 만들 수 있다. 물론 사용

가능 공간이 크다면 영역 2개로 나눠 공간 하나는 곧 도착하는 작업에 할당하고, 다른 공간은 다시 종료된 작업의 공간에 변환하여 또 다른 공간을 만들 수 있다. 이처럼 가변 분할(동적 메모리 할당)에 요구된 크기 n을 사용 가능 공간에 어떻게 할당하느냐는 문제로 남는다. 사용 가능 공간을 어느 작업에 할당하는 것이 가장 좋은지 결정하는 일반적인 메모리 배치 방법으로 최초 배치, 최적 배치, 최악 배치 방법이 있다.

(2) 메모리의 배치 방식 `중요`

가변 분할 방식의 외부 단편화 문제를 해결하기 위한 대표적인 메모리 배치 방식으로는 최초 배치(first fit), 최적 배치(best fit), 최악 배치(worst fit)가 있다. 그 외에는 버디 시스템(buddy system)이 있다.

① 최초 배치(first fit) 방법

최초 배치는 **단편화를 고려하지 않는 것**으로, 프로세스를 메모리의 빈 공간에 배치할 때 메모리에서 **적재 가능한 공간을 순서대로 찾다가 첫 번째로 발견한 공간에 프로세스를 배치하는 방법**이다. 검색을 사용 가능 공간의 리스트 맨 앞이나 이전의 최초 적합 검색이 끝났던 곳에서 시작하면 충분히 큰 사용 공간을 빨리 찾을 수 있다. 그러나 이 방법은 공간 활용률이 떨어질 수 있다는 단점이 있다.

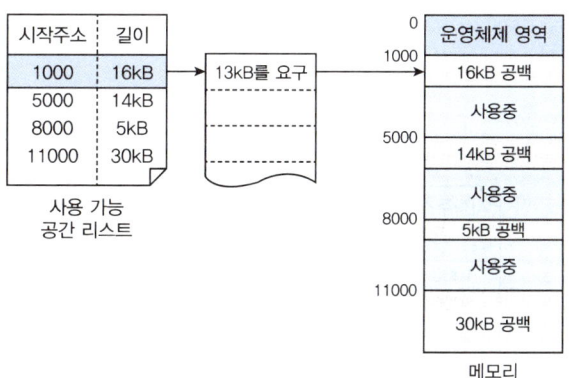

[그림 3-18] 최초 배치 방법의 예

② 최적 배치(best fit) 방법

최적 배치는 메모리의 빈 공간을 모두 확인한 후 적당한 크기 가운데 가장 작은 공간에 프로세스를 배치하는 방법이다. 사용 가능 공간이 크기순으로 정렬되어 있지 않으면 전체를 검색해야 한다. 사용 가능 공간을 계속 정렬하는 과정이 필요하므로 비효율적일 수 있다. 사용 가능 공간 이용률은 향상될 수 있으나 할당 과정에 많은 시간이 소요될 수 있다. 그리고 가장 작은 또는 다른 사용 가능 공간을 만들 수도 있다.

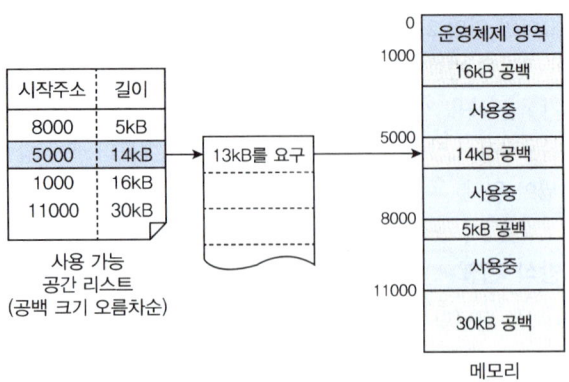

[그림 3-19] 최적 배치 방법의 예

③ **최악 배치(worst fit) 방법**
최적 배치와 정반대인 최악 배치는 빈 공간을 모두 확인한 후 가장 큰 공간에 프로세스를 배치하는 방법이다. 공간이 크기순으로 정렬되어 있지 않으면 전체를 검색해야 한다. 가장 큰 사용 가능 공간에 할당하기 때문에 가장 작은 또 다른 사용 가능 공간을 만드는 최적 적합보다 메모리 활용 면에서 더 유용하다.

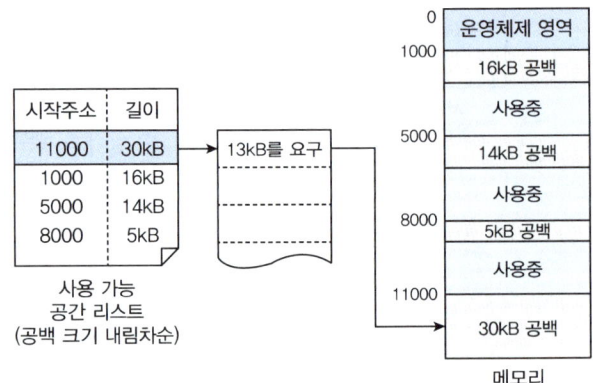

[그림 3-20] 최악 배치 방법의 예

(3) **조각 모음** 중요

최초 배치, 최적 배치, 최악 배치 방식을 사용해도 단편화 현상이 발생한다. 원래 가변 분할 방식의 목적은 프로세스를 한 덩어리로 취급하여 메모리 관리의 효율성을 높이는 것인데, 메모리 배치 방식으로는 근본적으로 문제를 해결하지 못한다.

가변 분할 방식에서는 메모리에 올라오는 프로세스가 차례대로 배치되기 때문에 공간 사용에 큰 문제가 없다. 그러나 작은 프로세스가 작업을 마치고 메모리에서 나가면 그 공간이 조각으로 남아 쓸모없어질 가능성이 크다. 이렇게 단편화가 발생하면 이미 배치된 프로세스를 인접한 빈 공간으로 옮겨 하나의 큰 덩어리로 만들어야 한다.

① **조각 모음 과정**
조각 모음은 서로 떨어져 있는 여러 개의 빈 공간을 합치는 작업이다. 조각 모음은 다음과 같은 순서로 진행된다.

> ㉠ 조각 모음을 하기 위해 이동할 프로세스의 동작을 멈춘다.
> ㉡ 프로세스를 적당한 위치로 이동한다. 프로세스가 원래의 위치에서 이동하기 때문에 프로세스의 상대 주소 값을 바꾼다.
> ㉢ 이러한 작업을 모두 마친 후 프로세스를 다시 시작한다.

조각 모음을 하려면 위와 같은 과정을 거치므로 많은 시간이 걸리며, 가변 분할 방식은 외부 단편화로 인해 조각 모음과 같은 부가적인 작업이 필요하므로 메모리 관리가 복잡하다.

더 알아두기

하드디스크의 조각 모음
외부 단편화는 하드디스크와 같은 저장장치에서도 발생한다. 하드디스크에는 동영상 같은 큰 파일도 저장되고 문서와 같은 작은 파일도 저장된다. 빈 하드디스크에 데이터를 채우면 데이터가 쌓이다가 데이터의 삭제와 저장을 반복하면서 데이터가 여러 공간에 나눠 저장된다. 이러한 현상은 시간이 흐를수록 더욱 심해지고 결국 하드디스크의 데이터 입·출력 속도를 떨어뜨려 컴퓨터의 성능을 저하하는 원인이 된다. 따라서 하드디스크와 같은 저장장치도 성능을 유지하려면 주기적으로 조각 모음을 실행해야 한다.

이런 낭비를 해결하는 방안으로 메모리 통합(병합)과 압축 방법을 생각할 수 있다.

② **메모리 통합 방법**
메모리 통합(coalescing) 방법은 하나의 작업이 끝났을 때 다른 빈 공간과 인접해 있는지 점검하여 하나로 합치는 것이지만, 메모리 전반에 흩어진 빈 공간을 모두 통합하기는 어렵다.

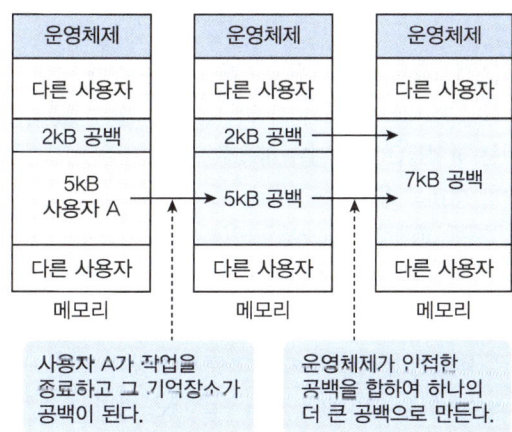

[그림 3-21] 메모리 통합 방법의 예

③ 메모리 압축 방법 기출

메모리 압축(compaction) 방법은 메모리의 내용을 적절히 움직여 **사용 가능 공간을 큰 블록 하나로 만드는 것**으로 [그림 3-17] (b)의 ❺은 [그림 3-22]와 같이 하나의 공간인 66kB로 압축할 수 있다. 압축은 항상 가능한 것은 아니고, 작업 4와 작업 3을 이동했을 때, 모든 내부 주소를 대체해야 이 프로세스들을 새로운 위치에서 수행할 수 있다. 주소 대체가 정적이고 컴파일이나 적재할 때 실행된다면 압축을 수행할 수 없다. 주소들을 동적으로 대체하면 프로세스들이 이동하고 기준 레지스터의 변화를 요구하여 새로운 기준 주소를 반영하므로 압축은 대체가 동적일 때만 가능하다. 또 실행 시간에 할 수 있다는 특징이 있다.

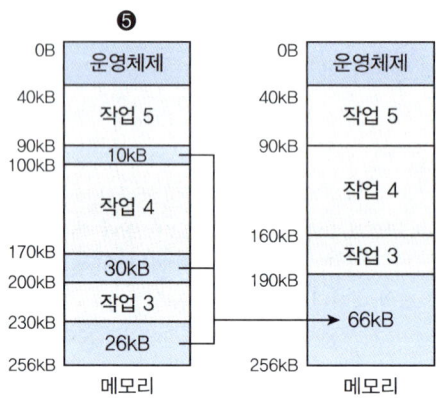

[그림 3-22] 메모리 압축 방법의 예

㉠ 장점

메모리 압축은 가변 메모리에서 발생하는 수많은 작은 공백을 하나의 큰 공백으로 변환하여 새로운 작업에 할당할 수 있다.

㉡ 단점
- 압축하는 동안 시스템은 모든 일을 중지해야 한다. 이때 대화형 사용자는 응답시간이 일정하지 않게 되고, 실시간 시스템에서는 심각한 문제가 될 수 있다.
- 메모리에 있는 작업들은 이동해야 하므로 프로그램을 적재할 때 제거되는 대치 관련 정보를 액세스 가능한 형태로 보관해야 한다.
- 압축 작업을 자주 요구하면 시스템 자원의 소모가 크다.

(4) 다중 프로그래밍 환경의 버디 시스템

고정 분할 방법이나 동적 분할 방법 모두 단편화 문제가 있다. 이런 단편화 현상을 해결하는 방법으로 버디 시스템(buddy system)을 제안했다. 버디 시스템은 가변 분할 방식이지만 고정 분할 방식과 유사한 점이 있다. 그러나 최근 운영체제는 페이징이나 세그먼테이션을 활용한 가상 메모리를 선호하고, 유닉스의 커널 메모리 할당이나 병렬 처리 시스템에만 응용한다.

버디 시스템은 큰 버퍼들을 반복적으로 이등분하여 작은 버퍼들을 만들며, 가능할 때마다 인접한 빈 버퍼(free buffer)들을 합치는 과정을 반복한다. 버퍼를 나눌 때 각각을 서로의 버디라고 한다.

① 버디 시스템의 작동 방식
  ㉠ 프로세스의 크기에 맞게 메모리를 이등분하고, 프로세스를 메모리에 배치한다.
  ㉡ 나뉜 메모리의 각 구역에는 프로세스가 한 개만 들어간다.
  ㉢ 프로세스가 종료되면 주변의 빈 조각과 합쳐서 하나의 큰 덩어리를 만든다.

② 버디 알고리즘의 예
  [그림 3-23]은 64kB의 초기 블록을 사용한 예이다.
  ㉠ 첫 번째 8kB를 요구하면 (a)와 같이 블록 32kB 버디 2개로 나누고, 여전히 요청한 크기보다 크므로 계속 나누고 크기가 8kB가 되면 요청에 맞게 할당할 수 있다. (❶~❸)
  ㉡ 두 번째도 8kB를 요청한다면 (b)와 같이 바로 할당할 수 있다. (❹)
  ㉢ 세 번째로 4kB를 요청한다면 (c)와 같이 다시 블록을 버디 2개로 나누고 요청에 할당한다. (❺~❻)
  ㉣ 네 번째로 (d)와 같이 두 번째로 요청한 8kB를 해제하고, (❼)
  ㉤ (e)와 같이 첫 번째 요청한 8kB를 해제하면서 합친다. (❽)

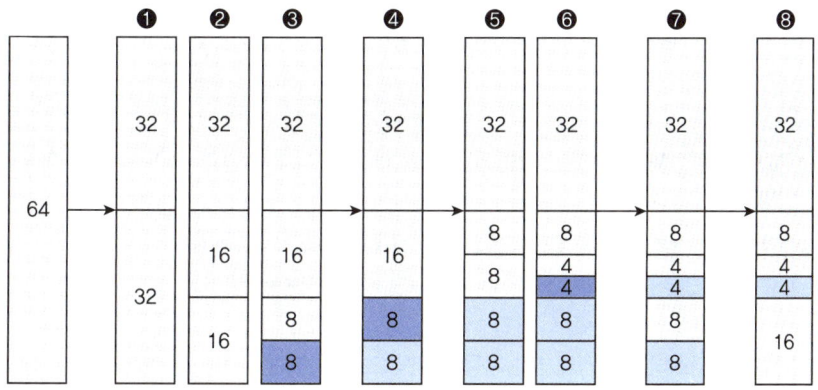

[그림 3-23] 버디 알고리즘의 예

○✕로 점검하자 | 제3장

※ 다음 지문의 내용이 맞으면 ○, 틀리면 ✕를 체크하시오. [1~11]

01 메모리 관리를 위한 중요한 3가지 정책은 fetch, placement, replacement 정책이다. (   )

> 다중 프로그래밍 환경에서는 한정된 메모리를 여러 프로세스가 함께 사용하므로 이를 효율적으로 관리하는 방법이 필요한데 적재(fetch) 정책, 배치(placement) 정책, 재배치(replacement) 정책이 있다.

02 적재 작업은 가져온 프로세스와 데이터를 메모리의 어떤 부분에 올려놓을지 결정하는 작업이다. (   )

> 적재 작업은 프로세스와 데이터를 메모리로 가져오는 작업이고, 배치 작업은 가져온 프로세스와 데이터를 메모리의 어떤 부분에 올려놓을지 결정하는 작업이다.

03 재배치 정책은 메모리가 충분하지 않을 때 현재 메모리에 적재된 프로세스 중 제거할 프로세스를 결정하는 교체 방법이다. (   )

> 재배치 작업은 꽉 차 있는 메모리에 새로운 프로세스를 가져오기 위해 오래된 프로세스를 내보내는 작업이며, 재배치 정책은 제거할 프로세스를 결정하는 교체 방법으로 시기와 사용 빈도에 따라 다양한 방법으로 실행한다.

04 메모리를 적재(할당)하는 방법에는 연속 메모리 적재 방법과 비연속(분산) 메모리 적재 방법이 있다. (   )

> 메모리를 할당하는 방법은 연속적으로 적재하는 연속 메모리 적재 방법과, 페이지나 세그먼트 단위로 나눠 여러 곳에 적재하는 비연속(분산) 메모리 적재 방법으로 나눈다.

05 경계 레지스터는 운영체제가 사용자 영역으로 침범하는 것을 막으려고 하드웨어의 도움을 받아 CPU 내에 있는 경계 지점 주소를 가진 레지스터이다. (   )

> 경계 레지스터는 사용자 영역이 운영체제 영역으로 침범하는 것을 검사하여 경계 레지스터를 벗어나는 작업을 요청하는 프로세스가 있으면 그 프로세스를 종료한다.

06 단일 프로그래밍 환경에서의 연속 메모리를 할당하는 방법으로는 메모리 오버레이와 스왑이 있다. (   )

> 한 번에 한 프로세스를 실행하는 단일 프로그래밍 환경에서 메모리 오버레이와 스왑을 통해 한정된 메모리에서 메모리보다 큰 크기의 프로그램을 실행하는 것이 가능하다.

정답 1 ○ 2 ✕ 3 ○ 4 ○ 5 ○ 6 ○

07 다중 프로그래밍 환경에서 연속 메모리를 할당하는 방법으로 페이징 기법을 이용한 고정 분할 방법만 있다. (   )

> 다중 프로그래밍 환경에서 연속 메모리를 할당하는 방법으로 가변 분할 방식과 고정 분할 방식이 있으며, 불연속 메모리 할당은 가상 메모리의 메모리를 관리하는 방법으로 페이징 기법의 고정 분할 방식과 세그먼테이션 기법의 가변 분할 방식이 있다.

08 다중 프로그래밍 환경에서 고정 분할 방식은 메모리를 여러 개의 고정된 크기로 분할하여 메모리를 할당하므로 외부 단편화가 일어난다. (   )

> 고정 분할 메모리 할당 방식은 논리적 주소가 분할된 메모리보다 크면 오류가 발생하고 작은 내부 단편화가 발생한다.

09 다중 프로그래밍 환경에서 가변 분할 방식은 고정된 경계를 없애고 각 프로세스가 필요한 만큼의 메모리를 할당하므로 내부 단편화가 일어난다. (   )

> 가변 분할 메모리 할당 방식은 각 프로세스가 필요한 만큼의 메모리를 가변적으로 할당하므로 남아 있는 메모리 공간보다 큰 메모리를 할당하게 되면 적당한 빈 공간이 없어 할당받을 수 없게 되어 외부 단편화가 일어난다.

10 단편화된 공간을 한 덩어리로 만드는 과정에서 인접한 빈 공간들을 합치는 것을 메모리 압축, 분산되어 있는 많은 작은 공간을 합치는 것을 메모리 통합이라고 한다. (   )

> 메모리 통합은 인접해 있는 빈 공간들을 합치는 것이나, 빈 공간을 모두 통합하기는 어렵다. 메모리 압축은 분산되어 있는 많은 작은 공간들을 적절히 움직여 사용 가능 공간을 큰 하나의 블록으로 만드는 것이다.

11 큰 버퍼들을 반복적으로 이등분하여 작은 버퍼들을 만들며, 가능할 때마다 인접한 빈 버퍼들을 합지는 과정을 메모리 통합이라고 한다. (   )

> 버디 시스템은 고정 분할, 가변 분할 방법 모두 단편화가 발생되므로 이를 해결하기 위한 방법이며, 고정 분할 방식과 유사하다. 큰 버퍼들을 반복적으로 이등분하여 합치는 과정이다.

정답 7 X 8 X 9 X 10 X 11 X

제 3 장 | 실전예상문제

01 언어를 번역하는 프로그램은 고급 언어로 작성한 소스 코드를 컴퓨터가 실행할 수 있는 기계어로 번역하는 프로그램이다. 인터프리터는 자바스크립트, 베이직 등이 사용하며, 간단한 프로그램에 쓰인다. 인터프리터는 변수를 선언할 필요가 없고, 한 줄씩 실행하여 실행이 편리하다.

01 다음 중 소스 코드를 한 번에 번역하지 않고 한 행씩 번역하여 실행하는 방식으로 옳은 것은?

① 컴파일러
② 인터프리터
③ 어셈블러
④ 로더

02 컴퓨터는 0과 1의 기계어만 인식할 수 있기 때문에 사용자가 작성한 소스 코드를 컴파일러로 일차로 번역하는데 이렇게 얻은 코드가 목적 코드이다.

02 다음 중 프로그래머가 C언어나 자바로 소스 코드를 작성하여 컴파일하면 일차적으로 만들어지는 코드로 옳은 것은?

① 소스 코드
② 실행 코드
③ 라이브러리 코드
④ 목적 코드

03 동적(연결) 라이브러리(dll : dynamic linking library)는 프로그래머가 정의한 함수를 실행 파일과 분리해서 dll파일 안에 넣어둘 수 있다. 프로그램이 처음 로딩될 때 메모리에서 적재할 코드와 실행 시에 그때그때 필요한 코드를 구분해서 메모리를 효율적으로 사용할 수 있다.

03 컴파일할 때 코드에 라이브러리를 연결하지 않고 코드를 실행할 때 라이브러리를 가져와 실행하는 방식으로 옳은 것은?

① 라이브러리 코드 방식
② 동적 라이브러리 방식
③ 목적 코드 방식
④ 컴파일러 방식

정답 01② 02④ 03②

04 절대 주소는 실제 물리 주소로, 메모리 관리자 입장에서 바라본 주소이다. 절대 주소와 관계없이 사용자 입장에서 항상 0번지부터 시작하는 주소로 옳은 것은?

① 레지스터 주소
② 상대 주소
③ 실제 주소
④ 단순 메모리 주소

04 상대 주소는 사용자 프로세스 입장에서 운영체제가 어디서 끝나는지, 자신의 데이터가 어디에 존재하는지 알 필요 없이 주소 공간이 항상 0번지부터 시작하는데, 이러한 주소 공간을 논리 주소 공간이라고 한다.

05 프로세스의 크기가 물리 메모리보다 클 때 전체 프로세스를 메모리로 가져오는 대신 적당한 크기로 잘라서 가져오는 기법으로 옳은 것은?

① 내부 단편화
② 가변 분할
③ 스왑
④ 메모리 오버레이

05 메모리 오버레이는 한정된 메모리에서 메모리보다 큰 프로그램의 실행이 가능하고, 프로그램 전체가 아니라 일부만 메모리에 올라와도 실행이 가능하다. 프로그램은 개념적으로 한 덩어리지만 일부만 가지고도 실행할 수 있다. 이는 메모리를 여러 조각으로 나누어 여러 프로세스에 할당할 수 있다는 의미이기도 하다.

06 다음 중 가변 분할 방식에서 사용하지 못하는 작은 메모리 공간이 발생하는 현상을 무엇이라 하는가?

① 스왑
② 메모리 오버레이
③ 외부 단편화
④ 내부 단편화

06 다중 프로그래밍 환경에서 가변 분할 방식은 프로세스를 한 덩어리로 처리하여 하나의 프로세스를 연속된 공간에 배치하는 방식이나, 모든 공간에 배치할 수 없고, 빈 공간이 올 수 있다. 외부 단편화란 이 빈 공간보다 큰 프로세스가 올 때 배치할 수 없는 현상이다.

정답 04 ② 05 ④ 06 ③

07 다중 프로그래밍 환경에서 고정 분할 방식은 프로세스의 크기에 상관없이 메모리를 일정한 크기로 나누어 관리하기 때문에 메모리 관리가 수월하고, 가변 분할 방식의 메모리 통합 같은 부가적인 작업을 할 필요가 없다. 그러나 일정하게 나누어진 공간보다 작은 프로세스가 올라올 경우 메모리 낭비가 발생하는데 이를 내부 단편화라 한다.

07 다음 중 고정 분할 방식에서 똑같이 나누어진 메모리 공간에 작은 조각이 발생하는 현상을 무엇이라 하는가?

① 내부 단편화
② 외부 단편화
③ 페이징
④ 세그먼테이션

08 메모리 통합(coalescing) 방법은 하나의 작업이 끝나고 그 기억 장소가 공백을 만들면, 운영체제가 인접한 공백을 합하여 하나의 큰 공백으로 만드는 과정을 말한다. 그러나 메모리 전반에 흩어진 빈 공간을 모두 통합하기는 어렵다.

08 다음 중 가변 분할 방식에서 서로 인접해 떨어진 여러 개의 빈 메모리 공간을 모으는 과정으로 옳은 것은?

① 메모리 스왑
② 메모리 배치
③ 메모리 통합
④ 메모리 압축

09 메모리 압축(compaction) 방법은 가변 메모리에서 발생하는 많은 작은 공간을 하나의 큰 공백으로 변환하여 새로운 작업을 할당할 수 있지만 압축을 하는 동안 시스템은 모든 일을 중지해야 하므로 압축 작업을 자주 요구하면 시스템 자원의 소모가 커진다.

09 가변 분할 방식에서 메모리의 내용을 적절히 움직여 사용 가능 공간을 큰 블록 하나로 만드는 메모리 공간을 모으는 과정으로 옳은 것은?

① 메모리 압축
② 메모리 통합
③ 메모리 오버레이
④ 메모리 재배치

정답 07 ① 08 ③ 09 ①

10 다음 중 기억장치의 관리 전략에 포함되지 않는 것은?

① 요구 적재(demand fetch) 전략
② 삭제(delete) 전략
③ 교체(replacement) 전략
④ 최초 적합(first-fit) 전략

10 메모리(기억장치) 관리는 프로세스들을 위해 메모리를 할당하고 제거하고, 교체하며 보호해야 하고, 이런 메모리 관리 작업에는 가져오기, 배치, 재배치가 있다. 메모리를 적재(할당)하는 방법은 다음 표와 같다. [문제 하단 표 참조]

메모리 할당	연속	단일 프로그래밍		스왑, 메모리 오버레이
		다중 프로그래밍	고정 분할	
			가변 분할	최초 배치, 최적 배치, 최악 배치
			버디 시스템	
	불연속	고정 분할		페이징 기법
		가변 분할		세그먼테이션

11 기억장치 관리 전략 중 대치(replacement) 전략에 대한 설명으로 옳은 것은?

① 프로그램과 데이터의 위치를 이동시키는 전략이다.
② 프로그램과 데이터에 대한 주기억장치 내의 위치를 정하는 전략이다.
③ 프로그램과 데이터를 주기억장치로 가져오는 시기를 결정하는 전략이다.
④ 주기억장치 내의 빈 공간을 확보하려고 제거할 프로그램과 데이터를 선택하는 전략이다.

11 재배치(대치, 교체, replacement) 작업은 빈 공간이 없는 메모리에 새로운 프로세스를 가져오기 위해 오래된 프로세스를 내보내는 작업이고, 재배치 정책은 메모리가 충분하지 않을 때 현재 메모리에 적재된 프로세스 중 제거할 프로세스를 결정하는 교체 정책이다.

정답 10 ② 11 ④

12 배치(placement) 작업은 가져온 프로세스와 데이터를 메모리의 어떤 부분에 올려놓을지 결정하는 작업으로, 배치 전 메모리를 어떤 크기로 자를 것인지가 매우 중요하다. 배치 정책은 디스크에 반입한 프로세스를 메모리 어느 위치에 저장할 것인지 결정한다. 최초 배치, 최적 배치, 최악 배치가 있다.

12 기억장치 관리 전략 중 배치(placement) 전략에 대한 설명으로 옳은 것은?

① 주기억장치에 넣은 후 프로그램이나 데이터를 보조기억장치에서 주기억장치로 언제 가져올지를 결정하는 전략이다.
② 새로 주기억장치에 배치해야 할 프로그램이 들어갈 장소를 마련하고 어떤 프로그램이나 데이터를 제거할지 결정하는 전략이다.
③ 새로 반입된 프로그램을 주기억장치의 어디에 위치시킬지를 결정하는 전략이다.
④ 실행 중인 프로그램이 참조할 프로그램이나 데이터를 미리 예상하여 적재하는 전략이다.

13 압축은 메모리 단편화 문제를 해결하기 위해 사용되지 않는 메모리 조각들을 한쪽으로 몰아서 연속된 빈 공간을 만드는 방법이다.

13 다음 중 통합(coalescing)과 압축(compaction)에 대한 설명으로 옳지 <u>않은</u> 것은?

① 인접한 공백들을 하나의 공백으로 합하는 과정을 통합이라고 한다.
② 압축은 단편화의 해결 방안이 될 수 없다.
③ 사용하는 기억장소를 주기억장치의 한쪽 끝으로 옮기는 것을 압축이라고 한다.
④ 압축 후에는 하나의 커다란 공백이 생기게 된다.

14 메모리 통합(coalescing)은 메모리에 비어 있는 공간이 발생할 경우 이 비어 있는 공간이 다른 비어 있는 공간과 인접되어 있는지를 확인한 후 결합하여 사용하는, 단편화를 해결하는 방법이다.

14 다음 중 기억장소의 압축 방법에 대한 설명으로 옳지 <u>않은</u> 것은?

① 여러 위치에 분산된 단편화된 공간을 주기억장치의 한쪽 끝으로 옮겨서 큰 가용 공간을 만든다.
② 통합(coalescing)이라고도 한다.
③ 프로그램을 효율적으로 활용하는 데 사용한다.
④ 기억장소 압축은 일종의 쓰레기 수집(garbage collection) 작업이다.

정답 12 ③ 13 ② 14 ②

15 다음 설명이 의미하는 것으로 옳은 것은?

> 단일 사용자 시스템에서 사용하던 기법으로, 메모리가 부족할 때 프로그램의 특정 부분만 메모리에 적재하여 실행하고, 필요하지 않은 부분은 메모리에서 내리고 다른 부분을 올리는 방식이다. 주로 메모리 용량이 매우 한정적이던 시절에 사용되었다. 즉, 프로그램의 전체를 동시에 적재하지 않고, 필요한 부분만 교체하여 사용하는 방식이다.

① 스왑(swap)
② 오버레이(overlay)
③ 최초 배치(first-fit placement)
④ 버디(buddy) 시스템

15 오버레이는 단일 프로그래밍 환경에서 메모리를 할당하는 방법 중에 하나로, 프로세스의 크기가 실제 메모리(물리 메모리)보다 클 때 전체 프로세스를 메모리에 가져오는 대신 적당한 크기로 잘라서 가져오는 기법이다.

16 다음 중 기억장치의 동적 분할 방법에 대한 설명으로 옳지 않은 것은?

① 단편화 현상이 발생하지 않는다.
② 기억장소 활용률이 높아진다.
③ 고정 분할 방법에 비해 실행될 프로세스 크기의 제약이 완화된다.
④ 미리 크기를 결정하지 않고 실행한 프로세스의 크기에 맞게 기억장소를 분할하기 때문에 가변 분할 기억장소 배당 방법이라고도 한다.

16 다중 프로그래밍 환경에서의 메모리 할당 방법 중에 하나인 가변 분할 방식은 프로세스를 한 덩어리로 처리하여 하나의 프로세스를 연속된 공간에 배치한다. 그리고 메모리 관리가 복잡하고, 프로세스를 연속된 공간에 배치 후 비어있는 공간보다 더 큰 프로세스가 들어오면 메모리를 적재할 수 없으므로 외부 단편화가 발행한다.

17 실제 기억장치를 사용하는 시스템에서 주기억장치를 고정된 크기로 분할하여 사용하는 경우에 대한 설명으로 옳은 것은?

① 가상 메모리 시스템에서는 세그먼트 기법이라고 한다.
② 내부 단편화(internal fragmentation) 현상이 발생한다.
③ 프로그램이 주어진 분할 안에 다 들어갈 수 없는 경우가 생길 수 있다.
④ 프로그램을 실행하려면 그 전체가 주기억장치에 위치하고 있어야 한다.

17 ① 고정 분할 방식은 고정된 크기로 메모리를 분할하여 사용하는 것으로, 페이징 기법에 해당한다. 세그먼트 기법은 가변 크기의 논리적 단위(세그먼트)로 메모리를 분할하는 방식이다.
③ 프로그램이 주어진 분할 안에 다 들어갈 수 없는 경우란 외부 단편화를 의미하며, 가변 분할 방식과 관련한 설명이다.
④ 가상 메모리 시스템에서는 프로그램이 일부만 메모리에 적재된 상태에서도 실행할 수 있다. 즉, 프로그램 전체가 메모리에 있어야만 실행되는 것은 아니다.

정답 15 ② 16 ① 17 ②

18 다중 프로그램 환경에서 연속 메모리 관리 방법 중에 가변 분할 방식은 외부 단편화가 발생하는데, 이를 해결하기 위한 대표적인 메모리 배치 방식으로는 최초 배치, 최적 배치, 최악 배치, 버디 시스템이 있다.
- 최초 배치 : 메모리에서 적재 가능한 공간을 순서대로 찾다가 첫 번째로 발견한 공간에 프로세스를 배치하는 방법이다.
- 최적 배치 : 메모리의 빈 공간을 모두 확인한 후 적당한 크기 가운데 가장 작은 공간에 프로세스를 배치하는 방법이다.
- 최악 배치 : 최적 배치와 정반대로, 빈 공간을 모두 확인한 후 가장 큰 공간에 프로세스를 배치하는 방법이다.
- 버디 시스템 : 고정 분할과 가변 분할 방법에서 발생하는 단편화를 해결하기 위한 방법으로, 큰 버퍼들을 반복적으로 이등분하여 작은 버퍼들을 만들고, 가능할 때마다 인접한 빈 버퍼들을 합치는 과정을 반복한다.

18 다음 중 기억장치 배치 전략과 그에 대한 설명이 옳게 연결된 것은?

① 최고 적합 : 가용 공간 중에서 가장 마지막 분할 영역에 배치한다.
② 최초 적합 : 가용 공간 중에서 가장 큰 공백이 남는 부분에 배치한다.
③ 최적 적합 : 가용 공간 중에서 가장 작은 공백이 남는 부분에 배치한다.
④ 최악 적합 : 가용 공간 중에서 첫 번째 분할 영역에 배치한다.

19 최적 적합 배치는 메인 메모리의 가용 공간 중 가장 알맞은 공간에 할당하는 방법이므로 2 할당 영역이 해당된다.
최악 적합 배치는 주기억장치 가용 공간 중 가장 큰 공간에 프로그램을 할당하는 방법이므로 4 할당 영역이 해당된다.
최초 적합 배치는 메인 메모리 공간 중 프로그램을 저장할 수 있는 최초의 유용한 공간에 배치하는 방법으로 1 할당 영역이 해당된다.

19 다음 표에서 13kB의 작업을 요구하여 각각 최적 적합 전략과 최악 적합 전략을 적용할 때 할당 영역의 연결이 옳은 것은?

할당 영역	운영체제
1	16kB
	사용중
2	14kB
	사용중
3	5kB
	사용중
4	30kB

메모리

	최적 적합	최악 적합
①	1	3
②	2	3
③	2	4
④	3	4

정답 18 ③ 19 ③

20 다음 표에서 주기억장치 관리 방법인 최초 적합, 최적 적합, 최악 적합 방법을 각각 사용할 때, 5kB의 프로그램을 할당하는 영역을 방법 순으로 옳게 나열한 것은? (단, 영역 1 ~ 4는 모두 비어 있다고 가정함)

할당 영역	운영체제
1	9kB
2	15kB
3	10kB
4	30kB

메모리

	최초	최적	최악
①	1	3	4
②	2	1	3
③	1	1	4
④	1	2	3

20 현재 메모리는 조각 모음을 한 후나, 메모리 분할된 후의 메모리 상태라고 가정할 수 있다. 이때 주어진 할당 영역 순으로 5kB의 작업을 메모리에 각각 배치를 하면, 최초 적합은 1영역, 최적 적합은 1영역, 최악 적합은 4영역이 된다.

21 빈 기억 공간의 크기가 20kB, 16kB, 8kB, 40kB일 때, 기억장치 배치 전략으로 worst-fit과 best-fit을 각각 사용하여 17kB 작업을 적재하면 내부 단편화의 크기는 각각 얼마인가?

① 20kB, 67kB
② 23kD, 3kB
③ 24kB, 64kB
④ 44kB, 23kB

21
운영체제	
20kB	최적 배치
16kB	
8kB	
40kB	최악 배치

메모리

1/kB의 작업은 최적 배치에서 (20 − 17) = 3kB의 내부 단편화, 최악 배치에서 (40 − 17) = 23kB의 내부 단편화가 발생한다.

정답 20 ③ 21 ②

22 최적 적합 배치는 할당된 영역을 제외하고 빈 공간을 모두 확인한 후 배치 후 남는 공간이 가장 적은 공간, 즉 내부 단편화가 가장 적은 공간으로 배치한다. 사용 가능 공간이 크기 순으로 정렬되어 있지 않으면 전체를 검색해야 하므로 사용 가능 공간을 계속 정렬하는 과정이 필요하므로 비효율적일 수도 있다. 그러므로 사용 가능 공간 이용률은 향상될 수 있으나 할당 과정에 많은 시간이 소요될 수 있다.

22 다음 그림의 메모리 구성에서 15MB 크기의 블록을 메모리에 할당하고자 한다. ⓒ 영역에 할 때 사용한 정책으로 옳은 것은? (단, 메모리 할당은 위에서 아래로 하는 것으로 가정함)

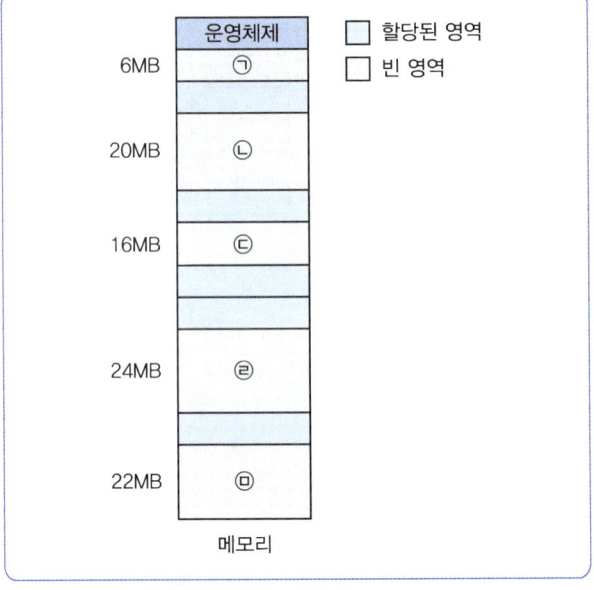

① worst-fit
② first-fit
③ best-fit
④ very-fit

정답 22 ③

23 다음 표는 고정 분할에서 기억장치 단편화 현상을 보인다. 내부 단편화는 모두 얼마가 일어나는가?

할당 영역	분할크기	작업크기
A	20kB	10kB
B	50kB	60kB
C	120kB	10kB
D	200kB	100kB
E	300kB	90kB

① 200kB
② 260kB
③ 430kB
④ 480kB

할당 영역	분할크기	작업크기	내부 단편화	외부 단편화
A	20kB	10kB	10kB	
B	50kB	60kB		50kB
C	120kB	10kB	110kB	
D	200kB	100kB	100kB	
E	300kB	90kB	210kB	

23 내부 단편화는 (10 + 110 + 100 + 210) = 430kB 발생한다. 외부 단편화는 50kB 발생한다.
[문제 하단 표 참조]

정답 23 ③

얼마나 많은 사람들이 책 한 권을 읽음으로써 인생에 새로운 전기를 맞이했던가.

– 헨리 데이비드 소로 –

제 4 장

가상기억장치의 구성

제1절	가상기억장치의 개념
제2절	페이징 기법
제3절	세그먼테이션 기법
제4절	세그먼테이션-페이징 혼용 기법
실전예상문제

지식에 대한 투자가 가장 이윤이 많이 남는 법이다.

– 벤자민 프랭클린 –

보다 깊이 있는 학습을 원하는 수험생들을 위한
시대에듀의 동영상 강의가 준비되어 있습니다.
www.sdedu.co.kr ➔ 회원가입(로그인) ➔ 강의 살펴보기

제 4 장 | 가상기억장치의 구성

제1절　가상기억장치의 개념

1　가상 메모리의 개념

가상 메모리(virtual memory)는 주기억장치의 이용 가능한 기억 공간보다 훨씬 큰 주소 지정을 할 수 있도록 한 개념으로, 일반적으로 유닉스를 포함한 현대의 범용 컴퓨터들은 가상 메모리를 사용하고 있다. 그러나 매우 빠르고 일정한 응답 시간이 요구되는 내장형 시스템이나 특정 목적을 지닌 컴퓨터 시스템에서는 일반적으로 가상 메모리를 사용하지 않는다.

가상 메모리는 하나의 프로세스 전체가 한 번에 주기억장치 내에 존재하지 않고 일부만 있어도 수행하게 하는 방법을 제공한다. 따라서 가상 메모리를 사용하면 사용자는 실제 주소 공간의 크기에 구애받지 않고 보다 큰 가상 주소 공간상에서 프로그래밍을 할 수 있을 뿐만 아니라, 주기억장치보다 크기가 큰 프로세스를 수행시킬 수 있다.

가상 주소 공간을 구성하는 것을 가상 메모리라 하고, 실제 주소 공간을 구성하는 것을 주기억장치(real memory, main memory)라 한다.

> **더 알아두기**
>
> **가상 메모리와 아틀라스 컴퓨터**
> 가상 메모리라는 용어는 1962년 영국 맨체스터 대학교에서 제작된 아틀라스(Atlas) 컴퓨터에서 처음 등장했다. 맨체스터 대학교와 영국 페란티(Ferranti) 사, 플레시(Plessey) 사가 공동으로 개발한 아틀라스 컴퓨터의 첫 번째 제품은 맨체스터 대학교에 설치했고, 1962년 12월에 공식적으로 서비스했다. 아틀라스 컴퓨터는 트랜지스터를 사용한 2세대 컴퓨터에 해당한다.

2　가상 메모리의 크기와 주소

가상 메모리 시스템의 모든 프로세스는 물리 메모리와 별개로 자신이 메모리의 어느 위치에 있는지 상관없이 0번지부터 시작하는 연속된 메모리 공간을 가진다. 논리 주소는 물리 메모리의 주소 공간에 비례하고, 가상 주소는 물리 메모리 공간이 아닌 가상의 주소 공간을 가진다. 가상 메모리 구성은 크게 프로세스가 바라보는 메모리 영역과 메모리 관리자가 바라보는 메모리 영역으로 나뉜다.

(1) 가상 주소 공간(가상 메모리)

이론적으로 가상 메모리는 무한대의 크기를 갖는다. 그러나 실제로 가상 메모리의 최대 크기는 그 컴퓨터 시스템이 가진 물리 메모리의 최대 크기로 한정된다.

3장에서도 설명했듯이 CPU의 비트에 따라 결정된다. 32bit CPU의 경우 32bit로 표현할 수 있는 최댓값인 $2^{32}-1$(16진수 FFFFFFFF), 즉 약 4GB가 메모리의 최대 크기이고, 가상 메모리의 최대 크기도 약 4GB이다.

예를 들면 32bit CPU의 최대 메모리 크기는 4GB이다. 이 시스템에서 각각 4GB 주소공간을 차지하는 10개의 프로세스를 동시에 실행하려면 운영체제를 포함하여 적어도 40GB의 메모리가 필요하다. 이 경우 가상 메모리 시스템에서는 물리 메모리의 내용 중 일부를 하드디스크의 일부 공간, 즉 스왑 영역으로 옮긴다. 스왑 영역은 하드디스크에 존재하지만 메모리 관리자가 관리하는 영역으로서 메모리의 일부이며, 가상 메모리의 구성 요소 중 하나이다. 메모리 관리자는 물리 메모리의 부족한 부분을 스왑 영역으로 보충한다. 즉 물리 메모리가 꽉 찼을 때 일부 프로세스를 스왑 영역으로 보내고(스왑-아웃), 몇 개의 프로세스가 작업을 마치면 스왑 영역에 있는 프로세스를 메모리로 가져온다(스왑-인).

> **더 알아두기**
>
> **가상 메모리의 크기**
> 가상 메모리에서 메모리 관리자가 사용할 수 있는 메모리의 전체 크기는 물리 메모리(실제 메모리)와 스왑 영역을 합한 크기이다.

(2) 메모리 관리자(가상 메모리 시스템에서)

가상 메모리 시스템에서 메모리 관리자는 **물리 메모리와 스왑 영역**을 합쳐서 프로세스가 사용하는 가상 주소를 실제 메모리의 주소로 변환하며, 이러한 작업을 **동적 주소 변환**(DAT : Dynamic Address Translation)이라고 한다. 동적 주소 변환을 거치면 프로세스가 아무 제약 없이 사용자의 데이터를 물리 메모리에 배치할 수 있고, 이 과정에서 메모리 관리자는 물리 메모리를 어떤 방법으로 나눌지, 사용자 프로세스를 어디에 배치할지, 부족한 물리 메모리를 어떻게 처리할지 등의 복잡한 문제를 처리한다.

3 가상 메모리의 메모리 분할 방식 중요

실제 메모리에 있는 물리 주소 0번지는 운영체제 영역으로 일반 프로세스가 사용할 수 없다. 따라서 가상 메모리 시스템에서는 운영체제를 제외한 나머지 메모리 영역을 일정한 크기로 나눠 일반 프로세스에 할당한다. 메모리 분할 방식은 크게 가변 분할 방식과 고정 분할 방식으로 나뉜다고 했는데 가상 메모리 시스템도 마찬가지이다. 가상 메모리 시스템에서 가변 분할 방식을 이용한 메모리 관리 기법은 **세그먼테이션**, 고정 분할 방식을 이용한 메모리 관리 기법은 **페이징**이라고 한다.

이 중 세그먼테이션 기법은 가변 분할 방식의 단점인 외부 단편화 등의 문제 때문에 잘 사용되지 않는다. 또한 페이징 기법은 페이지 관리에 어려움이 있다. 따라서 가상 메모리 시스템에서는 두 기법의 단점을 보완한 세그먼테이션-페이징 혼용 기법을 주로 사용한다.

[표 4-1] 가상 메모리와 물리 메모리

구분	가상 메모리	물리 메모리
최대 메모리 크기	CPU의 비트 값에 의존	CPU의 비트 값에 의존
메모리 분할 방식	세그먼테이션	가변 분할 방식
	페이징	고정 분할 방식
	세그먼테이션-페이징 혼용	
주소 지정 방식	가상 주소	절대 주소, 상대 주소

4 매핑 테이블의 필요성과 역할 중요

(1) 매핑 테이블의 필요성

예를 들면 자리가 8개뿐인 식당이 있다고 가정하자. 이 식당은 항상 많은 손님들로 붐빈다. 보통은 도착한 순서대로 자리를 배정하지만 일행이 다 오지 않았을 때는 순서를 바꾸는 경우도 있을 수 있다. 밀려드는 손님들의 자리 배정과 주문을 관리하는 가장 좋은 방법은 [그림 4-1]과 같이 대기번호표로 관리하는 것이다.

번호	의자	인원	주문
1번	1~4	4	1번요리 × 4개
2번	대기 1	2	1번요리 × 2개
3번	5~7	3	3번요리 × 3개
4번	대기 2	4	2번요리 × 4개
5번	8	1	1번요리 × 1개
...	...	...	...

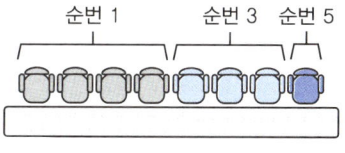

[그림 4-1] 매핑 테이블(대기 번호 및 주문서)

메모리를 관리할 때도 이와 마찬가지로 매핑 테이블을 작성하여 관리한다. 가상 메모리 시스템에서 가상 주소는 실제로 물리 주소나 스왑 영역 중 한 곳에 위치하며, 메모리 관리자는 가상 주소와 물리 주소를 일대일 매핑 테이블로 관리한다.

(2) 가상 메모리와 매핑 테이블

[그림 4-2]는 메모리 매핑 테이블을 나타낸 것으로, 가상 주소가 물리 메모리의 어느 위치에 있는지 알 수 있다. 가상 주소 상의 프로세스 A는 물리 메모리의 세그먼트 0에 위치하고, 프로세스 B는 세그먼트 1에 위치한다. 한편 프로세스 D의 경우 물리 메모리가 아니라 스왑 영역에 있다. 프로세스 A의 어떤 값이 필요할 때는 물리 메모리의 세그먼트 0에서 원하는 데이터를 가져오면 된다.

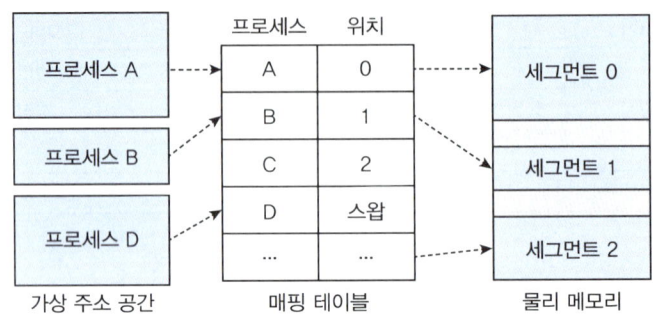

[그림 4-2] 가상 메모리와 매핑 테이블

매핑 테이블은 물리 메모리가 세그먼테이션으로 분할된 경우뿐 아니라 페이징으로 분할된 경우에도 똑같은 방식으로 적용된다. 페이징 기법에서 사용하는 매핑 테이블은 **페이지 매핑 테이블** 또는 **페이지 테이블**이라고 부르며, 세그먼테이션 기법에서 사용하는 매핑 테이블은 **세그먼테이션 매핑 테이블** 또는 **세그먼테이션 테이블**이라고 부른다.

제2절 페이징 기법

고정 분할 방식으로 메모리를 분할하여 관리하는 페이징 기법에서 가상 주소를 물리 주소로 변환하는 방법과 매핑 테이블 관리 방법을 알아보자.

1 페이징 기법의 구현 (종요)

페이징 기법은 고정 분할 방식을 이용한 가상 메모리 관리 기법으로, 물리 주소 공간을 같은 크기로 나눠 사용한다. [그림 4-3]에서 왼쪽의 가상 주소는 프로세스 입장에서 바라본 메모리 공간으로 항상 0번지부터 시작한다. 가상 주소의 분할된 각 영역은 페이지라고 부르며 첫 번째 영역은 페이지 0, 두 번째 영역은 페이지 1과 같이 번호를 지정해 관리한다. 물리 메모리의 각 영역은 가상 주소의 페이지와 구분하기 위해 **프레임**(frame)이라고 부른다. 프레임도 페이지와 마찬가지로 번호를 지정해 관리한다. 페이지와 프레임의 크기는 같다.

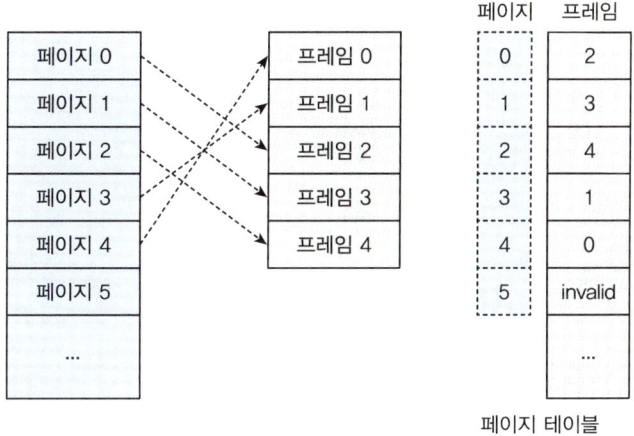

[그림 4-3] 페이징 기법의 구현

[그림 4-3]의 화살표는 가상 주소의 각 페이지가 물리 메모리의 어디에 위치하는지를 나타내고, 페이지와 프레임은 크기가 같기 때문에 페이지는 어떤 프레임에도 배치될 수 있다. [그림 4-3]에서는 무작위로 배치하여 페이지 0은 프레임 2에, 페이지 1은 프레임 3에, 페이지 3은 프레임 1에 있다. 모든 페이지의 위치 정보, 즉 어떤 페이지가 어떤 프레임에 있는지에 대한 연결(매핑) 정보는 페이지 테이블에 담겨 있다.

페이지 테이블은 하나의 열(column)로 구성된다. 모든 페이지의 정보를 순서대로 가지고 있기 때문에 위에서부터 차례대로 페이지 0, 페이지 1, 페이지 2와 같은 프레임 번호를 가지고 있어 추가 열이 없다. [그림 4-3]에서 페이지 테이블의 첫 번째 칸에 있는 2는 페이지 0이 프레임 2에 있다는 것을 의미하는 것이며, 페이지 테이블에는 숫자만 있는 것이 아니라 페이지 5는 물리 메모리에 없기 때문에 페이지 테이블에 invalid라고 표시되고, invalid는 해당 페이지가 스왑 영역에 있다는 의미이다.

2 페이징 기법의 주소 변환 중요

(1) 주소 변환 과정

[그림 4-4]는 페이징 기법에서 가상 주소가 물리 주소로 어떻게 변환되는지를 보여준다. 예를 들어 가상 주소 공간과 물리 주소 공간을 똑같이 10Byte로 나누었고, 이에 따라 한 페이지 또는 한 프레임은 총 10개의 주소를 가진다. 즉 페이지 0에는 0 ~ 9번지의 10개 주소가, 페이지 1에는 10 ~ 19번지의 10개 주소가 있다. 물리 주소 공간도 마찬가지로 각 프레임에 10개의 주소가 있다.

① **프로세서가 30번지의 내용을 읽으려고(read) 할 때의 주소 변환 과정**
   ㉠ 가상 주소 30번지가 어느 페이지에 있는지 찾는다. 30번지는 페이지 3의 0번째 위치에 있다.
   ㉡ 페이지 테이블의 페이지 3으로 가서 해당 페이지가 프레임 1에 있다는 것을 알아낸다.
   ㉢ 최종적으로 물리 메모리 프레임 1의 0번째 위치에 접근한다. 이 주소가 가상 주소 30번지의 물리 주소이다.

② 프로세스가 가상 주소 18번지에 어떤 값을 저장하려고(write) 할 때의 주소 변환 과정
　㉠ 가상 주소 18번지가 어느 페이지에 있는지 찾는다. 18번지는 페이지 1의 8번째 위치에 있다.
　㉡ 페이지 테이블의 페이지 1로 가서 해당 페이지가 프레임 3에 있다는 것을 알아낸다.
　㉢ 프로세스가 저장하려는 값을 프레임 3의 8번 위치에 저장한다.

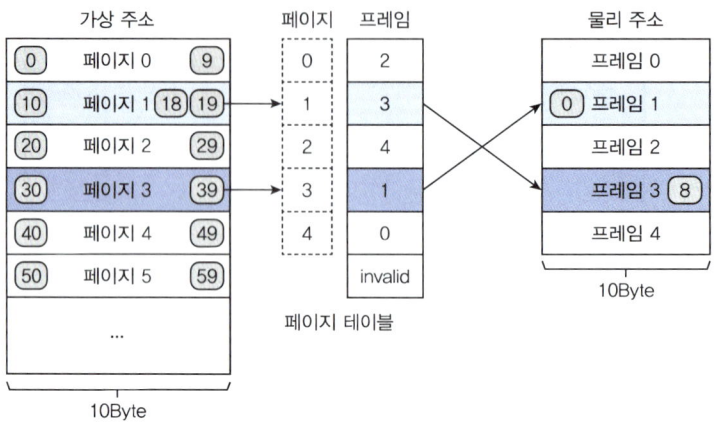

[그림 4-4] 페이징 기법의 주소 변환

(2) 정형화된 주소 변환

① 가상 주소의 표현

페이징 기법에서의 가상 주소 표현은 다음과 같다.

$VA = <P, D>$	VA : 가상 주소(Virtual address)
	P : 페이지(Page)
	D : 페이지의 처음 위치에서 해당 주소까지의 거리(Distance) 또는 오프셋(Offset)이라고 정의하기도 한다.

[그림 4-4]에서 가상 주소 30번지를 $VA = <P, D>$ 방식으로 정의하면 $VA = <3, 0>$으로 작성할 수 있다. 이는 가상 주소 페이지 3의 0번째 주소라는 의미이다. 같은 방법으로 가상 주소 18번지는 $VA = <1, 8>$로 작성하며, 이는 페이지 1의 8번째 주소라는 의미이다. 여기서는 페이지 하나의 크기를 10Byte로 규정했기 때문에 정형화된 표기법으로 작성하기가 쉽다. 또 다른 예를 들면 8번지는 $VA = <0, 8>$, 72번지는 $VA = <7, 2>$, 567번지는 $VA = <56, 7>$이다.

② 물리 주소의 표현

페이징 기법에서의 주소 변환은 가상 주소 $VA = <P, D>$를 물리 주소 $PA = <F, D>$로 변환하는 것이다.

$PA = <F, D>$	PA : 물리 주소, 실제 주소
	F : 프레임(Frame)
	D : 프레임의 처음 위치에서 해당 주소까지의 거리(Distance)

③ 페이징 기법의 주소 변환 과정

$VA=<3,0>$이 $PA=<1,0>$으로 변환되었다는 것은 가상 주소 30번지가 물리 주소 프레임 1의 0번 위치로 변환되었다는 말이다. 결론적으로 페이징 기법의 주소 변환은 다음과 같이 정의할 수 있다.

> [공식] 페이징 기법의 주소 변환 과정
> $VA=<P,D> \rightarrow PA=<F,D>$

[그림 4-5]는 페이징 기법의 정형화된 주소 변환 과정을 보여준다. $VA=<P,D>$가 $PA=<F,D>$로 변환될 때 페이지 테이블을 사용하여 P는 F로 바뀌고 D는 변경 없이 그대로 쓴다. D를 변경하지 않는 이유는 페이지와 프레임의 크기를 똑같이 나누었기 때문이다.

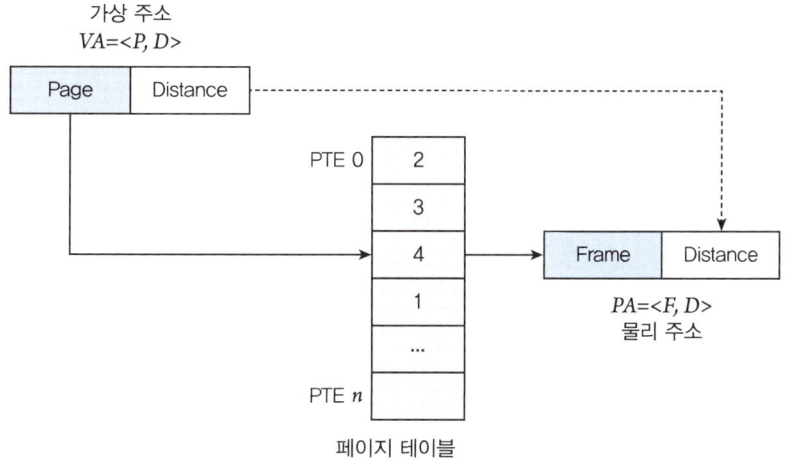

[그림 4-5] 페이징 기법의 정형화된 주소 변환

페이지 테이블을 이용하면 간단하게 가상 주소를 물리 주소로 변환할 수 있다. 페이지 테이블에서 페이지 번호를 찾아 해당 프레임 번호를 쫓아가면 된다. 페이지 테이블은 페이지 번호, 프레임 번호로 구성하며, 각각의 한 줄을 페이지 테이블 엔트리(PTE : Page Table Entry)라고 부른다. 다시 말해 페이지 테이블은 페이지 번호, 프레임 번호로 구성된 페이지 테이블 엔트리의 집합이다. 앞서 설명했듯이 페이징 기법에서 페이지 테이블 엔트리는 프레임 번호만 가진다. 페이지 테이블에 페이지 번호가 0부터 순서대로 정리되어 있기 때문에 굳이 페이지 번호를 표시할 필요가 없는 것이다. 페이지 테이블 엔트리가 페이지 번호, 프레임 번호로 구성된 것은 페이지 번호가 순서대로 저장되지 않은 경우이다.

(3) 16bit CPU의 주소 변환 예

한 페이지를 10Byte로 나누면 주소 변환 과정은 그리 어렵지 않다. 예를 들면 가상 주소 30번지는 $VA=<3,0>$으로 간단하게 만들 수 있다. 그러나 컴퓨터는 2진법을 사용하므로 한 페이지의 크기는 2의 지수 승, 즉 $2^9(=512)Byte$, $2^{10}(=1024)Byte$, $2^{11}(=2048)Byte$, $2^{12}(=4096)Byte$, $2^{13}(=8192)Byte$ 등으로 분할된다. 실제로 유닉스 계열의 운영체제인 VAX는 한 페이지의 크기가 2^9Byte이고, 마이크로소프트의 윈도우 NT는 $2^{12}Byte$, 오라클의 솔라리스는 $2^{13}Byte$이다. 이렇게 페이지의 크기가 다양한 경우 가상 주소를 $<P,D>$로 변환하는 공식은 다음과 같다.

> **[공식] 가상 주소를 $<P,D>$로 변환**
> P = 나눗셈(가상 주소 / 한 페이지의 크기)의 몫
> D = 나눗셈(가상 주소 / 한 페이지의 크기)의 나머지 [단위: $Byte$]

예제 4-1

다음과 같이 한 페이지의 크기와 가상 주소가 주어졌을 때 $VA=<P,D>$ 형태로 변환하시오.

	한 페이지 크기	가상 주소
①	10Byte	32번지
②	512Byte	2049번지
③	4096Byte	897654번지

풀이

① $P=32/10$의 몫 3, $D=32/10$의 나머지가 2이므로 $VA=<3,2>$
② $P=2049/512$의 몫 4, $D=2049/512$의 나머지가 1이므로 $VA=<4,1>$
③ $P=897654/4096$의 몫 219, $D=897654/4096$의 나머지가 630이므로 $VA=<219,630>$

① 16bit CPU의 페이지 시스템 구성

16bit CPU의 컴퓨터에서 한 페이지의 크기가 2^{10}Byte일 때 컴퓨터에서 한 프로세스가 사용할 수 있는 가상 메모리의 크기는 $2^{16}(=65536)Byte$이다. 사용자는 0번지부터 $65535(=2^{16}-1)$번지까지 가상 주소 공간을 사용할 수 있다. 한 페이지의 크기가 $2^{10}(=1024)Byte$이기 때문에 가상 주소로 사용할 수 있는 16bit 중 6bit는 페이지 번호로, 10bit는 페이지의 처음 위치에서 해당 주소까지의 거리로 사용한다.

[그림 4-6]은 이 컴퓨터의 가상 주소 VA의 구성을 보여준다. 가상 주소 $VA=<P,D>$에서 P는 6bit, D는 10bit이다. 이는 시스템의 페이지가 $0 \sim 63(=2^6-1)$번까지 총 64개이고, 페이지 하나가 $0 \sim 1023(=2^{10}-1)$번까지 총 1024개 번지로 구성되어 있다는 의미이다.

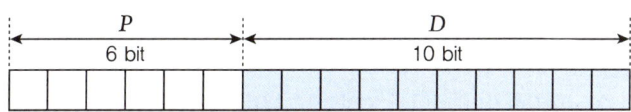

[그림 4-6] 16bit 가상 주소의 예

② **16bit CPU의 페이징 시스템**

[그림 4-7]처럼 16bit CPU에서 한 페이지의 크기가 2^{10}Byte인 페이징 시스템은 CPU가 16bit이므로 가상 주소는 시작 주소 0번지부터 맨 마지막 주소 65535($= 2^{16}-1$)번지까지이다. 한 페이지의 크기가 2^{10}($=1024$)Byte이므로 전체 페이지의 수는 2^6, 즉 64개이고 페이지 0번부터 63번까지 존재한다. 한 페이지의 크기가 1024Byte이므로 가상 주소의 페이지 0은 0 ~ 1023번지, 페이지 1은 1024 ~ 2047, …… 페이지 63은 64512 ~ 65535번지로 구성된다.

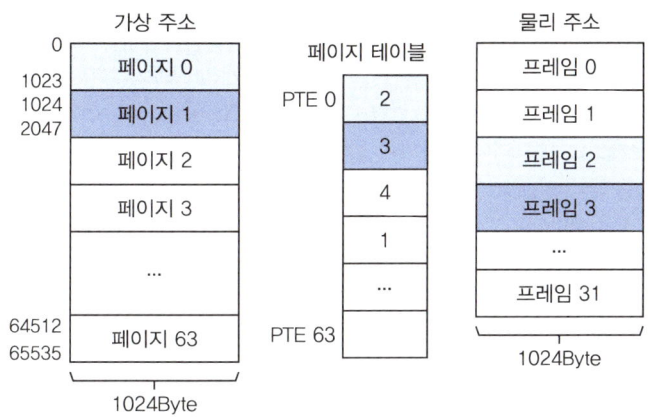

[그림 4-7] 16bit CPU의 페이징 시스템

물리 주소도 가상 주소와 마찬가지로 1024Byte로 나눈다. [그림 4-7]의 물리 주소에는 프레임 0부터 프레임 31까지만 있다. 이론적으로 16bit CPU는 최대 2^{16}($=65k$)Byte의 메모리를 가질 수 있지만 [그림 4-7]에서는 물리 메모리의 크기를 32kByte로 도식화했다. 32bit CPU는 최대 4GByte의 물리 메모리를 가질 수 있지만 2GByte의 물리 메모리에서도 작동한다. 이처럼 실제 메모리가 최대가 아니더라도 잘 작동한다는 것을 보여주기 위해 일부러 물리 메모리의 크기를 작게 도식화했다. 이 경우 부족한 물리 메모리는 스왑으로 처리하면 된다. 따라서 물리 주소의 부족한 부분은 페이징 시스템에서 문제가 되지 않는다.

㉠ 가상 주소의 각 페이지가 어떤 프레임에 있는지는 페이지 테이블을 보면 알 수 있다. [그림 4-7]에서 페이지 테이블은 페이지 엔트리가 0 ~ 63으로 총 64개이다. 페이지 테이블의 크기는 물리 주소의 크기가 아니라 프로세스의 크기에 비례한다. 물리 주소의 크기와 상관없이 가상 주소를 많이 사용하면 페이지 테이블의 크기가 늘어나고, 적게 사용하면 페이지 테이블의 크기가 줄어든다. [그림 4-7]에서는 프로세스가 65535번지까지 다 사용하고 있기 때문에 페이지 테이블의 페이지 테이블 엔트리가 64개이다.

ⓒ [그림 4-7]에서 프로세스가 980번지에 저장된 데이터를 요청했을 때 가상 주소가 물리 주소로 바뀌는 과정
- 가상 주소 980번지의 페이지 P와 거리 D를 구한다.
  $P = 980/1024$의 몫 0, $D = 980/1024$의 나머지 980이므로 $VA = <0, 980>$이다.
- 페이지 테이블로 가서 페이지 0이 프레임 2에 저장되어 있다는 것을 확인한다.
- 물리 메모리의 프레임 2 시작 지점으로부터 980번지 떨어진 곳에 접근하여 데이터를 가져온다.
  예) 같은 방법으로 가상 주소 1364번지를 물리 주소로 변환하면 $VA = <1, 340>$이 $PA = <3, 340>$이 되어 프레임 3의 340번지에 있는 데이터를 가져올 것이다.

3 페이지 테이블 관리

(1) 페이지 테이블 관리가 복잡한 이유

페이지 테이블 관리가 복잡한 이유는 시스템에 여러 개의 프로세스가 존재하고 프로세스마다 페이지 테이블이 하나씩 있기 때문이다. [그림 4-8]에서는 프로세스 A, B, C가 하나의 물리 메모리를 사용하고 있다. 프로세스는 메모리에 올라와야 실행 가능하므로 모든 프로세스의 일부 페이지가 물리 메모리의 프레임에 올라와 있고, 어떤 페이지가 어떤 프레임에 있는지 관리하기 위해 프로세스마다 페이지 테이블을 운영 중이다. 프로세스 A의 페이지 0은 프레임 1에, 프로세스 B의 페이지 0은 프레임 3에, 프로세스 C의 페이지 0은 프레임 0에 있다. 메모리 관리자는 특정 프로세스가 실행될 때마다 해당 페이지 테이블을 참조하여 가상 주소를 물리 주소로 변환하는 작업을 반복한다.

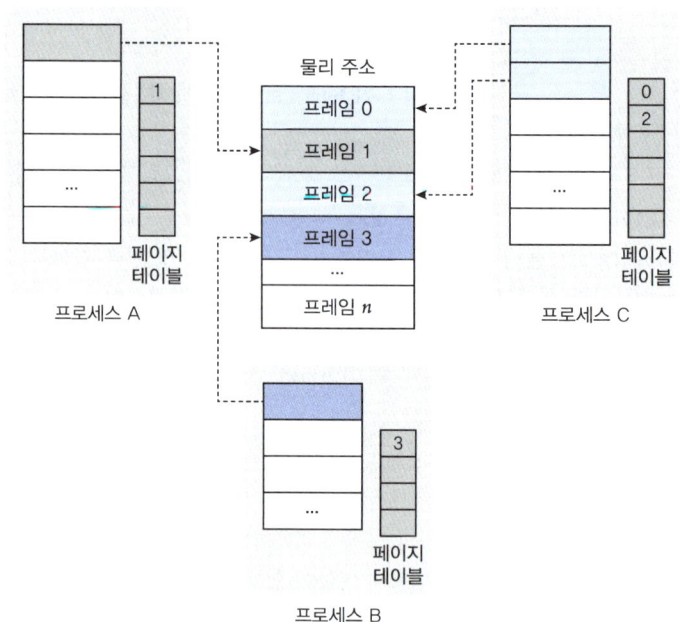

[그림 4-8] 다수의 프로세스가 있는 페이징 시스템

(2) 페이지 테이블의 조건 (중요)

① 페이지 테이블은 메모리 관리자가 자주 사용하는 자료구조이므로 필요 시 빨리 접근할 수 있어야 한다. 따라서 페이지 테이블은 물리 메모리 영역 중 **운영체제 영역의 일부분**에 모아 놓는다.
② 시스템 내에는 여러 개의 프로세스가 존재하고 프로세스마다 하나의 페이지 테이블이 있기 때문에 전체 페이지 테이블의 크기는 **프로세스의 수에 비례해서 커진다.**
③ 한 번에 실행하는 프로세스의 수가 많으면 페이지 테이블의 크기가 같이 커지고, 이에 따라 프로세스가 실제로 사용할 수 있는 메모리 영역이 줄어든다.

(3) 페이지 테이블 관리의 문제점

페이지 테이블 관리의 가장 큰 문제는 페이지 테이블의 크기가 작지 않다는 것이다. 예를 들어 32bit CPU에 한 페이지가 512Byte인 페이징 시스템이 있다고 가정해 보자. 이 시스템이 가질 수 있는 물리 메모리의 최대 크기는 4GByte이다. 512Byte로 페이지를 나눈 이 시스템에서 페이지 테이블의 최대 크기는 약 24.11MByte이다. 24.11MByte는 페이지 테이블 하나의 크기이다. 만약 프로세스가 40개라면 페이지 테이블의 크기는 1GByte에 육박한다. 최악의 경우 32bit CPU 시스템에서 페이지 테이블이 전체 4GByte의 물리 메모리 중 1/4을 차지할 수도 있다는 말이다. 따라서 페이지 테이블의 크기를 적정하게 유지하는 것은 페이지 테이블 관리의 핵심이다.

(4) 물리 메모리 내 페이지 테이블의 구조

[그림 4-9]는 물리 메모리 내 페이지 테이블의 구조를 나타낸 것이다. 페이지 테이블 영역에 프로세스별로 페이지 테이블이 배열되어 있는데 프로세스 A의 페이지 테이블은 상단에, 프로세스 B의 페이지 테이블은 하단에 있다. 페이지 테이블의 수가 늘어나거나 페이지 테이블의 크기가 늘어나면 운영체제 영역이 늘어나 그만큼 사용자 영역이 줄어든다. 물리 메모리의 크기가 작을 때는 프로세스만 스왑 영역에 옮겨지는 것이 아니라 페이지 테이블의 일부도 스왑 영역으로 옮겨진다.

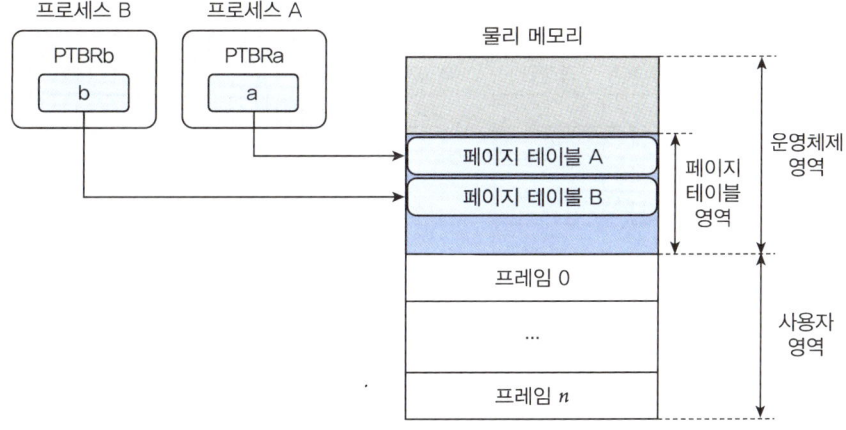

[그림 4-9] 물리 메모리 내 페이지 테이블의 구조

① 페이지 테이블에 빠르게 접근하기 위해 레지스터가 존재한다. 각 프로세스가 메모리에 접근하려고 할 때 메모리 관리자는 페이지 테이블의 위치를 재빨리 파악할 필요가 있다. 그래서 **각 페이지 테이블의 시작 주소를 페이지 테이블 기준 레지스터(PTBR : Page Table Base Register)에 보관한다.**
② 페이지 테이블 기준 레지스터는 각 프로세스의 프로세스 제어 블록에 저장되는 데이터로, 물리 메모리 내에 페이지 테이블의 시작 주소를 가지고 있다.

4 페이지 테이블 매핑 방식 중요

시스템 내에는 여러 개의 프로세스가 존재하고, 각 프로세스는 하나의 페이지 테이블을 가지며, 페이지 테이블은 운영체제 영역에 있다. 따라서 페이지 테이블의 크기가 너무 커지면 프로세스가 실제로 사용할 수 있는 메모리 영역이 줄어든다. 사용할 수 있는 물리 메모리 영역이 적을 경우 프로세스만 스왑 영역으로 옮겨지는 것이 아니라 페이지 테이블의 일부도 스왑 영역으로 옮겨진다. 따라서 페이지 테이블 전체를 메모리에서 관리하느냐, 일부를 스왑 영역에서 관리하느냐에 따라 가상 주소를 물리 주소로 변환하는 방법이 달라지므로 페이지 테이블이 위치한 곳에 따른 다양한 페이지 테이블 매핑 방식이 있으며 직접 매핑, 연관 매핑, 집합-연관 매핑, 역 매핑이 있다.

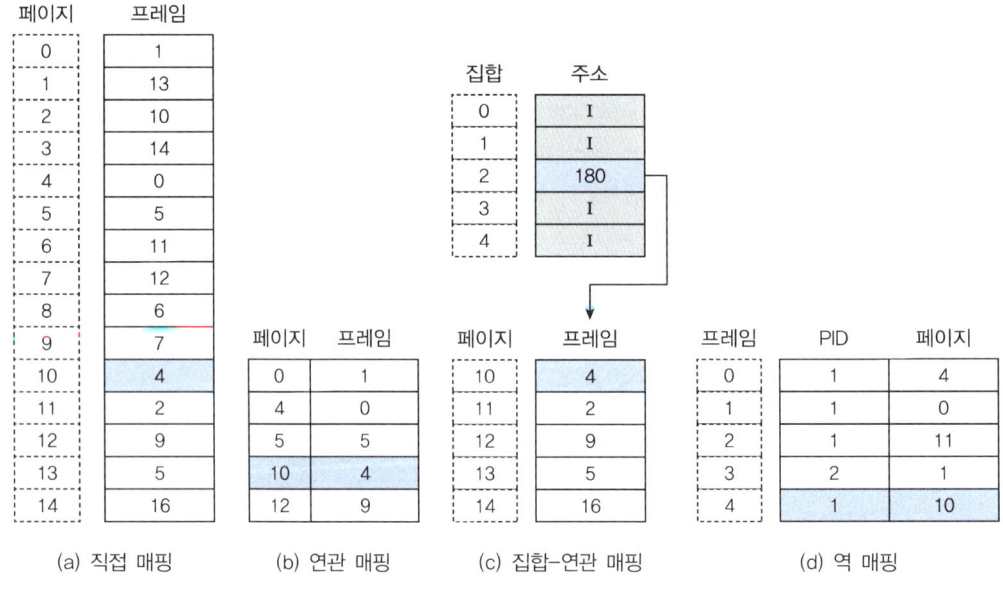

[그림 4-10] 페이지 테이블 매핑 방식의 특징

(1) 페이지 테이블 매핑 방식의 특징

① **직접 매핑(Direct Mapping)**
   ㉠ 직접 매핑은 페이지 테이블 전체가 물리 메모리의 운영체제 영역에 존재하는 방식이다.
   ㉡ 별다른 부가 작업이 없이 바로 주소 변환이 가능하기 때문에 직접 매핑이라고 부른다.
   ㉢ 주소 변환 시 원하는 프레임 번호를 한 번에 바로 얻을 수 있다.
   ㉣ [그림 4-10]의 (a)에서 직접 매핑은 페이지 10이 프레임 4에 있다는 것을 바로 알 수 있다.

② **연관 매핑(Associative Mapping)**
   ㉠ 연관 매핑은 페이지 테이블 전체를 스왑 영역에서 관리하는 방식이다.
   ㉡ 물리 메모리의 여유 공간이 작을 때 사용하는 방식으로, 모든 페이지 테이블을 저장장치의 스왑 영역에 저장하고 그중 일부만 물리 메모리에 가지고 있다.
   ㉢ 연관 매핑은 페이지 테이블의 일부만 무작위로 가져온다. 일부 내용만 무작위로 배치하기 때문에 페이지 번호와 프레임 번호 둘 다 표시한다. 따라서 페이지 테이블의 열은 직접 매핑이 1개, 연관 매핑이 2개이다.
   ㉣ 주소 변환 시 물리 메모리 내의 페이지 테이블을 다 검색한다. 만약 이렇게 했는데도 원하는 프레임 번호를 얻지 못하면 스왑 영역에 있는 페이지 테이블을 검색한다.
   ㉤ [그림 4-10]의 (b)에서 연관 매핑은 위에서부터 검색해야만 찾을 수 있고, 검색 실패 시 스왑 영역에서 다시 찾아야 하므로 시간을 낭비하게 된다.

③ **집합-연관 매핑(Set-Associative Mapping)**
   ㉠ 집합-연관 매핑은 연관 매핑의 문제를 개선한 방식이다.
   ㉡ 모든 페이지 테이블을 스왑 영역에서 관리하고 일부만 물리 메모리로 가져온다는 것은 연관 매핑과 동일하다.
   ㉢ 페이지 테이블을 일정한 집합으로 자르고, 자른 덩어리 단위로 물리 메모리로 가져온다.
   ㉣ [그림 4-10]의 (c)의 집합-연관 매핑에서는 페이지 테이블을 5개씩 자르고 이를 관리하는 페이지 테이블을 하나 더 생성한다. 새로 생성한 집합 테이블(set table)에는 일정하게 자른 페이지 테이블이 물리 메모리에 있는지, 스왑 영역에 있는지에 대한 위치 정보를 표시한다. 그림에서 I(invalid) 표시는 스왑 영역을 의미하고, 집합 2에 속한 페이지(페이지 테이블 엔트리 10 ~ 14)는 물리 메모리의 180번지에 있다는 의미이다.
   ㉤ 연관 매핑과 비교했을 때 이 방식은 집합 테이블을 통해 원하는 페이지 테이블 엔트리가 스왑 영역에 있는지 물리 메모리에 있는지 간단히 파악할 수 있다.
   ㉥ 그러므로 연관 매핑에서처럼 물리 메모리의 모든 페이지 테이블을 검사할 필요가 없어 **주소 변환 시간이** 단축된다.

④ **역 매핑(Invert Mapping)**
   ㉠ 직접 매핑, 연관 매핑, 집합-연관 매핑에서는 페이지 번호를 기준으로 테이블을 구성하지만, 역 매핑에서는 물리 메모리의 프레임 번호를 기준으로 테이블을 구성한다.

ⓒ 프로세스의 수와 상관없이 테이블이 하나만 존재한다. 다른 방식에서는 프로세스마다 페이지 테이블을 만들지만 역 매핑에서는 물리 메모리를 기준으로 프레임 테이블을 만들기 때문에 전체 시스템에서 테이블의 수가 단 1개이다. 따라서 **테이블의 크기가 매우 작다는 것이 장점이다.**

ⓒ 프로세스가 가상 메모리에 접근할 때 프로세스와 아이디와 페이지 번호를 모두 찾아야 한다. 또한 모든 페이지를 검색한 후에야 해당 페이지가 스왑 영역에 있다는 것을 알게 되므로 속도가 느린 단점이 있다.

(2) 직접 매핑 종요 기출

① 특징

직접 매핑은 모든 페이지 테이블을 물리 메모리에 가지고 있는 가장 단순한 방식이다. 물리 메모리가 **충분할 때 사용**할 수 있으며, 모든 페이지를 물리 메모리에 가지고 있기 때문에 주소 변환 속도가 빠르다.

② 구조

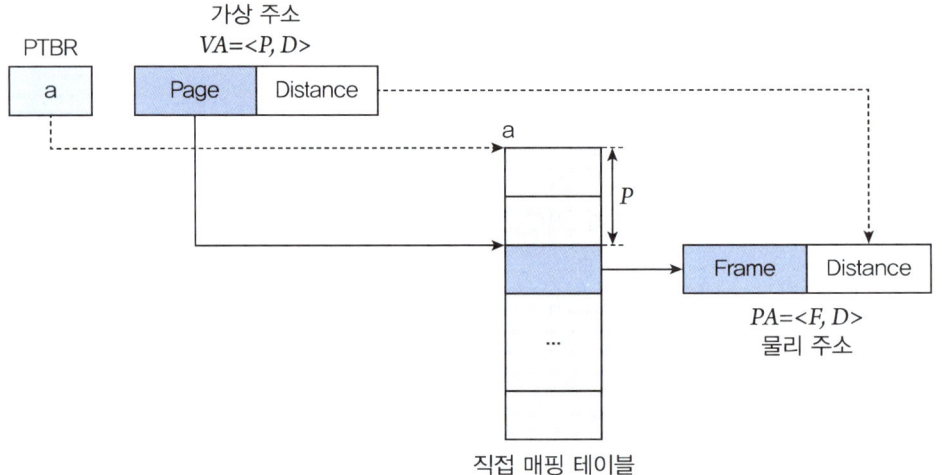

[그림 4-11] 직접 매핑 방식의 구조

직접 매핑에서는 페이지 테이블 전체가 물리 메모리에 저장되기 때문에 가상 주소 $VA=<P,D>$를 물리 주소 $PA=<F,D>$로 변환하려면 페이지 테이블의 P번째 위치($PTEP$)에서 원하는 프레임 값을 얻을 수 있다. 페이지 테이블의 시작 주소는 페이지 테이블 기준 레지스터(PTBR)가 가지고 있으므로 물리 메모리상 페이지 테이블의 P번째 주소가 시작 주소(PTBR)로부터 P번째 위치에 존재한다.

(3) 연관 매핑 중요

① **특징**

연관 매핑은 전체 페이지 테이블을 스왑 영역에 두고 페이지 테이블의 일부를 물리 메모리에 가져오는 방식이므로, 물리 메모리에는 일부 페이지만 무작위로 저장되어 있고 그 일부분의 테이블을 **변환 색인 버퍼**(TLB : Translation Look-aside Buffer) 또는 **연관 레지스터**(Associate register)라고 부른다. 변환 색인 버퍼는 페이지 번호와 프레임 번호로 구성된 작은 크기의 테이블이다.

연관 매핑 방식은 전체 페이지 테이블을 물리 메모리에 보관하지 않아 **메모리를 절약**할 수 있는 장점이 있지만 TLB 미스가 빈번하게 발생할 경우 시스템의 성능이 떨어진다. 또한 변환 색인 버퍼는 페이지 테이블의 일부를 무작위로 가지고 있기 때문에 모든 변환 색인 버퍼를 검색한 후에야 원하는 페이지가 메모리에 없다는 것을 알 수 있다. 즉, TLB 미스를 알게 되는 시점이 변환 색인 버퍼를 모두 검색하고 난 후이므로 TLB 미스가 발생하면 주소 변환이 느려진다.

② **구조**

연관 매핑 방식에서는 물리 메모리에 일부 테이블만 가지고 있기 때문에 작동 방식도 캐시 시스템과 유사하다. 캐시 시스템에는 원하는 데이터가 캐시에 있는 경우는 캐시 히트, 없는 경우는 캐시 미스라고 하는데 연관 매핑도 동일하다.

연관 매핑에서는 메모리에 접근하기 위해 먼저 변환 색인 버퍼를 찾는다. 원하는 페이지 번호가 변환 색인 버퍼에 있는 경우는 TLB 히트(hit)라고 하며, 곧바로 물리 주소로 변환된다. 원하는 페이지 번호가 변환 색인 버퍼에 없는 경우는 TLB 미스(miss)라고 하며, 스왑 영역에 저장된 직접 매핑 테이블을 사용하여 프레임 번호로 변환한다.

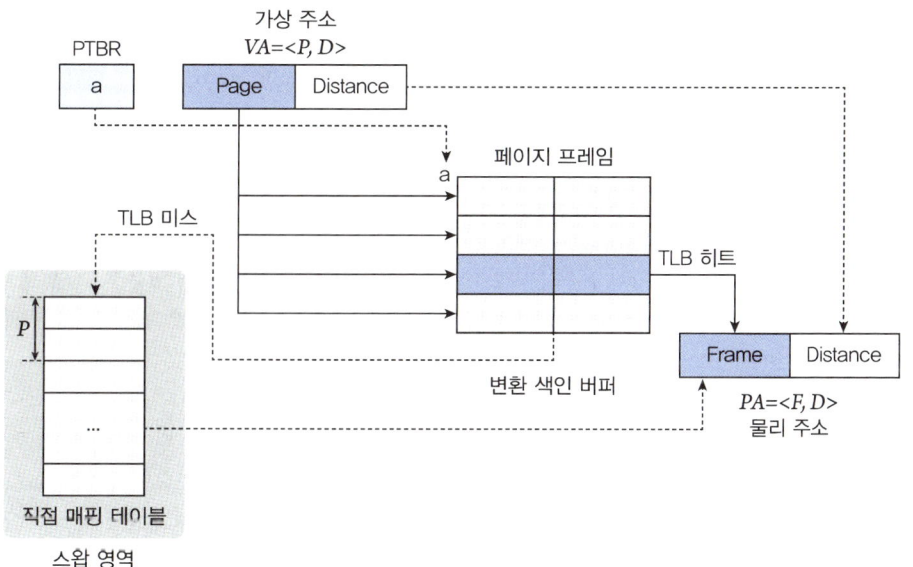

[그림 4-12] 연관 매핑 방식의 구조

(4) 집합-연관 매핑 중요

집합-연관 매핑은 연관 매핑에서 모든 변환 색인 버퍼를 검색한 후에 TLB 미스가 있다는 것을 알게 됨으로써 전체 시스템의 성능이 떨어지는 단점을 개선한 것이다. 일반적으로 컴퓨터를 사용할 때 파일이 많으면 디렉터리를 사용하여 일정한 묶음으로 모아 놓는다. **디렉터리 매핑(Directory Mapping)**이라고도 하는 집합-연관 매핑은 관련 있는 테이블을 덩어리로 모아놓은 형태이다.

① 특징
  ㉠ 집합-연관 매핑 방식에서는 페이지 테이블을 같은 크기의 여러 묶음으로 나누고, 각 묶음의 시작 주소를 가진 디렉터리 테이블을 새로 만들어 관리한다.
  ㉡ 전체 페이지 테이블은 연관 매핑과 마찬가지로 스왑 영역에 있으며, 일부 테이블은 묶음 단위로 옮긴다. 따라서 이 방식에서는 해당 묶음이 현재 메모리에 있는지, 스왑 영역에 있는지를 표시하는 디렉터리 테이블을 새로 만든다.
  ㉢ 디렉터리 테이블을 살펴보면 원하는 테이블 묶음이 어디에 있는지 알 수 있으므로 전체 테이블을 찾아보지 않아도 TLB 미스를 바로 알 수 있다.
  ㉣ 페이지 테이블이 일정 크기의 묶음으로 나뉘기 때문에 가상 주소를 $VA=<P,D>$가 아니라 $VA=<P1,P2,D>$로 바꾸어 표시한다. 여기서 $P1$은 디렉터리 테이블에서의 위치 정보를, $P2$는 묶음 내에서의 위치 정보를 나타낸다. 집합-연관 매핑 방식에서는 직접 매핑 방식처럼 한 번에 물리 주소로 변환되는 것이 아니라 두 단계를 거쳐 물리 주소로 변환된다.
    예 집합-연관 매핑 방식에서 페이지 테이블을 10개씩 한 묶음으로 나누었다고 가정하면 0 ~ 9번 테이블은 0번 디렉터리에, 10 ~ 19번 테이블은 1번 디렉터리에 속한다. 이 경우 가상 주소 32번지는 직접 매핑에서는 $<3,2>$로 변환되지만 집합-연관 매핑에서는 $<0,3,2>$로 변환된다. 같은 방법으로 가상 주소 127번지는 직접 매핑에서는 $<12,7>$로 변환되지만 집합-연관 매핑에서는 $<1,2,7>$로 변환된다. 또한 1784번지는 집합-연관 매핑에서 $<17,8,4>$로 변환된다.
  ㉤ 집합-연관 매핑 방식은 페이지 주소를 세분화한다.
    예 페이지 번호 3은 0과 3으로, 12는 1과 2로, 178은 17과 8로 나뉜다. 집합-연관 매핑의 가상 주소 $VA=<P1,P2,D>$에서 $P1$은 디렉터리 테이블 번호, $P2$는 묶음 페이지 테이블 번호를 가리킨다. 여기서 $P1$은 $P2$ 테이블 덩어리가 메모리 영역에 있는지, 스왑 영역에 있는지에 대한 위치 정보를 나타낸다. 이러한 특징으로 집합-연관 매핑을 **멀티-페이지 매핑(multi-page mapping)**이라고도 한다.

② 구조

집합-연관 매핑 방식은 직접 매핑 방식과 마찬가지로 디렉터리 페이지 테이블의 시작 주소를 페이지 테이블 기준 레지스터(PTBR)가 가지고 있다. 프로세스가 특정 주소를 요구하면 $VA=<P1,P2,D>$로 변환되고, $P1$을 이용하여 디렉터리 테이블에서 주소를 찾는다. 만약 I(invalid)라고 표시되어 있으면 TLB 미스가 발생한 것이다. 반대로 원하는 테이블이 물리 메모리에 있으면 묶음 테이블의 시작 주소가 명시되어 있다. [그림 4-13]에서는 묶음 테이블의 시작 주소가 b이다. 따라서 $P2$를 이용하여 묶음 테이블에서 원하는 프레임 번호를 얻게 된다.

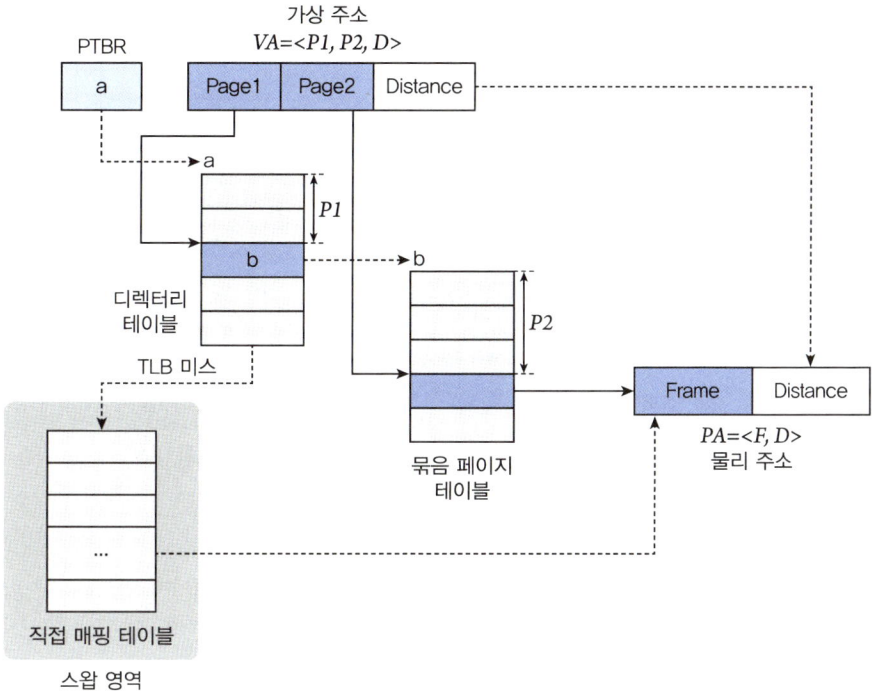

[그림 4-13] 집합-연관 매핑 방식의 구조

③ **장·단점**
  ㉠ 집합-연관 매핑은 직접 매핑과 연관 매핑의 장점을 합한 방식이고, 크기가 큰 페이지 테이블을 같은 크기의 묶음으로 나누어 관리함으로써 효율적이다. 연관 매핑의 경우 변환 색인 버퍼에 여러 테이블이 섞여 있기 때문에 주소 변환을 위해 변환 색인 버퍼의 모든 테이블을 검색해야 하지만, 집합-연관 매핑에서는 디렉터리 테이블을 이용하여 묶음 테이블의 위치를 바로 확인할 수 있다.
  ㉡ 연관 매핑은 TLB 미스가 발생할 경우 변환 색인 버퍼 전체를 검색하는 데 시간을 낭비하지만, 집합-연관 매핑은 이러한 낭비가 발생하지 않는다.
  ㉢ 직접 매핑과 달리 일부 페이지 테이블만 메모리에서 관리하여 물리 메모리를 낭비하지 않는다.

(5) **역 매핑** 중요

직접 매핑, 연관 매핑, 집합-연관 매핑 방식은 가상 주소의 페이지를 기준으로 프레임 번호를 매핑했다. 이러한 방식은 프로세스마다 페이지 테이블이 필요하고 그 크기도 작지 않기 때문에 물리 메모리 공간을 낭비하는 것이 문제이다. 역 매핑은 이와 달리 물리 메모리의 프레임 번호를 기준으로 테이블을 작성한다. 즉 물리 메모리가 어떤 프로세스의 어떤 페이지를 가지고 있는지를 테이블 형태로 구성한다.

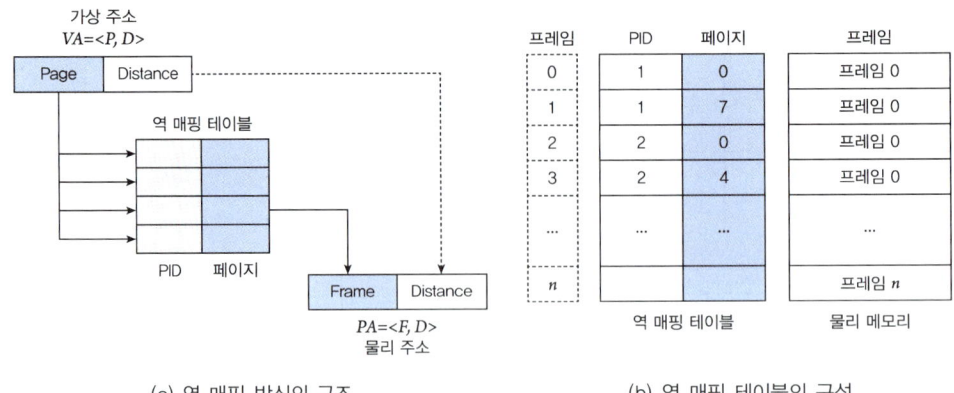

(a) 역 매핑 방식의 구조   (b) 역 매핑 테이블의 구성

[그림 4-14] 역 매핑 방식의 구조와 역 매핑 테이블의 구성

① **구조**

역 매핑 방식에서는 테이블이 〈프레임 번호, 프로세스 아이디, 페이지 번호〉로 구성되고, 페이지 테이블의 행수는 실제 프레임의 수와 같다. 그러므로 프로세스의 수와 상관없이 항상 일정 크기의 페이지 테이블을 유지하여 테이블의 크기가 매우 작다.

② **특징**

㉠ 역 매핑 방식에서 주소 변환 시 메모리 관리자는 주소 변환을 해야 하는 프로세스의 아이디와 페이지 번호가 물리 메모리에 있는지 역 매핑 테이블에서 검색한다.
㉡ 현재 테이블에 원하는 데이터가 없으면 스왑 영역에서 가져온다.
㉢ 역 매핑은 연관 매핑과 마찬가지로 페이지 테이블을 모두 검사한 후에야 저장장치에 접근하기 때문에 검색 시간을 낭비하는 단점이 있다.

제3절　세그먼테이션 기법

세그먼테이션 기법은 가변 분할 방식을 이용한 가상 메모리 관리 기법으로, 물리 메모리를 프로세스의 크기에 따라 가변적으로 나누어 사용한다.

1 세그먼테이션의 개념

페이징은 물리적 주소를 크기가 고정된 페이지로 분할하여 프로세스를 할당하므로 사용자 프로그램과 프로세스 관점의 메모리가 일치하지 않는다. 그러나 세그먼테이션(segmentation)은 프로세스 관점을 지원하여 메모리를 [그림 4-15]와 같이 크기가 변할 수 있는 세그먼트(segment)로 나눈다.

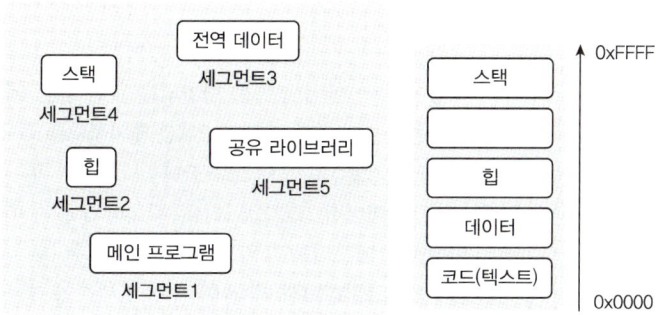

[그림 4-15] 프로그램(사용자) 관점의 메모리와 프로세스 관점의 메모리

프로그램을 구성하는 서브루틴, 프로시저, 함수나 모듈 등으로 세그먼트를 구성한다. 각 세그먼트는 연관된 기능을 수행하는 하나의 모듈 프로그램으로 생각하며, 메모리의 연속된 위치에서 구성하되 서로 인접할 필요는 없다. 세그먼테이션은 메모리의 사용자 관점을 지원하는 **비연속 메모리 할당방법**으로, 논리적 영역을 세그먼트 집합으로 인식한다. 세그먼테이션은 보통 컴파일러가 원시 프로그램을 실행 프로그램으로 자동 변환하면서 서브루틴과 프로시저, 함수, 모듈 등 각기 크기가 다른 세그먼트로 구성된다. 하드웨어 보호 등 관리에 필요한 사항은 페이징과 비슷하거나 동일하지만 [그림 4-16]과 같이 프로세스에 따라 세그먼트 크기가 달라 메모리를 크기가 일정한 페이지 프레임으로 나누지 않고 **동적 분할(가변 분할) 방법**으로 할당한다는 중요한 차이가 있다.

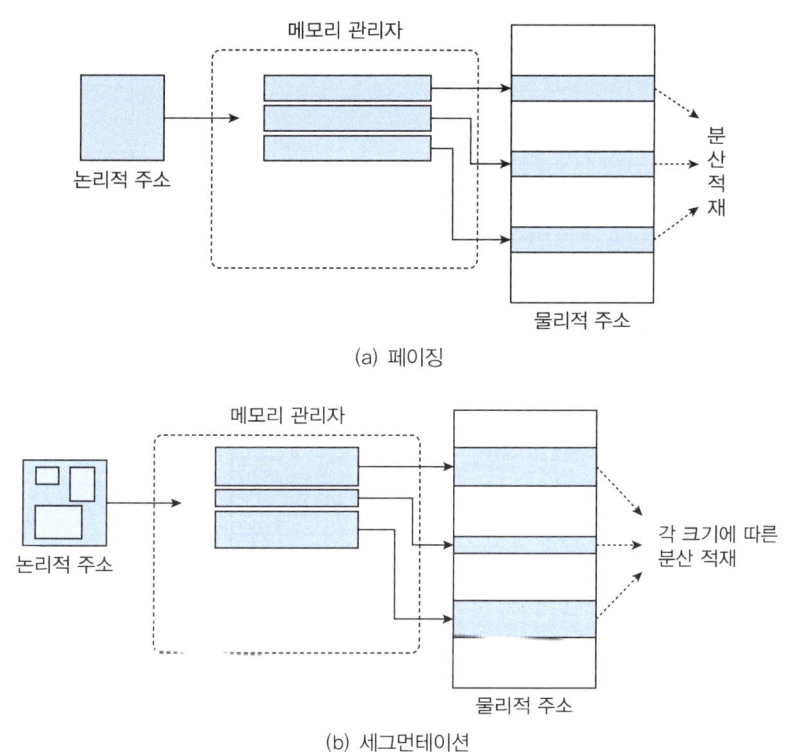

[그림 4-16] 페이징과 세그먼테이션 메모리 할당 비교

2 세그먼테이션 기법의 구현 기출

[그림 4-17]은 세그먼테이션 기법에서 가상 주소가 물리 주소로 변환되는 과정이다. 페이징 기법과 마찬가지로 세그먼테이션 기법도 매핑 테이블을 사용하는데 이를 세그먼테이션 테이블(Segmentation Table) 또는 세그먼테이션 매핑 테이블(Segmentation Mapping Table)이라고 한다.

[그림 4-17]의 세그먼테이션 테이블에는 세그먼테이션 크기를 나타내는 limit와 물리 메모리상의 시작 주소를 나타내는 address가 있다. 페이징 기법에서는 메모리를 같은 크기의 페이지 단위로 분할하기 때문에 테이블에 크기 정보를 유지할 필요가 없다. 그러나 세그먼테이션 기법에서는 프로세스의 크기에 따라 메모리를 분할하기 때문에 **매핑 테이블에 크기 정보를 포함**한다. 각 세그먼트가 자신에게 주어진 메모리 영역을 넘어가면 안 되기 때문에 세그먼트의 크기 정보에는 크기를 의미하는 size 대신 제한을 뜻하는 limit를 사용한다. 세그먼테이션 기법에서도 물리 메모리가 부족할 때 스왑 영역을 사용한다. [그림 4-17]에서는 크기가 100Byte인 프로세스 D(세그먼트 3)가 스왑 영역에 있고, 세그먼테이션 테이블 address에 I(invalid)라고 표시되어 있다.

세그먼테이션 기법은 가변 분할 방식의 장점과 단점을 모두 가지고 있다. 장점은 메모리를 프로세스 단위로 관리하기 때문에 페이지 테이블이 작고 단순하다는 것이고, 단점은 물리 메모리의 외부 단편화로 인해 물리 메모리 관리가 복잡하다는 것이다.

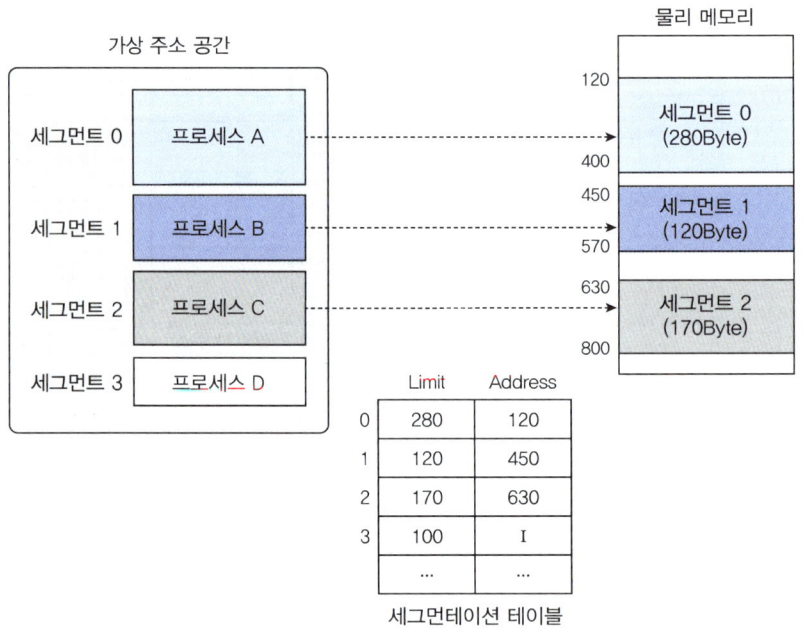

[그림 4-17] 세그먼테이션 기법

3 세그먼테이션 기법의 주소 변환

(1) 세그먼테이션 기법의 주소 변환 과정 〈중요〉

세그먼테이션 기법의 주소 변환은 다음과 같다.

$VA = <S, D>$	VA : 가상 주소(Virtual Address)
	S : 세그먼트 번호(Segment number)
	D : 세그먼트의 시작 지점에서 해당 주소까지의 거리(Distance)

가상 메모리 시스템에서 사용자에게 보이는 메모리는 항상 0부터 시작하므로 페이징 기법이든 세그먼테이션 기법이든 D는 사용자가 지정한 주소 그 자체이다.

[그림 4-18]은 세그먼테이션 기법에서 가상 주소를 물리 주소로 변환하는 과정이다. 프로세스는 [그림 4-17]에서처럼 프로세스 A는 세그먼트 0, 프로세스 B는 세그먼트 1, 프로세스 C는 세그먼트 3으로 분할되어 있다. [그림 4-18]에서 프로세스 A의 32번지에 접근할 때 주소 변환은 다음과 같다.

① 먼저 가상 주소를 구한다. 프로세스 A는 세그먼트 0으로 분할되었으므로 S는 0이고 D는 32이다. 따라서 가상 주소는 $VA = <0, 32>$이다.
② 세그먼테이션 테이블에서 세그먼트 0의 시작 주소를 알아낸 후 시작 주소 120에서 거리 32를 더하여 물리 주소 152번지를 구한다. 이때 메모리 관리자는 거리가 세그먼트의 크기보다 큰지 점검한다. 만약 크다면(메모리를 벗어나면) 메모리 오류를 출력하고 해당 프로세스를 강제 종료하며, 크지 않다면 물리 주소를 구한다.
③ 물리 주소 152번지에 접근하여 원하는 데이터를 읽거나 쓴다.

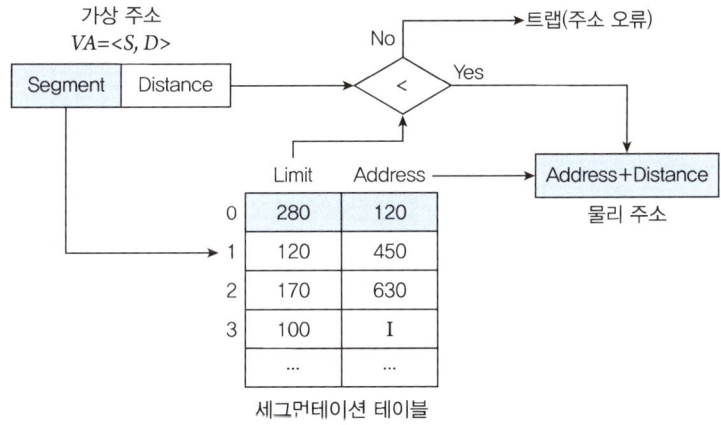

[그림 4-18] 세그먼테이션 기법의 주소 변환

(2) 세그먼테이션 기법의 주소 변환의 특징

세그먼테이션 테이블의 limit는 메모리를 보호하는 역할을 한다. 만약 사용자가 280Byte를 사용하겠다고 선언한 프로세스 A의 크기보다 더 큰 주소에 접근하려고 하면 메모리 관리자는 해당 프로세스를 강제 종료하는데, 이때 발생하는 오류를 트랩(trap)이라고 한다. 트랩은 자신의 영역을 벗어난 주소에 접근하거나 숫자를 0으로 나누는 것과 같이 사용자가 의도치 않게 일으키는 인터럽트를 말한다. 트랩이 발생하면 운영체제는 사용자에게 세그먼테이션 오류(segmentation fault) 메시지를 보낸다. D는 메모리 보호의 의미가 있다.

> **더 알아두기**
>
> 트랩과 반대로 사용자가 강제로 Ctrl + C 키를 눌러 프로세스를 중지시키는 것과 같이 사용자가 의도한 인터럽트를 시그널(signal)이라고 한다. 시그널은 외부 인터럽트 중 하나이다.

제4절 세그먼테이션-페이징 혼용 기법

페이징 기법과 세그먼테이션 기법은 각각 장단점을 가지고 있다. 페이징 기법은 물리 메모리를 같은 크기로 나누어 관리하기 때문에 메모리 관리가 수월한 반면 페이징 테이블의 크기가 크다. 또한 세그먼테이션 기법은 페이지 테이블의 크기를 작게 유지할 수 있으나 물리 메모리의 외부 단편화로 인해 추가적인 관리가 불가피하다. 세그먼테이션-페이징 혼용 기법은 이 두 기법의 장점으로 구현한 가상 메모리 관리 기법이다.

1 메모리 접근 권한

메모리 접근 권한은 메모리의 특정 번지에 저장된 데이터를 사용할 수 있는 권한으로 읽기(read), 쓰기(write), 실행(execute), 추가(append) 권한이 있다. 이 네 가지 권한은 복합적으로 사용되는데, 예를 들면 일반적인 데이터에는 읽기 및 쓰기 권한이 적용되고, 상수나 읽기 전용 파일에는 읽기 권한이 적용된다. 또한 일반적인 코드 영역에서는 읽기 및 실행 권한이 적용된다.

(1) 메모리 접근 권한

이론상으로는 네 가지 메모리 접근 권한을 모두 조합하면 $16(2^4)$가지 메모리 제어 방식(access control mode)이 있다. 그러나 추가 권한의 경우 해당 데이터의 마지막에 새로운 데이터를 추가하는 것이므로 항상 쓰기 권한이 동반되어야 한다. 즉 쓰기 권한이 없이 추가 권한을 사용할 수 없다. 따라서 추가 권한을 쓰기 권한과 같이 취급한다. 결론적으로 메모리 접근 권한을 모두 조합하면 [표 4-2]와 같이 8가지 접근 방식이 나온다. 읽기 권한 없이 쓰기를 하는 경우는 거의 없기 때문에 실제로 모드 2와 3은 쓰이지 않는다.

[표 4-2] 메모리 접근 권한 **기출**

구분	읽기	쓰기	실행	비고
모드0	×	×	×	접근 불가
모드1	×	×	O	실행만 가능
모드2	×	O	×	실제로 사용하지 않음
모드3	×	O	O	실제로 사용하지 않음
모드4	O	×	×	읽기 전용
모드5	O	×	O	읽고 실행 가능
모드6	O	O	×	읽고 쓰기 가능
모드7	O	O	O	제한 없음

(2) 프로세스 영역별 메모리 접근 권한

프로세스는 몸체에 해당하는 코드 영역, 프로세스가 사용하는 데이터를 저장하는 데이터 영역, 프로세스를 실행하는 데 필요한 스택 영역과 프로세스 제어 블록(PCB)으로 구성된다.

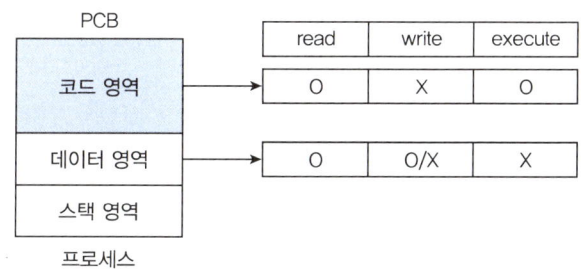

[그림 4-19] 프로세스 영역별 메모리 접근 권한

코드 영역과 데이터 영역의 접근 권한은 다음과 같다.

① **코드 영역**
   자기 자신을 수정하는 프로그램은 없기 때문에 읽기 및 실행 권한을 가진다.

② **데이터 영역**
   데이터는 크게 읽거나 쓸 수 있는 데이터와 읽기만 가능한 데이터로 나눌 수 있다. 일반적인 변수는 읽거나 쓸 수 있으므로 읽기 및 쓰기 권한을 가지고 상수로 선언한 변수는 읽기 권한만 가진다.

메모리 접근 권한 검사는 가상 주소에서 물리 주소로 **주소 변환이 일어날 때마다 시행**된다. 만약 읽기만 가능한 메모리 영역에 쓰기를 하려고 하면 메모리 오류인 **트랩**이 발생한다. 페이징 기법이든 세그먼테이션 기법이든 매핑 테이블에 이러한 메모리 접근 권한에 대한 정보를 가지고 있으며, 주소 변환이 일어날 때마다 유용한 접근인지 아닌지 검사한다.

2 세그먼테이션-페이징 혼용 기법의 도입

(1) 권한 비트 추가

[그림 4-20]은 페이징 기법에서 메모리 접근 권한까지 고려하여 페이지 테이블을 나타낸 것으로 페이지마다 접근 권한이 다르기 때문에 페이지 테이블의 모든 행에는 메모리 접근 권한과 관련된 권한 비트(right bit)가 추가된다. 메모리 관리자는 주소 변환이 이루어질 때마다 페이지 테이블의 권한 비트를 이용하여 유용한 접근인지 아닌지 확인한다.

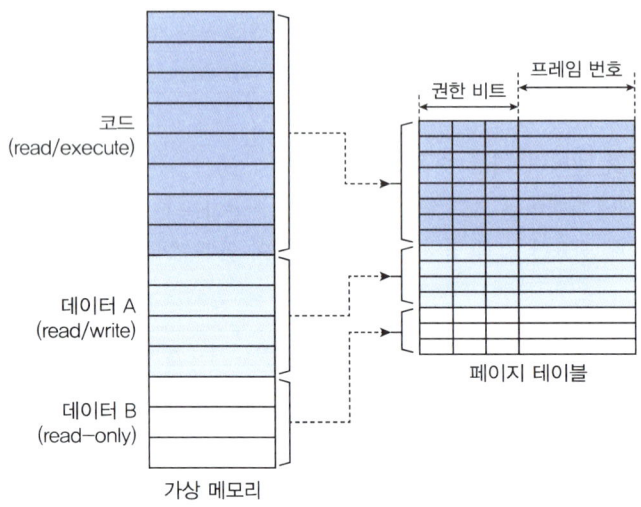

[그림 4-20] 페이징 기법의 메모리 접근 권한 설정

페이지 테이블에 권한 비트가 추가되면 페이지 테이블의 크기가 커진다. 이는 인접한 페이지의 메모리 접근 권한이 같은 경우가 많은데도 불구하고 페이지마다 권한 비트를 선정하여 메모리를 낭비하는 요소가 된다. 이런 문제를 줄이기 위해 반복되는 권한 비트를 줄여야 한다.

(2) 세그먼테이션 테이블

권한 비트가 추가됨에 따라 페이지 테이블의 크기가 커지는 문제는 세그먼테이션 테이블을 이용하여 해결할 수 있다. [그림 4-21]은 [그림 4-20]에 세그먼테이션 테이블을 추가한 것이다. 페이지로 분할된 가상 주소 공간에서 서로 관련 있는 영역을 하나의 세그먼트로 묶어 세그먼테이션 테이블로 관리하고, 각 세그먼트를 구성하는 페이지를 해당 페이지 테이블로 관리하는 방식이다. 각 세그먼테이션 테이블은 자신과 연결된 페이지 테이블의 시작 주소를 가진다.

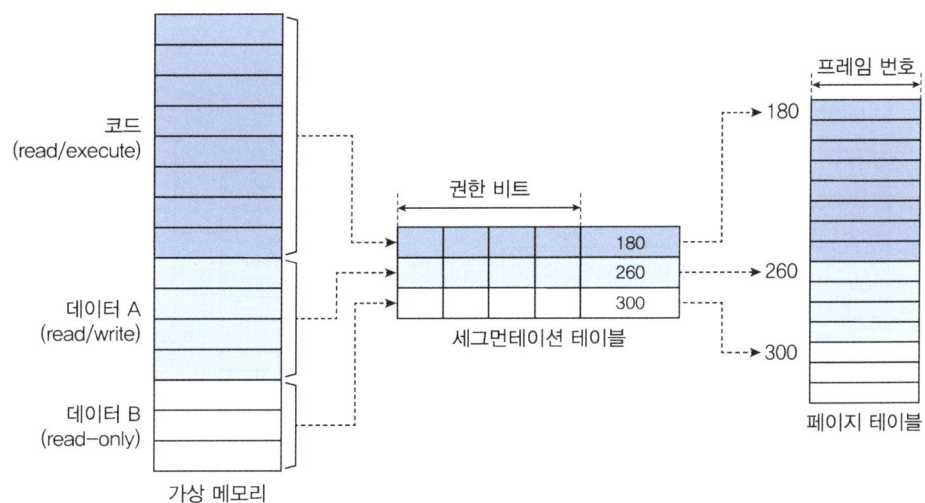

[그림 4-21] 페이지 테이블과 세그먼테이션 테이블의 혼합

(3) 소유 권한과 접근 권한 명시

세그먼테이션-페이징 혼용 기법을 사용함에 따라 줄어드는 데이터에는 권한 비트만 있는 것이 아니다. 유닉스 운영체제의 경우 데이터의 소유 권한과 접근 권한이 같이 명시되어 있다. 어떤 파일이든 소유자가 지닌 권한 외에 자신이 속한 그룹이 지닌 권한, 자신의 그룹에 속하지 않은 다른 사람이 지닌 권한이 명시되어 있다. 순수 페이징 기법에서는 이러한 특성을 반영하기 위해 모든 페이지 테이블에 새로운 속성 필드를 추가해야 하지만, 세그먼테이션-페이징 혼용 기법의 경우 이러한 정보를 세그먼테이션 테이블에서 관리함으로써 추가되는 데이터의 양을 줄일 수 있다.

3 세그먼테이션-페이징 혼용 기법의 주소 변환 중요

[그림 4-22]는 세그먼테이션-페이징 혼용 기법을 이용한 가상 메모리 시스템의 전체 구조를 보여준다. 왼쪽 그림은 사용자 관점에서 본 메모리 구조이고, 오른쪽 그림은 메모리 관리자 관점에서 본 메모리 구조이다. 사용자 입장에서는 기본적으로 세그먼테이션 기법을 사용하고 메모리 관리자 입장에서는 페이징 기법을 사용한다. 순수 페이징 기법을 사용하면 중복되는 데이터로 페이지 테이블이 커지기 때문에 현대의 메모리 관리는 페이징 기법과 세그먼테이션기법을 조화롭게 혼합하여 사용하고 있다.

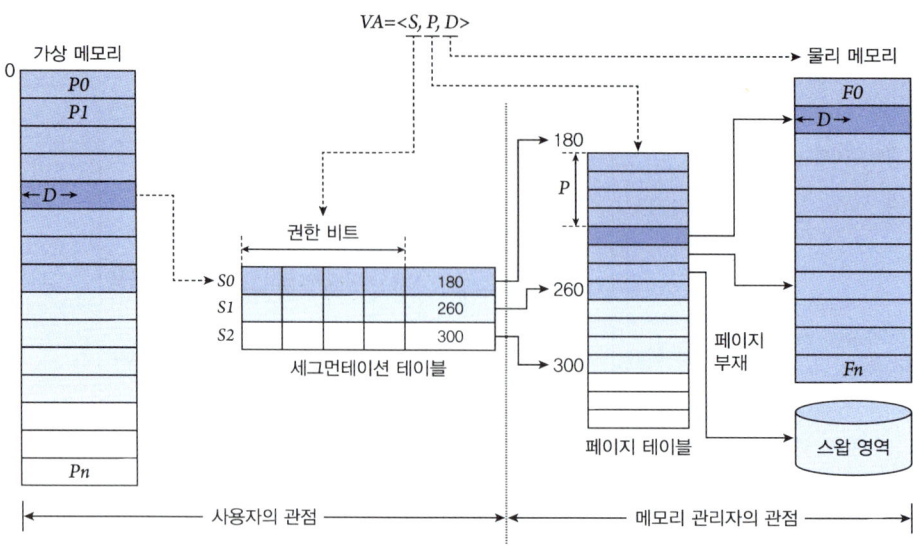

[그림 4-22] 세그먼테이션-페이징 혼용 기법

세그먼테이션-페이징 혼용 기법은 다음과 같다.

$VA=<S, P, D>$	VA : 가상 주소(Virtual Address)
	S : 세그먼트 번호(Segment number)
	P : 페이지 번호
	D : 페이지의 처음 위치에서 해당 주소까지의 거리(Distance)

세그먼테이션-페이징 혼용 기법에서 가상 주소를 물리 주소로 변환하는 과정은 다음과 같다.

① 사용자가 어떤 주소에 있는 데이터를 요청하면 해당 주소가 몇 번째 세그먼트의 몇 번째 페이지로부터 얼마나 떨어져 있는지 계산하여 가상 주소 $VA=<S, P, D>$를 구한다.
② 세그먼테이션 테이블의 해당 세그먼트 번호로 가서 자신의 영역을 벗어나는 불법 접근이 아닌지, 권한이 없는 페이지에 접근하는 것은 아닌지 등을 확인한다. 만약 권한이 없는 페이지에 접근하거나 자신에게 주어진 메모리 영역을 벗어나면 세그먼테이션 오류(트랩)를 발생시켜 프로세스를 강제 종료하고, 그렇지 않으면 연결된 페이지 테이블로 간다.
③ 페이지 테이블에서 해당 페이지가 어느 프레임에 저장되었는지 찾는다. 만약 물리 메모리에 프레임이 있다면 메모리에 바로 접근하고, 없다면 스왑 영역에 가서 해당 페이지를 물리 메모리로 가져온다.
④ 물리 메모리에 있는 프레임의 처음 위치에서 D만큼 떨어진 곳에 접근하여 데이터를 읽거나 쓴다.

세그먼테이션 테이블에는 해당 페이지 테이블의 시작 주소가 기록되어 있다. 따라서 특정 가상 주소 접근 시 세그먼테이션 테이블을 통과하면 페이지 테이블을 이용하여 가상 주소가 물리 주소로 변환된다. 이를 정리하면 사용자가 특정 주소를 요청했을 때 세그먼테이션 테이블에서 오류가 없는지, 또 접근 권한을 가지고 있는지 확인하고, 이를 통과하면 연결된 페이지 테이블로 가서 원하는 프레임을 찾는다. 만약 원하는 페이지가 물리 메모리에 없으면 스왑 영역에서 해당 페이지를 가져온다.

OX로 점검하자 | 제4장

※ 다음 지문의 내용이 맞으면 O, 틀리면 ×를 체크하시오. [1~10]

01 가상 메모리에서 메모리 관리자가 사용할 수 있는 전체 크기는 실제 메모리 크기로 결정된다. ( )

>>> 가상 메모리 시스템에서 메모리 관리자는 물리 메모리와 스왑 영역을 합쳐서 프로세스가 사용하는 가상 주소를 실제 메모리의 주소로 변환한다.

02 가상 주소에서 하나의 프로세스가 사용할 수 있는 최대 주소는 CPU가 처리할 수 있는 비트 수와 연관이 있다. ( )

>>> 실제로 가상 메모리의 최대 크기는 그 컴퓨터 시스템이 가진 물리 메모리의 최대 크기로 한정되며, CPU의 비트에 따라 결정된다.

03 가상 메모리에서 가상 주소를 물리 주소로 변환하기 위해 사용하는 자료 구조를 매핑 테이블이라고 한다. ( )

>>> 가상 메모리 시스템에서 가상 주소는 실제로 물리 주소나 스왑 영역 중 한 곳에 위치하며, 메모리 관리자는 가상 주소가 물리 주소의 어느 위치에 있는지 알 수 있게 일대일 매핑 테이블로 관리한다.

04 가상 주소를 물리 주소로 변환할 때 P는 가상 주소를 한 페이지의 크기로 나눈 나머지이고, D는 가상 주소를 한 페이지의 크기로 나눈 몫으로 할 수 있다. ( )

>>> P = 나눗셈(가상 주소 / 한 페이지의 크기)의 몫
D = 나눗셈(가상 주소 / 한 페이지의 크기)의 나머지

05 페이지 테이블 매핑 방식 중, 모든 페이지 테이블을 스왑 영역에 저장하고 그중 일부만 물리 메모리에 무작위로 가지고 있는 방식을 연관 매핑이라고 한다. ( )

>>> 연관 매핑은 페이지 테이블 전체를 스왑 영역에서 관리하는 방식으로, 물리 메모리의 공간이 작을 때 사용한다.

정답 1 × 2 O 3 O 4 × 5 O

06 페이지 테이블 매핑 방식 중, 모든 페이지 테이블을 물리 메모리에 보관하는 방식을 집합-연관 매핑이라고 한다. (   )

>>> 직접 매핑은 페이지 테이블 전체가 물리 메모리의 운영체제 영역에 존재하는 방식이다.

07 페이지 테이블 매핑 방식 중, 모든 페이지 테이블을 스왑 영역에 저장하고 페이지 테이블을 일정한 집합 단위로 물리 메모리에 보관하는 방식을 연관 매핑이라고 한다. (   )

>>> 집합-연관 매핑은 연관 매핑의 문제를 개선한 방식으로, 페이지 테이블을 일정한 집합으로 자르고, 자른 덩어리 단위로 물리 메모리에 가져온다.

08 페이지 테이블 매핑 방식 중, 물리 메모리의 프레임 번호를 기준으로 테이블을 구성하는 방식을 역 매핑이라고 한다. (   )

>>> 역 매핑은 직접 매핑, 연관 매핑, 집합-연관 매핑과 달리 물리 메모리의 프레임 번호를 기준으로 테이블을 구성한다.

09 가상 메모리에서 메모리 관리자가 물리 메모리 영역과 스왑 영역을 합쳐서 프로세스가 사용하는 가상 주소를 실제 메모리의 물리 주소로 변환하는 작업을 정적 주소 변환이라고 한다. (   )

>>> 동적 주소 변환(DAT, Dynamic Address Translation)은 가상기억장치 시스템에서 프로세스 수행 중에 프로세스가 참조하는 주소를 실제 주기억장치의 주소로 바꾸는 작업이다.

10 세그먼테이션-페이징 혼용 기법에서는 접근 권한은 페이지 테이블 어디에서나 관리한다. (   )

>>> 세그먼테이션 테이블은 페이징 기법의 메모리 접근 권한 비트가 추가되어 페이지 테이블의 크기가 커지는 문제를 해결할 수 있다. 페이지로 분할된 가상 주소 공간에서 서로 관련 있는 영역을 하나의 세그먼트로 묶어 세그먼테이션 테이블로 관리한다.

정답 6 × 7 × 8 ○ 9 × 10 ×

제 4 장 실전예상문제

01 다음 중 페이징 방법에 대한 설명으로 옳지 <u>않은</u> 것은?
① 주소를 변환하려면 페이지의 위치 정보가 있는 페이지 매핑 테이블이 필요하다.
② 다양한 크기의 논리적인 단위로 프로그램을 나눈 후 기억장치에 적재하여 실행한다.
③ 주기억장치의 이용률과 다중 프로그래밍의 효율을 높일 수 있다.
④ 가상기억장치 구현 방법으로 사용한다.

01 가상 메모리의 페이징 메모리 분할 방식은 가변 분할 방식과 고정 분할 방식으로 나뉜다. 고정 분할 방식의 페이징 기법은 물리 주소 공간을 같은 크기로 나눠 사용한다.

02 다음 중 페이징 방법에 대한 설명으로 옳지 <u>않은</u> 것은?
① 내부 단편화가 발생하지 않는다.
② 동적 주소 변환 방법을 사용하여 다중 프로그래밍의 효과를 증진시킨다.
③ 프로그램을 동일한 크기로 나눈 단위를 페이지라고 하며, 이 페이지를 블록으로 사용하는 방법이다.
④ 페이지 매핑 테이블이 필요하다.

02 페이징 기법은 고정 분할 방법이므로 메모리를 여러 개의 고정된 크기로 분할하고, 분할된 각 메모리는 프로세스, 즉 작업 하나를 실행할 수 있다. 논리적 주소가 분할된 메모리보다 크면 오류가 발생하고, 작으면 내부 단편화가 발생한다.

03 다음 중 가상기억장치 구현에서 세그먼테이션 방법에 대한 설명으로 옳지 <u>않은</u> 것은?
① 세그먼테이션은 프로그램을 블록 여러 개로 나눠서 수행한다.
② 각 세그먼트는 고유한 이름과 크기를 갖는다.
③ 기억장치 보호키가 필요하다.
④ 주소를 변환하려면 페이지 매핑 테이블이 필요하다.

03 페이징 기법과 마찬가지로 세그먼테이션 기법도 매핑 테이블을 사용하는데 이를 세그먼테이션 테이블(Segmentation Table) 또는 세그먼테이션 매핑 테이블(Segmentation Mapping Table)이라고 한다.

정답 01 ② 02 ① 03 ④

04 세그먼테이션은 메모리의 사용자 관점을 지원하는 비연속 메모리 할당 방법으로, 논리적 영역을 세그먼트 집합으로 인식한다. 하드웨어 보호 등 관리에 필요한 사항은 페이징과 비슷하거나 동일하지만 프로세스에 따라 세그먼트 크기가 달라 메모리를 크기가 일정한 페이지 프레임으로 나누지 않고 동적 분할(가변 분할) 방법으로 할당한다는 중요한 차이가 있다. 그리고 빈 공간의 관리가 어렵고 외부 단편화가 발생한다.

05 세그먼테이션 방법은 가변 분할 방식을 이용한 가상 메모리 관리 기법으로, 물리 메모리를 프로세스의 크기에 따라 가변적으로 나눠 사용하는 기법이다.

06 페이징 방법은 처리할 작업, 즉, 프로세스를 크기가 동일한 페이지로 나눠 처리한다. 페이지 테이블(페이지 매핑 테이블)을 이용하여 논리적 주소를 물리적 주소로 변환한다. 논리적 주소는 페이지 번호와 오프셋(변위)으로 구성된다.

---

04 다음 중 세그먼테이션 방법에 대한 설명으로 옳은 것은?

① 외부 단편화가 발생한다.
② 각 세그먼트의 크기는 같다.
③ 내부 단편화가 발생한다.
④ 공유가 불가능하다.

05 다음 중 세그먼테이션 방법에 대한 설명으로 옳지 않은 것은?

① 기억장치의 사용자 관점을 보존하는 기억장치 관리 방법이다.
② 각 세그먼트는 고유한 이름과 크기를 갖는다.
③ 각 작업이 가진 세그먼테이션 정보가 있는 세그먼트 매핑 테이블이 필요하다.
④ 작업 하나를 크기가 똑같은 세그먼트라는 물리적 단위로 나눠 주기억공간의 페이지 프레임에 들어가도록 한다.

06 다음 중 페이징 방법과 세그먼테이션 방법에 대한 설명으로 옳지 않은 것은?

① 페이징 방법에서는 작업 하나를 다양한 크기의 논리적인 단위로 나눈 후 주기억장치에 적재하여 실행한다.
② 페이징 방법에서는 주소를 변환하려면 페이지 매핑 테이블이 필요하다.
③ 페이지 크기로 일정하게 나눈 주기억장치의 단위를 페이지 프레임이라고 한다.
④ 세그먼테이션 방법을 이용하는 궁극적인 이유는 기억 공간을 절약하기 위해서이다.

정답 04 ① 05 ④ 06 ①

07 다음 중 페이징 방법과 세그먼테이션 방법에 대한 설명으로 옳지 <u>않은</u> 것은?

① 세그먼테이션 방법에서는 내부 단편화가, 페이징 방법에서는 외부 단편화가 발생할 수 있다.
② 페이징 방법에서는 주소를 변환하려면 페이지 매핑 테이블이 필요하다.
③ 프로그램을 일정한 크기로 나눈 단위를 페이지라고 한다.
④ 세그먼테이션 방법에서는 작업 하나를 크기가 각각 다른 여러 논리적인 단위로 나눠 사용한다.

08 다음 내용에서 빈칸에 들어갈 내용으로 옳은 것은?

> 가상기억장치의 일반적인 구현 방법에는 프로그램을 크기가 고정된 일정한 블록으로 나누는 (㉠) 방법과 크기가 가변적인 블록으로 나누는 (㉡) 방법이 있다.

	㉠	㉡
①	virtual address	paging
②	paging	segmentation
③	segmentation	fragmentation
④	segmentation	compaction

07 페이징 기법은 메모리 고정 분할 방식으로, 논리적인 주소가 분할된 메모리보다 작으면 내부 단편화가 발생한다. 세그먼테이션은 동적 분할 방식으로, 고정된 경계를 없애고 각 프로세스가 필요한 만큼 메모리를 할당하며, 프로세스의 크기보다 메모리에 남아 있는 조각이 작아서 할당이 불가한 외부 단편화가 발생할 수 있다.

08
- paging : 가상 메모리 관리에서 메모리와 디스크 간의 이동을 위해 동일한 크기로 분할하여 페이지 단위로 처리하는 것을 말한다.
- segmentation : 가변 분할 방식을 이용한 가상 메모리 관리 기법으로, 물리 메모리를 프로세스의 크기에 따라 가변적으로 나누어 처리하는 것을 말한다.
- fragmentation : 단편화가 발생하면 이미 배치된 프로세스를 옆으로 옮겨 빈 공간들을 하나의 큰 덩어리로 만든 것을 말한다.
- compaction : 메모리의 내용을 적절히 움직여 사용 가능 공간을 큰 블록 하나로 만드는 것을 말한다.
- virtual address : 컴퓨터에는 실제로 존재하지 않지만 프로그램 상에 존재하는 것으로 보고 사용하는 주소를 말한다.

정답 07 ① 08 ②

09 세그먼테이션 기법의 주소 변환 과정은
   ㉠ 가상 주소를 구한다 → 프로세스가 세그먼트 2로 분할되었고, D는 100이므로 $VA = <2, 100>$ 이다.
   ㉡ 세그먼테이션 테이블에서 세그먼트 2의 시작 주소를 알아낸 후 시작 주소 2000에서 거리 100을 더하여 물리 주소 2100번지를 구한다.
   ㉢ 물리 주소 2100번지에 접근해서 원하는 데이터를 읽거나 쓴다.

10 직접 매핑은 페이지 테이블 전체가 물리 메모리의 운영체제 영역에 존재하는 방식이다. 별다른 부가 작업이 없이 바로 주소 변환이 가능하기 때문에 직접 매핑이라고 부른다. 주소 변환 시 원하는 프레임 번호를 한 번에 바로 얻을 수 있다.

11 페이지는 가상기억장치를 사용하는 시스템에서 가상기억장치와 실제기억장치에 사상(mapping)이 이루어지는 단위이다. 일반적으로 기억장치의 페이지는 일정한 고정 길이를 사용하는데, 주기억장치로의 반입, 반출 및 가상 주소의 변환 등이 모두 하나의 페이지 단위로 이루어진다.

정답 09 ④ 10 ① 11 ①

09 다음과 같은 세그먼트 테이블이 있을 때, 실제 주소는 얼마인가? [단, 가상 주소 = S(2,100)]

세그먼트 번호	크기	시작 주소
0	1200	4000
1	800	5700
2	100	2000
3	500	3200

① 1500
② 1700
③ 2000
④ 2100

10 가상 주소가 페이지 번호와 오프셋으로 구성된 경우, 페이지 번호를 사용하여 페이지 매핑 표에서 실제 기억장치의 주소를 찾고, 오프셋을 통해 실제 주소를 변환하는 페이지 매핑 방식은?

① 직접 매핑
② 연관 매핑
③ 요구 페이징
④ 연관-직접 매핑

11 다음 중 가상기억장치의 주소공간으로부터 주기억장치에 공간을 할당하는 것으로 옳은 것은?

① 페이지
② 레지스터
③ 오버레이
④ 교체

12 다음 중 가상기억장치에 대한 설명으로 거리가 먼 것은?

① 주기억장치 용량보다 훨씬 큰 프로그램이나 데이터를 저장할 수 있다.
② 프로그램 실행 시 주소 변환 작업이 필요하다.
③ 가상기억장치 구현 방법으로 페이징과 세그먼테이션이 있다.
④ 수행 중인 프로그램에서 사용된 주소가 반드시 주기억장치에서 사용 가능한 주소여야 한다.

12 가상기억장치에서는 프로그램이 사용하는 주소가 물리적 주기억장치에 직접적으로 존재할 필요가 없으므로, 프로그램은 가상 주소를 사용하고, 운영체제가 이를 물리적 주소로 변환하여 주기억장치에 접근한다.

13 다음 중 매핑 테이블에 대한 설명으로 옳지 않은 것은?

① 매핑 테이블로 가상 주소가 물리 메모리의 어느 위치에 있는지 알 수 있다.
② 페이징 기법에서 사용하는 매핑 테이블을 페이지 매핑 테이블 또는 페이지 테이블이라고 한다.
③ 메모리 관리자는 가상 주소와 물리 주소를 여러 개의 매핑 테이블로 관리한다.
④ 세그먼테이션 기법에서 사용하는 매핑 테이블은 세그먼테이션 매핑 테이블 또는 세그먼테이션 테이블이라고 한다.

13 메모리를 관리할 때 매핑 테이블을 작성하여 관리한다. 가상 메모리 시스템에서 가상 주소는 실제로 물리 주소나 스왑 영역 중 한 곳에 위치하며, 메모리 관리자는 가상 주소와 물리 주소를 일대일 매핑 테이블로 관리한다.

14 다음 중 페이징 기법에서의 가상 주소 표현으로 옳지 않은 것은? (단, 페이지 하나의 크기를 10Byte로 가정함)

① $VA=<12,9>$로 표현되는 가상 주소는 페이지 129의 0번째 주소라는 것이다.
② $VA=<1,8>$은 가상 주소가 18번지를 의미하며, 페이지 1의 8번째 주소라는 것이다.
③ 가상 주소가 8번지라는 것은 $VA=<0,8>$로 주소를 표현한다.
④ $VA=<P,D>$에서 VA는 가상 주소, P는 페이지, D는 페이지의 처음 위치에서 해당 주소까지의 거리 또는 오프셋이라고 정의하기도 한다.

14 페이지 하나의 크기를 10Byte로 가정하였으므로, 가상 주소 129번지는 페이지 12의 9번째 주소를 의미하고 $VA=<12,9>$로 표현한다.

정답 12 ④ 13 ③ 14 ①

15 　　　　[공식]
　　　가상 주소를 $<P,D>$로 변환

$P=$ 나눗셈(가상 주소/한 페이지의 크기)의 몫
$D=$ 나눗셈(가상 주소/한 페이지의 크기)의 나머지
[단위: Byte]

그러므로 $P=2000/512$의 몫 3, $D=2000/512$의 나머지 464이므로 $VA=<3, 464>$이다.

16 시스템에 여러 개의 프로세스가 존재하고 프로세스마다 페이지 테이블이 하나씩 생성되며 해당 페이지 테이블을 참조하여 가상 주소를 물리 주소로 변환하는 작업이 반복되기 때문이다.

15 다음 중 가상 주소를 물리 주소로 변환하는 과정에 대한 설명으로 옳지 <u>않은</u> 것은?

① $VA=<P,D>$가 $PA=<F,D>$로 변환될 때 P는 F로 바뀌고 D는 변경 없이 그대로 쓴다.
② D를 변경하지 않는 이유는 페이지와 프레임의 크기를 똑같이 나누었기 때문이다
③ 페이지 테이블 엔트리(PTE)는 페이지 번호, 프레임 번호로 구성된 페이지 테이블이다.
④ 한 페이지의 크기가 512Byte이고, 가상 주소가 2000번지일 경우 $<P, D>$로 변환하면, $VA=<51, 2>$가 된다.

16 다음 중 다수의 프로세스가 있는 페이징 시스템에서 페이지 테이블 관리가 복잡한 이유로 옳지 <u>않은</u> 것은?

① 시스템에 여러 개의 프로세스가 존재하고 프로세스마다 페이지 테이블이 하나씩 생성된 것을 통합하여 관리하기 때문이다.
② 메모리 관리자는 특정 프로세스가 실행될 때마다 해당 페이지 테이블을 참조하여 가상 주소를 물리 주소로 변환하는 작업을 반복하여 페이지 테이블이 하나씩 있기 때문이다.
③ 시스템 내에는 여러 개의 프로세스가 존재하고 프로세스마다 하나의 페이지 테이블이 있기 때문에 전체 페이지 테이블 크기는 프로세스의 수에 비례해서 커진다.
④ 한 번에 실행하는 프로세스의 수가 많으면 페이지 테이블의 크기가 같이 커지고, 이에 따라 프로세스가 실제로 사용할 수 있는 메모리 영역은 줄어든다.

정답　15 ④　16 ①

17 다음 중 직접 매핑에 대한 설명으로 옳지 <u>않은</u> 것은?

① 페이지 테이블 전체가 물리 메모리의 운영체제 영역에 존재하는 방식이다.
② 별다른 부가 작업이 없이 바로 주소 변환이 가능하다.
③ 주소 변환 시 원하는 프레임 번호를 한 번에 바로 얻을 수 있다.
④ 페이지 테이블 전체를 스왑 영역에서 관리하는 방식이다.

17 연관 매핑은 페이지 테이블 전체를 스왑 영역에서 관리하는 방식으로, 주소 변환 시 물리 메모리 내의 페이지 테이블을 다 검색한다. 만약 이렇게 했는데도 원하는 프레임 번호를 얻지 못하면 스왑 영역에 있는 페이지 테이블을 검색한다.

18 다음 중 연관 매핑에 대한 설명으로 옳지 <u>않은</u> 것은?

① 페이지 테이블을 일정한 집합으로 자르고, 자른 덩어리 단위로 물리 메모리로 가져온다.
② 페이지 테이블 전체를 스왑 영역에서 관리하는 방식이다.
③ 물리 메모리의 여유 공간이 작을 때 사용하는 방식으로, 모든 페이지 테이블을 저장장치의 스왑 영역에 저장하고 그중 일부만 물리 메모리에 가지고 있다.
④ 페이지 테이블의 일부만 무작위로 가져오는데, 일부 내용만 무작위로 배치하기 때문에 페이지 번호와 프레임 번호 둘 다 표시한다.

18 집합-연관 매핑은 페이지 테이블을 일정한 집합으로 자르고, 자른 덩어리 단위로 물리 메모리로 가져온다.

19 다음 중 집합-연관 매핑 방법과 연관 매핑 방법의 공통점으로 옳은 것은?

① 모든 페이지 테이블을 스왑 영역에서 관리하고 일부만 물리 메모리로 가져온다.
② 물리 메모리의 프레임 번호를 기준으로 테이블을 구성한다.
③ 프로세스의 수와 상관없이 테이블이 하나만 존재한다.
④ 모든 페이지를 검색한 후에야 해당 페이지가 스왑 영역에 있다는 것을 알게 되므로 속도가 느린 단점이 있다.

19 집합-연관 매핑은 연관 매핑의 문제를 개선한 방식으로, 모든 페이지 테이블을 스왑 영역에서 관리하고 일부만 물리 메모리로 가져온다는 점이 연관 매핑과 동일하다.

정답 17 ④ 18 ① 19 ①

20 역 매핑은 프로세스의 수와 상관없이 테이블이 하나만 존재한다. 다른 방식에서는 프로세스마다 페이지 테이블을 만들지만, 역 매핑에서는 물리 메모리를 기준으로 프레임 테이블을 만들기 때문에 전체 시스템에서 테이블의 수가 단 1개이다. 따라서 테이블의 크기가 매우 작다는 것이 장점이다.

20 **다음 중 역 매핑에 대한 설명으로 옳지 않은 것은?**

① 물리 메모리의 프레임 번호를 기준으로 테이블을 구성한다.
② 프로세스의 수와 상관없이 테이블이 하나만 존재한다.
③ 물리 메모리를 기준으로 프레임 테이블을 만들기 때문에 전체 시스템에서 테이블의 수가 단 2개이다.
④ 모든 페이지를 검색한 후에야 해당 페이지가 스왑 영역에 있다는 것을 알게 되므로 속도가 느린 단점이 있다.

정답 20 ③

제 5 장

가상기억장치의 관리

제1절	페이지 호출 기법
제2절	페이지 교체 기법
제3절	메모리를 관리하는 프로세스 적재 정책
제4절	페이지 크기
실전예상문제	

행운이란 100%의 노력 뒤에 남는 것이다.

– 랭스턴 콜먼 –

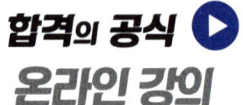 

보다 깊이 있는 학습을 원하는 수험생들을 위한
시대에듀의 동영상 강의가 준비되어 있습니다.
www.sdedu.co.kr → 회원가입(로그인) → 강의 살펴보기

제 5 장 | 가상기억장치의 관리

제1절 페이지 호출 기법

1 페이지 호출 기법

프로세스가 필요로 하는 데이터를 언제 메모리로 가져올지 결정하는 것은 가져오기 정책이다. 즉, 보조기억장치에 저장된 페이지를 주기억장치로 옮길 영역을 결정 후 데이터를 메모리에 옮기기 위한 기법이다. 가져오기 정책은 프로세스가 요청할 때 메모리로 가져오는 방법으로 요구 페이징 호출 기법(demand paging fetch strategy)과 미리 예측하여 가져오는 예상 페이징 호출 기법(prepaging fetch strategy)이 있다.

(1) 요구 페이징

컴퓨터를 오래 사용하다 보면 시스템이 느려지는 것을 경험해보았을 것이다. 이때 컴퓨터의 전원을 껐다가 다시 키면 시스템이 빨라지기도 한다. 또 컴퓨터를 오래 켜두면 시스템이 느려지는 이유는 작업을 하지 않고 쉬는 프로세스나 불필요한 프로세스가 메모리를 차지하여 메모리 관리가 복잡해지기 때문이다. 따라서 메모리에는 꼭 필요한 프로세스만 유지하는 것이 좋다. 이렇게 프로세스의 일부만 메모리로 가져오는 이유는 다음과 같다.

① **메모리를 효율적으로 관리하기 위해서** : 메모리가 꽉 차면 관리하기 어려우므로 가급적 적은 양의 프로세스만 유지한다.
② **응답 속도를 향상하기 위해서** : 용량이 큰 프로세스를 전부 메모리로 가져와 실행하면 응답이 늦어질 수 있으므로 필요한 모듈만 올려 실행한다.

(2) 예상 페이징

예상 페이징은 미리 가져오기 개념으로, 요구 페이징과는 달리 앞으로 필요할 것이라고 예상되는 페이지를 미리 가져오는 방식이다. 미리 가져오기의 대표적인 경우가 캐시이다. 캐시는 앞으로 필요할 것이라고 예상되는 부분을 고속의 캐시 메모리에 가져다 놓음으로써 시스템의 성능을 향상한다. 그러나 미리 가져온 데이터가 쓸모없을 경우 비효율적이므로 현대 운영체제는 요구 페이징을 기본으로 사용한다.

(3) 페이지 양도

어떤 페이지가 더 이상 불필요하다고 확신이 서면 자발적으로 사용자는 페이지를 양도해서 불필요한 페이지를 필요 이상으로 오래 지니게 되는 단점을 해결하여 메모리의 낭비를 줄이고, 실행 속도를 향상시킬 수 있다.

2 페이지 테이블 엔트리의 구조

가상 메모리의 크기는 물리 메모리와 스왑 영역을 합친 것이다. 스왑 영역은 하드디스크에 존재하나 메모리 관리자가 관리하는 영역으로, 가상 메모리의 구성 요소 중 하나이다. 스왑 영역에서 물리 메모리로 데이터를 가져오는 것을 스왑 인, 물리 메모리에서 스왑 영역으로 데이터를 내보내는 것을 스왑 아웃이라고 한다.

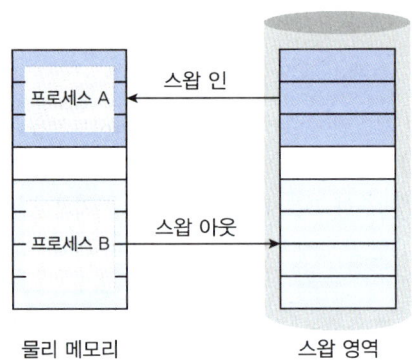

[그림 5-1] 스왑 인과 스왑 아웃

(1) 스왑 영역에 페이지가 있는 경우

가상 메모리 시스템에서 사용자의 프로세스는 물리 메모리와 스왑 영역 중 한 곳에 있다. 이때 페이지가 스왑 영역에 있는 경우는 크게 두 가지로 구분할 수 있다.

① 요구 페이징으로 인해 처음부터 물리 메모리에 올라가지 못한 경우
② 메모리가 꽉 차서 스왑 영역으로 옮겨온 경우

어떤 경우이든 페이지 테이블에는 페이지가 메모리에 있는지, 스왑 영역에 있는지 표시해야 할 때 사용하는 비트가 유효 비트이다.

(2) 페이지 테이블 엔트리의 구성 중요

[그림 5-2]는 페이지 테이블 엔트리(PTE)의 구성이다. PTE는 페이지 테이블의 한 행을 말한다. PTE는 페이지 번호와 프레임 번호로 구성되며, 상세히 구분하면 페이지 번호, 플래그 비트, 프레임 번호로 구성된다.

[그림 5-2] 페이지 테이블 엔트리의 구성

① **페이지 번호**
PTE의 맨 앞에 있는 페이지 번호는 주소 변환 방식 중 직접 매핑에서는 필요 없지만 연관 매핑에서는 페이지 번호와 프레임 번호가 둘 다 필요하다. 페이지 번호는 매핑 방식에 따라 포함되기도 하고 그렇지 않기도 한다.

② **프레임 번호**
  ③ 가상 주소의 해당 페이지가 어느 프레임에 있는지 알려주는 자료 구조로 페이지 테이블의 핵심이다.
  ⓒ 메모리 관리자는 찾는 프레임 번호를 이용하여 가상 주소를 물리 주소로 변환한다.
  ⓒ 주소 필드(address field)라고도 한다.

③ **플래그 비트**
  ③ 접근 비트(access bit) : 페이지가 메모리에 올라온 후 사용한 적이 있는지 알려주는 비트이다. 즉 해당 메모리에 읽거나 실행 작업을 했다면 접근 비트가 1이 된다. 접근 비트는 참조 비트(reference bit)라고도 한다.
  ⓒ 변경 비트(modified bit) : 페이지가 메모리에 올라온 후 데이터의 변경이 있었는지 알려주는 비트이다. 즉 해당 메모리에 쓰기나 추가 작업을 했다면 변경 비트가 1이 된다. 변경 비트는 데이터가 새로운 값으로 오염되었다는 의미에서 더티 비트(dirty bit)라고도 한다.
  ⓒ 유효 비트(valid bit) : 페이지가 실제 메모리에 있는지를 나타내는 비트이다. 가상 메모리 시스템에서는 물리 메모리가 부족할 경우 일부 페이지가 스왑 영역에 옮겨진다. 이는 프로세스가 물리 메모리에 접근했을 때 해당 데이터가 메모리에 있지 않고 저장장치에 있을 수 있다는 의미이다. 유효 비트는 해당 페이지가 메모리에 있는지를 나타내므로 현재 비트(present bit)라고도 한다.
  ⓒ 읽기(read), 쓰기(write), 실행(execute) 비트 : 페이지에 대한 읽기 권한, 쓰기 권한, 실행 권한을 나타내는 비트이다.
    • 읽기 권한이 없는 프로세스가 읽으려고 하거나 쓰기 권한이 없는 프로세스가 쓰려고 할 때, 접근을 차단하는 데 사용된다.
    • 읽기 비트, 쓰기 비트, 실행 비트를 합쳐서 접근 권한 비트(access right bit)라고도 한다.
    • 세그먼테이션-페이징 혼용 기법에서 테이블의 크기를 줄이기 위해 접근 권한 비트를 세그먼테이션 테이블로 옮긴다.

3 페이지 부재 기출

(1) 유효 비트에 따른 주소 필드의 변화

가상 메모리의 페이지 테이블에는 페이지가 물리 메모리에 있는지, 스왑 영역에 있는지 표시하기 위해 유효 비트를 사용한다. [그림 5-3]은 유효 비트에 따른 주소 필드의 내용을 보여준다. 유효 비트가 0일 때는 페이지가 메모리에 있으므로 주소 필드에 물리 메모리의 프레임 번호가 저장된다. 또한 유효 비트가 1일 때는 페이지가 스왑 영역에 있으므로 주소 필드에 스왑 영역 내 페이지의 주소가 저장된다.

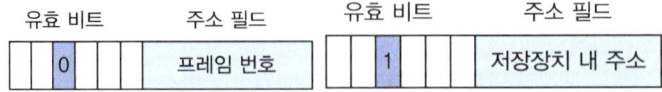

[그림 5-3] 유효 비트에 따른 주소 필드의 변환

(2) 물리 메모리와 스왑 영역에 저장된 페이지 매칭

[그림 5-4]는 가상 메모리, 페이지 테이블, 물리 메모리, 스왑 영역을 모두 나타낸다. 가상 메모리의 페이지 0은 물리 메모리의 프레임 3에 있기 때문에 PTE 0의 유효 비트는 0, 주소 필드 값은 프레임 번호 3이다. 그리고 가상 메모리의 페이지 4는 스왑 영역의 1번에 있기 때문에 PTE 4의 유효 비트는 1, 주소 필드 값은 스왑 주소 1이다.

[그림 5-4] 물리 메모리와 스왑 영역에 저장된 페이지 매칭

(3) 페이지 부재(page fault) 중요

① 페이지 부재 발생

[그림 5-4]에서 프로세스가 페이지 3을 요청했다고 가정하면 PTE 3의 유효 비트가 1, 주소 필드 값이 0이므로 페이지 3은 메모리에 없고 스왑 영역의 0번에 있다. 이렇게 프로세스가 페이지를 요청

했을 때 그 페이지가 메모리에 없는 상황을 페이지 부재라고 한다. 페이지 부재가 발생하면 프로세스가 해당 페이지를 사용할 수 있도록 스왑 영역에서 물리 메모리로 옮겨야 한다.

② 페이지 부재 발생 시의 조치(메모리에 빈 프레임이 있는 상태에서)

[그림 5-5]는 페이지 부재가 발생했을 때 메모리 관리자의 조치 과정을 보여준다.

㉠ 페이지 부재 발생 : 프로세스가 페이지 3을 요청하면 페이지 테이블의 유효 비트가 1이기 때문에 페이지 부재가 발생한다.

㉡ 스왑 인 : 메모리 관리자는 스왑 영역의 0번에 있는 페이지를 메모리의 비어 있는 프레임인 5로 가져온다.

㉢ 업데이트 : 프레임 5에 페이지가 들어오면 PTE 3의 유효 비트 1에서 0으로, 주소 필드 값은 0에서 5로 바뀐다. 그리고 프레임 5로 접근하여 해당 데이터를 프로세스에 넘긴다.

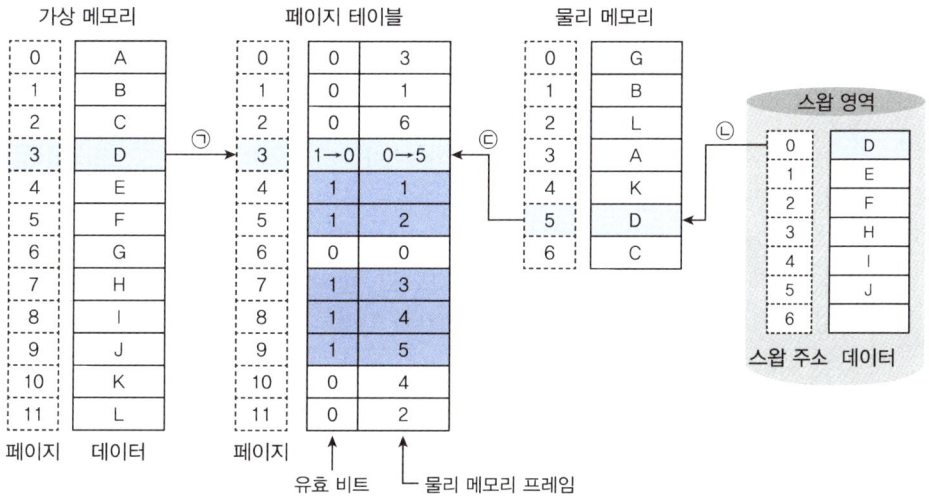

[그림 5-5] 페이지 부재 발생 시의 조치 과정(메모리에 빈 프레임이 있는 상태에서)

페이지 부재가 발생하면 위와 같은 과정을 거쳐 스왑 영역에 있는 페이지를 메모리의 빈 영역에 올리고 페이지 테이블을 갱신(업데이트)한다.

③ 페이지 부재 발생 시의 조치(빈 프레임이 없는 상태에서)

[그림 5-6]처럼 빈 프레임이 없을 때는 메모리에 있는 프레임 중 하나를 스왑 영역으로 보낸 후에 해당 페이지를 가져올 수 있다. 어떤 페이지를 스왑 영역으로 내보낼지 결정하는 알고리즘을 페이지 교체 알고리즘(page replacement algorithm)이라고 하며, 페이지 교체 알고리즘에 의해 스왑 영역으로 보낼 페이지를 대상 페이지(victim page)라고 한다. [그림 5-5]의 상태에서 이어서 프로세스가 페이지 4를 요청했다고 가정한다.

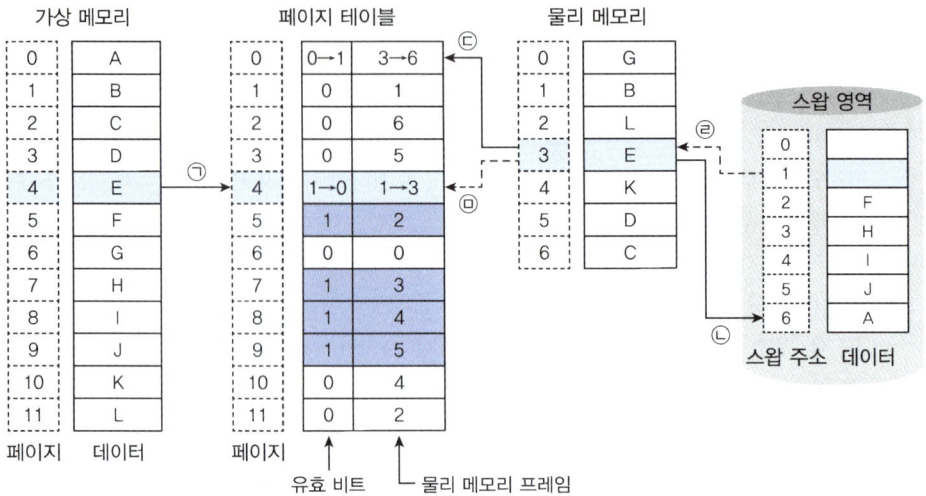

[그림 5-6] 페이지 부재 발생 시의 조치 과정(빈 프레임이 없는 상태에서)

- ㉠ 페이지 부재 : 해당 페이지의 유효 비트가 1이다.
- ㉡ 스왑 아웃 : 메모리가 꽉 차있는 상태이기 때문에 스왑 영역에 있는 페이지 E를 가져오기 위해 메모리의 페이징 중 하나를 스왑 영역으로 내보내야 한다. [그림 5-6]에서는 물리 메모리의 프레임 3에 저장된 페이지를 대상 페이지로 선정했는데 이 페이지를 스왑 영역으로 옮긴다.
- ㉢ 업데이트 : 이에 따라 대상 페이지 PTE 0의 유효 비트가 0에서 1로, 주소 필드 값이 프레임 3에서 스왑 주소 6으로 바뀐다.
- ㉣ 스왑 인 : 스왑 영역 1번에 있던 페이지 E가 프레임 3으로 올라간다.
- ㉤ 업데이트 : 이에 따라 PTE 4의 유효 비트가 1에서 0으로, 주소 필드 값이 스왑 주소 1에서 프레임 3으로 바뀐다.

④ 세그먼테이션 오류와 페이지 부재의 차이
- ㉠ 세그먼테이션 오류는 사용자의 프로세스가 주어진 메모리 공간을 벗어나거나 접근 권한이 없는 곳에 접근할 때 발생한다. 즉 사용자 프로세스에 의해 발생하며 해당 프로세스를 강제 종료하여 해결한다.
- ㉡ 페이지 부재는 해당 페이지가 물리 메모리에 없을 때 발생하는 오류로, 사용자 프로세스와 무관하다. 페이지 부재가 발생하면 메모리 관리자는 스왑 영역에서 해당 페이지를 물리 메모리로 옮긴 후 작업을 진행한다.

4 지역성(국부성) 중요 기출

메모리가 꽉 차서 어떤 페이지를 스왑 영역으로 보낼 때는 되도록 앞으로 사용하지 않을 페이지를 보내는 것이 좋다. 자주 사용될 페이지를 보내면 다시 물리 메모리로 불러와야 하기 때문에 시스템의 성능이 떨어진다. 페이지 교체 알고리즘이 보낼 페이지를 찾을 때는 지역성(locality)을 바탕으로 한다.

(1) 지역성의 구분

지역성은 기억장치에 접근하는 패턴이 메모리 전체에 고루 분포되는 것이 아니라 특정 영역에 집중되는 성질을 말하며, 공간의 지역성, 시간의 지역성, 순차적 지역성으로 나눈다.

① 공간의 지역성

일상생활에서 집 앞의 편의점과 길 건너의 편의점 중 가까이 있는 편의점에 갈 확률이 더 높다. 이와 마찬가지로 공간의 지역성(spatial locality)은 현재 위치에서 가까운 데이터에 접근할 확률이 먼 거리에 있는 데이터에 접근할 확률보다 높다는 것으로 프로그래밍에서 배열 검색(순회), 순차적 코드의 실행, 근처의 관련 변수 선언에서 발생한다.

② 시간의 지역성

새로 산 신발과 헌 신발 중에 새로 산 신발을 신을 확률이 더 높다. 이와 마찬가지로 시간의 지역성(temporal locality)은 현재를 기준으로 가장 가까운 시간에 접근한 데이터가 더 먼 시간에 접근한 데이터보다 사용될 확률이 높다는 것으로, 프로그래밍에서 순환(루프), 서브 프로그램, 스택, 계산이나 합계에 사용하는 변수에서 발생한다.

③ 순차적 지역성

순차적 지역성(sequential locality)은 여러 작업이 순서대로 진행되는 경향이 있다는 것을 의미한다. 일반적으로 프로그래밍은 처음부터 마지막 순서로 진행되는 경향이 있다. 순차적 지역성을 공간의 지역성의 특별한 경우로 보고 지역성을 공간의 지역성과 시간의 지역성으로만 구분하기도 한다.

(2) 지역성 이론의 사용

지역성 이론은 많은 곳에서 사용된다.

① 캐시는 지역성 이론을 사용하는 대표적인 장치이다. 시간적으로나 지역적으로 가까이 있는 데이터를 가져옴으로써 캐시 적중률을 높일 수 있다.

② 페이지 교체 알고리즘에서도 지역성을 고려하여 대상 페이지를 선정한다. 자주 사용하는 페이지를 대상 페이지로 선정하면 시스템의 성능이 저하될 것이므로, 페이지 교체 알고리즘에서는 앞으로 적게 사용될 페이지를 대상 페이지로 선정함으로써 페이지 부재를 줄이고 컴퓨터 성능을 높인다.

제2절 페이지 교체 기법

메모리가 꽉 찼을 때 어떤 페이지를 스왑 영역으로 내보낼지 결정하는 재배치 정책이다.

1 페이지 교체 알고리즘의 개요

프로세스가 요구한 페이지가 현재 메모리에 없으면 페이지 부재가 발생한다. 페이지 부재가 발생하면 스왑 영역에서 페이지를 메모리로 가져오는데, 만약 메모리가 꽉 찼으면 메모리에 있는 페이지를 스왑 영역으로 내보내야 한다. 페이지 교체 알고리즘은 스왑 영역으로 보낼 페이지를 결정하는 알고리즘으로, 메모리에서 앞으로 사용할 가능성이 적은 페이지를 대상 페이지로 선정하여 **페이지 부재를 줄이고 시스템의 성능을 향상**한다.

(1) 페이지 교체 알고리즘의 종류
  ① **간단한 페이지 교체 알고리즘**
   ㉠ 무작위 페이지 교체 알고리즘은 무작위로 대상 페이지를 선정하여 대상 페이지를 스왑 영역으로 보낸다.
   ㉡ FIFO 페이지 교체 알고리즘은 처음 메모리에 올라온 페이지를 대상 페이지로 선정하여 스왑 영역으로 보낸다.
  ② **이론적 페이지 교체 알고리즘**
   최적 페이지 교체 알고리즘은 미래의 메모리 접근 패턴을 살펴보고 대상 페이지를 선정하여 스왑 영역으로 보내므로 성능이 가장 좋지만 사실상 구현이 불가능하다.
  ③ **최적 페이지 교체 근접 알고리즘**
   ㉠ LRU 페이지 교체 알고리즘은 **시간적으로 멀리 떨어진** 페이지를 스왑 영역으로 보낸다.
   ㉡ LFU 페이지 교체 알고리즘은 **사용 빈도가 적은** 페이지를 스왑 영역으로 보낸다.
   ㉢ NUR 페이지 교체 알고리즘은 **최근에 사용한 적이 없는** 페이지를 스왑 영역으로 보낸다.
   ㉣ 2차 기회 페이지 교체 알고리즘은 FIFO 페이지 교체 알고리즘을 변형하여 성능을 높인다.

(2) 페이지 교체 알고리즘의 성능 평가 기준
   어떤 알고리즘이 다른 알고리즘보다 성능이 좋은지 평가하는 다양한 비교 요소에는 **평균 대기시간, 전체 작업에 걸리는 시간, 유지비용** 등이 있다. 예를 들면, 같은 메모리 접근 패턴을 사용하는 A 알고리즘과 B 알고리즘을 실행하여 페이지 부재 횟수를 세어볼 수도 있고, 페이지를 요청한 후 실제로 작업에 들어갈 때까지의 평균 대기시간을 측정할 수도 있고, 전체 작업에 걸리는 시간을 비교할 수도 있다. 페이지 교체 알고리즘은 성능뿐만 아니라 유지비용도 고려해야 한다. 아무리 성능이 뛰어난 알고리즘이라도 계산이 많이 필요하거나 메모리를 많이 차지한다면 좋은 알고리즘이 아니다.

2 무작위 페이지 교체 알고리즘

무작위 페이지 교체 알고리즘(random page replacement algorithm)은 페이지 교체 알고리즘 중 가장 간단하게 구현할 수 있는 방식이다. 스왑 영역으로 보낼 대상 페이지를 특별한 로직 없이 무작위로 선정한다. 대부분 프로세스의 메모리 접근 패턴을 보면 메모리의 인접한 영역에 저장되는 지역성을 가지는데, 무작위 알고리즘은 이러한 지역성을 전혀 고려하지 않기 때문에 자주 사용하는 페이지가 대상 페이지로 선정되기도 한다. 따라서 알고리즘의 성능이 좋지 않아 거의 사용되지 않는다.

3 FIFO 페이지 교체 알고리즘 중요

FIFO 페이지 교체 알고리즘(First In First Out page replacement algorithm)은 선입선출 페이지 교체 알고리즘이라고도 하며, 시간상으로 메모리에 가장 먼저 들어온 페이지를 대상 페이지로 선정하여 스왑 영역으로 내보낸다.

(1) FIFO 페이지 교체 알고리즘

[그림 5-7]과 같이 페이지를 큐(Queue) 구조로 유지하면서 각 페이지가 메모리 안으로 들어간 시간을 이용하여 가장 오래된 페이지부터 우선 대치한다. 페이지 부재(원하는 페이지가 메모리에 없는 경우)가 발생하면, 즉 ❶ 제거해야 할 페이지를 선택하며 ❷, ❹ 디스크로 이동하여 교체하고(스왑 아웃, 스왑 인), ❸ 페이지 테이블의 비트 당 항목 비트를 변경한다. ❺ 새로운 페이지에서 페이지 테이블 항목을 변경한 후 ❻ 선입선출 큐의 마지막 위치에 삽입한다.

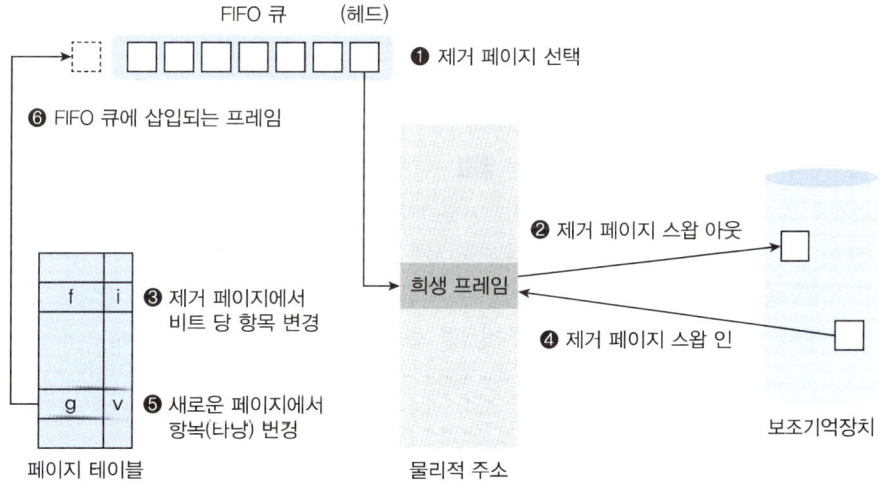

[그림 5-7] FIFO 페이지 교체 알고리즘

(2) FIFO 페이지 교체 알고리즘의 실행

메모리에 있는 페이지는 모든 선입선출 큐(FIFO queue)가 관리한다. 따라서 큐의 헤드 부분에 있는 페이지를 먼저 대치한다. 큐에 있는 페이지가 메모리로 들어갈 때 큐의 끝에 페이지를 삽입한다. 이때 큐의 크기는 사용 가능한 메모리 프레임의 수이다. 예를 들면 프레임 3개를 사용할 수 있다고 가정하고 [그림 5-8]의 (a)와 같은 참조 문자열을 (b)와 같이 실행한다.

1, 2, 3, 2, 1, 5, 2, 1, 6, 2, 5, 6, 3, 1, 3, 6, 1, 2, 4, 3

(a) 참조 문자열 예

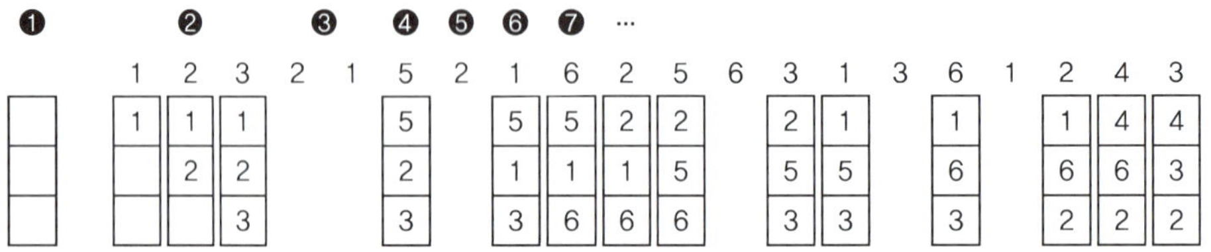

(b) 선입선출 대치 알고리즘 실행 과정

[그림 5-8] FIFO 페이지 교체 알고리즘의 실행

❶ 처음에는 프레임 3개가 비어있다.
❷ 처음 1, 2, 3 참조 문자열 3개가 페이지 부재를 일으켜 빈 프레임 속으로 들어간다.
❸ 다음 참조 문자열 2, 1은 메모리에 이미 있으므로 페이지 부재가 발생하지 않는다.
❹ 참조 문자열 5가 처음에 들어왔던 페이지 1을 대치한다.
❺ 참조 문자열 2는 이미 메모리에 있으므로 페이지 부재가 발생하지 않는다.
❻ 메모리에 들어 있는 페이지 3개 중 페이지 2가 가장 빨리 들어왔기 때문에 참조 문자열 1이 페이지 2를 대치한다.
❼ 참조 문자열 6이 가장 빨리 들어온 페이지 3을 대치한다.

이 과정을 계속 진행하면 총 14번의 페이지 부재가 발생한다.

(3) FIFO 페이지 교체 알고리즘의 문제점 기출

선입선출 대치 알고리즘은 이해가기 쉽고 프로그램 작성도 쉽다는 장점은 있으나, 성능이 항상 좋은 것은 아니다. 프레임이 많으면 페이지 부재 횟수가 줄어드는 것과 반대되는 현상이 나타난다. 즉, 프레임이 3개일 때보다 프레임이 4개일 때 페이지 부재가 더 많이 발생한다. 이처럼 할당하는 프레임 수가 증가하면 페이지 부재 비율도 증가하는 현상을 벨래디의 변이(Belady's anomaly)라고 한다.

4 최적 페이지 교체 알고리즘

벨래디의 변이 발견으로 페이지 참조 열에서 페이지 부재 비율이 낮은 페이지 교체 알고리즘을 찾는 경향이 증가했다. 벨래디의 알고리즘은 최적 페이지 교체 알고리즘(OPT : OPTimal replacement algorithm)으로 알려져 있다. 최적 페이지 교체 알고리즘은 앞으로 가장 오랫동안 사용하지 않을 페이지를 교체하여, 모든 알고리즘 중 페이지 부재 비율이 가장 낮다.

(1) 최적 페이지 교체 알고리즘 실행 과정

예를 들면 [그림 5-9]의 (a) 참조 문자열에서 최적 페이지 교체 알고리즘은 (b)와 같다.

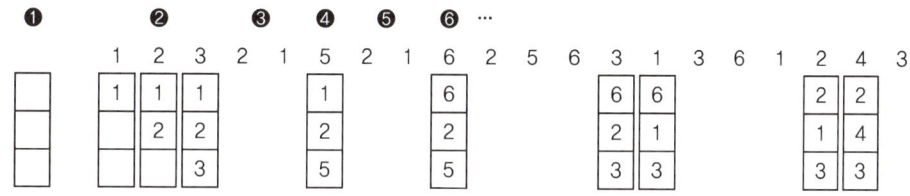

(a) 참조 문자열 예

(b) 최적의 페이지 알고리즘 실행 과정

[그림 5-9] 최적 페이지 교체 알고리즘의 실행

❶ 처음에는 프레임 3개가 비어있다.
❷ 문자 참조열 1, 2, 3이 부재를 일으키면서 빈 프레임을 채운다.
❸ 다음 참조 문자열 2, 1이 이미 메모리에 있기 때문에 페이지 부재가 발생하지 않는다.
❹ 다음 참조 문자열 5는 선입선출 교체 알고리즘과 다르게 페이지 3을 교체한다. 페이지 3은 앞으로 열 번째가 되어야 비로소 참조되기 때문이다.
❺ 페이지 1이 두 번째, 페이지 2는 바로 다음에 참조된다.
❻ 참조 문자열 6이 페이지 1을 교체하는데, 페이지 1은 다시 참조될 메모리에 있는 페이지 3개 가운데 마지막으로 참조하기 때문이다.

이런 과정을 계속 진행하면 총 9번의 페이지 부재가 발생한다.

(2) 최적 페이지 교체 알고리즘의 특징

최적 페이지 교체 알고리즘은 페이지 부재를 14번 일으키는 선입선출 대치 알고리즘보다 훨씬 더 낫다. 그러나 현실적으로 최적 페이지 교체 알고리슴은 구현하기 어렵고, 최적 페이지 교체 알고리즘은 참조 문자열을 정확히 언제 사용할 것인지 정보를 요구하는 것을 알기 어렵다. CPU의 최소 작업 우선(SJF : Shortest Job First) 스케줄링도 비슷하다. 그래서 최적 페이지 교체 알고리즘은 미래의 메모리 접근 패턴을 보고 대상 페이지를 결정하기 때문에 성능이 좋지만, 미래의 접근 패턴을 안다는 것이 불가능하여 실제로 구현할 수 없으므로 비교 연구를 하는 데 주로 사용한다.

5 LRU 페이지 교체 알고리즘 〈중요〉

LRU 페이지 교체 알고리즘(Least Recently Used page replacement algorithm)은 최근 최소 사용 페이지 교체 알고리즘이라고도 한다. 이 알고리즘은 메모리에 올라온 후 가장 오랫동안 사용되지 않은 페이지를 스왑 영역으로 옮긴다. 즉 최근에 사용된 페이지보다 오래전에 사용된 페이지를 대상 페이지로 선정한다. LRU 페이지 교체 알고리즘은 시간을 기준으로 구현할 수 있으며 카운터나 참조 비트를 이용하는 방법도 있다.

최근 최소 사용 페이지 교체 알고리즘은 과거의 데이터를 이용하여 미래를 예측하려는 통계적 개념이며 메모리의 지역성을 이용한 알고리즘으로 각 페이지에 마지막으로 사용한 시간을 연관시킨다. 따라서 짧은 기간 동안 가장 많이 사용한 페이지를 나중에도 짧은 기간 동안 가장 많이 사용할 것이라는 아이디어에 기초한다. 페이지를 교체할 때 오랫동안 사용하지 않은 페이지를 선택하므로 시간적으로 거꾸로 찾는 최적 페이지 교체 알고리즘이라고 할 수 있다.

(1) LRU 페이지 교체 알고리즘의 실행 과정

[그림 5-10]의 (a)에서 참조 문자열의 최근 최소 사용 교체 알고리즘은 (b)와 같다.

1, 2, 3, 2, 1, 5, 2, 1, 6, 2, 5, 6, 3, 1, 3, 6, 1, 2, 4, 3

(a) 참조 문자열 예

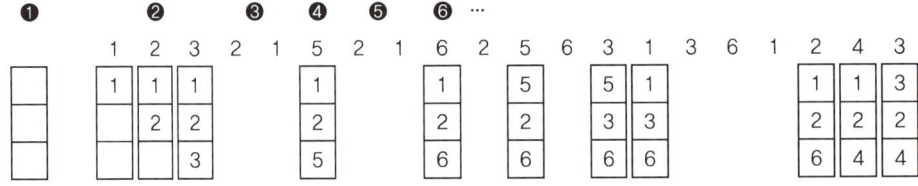

(b) 최근 최소 사용 알고리즘 실행 과정

[그림 5-10] LRU 알고리즘의 실행

- ❶ ~ ❸은 최적 교체 알고리즘의 결과이다. 그러나 페이지 3 교체 과정은 다르다.
- ❹ 참조가 일어날 때, 최근 최소 사용 알고리즘은 메모리에 있는 페이지 1, 2, 3 중 가장 오래 전에 참조한 페이지 3을 교체한다.
- ❻ 참조 문자열 6의 부재 처리 과정은 페이지 1, 2, 5 중 가장 오래된 페이지 5를 선택하여 대치한다. 물론 이것을 곧 사용한다는 것은 모른다.

이 과정을 계속하면 LRU 알고리즘은 페이지 부재를 총 11번 일으킨다.

(2) LRU 페이지 교체 알고리즘의 특징

❻ 실행 과정에서 곧 다시 사용한다는 것을 모르고 교체되는 문제가 있음에도 페이지 부재를 11번 일으키는 LRU 알고리즘이 페이지 부재를 14번 일으키는 FIFO 알고리즘보다는 훨씬 더 낫다. LRU 사용 정책은 때때로 우수한 페이지 교체 알고리즘으로 사용되지만, 알고리즘을 구현하는 하드웨어를 지원해야 한다.

6 최소 빈도 사용 페이지 교체 알고리즘 중요

최적 근접 알고리즘 중 LFU 페이지 교체 알고리즘(LFU : Least Frequency Used page replacement algorithm)은 최소 빈도 사용 알고리즘이다. LFU 페이지 교체 알고리즘은 페이지가 몇 번 사용되었는지를 기준으로 대상 페이지를 선정한다. 다시 말해서 현재 프레임에 있는 페이지마다 그동안 사용된 횟수를 세어 횟수가 가장 적은 페이지를 스왑 영역에 옮긴다.

(1) LFU 페이지 교체 알고리즘의 실행 과정

1, 2, 3, 2, 1, 5, 2, 1, 6, 2, 5, 6, 3, 1, 3, 6, 1, 2, 4, 3

(a) 참조 문자열 예

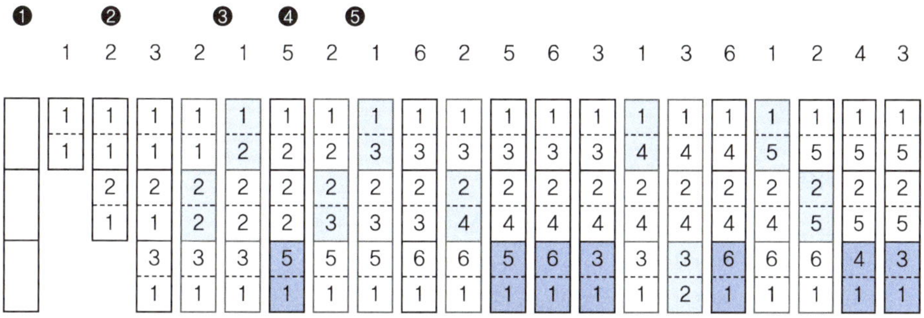

(b) LFU 페이지 교체 알고리즘의 실행 과정 (참조 문자열 아래 숫자는 사용빈도)

[그림 5-11] LFU 페이지 교체 알고리즘의 실행

❶ 처음에는 프레임이 3개 비어 있다.
❷ 참조 문자열 1, 2, 3이 부재를 일으키면서 빈 프레임을 채우는 과정이다. 처음 메모리에 올라온 페이지는 사용빈도가 1이고, 사용될 때마다 하나씩 증가한다.
❸ 다음 참조 문자열 2, 1은 이미 메모리에 있어 페이지 부재가 발생하지 않으며, 사용빈도가 1 증가한다.
❹ 참조 문자열 5는 페이지 부재가 일어나는데, 문자열 1, 2보다 사용빈도가 적은 문자열 3을 교체한다.
❺ 참조 문자열 2, 1은 이미 메모리에 있어 페이지 부재가 발생하지 않으며, 사용빈도가 1 증가한다.

(2) LFU 페이지 교체 알고리즘의 특징

같은 메모리 접근 패턴에 대해 LRU 페이지 교체 알고리즘의 페이지 부재 횟수는 11번이고, LFU 페이지 교체 알고리즘의 페이지 부재 횟수는 11이다. LRU 페이시 교체 일고리즘과 LFU 페이지 교체 알고리즘 성능이 비슷하다고 알려져 있다. LRU, LFU 페이지 교체 알고리즘은 FIFO 페이지 교체 알고리즘보다 성능이 우수하다. LFU 페이지 교체 알고리즘의 단점은 LRU 페이지 교체 알고리즘과 마찬가지로 메모리 필요 공간이 많다는 것이고, 페이지 접근 횟수(빈도)를 표시하는 데 추가 공간이 필요하므로 그만큼 메모리가 낭비된다.

7 NUR 페이지 교체 알고리즘 (중요)

(1) NUR 페이지 교체 알고리즘의 개념

NUR(Not Used Recently) 페이지 교체 알고리즘은 최근 사용하지 않는 페이지를 교체하여 낮은 오버헤드로 최근 최소 사용 페이지 교체 전략에 거의 동일하게 대치할 수 있다. 최근 사용하지 않는 페이지를 교체하는 방법으로, 최근에 사용하지 않는 페이지들은 가까운 미래에도 사용하지 않을 가능성이 높다는 개념을 바탕으로 한다.

NUR 교체 알고리즘은 LRU, LFU 페이지 교체 알고리즘과 성능이 거의 비슷하면서도 불필요한 공간 낭비 문제를 해결한 알고리즘이다. NUR 페이지 교체 알고리즘은 최근 미사용 페이지 교체 알고리즘이라고도 부른다.

(2) NUR 페이지 교체 알고리즘의 참조 비트와 변경 비트

NUR 페이지 교체 알고리즘에서는 페이지마다 참조 비트와 변경 비트를 가지므로 페이지마다 추가되는 메모리 공간이 2비트뿐이다. 여기서 참조 비트는 PTE의 접근 비트를 가리키고, 변경 비트는 PTE의 변경 비트를 가리킨다.

① **참조 비트와 변경 비트**

참조 비트는 초깃값이 0이며, 다음과 같은 경우에 1이 된다.
㉠ 참조 비트 : 페이지에 접근(read/execute)하면 1이 된다.
㉡ 변경 비트 : 페이지가 변경(write/append)되면 1이 된다.

모든 페이지의 초기상태는 (0,0)이다. 이 상태에서 페이지에 읽기/실행 같은 접근이 발생하면 (1,0)으로 바뀌고, 페이지에 쓰기/추가 같은 변경이 일어나면 (0,1)이 된다. 또한 접근과 변경, 두 가지 연산이 모두 발생하면 (1,1)이 된다.

② **NUR 페이지 교체 알고리즘에서 대상 페이지 선정 순서**

NUR 페이지 교체 알고리즘에서 대상 페이지를 선정할 때는 (0,0), (0,1), (1,0), (1,1) 중에 하나를 고르는데, 가장 먼저 (0,0)인 페이지를 선정한다. 만약 (0,0)인 페이지가 없다면 (0,1)인 페이지를, (0,1)인 페이지가 없다면 (1,0)인 페이지를, (1,0)인 페이지도 없다면 최종적으로 (1,1)인 페이지를 스왑 영역으로 옮긴다.

[표 5-1] NUR 페이지 교체 알고리즘에서 대상 페이지 선정 순서

선정 순서	(참조, 변경) 비트	설명
1	(0,0)	가장 먼저 선정한다. 즉 접근(참조)한 적도 변경(수정)한 적도 없는 페이지를 스왑 영역으로 옮긴다.
2	(0,1)	최근에 사용하지 않았으나, 수정한 페이지를 스왑 영역으로 옮긴다.
3	(1,0)	최근에 사용했으나, 수정하지 않은 페이지를 스왑 영역으로 옮긴다.
4	(1,1)	최근에 사용하고, 수정한 페이지를 스왑 영역으로 옮긴다.

③ NUR 페이지 교체 알고리즘에서 우선 고려 대상은 참조 비트이다. 참조 비트가 0인 페이지를 먼저 찾고, 없으면 변경 비트가 0인 페이지를 찾는다. 만약 같은 비트의 페이지가 여러 개라면 무작위로

대상 페이지를 선정한다. 흔한 경우는 아니지만 모든 페이지의 비트가 (1,1)일 때는 어떤 페이지가 더 자주 사용되는지 알 수 없어 NUR 페이지 교체 알고리즘을 정상적으로 적용할 수 없다. 그러므로 NUR 페이지 교체 알고리즘에서 모든 페이지가 (1,1)이 되면 모든 페이지 비트를 (0,0)으로 초기화한다.

(3) NUR 페이지 교체 알고리즘의 실행 과정

[그림 5-12]는 NUR 페이지 교체 알고리즘의 실행 과정이다. 단, 읽기와 쓰기를 구분하지 않아 모든 작업은 읽기 연산이라고 가정한다.

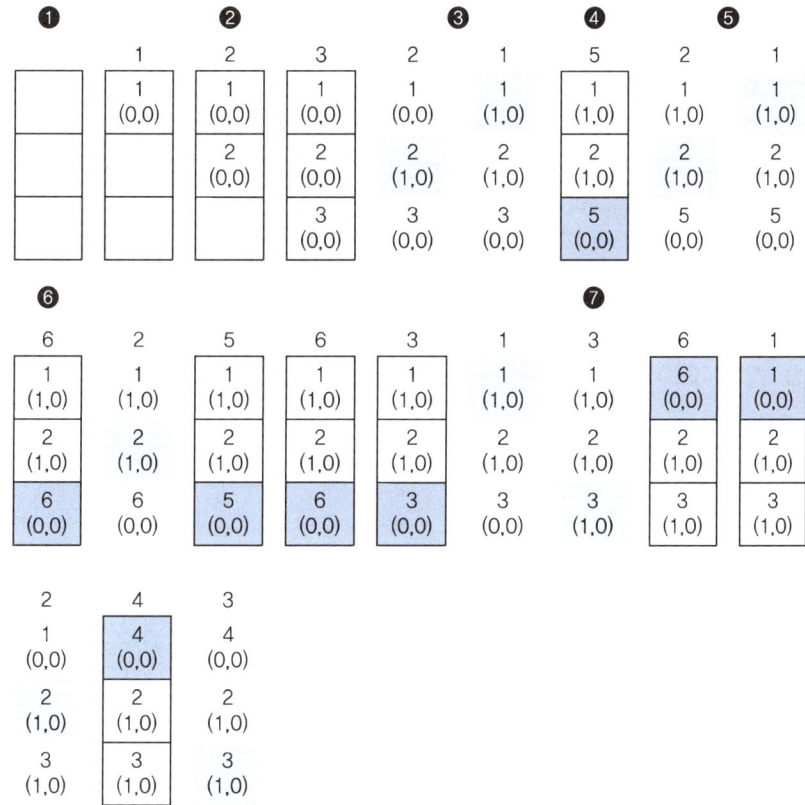

(b) NUR 페이지 교체 알고리즘의 실행 과정

[그림 5-12] NUR 페이지 교체 알고리즘의 실행

❶ 처음에는 프레임이 3개 비어 있다.
❷ 참조 문자열 1, 2, 3이 부재를 일으키면서 빈 프레임을 채우는 과정이고, 처음 메모리에 올라온 모든 페이지의 참조 비트와 변경 비트는 (0,0)이다.
❸ 참조 문자열 2, 1이 이미 페이지에 있어 페이지 부재는 발생하지 않고, 페이지에 접근하면 페이지 2, 1의 비트가 (1,0)으로 바뀐다.
❹ 참조 문자열 5는 3의 비트가 (0,0)이므로 5로 교체되면서 5의 비트는 (0,0)으로 바뀐다.
❺ 참조 문자열 2, 1이 이미 페이지에 있어 페이지 부재가 발생하지 않는다.
❻ 참조 문자열 6은 5의 비트가 (0,0)이므로 6으로 교체되면서 비트가 (0,0)으로 바뀐다.
❼ 참조 문자열 3이 이미 페이지에 있어 페이지 부재는 발생하지 않고, 페이지에 접근하면 페이지 3의 비트가 (1,0)으로 바뀐다.

(4) NUR 페이지 교체 알고리즘의 특징

최종적으로 페이지 부재 횟수는 11이다. 이는 LFU 페이지 교체 알고리즘과 부재 횟수는 유사하므로 비슷한 성능을 보인다.

최근 근접 알고리즘인 LRU, LFU, NUR 페이지 교체 알고리즘의 성능은 거의 비슷하며 FIFO 페이지 교체 알고리즘보다 우수하다. 이 중 NUR 페이지 교체 알고리즘은 2bit만 추가하여 다른 알고리즘과 유사한 성능을 낼 뿐만 아니라 쉽게 구현할 수 있다는 장점 때문에 가장 많이 사용되고 있다.

8 FIFO 변형 페이지 교체 알고리즘

FIFO 페이지 교체 알고리즘은 메모리에 올라온 순서만 고려하고 자주 사용하는 페이지를 고려하지 않기 때문에 성능이 좋지 않다. 이러한 단점을 개선한 알고리즘으로 2차 기회 페이지 교체 알고리즘과 시계(클록) 페이지 교체 알고리즘이 있다. 이 두 알고리즘은 FIFO 페이지 교체 알고리즘의 방식을 기본으로 하되 접근할 때마다 순서의 변화를 주어 성능을 향상한다.

(1) 2차 기회 페이지 교체 알고리즘

2차 기회 페이지 교체 알고리즘(second chance page replacement algorithm)은 FIFO 페이지 교체 알고리즘과 마찬가지로 큐를 사용하지만 측정 페이지에 접근하여 페이지 부재 없이 성공할 경우 해당 페이지를 큐의 맨 뒤로 이동하여 대상 페이지에서 제외한다는 것이다. 즉, **성공한 페이지를 큐의 맨 뒤로 옮겨 기회를 한 번 더 준다.**

일반적으로 2차 기회 페이지 교체 알고리즘의 성능은 LRU, LFU, NUR 페이지 교체 알고리즘보다 약간 낮고, FIFO 페이지 교체 알고리즘보다 약간 높은 것으로 알려져 있다. 그러나 큐를 유지하는 비용이 높고, 페이지가 성공하면 큐의 중앙에 있는 값을 뒤로 이동하는 작업이 추가되는 것이 단점이다. 2차 기회 페이지 교체 알고리즘은 FIFO 페이지 교체 알고리즘을 변형한 것이기 때문에 2차 기회 FIFO 페이지 교체 알고리즘이라고도 한다.

(2) 시계(클록) 알고리즘

시계(클록) 알고리즘(clock algorithm)은 2차 기회 페이지 교체 알고리즘과 유사하여 두 알고리즘은 같은 알고리즘으로 보기도 하지만 실제 구현은 서로 다르다. [그림 5-13]은 시계 알고리즘의 특징을 보여준다. 2차 기회 페이지 교체 알고리즘은 큐를 사용하지만, 시계 알고리즘은 원형 큐를 사용하는 것이 가장 큰 차이점이다.

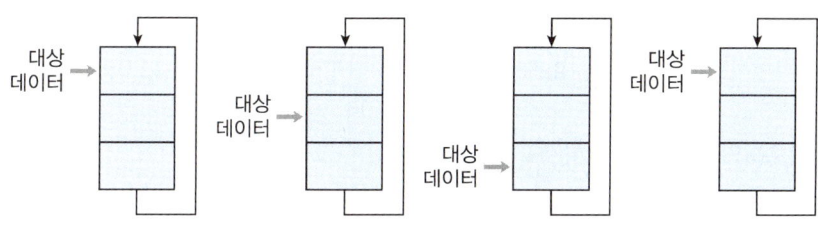

[그림 5-13] 시계 알고리즘의 특징

시계 알고리즘에서는 스왑 영역으로 옮길 대상 페이지를 가리키는 포인터를 사용하는데, 이 포인터가 큐의 맨 바닥으로 내려가면 다음 번에는 다시 큐의 처음을 가리키게 된다. 포인터가 시계처럼 한 방향으로 돌기 때문에 시계 알고리즘이라고 부른다.

시계 알고리즘은 대상 포인터와 각 페이지당 참조 비트 하나만 추가하면 되기 때문에 NUR 페이지 교체 알고리즘보다 추가 공간이 적게 들지만, 알고리즘이 복잡하고 계산량이 많다는 단점이 있다.

제3절 메모리를 관리하는 프로세스 적재 정책

메인 메모리에 상주하는 프로세스 수가 다중 프로그래밍 수준이므로 메모리에 상주할 프로세스 수를 결정하는 것은 메모리 관리 측면에서 매우 중요하다. 메인 메모리에 너무 적은 수의 프로세스가 상주한다면 프로세스의 대치 상태가 자주 발생할 수 있다. 이를 해결하려고 빈번하게 교체 작업을 하면 효율성이 떨어진다. 반대로 메인 메모리에 많은 수의 프로세스가 상주하면 프로세스들이 차지하는 평균 페이지 감소로 페이지 부재가 자주 발생할 수도 있다.

1 스래싱

(1) 스래싱의 개념

물리 메모리가 512MByte인 컴퓨터를 사용하는 사람이 "이 컴퓨터는 너무 느리다."라고 투덜댄다면 주변 사람들은 물리 메모리의 용량을 늘리면 컴퓨터가 빨라진다고 조언을 할 것이고, 우리는 경험적으로 물리 메모리의 용량을 늘리면 컴퓨터가 빨라진다는 사실을 알고 있나.

CPU의 속도도 빨라야 하지만 물리 메모리의 크기도 커야 성능이 좋다. 여러 개의 응용 프로그램을 실행한 경우 1~3개 정도를 실행할 때는 별 문제가 없겠지만 20개 이상을 실행한다면 하드디스크와의 입·출력이 계속되어 프로그램이 정지한 것 같은 현상이 발생할 수 있다. 처음에는 프로그램이 정상적으로 메모리에 올라오지만 메모리가 꽉 찬 후에는 새로운 프로그램을 메모리에 올리기 위해 기존 프로그램을 스왑 영역으로 옮기는 횟수가 잦아지기 때문이다. 이와 같이 하드 디스크의 입·출력이 너무 많아져서 잦은 페이지 부재로 작업이 멈춘 것 같은 상태를 스래싱(thrashing)이라고 한다. 스래싱은 음식물 보관 창고에 재료를 가져와 도마 위에 올려놓자마자 도마 위에 놓인 재료를 다시 보관 창고로 옮기는 작업이 너무 많아져서 요리사가 요리를 하지 못하는 경우와 같다.

(2) 물리 메모리의 크기와 스래싱

스래싱은 메모리의 크기가 일정할 경우 멀티프로그램의 수와 밀접한 관계가 있다. 동시에 실행하는 프로그램의 수를 멀티프로그래밍 정도(degree of multiprogramming)라고 하는데, 멀티프로그래밍 정도가 너무 높으면 스래싱이 발생한다.

[그림 5-14]는 멀티프로그래밍 정도와 CPU 사용률의 관계를 나타낸 것이다. 프로그램의 수가 적을 때는 CPU 사용률이 계속 증가하다가 메모리가 꽉 차면 CPU가 작업하는 시간보다 스왑 영역으로 페이지를 보내고 새로운 페이지를 메모리에 가져오는 작업이 빈번해져서 CPU가 작업할 수 없는 상태에 이르게 되는데, 이러한 시점을 스래싱 발생 지점(thrashing point)이라고 한다.

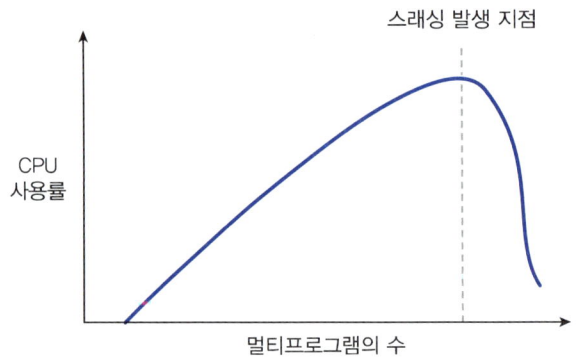

[그림 5-14] 멀티프로그래밍 정도와 스래싱

물리 메모리를 늘리면 컴퓨터가 빨라지는 이유는 컴퓨터는 운영체제를 포함하여 많은 프로그램을 동시에 실행하기 때문이다. 자주 사용하는 프로세스가 필요로 하는 메모리보다 물리 메모리가 작다면 스래싱 발생 지점에 빨리 도달하여 컴퓨터가 전체적으로 느려진다. 따라서 물리 메모리의 크기를 늘리면 스래싱 발생 지점이 늦춰져서 프로세스를 원만하게 실행할 수 있다. 그러므로 물리 메모리 용량을 512MByte에서 4GByte로 늘리면 스래싱 발생 지점이 늦춰지기 때문에 컴퓨터의 성능이 향상되지만, 물리 메모리를 4GByte에서 16GByte로 늘리면 대부분의 경우 빨라지지 않는다. 물리 메모리가 작업을 하는데 충분한 크기가 되면 그 이후에는 크기를 늘려도 작업 속도에 영향을 미치지 않는다. 도마의 크기를 두 배 정도 늘린다면 요리 작업의 능률을 올릴 수는 있지만 식탁 크기의 도마, 더 큰 크기의 도마로 바꾼다고 해서 요리 작업이 더 빨라지지 않는 것과 마찬가지이다.

(3) 스래싱과 프레임 할당

스래싱은 각 프로세스에 프레임을 할당하는 문제와도 연관된다. 실행 중인 여러 프로세스에 프레임을 얼마나 나눠주느냐에 따라 시스템의 성능이 달라진다. 어떤 프로세스에는 너무 적은 프레임을 할당하여 페이지 부재가 빈번히 일어나고, 어떤 프로세스에는 너무 많은 프레임을 할당하여 페이지 부재를 줄이는 대신 메모리를 낭비한다면 전반적으로 시스템의 성능이 낮아진다. 따라서 남아 있는 프레임을 실행 중인 프로세스에 적절히 나눠주는 정책이 필요하다. 프로세스에 프레임을 할당하는 방식은 크게 정적 할당과 동적 할당으로 구분된다.

2 정적 할당 방식 (중요)

정적 할당(static allocation) 방식은 프로세스 실행 초기에 프레임을 나눠준 후 그 크기를 고정하는 것으로 균등 할당 방식과 비례 할당 방식이 있다.

(1) 균등 할당 방식

① 균등 할당 방식의 개념

균등 할당(equal allocation) 방식은 프로세스의 크기와 상관없이 사용 가능한 프레임을 모든 프로세스에 동일하게 할당한다. 균등 할당 방식을 나타낸 [그림 5-15]에서는 현재 사용 가능한 프레임이 12개이고, 프로세스 A는 프레임 6개를, 프로세스 B는 프레임 3개를, 프로세스 C는 프레임 9개를 필요로 한다. 균등 할당 방식에서는 12개의 가용 프레임을 3등분하여 각 프로세스에 4개씩 나눠준다.

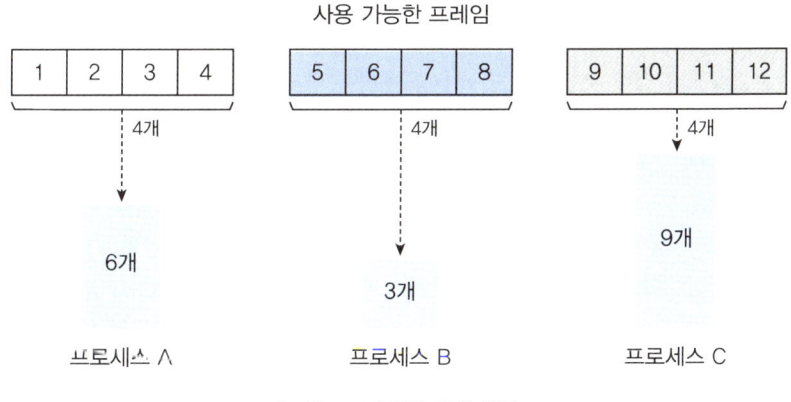

[그림 5-15] 균등 할당 방식

② 균등 할당 방식의 특징

균등 할당 방식에서는 크기가 큰 프로세스의 경우 필요한 만큼 프레임을 할당받지 못하기 때문에 페이지 부재가 빈번하게 발생하고, 크기가 작은 프로세스의 경우 메모리가 낭비된다.

[그림 5-15]에서는 프로세스 B에 프레임 3개만 있으면 되는데 4개가 할당되었고, 프로세스 C는 프레임 9개가 필요하지만 4개만이 할당되었다.

(2) 비례 할당 방식

① 비례 할당 방식의 개념

비례 할당(proportional allocation) 방식은 프로세스의 크기에 비례하여 프레임을 할당하는 방식이다. [그림 5-16]에서는 A, B, C 전체 프로세스의 프레임이 $6+3+9=18$개이고 가용 프레임이 12개이다. 비례 할당 방식에서는 프레임을 프로세스 A에 4개($6 \times 12/18$), 프로세스 B에 2개($3 \times 12/18$), 프로세스 C에 6개($9 \times 12/18$)를 할당한다.

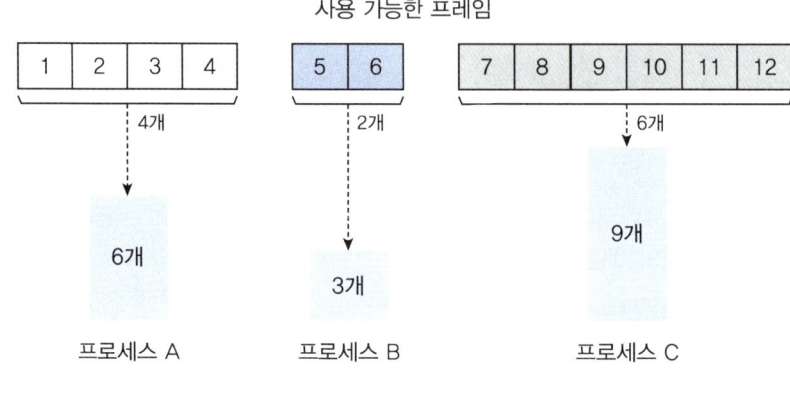

[그림 5-16] 비례 할당 방식

② 비례 할당 방식의 문제점

비례 할당은 프로세스의 크기를 고려하지 않은 고정 할당보다 좀 더 현실적인 방식이지만 다음과 같은 문제가 있다.

㉠ 프로세스가 실행 중에 필요로 하는 프레임을 유동적으로 반영하지 못한다.

아무리 작은 프로세스라도 실행 중에 많은 메모리(프레임)를 필요로 하는 경우가 있다. 예를 들면 동영상 플레이어는 프로그램 자체의 크기는 작지만 재생되는 동영상의 크기가 크기 때문에 실행되는 동안 동영상 플레이어보다 몇십 배 큰 메모리를 필요로 한다. 그러므로 비례 할당 방식은 프로세스가 실행되면서 필요로 하는 프레임을 유동적으로 반영하지 못한다.

㉡ 사용하지 않을 메모리를 처음부터 미리 확보하여 공간을 낭비한다.

요구 페이징 방식에서는 아무리 큰 프로세스라도 처음부터 메모리에 모두 올리지 않는데, 비례 할당 방식에서는 큰 프로세스를 실행하면서 당장 필요 없는 프레임을 미리 할당해 놓기 때문에 메모리가 낭비된다.

3 동적 할당 방식

정적 할당 방식은 프로세스를 실행하는 초기에 프레임을 할당하기 때문에 프로세스를 실행하는 동안 메모리 요구를 반영하지 못하는 단점이 있다. 프로세스는 실행 중에 때때로 많은 프레임이 필요하기도 하고, 적은 프레임만으로 작동하기도 한다. 이렇게 수시로 변하는 요청을 수용하는 방식이 동적 할당(dynamic allocation) 방식이다. 동적 할당 방식에는 작업 집합 모델을 사용하는 방식과 페이지 부재 빈도를 사용하는 방식이 있다.

(1) 작업 집합 모델 중요

작업 집합 모델(working set model)은 **지역성 이론을 바탕으로 가장 최근에 접근한 프레임이 이후에도 또 참조될 가능성이 높다는** 가정으로 추론한다. 최근 일정 시간 동안 참조된 페이지들을 집합으로 만들고, 이 집합에 있는 페이지들을 물리 메모리에 유지하여 프로세스의 실행을 돕는다.

작업 집합 모델에서 물리 메모리에 유지할 페이지의 크기를 작업 집합 크기(working set size)라고 하는데, 이는 작업 집합에 들어갈 최대 페이지 수를 의미하고, 작업 집합에 포함되는 페이지 범위를 작업 집합 윈도우(WSW : Working Set Window)라고 한다. 현재 시점에 최대 어느 범위까지의 페이지를 살려볼 것인가를 결정하는 것이 작업 집합 윈도우이다.

작업 집합 모델에서는 작업 집합 윈도우의 크기에 따라 프로세스의 실행 성능이 달라진다. 작업 집합 윈도우를 너무 크게 잡으면 필요 없는 페이지가 메모리에 남아서 다른 프로세스에 영향을 미친다. 반대로 작업 집합 윈도우를 너무 작게 잡으면 필요한 페이지가 스왑 영역으로 옮겨져서 프로세스의 성능이 떨어진다.

작업 집합 모델의 경우 충분한 페이지를 할당하지 않으면 작업 집합에 있는 페이지를 물리 메모리에 유지하기가 힘들다. 작업 집합 모델에서는 어떤 프레임을 물리 메모리에 유지해야 하는지는 알 수 있지만 프로세스에 프레임을 얼마나 할당해야 하는지는 알 수 없다. 작업 집합 모델은 프로세스의 성능을 높이는 방법이지만 스래싱 문제를 해결하지는 못한다.

(2) 페이지 부재 빈도 중요

프로세스가 필요로 하는 페이지의 양을 동적으로 결정하는 방법 중 페이지 부재 빈도(PFF : Page Fault Frequency)를 이용하는 것이 있다. 이는 페이지 부재 횟수를 기록하여 페이지 부재 비율을 계산하는 방식이다. 페이지 부재 빈도 방식에서는 페이지 부재 비율의 상한선과 하한선을 설정한다. 페이지 부재 비율이 **상한선을 초과**하면 할당한 프레임이 적다는 것을 의미하므로 프레임을 추가하여 늘린다. 반대로 페이지 부재 비율이 **하한선 밑으로** 내려가면 메모리가 낭비된다는 의미이므로 할당한 프레임을 회수한다.

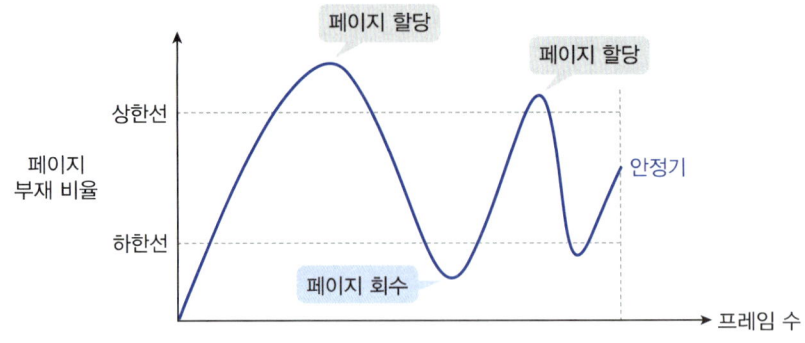

[그림 5-17] 페이지 부재 비율과 페이지 할당

프로세스가 처음 시작될 때는 페이지 할당량을 예측하기 어렵기 때문에 페이지 부재 빈도 방식은 프로세스를 실행하면서 추가적으로 페이지를 할당하거나 회수하여 적정 페이지 할당량을 조절한다.

제4절 페이지 크기

페이지 부재는 프로세스에 할당되는 프레임 수와 관련이 있고, 또 어떤 시간에는 한 번의 단일 참조가 페이지 부재를 두 배 발생시키는 원인이 될 수 있다. 즉, 하나는 페이지 테이블 일부가 필요하고, 다른 하나는 프로세스 페이지를 가져오는 데 필요하기 때문이다. 따라서 페이지 크기는 하드웨어 디자인에서 매우 중요한 요소이다. 운영체제를 설계하는 사람에게는 페이지 크기에서 선택권이 거의 없지만 최적 페이지 크기와 관련된 결정은 해야 한다. 보통 페이지 크기는 2의 지수 승이고, $256(=2^8) \sim 4096(=2^{12})$ 바이트나 워드이다. 페이지 크기는 메인 메모리의 크기와 프로그램 크기 자체에 영향을 받는다. 페이지 크기별 특징은 다음과 같이 정리할 수 있다.

(1) 페이지 테이블의 크기

가상 메모리 공간이 주어졌을 때 페이지 크기를 감소시키면 페이지 수가 증가하여 페이지 테이블의 크기도 증가한다. 크기가 4MByte인 가상 메모리 공간은 1024Byte의 페이지 4096개가 되지만 8192Byte의 페이지에서는 512개가 된다. 활동 중인 각 프로세스는 페이지 테이블의 사본을 가져와야 하므로 페이지 크기가 큰 것이 좋다.

(2) 내부 단편화

메모리는 크기가 작은 페이지가 이용하기에 좋다. 어떤 프로세스가 주소 0000에서 시작하여 필요한 만큼 연속적으로 할당되면 프로세스는 정확히 페이지 경계에서 끝나지 않을 것이다. 그래서 마지막 페이지의 어떤 부분은 할당되지만, 사용하지 않는 내부 단편화가 발생한다. 프로세스 크기, 페이지 크기와 관계없다면 평균적으로 각 프로세스의 마지막 페이지 반은 낭비된다. 이 낭비는 512Byte의 페이지에서 256Byte 정도이지만, 8192Byte의 페이지에서는 4096Byte가 된다.

(3) 디스크의 입·출력 시간

내부 단편화를 최소화하려면 크기가 작은 페이지가 필요하다. 또 한 페이지를 읽거나 기록하는 데 요구하는 시간도 중요하다. 입·출력 시간은 회전 지연 시간과 전송 시간으로 구성된다. 전송 시간은 전송하는 양에 비례하고, 이는 페이지 크기가 작을수록 유리하다. 그러나 회전 지연 시간은 전송하는 양에 비례하지 않는다. 전송률이 초당 2MByte일 때 512Byte를 전송하는 데 0.2msec가 걸린다. 반면에 회전 지연 시간은 약 8msec가 걸린다. 그러므로 총 입·출력 시간(28.2msec) 가운데 단지 10%만 실제 전송과 관련된다.

페이지 크기를 두 배로 하면 입·출력 시간은 28.4msec가 걸린다. 즉 1024Byte의 페이지 하나를 읽는 데는 28.4msec가 걸리지만, 512Byte의 페이지 2개를 읽는 데는 56.4msec가 걸린다. 결국 입·출력 시간을 최소화시키려면 페이지 크기를 더 크게 하는 것이 유리함을 알 수 있다.

(4) 지역성과 페이지 부재 비율

페이지 크기는 컴퓨터 종류별로 매우 다양하다. 프로세서의 속도와 메모리 용량, 디스크 속도가 증가하면서 오늘날 페이지 크기는 더 커졌다. 페이지 부재는 전반적인 시스템 성능 향상 면에서 과거보다는 처리 비용이 커지므로 페이지 크기를 증가시키는 것이 페이지 부재의 빈도를 줄이는 데 더 유리하다. 물론 페이지 크기가 증가하면 내부 단편화는 많아진다.

어떤 요인(내부 단편화, 지역성)은 크기가 작은 페이지가 유리하고, 다른 요인(테이블 크기, 입·출력시간)은 크기가 큰 페이지가 유리하다. [표 5-2]는 페이지 크기별 특징을 비교했다.

[표 5-2] 페이지 크기별 특징 기출

작은 페이지	큰 페이지
페이지 테이블의 크기가 증가	페이지 테이블의 크기 감소
내부 단편화 감소	내부 단편화 증가
디스크 입·출력 증가	디스크 입·출력 감소
지역성 증가, 페이지 부재 비율 증가	지역성 악화, 페이지 부재 비율 감소

○✕로 점검하자 | 제5장

※ 다음 지문의 내용이 맞으면 ○, 틀리면 ✕를 체크하시오. [1 ~ 17]

01 메모리 가져오기 정책 중, 사용자가 요구할 때 해당 페이지를 메모리로 가져오는 방식은 예상 페이징이다. (   )

> 프로세스가 필요로 하는 데이터를 언제 메모리로 가져올지 결정하는 것은 가져오기 페이지 호출 정책으로 요구 페이징이 프로세스가 요청할 때 메모리로 가져오는 방법이다.

02 앞으로 필요할 것이라고 예상되는 페이지를 미리 가져오는 방식은 요구 페이징이다. (   )

> 프로세스가 필요로 하는 데이터를 언제 메모리로 가져올지 결정하는 것은 가져오기 페이지 호출 정책으로 예상(미리 가져오기) 페이징이 미리 예측하여 가져오는 방법이다.

03 페이지 테이블 엔트리의 구조 중, 페이지가 실제 메모리에 있는지를 나타내는 비트는 유효 비트이다. (   )

> 유효 비트는 페이지가 실제 메모리에 있는지를 나타내는 비트로, 해당 페이지가 메모리에 있는지를 나타내므로 현재 비트(present bit)라고도 한다.

04 페이지 테이블 엔트리의 구조 중, 페이지가 메모리에 올라온 후 사용한 적이 있는지를 알려주는 비트는 변경 비트이다. (   )

> 접근 비트는 페이지가 메모리에 올라온 후 사용한 적이 있는지 알려주는 비트이다. 참조 비트(reference bit)라고도 한다.

05 페이지 테이블 엔트리의 구조 중, 페이지가 메모리에 올라온 후 데이터의 변경이 있었는지 알려주는 비트는 변경 비트이다. (   )

> 변경 비트는 페이지가 메모리에 올라온 후 데이터의 변경이 있었는지 알려주는 비트이다. 데이터가 새로운 값으로 오염되었다는 의미에서 더티 비트(dirty bit)라고도 한다.

06 프로세스가 페이지를 요청했을 때 해당 페이지가 메모리에 없는 상황을 페이지 부재라고 한다. (   )

> 페이지 부재는 저장하지 않은 페이지를 사용하려고 할 때 나타나는 현상이다.

정답 1 ✕ 2 ✕ 3 ○ 4 ✕ 5 ○ 6 ○

07 기억장치에 접근하는 패턴이 메모리 전체에 고루 분포되는 것이 아니라 특정 영역에 집중되어 있는 성질을 스래싱이라고 한다. (   )

> 지역성은 프로세스는 어느 실행 단계 동안 메모리의 정보를 균일하게 액세스하는 것이 아니라 선호하는 특정 페이지만 집중적으로 참조하는 현상이다.

08 처음으로 메모리에 올라온 페이지를 스왑 영역으로 보내는 페이지 교체 알고리즘을 무작위 페이지 교체 알고리즘이라고 한다. (   )

> FIFO(First In First Out) 페이지 교체 알고리즘은 가장 간단한 페이지 교체 알고리즘으로, 각 페이지가 메모리 안으로 들어간 시간을 이용하여 가장 오래된 페이지부터 우선 교체한다.

09 미래의 접근 패턴을 기준으로 대상 페이지를 선정하여 스왑 영역으로 보내는 방식으로, 실제로 구현이 불가능한 페이지 교체 알고리즘은 최적(optimal) 페이지 교체 알고리즘이다. (   )

> 최적(optimal) 페이지 교체 알고리즘은 모든 알고리즘 가운데 페이지 부재 비율이 가장 낮지만 참조 문자열을 정확하게 언제 사용할지 정보를 요구하는데, 이것을 알기 어렵기 때문에 현실적으로 최적 페이지 교체 알고리즘을 구현하기 어렵다.

10 시간적으로 멀리 떨어진 페이지를 스왑 영역으로 보내는 페이지 교체 알고리즘은 LFU(Least Frequently Used) 페이지 교체 알고리즘이라고 한다. (   )

> LRU(Least Recently Used) 페이지 교체 알고리즘은 가까운 미래의 근사치로서 가장 최근의 과거를 사용하여 오랫동안 사용하지 않은 페이지를 교체하는 알고리즘이다.

11 사용 빈도가 적은 페이지를 스왑 영역으로 보내는 페이지 교체 알고리즘은 LFU(Least Frequently Used) 페이지 교체 알고리즘이다. (   )

> 최적 근접 알고리즘 중 LFU 페이지 교체 알고리즘은 최소 빈도 사용 알고리즘으로 페이지가 몇 번 사용되었는지를 기준으로 대상 페이지를 선정한다.

12 최근에 사용한 적이 없는 페이지를 스왑 영역으로 보내는 페이지 교체 알고리즘은 NUR(Not Used Recently) 페이지 교체 알고리즘이라고 한다. (   )

> NUR(Not Used Recently) 페이지 교체 알고리즘은 참조 비트와 변경 비트로 최근 사용하지 않는 대상 페이지를 교체하는 알고리즘이다.

정답 7 ✕ 8 ✕ 9 ○ 10 ✕ 11 ○ 12 ○

13 FIFO 변형 페이지 교체 알고리즘 중, 성공한 페이지를 큐의 맨 뒤로 옮김으로써 기회를 한 번 더 주는 페이지 교체 알고리즘은 시계(클록) 알고리즘이다. (   )

> 2차 기회 페이지 교체 알고리즘(second chance page replacement algorithm)의 성능은 LRU, LFU, NUR 페이지 교체 알고리즘보다 약간 낮고 FIFO 페이지 교체 알고리즘보다 약간 높지만 큐를 유지하는 비용이 높고, 페이지가 성공하면 큐의 중앙에 있는 값을 뒤로 이동하는 작업이 추가되는 것이 단점이다.

14 FIFO 변형 페이지 교체 알고리즘 중, 대상 페이지를 가리키는 포인터를 사용하여 포인터가 큐의 맨 바닥으로 내려가면 다음에 다시 큐의 처음을 가리키게 하는 페이지 교체 알고리즘을 시계(클록) 알고리즘이라 한다. (   )

> 시계(클록) 알고리즘은 스왑 영역으로 옮길 대상 페이지를 가리키는 포인터를 사용하는데, 이 포인터가 큐의 맨 바닥으로 내려가면 다음번에는 다시 큐의 처음을 가리키게 된다.

15 하드디스크의 입·출력이 많아져서 잦은 페이지 부재로 작업이 거의 멈춰버린 상태를 페이지 부재라고 한다. (   )

> 스래싱(thrashing)은 페이지 교환이 계속 일어나는 현상이다. 즉, 어떤 프로세스가 현재 작업 집합에서 프레임이 충분하지 않을 때 발생한다.

16 동적 프레임 할당 방식 중, 최근 일정 시간 동안 참조된 페이지를 집합으로 유지하고 이 집합에 있는 페이지들을 물리 메모리에 유지하는 것을 페이지 부재 비율이라 한다. (   )

> 작업 집합 모델(Working Set Model)은 프로세스가 많이 참조하는 페이지 집합을 메모리 공간에 계속 상주시켜 빈번한 페이지 교체 현상을 줄이도록 프로그램의 수행 과정을 지역성으로 설명하는 모델이다.

17 동적 프레임 할당 방식 중, 페이지 부재 비율의 상한선과 하한선을 설정하고 페이지 부재 비율이 상한선을 초과하면 할당 프레임을 늘려주는 것을 페이지 부재 빈도(Page Fault Frequency)를 이용한 방식이라고 한다. (   )

> 페이지 부재 빈도(Page Fault Frequency)는 프로세스가 필요로 하는 페이지의 양을 동적으로 결정하는 방법으로, 페이지 부재 횟수를 기록하여 페이지 부재 비율을 계산하는 방식이다.

정답 13 X 14 O 15 X 16 X 17 O

제 5 장 | 실전예상문제

01 다음 중 가상기억장치(virtual memory)에 대한 설명으로 옳지 <u>않은</u> 것은?

① 별도의 주소 매핑 작업 없이 가상기억장치에 있는 프로그램을 주기억장치에 적재하여 실행할 수 있다.
② 디스크(보조기억장치)의 일부 용량을 주기억장치처럼 가상하여 사용할 수 있게 한다.
③ 가상기억장치의 구현은 일반적으로 페이징 방법과 세그먼테이션 방법을 이용한다.
④ 주기억장치의 이용률과 멀티프로그래밍의 효율을 높일 수 있다.

01 가상기억장치는 프로세스 메모리 전체가 물리 메모리에 적재되지 않더라도 실행 가능케 하는 기법으로, 가상 주소가 물리 메모리의 어느 위치에 있는지 알 수 있도록 정리한 매핑 테이블이 있다. 페이징 기법에서는 페이징 매핑 테이블 또는 페이지 테이블이라고 부르며, 세그먼테이션 기법에서는 세그먼테이션 매핑 테이블 또는 세그먼테이션 테이블이라고 부른다.

02 다음 중 너무 자주 페이지 교환이 발생하여 어떤 프로세스에서 프로그램 수행에 소요되는 시간보다 페이지 교환에 소요되는 시간이 더 많을 때를 가리키는 것으로 옳은 것은?

① thrashing
② locality
③ working set
④ prepaging

02
- 스래싱(thrashing)은 하드디스크의 입·출력이 너무 많아져서 잦은 페이지 부재로 작업이 멈춘 것 같은 상태를 말한다.
- 지역성(국부성: locality)은 기억장치에 접근하는 패턴이 메모리 전체에 고루 분포된 것이 아니라 특정 영역에 집중되는 성질을 말한다.
- 작업 집합(working set) 모델은 프로세스가 많이 참조하는 페이지 집합을 메모리 공간에 계속 상주시켜 빈번한 페이지 교체 현상을 줄이도록 프로그램의 수행과정을 지역성으로 설명하는 모델이다.
- 프리페이징(예상 페이징: prepaging)은 처음에 발생하는 많은 페이지 부재를 방지하는 방법으로, 예상되는 모든 페이지를 사전에 한꺼번에 메모리로 가져오는 방법이다.

정답 01 ① 02 ①

03 다음 그림을 참조하여 보면, 프로그램의 수가 적을 때는 CPU 사용률이 계속 증가하다가 메모리가 꽉 차면 CPU가 작업하는 시간보다 스왑 영역으로 페이지를 보내고 새로운 페이지를 메모리에 가져오는 작업이 빈번해져서 CPU가 작업할 수 없는 상태에 이르게 되어 시스템의 처리율은 급격히 떨어진다.
[문제 하단 그림 참조]

04 워크세트(작업 집합)는 프로세스를 효율적으로 실행하려고 프로세스가 자주 참조하는 페이지의 집합을 말한다.

정답 03 ② 04 ①

03 **다음 중 페이지 교체 문제에 관련된 설명으로 옳지 않은 것은?**
① 시간 지역성이란 최근에 참조한 기억장소를 다시 참조할 가능성이 높다는 것이다.
② 스래싱 현상이 일어나면 시스템 처리율이 증가한다.
③ 공간 지역성이란 참조한 기억장소의 근처에 있는 기억장소를 다시 참조할 가능성이 높다는 것이다.
④ 어떤 프로세스가 빈번하게 참조하는 페이지의 집합을 작업 집합이라고 한다.

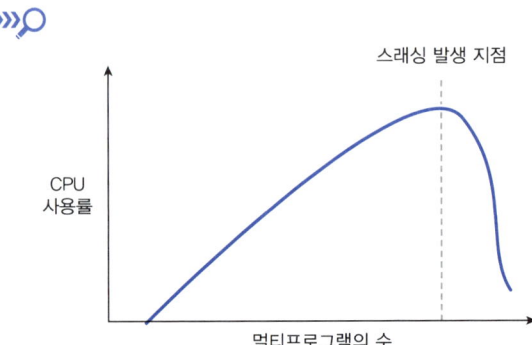

04 **다음 중 지역성(locality)에 대한 설명으로 옳지 않은 것은?**
① 프로세스를 효율적으로 실행하려고 프로세스가 자주 참조하는 페이지의 집합을 말한다.
② 프로세스를 실행하는 동안 일부 페이지만 집중적으로 참조하는 경향을 말한다.
③ 시간 지역성은 최근에 참조한 기억장소를 가까운 장래에도 계속 참조할 가능성이 높음을 의미한다.
④ 공간 지역성은 하나의 기억장소를 참조하려면 그 근처의 기억장소를 계속 참조하는 경향이 있음을 의미한다.

05 다음 중 작업 집합(working set)의 의미로 옳은 것은?

① 일정 시간 동안 CPU가 참조한 페이지의 집합을 의미한다.
② 프로세스가 자주 참조하는 페이지의 집합을 의미한다.
③ 한 작업을 구성하는 페이지 수를 의미한다.
④ 단위시간당 처리하는 작업의 양을 의미한다.

06 페이지 교체 알고리즘 중에서 각 페이지들을 얼마나 자주 사용했느냐에 중점을 두어 참조된 횟수가 가장 적은 페이지를 교체시키는 방법으로 옳은 것은?

① LFU(Least Frequency Used)
② FIFO(First In First Out)
③ LRU(Least Recently Used)
④ NUR(Not Used Recently)

07 다음 중 NUR 페이지 교체 알고리즘에서 가장 우선적으로 교체하는 대상으로 옳은 것은?

① 참조하여 변형된 페이지
② 참조도 하지 않고 변형도 되지 않은 페이지
③ 참조는 하지 않고 변형된 페이지
④ 참조는 했으나 변형은 되지 않은 페이지

선정 순서	(참조 비트, 변경 비트)	설명
1	(0,0)	가장 먼저 선정한다. 즉 접근(참조)한 적도, 변경(수정)한 적도 없는 페이지를 스왑 영역으로 옮긴다.
2	(0,1)	최근에 사용하지 않았으나, 수정한 페이지를 스왑 영역으로 옮긴다.
3	(1,0)	최근에 사용했으나, 수정하지 않은 페이지를 스왑 영역으로 옮긴다.
4	(1,1)	최근에 사용하고, 수정한 페이지를 스왑 영역으로 옮긴다.

05 프로세스는 실행 중에 때때로 많은 프레임이 필요하기도 하고 적은 프레임만으로 작동하기도 하는데, 이렇게 수시로 변하는 요청을 수용하는 방식이 동적 할당(dynamic allocation)이다. 동적 할당 방식에는 작업 집합 모델을 사용하는 방식과 페이지 부재 빈도를 사용하는 방식이 있다.
작업 집합은 지역성 이론을 바탕으로 가장 최근에 접근한 프레임이 이후에도 또 참조될 가능성이 높다는 가정으로 프로세스가 참조하는 페이지 집합을 메모리 공간에 계속 상주시키는 것을 의미한다.

06 • FIFO : 처음 메모리에 올라온 페이지를 스왑 영역으로 보내는 교체 알고리즘
• LRU : 시간적으로 멀리 떨어진 페이지를 스왑 영역으로 보내는 교체 알고리즘
• LFU : 사용 빈도가 적은 페이지를 스왑 영역으로 보내는 교체 알고리즘
• NUR : 최근에 사용한 적이 없는 페이지를 스왑 영역으로 보내는 교체 알고리즘

07 다음 표는 NUR 페이지 교체 알고리즘에서 대상 페이지 선정 순서이다. [문제 하단 표 참조]

정답 05 ② 06 ① 07 ②

※ 주어진 페이지 참조 순서를 보고 물음에 알맞은 답을 하시오.
[8 ~ 12]

> 보기
>
> 페이지 참조 순서 : 0, 1, 2, 3, 0, 1, 4, 2, 3, 4

08 다음은 FIFO 페이지 교체 알고리즘의 실행 과정이다.
[문제 하단 그림 참조]

08 FIFO 교체 알고리즘을 사용하고 페이지 참조의 순서가 〈보기〉와 같다고 가정하면, 할당된 프레임 수가 4개일 때 몇 번의 페이지 부재가 발생하는가? (단, 초기 프레임은 모두 비어 있다고 가정함)

① 5
② 6
③ 7
④ 8

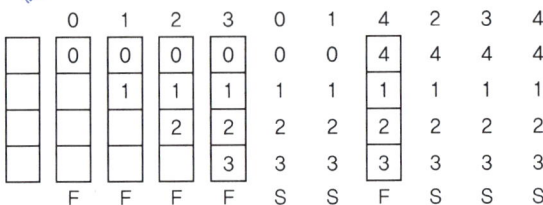

09 다음은 FIFO 페이지 교체 알고리즘의 실행 과정이다.
[문제 하단 그림 참조]

09 FIFO 교체 알고리즘을 사용하고 페이지 참조의 순서가 〈보기〉와 같다고 가정하면, 할당된 프레임 수가 3개일 때 몇 번의 페이지 부재가 발생하는가? (단, 초기 프레임은 모두 비어 있다고 가정함)

① 6
② 7
③ 8
④ 9

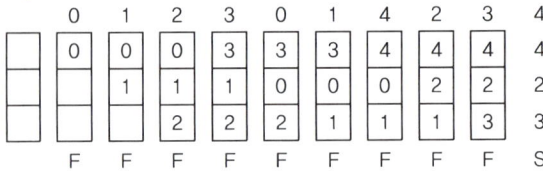

정답 08 ① 09 ④

10 LRU 교체 알고리즘을 사용하고 페이지 참조의 순서가 〈보기〉와 같다고 가정하면, 할당된 프레임 수가 3개일 때 몇 번의 페이지 부재가 발생하는가? (단, 초기 프레임은 모두 비어 있다고 가정함)

① 6
② 7
③ 8
④ 9

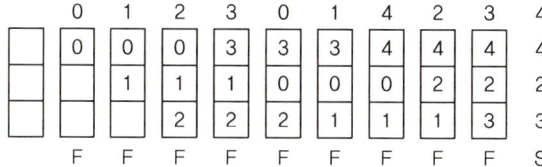

10 LRU 페이지 교체 알고리즘은 최근 최소 사용 페이지 교체 알고리즘으로, 다음은 LRU 페이지 교체 알고리즘의 실행 과정이다.
[문제 하단 그림 참조]

11 LFU 교체 알고리즘을 사용하고 페이지 참조의 순서가 〈보기〉와 같다고 가정하면, 할당된 프레임 수가 3개일 때 몇 번의 페이지 부재가 발생하는가? (단, 초기 프레임은 모두 비어 있다고 가정함)

① 6
② 7
③ 8
④ 9

※ 참조 문자열 아래 숫자는 사용빈도임

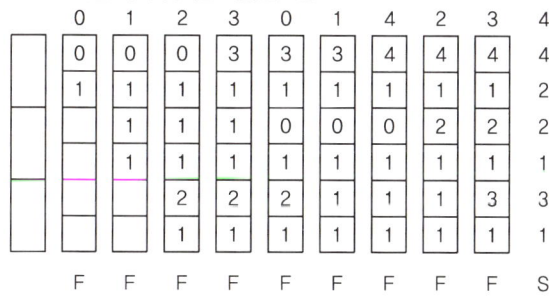

11 LFU 페이지 교체 알고리즘은 페이지가 몇 번 사용되었는지를 기준으로 대상 페이지를 선정한다. 다음은 LFU 페이지 교체 알고리즘의 실행 과정이다.
[문제 하단 그림 참조]

정답 10 ④ 11 ④

12 NUR 페이지 교체 알고리즘은 참조비트와 변형비트를 가지고 최근 사용하지 않는 페이지를 교체한다. 다음은 NUR 페이지 교체 알고리즘의 실행 과정이다.
[문제 하단 그림 참조]

12 NUR 교체 알고리즘을 사용하고 페이지 참조의 순서가 〈보기〉와 같다고 가정하면, 할당된 프레임 수가 3개일 때 몇 번의 페이지 부재가 발생하는가? (단, 초기 프레임은 모두 비어 있다고 가정하고, 읽기와 쓰기를 구분하지 않고 모든 작업은 읽기 연산함)

① 6
② 7
③ 8
④ 9

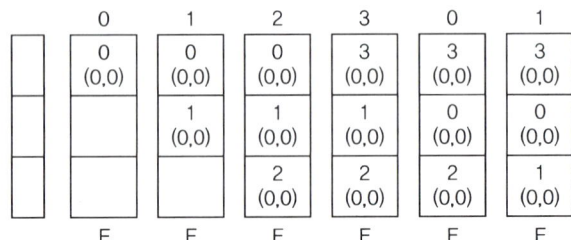

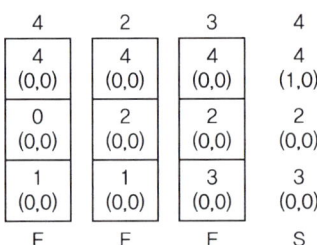

정답 12 ④

13 다음 중 페이징 방법에서 페이지 크기가 작을수록 발생하는 현상으로 옳지 않은 것은?

① 페이지 맵 테이블의 크기가 감소한다.
② 기억장소 이용 효율이 증가한다.
③ 입·출력 시간이 늘어난다.
④ 내부 단편화가 감소한다.

13 다음 표는 페이지 크기별 특징을 나타낸다.
[문제 하단 표 참조]

작은 페이지	큰 페이지
페이지 테이블의 크기가 증가	페이지 테이블의 크기 감소
내부 단편화 감소	내부 단편화 증가
디스크 입·출력 증가	디스크 입·출력 감소
지역성 증가, 페이지 부재 비율 증가	지역성 악화, 페이지 부재 비율 감소

정답 13 ①

또 실패했는가? 괜찮다. 다시 실행하라. 그리고 더 나은 실패를 하라!

– 사뮈엘 베케트 –

제 6 장

프로세스 관리

제1절	프로세스의 개념
제2절	스레드
제3절	스케줄링
실전예상문제	

이성으로 비관해도 의지로써 낙관하라!

– 안토니오 그람시 –

보다 깊이 있는 학습을 원하는 수험생들을 위한
시대에듀의 동영상 강의가 준비되어 있습니다.
www.sdedu.co.kr ➡ 회원가입(로그인) ➡ 강의 살펴보기

제 6 장 프로세스 관리

제1절 프로세스의 개념

운영체제에서 프로세스는 하나의 작업 단위이다. 사용자가 프로그램을 실행하면 그 프로그램은 프로세스가 된다. 이렇게 실행된 프로세스는 복잡한 과정을 거쳐 사용자가 지시한 작업을 마무리한다.

1 프로세스의 개념

초기에 사용하던 컴퓨터는 프로그램을 한 번에 하나씩 실행했고, 실행 중인 프로그램이 컴퓨터 자원을 독점했으나, 다중 프로그래밍 환경에서는 여러 프로그램을 메모리에 적재하여 병행 실행할 수 있어 컴퓨터의 효율을 높일 수 있다. 병행 실행하는 프로그램들은 컴퓨터 자원을 공유하므로 이들을 제어하는 방법으로 프로세스가 등장한다.

(1) 프로세스의 정의 중요

프로세스(process)라는 용어는 1960년대 멀틱스(multics) 운영체제에서 처음 사용했고, IBM 운영체제에서는 이를 작업(task)이라고 부르며, 프로세스는 다음과 같이 다양하게 정의할 수 있다.

- 실행 중인 프로그램
- 비동기적(asynchronous) 행위
- 실행 중인 프로시저
- 실행 중인 프로시저의 제어 추적
- 운영체제에 들어 있는 프로세스 제어 블록(PCB)
- 시스템에서 CPU와 같은 자원에 할당하여 실행할 수 있는 개체이며, 디스패치(dispatch)가 가능한 대상

① 실행 중인 프로그램

가장 일반적인 프로세스의 정의이다. 프로그램이 실행 중이라는 의미는 디스크에 있던 프로그램을 메모리에 적재하여 운영체제의 제어를 받는 상태가 되었다는 것이다. 따라서 웹 브라우저 창을 한 개 열면 프로세스 한 개를 생성하고, 웹 브라우저 창을 두 개 열면 프로세스 두 개를 생성한다.

② **자원을 할당함**
   프로세스가 실행 중인 프로그램이 되려면 프로세서 점유 시간, 메모리, 파일, 입·출력장치 같은 자원이 필요한데, 프로세스를 생성하거나 실행할 때 이 자원을 할당한다.
③ 프로세스는 현재의 활동 상태를 나타내는 프로그램 카운터, 프로세서의 현재 활동(레지스터 내용)도 포함한다. [그림 6-1]은 프로그램과 프로세스의 관계를 나타내며, 프로그램이 메모리로 적재되면 프로세스가 된다.

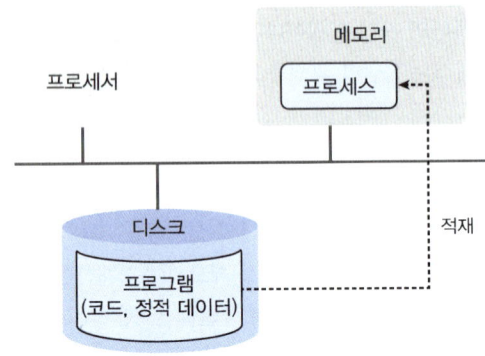

[그림 6-1] 프로그램과 프로세스

④ 사용자 관점에서 프로세스는 주소공간을 가지고 실행하는 프로그램 [그림 6-2]의 (a)이고, 시스템 관점에서 프로세스는 실행 중인 프로그램 [그림 6-2]의 (b)이다. 실행순서를 결정하는 스케줄러는 디스크에 저장된 프로그램에 프로세서를 할당해서 장치나 메모리 같은 파일 자원을 참조한다. 그리고 프로세스를 지원하고 협력하여 교착상태, 보호, 동기화 같은 정보를 교환한다.

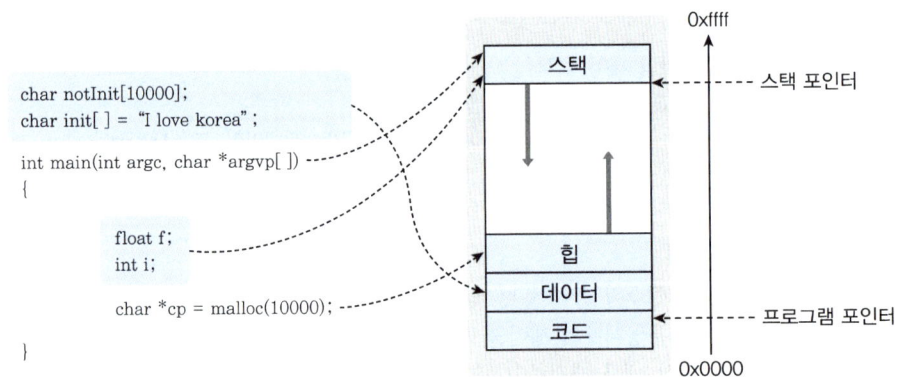

(a) 사용자 관점에서 바라본 프로세스

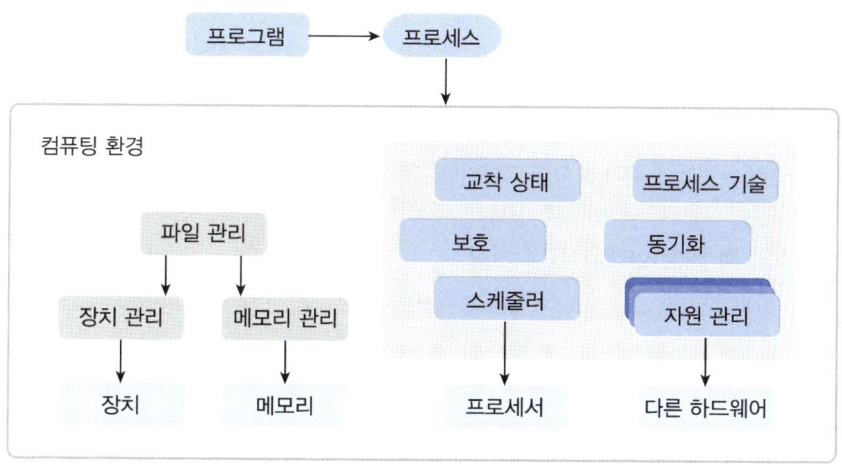

(b) 시스템 관점에서 바라본 프로세스
[그림 6-2] 사용자/시스템 관점에서 바라본 프로세스

(2) 프로세스의 종류
① 수행하는 역할에 따른 구분
㉠ 시스템(커널) 프로세스
모든 시스템 메모리와 프로세서의 명령에 액세스할 수 있는 프로세스이다. 프로세스 실행 순서를 제어하거나 다른 사용자 및 커널(운영체제) 영역을 침범하지 못하게 감시하고, 사용자 프로세스를 생성하는 기능을 한다.
㉡ 사용자 프로세스
사용자 코드를 수행하는 프로세스이다.
② 병렬 수행 방법에 따른 구분
㉠ 독립 프로세스
다른 프로세스에 영향을 주지 않거나 다른 프로세스의 영향을 받지 않으면서 수행하는 병행 프로세스이다.
㉡ 협력 프로세스
다른 프로세스에 영향을 주거나 다른 프로세스에서 영향을 받는 병행 프로세스이다.

2 프로세스의 상태

운영체제에서도 여러 가지 이유로 프로세스 상태(process status)가 변환된다. 일괄 작업 시스템의 경우 프로세스가 생성된 후 CPU를 얻어 실행되고 작업을 마치면 종료된다. 따라서 일괄 작업 시스템의 프로세스 상태는 생성(create), 실행(run), 완료(terminate)이다.

시분할 시스템에서의 프로세스 상태는 일괄 작업 시스템보다 복잡하다. CPU를 얻어 실행 중인 프로세스가 중간에 다른 프로세스에 CPU를 넘겨주는 일이 빈번하기 때문이다. 예를 들면 코스 요리 전체를 한 번에 만드는 것이 아니라 단품 요리를 번갈아 가면서 만드는 것과 같다. 어떤 주문서의 단품 요리를 막 만들었다면 그 주문서는 주문 목록으로 다시 이동한다. 운영체제에서도 이제 막 프로세스가 되었거나 CPU를 사용하다가 쫓겨난 프로세스는 준비 상태에서 자기 순서를 기다린다.

(1) 프로세스의 네 가지 상태와 상태 변화

[그림 6-3]은 간단한 프로세스의 상태를 나타낸다.

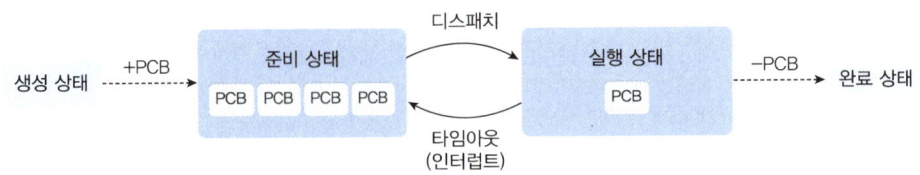

[그림 6-3] 간단한 프로세스의 상태

① **프로세스의 상태**
　㉠ 생성 상태(create status)
　　프로세스가 메모리에 올라와 실행 준비를 완료한 상태이다. 프로세스를 관리하는 데 필요한 프로세스 제어 블록이 생성된다.
　㉡ 준비 상태(ready status)
　　생성된 프로세스가 CPU를 얻을 때까지 기다리는 상태이다. CPU가 하나인 컴퓨터에서는 한 번에 하나의 프로세스만 실행할 수 있기 때문에 자기 실행 순서가 될 때까지 준비 상태에서 기다려야 한다.
　㉢ 실행 상태(running status)
　　준비 상태에 있는 프로세스 중 하나가 CPU를 얻어 실제 작업을 수행하는 상태로 execute status라고도 한다. 실행 상태에 들어간 프로세스는 일정 시간 동안 CPU를 사용할 권리를 갖는다. 만약 주어진 시간을 다 사용하고도 작업이 끝나지 않았다면 프로세스는 준비 상태로 돌아와 다음 차례를 기다린다. 프로세스는 자신의 작업이 끝날 때까지 준비 상태와 실행 상태를 왔다 갔다 한다.
　㉣ 완료 상태(terminated status)
　　실행 상태의 프로세스가 주어진 시간 동안 작업을 마치면 완료 상태로 진입한다. 완료 상태는 프로세스 제어 블록이 사라진 상태를 의미한다.

② **프로세스의 상태 변화**
　준비 상태에 있는 여러 프로세스 중 다음에 실행할 프로세스를 선정하는 일은 CPU 스케줄러(CPU scheduler)가 담당한다. CPU 스케줄러는 준비 상태의 맨 앞에서 기다리고 있는 프로세스 제어 블록을 CPU에 전달하여 작업이 이루어지게 한다. CPU의 스케줄러는 프로세스의 전 상태, 즉 생성, 준비, 실행, 완료에 관여하여 모든 프로세스의 작업이 원만하게 이루어지도록 관리한다.
　CPU 스케줄러에 의해 선택된 프로세스는 실행 상태에서 일정 시간 동안 작업을 하고, 프로세스에 배당된 작업시간을 타임 슬라이스 또는 타임 퀀텀이라고 부른다.

㉠ 디스패치(dispatch)
    준비 상태의 프로세스 중 하나를 골라 실행 상태로 바꾸는 CPU 스케줄러의 작업을 말한다.
㉡ 타임아웃(time out)
    프로세스가 자신에게 주어진 하나의 타임 슬라이스 동안 작업을 끝내지 못하면 다시 준비 상태로 돌아가는 것을 말한다. 새로운 프로세스가 실행 상태로 들어오면 CPU는 일정 시간(타임 슬라이스)이 흐른 뒤 알려달라고 클록에 요청한다. 이는 알람을 맞추어놓는 것과 같다. 일정 시간이 다 되면 클록은 인터럽트를 사용하여 일정 시간이 흘렀다고 CPU에게 알려준다. [그림 6-3]에서 타임아웃 밑의 인터럽트는 정확히 표현하면 '클록으로부터의 인터럽트'이다.

(2) 프로세스의 다섯 가지 상태 중요 기출

프로세스는 생성, 준비, 실행, 완료라는 네 가지 상태만으로 작업을 진행하는데 큰 문제는 없지만 오늘날 운영체제의 효율성을 고려하여 다섯 가지 상태를 만들었다. 예를 들어 어떤 프로세스가 실행 상태에 들어가 입·출력을 요구했다고 가정해 보면, 인터럽트 시스템에서 프로세스가 입·출력을 요구하면 CPU가 직접 테이블을 가져오지 않고 입·출력 관리자에게 명령을 내린다. 이 상태에서 프로세스는 요청한 작업이 끝날 때까지 다음 작업을 할 수 없다. 따라서 CPU도 아무 작업을 하지 않고 기다리게 되어 효율성이 떨어진다. 이는 음식점에서 재료가 손질이 되지 않아 기다리고 있는 상황과 비슷하다. [그림 6-4]는 대기 상태를 추가한 프로세스의 상태를 나타낸다.

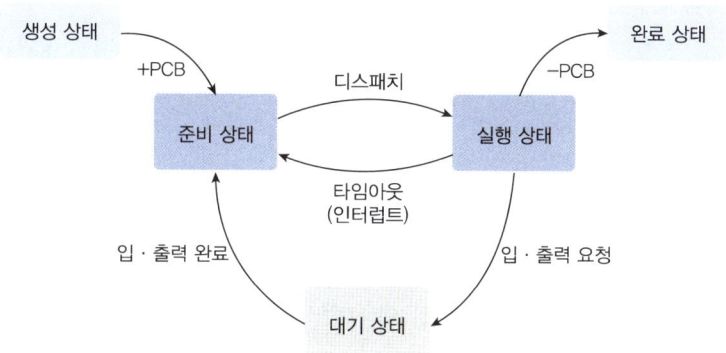

[그림 6-4] 대기 상태를 추가한 프로세스의 상태

① **생성 상태(create status)**
    프로그램이 메모리에 올라오고 운영체제로부터 **프로세스 제어 블록**을 할당받은 상태이다. 생성된 프로세스는 바로 실행되는 것이 아니라 준비 상태에서 자기 순서를 기다리며, 프로세스 제어 블록도 같이 준비 상태로 옮겨진다.

② **준비 상태(ready status)**
    준비 상태는 실행 대기 중인 모든 프로세스가 **자기 순서를 기다리는 상태**이다. 프로세스 제어 블록은 준비 큐(ready queue)에서 기다리며 CPU 스케줄러에 의해 관리된다. 지금까지는 준비 큐가 1개인 것처럼 설명했지만 실제로는 다수의 준비 큐가 운영된다. CPU 스케줄러는 준비 상태에서 큐를 몇 개 운영할지, 큐에 있는 어떤 프로세스의 프로세스 제어 블록을 실행 상태로 보낼지를 결정한다.

- **dispatch(상태 변화)** : CPU 스케줄러가 어떤 프로세스 제어 블록을 선택하는 작업은 dispatch (PID : 프로세스 구분자) 명령으로 처리한다. CPU 스케줄러가 dispatch(PID)를 실행하면 해당 프로세스를 준비 상태에서 실행 상태로 바꿔 작업이 이루어진다.

③ 실행 상태(running status)

실행 상태는 프로세스가 CPU를 할당받아 실행되는 상태이다. 준비 상태에 있는 많은 프로세스 중 실행 상태에 들어가는 프로세스는 CPU의 개수만큼이다.

- **timeout(상태 변화)** : 실행 상태에 있는 프로세스는 자신에게 주어진 시간, 즉 타임 슬라이스 동안만 작업할 수 있다. 그 시간을 다 사용하면 timeout(PID)이 실행된다. timeout(PID)은 프로세스 제어 블록을 실행 상태에서 준비 상태로 옮긴다.
- **exit(상태 변화)** : 만약 실행 상태 동안 작업이 완료되면 exit(PID)가 실행되어 프로세스가 정상 종료된다.
- **block(상태 변화)** : 실행 상태에 있는 프로세스가 입·출력을 요청하면 CPU는 입·출력 관리자에게 입·출력을 요구하고 block(PID)을 실행한다. block(PID)은 입·출력이 완료될 때까지 작업을 진행할 수 없기 때문에 해당 프로세스를 대기 상태로 옮긴다. CPU 스케줄러는 새로운 프로세스를 실행 상태로 가져온다(dispatch).

④ 대기 상태(blocking status)

대기 상태는 실행 상태에 있는 프로세스가 입·출력을 요청하면 입·출력이 완료될 때까지 기다리는 상태로 'wait status'라고도 한다. 대기 상태는 작업의 효율성을 위해 만들어진 것으로, 대기 상태의 프로세스는 입·출력 장치별로 마련된 큐에서 기다린다.

- **wakeup(상태 변화)** : 입·출력이 완료되면 인터럽트가 발생하고, 대기 상태에 있는 여러 프로세스 중 해당 인터럽트로 깨어날 프로세스를 찾는 것을 말한다. wakeup(PID)으로 해당 프로세스의 프로세스 제어 블록이 준비 상태로 이동하게 된다. 어떤 프로세스가 대기 상태에서 준비 상태로 이동하는 것은 인터럽트 때문이다. 인터럽트는 입·출력으로 발생하지만 어떤 이벤트에 의해 발생하기도 한다.

⑤ 완료 상태(terminated status)

완료 상태는 프로세스가 종료되는 상태이다. 완료 상태에서는 코드와 사용했던 데이터를 메모리에서 삭제하고 프로세스 제어 블록을 폐기한다.

- **exit(상태 변화)** : 정상적인 종료는 간단히 exit( )으로 처리한다.
- **abort(상태 변화)** : 만약 오류나 다른 프로세스에 의해 비정상적으로 종료되는 강제 종료(abort)를 만나면 디버깅하기 위해 강제 종료 직전의 메모리 상태를 저장장치로 옮기는데 이를 코어 덤프(core dump)라고 한다. 코어 덤프는 종료 직전의 메모리 상태를 확인함으로써 오류를 수정할 수 있게 해준다.

[표 6-1] 프로세스의 상태와 관련 작업

상태	설명	작업
생성 상태	프로그램을 메모리에 가져와 실행 준비가 완료된 상태	메모리 할당, PCB 생성
준비 상태	실행을 기다리는 모든 프로세스가 자기 차례를 기다리는 상태. 실행될 프로세스를 CPU 스케줄러가 선택	dispatch(PID) : 준비 → 실행
실행 상태	선택된 프로세스가 타임 슬라이스를 얻어 CPU를 사용하는 상태. 프로세스 사이의 문맥 교환이 발생	• timeout(PID) : 실행 → 준비 • exit(PID) : 실행 → 완료 • block(PID) : 실행 → 대기
대기 상태	실행 상태에 있는 프로세스가 입·출력을 요청하면 입·출력이 완료될 때까지 기다리는 상태. 입·출력이 완료되면 준비 상태로 감	wakeup(PID) : 대기 → 준비
완료 상태	프로세스가 종료가 된 상태. 사용하던 모든 데이터가 정리되고, 정상 종료인 exit와 비정상 종료인 abort를 포함	메모리 삭제, PCB 삭제

3 프로세스 제어 블록과 문맥 교환

(1) 프로세스 제어 블록 중요 기출

프로세스 제어 블록(PCB)은 프로세스를 실행하는 데 필요한 중요한 **정보를 보관**하는 자료 구조로 TCB(Task Control Block)라고도 한다. 모든 프로세스는 고유의 프로세스 제어 블록을 가지며, 프로세스 제어 블록은 프로세스 생성 시 만들어져서 프로세스가 실행을 완료하면 폐기된다. 프로세스 제어 블록에 저장되는 정보와 각 정보는 어떤 역할을 하는지 알아보자. [그림 6-5]는 프로세스 제어 블록의 구성을 나타낸다.

포인터	프로세스 상태
프로세스 구분자	
프로그램 카운터	
프로세스 우선순위	
각종 레지스터 정보	
메모리 관리 정보	
할당된 자원 정보	
계정 정보	
PPID와 CPID	
....	

[그림 6-5] 프로세스 제어 블록의 구성

① 포인터
프로세스 제어 블록의 첫 번째 블록에는 포인터가 저장된다. 준비 상태나 대기 상태는 큐로 운영되는데, 프로세스 제어 블록을 연결하여 준비 상태나 대기 상태의 큐를 구현할 때 포인터를 사용한다. 부모 프로세스의 주소를 기억하는 부모 프로세스 포인터, 자식 프로세스의 주소를 기억하는 자식 프로세스의 포인터, 현재 프로세스의 메모리 위치에 대한 포인터, 프로세스에 할당된 각 자원에 대한 주소를 기억하는 포인터가 있다.

② 프로세스 상태
프로세스 상태에는 생성, 준비, 실행, 대기, 보류 준비, 보류 대기 등이 있다. 이는 프로세스가 현재 어떤 상태에 있는지를 나타내며, 프로세스 제어 블록의 두 번째 블록에 저장된다.

③ 프로세스 구분자
운영체제 내에 있는 여러 프로세스를 구별하기 위한 구분자를 저장한다.

④ 프로그램 카운터
다음에 실행될 명령어의 위치를 가리키는 프로그램 카운터의 값을 저장한다.

⑤ 프로세스 우선순위
스케줄링 정보 및 프로세스가 실행될 때의 우선순위에 관한 정보를 저장한다.

⑥ 각종 레지스터 정보
프로세스 제어 블록에는 프로세스가 실행되는 중에 사용되는 레지스터인 누산기, 색인 레지스터, 스택 포인터와 같은 레지스터의 값이 저장된다. 이전에 실행할 때 사용한 레지스터의 값을 보관해야 다음에 실행할 수 있기 때문에 자신이 사용하던 레지스터의 중간 값을 보관한다.

⑦ 메모리 관리 정보
프로세스 제어 블록에는 프로세스가 메모리의 어디에 있는지 나타내는 메모리 위치 정보, 메모리 보호를 위해 사용하는 경계 레지스터 값과 한계 레지스터 값 등이 저장된다. 그 외 세그먼테이션 테이블, 페이지 테이블 등의 정보도 보관한다.

⑧ 할당된 자원 정보
프로세스를 실행하기 위해 사용하는 입·출력 자원이나 오픈 파일 등에 대한 정보를 말한다. 어떤 프로세스가 하드디스크에 저장된 파일을 열어서 작업하거나, 음악을 출력하기 위해 사운드 카드에 접근하고 있다면 파일이나 사운드 카드에 대한 정보가 필요한데, 이러한 정보를 프로세스 제어 블록에 저장한다.

⑨ 계정 정보
계정 정보, CPU 할당 시간, CPU 사용 시간 등이 저장된다.

⑩ 부모 프로세스 구분자와 자식 프로세스 구분자
프로세스 제어 블록에는 부모 프로세스(parent process)를 가리키는 PPID(parent PID)와 자식 프로세스(child process)를 가리키는 CPID(child PID) 정보도 저장된다.

(2) 문맥 교환 중요

① 문맥 교환의 의미
문맥 교환(context switching)은 CPU를 차지하던 프로세스가 나가고 새로운 프로세스를 받아들이는 작업을 말한다. 이때 두 프로세스 제어 블록의 내용이 변경된다. 실행 상태에서 나가는 프로세스

제어 블록에는 지금까지의 작업 내용을 저장하고, 반대로 실행 상태로 들어오는 프로세스 제어 블록의 내용으로 CPU가 다시 세팅된다. 이전 작업 상태가 저장되어야 다음 작업을 할 수 있기 때문이다. 이와 같이 두 프로세스 제어 블록을 교환하는 작업이 문맥 교환이다.

② **문맥 교환의 절차**

　㉠ 문맥 교환 과정

　　[그림 6-6]은 프로세스 P1과 프로세스 P2의 문맥 교환 과정을 보여준다. 실행 상태에 있는 프로세스 P1이 자신에게 주어진 시간을 다 사용하여 타임아웃이 되면 P1의 프로세스 제어 블록에 현재까지의 작업 결과가 저장되고 P1은 준비 상태로 쫓겨난다. 준비 상태에 있던 프로세스 P2가 실행 상태로 가면 CPU의 레지스터가 P2의 프로세스 제어 블록 값으로 채워져 다음 작업을 하게 된다.

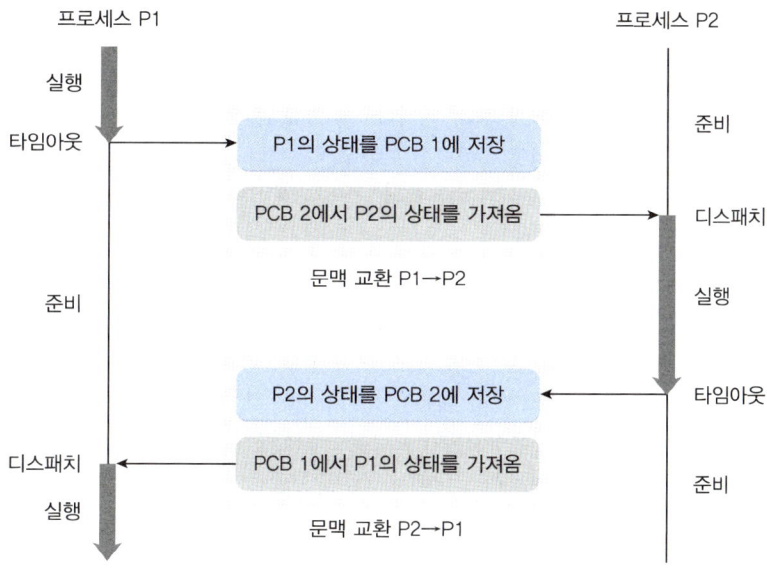

[그림 6-6] 문맥 교환 과정

　㉡ 문맥 교환이 일어나는 경우

　　일반적으로 한 프로세스가 자신에게 **주어진 시간을 다 사용**하면 문맥 교환이 발생하고, **인터럽트**가 걸렸을 때도 문맥 교환이 발생한다. 예를 들면 어떤 프로세스가 자신에게 주어진 메모리 공간을 넘어가려 한다면 이는 경계 레지스터의 범위를 벗어나는 것이다. 이때 인터럽트가 발생하여 현재 실행 중인 프로세스의 제어 블록을 저장한 후 인터럽트 관리 프로세스를 실행 상태로 만든다. 인터럽트 관리 프로세스는 메모리 범위를 넘어선 프로세스를 강제로 종료하고 인터럽트 처리를 마치는데, 이와 같이 인터럽트 처리를 할 때도 문맥 교환이 일어난다.

4 프로세스의 관리

(1) 프로세스의 구조

프로세스는 코드 영역, 데이터 영역, 스택 영역으로 구성된다. 프로세스의 구조를 쉽게 이해하기 위해 라면을 끓이는 과정을 비유하여 알아보자.

① 코드 영역

코드 영역은 요리책으로 비유할 수 있다. 라면을 만들려면 라면의 종류에 따라 레시피가 적힌 끓이는 방법을 보아야 하는데 요리책은 코드 영역에 해당된다. 요리책에 레시피가 나와 있듯이 코드 영역에 프로세스 본문이 기술되어 있다. 코드 영역(code area)은 프로그램의 본문이 기술된 곳으로 **텍스트 영역**이라고도 한다. 자기 자신을 수정하는 프로그램은 존재하지 않기 때문에 프로그래머가 작성한 프로그램은 코드 영역에 탑재되면 탑재된 코드는 **읽기** 전용으로 처리된다.

② 데이터 영역

데이터 영역은 요리 재료에 해당된다. 라면을 끓이려면 재료가 있어야 하는데, 이러한 재료는 프로세스의 데이터 영역에 해당된다. 데이터 영역(data area)은 코드가 실행되면서 사용하는 변수(variable)나 파일 등의 각종 데이터를 모아놓은 곳이다. 데이터는 변하는 값이기 때문에 이곳의 내용은 기본적으로 읽기와 쓰기가 가능하며, 상수로 선언된 변수는 읽기 전용이지만 일반적으로 변수는 **읽기와 쓰기**가 가능하다.

③ 스택 영역

스택 영역은 조리 도구에 해당된다. 레시피에 따라 조리를 하는 데 필요한 칼, 도마, 냄비들의 조리 도구는 스택 영역에 해당된다. 어떤 조리 도구를 사용하여 라면을 끓이는지 라면을 먹는 사람은 알 수 없듯이 사용자에게는 스택의 내용이 보이지 않는다.

스택 영역(stack area)은 운영체제가 프로세스를 실행하기 위해 부수적으로 필요한 데이터를 모아놓은 곳이다. 예를 들면 프로세스 내에서 함수를 호출하면 함수를 수행하고 원래 프로그램으로 되돌아올 위치를 이 영역에 저장한다. 스택 영역은 운영체제가 사용자의 프로세스를 작동하기 위해 유지하는 영역이므로, 사용자에게는 보이지 않는다. 예를 들면 메모장 프로그램을 실행하면 이 프로그램은 코드 영역에 탑재하고, 메모장에서 편집 중인 문서는 데이터 영역에 탑재된다. 또한 운영체제가 메모장을 작동하기 위해 사용하는 각종 부가적인 데이터는 스택 영역에서 관리한다.

(2) 프로세스의 생성과 복사

① 프로세스 생성

프로세스는 프로그램을 실행할 때 새로 생성된다. 사용자가 프로그램을 실행하면 운영체제는 프로그램을 메모리로 가져와 코드 영역에 넣고 프로세스 제어 블록을 생성한다. 그리고 메모리에 데이터 영역과 스택 영역을 확보한 후 프로세스를 실행한다.

② 프로세스 복사

실행 중인 프로세스로부터 새로운 프로세스를 복사하는 방법도 있다. 운영체제는 프로세스를 복사할 수 있으며, 일반적으로 fork( ) 시스템 호출 함수는 실행 중인 프로세스로부터 새로운 프로세스를 복사하는 함수이다.

(3) 프로세스의 전환

프로세스를 복사할 수 있듯이 운영체제는 fork( ) 시스템 호출 함수를 통해 프로세스를 복사한 후, 복사된 프로세스를 새로운 프로세스로 바꾸는 함수 exec( ) 시스템 호출 함수를 사용한다. exec( ) 함수는 복사된 프로세스는 그대로 둔 채 내용만 바꾸는 함수로, 현재의 프로세스가 완전히 다른 프로세스로 전환된다.

(4) 프로세스의 종료

프로세스가 마지막 명령을 실행하면 종료하여 운영체제에 프로세스의 삭제를 요청한다. 일괄 처리 환경에서는 작업 종료를 의미하는 신호로 인터럽트를 발생하거나 시스템 호출로 중단 명령을 전달하여 프로세스를 종료한다. 대화형 환경에서는 사용자가 로그오프하거나 터미널을 닫으면 프로세스를 종료한다. 이외에도 오류로 프로세스를 종료할 수 있다.

(5) 프로세스의 제거

프로세스 제거는 프로세스를 파괴하는 것이다. 프로세스를 제거하면 사용하던 자원을 시스템에 돌려주고, 해당 프로세스는 시스템 리스트나 테이블에서 사라져 프로세스 제어 블록을 회수한다. 그러나 프로그램은 여전히 디스크에 저장하고, 자식 프로세스는 부모 프로세스를 제거하면 자동으로 제거된다.

(6) 프로세스의 중단과 재시작

프로세스의 중단과 재시작은 시스템 부하를 조절하는 데 상당히 중요하고, 다음 상황에서 주로 발생한다.
① 시스템에 장애가 발생하면 실행 중인 프로세스는 잠시 중단했다가 시스템이 기능을 회복할 때 다시 재시작할 수 있다.
② 프로세스에 의심스러운 부분이 있다면 실행 중인 프로세스를 중단하여 확인한 후 재시작하거나 종료할 수 있다.
③ 처리할 작업이 너무 많아 시스템에 부담이 되면(너무 많이 적재) 프로세스 몇 개를 중단했다가 시스템이 정상 상태로 다시 돌아왔을 때 재시작할 수 있다.

(7) 프로세스의 우선순위 변경

프로세스 스케줄러는 프로세스 제어 블록에 있는 우선순위를 이용하여 준비 리스트의 프로세스를 처리한다. 준비 리스트의 프로세스는 프로세서 중심 프로세스와 입·출력 중심 프로세스로 구분할 수 있다.

① **프로세서 중심 프로세스**
프로세서 중심 프로세스는 프로세서를 길게 사용하되 사용 횟수를 줄여서 균형을 유지할 수 있게 한다.

② **입·출력 중심 프로세스**
입·출력 중심 프로세스는 속도가 느리면서 빠른 응답을 요구하는 단말기 입·출력 프로세스에 높은 우선순위를 부여하고, 속도가 빠른 디스크 입·출력 프로세스에는 낮은 우선순위를 부여한다. 이때 우선순위가 낮은 프로세스에는 시간을 많이 할당하고, 우선순위가 높은 프로세스에는 시간을 적게 할당한다. 따라서 입·출력 중심 프로세스는 프로세서를 짧게 자주 사용하도록 한다.

(8) 프로세스의 문맥 교환

현재 실행하는 프로세스와 별도로 외부에서 이벤트(예 입·출력 동작의 종료)가 일어나면 인터럽트가 발생한다. 일반적으로 인터럽트가 발생하면 인터럽트 처리 루틴으로 제어가 넘어간 후에도 시스템 관리와 관련된 기본 작업을 하고는 인터럽트 유형에 따라 관련 루틴으로 분기한다.

① 입·출력 인터럽트
입·출력 동작이 발생했음을 확인하고 이벤트를 기다리는 프로세스를 준비 상태로 바꾼 후 실행할 프로세스를 결정한다.

② 클록 인터럽트
현재 실행 중인 프로세스의 할당 시간을 조사하여, 실행 중인 프로세스를 준비 상태로 바꾸고, 다른 프로세스를 실행 상태로 바꾼다.

제2절 스레드

오늘날의 운영체제는 프로세스의 낭비 요소를 제거하고 프로세스 작업의 유연성을 얻기 위해 멀티스레드를 사용한다. 멀티스레드는 운영체제가 아닌 곳에서도 많이 사용되지만 그 정의가 명확하지 않다.

1 스레드의 개념

(1) 스레드의 정의 중요

스레드의 개념을 파스타를 만드는 과정으로 비유해서 말하면 파스타를 만들려면 레시피를 준비하고 파스타 면과 채소, 칼, 냄비 등의 조리 도구를 가져다 놓는다. 요리할 준비가 되면 정해진 레시피에 따라 면을 삶고, 소스를 만든다. 여기서 파스타를 만들기 위해 준비하는 과정은 프로세스 생성 과정으로, 레시피의 정해진 절차에 따라 요리하는 것은 스레드로 볼 수 있다. 프로세스는 요리 작업 전체와 같고, 스레드는 요리를 완성하기 위해 수행하는 각각의 조리에 해당된다고 할 수 있다.

① 프로세스의 작업 과정
㉠ 운영체제는 코드와 데이터를 메모리에 가져오고, ㉡ 프로세스 제어 블록을 생성하고, ㉢ 작업에 필요한 메모리 영역을 확보한 후, ㉣ 준비된 프로세스를 준비 큐에 삽입한다. ㉤ 프로세스가 생성되면 CPU 스케줄러는 프로세스가 해야 할 일을 CPU에 전달하고, ㉥ 실제 작업은 CPU가 수행한다.

② 스레드의 정의

프로세스의 작업 과정에서 CPU 스케줄러가 CPU에 전달하는 일 하나가 스레드이다. 그러므로 CPU가 처리하는 작업 단위는 프로세스로부터 전달받은 스레드이다. 운영체제 입장에서의 작업 단위는 프로세스이고, CPU 입장에서의 작업 단위는 스레드인 것이다. 프로세스 입장에서는 스레드가 프로세스의 코드에 정의된 절차에 따라 CPU에 작업 요청을 하는 실행 단위이다.

(2) 프로세스와 스레드의 차이 중요 기출

프로세스와 스레드를 구분하기 위해 작업의 크기를 고려해서 설명하면 일반적으로 작은 단위의 일(operation)이 모여 하나의 작업(task)이 된다. 집짓기를 예로 들면 토지구입, 설계, 토목공사, 인테리어 등의 작은 일들이 모여 집짓기 작업이 된다. 집짓기는 전체 작업을 총괄하는 것이고, 토지 구입, 설계, 토목 공사, 인테리어는 집짓기 작업의 세부 단위가 된다. 즉, 집짓기 작업의 세부 단위가 스레드가 되고, 집짓기는 프로세스에 해당된다.

목수가 목공일을 할 때 모든 일을 한다면 하나의 목공 작업에는 하나의 일만 존재하게 된다. 그러나 하나의 목공 작업에 여러 명의 목수들이 동시에 작업을 할 수도 있다. 즉, 하나의 목공 작업에 여러 개의 일이 존재할 수 있다. 전자는 1개의 프로세스에 1개의 스레드를 가진 단일 스레드와 같고, 후자는 1개의 프로세스에 여러 개의 스레드를 가진 멀티스레드와 같다.

> **더 알아두기**
>
> **작업의 크기**
> 작업을 상대적인 크기순으로 나열하면 job 〉 task 〉 operation이고, 이를 프로세스와 스레드 관계에 대입하면 처리(job) 〉 프로세스(task) 〉 스레드(operation)가 된다. 여러 개의 스레드가 모여 프로세스를 이루고 여러 개의 프로세스가 모여 처리가 되며, 여러 개의 프로세스를 모아서 한꺼번에 처리하는 방법을 일괄 작업(batch job)이라고 한다.

개개의 프로세스와 스레드는 서로 미치는 영향이 다르다. 프로세스끼리는 약하게 연결되어 있는 반면 스레드끼리는 강하게 연결되어 있다. 이 연결 강도에 따라 프로세스와 스레드를 구분할 수 있다.

① 프로세스

집짓기 작업에 목공 작업, 전기 배선 작업 등 여러 가지 작업이 있을 수 있다. 각각의 별개의 작업들은 프로세스에 해당되고, 프로세스끼리는 약하게 연결되어 있다. 즉 목공일과 전기 배선 작업은 서로 큰 영향을 미치지 않는다. 또한 건축주의 의도에 따라 작업의 순서가 바뀔 수도 있다.

② 스레드

프로세스는 여러 개의 스레드로 구성되고 스레드끼리는 강하게 연결되어 있다. 목공 작업의 경우 문틀 작업, 문을 달고, 벽놀 벽에 석고보드를 대고, 천성에 마감 작업을 할 수 있다. 그러나 문을 달려면 문틀 작업을 하고 나서야 문을 달 수 있지, 반대로 일을 할 수 없다. 또 벽 작업과 천정 작업은 서로 별개로 진행할 수도 있다. 이와 마찬가지로 스레드는 목공 작업(프로세스) 내부에 서로 강하게 연결되어 있다.

(3) 멀티태스크와 멀티스레드

서로 독립적인 프로세스와 서로 강하게 연결된 스레드의 차이를 응용프로그램을 통해 예를 들어 살펴보면, [그림 6-7]에서 여러 개의 프로세스로 구성된 멀티태스크와 하나의 프로세스에 여러 개의 스레드로 구성된 멀티스레드의 차이를 볼 수 있다.

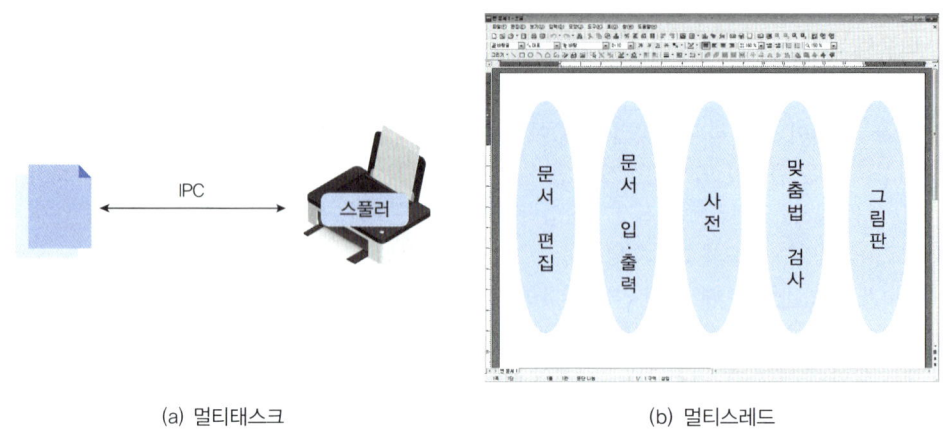

(a) 멀티태스크 　　　　　　　　　　　　　(b) 멀티스레드

[그림 6-7] 멀티태스크와 멀티스레드의 차이

① **멀티태스크**

[그림 6-7]의 (a)는 문서편집기와 프린터 스풀러의 예로 워드프로세서와 프린터 스풀러는 서로 독립적으로 작동하다가 필요할 때 출력할 데이터를 주고받는다. 서로 독립적이라는 것은 워드프로세서가 비정상적인 종료를 하여도 프린터 스풀러는 전혀 영향을 받지 않는다는 것이다. 이렇게 서로 독립적인 프로세스는 데이터를 주고받을 때 프로세스 간 통신(IPC : Inter Process Communication)을 이용한다.

② **멀티스레드**

[그림 6-7]의 (b)는 워드프로세서 프로세스 내의 문서 편집, 문서 입·출력, 맞춤법 검사, 그림판 같은 스레드들이 동시에 작업을 하는 멀티스레드를 나타내는 것이다. 이러한 스레드들은 강하게 연결되어 있으므로 워드프로세서가 종료되면 프로세스 내의 스레드도 강제 종료된다. 멀티스레드는 변수나 파일 등을 공유하고 전역 변수나 함수 호출 등의 방법으로 스레드 간 통신을 한다.

(4) 스레드 관련 용어 정의

① **멀티스레드**

멀티스레드는 프로세스 내 작업을 여러 개의 스레드로 분할함으로써 작업의 부담을 줄이는 프로세스 운영 기법이다.

② **멀티태스킹**

멀티태스킹은 운영체제가 CPU에 작업을 줄 때 시간을 잘게 나눠 배분하는 기법이다. 이렇게 여러 스레드에 시간을 잘게 나눠주는 시스템을 시분할 시스템(time sharing system)이라고 한다. 시분할 시스템에서 운영체제가 CPU에 전달하는 작업은 프로세스가 아니라 스레드이다.

③ **멀티프로세싱**

멀티프로세싱은 CPU를 여러 개 사용하여 여러 개의 스레드를 동시에 처리하는 작업 환경을 말한다. 이는 병렬 처리에서의 슈퍼스칼라 기법과 같다. 멀티프로세싱은 하나의 컴퓨터에 여러 개의 CPU 혹은 하나의 CPU 내 여러 개의 코어에 스레드를 배정하여 동시에 작동하는 것이다. 네트워크로 연결된 여러 컴퓨터에 스레드를 나눠 협업하는 분산 시스템도 멀티프로세싱이라고 부른다.

④ **CPU 멀티스레드**

CPU 멀티스레드는 한 번에 하나씩 처리해야 하는 스레드를 파이프라인 기법을 이용하여 동시에 여러 스레드를 처리하도록 만든 병렬 처리 기법이다.

[멀티스레드와 CPU 멀티스레드 비교]

멀티스레드	CPU 멀티스레드
운영체제가 소프트웨어적으로 프로세스를 작은 단위의 스레드로 분할하여 운영하는 기법	하드웨어적인 방법으로, 하나의 CPU에서 여러 스레드를 동시에 처리하는 병렬 처리 기법

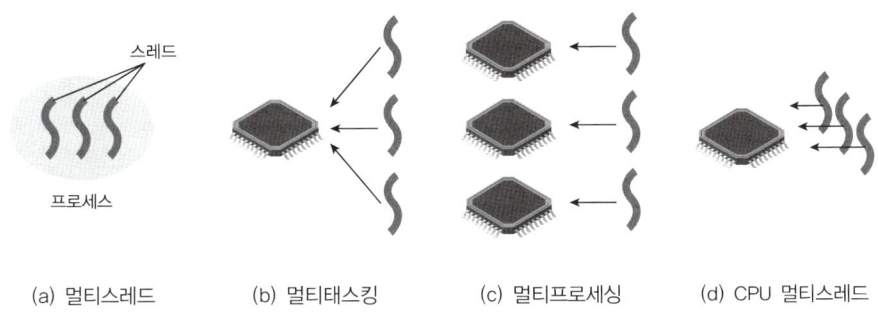

(a) 멀티스레드   (b) 멀티태스킹   (c) 멀티프로세싱   (d) CPU 멀티스레드

[그림 6-8] 멀티스레드, 멀티태스킹, 멀티프로세싱, CPU 멀티스레드

2 스레드의 분류

프로세스는 커널 프로세스와 사용자 프로세스로 구분하며, 스레드에도 커널 스레드와 사용자 스레드가 있다.

- 커널 스레드(kernel thread) : 커널이 직접 생성하고 관리하는 스레드이다.
- 사용자 스레드(user thread) : 라이브러리에 의해 구현된 일반적인 스레드이다.

사용자 스레드가 커널 스레드를 사용하려면 시스템 호출로 커널 기능을 이용해야 하는데, 이때 커널 스레드와 사용자 스레드의 대응 방식에 따라 다음과 같이 분류한다.

(1) 사용자 레벨 스레드

사용자 레벨 스레드(user-level thread)는 운영체제가 멀티스레드를 지원하지 않을 때 사용하는 방법으로, 초기의 스레드 시스템에서 이용되었다. 이 스레드는 사용자 레벨에서 스레드를 구현하기 때문에 관련 라이브러리를 사용하여 구현하며, 라이브러리는 커널이 지원하는 스케줄링이나 동기화 같은 기능을 대신 구현해준다. 그러므로 커널 입장에서 이 스레드는 하나의 프로세스처럼 보인다. 그러나 커널이 하는 일을 라이브러리가 대신 처리하여 여러 개의 스레드를 작동하므로 사용자 프로세스 내에 여러 개의 스레드가 존재하지만 커널의 스레드 하나와 연결되기 때문에 1 to N 모델이라고 부른다.

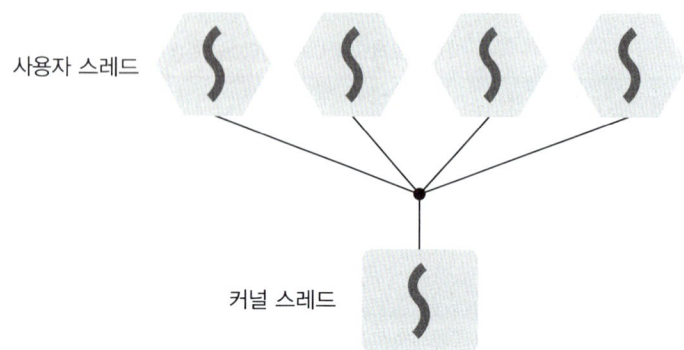

[그림 6-9] 사용자 레벨 스레드(1 to N 모델)

① 장점

사용자 레벨 스레드는 라이브러리가 직접 스케줄링을 하고 작업에 필요한 정보를 처리하기 때문에 문맥 교환과 같은 부가적인 작업이 줄어들어 속도가 빠르다.

② 단점
 ㉠ 여러 개의 스레드가 하나의 커널 스레드와 연결되기 때문에 커널 스레드가 입·출력 작업을 위해 대기 상태에 들어가면 모든 사용자 스레드가 같이 대기하게 된다.
 ㉡ 한 프로세스의 타임 슬라이스를 여러 스레드가 공유하기 때문에 여러 개의 CPU를 동시에 사용할 수 없다.
 ㉢ 커널 레벨에서는 공유 변수를 보호하는 장치가 있으나 이러한 서비스를 커널이 아닌 라이브러리에 구현해야 하기 때문에 보안에 취약하다.

(2) 커널 레벨 스레드

커널 레벨 스레드(kernel-level thread)는 커널이 멀티스레드를 지원하는 방식이다. 하나의 사용자 스레드가 하나의 커널 스레드와 연결되기 때문에 1 to 1 모델이라고 부른다. 커널 레벨 스레드의 장·단점은 사용자 레벨 스레드의 장·단점과 반대로 생각하면 된다.

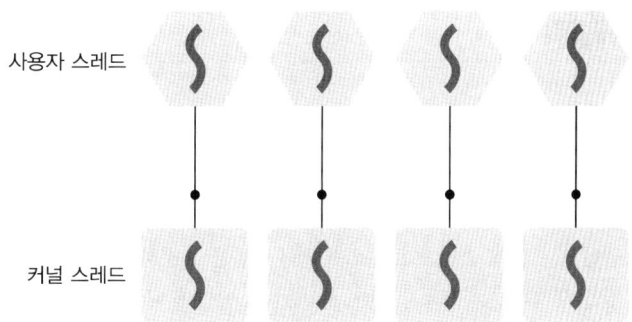

[그림 6-10] 커널 레벨 스레드(1 to 1 모델)

① 장점

독립적으로 스케줄링이 되므로 특정 스레드가 대기 상태에 들어가도 다른 스레드는 작업을 계속할 수 있고, 커널이 제공하는 보호 기능과 같은 모든 기능을 사용할 수 있다.

② 단점

문맥 교환을 할 때 오버헤드 때문에 느리게 작동한다.

(3) 멀티 레벨 스레드

멀티 레벨 스레드(multi-level thread) 또는 하이브리드 스레드(hybrid thread)는 사용자 레벨 스레드와 커널 스레드의 혼합 방식이므로 M to N 모델이라고 부른다. 사용자 레벨 스레드에서는 커널 스레드의 개수가 사용자 스레드보다 적기 때문에, 멀티 레벨 스레드에서는 커널 스레드의 개수가 사용자 스레드와 같거나 그보다 적다.

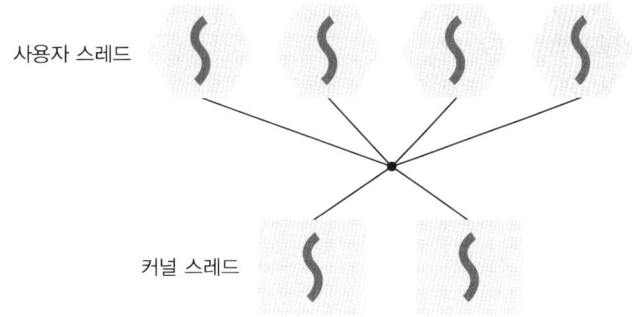

[그림 6-11] 멀티 레벨 스레드(M to N 모델)

멀티 레벨 스레드는 사용자 레벨 스레드와 커널 스레드의 방식을 혼용하기 때문에 각각의 스레드의 상·단점을 모두 가지고 있어 빠르게 움직여야 하는 스레드는 사용자 레벨 스레드로 작동하고, 안정적으로 움직여야 하는 스레드는 커널 레벨 스레드로 작동한다.

제3절 스케줄링

1 스케줄링의 개요

(1) 스케줄링의 개념

단일 처리 시스템에서는 실행 중인 프로세스가 입·출력을 요청하면 이 프로세스가 실행을 마칠 때까지는 사용하던 자원을 대기해야 하므로 시간이 낭비된다. 반면에 다중 프로그래밍에서는 여러 프로세스를 동시에 메모리에 올려놓고 실행 중인 프로세스가 입·출력을 요청하면 운영체제가 이 프로세스에 할당된 프로세서를 회수하여 다른 프로세스에 할당한다. 그러므로 다중 프로그래밍에서는 다음과 같은 장점을 갖는다.

- 프로세서 이용률을 높일 수 있다.
- 주어진 시간 동안 처리하는 작업량인 프로세서 처리율이 증가한다.

다중 프로그래밍에서 프로세서를 할당할 프로세스를 선택할 때는 어떠한 정책(전략)이 필요한데, 여기서 필요한 개념이 스케줄링이다. 스케줄링(scheduling)은 여러 프로세스가 번갈아 사용하는 자원을 어떤 시점에 어떤 프로세스에 할당할지 결정하는 것이다. 이 자원이 프로세서인 경우를 특별히 프로세서 스케줄링이라고 한다. 일반적으로 스케줄링이 프로세서 스케줄링을 의미하고, 그냥 스케줄링이라는 용어를 사용한다.

① 스케줄링의 역할

스케줄링 방법에 따라 프로세서를 할당받을 프로세스를 결정하므로 스케줄링이 시스템의 성능에 영향을 미친다. 좋은 스케줄링은 **프로세서의 효율성을 높**이고, **작업(프로세스)의 응답시간을 최소화**하여 시스템의 작업 처리 능력을 향상시킨다.

② 스케줄링이 필요 없는 프로세스

인터럽트 처리, 오류 처리, 사용자의 시스템 호출 등의 사전 처리가 필요한 프로세스가 있다.

③ 스케줄링이 필요한 프로세스

사용자 프로세스와 시스템 호출로 발생하는 시스템 프로세스가 있다. 그러므로 자원의 공유 순서나 일정을 조정하는 스케줄링에서는 사용자 프로세스와 시스템 프로세스를 다룬다.

(2) 스케줄링의 목적 중요

① **자원 할당의 공정성 보장**: 모든 프로세스를 공평하게 취급해야 하며, 어떤 프로세스도 실행을 무한 연기해서는 안 된다.

② **단위시간당 처리량 최대화**: 단위시간당 유휴 시간을 줄이고 프로세서의 처리량을 최대화하여 가능한 많은 프로세스에 서비스를 제공해야 한다.

③ **적절한 반환시간 보장**: 프로세스가 적절한 시간 안에 응답하여 완료해야 한다. 대화식 시스템에서는 사용자에게 늦어도 2~3초 이내에 응답해 주어야 한다.

④ **예측 가능성 보장**: 작업(프로세스)을 시스템 부하와 상관없이 거의 같은 시간에 거의 같은 비용으로 실행할 수 있어야 한다.

⑤ **오버헤드 최소화**: 오버헤드는 시스템 자원을 소모하는 비효율 요소로, 이를 줄이면 시스템의 자원 낭비를 줄일 수 있다. 그러나 특정 상황에서는 오버헤드가 발생하더라도 시스템 성능을 높이는 데 기여할 수 있는 경우가 있어, 필요 시 적절한 수준의 오버헤드를 허용하는 것이 오히려 효율적일 수 있다.
⑥ **자원 사용의 균형 유지**: 시스템의 자원을 가능한 쉬지 않고 사용할 수 있도록 스케줄링을 해야 한다. 따라서 유휴 상태의 자원을 사용하려는 프로세스에 특별한 혜택을 줄 수도 있다.
⑦ **반환시간과 자원의 활용 간에 균형 유지**: 반환시간(turn around time)을 빠르게 하는 방법은 충분한 자원을 확보하는 것이지만 한 프로세스가 너무 많은 자원을 차지하면 시스템의 자원 활용도가 떨어진다. 실시간 시스템은 빠른 응답이 필요하므로 자원 활용이 상대적으로 덜 중요하지만 다른 형태의 시스템에서는 효과적인 자원 활용이 더 중요하다.
⑧ **실행 대기 방지**: 실행을 무한 연기하지 않도록 해야 한다. 실행의 무한 연기는 교착 상태만큼 나쁜 영향을 줄 때가 많다. 이런 무한 연기 문제는 자원을 오래 기다릴수록 높은 우선순위를 부여하여 언젠가는 자원을 확보할 수 있도록 하는 에이징(aging) 방법으로 해결할 수 있다.
⑨ **우선순위**: 우선순위를 부여한 후 스케줄링 방법을 이용하여 우선순위가 높은 프로세스를 먼저 실행하도록 한다. 비선점 자원이라면, 스케줄링 방법은 프로세스에 주요 자원을 넘겨주기보다는 우선순위에 따라 처리해야 한다.
⑩ **서비스 사용 기회 확대**: 프로세스에 더 자주 서비스 사용 기회를 주어야 한다. 특히 페이지 부재율이 적은 프로세스에는 더 자주 서비스 사용 기회를 제공해야 한다.
⑪ **서비스 수 감소 방지**: 시스템은 서비스 수가 갑작스럽게 감소하는 상황을 피해야 한다. 시스템에 과부하가 발생할 때에도 서비스 수가 급격히 줄어들지 않도록, 과부하를 방지하거나 프로세스의 서비스 수준을 조정하여 안정적인 운영을 유지해야 한다.

이러한 목적들은 서로 모순되는 면이 많은데, 이는 스케줄링 문제를 어렵게 만드는 원인이 된다.

2 스케줄링의 단계

스케줄링은 수행 단계에 따라 [그림 6-12]와 같이 3단계로 세분화할 수 있다.

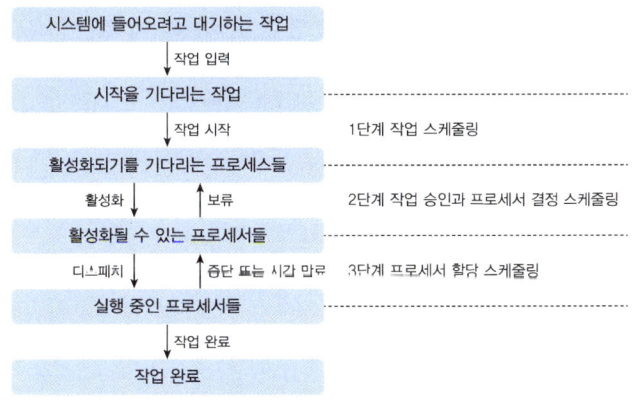

[그림 6-12] 스케줄링 단계

(1) 1단계 작업 스케줄링 : 작업 선택

이 단계는 실제로 시스템 자원을 사용할 작업을 결정하는 작업 스케줄링이다. 디스크에 있는 작업 중 프로세스화할 작업과 시스템에 들어갈 작업을 결정하므로 **승인 스케줄링**이라고도 한다. 작업 스케줄링에 따라 작업을 프로세스들로 나눠 생성한다. 수행 빈도가 낮아 **장기 스케줄링**에 해당한다.

다시 정리하면 **고수준 스케줄링**이라고도 하고, 전체 시스템의 부하를 고려하여 작업을 시작할지 말지를 결정한다. 이 결정에 따라 시스템의 전체 프로세스 수가 결정되는데 이를 멀티프로그래밍 정도(degree of multiprogramming)라고 한다. 고수준 스케줄링은 메인 프레임과 같은 큰 시스템에서 규모가 큰 일괄 작업을 처리할 때 사용된다.

(2) 2단계 작업 승인과 프로세서 결정 스케줄링 : 사용 권한 부여

이 단계는 프로세서를 사용할 권한을 부여할 프로세스를 결정하는 작업 승인과 프로세서 할당 스케줄링이다. 또 시스템의 오버헤드에 따라 연기할 프로세스를 잠정적으로 결정한다. 따라서 이 단계는 1단계 작업 스케줄링과 3단계 프로세서 할당 스케줄링의 완충 역할을 한다. 수행 빈도를 기준으로 하면 **중기 스케줄링**에 해당하며, 메모리 사용성도 높이고 작업 효율성도 향상시키는 스와핑(교체) 기능의 일부로 이해할 수 있다.

다시 정리하면 **중간수준 스케줄링**이라고도 하고, 시스템 부하를 조절하려면 고수준 스케줄링 대신 중간수준 스케줄링을 고려해야 한다. 시스템에 과부하가 걸려 전체 프로세스 수를 조절해야 한다면 이미 활성화된 프로세스 중 일부를 보류 상태로 보낸다. 보류된 프로세스는 처리 능력에 여유가 생기면 다시 활성화된다.

(3) 3단계 프로세서 할당 스케줄링 : 준비 상태의 프로세스에 프로세서 할당(디스패칭)

이 단계는 디스패치(분배기)가 준비 상태에 있는 프로세스 중에서 프로세서를 할당할 프로세스를 결정하는 프로세서 할당 스케줄링이다. 다음에 실행할 프로세스 결정이 잦으므로 수행 빈도가 잦아 **단기 스케줄링**에 해당한다.

다시 정리하면 **저수준 스케줄링**이라고도 하고, 저수준 스케줄링에서는 실제로 작업이 이루어진다. 오늘날의 CPU 스케줄러는 대부분 중간수준 스케줄링과 저수준 스케줄링으로 구성되어 있다. CPU 스케줄러는 필요에 따라 준비 상태에 있는 프로세스를 실행 상태로 옮기기도 하고, 대기 상태로 보내기도 하며, 타임아웃으로 준비 상태로 돌려보내기도 한다. 준비 상태에 있는 프로세스 중 어떤 프로세스를 선택할지, 어떤 기준에 따라 타임 슬라이스를 정할지 등은 시스템의 성능에 많은 영향을 미친다. 그렇다면 저수준 스케줄러가 어떤 기준에 따라 프로세스를 선택하고, 그 선택이 시스템에 어떤 영향을 미치는지를 살펴보아야 한다. 이후 CPU 스케줄러는 특별한 명시가 없으면 저수준 스케줄러를 의미한다.

3 스케줄링 알고리즘

CPU 스케줄러가 어떤 프로세스에 우선적으로 CPU를 할당할지 결정할 때 고려해야 할 사항이 있다.

(1) 선점형 스케줄링과 비선점형 스케줄링

'선점'은 '빼앗을 수 있음'을 뜻하고 '비선점'은 '빼앗을 수 없음'을 뜻한다. 따라서 선점형 스케줄링(preemptive scheduling)과 비선점형 스케줄링(non-preemptive scheduling)은 다음과 같이 정의한다.

① **선점형 스케줄링**

선점형 스케줄링은 어떤 프로세스가 CPU를 할당받아 실행 중이더라도 운영체제가 CPU를 강제로 빼앗을 수 있는 스케줄링 방식으로, 운영체제가 필요하다고 판단하면 실행 상태에 있는 프로세스의 작업을 중단시키고 새로운 작업을 시작할 수 있다. 대표적인 예로 **인터럽트 처리**를 들 수 있는데, CPU가 인터럽트를 받으면 현재 실행 중인 작업을 중단하고 커널을 깨워서 인터럽트를 처리시키며, 인터럽트 처리가 완료되면 원래의 작업으로 돌아간다.

- ㉠ 장점 : 하나의 프로세스가 CPU를 독점할 수 없기 때문에 빠른 응답시간을 보인다.
- ㉡ 단점 : 문맥 교환 같은 부가적인 작업으로 인해 오버헤드가 증가한다.
- ㉢ 사용 : 빠른 응답시간이 요구되는 **대화형 시스템**이나 **시분할 시스템**에 적합하다. 대부분 저수준 스케줄러에서 사용된다.

② **비선점형 스케줄링**

비선점형 스케줄링은 어떤 프로세스가 CPU를 점유하면 다른 프로세스가 이를 빼앗을 수 없는 스케줄링 방식으로, 어떤 프로세스가 실행 상태에 들어가 CPU를 사용하면 그 프로세스가 종료되거나 자발적으로 대기 상태에 들어가기 전까지는 계속 실행한다.

- ㉠ 장점 : 선점형 스케줄링보다 스케줄러의 작업량이 적고 문맥 교환에 의한 낭비가 적다.
- ㉡ 단점 : CPU 사용 시간이 긴 프로세스 때문에 CPU 사용 시간이 짧은 여러 프로세스가 오랫동안 기다리게 되어 전체 시스템의 처리율이 떨어진다.
- ㉢ 사용 : 과거의 **일괄 작업 시스템**에서 사용하던 방식이다.

[표 6-2] 선점형 스케줄링과 비선점형 스케줄링의 비교

구분	선점형	비선점형
작업 방식	실행 상태에 있는 작업을 중단시키고 새로운 작업을 실행할 수 있다.	실행 상태에 있는 작업이 완료될 때까지 다른 작업이 불가능하다.
장점	프로세스가 CPU를 독점할 수 없어 대화형이나 시분할 시스템에 적합하다.	CPU 스케줄러의 작업량이 적고 문맥 교환의 오버헤드가 적다.
단점	문맥 교환의 오버헤드가 많다.	기다리는 프로세스가 많아 처리율이 떨어진다.
사용	시분할 방식의 스케줄러에 사용된다.	일괄 작업 방식 스케줄러에 사용된다.
중요도	높다	낮다

(2) 스케줄링 알고리즘의 선택 기준 〈중요〉

어떤 스케줄링 알고리즘이 효율적인지 파악하려면 평가 기준이 있어야 한다.

① 가장 많이 사용되는 선택 기준

㉠ CPU 사용률

전체 시스템의 동작 시간 중 CPU가 사용된 시간을 측정하는 방법이다. 가장 이상적인 수치는 100%이지만 실제로는 여러 가지 이유로 90%에도 못 미친다.

㉡ 처리량

시스템이 정상적으로 작동한다면 일정 시간 후 작업이 끝난다. 처리량은 단위시간당 작업을 마친 프로세스의 수로, 이 수치가 클수록 좋은 알고리즘이다.

㉢ 대기시간

작업을 요청하더라도 실제 작업이 이루어지기 전까지는 대기시간이 필요하다. 대기시간은 작업을 요청한 프로세스가 작업을 시작하기 전까지 대기하는 시간으로, 이 시간이 짧을수록 좋다.

㉣ 응답시간

대화형 시스템에서는 사용자의 요구에 얼마 만에 반응하는지가 중요하다. 응답시간은 프로세스 시작 후 첫 번째 출력 또는 반응이 나올 때까지 걸리는 시간으로, 이 시간 역시 짧을수록 좋다.

㉤ 반환시간

프로세스가 생성된 후 종료되어 사용하던 자원을 모두 반환하는 데까지 걸리는 시간이다. 반환시간은 대기시간과 실행시간을 더한 값이다.

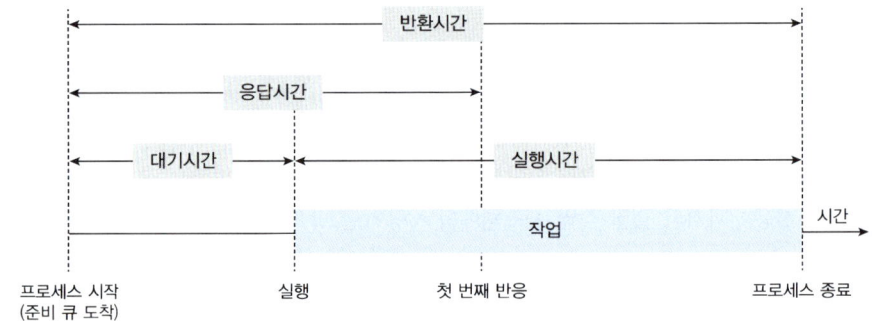

[그림 6-13] 대기시간, 응답시간, 실행시간, 반환시간의 관계

② 평균 대기시간 〈중요〉

스케줄링 알고리즘의 성능을 비교할 때는 주로 평균 대기시간을 본다. 평균 대기시간은 모든 프로세스의 대기시간을 합한 뒤 프로세스의 수로 나눈 값이다. [그림 6-14]는 3개의 프로세스가 작업할 때의 대기시간을 나타낸다.

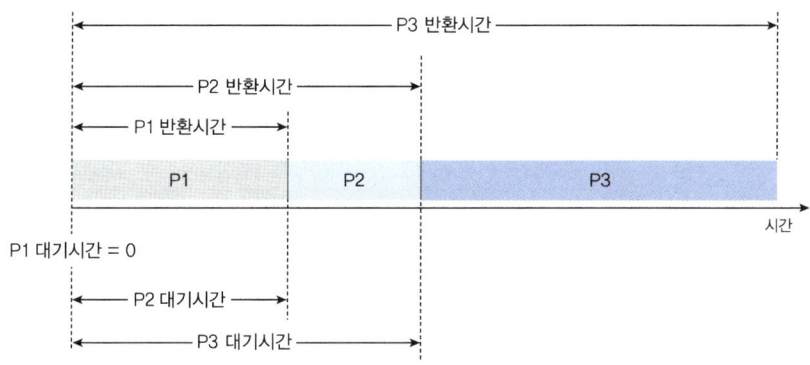

[그림 6-14] 대기시간과 반환시간

㉠ P1의 대기시간 : 바로 시작했기 때문에 0시간
㉡ P2의 대기시간 : P1이 끝난 시간
㉢ P3의 대기시간 : P2의 끝난 시간
㉣ 평균 대기시간 : 모든 프로세스의 대기시간의 합 / 3 시간

③ 알고리즘의 종류와 평균 대기시간의 비교

[표 6-3] 스케줄링 알고리즘의 종류

구분	종류
비선점형 알고리즘	FCFS 스케줄링, SJF 스케줄링, HRN 스케줄링
선점형 알고리즘	라운드 로빈 스케줄링, SRT 스케줄링, 다단계 큐 스케줄링, 다단계 피드백 큐 스케줄링
둘 다 가능	우선순위 스케줄링

각 알고리즘의 작업 패턴을 사용하여 평균 대기시간을 비교할 때 주의할 점은 작업 패턴을 바꾸면 평균 대기시간이 역전되기도 한다. 예를 들면 어떤 작업 패턴에서 A, B 스케줄링 알고리즘 중 A 알고리즘의 평균 대기시간이 컸는데 작업 패턴을 변경하면 B 알고리즘의 평균 대기시간이 커지는 경우가 있다. 따라서 평균 대기시간을 알고리즘의 절대적인 성능을 보여주는 지표로 보지 말고, 알고리즘이 어떻게 작동하는지 파악하는 도구 정도만으로 생각하기 바란다.

(3) FCFS 스케줄링 중요

① FCFS 스케줄링의 동작 방식

FCFS(First Come First Served) 스케줄링은 준비 큐에 **도착한 순서대로** CPU를 할당하는 **비선점형** 방식으로, 선입선출 스케줄링이라고 한다. 초기의 일괄 작업 시스템에서 사용되었던 FCFS 스케줄링은 프로세스가 큐에 도착한 순서대로 실행되며, 비선점형 방식이기 때문에 한번 실행되면 그 프로세스가 끝나야만 다음 프로세스를 실행할 수 있다. 큐가 하나이기 때문에 모든 프로세스는 **우선순위**가 동일하다.

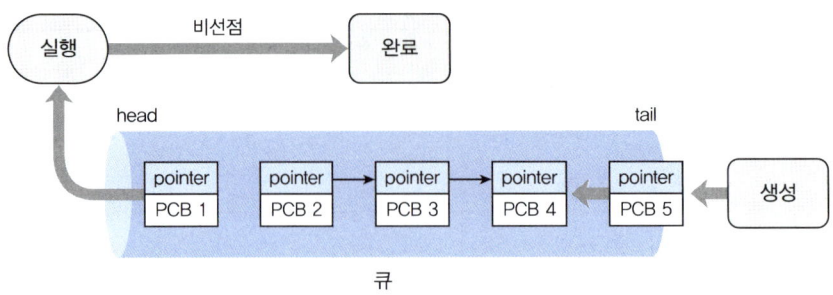

[그림 6-15] FCFS 스케줄링의 동작

> **더 알아두기**
>
> FCFS는 FIFO(First In First Out)라고도 하는데, 일반적으로 FIFO는 큐를 가리키기 때문에 이와 구분하기 위해 스케줄링 알고리즘에서는 FCFS라고 부른다.

② FCFS 스케줄링의 성능

FCFS 스케줄링의 성능은 평균 대기시간으로 평가할 수 있다. 평균 대기시간은 작업이 시작할 때까지 전체 프로세스가 대기한 시간의 평균값으로, 시스템의 모든 프로세스가 작업을 요청하여 실제로 작업이 시작할 때까지 기다린 시간을 합한 후 프로세스의 수로 나누어 구한다.

[표 6-4]와 같은 작업시간을 필요로 하는 프로세스 P1, P2, P3이 준비 큐에 순서대로 도착하고, 도착시간과 작업시간을 나타내었고, 프로세스 P1, P2, P3를 FCFS 스케줄링으로 처리했을 때의 실행 과정을 [그림 6-16]과 같은 간트 차트(Gantt chart)로 나타낼 수 있다.

[표 6-4] 프로세스 도착순서와 작업시간(단위 : msec)

도착순서	도착시간	작업시간
P1	0	30
P2	3	18
P3	6	9

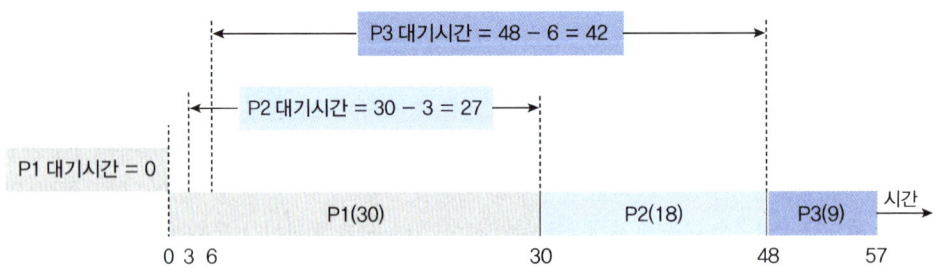

[그림 6-16] FCFS 스케줄링의 평균 대기시간

프로세스	반환시간	대기시간	평균 반환시간	평균 대기시간
P1	30	0		
P2	48 − 3 = 45	30 − 3 = 27	(30 + 45 + 51) / 3 = 42	(0 + 27 + 42) / 3 = 23
P3	57 − 6 = 51	48 − 6 = 42		

③ FCFS 스케줄링의 평가

㉠ 장점

FCFS 스케줄링 알고리즘은 이해와 구현이 단순하고 준비 큐에 있는 모든 프로세스가 결국 실행되므로 기아현상 없이 **공정한 정책**이다. 프로세서가 지속적으로 유용한 프로세스를 수행하여 **처리율이 높다**.

㉡ 단점

- 처리 시간이 긴 프로세스가 CPU를 차지하면 다른 프로세스들은 하염없이 기다려 시스템의 효율성이 떨어지는 문제가 있는데 이를 **콘보이 효과**(convoy effect) 또는 **호위 효과**라고 한다. 즉 컨베이어 벨트에 작업물이 한 줄로 늘어서 있을 때 앞의 작업이 오래 걸려서 뒤의 작업이 지연되는 현상과 같다.
- 현재 작업 중인 프로세스가 입·출력 작업을 요청하는 경우 CPU가 작업하지 않고 쉬는 시간이 많아져 **작업 효율**이 떨어진다.
- 비선점형이므로 대화식 프로세스에는 부적합하고, 장기 실행 프로세스가 뒤의 프로세스를 모두 지연시켜 평균 대기시간이 길어져 최악의 대기시간이 될 수 있다.

(4) SJF 스케줄링 _{중요} _{기출}

① SJF 스케줄링의 동작 방식

SJF(Shortest Job First) 스케줄링은 준비 큐에 있는 프로세스 중에서 실행시간이 가장 짧은 작업부터 CPU를 할당하는 **비선점** 방식으로, **최단 작업 우선 스케줄링**이라고 한다. SJF스케줄링은 프로세스에 CPU를 배정할 때 시간이 오래 걸리는 작업이 앞에 있고 간단한 작업이 뒤에 있다면 그 순서를 바꾸어 실행한다. FCFS 스케줄링의 콘보이 효과를 완화하여 시스템의 효율성을 높이는 것이다.

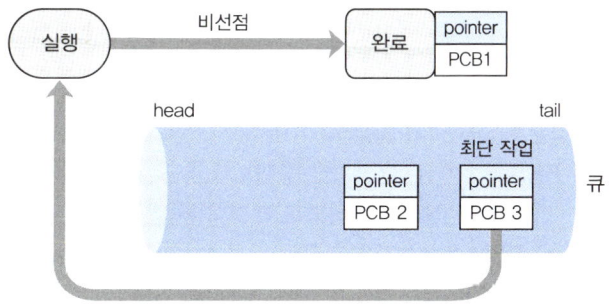

[그림 6-17] SJF 스케줄링의 동작

② **SJF 스케줄링의 성능**

FCFS 스케줄링과 SJF 스케줄링의 성능 차이를 다음 예에서 확인해 보자. [표 6-5]와 같이 프로세스들이 도착했다고 가정하자. [그림 6-18]과 같이 프로세스 P1, P2, P3를 SJF 스케줄링으로 처리했을 때의 실행 과정을 간트 차트(Gantt chart)로 나타낼 수 있다.

[표 6-5] 프로세스 도착순서와 작업시간(단위 : msec)

도착순서	도착시간	작업시간
P1	0	30
P2	3	18
P3	6	9

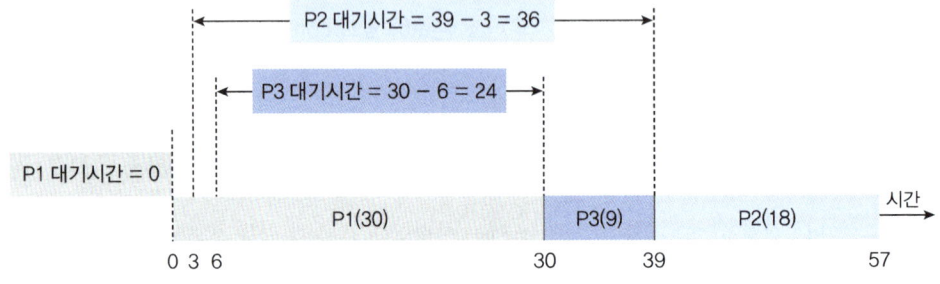

[그림 6-18] SJF 스케줄링의 평균 대기시간

㉠ 시작지점에서는 P1은 대기하지 않고 바로 실행한다.
㉡ P1이 30msec 동안 작업을 하면 큐에 P2와 P3은 대기한다.
㉢ P2와 P3 중 작업시간이 짧은 P3를 먼저 시작한다.

프로세스	반환시간	대기시간	평균 반환시간	평균 대기시간
P1	30	0	(30 + 33 + 54) / 3 = 39	(0 + 24 + 36) / 3 = 20
P3	39 - 6 = 33	30 - 6 = 24		
P2	57 - 3 = 54	39 - 3 = 36		

③ **SJF 스케줄링의 평가**

SJF 스케줄링은 작은 작업을 먼저 실행하기 때문에 시스템의 효율성이 좋아진다. 먼저 도착한 큰 작업으로 인해 작은 작업이 지연되는 FCFS 스케줄링보다 평균 대기시간이 줄어들어 시스템의 효율성이 높아진다. 그러나 이러한 장점에도 불구하고 SJF 스케줄링은 다음과 같은 이유로 사용하기 힘들다.
㉠ 운영체제가 프로세스의 종료시간을 정확하게 예측하기 어렵다.
　과거의 일괄 작업 프로세스는 실행되는 중에 사용자의 입력을 가다리는 것 같은 상호작용을 하지 않는다. 따라서 프로그램의 전체 연산 개수만 계산하면 종료시간을 추정할 수 있다. 그러나 현대의 프로세스는 사용자와 상호작용이 빈번히 발생하기 때문에 프로그램 종료시간을 파악하기 어렵다. 예를 들면 문서 편집 프로그램을 사용할 때 몇 분 만에 종료되는 경우도 있지만 몇 시간에

걸쳐 작업을 할 수도 있다. 현대의 운영체제에서는 프로세스의 작업 길이를 추정하는 것이 어렵기 때문에 SJF 스케줄링을 사용하기가 힘들다.

ⓒ 공평하지 못하다.

SJF 스케줄링은 공평성을 위배하는 문제가 있다. 프로세스 P2는 P3보다 준비 큐에 먼저 도착하지만 가장 나중에 실행되었다. 만약 P3 같은 작은 작업이 계속 준비 큐에 들어오면 P2의 작업이 계속 연기되는데 이를 기아(starvation)현상 또는 무한 봉쇄(infinite blocking)현상이라고 한다. 작업시간이 길다는 이유만으로 계속 뒤로 밀린다면 공평성이 현저히 떨어진다. 이 문제를 해결할 수 있는 방법으로는 에이징(aging)이 있다. 에이징은 프로세스의 우선순위를 점진적으로 증가시키는 방법으로, 대기 시간이 길어질수록 프로세스의 우선순위가 높아져 결국에는 반드시 실행되도록 한다. 그러므로 프로세스가 양보할 수 있는 상한선을 정하여, 프로세스가 자신의 순서를 상한선만큼 양보하면 무조건 실행하도록 한다. 그러나 에이징 값을 어떤 기준으로 정할 것인지 문제이므로 에이징에도 한계가 있다.

(5) HRN 스케줄링 중요

① HRN 스케줄링의 동작 방식

HRN(Highest Response ratio Next) 스케줄링은 SJF 스케줄링에서 발생할 수 있는 기아현상을 해결하기 위해 만들어진 비선점 알고리즘이고, **최고 응답률 우선 스케줄링**이라고 한다. SJF 스케줄링은 프로세스의 실행시간이 판단 기준이기 때문에 항상 적은 시간을 사용하는 프로세스에 우선권이 주어지지만, HRN 스케줄링은 서비스를 받기 위해 기다린 시간과 CPU 사용 시간을 고려하여 스케줄링을 하는 방식이다.

HRN 스케줄링에서 프로세스의 우선순위를 결정하는 기준은 다음과 같다.

$$\text{우선순위} = \frac{\text{대기시간} + \text{CPU 사용시간}}{\text{CPU 사용시간}}$$

HRN 스케줄링은 우선순위를 정할 때 대기시간을 고려해서 기아현상을 완화하여, 스케줄링 방식에서 에이징을 구현한 것과 같다.

[표 6-6]을 참고하여 프로세스 P1, P2, P3를 HRN 스케줄링으로 처리했을 때의 실행과정을 [그림 6-19]와 같은 간트 차트(Gantt chart)로 나타낼 수 있다.

[표 6-6] 프로세스 도착순서와 작업시간(단위 : msec)

도착순서	도착시간	작업시간
P1	0	30
P2	3	18
P3	6	9

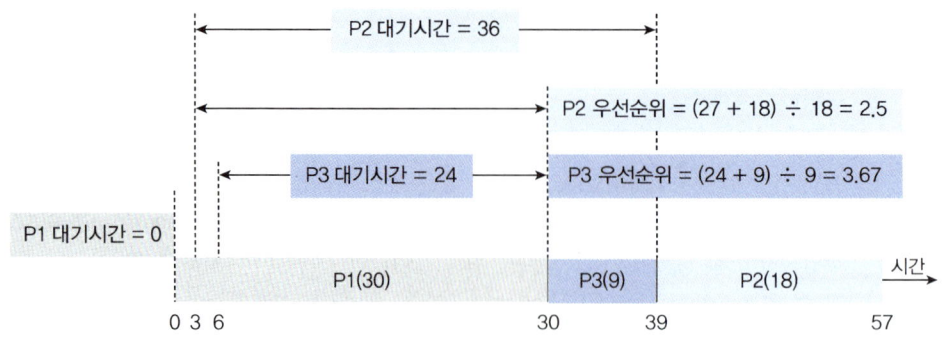

[그림 6-19] HRN 스케줄링의 평균 대기시간

㉠ 먼저 P1이 30msec 동안 실행하고, 준비 큐에 있는 P2와 P3의 우선순위를 계산한다.
㉡ P2는 27msec 동안 기다렸으므로 우선순위가 $(27+18)/18=2.5$이고, P3는 24msec 동안 기다렸으므로 우선순위가 $(24+9)/9=3.67$이므로 HRN 스케줄링에서는 **숫자가 클수록 우선순위가 높기** 때문에 P3가 먼저 실행된 후 P2가 실행된다.

프로세스	반환시간	대기시간	평균 반환시간	평균 대기시간
P1	30	0		
P3	39 − 6 = 33	30 − 6 = 24	(30 + 33 + 54) / 3 = 39	(0 + 24 + 36) / 3 = 20
P2	57 − 3 = 54	39 − 3 = 36		

② HRN 스케줄링의 평가

HRN 스케줄링은 실행시간이 짧은 프로세스의 우선순위를 높게 설정하면서도 대기시간을 고려하여 기아현상을 줄일 수 있다. SJF 스케줄링과 비교하면 대기시간이 긴 프로세스의 우선순위를 높임으로써 CPU를 할당받을 확률을 높인다. 그러나 여전히 공평성에 위배되어 많이 사용하지 않는다.

(6) 라운드 로빈 스케줄링 중요

① 라운드 로빈 스케줄링의 동작 방식

라운드 로빈(RR : Round Robin) 스케줄링은 '순환 순서 방식'으로 번역되어 한 프로세스가 할당받은 시간(타임 슬라이스) 동안 작업을 하다가 작업을 완료하지 못하면 준비 큐의 맨 뒤로 가서 **자기 차례를 기다리는 방식**이다. 선점형 알고리즘 중 가장 단순하고 대표적인 방식으로, 프로세스들이 작업을 완료할 때까지 계속 순환하면서 실행된다.

라운드 로빈 스케줄링은 FCFS 스케줄링과 유사한데, 차이점은 각 프로세스마다 CPU를 사용할 수 있는 최대 시간, 즉 타임 슬라이스가 있다는 것이다. 프로세스는 자신에게 주어진 타임 슬라이스 동안만 작업을 할 수 있으며, 작업이 다 끝나지 않으면 큐의 뒤쪽(tail)에 다시 삽입된다. 라운드 로빈 스케줄링은 우선순위가 적용되지 않는 가장 단순한 선점형 스케줄링 방식이다.

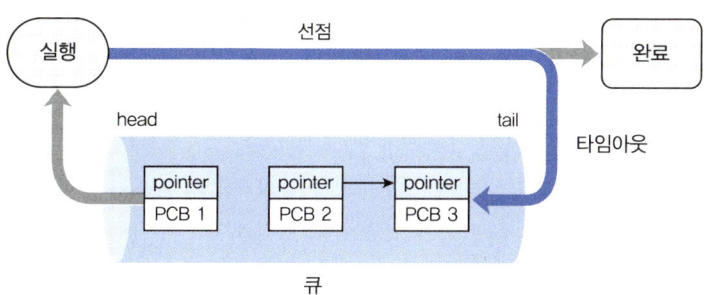

[그림 6-20] 라운드 로빈 스케줄링의 동작

② **라운드 로빈 스케줄링의 성능**

타임 슬라이스가 10msec인 시스템에서 [표 6-7]을 참고하여 프로세스 P1, P2, P3를 라운드 로빈 스케줄링으로 처리했을 때의 실행과정을 [그림 6-21]과 같은 간트 차트(Gantt chart)로 나타낼 수 있다.

[표 6-7] 프로세스 도착순서와 작업시간(단위: msec)

도착순서	도착시간	작업시간
P1	0	30
P2	3	18
P3	6	9

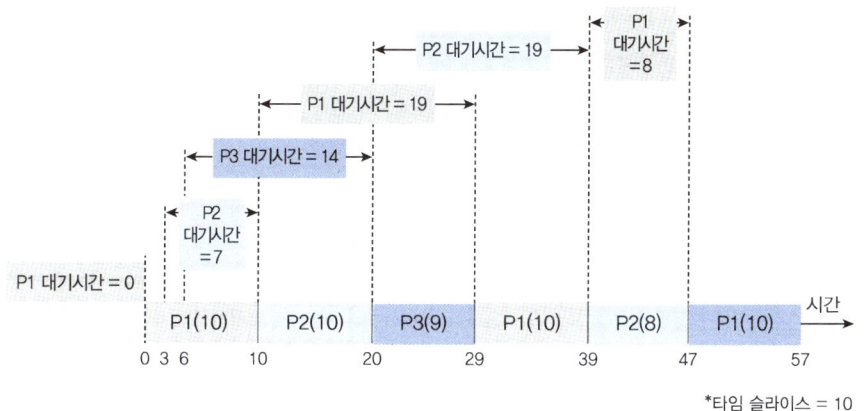

[그림 6-21] 라운드 로빈 스케줄링의 평균 대기시간

㉠ P1은 도착하자마자 실행되므로 대기시간은 0msec이고, 자신에게 주어진 작업시간인 10msec 동안 실행된 후 큐의 맨 뒤로 이동한다.
㉡ P2는 3msec 후에 도착하여 7msec 대기한 후 10msec 동안 실행되고 나서 큐의 맨 뒤로 이동한다.

ⓒ P3는 6msec 후에 도착하여 14msec 대기한 후 9msec 동안 실행되어 작업을 마친다.
ⓔ P1은 29msec 후에 다시 작업을 시작한다. 앞서 10msec 동안 실행되었기 때문에 실제 대기시간은 P2와 P3의 실행까지 대기해야 하므로 대기시간은 19msec가 된다. P1이 10msec 실행된 뒤 큐의 맨 뒤로 이동한다.
ⓜ P2는 앞서 P3와 P1이 실행되는 19msec 동안 대기한 후 8msec 실행되어 남은 작업을 마친다.
ⓗ 마지막 남은 P1은 10msec 동안 실행된 후 작업을 마친다.

프로세스	반환시간	대기시간	평균 반환시간	평균 대기시간
P1		0	(57 + 44 + 23) / 3 = 41.33	(0 + 7 + 14 + 19 + 19 + 8) / 3 = 22.33
P2		10 − 3 = 7		
P3	29 − 6 = 23	20 − 6 = 14		
P1		10 + 9 = 19		
P2	47 − 3 = 44	9 + 10 = 19		
P1	57	8		

라운드 로빈 스케줄링 같은 선점형 방식에서는 프로세스가 CPU를 일정 시간 동안 사용한 후 다른 프로세스에 주어야 하기 때문에 앞의 긴 작업을 무작정 기다리는 콘보이 효과가 줄어든다.

③ **타임 슬라이스의 크기와 문맥 교환**
앞서 계산한 FCFS 스케줄링과 라운드 로빈 스케줄링의 평균 대기시간을 비교해 보면 라운드 로빈 스케줄링이 약간 앞선다. 그러나 라운드 로빈 스케줄링이 FCFS 스케줄링보다 평균 대기시간이 적다고 단정할 순 없다.

스케줄링	선점여부	평균 반환시간	평균 대기시간
FCFS	비선점	(30 + 45 + 51) / 3 = 42	(0 + 27 + 42) / 3 = 23
SJF	비선점	(30 + 33 + 54) / 3 = 39	(0 + 24 + 36) / 3 = 20
HRN	비선점	(30 + 33 + 54) / 3 = 39	(0 + 24 + 36) / 3 = 20
라운드 로빈	선점	(57 + 44 + 23) / 3 = 41.33	(0 + 7 + 14 + 19 + 19 + 8) / 3 = 22.33

예를 들면 [표 6-8]과 같이 프로세스 P1과 P2의 도착시간을 바꾸면 FCFS 스케줄링의 총 대기시간은 다음과 같다.

[표 6-8] 프로세스 도착순서와 작업시간의 예와 총 대기시간의 비교(단위 : msec)

도착순서	도착시간	작업시간	총 대기시간	
			FCFS	라운드 로빈(타임 슬라이스 : 10msec)
P2	0	18	15(P1) + 42(P3) = 57	57
P1	3	30		
P3	6	9		

위와 같이 라운드 로빈 스케줄링 같은 선점형 방식에서는 문맥 교환 시간이 추가되기 때문에 라운드 로빈 스케줄링과 FCFS 스케줄링의 평균 대기시간이 같다면 라운드 로빈 스케줄링이 더 비효율적인

알고리즘이다. 문맥 교환 시간을 고려하여 라운드 로빈 스케줄링의 평균 대기시간을 산출하면 앞의 계산 값보다 좀 더 크게 나온다.

그러므로 라운드 로빈 스케줄링이 효과적으로 작동하려면 문맥 교환에 따른 추가 시간을 고려하여 타임 슬라이스를 적절히 설정해야 한다. 타임 슬라이스의 크기는 프로세스 반응시간에 영향을 미칠 뿐만 아니라 시스템 전체 성능에도 영향을 미친다.

참고로 유닉스 운영체제에서는 타임 슬라이스가 대략 100msec이다. 여기서 대략이라고 하는 이유는 타임 슬라이스를 고정하지 않고 10 ~ 200msec 사이에서 조정할 수 있도록 했기 때문이다.

㉠ 타임 슬라이스가 큰 경우

타임 슬라이스가 너무 크면 하나의 작업이 끝난 뒤 다음 작업이 시작되는 것처럼 보이므로 FCFS 스케줄링과 다를 게 없으며, 실제로 라운드 로빈 스케줄링에서 타임 슬라이스가 무한대이면 FCFS 스케줄링이 된다. 예를 들어 타임 슬라이스가 1sec인 시스템에서 비디오 플레이어와 워드프로세서를 동시에 실행한다면 비디오 플레이어 1sec, 워드프로세서 1sec씩 두 프로그램이 1sec 간격으로 실행되어 비디오가 끊겨 보이고 워드프로세서의 반응 속도가 매우 느릴 것이다.

㉡ 타임 슬라이스가 작은 경우

타임 슬라이스를 매우 작은 값(1msec)으로 설정하면 사용자는 여러 프로그램이 동시에 실행되는 것처럼 느낄 것이다. 그러나 타임 슬라이스를 너무 작게 설정하면 시스템의 전반적인 성능이 저하된다. 문맥 교환이 너무 자주 일어나면 문맥 교환에 걸리는 시간이 실제 작업시간보다 상대적으로 증가되므로, 문맥 교환에 많은 시간을 낭비하게 되어 실제 작업을 못하는 문제가 발생한다.

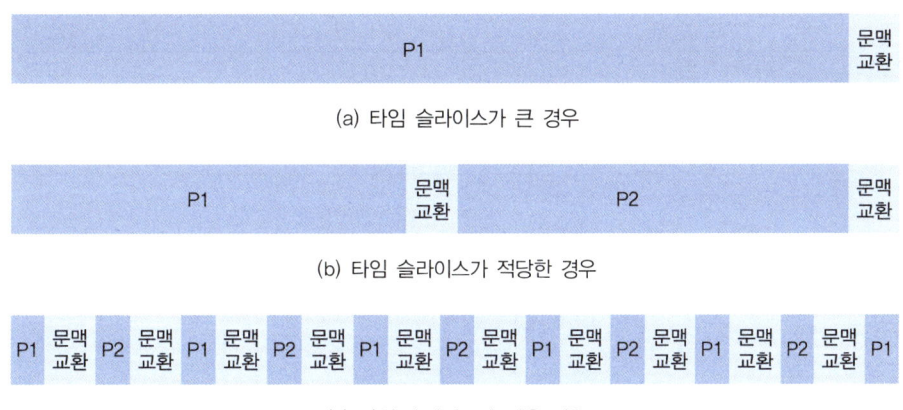

[그림 6-22] 타임 슬라이스의 크기와 문맥 교환의 관계

(7) SRT 우선 스케줄링 중요

① SRT 스케줄링의 동작 방식

SRT(Shortest Remaining Time) 스케줄링은 SJF 스케줄링과 라운드 로빈 스케줄링을 혼합한 방식으로, 최소 잔류 시간 우선 스케줄링이라고도 한다. 즉 SJF 스케줄링의 선점형 버전이라고 할 수 있다. SRT 스케줄링은 기본적으로 라운드 로빈 스케줄링을 사용하지만 CPU를 할당받을 프로세스를 선택할 때는 남아 있는 작업시간이 적은 프로세스를 선택한다. 라운드 로빈 스케줄링이 큐에 있

는 순서대로 CPU를 할당한다면, SRT 스케줄링은 작업시간이 적게 남아 있는 프로세스에 CPU를 먼저 할당한다.

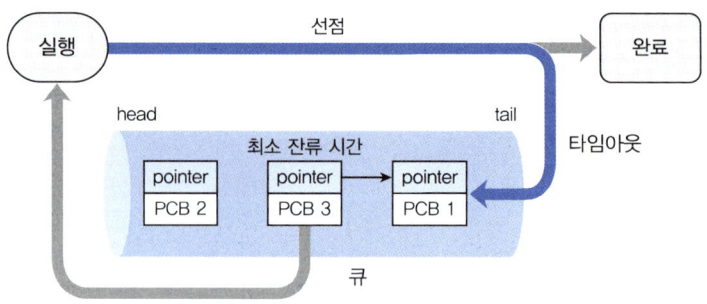

[그림 6-23] SRT 스케줄링의 동작

② SRT 스케줄링의 성능

타임 슬라이스가 10msec인 시스템에서 [표 6-9]를 참고하여 프로세스 P1, P2, P3를 SRT 스케줄링으로 처리했을 때의 실행과정을 [그림 6-24]와 같은 간트 차트(Gantt chart)로 나타낼 수 있다.

[표 6-9] 프로세스 도착순서와 작업시간(단위 : msec)

도착순서	도착시간	작업시간
P1	0	30
P2	3	18
P3	6	9

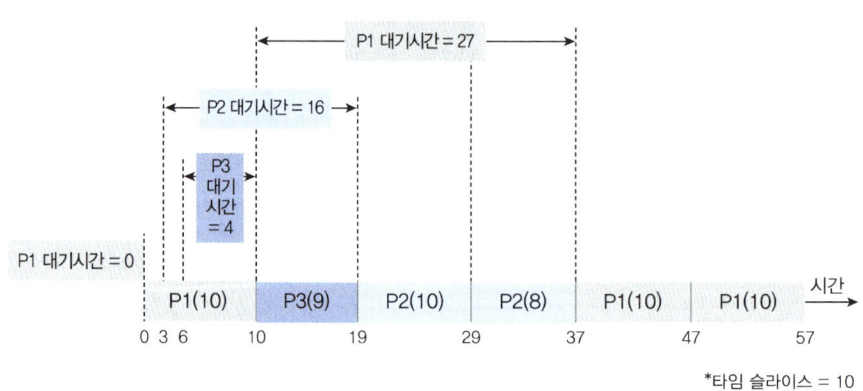

[그림 6-24] SRT 스케줄링의 평균 대기시간

㉠ P1은 도착하자마자 실행되므로 대기시간은 0msec이다. P1은 자신에게 주어진 10msec의 작업시간을 실행한 후 큐의 맨 뒤로 이동한다.
㉡ P2는 3msec, P3는 6msec 후에 도착하지만 P3의 작업시간이 짧기 때문에 P3가 먼저 실행되어 9msec 후에 작업을 마친다.
㉢ P1의 남은 작업시간과 P2의 작업시간 중 P2의 작업시간이 짧기 때문에 P2를 연이어 두 번 실행한다.
㉣ 그 다음에 P1이 남은 작업을 타임 슬라이스 기간씩 분할하여 작업을 마친다.

프로세스	반환시간	대기시간	평균 반환시간	평균 대기시간
P1		0		
P3	19 − 6 = 13	10 − 6 = 4		
P2		19 − 3 = 16	(57 + 34 + 13) / 3 = 34.6	(0 + 4 + 14 + 0 + 27 + 0) / 3 = 15.66
P2	37 − 3 = 34	0		
P1		37 − 10 = 27		
P1	57	0		

③ SRT 스케줄링의 평가

SJF 스케줄링과 SRT 스케줄링의 평균 대기시간을 비교하면 SRT 스케줄링의 평균 대기시간이 짧지만 SRT 스케줄링은 좋은 알고리즘은 아니다. 현재 실행 중인 프로세스와 큐에 있는 프로세스의 남은 시간을 주기적으로 계산하고, 남은 시간이 더 적은 프로세스와 문맥 교환을 해야 하므로 SJF 스케줄링에는 없는 작업이 추가된다. 또한 SRT 스케줄링은 SJF 스케줄링과 마찬가지로 운영체제가 프로세스의 종료시간을 예측하기 어렵고 기아 현상이 일어나기 때문에 잘 사용하지 않는다.

스케줄링	선점여부	평균 반환시간	평균 대기시간
SJF	비선점	(30 + 33 + 54) / 3 = 39	(0 + 24 + 36) / 3 = 20
SRT	선점	(57 + 34 + 13) / 3 = 34.6	(0 + 4 + 16 + 0 + 27 + 0) / 3 = 15.66

(8) 우선순위 스케줄링 중요

① 우선순위 스케줄링의 동작 방식

프로세스는 중요도에 따라 우선순위(priority)를 갖는데 이러한 우선순위를 반영한 스케줄링 알고리즘이 우선순위 알고리즘이다. 우선순위 스케줄링은 어떤 기준으로 우선순위를 정하느냐에 따라 다양하게 구현할 수 있다. 우선순위는 비선점형 방식과 선점형 방식에 모두 적용할 수 있다.

㉠ SJF 스케줄링(비선점형) : 작업시간이 짧은 프로세스에 높은 우선순위를 부여한다.
㉡ HRN 스케줄링(비선점형) : 작업시간이 짧거나 대기시간이 긴 프로세스에 높은 우선순위를 부여한다.
㉢ SRT 스케줄링(선점형) : 남은 시간이 짧은 프로세스에 높은 우선순위를 부여한다.

우선순위 알고리즘은 고정 우선순위 알고리즘과 변동 우선순위 알고리즘으로 나뉜다.

고정 우선순위 알고리즘	• 한번 우선순위를 부여받으면 종료될 때까지 우선순위가 고정된다. • 단순하게 구현할 수 있지만, 시시각각 변하는 시스템의 상황을 반영하지 못해 효율성이 떨어진다.
변동 우선순위 알고리즘	• 일정 시간마다 우선순위가 변한다. • 일정 시간마다 우선순위를 새로 계산하고 이를 반영하기 때문에 시스템이 복잡하지만, 시스템의 상황을 반영하여 효율적인 운영이 가능하다.

② 우선순위 스케줄링의 성능

[표 6-10]은 앞서 예를 들었던 [표 6-9]를 참고하여 작업시간이 짧은 프로세스의 우선순위를 높게 선정하였다고 가정하여 프로세스 P1, P2, P3를 FCFS 스케줄링에 우선순위를 적용한 결과를 [그림 6-25]에 나타내었다.

[표 6-10] 프로세스 도착순서와 작업시간 및 우선순위(단위 : msec)

도착순서	도착시간	작업시간	우선순위
P1	0	30	3
P2	3	18	2
P3	6	9	1

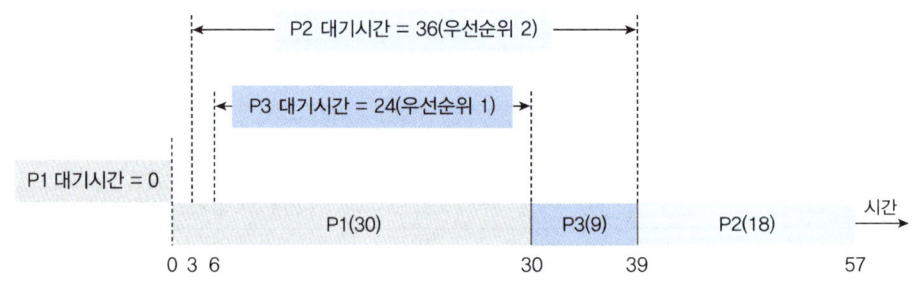

[그림 6-25] FCFS 스케줄링에 우선순위를 적용한 결과

㉠ 시작 시점에서 프로세스 P1뿐이므로 P1은 대기하지 않고 바로 실행된다. P1이 작업을 마치면 준비 큐에서 P2와 P3이 기다리고 있다.
㉡ 두 프로세스 중 P3의 우선순위가 P2보다 높기 때문에 P3를 먼저 실행하고 마친다.
㉢ P2는 P3의 작업을 마치면 이어서 실행하고 작업을 마친다.

③ 우선순위 스케줄링의 평가

우선순위 스케줄링은 준비 큐에 있는 프로세스의 순서를 무시하고 **우선순위가 높은 프로세스**에 먼저 CPU를 할당하므로 **공평성을 위배하고 기아현상을 일으킨다**는 것이 문제이다. 또한 준비 큐에 있는 프로세스의 순서를 무시하고 프로세스의 우선순위를 매번 바꿔야 하기 때문에 **오버헤드가** 발생하여 시스템의 효율성이 떨어진다.

이러한 단점에도 불구하고 프로세스의 우선순위는 시스템의 효율성이 아니라 프로세스 중요도를 기준으로 결정된다. 만약 커널 프로세스가 일반 프로세스와 같은 우선순위라고 가정해보면 일반 프로세스가 실행된 다음 커널 프로세스가 실행되면 커널 프로세스가 제 역할을 못할 수 있다. 따라서 우선순위는 시스템의 효율성보다 프로세스의 중요도에 따라 정해진다.

(9) 다단계 큐 스케줄링 〔중요〕

① 다단계 큐 스케줄링의 동작 방식

다단계 큐(multilevel queue) 스케줄링은 우선순위에 따라 준비 큐를 여러 개 사용하는 방식이다. 프로세스는 운영체제로부터 부여받은 우선순위에 따라 해당 우선순위의 큐에 삽입된다. 라운드 로빈 방식으로 운영되는 큐는 우선순위에 따라 다단계로 나뉘어 있어 프로세스가 큐에 삽입되는 것만으로 우선순위가 결정된다. 우선순위는 고정형 우선순위를 사용하여, 상단의 큐에 있는 모든 프로세스의 작업이 끝나야 다음 우선순위 큐의 작업이 시작된다.

다단계 큐 스케줄링은 우선순위가 높은 상위 큐 프로세스의 작업이 끝나기 전에는 하위 큐 프로세스의 작업을 할 수 없다. 우선순위 1번인 큐에 CPU 할당을 기다리는 프로세스가 있으면 우선순위가 2번인 큐의 프로세스는 1번 큐에 있는 프로세스의 작업이 끝날 때까지 기다려야 한다.

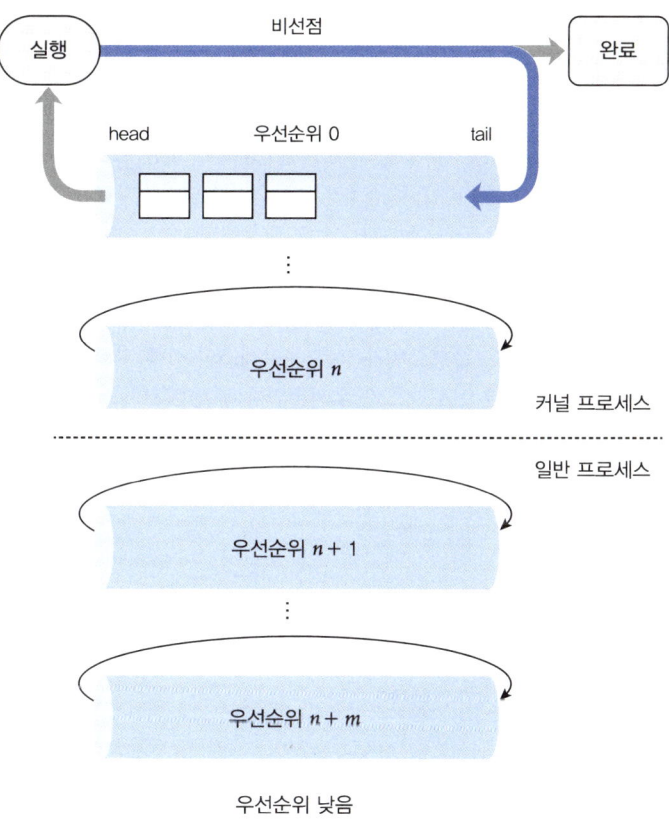

[그림 6-26] 다단계 큐 스케줄링의 동작

② **다단계 큐 스케줄링의 평가**

다단계 큐 스케줄링은 우선순위에 따라 다양한 스케줄링이 가능한 **비선점형** 방식이다. 우선순위가 높은 프로세스가 우선순위가 낮은 프로세스보다 먼저 작동할 수 있을 뿐만 아니라 우선순위에 따라 타임 슬라이스를 조절하여 작업 효율을 높일 수도 있다. 예를 들면 전면 프로세스는 반응속도를 높이기 위해 타임 슬라이스를 작게 하고, 후면 프로세스는 사용자와의 상호작용이 없으므로 FCFS 방식으로 처리한다. 즉, 프로세스의 우선순위와 작업 형태를 고려하여 스케줄링을 할 수 있다.

우선순위가 높은 프로세스 때문에 우선순위가 낮은 프로세스의 작업이 연기되는데, 이런 문제를 해결하기 위해 제안된 것이 다단계 피드백 큐 스케줄링이다.

(10) 다단계 피드백 큐 스케줄링 중요

① **다단계 피드백 큐 스케줄링의 동작 방식**

다단계 피드백 큐(multilevel feedback queue) 스케줄링은 우선순위가 낮은 프로세스에 불리한 다단계 큐 스케줄링의 문제점을 보완한 방식이다. 다단계 피드백 큐 스케줄링은 다단계 큐 스케줄링와 기본적인 형태가 같아 우선순위를 가진 여러 개의 큐를 사용한다. 하지만 다단계 큐 스케줄링의 경우 각 단계에 라운드 로빈 방식을 사용하고 우선순위에는 변화가 없지만 다단계 피드백 큐 스케줄링의 경우 CPU를 사용하고 난 프로세스의 우선순위가 낮아진다. CPU를 사용하고 난 프로세스는 원래의 큐로 되돌아가지 않고 우선순위가 하나 낮은 큐의 끝으로 들어간다.

② **다단계 피드백 큐 스케줄링의 평가**

㉠ 다단계 피드백 큐 스케줄링의 프로세스가 CPU를 하나씩 할당받아 실행될 때마다 프로세스의 우선순위를 낮춤으로써, 다단계 큐에서 우선순위가 낮은 프로세스의 실행이 연기되는 문제를 줄일 수 있을 뿐만 아니라 프로세스의 우선순위가 낮아진다고 할지라도 커널 프로세스가 일반 프로세스의 큐에 삽입되지 않는다.

㉡ 다단계 피드백 큐 스케줄링은 우선순위에 따라 타임 슬라이스의 크기가 다르다는 것이다. [그림 6-27]을 보면 프로세스의 우선순위가 낮아질수록 해당 큐의 타임 슬라이스가 커진다. 다단계 피드백 큐 스케줄링은 우선순위가 낮은 프로세스의 실행 기회를 확대하려고 하지만, 그렇다고 해도 우선순위가 낮은 프로세스가 우선순위가 높은 프로세스보다 CPU를 얻을 확률이 여전히 낮으므로 어렵게 CPU를 얻은 프로세스가 CPU를 좀 더 오랫동안 사용할 수 있도록 우선순위가 낮은 큐의 타임 슬라이스를 크게 설정한다.

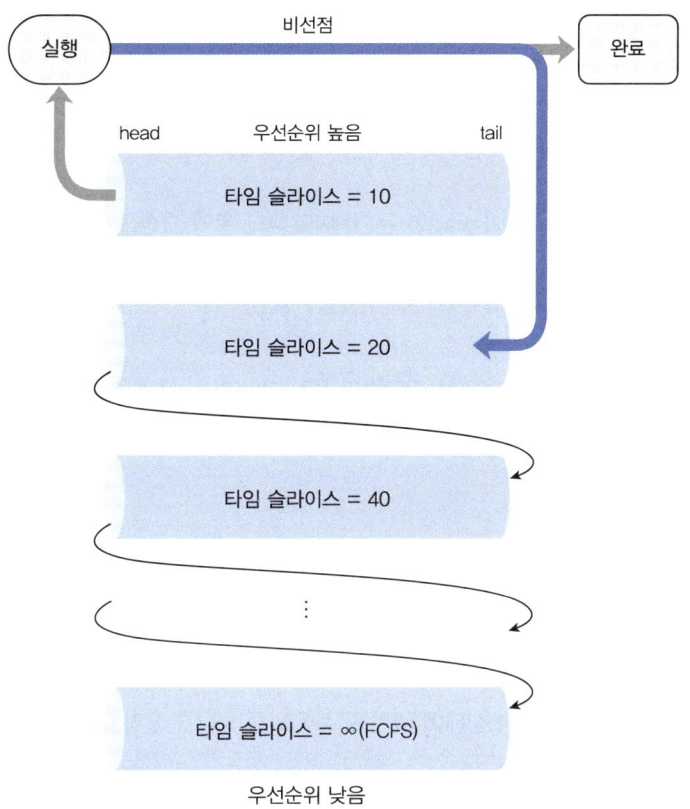

[그림 6-27] 다단계 피드백 큐 스케줄링의 동작

ⓒ 다단계 피드백 큐 스케줄링에서 마지막 큐에 있는(우선순위가 가장 낮은) 프로세스는 무한대의 타임 슬라이스를 얻는다. 무한대의 타임 슬라이스를 얻는다는 것은 프로세스가 실행 상태에 들어가면 CPU를 빼앗기지 않고 끝까지 작업을 마친다는 것을 의미하므로 다단계 피드백 큐 스케줄링에서 마지막 큐는 들어온 순서대로 작업을 마치는 FCFS 스케줄링 방식으로 동작한다.

ⓓ 다단계 피드백 큐 스케줄링은 오늘날의 운영체제가 CPU 스케줄링을 위해 일반적으로 사용하는 방식으로, 변동 우선순위 알고리즘의 전형적인 예이다. 유닉스 운영체제에서 타임 슬라이스를 고정하지 않고 10 ~ 200msec 사이에 조정할 수 있도록 한 이유는 바로 다단계 피드백 큐 스케줄링을 사용하기 때문이다.

○✕로 점검하자 | 제6장

※ 다음 지문의 내용이 맞으면 ○, 틀리면 ✕를 체크하시오. [1 ~ 19]

01 프로그램이 프로세스가 되려면 운영체제로부터 문맥 교환을 받아야 한다. (　　)

> 프로세스 제어 블록(PCB)은 프로세스를 실행하는 데 필요한 중요한 정보를 보관하는 자료구조로, 모든 프로세스는 고유의 프로세스 제어 블록을 가진다.

02 프로세스의 상태 중 CPU를 할당받기 위해 기다리는 상태는 생성 상태이다. (　　)

> 준비 상태는 실행을 기다리는 모든 프로세스가 자기 차례를 기다리는 상태로, 실행될 프로세스를 CPU 스케줄러가 선택한다.

03 프로세스의 상태 중 입·출력 작업을 하기 위해 이동하는 상태는 대기 상태이다. (　　)

> 대기 상태는 실행 상태에 있는 프로세스가 입·출력을 요청하면 입·출력이 완료될 때까지 기다리는 상태이고, 입·출력이 완료되면 준비 상태로 간다.

04 CPU 스케줄러가 준비 상태에 있는 프로세스 중 하나를 골라 CPU를 할당하는 작업을 디스패치라고 한다. (　　)

> 디스패치는 준비 상태의 프로세스 중 하나를 골라 실행 상태로 바꾸는 CPU 스케줄러의 작업을 말한다.

05 실행 상태에서 하나의 프로세스가 나가고 새로운 프로세스가 들어오는 상황을 타임아웃이라고 한다. (　　)

> 문맥 교환은 이전 프로세스의 상태 레지스터 내용을 보관하고 다른 프로세스의 레지스터를 적재하여 프로세스를 교환하는 일련의 과정을 말한다.

06 프로세스의 코드에 정의된 절차에 따라 CPU에 작업 요청을 하는 실행 단위로서 가벼운 프로세스를 멀티태스킹이라고 한다. (　　)

> 프로세스는 두 가지 특징인 자원과 제어로 구분할 수 있는데, 스레드는 제어만 분리한 실행 단위를 말한다.

07 모든 프로세스를 부모-자식 관계로 만들어 자원 회수를 용이하게 하는 프로세스의 구조를 단일 스레드 구조라고 한다. (　　)

> 프로세스 계층 구조에서 프로세스는 실행 중에 새로운 프로세스를 생성할 수 있고, 프로세스를 새로 생성하는 프로세스(부모 프로세스)와 생성되는 프로세스[자식(서브) 프로세스]로 프로세스 생성 순서를 저장하고 부모-자식관계를 유지하는 계층적 구조를 구성한다.

정답 1 ✕　2 ✕　3 ○　4 ○　5 ✕　6 ✕　7 ✕

08 시스템 내 전체 프로세스의 수를 조절하는 것으로, 장기 스케줄링 또는 작업 스케줄링이라 불리는 스케줄링 수준을 저수준 스케줄링이라고 한다. (   )

>>> 고수준 스케줄링은 장기 스케줄링이라고도 하고, 실행할 작업을 준비 큐(입력 큐)에서 꺼내 메모리에 적재하는 것을 말한다.

09 어떤 프로세스에 CPU를 할당하고 어떤 프로세스를 대기 상태로 보낼지 등을 결정하는 스케줄링 수준을 저수준 스케줄링이라고 한다. (   )

>>> 단기 스케줄링이라고도 하고, 메모리의 준비 상태에 있는 프로세스 중에서 실행할 프로세스를 선택하고 프로세서를 할당한다.

10 어떤 프로세스가 CPU를 할당받아 실행 중이더라도 운영체제가 CPU를 강제로 빼앗을 수 있는 스케줄링을 선점형 스케줄링이라고 한다. (   )

>>> 선점형 스케줄링은 운영체제가 필요하다고 판단하면 실행 상태에 있는 프로세스의 작업을 중단시키고 새로운 작업을 시작할 수 있다.

11 준비 큐에 도착한 순서대로 CPU를 할당하는 비선점형 스케줄링 알고리즘을 FCFS(First Come First Served, 선입선출) 스케줄링 알고리즘이라고 한다. (   )

>>> FCFS(First Come First Served, 선입선출) 스케줄링 알고리즘은 준비 큐에 도착한 순서대로 CPU를 할당하는 비선점형 스케줄링 방식이다.

12 준비 큐에 있는 프로세스 중 실행시간이 가장 짧은 작업부터 CPU를 할당하는 비선점형 스케줄링 알고리즘을 SRT 스케줄링 알고리즘이라고 한다. (   )

>>> SJF(Shortest Job First, 최단 작업 우선) 스케줄링 알고리즘은 각 작업의 프로세서 실행시간을 이용하여 프로세서가 사용 가능할 때 실행시간이 가장 짧은 작업에 할당하는 방법으로 스케줄링한다.

13 SJF 스케줄링 알고리즘의 단점으로 크기가 큰 작업이 계속 뒤로 밀리는 현상을 선점이라고 한다. (   )

>>> 기아현상은 작업의 크기가 크건 작건 간에 먼저 실행 중인 작업에 의해 작업이 계속 연기되는 현상을 말한다.

정답 8 ✕   9 ◯   10 ◯   11 ◯   12 ✕   13 ✕

14 기아현상을 해결하는 방법은 프로그램을 종료하는 것이다. (   )

> 에이징은 프로세스가 양보할 수 있는 상한선을 정하는 방식으로, 프로세스가 자신의 순서를 상한선만큼만 양보하면 무조건 실행하도록 하는 것을 말한다.

15 서비스를 받기 위해 대기한 시간과 CPU 사용 시간을 고려하여 우선순위를 정하는 스케줄링 알고리즘은 SRT 스케줄링 알고리즘이다. (   )

> HRN(Highest Response ratio Next, 최고 응답률 우선) 스케줄링 알고리즘은 CPU를 할당받기 위해서 기다린 시간과 CPU 사용 시간을 고려하여 스케줄링을 하는 비선점형 스케줄링 방식이다.

16 프로세스가 할당받은 시간(타임 슬라이스) 동안 작업하다가 작업을 완료하지 못하면 준비 큐의 맨 뒤로 가서 다음 자기 차례가 올 때까지 기다리는 선점형 스케줄링 알고리즘 중 가장 단순한 것은 HRN 스케줄링 알고리즘이다. (   )

> 라운드 로빈(RR, Round Robin) 스케줄링 알고리즘은 한 프로세스가 할당받은 시간(타임 슬라이스) 동안 작업을 하다가 작업을 완료하지 못하면 준비 큐의 맨 뒤로 가서 자기 차례를 기다리는 선점형 방식이다.

17 기본적으로 라운드 로빈 방식을 사용하지만, CPU를 할당받을 프로세스를 선택할 때 남아 있는 작업시간이 가장 적은 것을 선택하는 스케줄링 알고리즘은 SRT(Shortest Remaining Time first, 최소 잔류 시간 우선) 스케줄링 알고리즘이라고 한다. (   )

> SRT(Shortest Remaining Time first, 최소 잔류 시간 우선) 스케줄링 알고리즘은 SJF 스케줄링과 라운드 로빈 스케줄링을 혼합한 방식으로, 최소 잔류 시간 우선 스케줄링이라고도 한다.

18 우선순위에 따라 준비 큐를 여러 개 사용하며 고정형 우선순위를 적용하는 스케줄링 알고리즘을 다단계 피드백 큐(Multilevel feedback Queue) 스케줄링 알고리즘이라고 한다. (   )

> 다단계 큐(Multilevel Queue) 스케줄링 알고리즘은 우선순위에 따라 준비 큐를 여러 개 사용하는 비선점형 방식이다. 프로세스는 운영체제로부터 부여받은 우선순위에 따라 해당 우선순위의 큐에 삽입되어 실행된다.

19 우선순위에 따라 준비 큐를 여러 개 사용하며, 프로세스가 CPU를 사용한 후 우선순위가 낮아지는 특징을 가진 스케줄링 알고리즘을 다단계 피드백 큐(Multilevel feedback Queue) 스케줄링 알고리즘이라고 한다. (   )

> 다단계 피드백 큐(Multilevel feedback Queue) 스케줄링 알고리즘은 다단계 큐 스케줄링과 기본적인 형태가 같지만, CPU를 사용하고 난 프로세스가 원래의 큐로 되돌아가지 않고 우선순위가 하나 낮은 큐의 끝으로 들어간다.

정답 14 X 15 X 16 X 17 O 18 X 19 O

제 6 장 실전예상문제

01 다음 중 프로세스 제어 블록을 가지고, 현재 실행 중이거나 곧 실행 가능하고, 프로세서를 할당받을 수 있는 프로그램으로 정의할 수 있는 것은?

① 프로세스
② 작업 집합
③ 모니터
④ 세그먼테이션

> 01 프로세스는 실행을 위해 메모리에 올라온 동적인 상태를 말하고, 프로세스 제어 블록은 프로세스 생성 시에 만들어지고 프로세스가 실행을 완료하면 폐기된다.

02 다음 중 프로세스 상태 변화에 관련된 설명으로 옳지 <u>않은</u> 것은?

① 준비 리스트에 있는 프로세스는 일정 시간이 지나면 실행 상태로 변한다.
② 준비 리스트의 맨 앞에 있던 프로세스가 프로세서를 취하는 것을 디스패칭이라고 한다.
③ 대기(보류) 리스트에 있는 리스트는 프로세스 스스로가 아닌 외석 조건 때문에 프로세스 상태에 변화가 일어난다
④ 준비 리스트에 있는 프로세스와 대기 상태에 있는 프로세스는 각각 우선순위가 주어진다.

> 02 대기 상태는 실행 상태에 있는 프로세스가 입출력을 요청하면 입출력이 완료될 때까지 기다리는 상태이므로, 프로세스는 우선순위와는 무관하며, 입출력이 완료(인터럽트 완료)되면 준비 상태로 간다.

정답 01 ① 02 ④

03 프로세스의 상태와 관련 작업을 정리하면 다음과 같다.

상태	작업
생성 상태	메모리 할당, PCB 생성
준비 상태	dispatch(PID) : 준비→실행
실행 상태	timeout(PID) : 실행→준비, exit(PID) : 실행→완료, block(PID) : 실행→대기
대기 상태	wakeup(PID) : 대기→준비
완료 상태	메모리 삭제, PCB 삭제

04 프로세스 제거는 프로세스를 파괴하는 것으로, 프로세스를 제거하면 사용하던 자원을 시스템에 돌려주고, 해당 프로세스는 시스템 리스트나 테이블에서 사라져 프로세스 제어 블록을 회수한다. 그러나 프로그램은 여전히 디스크에 저장하고, 자식 프로세스는 부모 프로세스를 제거하면 자동으로 제거되므로 부모 프로세스와 자식 프로세스는 제어 블록을 공유하지 않는다.

정답 03 ③ 04 ①

---

03 하나의 프로세스가 시스템에 존재하는 동안 그 프로세스는 여러 상태를 거친다. 프로세스 상태 변화에 관련된 설명으로 옳지 않은 것은?

① 디스패칭 : 준비 상태→실행 상태
② 대기(보류) 상태 : 실행 상태→대기(보류) 상태
③ wake up : 대기 상태→실행 상태
④ 할당 시간 종료 : 실행 상태→준비 상태

04 다음 중 프로세스 제어 블록에 대한 설명으로 옳지 않은 것은?

① 부모 프로세스와 자식 프로세스는 제어 블록을 공유한다.
② 프로세스의 현 상태와 우선순위를 알고 있다.
③ 프로세스에 할당된 자원 정보가 있다.
④ 프로세스를 생성할 때마다 생성되며, 프로세스가 제거되면 시스템에 돌려준다.

05 다음 중 스레드에 대한 설명으로 옳지 않은 것은?

① 프로세스 내부에 포함되는 스레드는 공통적으로 접근 가능한 기억장치를 이용하여 효율적으로 통신한다.
② 프로세스가 스레드 여러 개로 구성되어 있을 때, 프로세스 하나를 구성하고 있는 스레드 여러 개는 모두 공통적인 제어 흐름을 갖는다.
③ 스레드란 프로세스보다 더 작은 단위로, 다중 프로그래밍을 지원하는 시스템에서 CPU에 보내 실행하는 또 다른 단위를 의미한다.
④ 상태는 하나의 연관된 스레드 집단이 기억장치나 파일과 같은 자원을 공유하여 절감할 수 있다.

05 스레드가 한 개인 단일 스레드와 스레드가 여러 개인 다중 스레드로 구분한다. 다중 스레드는 프로그램 하나를 여러 실행 단위로 쪼개어 실행하는 측면에서 다중 처리(멀티프로세싱)와 의미가 비슷하다.
스레드는 프로세스 내에서 메모리와 같은 자원을 공유하므로, 효율적인 통신이 가능하며, 자원 절감에 유리하고, 다중 프로그래밍 환경에서 실행되는 단위로 활용된다.
프로세스를 구성하는 각 스레드는 독립적인 제어 흐름을 가지고 있으므로, 동일한 프로세스 내의 스레드들은 각기 다른 작업을 수행할 수 있다.

06 다음 중 멀티스레드의 장점으로 옳지 않은 것은?

① 응답성 향상
② 자원 공유
③ 효율성 향상
④ 단일 CPU 자원

06 멀티스레드의 장점은 다음과 같다.
㉠ 응답성 향상 : 한 스레드가 입·출력으로 인해 작업이 진행되지 않더라도 다른 스레드가 작업을 계속하여 사용자의 작업 요구에 빨리 응답할 수 있다.
㉡ 자원 공유 : 한 프로세스 내에서 독립적인 스레드를 생성하면 프로세스가 가진 자원을 모든 스레드가 공유하게 되어 작업을 원활하게 진행할 수 있다.
㉢ 효율성 향상 : 불필요한 자원의 중복을 막음으로써 시스템의 효율이 향상된다.
㉣ 다중 CPU 지원 : 2개 이상의 CPU를 가진 컴퓨터에서 멀티스레드를 사용하면 다중 CPU가 멀티스레드를 동시에 처리하여 CPU 사용량이 증가하고 프로세스의 처리 시간이 단축된다.

정답 05 ② 06 ④

07 스케줄링의 정책은 다음과 같은 목적을 기본으로 한다.
　㉠ 공평성 : 모든 프로세스가 자원을 공평하게 배정받아야 한다.
　㉡ 효율성 : 시스템 자원이 유휴 시간 없이 사용되도록 스케줄링을 한다.
　㉢ 안정성 : 우선순위를 사용하여 중요 프로세스가 먼저 작동하도록 배정한다.
　㉣ 확장성 : 프로세스가 증가해도 시스템이 안정적으로 작동하도록 조치해야 한다.
　㉤ 반응시간 보장 : 시스템은 적절한 시간 안에 프로세스의 요구에 반응해야 한다.
　㉥ 무한 연기 방지 : 특정 프로세스의 작업이 무한히 연기되어서는 안 된다.

08 스케줄링 알고리즘의 선택 기준은 어떤 스케줄링 알고리즘이 효율적인지 파악하는 평가 기준으로 CPU 사용률, 처리량, 대기시간, 응답시간, 반환시간 등이 있다.

09 선점형 스케줄링은 어떤 프로세스가 CPU를 할당받아 실행 중이더라도 운영체제가 CPU를 강제로 빼앗을 수 있는 스케줄링 방식이다.
　㉠ 장점 : 하나의 프로세스가 CPU를 독점할 수 없기 때문에 빠른 응답시간을 보인다.
　㉡ 단점 : 문맥 교환 같은 부가적인 작업으로 인해 오버헤드가 증가한다.
　㉢ 사용 : 빠른 응답이 요구되는 대화형 시스템이나 시분할 시스템에 적합하다. 대부분 저수준 스케줄러에서 사용된다.

07 다음 중 가장 바람직한 스케줄링 정책으로 옳은 것은?
　① 프로세서 이용률을 줄이고 반환시간을 늘린다.
　② 대기시간을 줄이고 반환시간을 늘린다.
　③ 응답시간과 반환시간을 줄인다.
　④ 반환시간과 처리율을 늘린다.

08 다음 중 프로세서 스케줄링을 평가하는 기준으로 적절하지 않은 것은?
　① 처리량
　② 오류 복구 시간
　③ 대기시간
　④ 균형 있는 자원 이용

09 선점·비선점 스케줄링에 대한 설명으로 옳지 않은 것은?
　① 프로세스가 프로세서를 강제적으로 탈취할 수 없으면, 이는 비선점 스케줄링 방법이다.
　② 시분할 시스템은 보통 비선점 프로세서 스케줄링 방법을 사용한다.
　③ 실시간 시스템은 보통 선점 스케줄링 방법을 사용한다.
　④ 비선점 시스템에서 응답시간을 예측하기가 선점 시스템보다 용이하다.

정답　07 ③　08 ②　09 ②

10 다음 중 비선점 스케줄링 방법에 대한 설명으로 옳지 않은 것은?

① 긴 작업이 짧은 작업을 오랫동안 기다리게 할 때 낭비가 발생할 수 있다.
② 프로세스 간의 문맥 교환 횟수가 적고, 보통 일괄 처리 시스템에 적합하다.
③ 대화식 또는 시분할 시스템에 적합하다.
④ 한 프로세스가 일단 프로세서를 할당받으면 다른 프로세스가 프로세서를 강제적으로 뺏을 수 없는 방법이다.

10 비선점 스케줄링은 어떤 프로세스가 CPU를 점유하면 다른 프로세스가 이를 빼앗을 수 없는 스케줄링 방식이다.
  ㉠ 장점: 선점형 스케줄링보다 스케줄러의 작업량이 적고 문맥 교환에 의한 낭비가 적다.
  ㉡ 단점: CPU 사용 시간이 긴 프로세스 때문에 CPU 사용 시간이 짧은 여러 프로세스가 오랫동안 기다리게 되어 전체 시스템의 처리율이 떨어진다.
  ㉢ 사용: 과거의 일괄 작업 시스템에서 사용하던 방식이다.

11 다음 주어진 준비 큐와 같은 작업이 있다. FCFS 스케줄링 방법으로 스케줄링할 때 가장 먼저 실행되는 작업으로 옳은 것은? (단, 작업 프로세스는 표의 순서대로 P1이 제일 먼저 도착하고 P4가 제일 늦게 도착함)

작업	대기시간	처리예상시간
P1	10	25
P2	37	9
P3	20	30
P4	31	12

① P1
② P2
③ P3
④ P4

11 ㉠ 정의: FCFS(First Come First Served) 스케줄링은 준비 큐에 도착한 순서대로 CPU를 할당하는 비선점형 방식으로, 선입선출 스케줄링이라고 한다.
  ㉡ 장점
    • 스케줄링의 이해와 구현이 단순하다.
    • 준비 큐에 있는 모든 프로세스가 결국 실행되므로 기아현상 없이 공정한 정책이다.
    • 프로세서가 지속적으로 유용한 프로세스를 수행하여 처리율이 높다.
  ㉢ 단점
    • 비선점이므로 대화식 프로세스(작업)에는 부적합하다.
    • 장기 실행 프로세스가 뒤의 프로세스(작업)을 모두 지연시켜 평균 대기시간이 길어져 최악의 대기시간이 된다.
    • 긴 프로세스(작업)가 실행되는 동안 짧은 프로세스(작업)가 대기시간이 길어지는 호위 효과가 발생할 수 있다.

정답 10 ③ 11 ①

12 [문제 하단 그림 참조]

12 FCFS 스케줄링에서 작업 3개의 도착 시간과 프로세서 버스트(프로세서 사용 시간)는 다음 주어진 표와 같다. 이때 모든 작업의 평균 반환시간과 평균 대기시간은? (단, 단위는 msec)

작업	도착시간	프로세서 버스트
P1	0	13
P2	3	36
P3	8	25

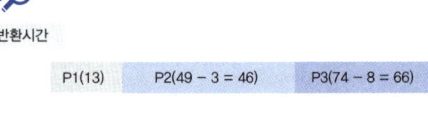

	평균 반환시간	평균 대기시간
①	33.3	20
②	17	41
③	41.6	17
④	20	16

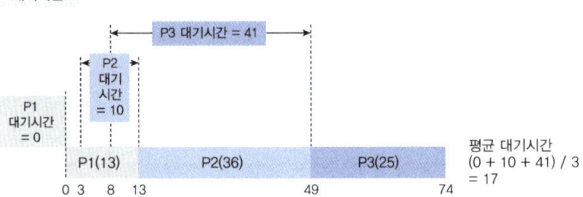

정답 12 ③

13 다음 표와 같이 주어진 작업을 제출했다. 이를 SJF 스케줄링 정책을 사용하여 스케줄링할 때 P3의 완료시간으로 옳은 것은? [단, 단위는 시(hour)]

작업	도착시간	실행시간
P1	10:00	2:00
P2	10:10	1:00
P3	10:25	0:25

① 11:00
② 12:00
③ 12:10
④ 12:25

13 [문제 하단 그림 참조]

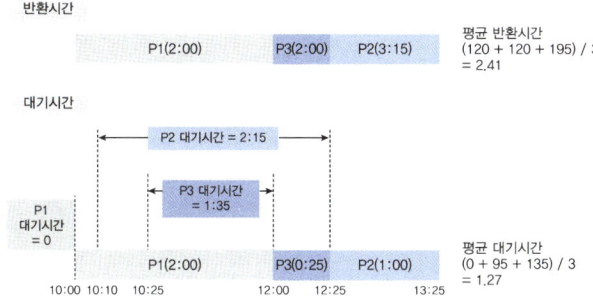

정답 13 ④

14 다음 중 우선순위 스케줄링에서 무한 정지(기아현상)를 방지하기 위한 방법으로 옳은 것은?

① 바인딩 방법
② 에이징 방법
③ 페이징 방법
④ 교체 방법

15 다음 중 라운드 로빈 스케줄링 방법에 대한 설명으로 옳지 <u>않</u>은 것은?

① 시간 할당량이 작으면 오버헤드의 발생이 적어진다.
② 시간 분할의 크기가 작으면 작은 프로세서들에 유리하다.
③ 시간 분할의 크기가 너무 작으면 스래싱에 소요되는 시간의 비중이 커진다.
④ 시간 분할의 크기가 커지면 FCFS 방법과 같게 된다.

---

14 우선순위 스케줄링은 공평성을 위배하는 문제가 발생한다. 다른 작업시간에 의해 준비 큐에 있는 작업이 무한히 연기되는 것을 무한 정지(기아현상)라고 한다. 이런 현상을 에이징(aging)으로 막을 수 있다. 에이징은 프로세스가 양보할 수 있는 상한선을 정하는 방식으로, 프로세스가 자신의 순서를 상한선만큼만 양보하면 무조건 실행하도록 하는 것이다.

15 시간 할당량(타임 슬라이스)이 작으면, 프로세스들이 CPU를 자주 교체하게 되고 문맥교환의 빈도가 증가하여 오버헤드를 더 많이 발생시킨다.
② 타임 슬라이스가 작으면 짧은 작업들이 더 빨리 처리될 수 있기 때문에 작은 작업들에 유리한 상황이 되며, 작은 작업들이 길게 기다리지 않고 빠르게 CPU를 사용할 수 있다.
③ 타임 슬라이스가 지나치게 작으면, 문맥교환이 너무 자주 발생하여 실제 작업 처리보다 스래싱에 많은 시간이 소요될 수 있으므로 효율이 떨어진다.
④ 타임 슬라이스가 매우 크면 하나의 프로세스가 CPU를 오랜 시간 독점하게 되어 사실상 FCFS(First Come, First Served) 방식과 유사하게 동작하게 된다.

정답 14 ② 15 ①

16 다음 주어진 표와 같이 준비 큐에 프로세스 P1, P2, P3이 차례로 도착했다. 라운드 로빈 스케줄링으로 스케줄링할 때 평균 반환시간으로 옳은 것은? (단, 타임 슬라이스는 4msec, 단위 msec)

작업	대기시간	실행시간
P1	0	20
P2	2	4
P3	4	5

	평균 반환시간	평균 대기시간
①	13	6
②	14	5
③	16	6.3
④	16	7

16 [문제 하단 그림 참조]

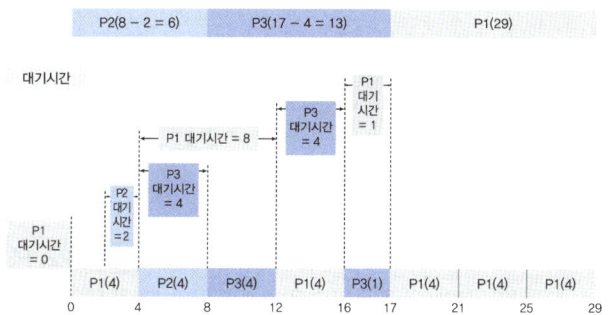

반환시간
P2(8 − 2 = 6)   P3(17 − 4 = 13)   P1(29)

- P1의 대기시간 : 0 + 8 + 1 = 9
- P2의 대기시간 : 2
- P3의 대기시간 : 4 + 4 = 8
- 평균 반환시간 : (29 + 6 + 13) / 3 = 16
- 평균 대기시간 : (9 + 2 + 8) / 3 = 6.3

정답 16 ③

17 ㉠ 정의 : HRN(Highest Response ratio Next) 스케줄링은 SJF 스케줄링에서 발생할 수 있는 기아현상을 해결하기 위해 만들어진 비선점 알고리즘이고, 최고 응답률 우선 스케줄링이라고 한다.
우선순위
$= \dfrac{\text{대기시간} + \text{CPU 사용시간}}{\text{CPU 사용시간}}$
㉡ 장점 : 자원을 효율적으로 활용하고, 기아현상이 발행하지 않는다.
㉢ 단점 : 메모리와 프로세서가 낭비되어 오버헤드가 높을 수 있다.

18 작업 대기시간과 실행시간을 기준으로 우선순위를 계산하면 다음과 같다.
P1 = (5 + 20) / 20 = 1.25,
P2 = (15 + 5) / 5 = 4,
P3 = (10 + 10) / 10 = 2,
P4 = (25 + 5) / 5 = 6
이므로 숫자가 클수록 우선순위가 높기 때문에 P4를 먼저 5msec 동안 실행한다.

17 다음 중 HRN 스케줄링 방법에 대한 설명으로 옳지 <u>않은</u> 것은?

① SJF를 보완하는 방법이다.
② 우선순위를 계산하여 그 숫자가 낮은 것부터 높은 순으로 우선순위를 부여한다.
③ 긴 작업과 짧은 작업 간의 지나친 불평등을 해소할 수 있다.
④ 우선순위 결정식은 (대기시간 + 서비스시간) / 서비스시간이다.

18 다음 주어진 표와 같이 준비 큐에 프로세스 P1, P2, P3, P4이 있다. HRN 스케줄링으로 스케줄링할 때 우선순위가 가장 높은 프로세스로 옳은 것은?

작업	대기시간	실행시간
P1	5	20
P2	15	5
P3	10	10
P4	25	5

① P1
② P2
③ P3
④ P4

정답 17 ② 18 ④

제 7 장

병행 프로세스

제1절	병행 프로세스의 개념
제2절	프로세스 간 통신
제3절	분산 및 다중(병렬) 처리 시스템
제4절	공유 자원과 임계 구역
실전예상문제	

할 수 있다고 믿는 사람은 그렇게 되고, 할 수 없다고 믿는 사람도 역시 그렇게 된다.

– 샤를 드골 –

보다 깊이 있는 학습을 원하는 수험생들을 위한
시대에듀의 동영상 강의가 준비되어 있습니다.
www.sdedu.co.kr → 회원가입(로그인) → 강의 살펴보기

제 7 장 병행 프로세스

제1절 병행 프로세스의 개념

1 병행 프로세스의 개념

컴퓨터는 프로그램 작업을 수행하는 데 사용할 수 있는 여러 자원으로 구성된다. 예를 들면 실제로 명령을 실행하는 프로세서, 데이터를 저장하는 데 사용하는 메인 메모리, 프로세서의 임시 저장소인 레지스터, 프로세서가 자주 접근하는 캐시, 프로그램을 영구적으로 저장하는 디스크 등 메모리와 키보드·마우스·프린터 등 입·출력장치, 네트워크 포트 등이 있다.

메모리 같은 자원은 공유 영역을 모든 프로세스가 동시에 공유할 수 있다. 즉, 이 메모리 같은 공유 영역에서 병렬(parallel)로 사용한다. 반면에 입·출력장치의 일부나 프로세서는 한 번에 프로세스 하나만 사용할 수 있는 공유자원이다.

프로세서 하나는 한 번에 프로세스 하나만 실행할 수 있지만 운영체제가 프로세서를 빠르게 전환하여 프로세서 시간을 나눠서 마치 프로세스 여러 개를 동시에 실행하는 것처럼 보이게 하는 것을 병행 프로세스라고 한다. 병행 프로세스는 단일 처리 시스템에서 서로 독립적으로 작업을 수행하는 독립 프로세스, 다른 프로세스와 협력하면서 특정 기능을 수행하는 비동기적 병행 프로세스인 협력 프로세스로 구분한다.

(1) 독립 프로세스

독립 프로세스는 단일 처리 시스템에서 수행하는 병행 프로세스로, 다른 프로세스와 영향을 주고받지 않으면서 독립적으로 실행한다. 그러므로 다른 프로세스와 데이터 및 상태를 공유하지 않고 동작을 재현할 수 있다. 또 주어진 초깃값에 따라 항상 동일한 결과를 보여주고, 중지했다가 변동사항 없이 다시 시작할 수 있다. 프로세서에서 독립적으로 실행할 수 있는 프로세스는 다음과 같다.

① **단일 프로그래밍** : 프로세서를 사용 중이던 프로세스를 완료한 후 다른 프로세스를 실행한다.
② **다중 프로그래밍** : 프로세스 여러 개가 **프로세서 하나를 공유**한다. 공유하지 않는 상태일 때 디스패치 순서는 상관없다.
③ **다중 처리** : 프로세서를 2개 이상 이용하여 동시에 프로그램 여러 개를 병렬로 실행한다. 프로세스는 한 번에 하나의 프로세서에서 실행하지만, 동일한 시스템에서는 서로 다른 시간에 서로 다른 프로세서에서 실행할 수 있다.

(2) 협력 프로세스

협력 프로세스는 다른 프로세스와 영향을 주고받는다. 즉, 상호작용이며 특정 기능을 수행하는 비동기적 프로세스이다. 일반적으로 컴퓨터 자원의 효율성을 증대하고, 계산 속도를 향상시키며, 모듈적 구성을 강화하고, 개별 사용자가 여러 작업을 동시에 수행할 수 있는 편의성을 제공하는 데 사용한다. 예를 들면 두 프로세스가 동일한 파일을 사용할 때, 프로세스 하나가 파일에서 읽기를 수행하는 동안 다른 프로세스가 해당 파일에 쓰기를 하면 서로 영향을 받는다.

> **더 알아두기**
>
> **병행성과 병렬성**
> 병행성과 병렬성은 둘 다 대략적으로 '동일한 시간 동안 여러 프로세스를 동시에 실행'이라는 의미가 있지만 전혀 다른 개념을 가지고 있다.
> - 병렬성을 기반으로 한 병렬 컴퓨팅은 다중 프로세서 시스템에서 동일한 시간에 별도의 프로세서에서 실행한다. 예를 들면 병행 프로세스는 시분할로 각 프로세스의 실행 단계를 전환하여 어느 한 순간에는 프로세스 하나를 실행하도록 한다.
> - 병행성을 기반으로 한 동시 컴퓨팅은 프로세스 여러 개가 겹치는 것으로 모두 동일한 시간에 실행할 필요는 없다.

2 병행 프로세스의 해결 과제

(1) 병행 프로세스의 작업

병행성은 여러 프로세스를 이용하여 작업을 수행하는 것으로, 다중 처리 시스템, 분산 처리 시스템뿐만 아니라 단일 프로세서로 운영하는 다중 프로그래밍 시스템에서도 매우 중요하다. 특히 다중 처리 시스템에서는 각 프로세서의 오버헤드를 줄여 유효성을 증대시키는데, 명령어 여러 개를 세분화하여 동시에 처리하려면 프로세서들을 연결하고 상호 작용을 제어해야 한다.

(2) 병행성은 시스템의 신뢰도를 높이고 처리 속도를 개선하여 처리 능력을 높이는 데 매우 중요하므로 다음과 같은 문제를 해결해야 한다. 중요

① 공유 자원을 서로 배타적으로 사용해야 한다. 예를 들면 프린터, 통신망은 한순간에 프로세스 하나만 사용해야 한다.
② 병행 프로세스 간에는 협력이나 **동기화**가 되어야 한다. 상호 배제도 동기화의 한 형태이다.
③ 두 프로세스 사이에서는 데이터를 교환할 수 있도록 **통신**이 되어야 한다.
④ 프로세스는 동시에 수행하는 다른 프로세스의 실행 속도와 관계없이 항상 일정한 실행 결과를 보장하도록 결정성(determinacy)을 확보해야 한다.
⑤ **교착상태**를 해결하고 병행 프로세스들의 병렬 처리 능력을 극대화해야 한다.
⑥ 실행 검증 문제를 해결해야 한다.

⑦ 병행 프로세스를 수행하는 과정에서 발생하는 **상호 배제**, 즉 어떤 프로세스가 작업을 실행 중일 때 나머지 프로세스는 그것과 관련된 작업을 수행할 수 없도록 **보장**해야 한다.

3 선행 그래프와 병행 프로그램

다중 처리 시스템에서는 프로세서들이 모든 입·출력장치와 메모리를 참조할 수 있어 동시에 동일한 자원에 접근할 때 충돌이 발생할 수 있으므로 프로세서 간의 충돌을 해결하는 방법이 필요하다. 선행 그래프를 이용하여 프로세스들이 운영체제의 지원 없이 상호 배제를 책임지는 소프트웨어적인 방법이 있다.

(1) 선행 그래프 〈중요〉

프로세스는 프로세스 집합과 이것의 선행 제약(precedence constraint), 두 가지 요소로 정의할 수 있다.

> • 프로세스 집합은 작업 프로세스 $P_1, P_2, \cdots, P_n$ 들을 말한다.
> • 선행 제약은 프로세스를 순서대로 다른 상태로 옮기는 것이며, 선행 그래프(precedence graph)는 선행 제약을 논리적으로 표현한 것으로, 노드 i에서 노드 j로, 활동 j를 시작하기 전에 활동 i를 완료해야 한다는 순차적 활동을 표현하는 방향성 비순환 그래프이다. 선행 그래프에서 노드는 소프트웨어 작업이거나 동시에 실행할 수 있는 프로그램 명령일 수 있다.

① 간단한 산술 연산(단일 프로그램)의 알고리즘과 선행 그래프

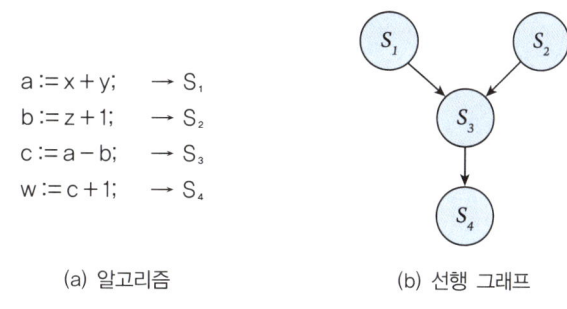

(a) 알고리즘   (b) 선행 그래프

[그림 7-1] 간단한 산술 연산의 알고리즘과 선행 그래프

> • S_1과 S_2는 서로 독립적이므로 동시에 수행할 수 있다.
> • S_3는 a값과 b값을 할당받기 전에 수행하면 안 된다.
> • S_4는 c값을 계산하기 전에 수행할 수 없다.

알고리즘의 일부를 병행 수행하려면, 프로세서 하나에 기능 단위를 여러 개 두거나 프로세서를 여러 개 사용해야 한다. 특히 프로세서를 여러 개 사용하면 여러 문장을 동시에 수행할 수 있어 총 수행 시간을 줄일 수 있다.

② 비순환 선행 그래프

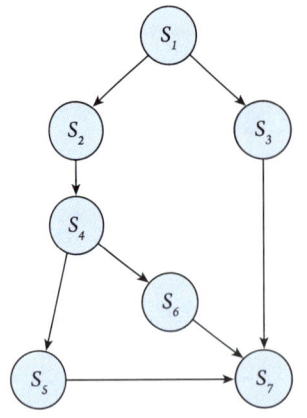

- S_2와 S_3은 S_1이 끝난 후에 수행한다.
- S_4는 S_2가 끝난 후에 수행한다.
- S_5와 S_6은 S_4가 끝난 후에 수행한다.
- S_7은 S_5, S_6, S_3이 끝난 후에 수행하고, S_3은 S_2, S_4, S_5, S_6과 병행하여 수행할 수 있다.
- 선행 그래프는 비순환적이어야 한다.

[그림 7-2] 비순환 선행 그래프와 선행 관계의 예

③ 순환 선행 그래프

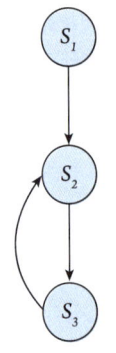

- S_3은 S_2가 끝난 후에 수행할 수 있고,
- S_2는 S_3이 끝난 후에만 수행할 수 있다는 선행관계가 있지만 이 제약은 동시에 만족할 수 없다.
- 수행 순서를 정의할 수 없어 모순이 발생한다.

[그림 7-3] 순환 선행 그래프

(2) fork와 join 구조

선행 그래프는 연산의 선행 제약을 정의하는 데 유용하지만, 2차원이라면 프로그램에는 사용하기 어렵다. 그러므로 프로그램에 선행 관계를 명시하려면 fork와 join 구조, 병행 문장(parbegin/parend) 등 다른 방법이 필요하다.

fork와 join 구조는 콘웨이(Conway, 1963)와 데니스(Dennis, 1966), 혼(Van Horn, 1966)이 소개했고, fork과 join 두 명령어를 사용하여 최초로 병행을 언어적으로 표현했다.

① fork 명령어

프로그램에서 fork L 문장을 사용하면 **병행 프로세스를 2개 만든다**. 하나는 레이블 L인 문장에서 수행을 시작하고, 다른 하나는 fork 명령어 바로 다음 문장에서 시작한다. fork 명령어는 단일 연산을 독립 연산 2개로 분할한다.

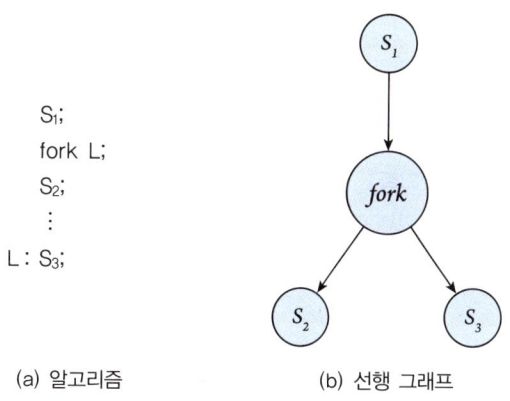

```
S₁;
fork L;
S₂;
  ⋮
L : S₃;
```

(a) 알고리즘   (b) 선행 그래프

[그림 7-4] fork 구조의 알고리즘과 선행 그래프

㉠ fork L 문장을 수행하면 새로운 연산 프로세스를 S_3에서 시작한다.
㉡ S_2에서 시작하는 연산 프로세스와 병행하여 수행한다.

② join 명령어

join 명령어는 병행 연산 2개를 하나로 결합하는 방법을 제공한다. 연산 2개를 수행 중이라고 할 때 이 둘의 속도가 다르므로 둘 중 하나는 join을 먼저 수행하고, join 후에 다른 연산을 수행한다. 연산 3개를 합쳐야 한다면 연산 2개가 끝난 후 join한 결과와 나머지 연산을 join한다. 따라서 마지막 연산 하나를 남기고 나머지 연산을 모두 끝내려면 연산 개수를 알아야 하므로 이를 매개변수로 명시한다. count 매개변수가 있는 join 명령어를 수행하는 방법은 다음과 같다.

```
...
count := count − 1;
if count = 0 then quit;
```

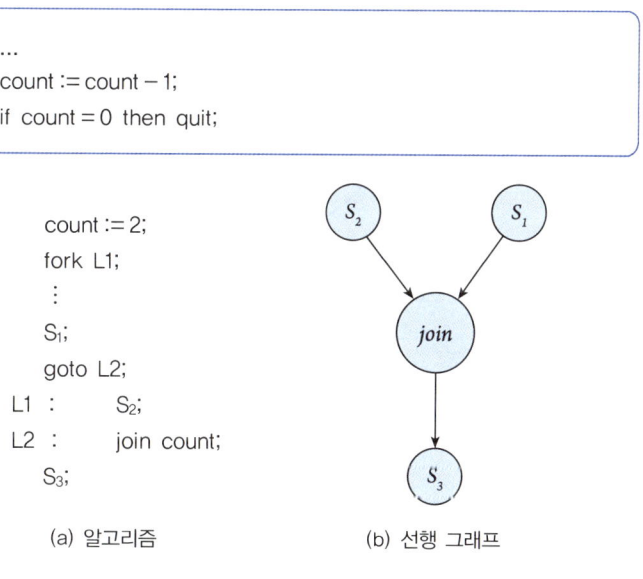

```
count := 2;
fork L1;
   ⋮
S₁;
goto L2;
L1 :    S₂;
L2 :    join count;
S₃;
```

(a) 알고리즘   (b) 선행 그래프

[그림 7-5] join 구조의 알고리즘과 선행 그래프

㉠ count는 0이 아닌 정수 값이고, quit는 count의 계산 수행을 종료하는 명령어이다. join할 연산이 2개라면 매개변수 count의 초깃값은 2가 된다.

㉡ join 명령어는 단위적으로 수행해야 한다. 즉, join 문장 2개를 병행 수행하는 것은 두 문장을 임의의 순서로 순차적으로 수행하는 것과 같다.

③ **fork와 join 구조의 알고리즘**

fork와 join을 수행하면 여러 병행 수행을 합칠 수 있다.

㉠ [그림 7-1]의 산술 연산을 fork 명령어와 join 명령어를 이용하여 다음과 같이 시작할 수 있다.

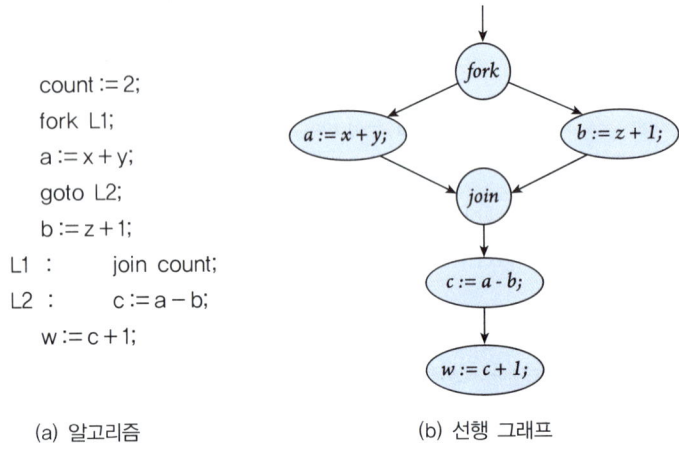

```
count := 2;
fork L1;
a := x + y;
goto L2;
b := z + 1;
L1 :    join count;
L2 :    c := a - b;
        w := c + 1;
```

(a) 알고리즘   (b) 선행 그래프

[그림 7-6] [그림 7-1]의 산술 연산에서 fork와 join 구조의 알고리즘과 선행 그래프

㉡ [그림 7-2]의 산술 연산을 fork 명령어와 join 명령어를 이용하여 다음과 같이 시작할 수 있다. join 노드는 유일하게 S_7 하나이므로 join 문장이 하나 필요하고, 유입 정도는 3이다. 그리고 join에서 count의 초깃값은 3이다.

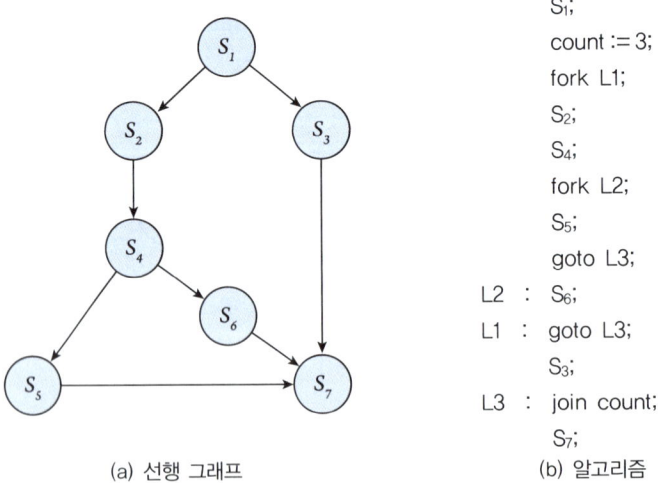

```
S1;
count := 3;
fork L1;
S2;
S4;
fork L2;
S5;
goto L3;
L2 :    S6;
L1 :    goto L3;
        S3;
L3 :    join count;
        S7;
```

(a) 선행 그래프   (b) 알고리즘

[그림 7-7] [그림 7-2]의 산술 연산에서 fork와 join 구조의 알고리즘과 선행 그래프

> **더 알아두기**
> 유입 정도(in-degree)는 방향 그래프에서 들어오는 간선 수이고, 유출 정도(out-degree)는 방향 그래프에서 나가는 간선 수이다.

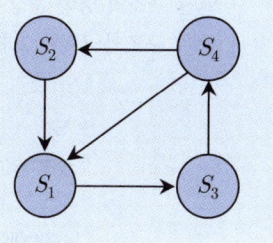

(3) 병행 문장

병행 문장은 하나의 프로세스가 여러 병렬 프로세스로 퍼졌다가 다시 하나로 뭉쳐지는 것을 나타내는 고급 언어 구조이다. 대표적인 예가 다익스트라(1965)가 제안한 **parbegin/parend**이다.

> **[형식]**
> parbegin S_1; S_2; ⋯ S_n; parend;

각 S는 단일 문장이고, parbegin과 parend 사이의 모든 문장은 병행 수행할 수 있다.

① **일반 구조의 병행 문장과 선행 그래프**

parbegin/parend 사이의 모든 문장은 병행 수행할 수 있고, 좀 더 효과적인 병행 문장은 S_0과 S_{n+1} 문장을 추가하여 정의할 수 있다. S_{n+1}은 모든 S(i = 1, 2, 3, ⋯, n)가 끝난 후에만 실행할 수 있다.

S_0; parbegin S_1; S_2; ……; S_n; parend; S_{n+1};

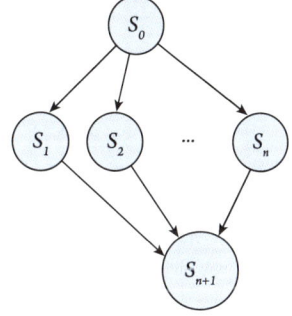

(a) 일반 구조의 병행 문장   (b) 선행 그래프

[그림 7-8] 일반 구조의 병행 문장과 선행 그래프

② **복잡한 구조의 병행 문장과 선행 그래프**

일반 구조의 병행 문장에 모든 문장을 $S_1; S_2; \cdots; S_n;$과 같이 실행한 후 S_{n+1}의 결과가 된다면 다음과 같은 구조와 선행 그래프로 표현할 수 있다.

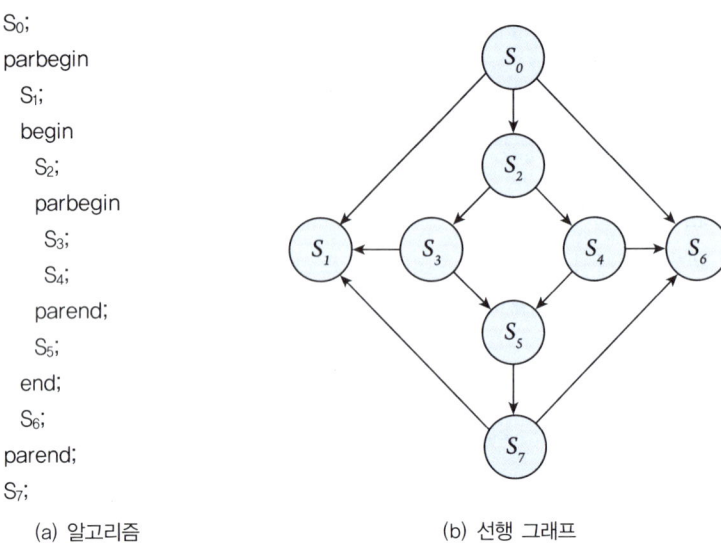

```
S₀;
parbegin
  S₁;
  begin
    S₂;
    parbegin
      S₃;
      S₄;
    parend;
    S₅;
  end;
  S₆;
parend;
S₇;
```

(a) 알고리즘   (b) 선행 그래프

[그림 7-9] 복잡한 구조의 병행 문장과 선행 그래프

③ [그림 7-1]의 간단한 산술 연산 알고리즘에서 앞의 두 문장을 동시에 수행하면 parbegin/parend 구조를 사용하여 다음과 같이 표기할 수 있다.

```
                            parbegin
a := x + y;                   a := x + y;
b := z + 1;                   b := z + 1;
c := a − b;                 parend;
w := c + 1;                   c := a − b;
                              w := c + 1;
```

(a) 간단한 산술 알고리즘   (b) parbegin/parend 구조 알고리즘

[그림 7-10] [그림 7-1]의 간단한 산술 연산의 병행 문장과 선행 그래프

④ [그림 7-2]의 선행 그래프의 parbegin/parend 구조는 다음과 같이 표기할 수 있다.

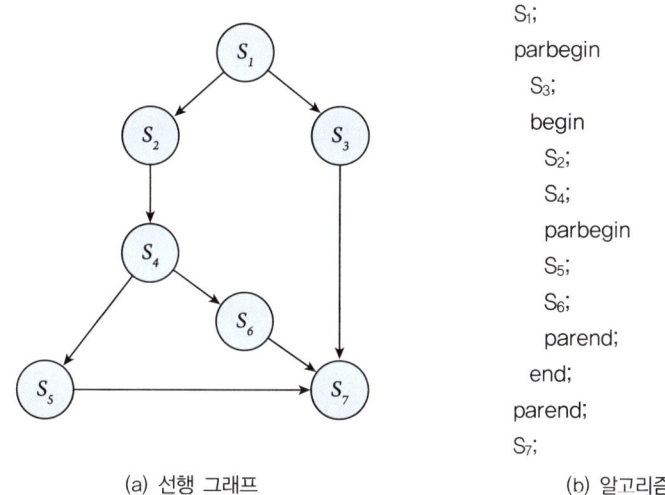

(a) 선행 그래프   (b) 알고리즘

[그림 7-11] [그림 7-2]의 선행 그래프의 parbegin/parend 구조

제2절 프로세스 간 통신

1 프로세스 간 통신의 종류

프로세스는 시스템 내에서 독립적으로 실행되기도 하고 데이터를 주고받으며 협업하기도 한다. 프로세스가 다른 프로세스와 데이터를 주고받는 프로세스 간 통신(IPC)에는 같은 컴퓨터 내에 있는 프로세스뿐만 아니라 네트워크로 연결된 다른 컴퓨터에 있는 프로세스와의 통신도 포함된다. 전역 변수나 파일을 사용하여 통신하는 것은 운영체제의 도움 없이 진행되는 통신 방식이며 파이프, 소켓, 원격 프로시저 호출(RPC : Remote Procedure Call)은 운영체제가 제공하는 통신 방식이다.

(1) 프로세스 내부 데이터 통신

    하나의 프로세스 내에 2개 이상의 스레드가 존재하는 경우의 통신이다. 프로세스 내부의 스레드는 전역 변수나 파일을 이용하여 데이터를 주고받는다.

(2) 프로세스 간 데이터 통신

    같은 컴퓨터에 있는 여러 프로세스끼리 통신하는 경우로, 공용 파일 또는 운영체제가 제공하는 파이프를 사용하여 통신한다.

(3) 네트워크를 이용한 데이터 통신

여러 컴퓨터가 네트워크로 연결되어 있을 때도 통신이 가능한데, 이 경우 프로세스는 소켓을 이용하여 데이터를 주고받는다. 이처럼 소켓을 이용하는 프로세스 간 통신을 네트워킹이라고 한다. 다른 컴퓨터에 있는 함수를 호출하여 통신하는 원격 프로시저 호출도 여기에 해당된다.

2 프로세스 간 통신의 분류

(1) 통신 방향에 따른 분류

프로세스 간 통신은 동시에 실행되는 프로세스끼리 데이터를 주고받는 작업을 의미한다. 통신은 데이터가 전송되는 방향에 따라 다음과 같이 구분한다.

① **양방향 통신**

데이터를 동시에 양쪽 방향으로 전송할 수 있는 구조로, 일반적인 통신은 모두 양방향 통신이다. 프로세스 간 통신에서는 소켓 통신이 양방향 통신에 해당한다.

② **반양방향 통신**

데이터를 양쪽 방향으로 전송할 수 있지만 동시 전송은 불가능하고 특정 시점에 한쪽 방향으로만 전송할 수 있는 구조이다. 대표적인 예가 무전기이다.

③ **단방향 통신**

모스 신호처럼 한쪽 방향으로만 데이터를 전송할 수 있는 구조이다. 프로세스 간 통신에서는 전역 변수와 파이프가 단방향 통신에 해당된다.

(2) 통신 구현 방식에 따른 분류

① **대기가 있는 통신**

동기화를 지원하는 통신 방식으로 데이터를 받는 쪽은 데이터가 도착할 때까지 자동으로 대기 상태에 머물러 있다.

② **대기가 없는 통신**

동기화를 지원하지 않는 통신 방식으로, 데이터를 받는 쪽은 바쁜 대기를 사용하여 데이터가 도착했는지 여부를 직접 확인한다. 전역 변수와 파일을 이용한 통신은 대기가 없는 통신의 대표적인 예이다. 전역 변수와 같이 공유 메모리를 이용하여 통신을 하든, 파일을 이용하여 통신을 하든, 보내는 쪽과 받는 쪽이 동기화되지 않는다. 대기가 없는 통신은 통신 오버헤드는 적지만 바쁜 대기처럼 사용자가 직접 처리해야 하는 작업이 많다.

[표 7-1] 프로세스 간 통신의 분류

분류 방식	종류	예
통신 방향에 따른 분류	양방향 통신	일반적 통신, 소켓
	반양방향 통신	무전기
	단방향 통신	전역 변수, 파일, 파이프
통신 구현 방식에 따른 분류	대기가 있는 통신(동기화 통신)	파이프, 소켓
	대기가 없는 통신(비동기화 통신)	전역 변수, 파일

제3절 분산 및 다중(병렬) 처리 시스템

1 분산 시스템

(1) 네트워크와 분산 시스템

운영체제에서 분산 처리는 컴퓨터 사용자 간에 서로 데이터를 교환하여 처리할 수 있도록 네트워크로 상호 연결한 것이다. 네트워크로 연결한 시스템은 사용자의 액세스를 제어하여 편리하게 자원을 공유할 수 있게 한다. 네트워크로 연결한 시스템은 분산 시스템과 다중 처리 시스템으로 나눈다.

① **분산 시스템**
  분산 시스템은 메모리와 클록을 공유하지 않고 지역 메모리를 유지하는 프로세서로 구성되는데, 서로 독립적으로 동작한다.

② **다중 처리 시스템**
  다중 처리 시스템은 병렬 처리 시스템이라고 한다. 하나 이상의 프로세서와 프로세스로 구성하며, 프로세스들이 메모리와 출력을 공유한다.

(2) 네트워크의 구성 중요

네트워크는 서로 독립된 시스템 여러 개가 적정한 영역 안에서 속도가 빠른 통신 채널을 이용하여 상호 통신할 수 있도록 지원하는 데이터 통신 시스템이다. 네트워크 시스템을 구성하는 방법에는 강결합과 약결합 두 가지가 있다.

① **강결합 시스템**
  강결합(tightly coupled : 단단히 결합된) 시스템은 [그림 7-12]와 같이 프로세서들이 메모리를 공유하는 다중 처리 시스템이다. 프로세서 간에 공유 메모리를 이용하여 통신하므로 공유 메모리를 차지하려는 프로세서 간의 경쟁을 최소화해야 한다. 프로세서 간의 경쟁은 결합 교환(combining switch) 방법으로 해결할 수 있다. 이는 하나의 공유 메모리를 차지하려는 프로세서 여러 개 중 오직 하나의 프로세서만 액세스를 허용하는 것이다.

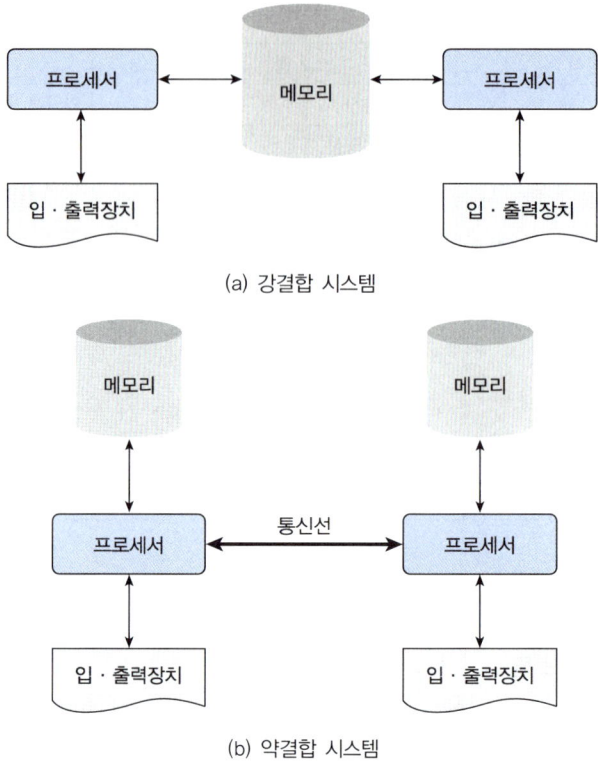

[그림 7-12] 강결합 시스템과 약결합 시스템

② **약결합 시스템**

약결합(loosely coupled : 느슨하게 결합된) 시스템은 둘 이상의 독립된 시스템을 통신선으로 연결한다. 각 시스템은 [그림 7-12]와 같이 자신만의 운영체제, 메모리, 프로세서, 입·출력장치 등이 있으며, 독립적으로 운영한다. 그리고 필요할 때 통신선을 이용하여 메시지 전달이나 원격 프로세저 호출로 통신한다. 통신선으로 다른 시스템의 파일을 참조할 수 있으며, 각 시스템의 부하를 조절하려고 부하가 적은 프로세서에 작업을 보낼 수도 있다. 하나의 시스템에 장애가 발생해도 다른 시스템의 프로세서를 독립적으로 이용할 수 있어 치명적인 시스템 장애는 발생하지 않는다.

(3) 네트워크의 구조

네트워크의 구조(topology : 토폴로지, 위상)는 네트워크의 노드나 링크 요소를 물리적으로 연결해놓은 방법이다. 네트워크에서 노드는 사이트를 나타내고, 각 노드 사이의 링크는 두 노드 간 직접 통신을 나타낸다.

① **망 구조**

망(mesh) 구조는 각 노드를 시스템의 모든 노드와 직접 연결하는 완전 연결(fully connected) 방법이다. 두 노드 간에 직접 통신선이 있어야 하므로 처음 설치할 때 비용이 많이 든다. 메시지를 전달할 때 두 노드를 연결하는 링크 하나만 매우 빠르다. 그리고 많은 링크가 고장이 나야 시스템을 분할하므로 신뢰성이 매우 높다.

② **트리 구조**

트리(tree) 또는 계층(hierarchy) 구조는 회사의 컴퓨터 네트워크에 사용하는 방법으로, 네트워크의 각 노드가 트리로 구성되어 있다. 루트를 제외한 각 노드는 단일 부모와 자식 몇 개를 가진다. 기본 비용은 일반적으로 망 구조보다 낮고, 부모 노드가 고장이 나면 그 자식 노드들은 서로 통신할 수 없고, 다른 프로세스와도 통신할 수 없다.

③ **성 구조**

성(star) 구조는 모든 노드를 중앙 노드에 직접 연결하고, 다른 노드는 서로 연결하지 않는다. 중앙 노드가 메시지 교환을 담당한다. 중앙 노드에서 병목 현상이 발생하면 성능이 현저히 떨어지고, 중앙 노드에 장애가 발생하면 전체 시스템이 마비된다. 성 구조는 기본 이용이 노드 수에 비례하여 늘어나지만 비교적 간단한 구조이고, 통신비용이 저렴하며, 집중 제어로 유지·보수하기가 쉽다.

④ **링 구조**

링(ring) 구조는 각 노드를 정확히 다른 노드 2개와 연결하는 방법으로, 메시지를 전달하는 방향을 단방향 또는 양방향으로 구현할 수 있다. 단방향 구조는 한 노드의 한쪽 이웃 노드에만 전달할 수 있으나, 양방향 구조는 한 노드가 양쪽 노드 모두에 전달할 수 있다. 그리고 단방향 구조에서는 한 노드나 링크가 고장 나면 네트워크를 분할하고, 양방향 구조에서는 연결이 2개 고장 나면 네트워크를 분할한다. 링 구조는 기본 비용이 노드 수에 비례하여 늘어나고, 메시지가 링을 순환할 때 통신 비용이 증가한다.

⑤ **버스 구조**

버스(bus) 구조는 연결 버스(중앙의 통신회선) 하나에 모든 노드를 연결하는 방법이다. 네트워크의 기본 비용은 노드 수에 비례하고, 버스를 공유하여 경제적이다. 링크가 고장 나면 모든 노드 간의 통신이 불가능하지만 각 노드의 고장이 나머지 노드 간 통신에는 영향을 주지 않아 신뢰성이 높고 노드의 추가, 변경, 제거 등이 비교적 쉬워 확장성이 좋다. 단점은 버스에 장애가 발생하면 네트워크 전체에 영향을 미친다는 것이다.

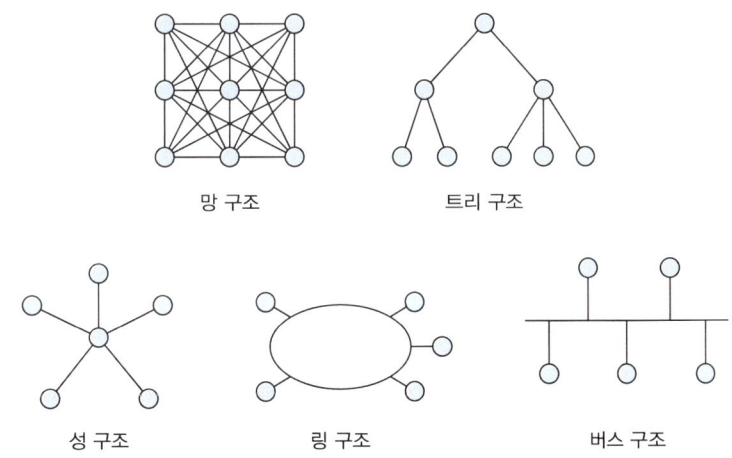

[그림 7-13] 네트워크 구조 토폴로지

(4) 분산 시스템의 구조와 구축 목적

① 분산 시스템의 구조

분산 시스템은 저렴한 노드 여러 개를 운영체제 하나가 제어할 수 있도록 구현하여 강력한 시스템을 구성한다. 네트워크로 연결된 여러 노드에 프로그램 하나를 분산하여 실행하면서 마치 하나의 프로그램처럼 움직인다. 즉 공유 메모리와 공유 클록이 없는 프로세서의 집합으로, 각 프로세서는 자신들의 메모리와 통신회선을 이용하여 서로 정보를 교환한다. 또 여러 사용자가 자원을 공유하여 대규모 작업을 지원하기 때문에 다양한 사용자에게 서비스할 수 있다. 각 프로세서는 초소형 프로세서부터 워크스테이션, 소형 컴퓨터, 대형 컴퓨터까지 다양하다.

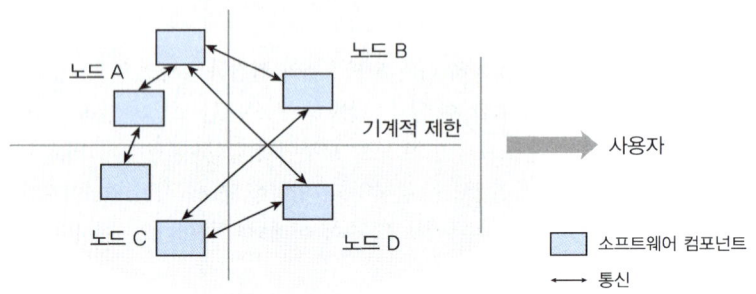

[그림 7-14] 분산 시스템 구조

② 분산 시스템의 구축 목적 [중요] [기출]

분산 시스템의 프로세서들은 크기와 기능이 다양하고, 이들을 분산 시스템으로 구축하는 목적은 다음과 같다.

㉠ 자원 공유 용이

기능이 다른 많은 노드를 서로 연결했다면, 한 노드에 있는 사용자가 다른 노드의 자원을 사용할 수 있다. 분산 시스템이 자원을 공유하는 방법에는 원거리에 있는 고속의 배열을 조작하거나 다른 연산을 위한 특수한 목적의 하드웨어를 사용하고, 원격 노드의 파일을 공유하고, 분산 데이터베이스에서 정보를 처리하고, 원격 노드 파일을 프린팅 하는 기능을 제공하는 방법 등이 있다.

㉡ 연산 속도 향상

특정 연산을 동시 수행 가능한 다수의 부분 연산으로 분할할 수 있다면, 여러 노드에 연산을 분산시켜 이들을 동시에 수행할 수 있다.

㉢ 신뢰성 향상

컴퓨터 시스템을 소형시스템으로 구성하면 하나만 고장 나도 전체 시스템의 동작이 중단될 수 있는데, 이런 문제를 해결할 수 있다. 즉, 한 노드가 고장이 나도 나머지 노드가 계속 작동하므로 동작의 신뢰성을 보장할 수 있다.

② 통신 기능
　　　다수의 노드를 통신 네트워크를 이용하여 연결하면 다른 노드에 있는 사용자들이 정보를 서로 교환할 수 있다. 따라서 지역적으로 멀리 떨어져 있어도 임의의 작업이 가능하고 자원을 이용할 수 있기 때문에 효율적으로 시스템을 관리할 수 있다.

③ **분산 처리 시스템의 목표(투명성)**
　분산 처리 시스템의 기본 목표 중 하나는 시스템에 있는 각종 자원의 투명성(transparency)을 보장하는 것이다. 투명성은 상호 연결된 컴퓨터를 사용자가 하나의 컴퓨터 시스템으로 인식할 수 있도록 분산을 감추어 사용자가 이 정보를 몰라도 작업을 수행할 수 있도록 지원하는 개념이다.
　㉠ 액세스(access) 투명성 : 서로 다른 컴퓨터 구조와 프로그램 언어 사이에 상호 교류할 수 있게 한다. 프로세스가 지역, 전역이든 동일한 형식으로 액세스할 수 있어 사용자는 시스템 전체에서 다른 형식으로 저장된 데이터에 액세스할 수 있다. (예 SQL 쿼리, 웹 내비게이션)
　㉡ 위치(location) 투명성 : 자원 위치와 각 컴포넌트가 상호 작용하는 위치를 사용자가 몰라도 된다. 따라서 사용자는 지역 파일에 액세스하듯 원격 파일에 액세스하여 어떤 서버가 해당 파일을 보유하는지 알지 못한다. (예 웹페이지, NFS)
　㉢ 고장(failure) 투명성 : 시스템 구성 요소(컴포넌트)와 통신 오류 때문에 시스템을 수행하는 데 장애를 받지 않게 한다. 여러 자원이나 컴퓨터에 오류가 발생할 때 오류를 시스템에서 제거하고 재사용할 수 있도록 회복시켜준다. (예 데이터베이스 관리 시스템)
　㉣ 중복(replication) 투명성 : 시스템에 동일한 자원이 다수의 컴퓨터에 있더라도 사용자에게는 자원 하나로만 보이게 한다. 즉, 복제한 자원 그룹에서 모든 액세스에 자원이 하나만 있는 것처럼 보이게 하여 신뢰성과 유용성을 높일 수 있다. (예 분산 DBMS)
　㉤ 이동(migration) 투명성 : 자원을 한 시스템에서 다른 시스템으로 이동해도 사용자가 이를 의식하지 않고 이용할 수 있도록 하는 것이다. (예 웹페이지, NFS)
　㉥ 영속(permanence) 투명성 : 자원이 저장된 위치(메모리나 디스크) 정보를 감춘다.
　㉦ 자원(resource) 투명성 : 구성 요소에서 자원의 배당과 해제 정보를 감춘다. 자원을 공유하는데 제공된다.
　㉧ 트랜잭션(transaction) 투명성 : 공유 공간에서 동작하는 트랜잭션 연산 조정과 자원 집합 사이의 결합을 숨겨 데이터 무결성과 일관성을 확보할 수 있게 한다.
　㉨ 재배치(reassignment) 투명성 : 한 객체의 재배치를 이와 통신하는 다른 객체에 감출 수 있게 한다.
　㉩ 규모(scale) 투명성 : 구성 요소를 추가하거나 제거하는 등 규모가 바뀌어도 사용자가 의식하지 않는다. (예 웹페이지)
　㉪ 병행(concurrency) 투명성 : 사용자와 응용 프로그램이 서로 간섭 없이 공유 데이터 또는 객체에 동시에 액세스할 수 있다. 분산 시스템에서 매우 복잡한 메커니즘이 필요하다. (예 NFS, 금융 자동화기기(ATM) 네트워크)

2 다중(병렬) 처리 시스템

(1) 다중 처리 시스템의 구조와 원리

다중 처리(multiprocessing)는 여러 프로세서를 동시에 사용하는 기술로, 시스템 성능을 향상시키는 방법이다. 병렬 처리(parallel processing)는 이러한 프로세서들이 동시에 작업을 수행하는 방식으로, 다중 처리는 하드웨어 관점에서 성능을 향상시킬 수 있다. 다중 프로그래밍은 소프트웨어 관점에서 CPU의 효율적 활용을 위한 기술로, 여러 프로세스가 시간 분할 방식으로 실행되는 것을 의미한다. 다중 처리 시스템은 단위 시간당 처리하는 양을 늘리는 것이 목적이므로, 각종 연산을 병렬 수행하려면 프로세서가 매우 많아야 한다. 병렬(parallelism) 방법을 이용하면 주어진 프로그램을 가장 짧은 시간 내에 수행할 수 있으나, 다음과 같은 이유로 병렬성 프로그램을 작성하기가 어려워 대부분의 프로그램은 순차적으로 실행한다.

① **병렬성 프로그래밍의 문제점**
  ㉠ 인간의 사고는 병렬적으로 생각하기가 어렵다.
  ㉡ 인간의 언어는 병렬성을 적절히 표현하지 못한다. 병렬성을 표현하는 Ads나 CSP/k, Concurrent Pascal 등 컴퓨터 언어도 있지만, 널리 사용하진 않는다.
  ㉢ 병렬성 때문에 다중 처리를 만든 것이 아니라서 병렬성 경험이 부족하다.
  ㉣ 컴퓨터 하드웨어는 순차적 처리에 익숙하다.
  ㉤ 병렬 프로그램은 오류를 검색하기 어렵다. 병렬 프로그램의 정확성을 증명하는 것은 순차적 프로그램을 검증하는 것보다 훨씬 더 복잡하다.

② **다중 처리 시스템의 특징**
  ㉠ 다중 처리 시스템은 성능이 거의 비슷한 **2개 이상의 프로세서**를 포함한다.
  ㉡ 모든 프로세서는 동일한 **메모리**를 공동으로 사용한다.
  ㉢ 모든 프로세서는 입·출력 채널과 제어장치, 그 외의 장치들을 공동으로 사용한다.
  ㉣ 전체 시스템은 **하나의 운영체제**로 운영한다. 이 운영체제는 프로세스의 각 작업의 상호작용을 여러 단계에서 도와준다. 즉, 프로그램, 데이터 집합, 데이터 단위들의 단계에서 상호작용을 도와준다.

③ **다중 처리 시스템의 장점**
  ㉠ 프로세서 하나가 고장 나도 나머지 프로세서를 계속 가동할 수 있고, 고장 난 프로세서는 다음 프로세서에 자신이 수행하던 일을 맡길 수 있게 알리고, 정상 프로세서들은 고장 난 프로세서를 알아낼 수 있다.
  ㉡ 고장이 나면 시스템의 전체 능력이 떨어지므로, 운영체제는 자원 할당 방법을 조정하고 시스템이 너무 과중한 부담을 받지 않도록 조치한다.
  ㉢ 여러 프로세서의 처리 능력을 결합하여 컴퓨터 능력을 높일 수 있고, 하드웨어의 비용이 줄어들면서 여러 마이크로프로세서를 연결시켜 다중 프로세서를 만든다.
  ㉣ 다중 처리는 막대한 비용 없이 단일 프로세서 컴퓨터 시스템의 계산 능력을 높일 수 있는 방법을 제공한다.

ⓒ 시스템을 모듈 형식으로 설계함으로써 프로세서를 추가하여 전체 시스템의 능력을 확장시킬 수 있다.

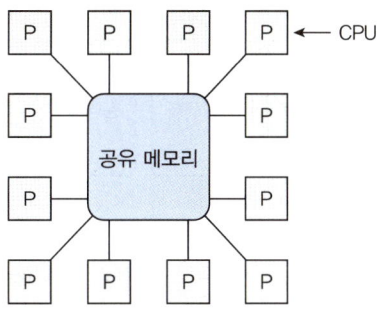

[그림 7-15] 다중 시스템 설계 예 : 공유 메모리에 여러 프로세서 연결

(2) 다중 처리 시스템의 운영체제 중요

다중 처리 시스템의 운영체제는 단일 프로세서 시스템보다 복잡하다. 다중 처리 시스템의 운영체제를 구성할 때는 주종, 분리실행, 대칭 등의 방법을 사용할 수 있다.

① 주종 운영체제

주종(master/slave) 운영체제는 가장 구현하기 쉬운 구조로, 현존하는 다중 프로그래밍 시스템을 간단히 고쳐서 구성할 수 있다. [그림 7-16]과 같이 프로세서 하나를 주(M)로 지정하여 운영체제를 실행하고, 나머지 프로세서는 사용자 수준의 프로그램을 실행할 수 있는 종(S)으로 지정한다. 주(M) 프로세서는 범용 프로세서로 연산뿐만 아니라 입·출력도 담당하고, 종(S)프로세서는 연산만 담당한다. 주종 다중 처리의 가장 큰 문제는 하드웨어의 **비대칭**이다. 모든 프로세서가 입·출력 연산을 수행할 수 있는 시스템과 달리 프로세스들이 동등하지 못하고 주(M) 프로세스에 종속되어 수행하므로 하드웨어를 최적으로 사용하지 못한다.

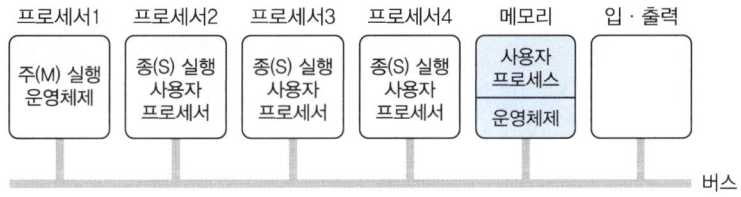

[그림 7-16] 주종(M/S) 다중 처리 구성

② 분리 실행

분리 실행은 각 프로세서마다 **운영체제기** 서로 다르다. 각 프로세서에서 발생하는 인터럽트는 해당 프로세서에서 해결하는 구성 방법이다. 전체 시스템에서 사용하는 정보를 저장하는 테이블에 액세스하는 것은 상호 배제 방법을 사용하여 신중하게 조정한다.

분리 실행 구성은 주종 구성보다 신뢰성이 높아 한 프로세스가 고장이 났다고 전 시스템을 동작하지 못하는 것은 아니나, 고장이 난 프로세서를 다시 가동하려면 많은 작업이 필요하다.

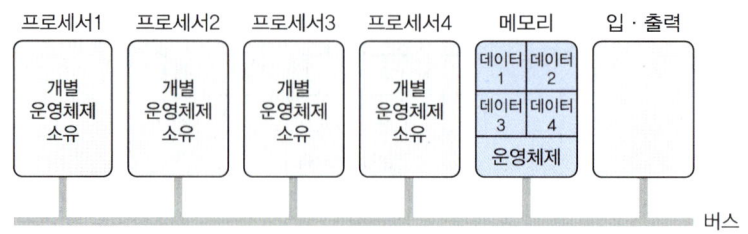

[그림 7-17] 분리 실행 구성

③ 대칭 구성

대칭 구성은 가장 설계하기가 복잡한 구조이면서 가장 강력하다. 모든 프로세서가 동등한 입장에 있으며, 운영체제는 모든 프로세서와 입·출력장치, 기억장치를 사용할 수 있도록 관리한다. 이 구성에서는 여러 프로세서가 한 운영체제를 동시에 수행할 수 있으므로 재진입코드와 상호 배제가 필요하다. 그리고 대칭적이므로 다른 구성보다 작업 부하를 더욱 효과적으로 분산시킬 수 있다.

대칭 구성은 일반적으로 신뢰성이 높고, 한 순간에 프로세서 하나만 운영 프로세서가 되게 하여 시스템의 전체 정보를 통일성 있고 일관성 있게 운영할 수 있다. 또한 대칭 구성에서는 다른 구성보다 자원을 더 잘 활용할 수 있으므로 프로세스가 다른 프로세서로 옮겨갈 수 있어 전체 시스템의 부하를 쉽게 조절할 수 있다.

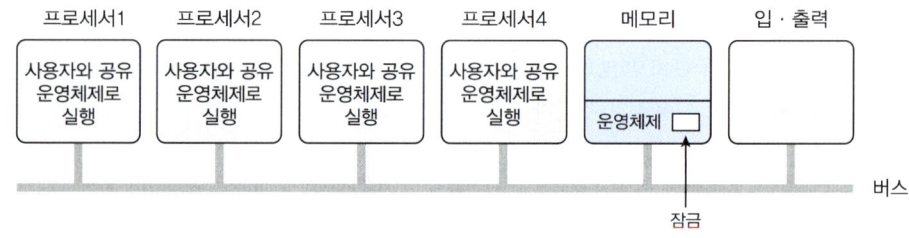

[그림 7-18] 대칭 구성

제4절 공유 자원과 임계 구역

프로세스는 독립적으로 작업을 할 수도 있고 공유된 자원을 가지고 공동 작업을 할 수도 있다. 여러 프로세스가 한정된 자원을 가지고 공동으로 작업을 할 때 문제가 발생한다.

1 공유 자원의 접근

공유 자원(shared resource)은 여러 프로세스가 **공동으로 이용하는** 변수, 메모리, 파일 등을 말한다. 공유 자원은 공동으로 이용되기 때문에 누가 언제 데이터를 읽고 쓰느냐에 따라 그 결과가 달라질 수 있다. 따라서 프로세스들의 공유 자원 접근 순서를 정하여 예상치 못한 문제가 발생하지 않도록 해야 한다. [그림 7-19]는 두 프로세스가 공유 자원인 전역 변수를 이용하여 작업을 하는 예이다.

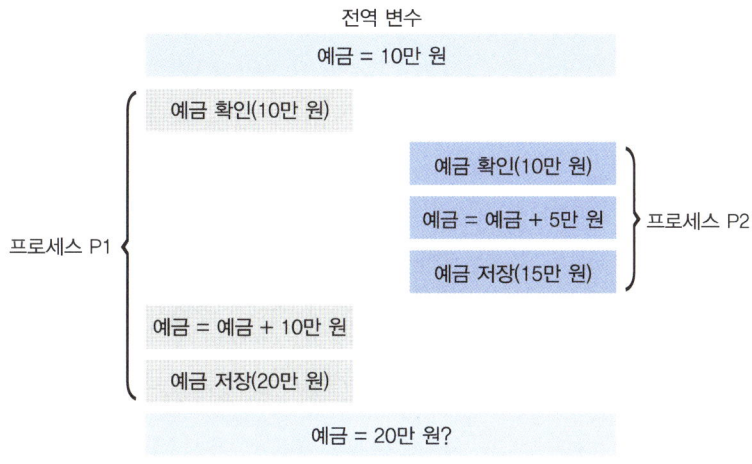

[그림 7-19] 공유 자원의 접근

① 전역 변수 '예금'에 대해 두 프로세스가 모두 입금을 한다. 똑같은 순서로 예금을 확인하고 입금액을 넣은 후 최종적으로 저장한다. 프로세스 P1은 예금에 10만 원이 있는 것을 확인하고 10만 원을 입금했다. 동시에 P2도 예금에 10만 원이 있는 것을 확인하고 5만 원을 입금했다. 프로세스 P2는 15만 원을 저장한 후 작업을 마쳤다. 바로 이어서 프로세스 P1은 10만 원을 더한 후 20만 원을 저장하고 작업을 마쳤다.
② 예금은 원래 있던 10만 원에 프로세스 P1이 입금한 10만 원과 프로세스 P2가 입금한 5만 원을 합한 25만 원이 되어야 한다. 그런데 20만 원뿐이다.
③ 정상적으로 예금이 25만 원이 되려면 P1이 작업을 마친 후 P2가 20만 원을 확인하고 5만 원을 입금해야 한다. 또는 P2가 작업을 마친 후 P1이 15만 원을 확인하고 10만 원을 입금해야 한다.
④ 그러나 두 프로세스가 예금 10만 원을 동시에 읽은 후 다른 프로세스의 작업을 무시하고 덮어쓰면 총액이 맞지 않는 문제가 발생한다.

위의 예로부터 2개 이상의 프로세스가 공유 자원을 병행적으로 읽고 쓰는 상황을 '경쟁 조건(race condition)이 발생했다'고 한다. 경쟁 조건이 발생하면 [그림 7-19]와 같이 공유 자원 접근 순서에 따라 실행 결과가 달라질 수도 있다.

2 임계 구역

공유 자원 접근 순서에 따라 실행 결과가 달라지는 프로그램의 영역을 **임계 구역**(critical section)이라고 한다. [그림 7-19]에서는 각 프로세스가 전역 변수를 사용하는 부분, 즉 예금을 확인하고 입금을 한 후 예금을 저장하는 부분이 임계 구역이 된다. 임계 구역을 지정하면 문제가 발생하지 않는다. 즉, P1이 먼저 실행되어 작업을 마친 후 P2가 실행된다면 총액이 25만 원이 될 것이다. 임계 구역에서는 프로세스들이 동시에 작업하면 안 된다. 어떤 프로세스가 임계 구역에 들어가면 다른 프로세스는 임계 구역 밖에서 기다려야 하며 임계 구역의 프로세스가 나와야 들어갈 수 있다.

3 생산자-소비자 문제

임계 구역과 관련된 전통적인 문제로 생산자-소비자 문제(producer-consumer problem)가 있다. 운영체제에서 비동기적으로 수행하는 모델로, 생산자 프로세스가 생산하는 정보를 소비자 프로세스가 소비하는 형태이다. 예를 들면 [그림 7-20]에서 라인 프린터 드라이버는 라인 프린터에서 사용하는 문자를 생산하고, 컴파일러는 어셈블러가 사용하는 어셈블리 코드를 생산한다. 또 어셈블러는 로더가 사용하는 적재 모듈을 생성한다.

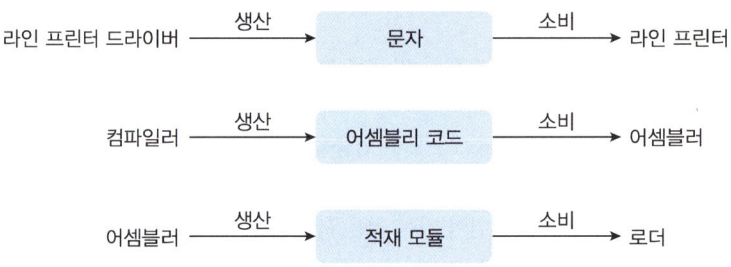

[그림 7-20] 생산자-소비자 프로세스의 관계

(1) 생산자-소비자 문제의 예

[그림 7-21]과 같이 생산자는 계속 물건을 생산해서 버퍼에 넣고[input(buf)] 소비자는 계속 버퍼에서 물건을 가져온다[output(buf)]. 버퍼는 작업을 계속하기 위해 원형 버퍼(circular buffer)를 사용한다. 또한 버퍼가 비었는지 가득 찼는지를 확인하기 위해 sum이라는 전역 변수를 사용하는데, sum에는 현재 버퍼에 있는 상품의 총수가 저장된다.

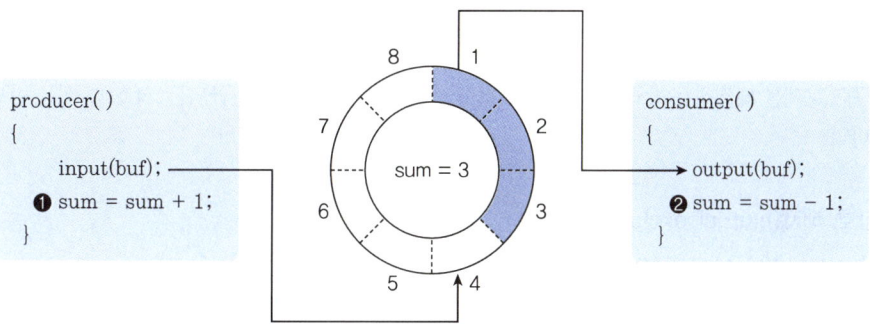

[그림 7-21] 생산자-소비자 문제의 예

① 생산자는 수를 증가시켜가며 물건을 채우고, 소비자는 생산자를 쫓아가며 물건을 소비한다. 현재 버퍼는 1에서 3까지 차있고 sum의 값은 3이다.
② 생산자와 소비자가 전역 변수 sum에 접근하는 타이밍을 서로 맞추지 않았기 때문에 다음과 같은 문제가 발생한다.
　㉠ 생산자가 물건 하나를 buf 4에 저장했다. sum을 4로 바꿔야 하지만 아직 바꾸지 못했다.
　㉡ 소비자가 물건 하나를 소비해서, sum을 2로 바꿔야 하지만 아직 바꾸지 못했다.
　㉢ 이 상태에서 ❶ 생산자의 sum = sum + 1;과 ❷ 소비자의 sum = sum − 1; 이 거의 동시에 실행되면 문제가 발생한다. 생산자와 소비자가 독립적이기 때문에 상대방이 sum을 바꾸려는 것을 모른 채 현재 상태인 sum = 3을 읽어서 작업을 한다.
　㉣ 미세한 시간차로 ❶, ❷ 또는 ❷, ❶ 순서로 실행되면 sum값은 2나 4가 된다.

[그림 7-22] 실행 순서에 따른 결과 차이

(2) 하드웨어의 자원 공유

임계 구역은 전역 변수를 사용할 경우뿐만 아니라 하드웨어 자원을 사용할 때도 적용된다. 예를 들면 프린터 1대를 여러 명이 동시에 사용하는 경우 프린터는 임계 구역이 된다. 프린터를 임계 구역으로 지정하지 않고 공유할 때 일어날 수 있는 문제는 여러 명의 자료들이 섞여서 출력될 수도 있다는 점이다. 그래서 이러한 문제를 피하기 위해 하드웨어 자원도 한 번에 한 프로세스만 사용해야 한다.

4 임계 구역 해결 조건 (중요)

임계 구역 문제를 해결하는 방법은 세 가지 조건을 만족해야 한다. 자주 언급되는 '상호 배제'는 반드시 기억하기 바란다.

(1) 상호 배제(mutual exclusion)

한 프로세스가 임계 구역에 들어가면 다른 프로세스는 임계 구역에 들어갈 수 없다. 이것이 지켜지지 않으면 임계 구역을 설정할 의미가 없으며, 임계 구역 내에는 한 번에 하나의 프로세스만 있어야 한다.

(2) 한정 대기(bounded waiting)

어떤 프로세스도 무한 대기(infinite postpone)하지 않아야 한다. 즉, 특정 프로세스가 임계 구역에 진입하지 못하면 안 된다.

(3) 진행의 융통성(progress flexibility)

한 프로세스가 다른 프로세스의 진행을 방해해서는 안 된다.

5 상호 배제 방법들 (중요)

[표 7-2]와 같이 상호 배제를 해결하는 다양한 방법이 등장했다.

[표 7-2] 상호 배제를 해결하는 다양한 방법

수준	방법	종류
고급	소프트웨어로 해결	데커의 알고리즘, 크누스의 알고리즘, 램포드의 베이커리(빵집) 알고리즘, 핸슨의 알고리즘, 다익스트라의 알고리즘
	소프트웨어가 제공 : 프로그래밍 언어와 운영체제 수준에서 제공	세마포어, 모니터
저급	하드웨어로 해결 : 저급 수준	TestAndSet(TAS)

(1) 데커의 알고리즘 (중요)

네덜란드의 수학자 테오도루스 요제프 데커(Theodorus Jozef Dekker)는 두 프로세스가 서로 통신하려고 공유 메모리를 사용하여 충돌 없이 단일 자원을 공유할 수 있도록 허용하는 데커의 알고리즘(Dekker's algorithm)을 개발했다. 원래는 다른 문맥(context)에서 개발했으나, 다익스트라가 임계 영역 문제에 적용했다.

① 데커의 알고리즘의 예

> 📂 [분석]
> ⊙ 두 프로세스가 동시에 임계 영역에 진입하려고 시도하면 순서에 따라 오직 하나만 임계 영역에 들어가도록 허용한다.
> ⓒ 각 프로세스는 플래그를 설정할 수 있고, 다른 프로세스를 확인한 후 플래그를 재설정할 수 있다.
> ⓒ 프로세스가 임계 영역에 진입하고 싶으면 플래그를 설정하고 차례를 기다린다. 즉, 임계 영역에 다른 프로세스가 이미 있으면 해당 프로세스를 종료할 때까지 while문으로 순환한다.
> ⓔ 임계 영역 진입, 두 프로세스 간의 순서를 나타내는 turn 변수를 입력했다는 의미는 flag[0] 플래그와 flag[1]플래그를 사용한다.
> ⓜ 프로세스 2개가 동시에 임계 영역에 진입하도록 플래그를 설정하면 교착상태가 발생할 수 있다.

```
//프로세스가 공유하는 데이터 flag[] : 부울(boolean) 배열, turn : 정수
flag[0] = false;
flag[1] = false;
turn = 0;                        //공유 변수, 0 또는 1

//프로세스 P0;                    //프로세스 P0의 임계 영역 진입 절차
❶ flag[0] = true;                //P0의 임계 영역 진입 표시
❷ while (flag[1] == true) {      //P1의 임계 영역 진입 여부 확인
    if (turn == 1) {             //P1이 진입할 차례가 되면
      ❹ flag[0] = false;         //플래그를 재설정하여 P1에 진입 순서 양보
        while (turn == 1) {      //turn을 바꿀 때까지 대기
    ❺ {    //바쁜 대기
        }
        flag[0] = true;          //P1이 임계 영역에 재진입 시도
    }
  }
❸ /* 임계 영역 */;
  turn = 1;                      //P1에 진입 순서 제공
  flag[0] = false;               //P0의 임계영역 사용 완료 지정
  /* 나머지 영역 */;              //P0이 나머지 영역 수행

//프로세스 P1
flag[1] = true;
while (flag[0] == true) {
  if (turn == 0) {
    flag[1] = false;
    while (turn == 0) {
      // 바쁜 대기
```

```
                }
            flag[1] = true;
        }
    }
    /* 임계 영역 */;
    turn = 0;
    flag[1] = false;
    /* 나머지 영역 */;
```

[그림 7-23] 데커의 알고리즘을 이용한 상호 배제

㉠ ❶에서 P0은 flag[0]을 true로 설정하고, 자신이 임계 영역으로 들어간다는 사실을 알린다.
㉡ ❷에서 while문을 검사하여 P1의 임계 영역 진입 여부를 확인한다. P1의 flag[1]이 false이면,
㉢ ❸에서 P0이 임계 영역으로 진입하고, true이면,
㉣ ❹에서 P1이 임계 영역에 진입할 차례라서 플래그를 false로 재설정한 후,
㉤ ❺에서 while문에서 순환하며 대기한다. 여기서 공유 변수 turn은 두 프로세스 P0과 P1이 동시에 임계 영역으로 들어가려고 충돌하는 것을 방지한다.

② 데커의 알고리즘의 특징

상호 배제 문제를 소프트웨어적으로 해결하는 데커의 알고리즘의 특징은 다음과 같다.
㉠ 특별한 하드웨어 명령문이 필요 없다.
㉡ 프로세스가 임계 영역에 들어가려 할 때, 다른 프로세스가 이미 임계 영역에 있는 경우 진입을 차단하고, 서로의 상태를 확인하여 상호배제를 보장하며 임계 영역에 들어갈 수 있도록 한다.
㉢ 임계 영역에 들어가기를 원하는 프로세서를 무한정 기다리게 하지 않는다.

더 알아두기

기타 유용한 상호 배제 알고리즘
① 다익스트라(dijkstra) : 최초의 프로세스 n개의 상호 배제 문제를 소프트웨어적으로 해결했다. 이는 실행 시간이 가장 빠른 프로세스에 프로세서를 할당하는 세마포어 방법으로, 가장 짧은 평균 대기시간을 제공한다.
② 크누스(knuth) : 이전 알고리즘 관계를 분석한 후 일치하는 패턴을 찾아 패턴의 반복을 줄여서 프로세스에 프로세서를 할당하는 방법이다. 무한정 연기할 가능성을 배제하는 해결책을 제시했으나, 프로세스들이 아주 오래 기다려야 한다.
③ 램포트(lamport) : 사람들이 붐비는 빵집에서 번호표를 뽑아 빵을 사려고 기다리는 사람들에 비유해서 만든 알고리즘이다. 준비 상태 큐에서 기다리는 프로세스마다 우선순위를 부여하여 그 중 우선순위가 가장 높은 프로세스에 먼저 프로세서를 할당하는 방법이다. 빵집에서 번호표를 받고 기다리는 개념을 사용하여 '램포트의 베이커리 알고리즘'이라고 한다.
④ 핸슨(brinch hansen) : 실행 시간이 긴 프로세스에 불리한 부분을 보완하는 것으로 대기시간과 실행시간을 이용하는 모니터 방법이다.

(2) TestAndSet(TAS) 명령어 중요 기출

공유 변수를 수정하는 동안 인터럽트 발생을 억제하여 임계 영역 문제를 간단히 해결할 수 있지만, 이 방법은 항상 적용할 수 없고 실행 효율이 현저히 떨어진다. 또 소프트웨어적인 해결책은 더 복잡하고 프로세스가 2개 이상일 때는 더 많이 대기할 수 있다. 메모리 영역의 값에 대해 검사와 수정을 원자적으로 수행할 수 있는 **하드웨어 명령어** TestAndSet을 이용하여 간단한 방법으로 임계 영역 문제를 해결할 수 있다.

TAS 명령어는 하드웨어에서 명령을 사용하므로 알고리즘이 간단하고, 하나의 메모리 사이클에서 수행하여 생산자·소비자에서 공유 변수를 수정해서 발생하는 경쟁 상황을 해결할 수 있다.

> **더 알아두기**
>
> **원자적 연산**
> 원자적 연산(atomic operation)은 중단 없이 실행하고 중간에 다른 사람이 수정할 수 없는 최소 단위 연산이다. 메모리의 1비트에서 작동하고, 대다수 기계에서 워드의 메모리 참조, 할당은 원자적이지만 나머지 많은 명령은 원자적이지 않다.

① TAS 명령어의 구성

이 알고리즘에는 기계 명령어가 2개 있는데, 하나는 원자적 명령어인 TAS이고, 다른 하나는 TAS에 지역 변수 lock을 설정하는 명령어이다.

㉠ TAS 명령어

일부 시스템에서 원자 명령어의 하나로, 읽기와 쓰기를 모두 제공한다. 이 명령어는 해당 주소의 값을 읽고 새 값으로 교체하면서 해당 메모리 위치의 이전 값을 돌려준다. 즉, 레지스터에 메모리 워드의 내용을 읽어와 그 위치에 1값을 기록한 후, 메모리의 이전 내용을 반환하는 일련의 원자적 연산을 다음과 같이 수행한다.

```
//target을 검사하고, target 값을 true로 설정
boolean TestAndSet (boolean *target) {
    boolean temp = *target;    //이전 값 기록
    *target = true;            //true로 설정
    return temp;               //값 반환
}
```

[그림 7-24] TestAndSet 명령어

㉡ 부울 변수 lock

부울 변수 lock을 사용하여 프로세스가 임계 영역에 있으면 1로, 없으면 0으로 설정할 수 있으며 기계어 TAS 명령어를 지원할 때는 부울 변수 lock을 false로 초기화하여 상호 배제를 구현할 수 있다.

```
do
{
    while (TestAndSet(&lock))    //lock을 검사하여 true이면 대기, false이면 임계 영역 진입
        ;                         //아무 것도 하지 않음
        //임계 영역
    lock = false;                //다른 프로세스의 진입 허용 의미로 lock을 false로
        //나머지 영역
} while (true);
```

[그림 7-25] lock을 사용한 상호 배제

- 상호 배제 조건 만족 : 처음에는 lock을 false로 초기화했으므로 처음 실행한 프로세스는 첫 while문을 통과하지만 TAS 명령어로 lock은 true가 되므로 다른 프로세스가 임계 영역을 실행하려고 해도 while문에서는 아무것도 못하고 대기하게 된다.
- 임계 영역을 모두 끝낸 프로세스는 lock값을 다시 false로 되돌려서 다른 프로세스도 임계 영역을 실행할 수 있도록 하여 진행 조건을 만족한다. 이때 프로세스 2개는 문제없지만 여러 프로세스가 대기 중일 때 어떤 프로세스는 무한 대기 상태에 빠질 수 있으므로 한정 대기 조건을 만족한다고 볼 수는 없다.

② TestAndSet 명령어를 이용한 상호 배제의 예

```
boolean waiting[n];          //각 프로세스의 대기 상태를 나타냄
boolean lock = false;        //임계 영역 접근을 제어하는 lock 변수
boolean key;                 //TestAndSet을 위한 임시 변수
int i, j;                    //프로세스 식별용 변수
❶ do          //프로세스 Pi의 진입 영역
  {
❷     waiting[i] = true;
      key = true;
❸     while (waiting[i] && key)
❹         key = TestAndSet(&lock);
❺     waiting[i] = false;
        //임계 영역
        //탈출 영역
❻     j = (i + 1) % n;
❼     { while ((j != i) && !waiting[j])     //대기 중인 프로세스를 찾음
          j = (j + 1) % n;
❽     { if (j = i)                           //대기 중인 프로세스가 없으면
          lock = false;                      //다른 프로세스의 진입 허용
```

```
        ┌ else
❾ ┤       waiting[j] = false;           //대기 프로세스가 있으면 다음 순서로 임계 영역에 진입
   │      //나머지 영역                    //Pj가 임계 영역에 진입할 수 있도록
   └ } while (true);
```

[그림 7-26] TestAndSet 명령어를 이용한 상호 배제

- ㉠ ❶ 프로세스 P_i의 진입 영역
- ㉡ ❷의 waiting[i]가 true이므로 P_i는 임계 영역에 들어가려고 시도한다. 처음에 lock을 false로 초기화했다. 그러므로 임계 영역에 들어가는 첫 번째 프로세스는 TAS로 key가 false가 되어 while문을 통과하여 임계 영역을 진행한다. lock은 TAS로 true가 되므로 key는 계속 true이고, 다른 프로세스는 while문을 통과하지 못한다.
- ㉢ ❸ ~ ❹는 ❷에 다른 프로세스가 임계 영역에 있으면 lock은 true가 되어 P_i는 순환한다.
- ㉣ P_i가 임계 영역에 들어가면 ❺ waiting[i]는 false로 설정하고 임계 영역으로 진입한다.
  ❹ TAS 명령어로 false를 반환하면서 lock이 true로 설정된다.
- ㉤ P_i가 임계 영역을 떠날 때는 대기 프로세스 중에서 다음으로 진입할 수 있는 프로세스를 선택해야 한다.
- ㉥ ❻ 다음으로 차례가 높은 프로세스를 시작한 후,
- ㉦ ❼ 각 프로세스를 검사한다. waiting배열을 i + 2, i + 1, …, n - 1, 0 순서로 조사하여,
- ㉧ ❽ waiting 값이 true인 첫 번째 프로세스가 임계 영역으로 진입할 다음 프로세스가 된다. waiting 값이 true인 프로세스가 없으면 lock을 해제하고,
- ㉨ ❾ 다음 프로세스가 P_i이면 임계 영역에 진입할 수 있도록 P_i는 waiting[j]를 false로 변경한다.

③ TestAndSet 명령어의 장·단점
  ㉠ 장점
   - 사용자 수준에서 가능하다.
   - 메인 메모리를 공유하는 다중 프로세서나 단일 프로세서에서 프로세스 수에 관계없이 적용할 수 있다.
   - lock 변수 수에 상관없이 구현할 수 있다.
   - 구현이 단순하고 확인이 용이하다.
   - 다중 임계 영역을 지원한다.
  ㉡ 단점
   - 바쁜 대기 발생
     - 프로세서 시간 소모가 크다.
     - 대기 프로세스는 비생산적, 자원이 소모되는 대기 루프에 남는다.
   - 기아상태 발생 : 프로세스가 임계 영역을 떠날 때 프로세스 하나 이상이 대기하는 경우 가능하다.

- **교착상태 발생**: 플래그는 우선순위가 낮은 프로세스가 재설정할 수 있지만, 우선순위가 높은 프로세스가 선점한다. 따라서 낮은 프로세스는 lock을 가지고, 우선순위가 높은 프로세스가 이것을 얻으려고 시도할 때 우선순위가 높은 프로세스는 무한정 바쁜 대기가 될 것이다.

(3) 세마포어 [중요] [기출]

임계 영역 해결 알고리즘은 바쁜 대기를 사용하여 자원을 낭비하고 알고리즘도 너무 복잡하다. 이러한 단점을 해결하기 위해 다익스트라(Dijkstra)는 세마포어(semaphore)라는 알고리즘을 제안했다.

① 세마포어의 개념

세마포어는 임계 영역에 진입하기 전에 스위치를 사용 중으로 놓고 임계 영역으로 들어간다. 이후에 도착하는 프로세스는 작업을 마칠 때까지 기다린다. 프로세스가 작업을 마치면 세마포어는 다음 프로세스에 임계 영역을 사용하라는 **동기화 신호**를 보낸다. 세마포어는 다른 알고리즘과 달리 임계 영역이 잠겼는지 직접 점검하거나, 바쁜 대기를 하거나, 다른 프로세스에 동기화 메시지를 보낼 필요가 없다.

[그림 7-27]은 세마포어를 구현한 간단한 코드로, 사용 전에 초기 설정[Semaphore(n)]을 하는데, 이때 n은 공유 가능한 자원의 수를 나타낸다. 예를 들면 프린터가 1대이면 1, 2대이면 2가 된다. 세마포어는 초기화가 끝난 후 임계 영역에 들어가기 전에 사용 중이라고 표시하고[P( )], 임계 영역을 나올 때 비었다고 표시하는[V( )] 간단한 방법으로 임계 영역을 보호한다.

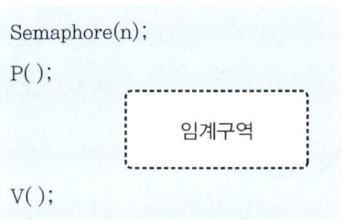

[그림 7-27] 세마포어 코드

② 세마포어의 동작

세마포어가 어떻게 작동하는지 [그림 7-28]의 세마포어의 내부 코드에서 보여준다.

- ⊙ Semaphore(n) : 전역 변수 RS를 n으로 초기화한다. RS에는 현재 사용 가능한 자원의 수가 저장된다.
- ⓒ P( ) : 잠금을 수행하는 코드로, RS가 0보다 크면(사용 가능한 자원이 있으면) 1만큼 감소시키고 임계 영역에 진입한다. 만약 RS가 0보다 작으면(사용 가능한 자원이 없으면) 0보다 커질 때까지 기다린다. 대기할 때는 block( ) 코드를 사용한다.
- ⓒ V( ) : 잠금 해제와 동기화를 같이 수행하는 코드로, RS값을 1만큼 증가시키고 세마포어에서 기다리는 프로세스에게 임계 영역에 진입해도 좋다고 wake_up 신호를 보낸다. 세마포어에서 잠금이 해제되기를 기다리는 프로세스는 세마포어 큐에 저장되어 있다가 wake_up 신호를 받으면 큐에서 나와 임계 영역에 진입한다. 따라서 바쁜 대기를 하는 프로세스가 없다.

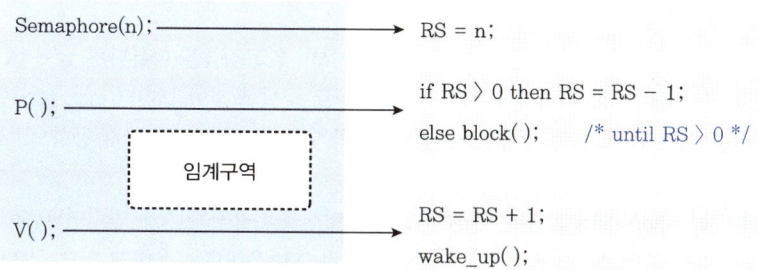

[그림 7-28] 세마포어 내부 코드

그러나 세마포어의 P( )나 V( ) 내부 코드가 실행되는 도중에 다른 코드가 실행되면 상호 배제와 한정 대기 조건을 보장하지 못하므로 P( )와 V( )의 내부 코드는 검사와 지정을 사용하여 분리 실행되지 않고 완전히 실행되게 해야 한다.

(4) 모니터

세마포어는 데커 알고리즘보다 단순하고 사용하기 편리하지만 문제가 없는 것은 아니다. 세마포어의 가장 큰 문제는 잘못된 사용으로 인해 임계 영역이 보호받지 못할 수 있다는 것이다.

① **세마포어의 잘못된 사용 예**

[그림 7-29]는 사용자가 고의로 세마포어를 사용하지 않거나 사용 중에 실수를 해서 문제가 생긴 경우이다.

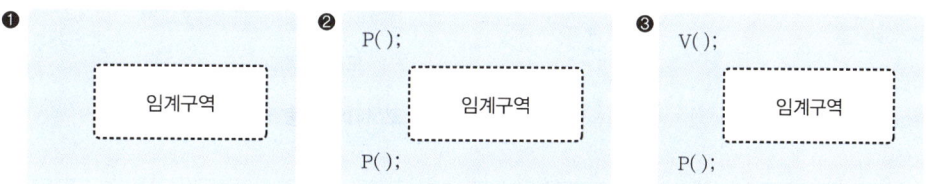

[그림 7-29] 세마포어의 잘못된 사용 예

❶ 프로세스가 세마포어를 사용하지 않고 바로 임계 영역에 들어간 경우로 임계 영역을 보호할 수 없다.
❷ P( )를 두 번 사용하여 wake_up 신호가 발생하지 않은 경우이다. 프로세스 간의 동기화가 이루어지지 않아 세마포어 큐에서 대기하고 있는 프로세스들이 무한 대기에 빠진다.
❸ P( )와 V( )를 반대로 사용하여 상호 배제가 보장되지 않은 경우로 임계 영역을 보호할 수 없다.

② **모니터의 개념**

공유 자원을 사용할 때 모든 프로세스가 세마포어 알고리즘을 따른다면 굳이 P( )와 V( )를 사용할 필요 없이 자동으로 처리하면 된다. 이를 실제로 구현한 것이 모니터(monitor)이다. 모니터는 공유 자원을 내부적으로 숨기고 공유 자원에 접근하기 위한 인터페이스만 제공함으로써 자원을 보호하고 프로세스 간에 동기화를 시킨다.

모니터는 **시스템 호출과 같은 개념**이다. 커피머신을 사용자가 직접 만지면 고장 날 가능성이 높아지는 것처럼, 운영체제가 관리하는 자원을 사용자가 마음대로 사용하게 되면 실수나 악의적인 의도로 시스템 자원을 망가뜨릴 수 있다. 이러한 문제를 예방하기 위해 운영체제는 시스템 자원을 사용자로부터 숨기고 사용자의 요구 사항을 처리할 수 있는 인터페이스만 제공하는데, 이를 시스템 호출이라고 한다.

③ **모니터의 작동 원리**

시스템 호출과 같은 방법으로 모니터도 보호할 자원을 임계 영역으로 숨기고 임계 영역에서 작업할 수 있는 인터페이스만 제공하여 자원을 보호한다.

㉠ 임계 영역으로 지정된 변수나 자원에 접근하고자 하는 프로세스는 직접 P( )나 V( )를 사용하지 않고 모니터에 작업 요청을 한다.

㉡ 모니터는 요청받은 작업을 모니터 큐에 저장한 후 순서대로 처리하고 그 결과만 해당 프로세스에 알려준다.

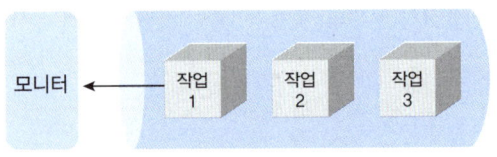

모니터 큐

[그림 7-30] 모니터의 작동 원리

> **더 알아두기**
>
> 불필요한 정보를 숨기고 공유 자원에 대한 인터페이스만 제공하는 모니터는 오늘날의 객체지향 언어와 매우 유사하다.

○✕로 점검하자 | 제7장

※ 다음 지문의 내용이 맞으면 ○, 틀리면 ✕를 체크하시오. [1~15]

01 프로세서 여러 개가 하나의 프로세스를 동시에 실행하는 것처럼 보이는 것을 병행 프로세스라고 한다. (　　)

　　🔍 병행 프로세스는 프로세서 하나가 여러 프로세스를 동시에 실행하는 것처럼 보이는 것을 말한다.

02 프로세스 간 통신에서 데이터를 양방향으로 전송 가능하지만 동시 전송은 불가능하고 특정 시점에 한쪽 방향으로만 전송할 수 있는 통신 방식은 양방향 통신이다. (　　)

　　🔍 반양방향 통신은 데이터를 양쪽 방향으로 전송할 수 있지만 동시 전송은 불가능하고 어떤 시점에서는 한 방향으로만 전송이 가능한 통신구조이다. (예 무전기)

03 상태 변화를 살펴보기 위해 반복문을 무한 실행하며 기다리는 것을 바쁜 대기라고 한다. (　　)

　　🔍 바쁜 대기(busy waiting)란 데이터를 받는 쪽에서는 반복적으로 전역 변수의 값을 점검하는 수밖에 없으므로 반복문을 무한 실행하며 기다리는 것을 말한다.

04 프로세스 간 통신에서 대기가 없는 통신으로 전역 변수 사용, 파일 사용을 이용한 통신이 있다. (　　)

　　🔍 대기가 없는 통신은 동기화를 지원하지 않는 통신 방식으로 데이터를 받는 쪽 바쁜 대기를 사용하여 데이터가 도착했는지 여부를 직접 확인한다. 대표적인 예로는 전역 변수와 파일을 이용한 통신이다.

05 공유 자원을 병행적으로 읽거나 쓰는 상황을 병행 프로세스라고 한다. (　　)

　　🔍 공유 자원은 공동으로 이용되기 때문에 누가 언제 데이터를 읽고 쓰기를 하느냐에 따라 그 결과가 달라질 수 있으며, 2개 이상의 프로세스가 공유 자원을 병행적으로 읽고 쓰는 상황에서 경쟁 조건이 발생할 수 있다.

정답 1 ✕　2 ✕　3 ○　4 ○　5 ✕

06 공유 자원의 접근 순서에 따라 실행 결과가 달라지는 프로그램의 영역을 임계 영역이라고 한다. ( )

> 임계 영역은 여러 프로세스가 접근 가능한 곳으로 어느 한순간에는 프로세스 하나만 사용할 수 있는 영역이다.

07 임계 구역 해결 조건 중 한 프로세스가 임계 구역에 들어갔을 때 다른 프로세스는 임계 구역에 들어갈 수 없는 조건을 무한 대기라고 한다. ( )

> 상호 배제는 병행 프로세스에서 프로세스 하나가 공유 자원을 사용할 때 다른 프로세스가 해당 데이터에 접근할 수 없게 하는 것이다.

08 임계 구역 문제를 하드웨어적으로 해결한 방식으로, 하드웨어의 지원을 받아 명령어를 실행하는 도중에 타임아웃이 걸리지 않도록 하는 방식을 세마포어라고 한다. ( )

> 검사와 지정(test-and-set) : 하드웨어적으로 비교하거나 단어 내용을 검사·수정하는 특별한 하드웨어 명령어(TAS)를 사용하여 간단한 방법으로 임계 영역 문제를 해결할 수 있다.

09 세마포어의 Semaphore(n)에서 n은 사용 가능한 자원의 수를 가리킨다. ( )

> 세마포어는 사용 전에 초기 설정을 Semaphore(n)으로 하는데, 이때 n은 사용(공유) 가능한 자원의 수를 나타낸다. 예를 들면 프린터가 1대이면 1, 2대이면 2가 된다.

10 세마포어의 내부 코드도 타임아웃이 걸리면 문제가 발생할 수 있다. 그래서 내부 코드는 검사와 지정을 사용한다. ( )

> 세마포어의 P( )나 V( ) 내부 코드가 실행되는 도중에 다른 코드가 실행되면 상호 배제와 한정 대기 조건을 보장하지 못하므로 P( )와 V( )의 내부 코드는 검사와 지정을 사용하여 분리 실행되지 않고 완전히 실행되게 해야 한다.

정답 6 ○ 7 × 8 × 9 ○ 10 ○

11 공유 자원을 내부적으로 숨기고 공유 자원에 접근하기 위한 인터페이스만 제공함으로써 자원을 보호하고 프로세스 간에 동기화를 시키는 것으로, 세마포어의 단점을 해결하면서 임계 구역 문제를 해결한 방식을 TAS라고 한다. (   )

> 공유 자원을 사용할 때 모든 프로세스가 세마포어 알고리즘을 따른다면 굳이 P( )와 V( )를 사용할 필요 없이 자동으로 처리하면 된다. 이를 실제로 구현한 것이 모니터(monitor)이다.

12 네트워크로 연결된 모든 컴퓨터의 프로세서가 하나의 메모리를 공유하는 네트워크 구성 방식을 강결합 시스템이라고 한다. (   )

> 네트워크의 구성에서 강결합 시스템은 프로세서들이 메모리를 공유하는 다중 처리 시스템이다.

13 분산 시스템의 구축 목적은 자원 공유의 용이, 연산 속도의 향상, 신뢰성의 향상 및 통신 기능에 있다. (   )

> 분산 시스템의 프로세서들은 크기와 기능이 다양하고, 이들을 분산 시스템으로 구축하는 목적에는 자원 공유 용이, 연산 속도 향상, 신뢰성 향상, 통신 기능이 있다.

14 다중 처리 시스템의 운영체제에서 가장 구현하기 쉬운 구조로, 현존하는 다중 프로그래밍 시스템을 간단히 고쳐서 구성할 수 있지만 가장 큰 문제가 하드웨어 비대칭 구조인 다중 처리 시스템을 분리 실행 구성 운영체제라고 한다. (   )

> 주종(master/slave) 운영체제는 주(M) 프로세서는 입·출력을 담당하고, 종(S)프로세서는 연산만 담당한다. 그러나 하드웨어의 비대칭 문제가 있다.

15 임계 구역 문제를 해결하기 위한 상호 배제에는 어떤 프로세스도 무한 대기(infinite postpone) 하지 않아야 하는 조건이 있다. (   )

> 임계 구역 문제를 해결하기 위한 조건으로 상호 배제, 한정 대기 진행이 있다. 상호 배제란 한 프로세스가 임계 구역에 들어가면 다른 프로세스는 임계 구역에 들어갈 수 없고, 임계 구역 내에는 한 번에 하나의 프로세스만 있어야 한다는 것이다.

정답 11 × 12 ○ 13 ○ 14 × 15 ×

제 7 장 실전예상문제

01 병행 프로세스는 동시에 수행하는 다른 프로세스의 실행 속도와 관계없이 항상 일정한 실행 결과를 보장하도록 결정성(determinacy)을 확보해야 한다.

01 다음 중 병행 프로세스들의 고려사항들로 옳지 않은 것은?
① 병행 프로세스들은 다른 프로세스의 실행 속도와 연관되어 있으므로 항상 일정한 우선순위에 따라 실행하도록 해야 한다.
② 공유 자원을 상호 배타적으로 사용해야 한다.
③ 병행 프로세스 사이는 협력이나 동기화가 되어야 한다.
④ 교착상태를 해결해야 하고, 병행 프로세스들의 병렬 처리도를 극대화해야 한다.

02 임계 영역의 해결 조건으로 상호 배제는 한 프로세스가 임계 구역에 들어가면 다른 프로세스는 임계 구역에 들어갈 수 없고, 임계 구역 내에는 한 번에 하나의 프로세스만 있어야 한다.

02 상호 배제 방법을 사용하여 임계 영역을 보호했다. 다음 중 옳지 않은 것은?
① 임계 영역 내의 프로그램 수행 중에 교착상태가 발생하면 교착상태를 해제할 때까지 임계 영역을 벗어날 수 없다. 따라서 임계 영역 내의 프로그램에서는 교착상태가 발생하지 않도록 해야 한다.
② 프로세스 2개 이상이 공유 데이터에 접근하여 동시에 수행할 수 있어야 한다.
③ 임계 영역 내의 프로그램에서 무한 루프가 발생하면 임계 영역을 탈출할 수 없다. 따라서 임계 영역 내의 프로그램에서는 무한 루프가 발생하지 않도록 해야 한다.
④ 여러 프로세스 중에 하나의 프로세스만 임계 영역을 사용할 수 있도록 하여 임계 영역에서 공유 변수 값의 무결성을 보장한다.

정답 01 ① 02 ②

03 다음 중 임계 영역(구역)의 원칙으로 옳지 않은 것은?

① 순서를 지키면서 신속하게 사용한다.
② 프로세스 2개 이상이 동시에 사용할 수 있다.
③ 프로세스 하나가 독점해서는 안 된다.
④ 임계 영역에서 무한 루프에 빠지지 않도록 주의해야 한다.

03 임계 구역에서는 프로세스들이 동시에 작업하면 안 되고, 어떤 프로세스가 임계 구역에 들어가면 다른 프로세스는 임계 구역 밖에서 기다려야 하며 임계 구역의 프로세스가 나와야 들어갈 수 있다.

04 다음 중 모니터에 대한 설명으로 옳지 않은 것은?

① 모니터의 경계에서 상호 배제를 시행한다.
② 데이터 추상화와 정보 은폐 방법을 기초로 한다.
③ 모니터 외부에서도 모니터 안의 데이터에 직접 접근할 수 있다.
④ 공유 데이터와 이 데이터를 처리하는 프로시저로 구성된다.

04 모니터는 공유 자원을 내부적으로 숨기고 공유 자원에 접근하기 위한 인터페이스만 제공함으로써 자원을 보호하고 프로세스 간에 동기화를 시킨다.

05 다음 중 상호 배제 방법에서 특수한 하드웨어 자원이 필요한 것은?

① Dekker 알고리즘
② Peterson 알고리즘
③ TestAndSet 알고리즘
④ Lamport의 빵집의 알고리즘

05 상호 배제 방법을 다음 표와 같이 정리하였다.
[문제 하단 표 참조]

수준	방법	종류
고급	소프트웨어로 해결	데커의 알고리즘, 크누스의 알고리즘, 램포드의 베이커리(빵집) 알고리즘, 핸슨의 알고리즘, 다익스트라의 알고리즘
	소프트웨어가 제공 : 프로그래밍 언어와 운영체제 수준에서 제공	세마포어, 모니터
저급	하드웨어로 해결 : 저급 수준	TestAndSet(TAS)

정답 03 ② 04 ③ 05 ③

06 Dekker의 알고리즘은 두 프로세스가 서로 통신하려고 공유 메모리를 사용하여 충돌 없이 단일 자원을 공유할 수 있도록 허용하는 것으로, 임계 영역에 들어가기를 원하는 프로세스를 무한정 기다리게 하지 않는다.

07 P(S)는 잠금을 수행하는 코드로, S가 0보다 작거나 같으면 0보다 커질 때 까지 기다리고, S가 0보다 크면 S를 1만큼 감소시켜 임계 영역에 진입한다. 즉, 사용할 자원이 있으면 임계 영역에 진입하고, 자원이 없으면 자원이 할당될 때까지 기다린다.
V(S)는 잠금 해제와 동기화를 같이 수행하는 코드로, 임계 영역에 진입한 프로세스가 있으면 실행하고, 프로세스가 없으면 S값을 1만큼 증가시켜 다른 기다리고 있는 프로세스에게 임계 영역을 진행해도 좋다고 신호를 보낸다.

08 병행성은 여러 프로세스를 이용하여 작업을 수행하는 것으로 임계 영역 문제를 해결하기 위한 방법과 조건이 있다.
임계 영역 문제를 해결하기 위한 조건으로 상호 배제, 한정 대기, 진행의 융통성이 있고, 상호 배제를 해결하는 방법으로는 데커의 알고리즘, 크누스의 알고리즘, 램포드의 베이커리(빵집) 알고리즘, 핸슨의 알고리즘, 다익스트라의 알고리즘, 세마포어, 모니터, TestAndSet(TAS)이 있다.

정답 06 ① 07 ④ 08 ③

---

06 다음 중 Dekker 알고리즘에 대한 설명으로 옳지 <u>않은</u> 것은?

① 프로세스가 임계 영역에 들어가는 것이 무한정 지연될 수 있다.
② 교착상태가 발생하지 않음을 보장한다.
③ 공유 데이터를 처리할 때 상호 배제를 보장한다.
④ 별도의 특수 명령어 없이 순수하게 소프트웨어로 해결한다.

07 다음은 세마포어와 관련된 두 연산 P(S)와 V(S)이다. ㉠, ㉡의 내용으로 옳게 짝지은 것은?

```
P(S) : if(S≤0) then S를 기다림;
       else S = ( ㉠ );
V(S) : if(1개 이상의 프로세서가 S를 기다림)
       then 그 중 한 프로세스를 진행;
       else S = ( ㉡ );
```

	㉠	㉡
①	S-1	S-1
②	S+1	S-1
③	S+1	S+1
④	S-1	S+1

08 다음 중 병행 프로그래밍에서 발생할 수 있는 오류를 방지하는 방법으로 옳지 <u>않은</u> 것은?

① 세마포어
② 상호 배제
③ 비동기화
④ 모니터

09 다음 중 모니터에 대한 설명으로 옳지 <u>않은</u> 것은?

① 한순간에 여러 프로세스가 모니터에 진입하여 자원을 공유할 수 있다.
② 공유 데이터와 이 데이터를 처리하는 프로시저로 구성된다.
③ 모니터 외부의 프로세스는 모니터 내부의 데이터에 직접 접근할 수 없다.
④ 모니터에서는 wait와 signal 연산을 사용한다.

> **09** 모니터는 시스템 호출과 같은 개념으로 운영체제는 시스템 자원을 사용자로부터 숨기고 사용자의 요구사항을 처리할 수 있는 인터페이스만 제공한다.

10 다음 중 모니터에 대한 설명으로 옳지 <u>않은</u> 것은?

① 병행 다중 프로그래밍에서 상호 배제를 구현하는 특수한 프로그램 방법이다.
② 특정의 공유 자원을 할당하는 데 필요한 데이터와 프로시저를 포함하는 병행성 구조이다.
③ 구조적인 측면에서는 모니터는 데이터와 이 데이터를 처리하는 프로시저의 집합이라고 할 수 있다.
④ 모니터 내부의 자원을 원하는 프로세스는 반드시 해당 모니터의 진입부를 호출해야 하고, 원하는 모든 프로세스는 동시에 모니터 내부에 들어갈 수 있다.

> **10** 모니터는 공유 자원을 내부적으로 숨기고 공유 자원에 접근하기 위한 인터페이스만 제공함으로써 자원을 보호하고 프로세스 간에 동기화를 시켜 요청받은 작업을 모니터 큐에 저장한 후 순서대로 처리하고 그 결과만 해당 프로세스에 알려준다.

11 다음 중 강결합 시스템에 대한 설명으로 옳지 <u>않은</u> 것은?

① 각 시스템에는 자신만의 독자적인 운영체제와 주기억장치가 있다.
② 프로세스 간에는 공유 메모리로 통신한다.
③ 다중 처리 시스템이라고도 한다.
④ 공유 메모리를 차지하려는 프로세서 간 경쟁을 최소화해야 한다.

> **11** 강결합 시스템은 분산 시스템의 네트워크 구성 중의 하나로, 여러 프로세서들이 메모리를 공유하는 다중 처리 시스템이다. 프로세서 간에 공유 메모리를 이용하여 통신하므로 공유 메모리를 차지하려는 프로세서 간의 경쟁을 최소화해야 한다.

정답 09 ① 10 ④ 11 ①

12 약결합(loosely coupled) 시스템은 둘 이상의 독립된 시스템이 통신선으로 연결되어, 각 시스템은 자신만의 운영체제, 메모리, 프로세서, 입·출력장치 등을 가지며, 독립적으로 운영한다.

13 망 구조는 완전 연결(fully connected) 방법으로, 두 노드 간에 직접 통신선이 있어야 해서 처음 설치할 때 비용이 많이 든다.

14 성형(star) 구조는 모든 노드를 중앙 노드에 직접 연결하고, 중앙 노드와 다른 노드들을 서로 연결하지 않기 때문에, 중앙 노드에서 병목 현상이 발생하면 성능이 현저히 떨어지고, 중앙 노드에 장애가 발생하면 전체 시스템이 마비된다.

12 다음 중 약결합 시스템의 특징이 <u>아닌</u> 것은?

① 시스템마다 독자적 운영체제 보유
② 통신망 사용
③ 프로세스 간 통신
④ 기억장치 공유

13 분산 운영체제의 구조 중 완전 연결(fully connected)에 대한 설명으로 옳지 <u>않은</u> 것은?

① 모든 사이트는 시스템 내 다른 모든 사이트와 직접 연결한다.
② 사이트 간 메시지 전달이 매우 빠르다.
③ 기본 비용이 적게 든다.
④ 사이트 간 연결은 여러 회선이 있으므로 신뢰성이 높다.

14 다음 중 분산 시스템에서 각 사이트의 연결 위상에 대한 설명으로 옳지 <u>않은</u> 것은?

① 성형 연결 네트워크는 구조가 간단하며, 중앙 노드의 고장이 나머지 노드 간 통신에는 아무런 영향을 주지 않는다.
② 완전 연결 네트워크의 각 사이트는 시스템 내 모든 사이트와 직접 연결된다.
③ 계층 연결 네트워크에서 각 사이트는 트리 형태로 구성된다.
④ 다중 접근 버스 연결 네트워크에서 한 사이트의 고장은 나머지 사이트 간의 통신에는 아무런 영향을 주지 않는다.

정답 12 ④ 13 ③ 14 ①

15 분산 처리 운영체제 시스템의 구축 목적으로 옳지 않은 것은?
   ① 보안성 향상
   ② 자원 공유의 용이성
   ③ 연산 속도 향상
   ④ 신뢰성 향상

15 분산 시스템의 프로세서들은 크기와 기능이 다양하며, 이 시스템을 구축하는 목적으로는 자원 공유 용이, 연산 속도의 향상, 신뢰성의 향상, 통신 기능 등이 있다.

16 다음 중 다중 처리 시스템의 일반적인 특징으로 옳지 않은 것은?
   ① 각 프로세서에는 자체적으로 계산 능력이 있다.
   ② 각 프로세서는 주변장치 등을 공동 사용한다.
   ③ 여러 프로세서(처리기)를 사용하여 신속한 처리가 가능하다.
   ④ 각 프로세서에는 여러 기억장소나 전용 기억장소가 있다.

16 다중 처리(multiprocessing)는 병렬 처리라고도 하며, 다수의 프로세서를 동시에 수행하여 시스템 성능을 향상시키는 방법이다. 소프트웨어의 관점에선 다중 프로그래밍, 하드웨어 관점에선 다중 처리라고 한다. 다중 처리 시스템은 성능이 거의 비슷한 2개 이상의 프로세서를 포함하고, 모든 프로세서는 동일한 메모리를 공동으로 사용한다.

17 다음 중 다중 처리 시스템에 대한 설명으로 가장 적절한 것은?
   ① 동시에 프로그램을 수행할 수 있는 CPU를 여러 개 두고 업무를 분담하여 처리하는 방법이다.
   ② 요구 사항이 비슷한 여러 작업을 모아서 한꺼번에 처리하는 방법이다.
   ③ 시한성이 있는 자료가 발생할 때마다 즉시 처리하여 결과를 출력하거나 요구에 응답하는 방법이다.
   ④ 분산된 단말기 여러 개에 분담시켜 통신회선으로 상호 간에 교신하여 처리하는 방법이다.

17 ② 일괄 처리 시스템
   ③ 실시간 처리 시스템
   ④ 분산 처리 시스템

정답 15 ① 16 ④ 17 ①

18 주종(master/slave) 운영체제는 가장 구현하기 쉬운 구조로, 현존하는 다중 프로그래밍 시스템을 간단히 고쳐서 구성할 수 있다. 프로세서 하나를 주(M)로 지정하여 운영체제를 실행하며, 범용 프로세서로 연산뿐만 아니라 입·출력도 담당한다. 나머지 프로세서인 종(S)은 사용자 수준의 프로그램을 실행할 수 있고, 연산만 담당한다.

19 분리 실행 구성은 각 프로세서마다 운영체제가 서로 다르고, 각 프로세서에서 발생하는 인터럽트는 해당 프로세서에서 해결하는 구성 방법이다. 분리 실행 구성은 주종 구성보다 신뢰성이 높아 한 프로세스에서 고장이 발생해도 전 시스템에는 영향을 미치지 않지만 고장 난 프로세서를 재가동시키려면 많은 작업이 필요하다.

정답 18 ③ 19 ①

---

18 다음 중 다중 처리 운영 체제의 주종(master/slave) 구조에서 각 기능에 대한 연결이 옳은 것은?

	master의 기능	slave의 기능
①	입·출력 담당	연산 및 입·출력 담당
②	연산 담당	연산 담당
③	연산 및 입·출력 담당	연산 담당
④	연산 및 입·출력 담당	연산 및 입·출력 담당

19 다음 중 병렬 처리 시스템의 형태에서 분리 실행에 대한 설명으로 옳지 <u>않은</u> 것은?

① 하나의 주 프로세서와 나머지 종 프로세서로 구성된다.
② 한 프로세서의 장애는 전 시스템에 영향을 미치지 않는다.
③ 프로세서별로 자신만의 파일 및 입·출력장치를 제어한다.
④ 프로세서별 인터럽트는 독립적으로 수행된다.

제 8 장

교착상태

제1절　교착상태의 개념
제2절　교착상태 필요조건
제3절　교착상태 해결 방법
실전예상문제

비관론자는 어떤 기회가 찾아와도 어려움만을 보고,
낙관론자는 어떤 난관이 찾아와도 기회를 바라본다.

- 윈스턴 처칠 -

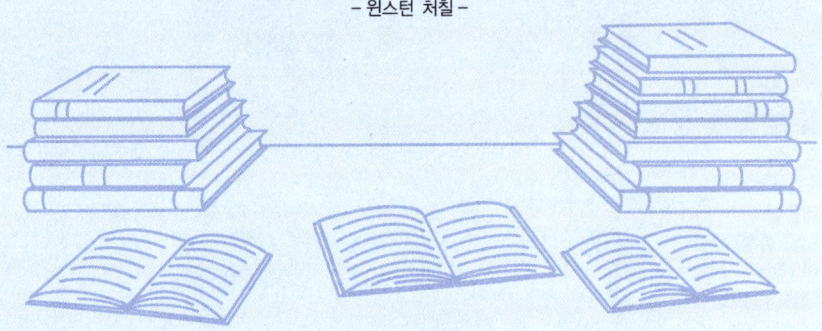

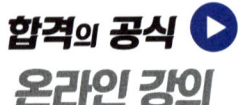  보다 깊이 있는 학습을 원하는 수험생들을 위한
시대에듀의 동영상 강의가 준비되어 있습니다.
www.sdedu.co.kr → 회원가입(로그인) → 강의 살펴보기

제 8 장 | 교착상태

제1절 교착상태의 개념

1 교착상태의 정의

2개 이상의 프로세스가 다른 프로세스의 작업이 끝나기만을 기다리며 작업을 더 이상 진행하지 못하는 상태를 **교착상태(deadlock)**라고 한다. 이는 교통 체증이 심해 서로 비켜주기를 기다리며 꼼짝 못하는 상태에 비유할 수 있다.

(1) 교착상태와 기아현상과의 차이점

교착상태는 기아현상과 비슷해 보이지만 차이점이 있다. 기아현상은 운영체제가 잘못된 정책을 사용하여 특정 프로세스의 작업이 지연되는 문제이고, 교착상태는 여러 프로세스가 작업을 진행하다 보니 자연적으로 일어나는 문제이다. 따라서 운영체제는 감시를 하다가 교착상태가 발생하면 강압적으로 해결해야 한다. 교통 체증 시 경찰이 나서서 교통정리를 해야 정체가 풀리는 것과 마찬가지이다.

(2) 교착상태의 발생 개념

컴퓨터 시스템에서 교착상태는 시스템 자원, 공유 변수(또는 파일), 응용 프로그램 등을 사용할 때 발생할 수 있다.

① **시스템 자원**

교착상태는 다른 프로세스와 **공유할 수 없는 자원**을 사용할 때 발생한다. 어떤 프로세스가 임계 영역으로 보호되는 프린터, 스캐너, CD 레코더 등 동시에 같이 사용할 수 없는 시스템 자원을 할당받은 후 양보하지 않는 경우를 예로 들 수 있다. [그림 8-1]과 같이 프로세스 P1은 프린터를 할당받은 후 CD 레코더를 기다리고, 프로세스 P2가 CD 레코더를 할당받은 후 프린터를 기다리면 교착상태가 발생한다.

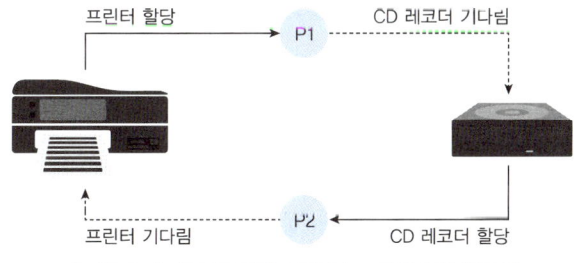

[그림 8-1] 시스템 자원 사용 중 교착상태 발생의 예

② **공유 변수**

한 프로세스 집합의 프로세스들이 일으킬 사건(임계 영역으로 진행할 수 있음을 나타내는 신호)을 여러 프로세스가 서로 기다리고 있는 상태이다. 즉, 둘 이상의 프로세스가 다른 프로세스가 점유하고 있는 **자원을 서로 기다릴 때** 발생한다.

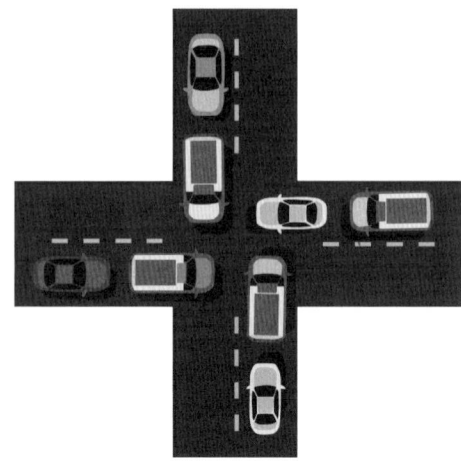

[그림 8-2] 시스템 측면에서의 교착상태의 예

③ **응용 프로그램**

데이터베이스 같은 응용 프로그램에서도 교착상태가 발생한다. 여러 프로세스가 데이터베이스에 저장된 데이터를 사용할 때는 데이터의 일관성을 유지해야 한다. 7장에서 예금 5만원이 사라진 예가 바로 일관성이 깨진 경우이다. 데이터베이스는 데이터의 일관성을 유지하기 위해 잠금을 사용하는데, 이때 교착상태가 발생할 수 있다.

(3) 초기 일괄 처리 시스템에서의 교착상태

초기 일괄 처리 시스템에서는 교착상태가 자주 발생하지 않았다. 사용자가 작업 제어 카드에 작업을 완료하는 데 필요한 자원을 명시했기 때문이다. 일괄 처리 시스템에서는 운영체제가 요청한 자원을 준비 큐로 이동시키기 전에 먼저 사용 가능 여부를 확인했다. 따라서 확보되지 않은 자원은 큐로 이동할 수 없어 교착상태가 발생하지 않았다. 그러나 대화식 시스템에서는 동적 자원을 공유하여 자원의 사용률을 높이는 과정에서 교착상태가 발생할 가능성이 있다.

(4) 프로세스의 자원 사용 순서

교착상태는 제한된 자원의 사용률을 높이고 시스템 효율성을 증가시키려고 사용하는 병행 처리 기술과 자원 공유에 따른 문제이다. 일반적인 프로세스는 다음 순서로 자원을 사용한다.

① **자원 요청**

프로세스가 필요한 자원을 요청한다. 해당 자원을 사용할 수 있으면 요청을 즉시 수락하지만, 해당 자원을 다른 프로세스가 사용 중이면 요청을 수락할 때까지 기다려야 한다.

② **자원 사용**
  프로세스가 요청한 자원을 획득하여 사용한다. 예를 들면 요청한 자원이 프린터라면, 프로세스는 프린터를 이용하여 출력한다.
③ **자원 해제**
  프로세스가 자원 사용을 마친 후 해당 자원을 해제한다.

2 교착상태의 발생 조건

교착상태는 시스템에서 다음 네 가지 조건이 만족될 때 발생한다. 이 중 상호 배제, 점유 및 대기, 비선점 조건만 만족해도 교착상태는 발생할 수도, 발생하지 않을 수도 있다. 순환(환형) 대기는 전자의 조건을 만족할 때 발생할 수 있는 결과이고, 점유와 대기 조건을 포함하므로 네 가지 조건이 모두 독립적인 것은 아니다. 2절에서 자세히 알아보도록 한다.

3 교착상태의 표현

(1) 자원 할당 그래프 중요

교착상태는 시스템 자원 할당 그래프(resource allocation graph)인 방향 그래프(direction graph)로 표현할 수 있다. 즉, 자원 할당 그래프는 프로세스가 어떤 자원을 사용 중이고 어떤 자원을 기다리고 있는지를 방향성이 있는 그래프로 표현한 것이다. 자원 할당 그래프를 사용하면 어떤 프로세스에 자원이 할당되어 있는지 혹은 어떤 프로세스가 자원을 기다리고 있는지를 한눈에 파악할 수 있다.

① **자원 할당 그래프의 표현**
  ㉠ 자원 할당 그래프에서는 프로세스는 원으로, 자원은 사각형으로 표현한다.
  ㉡ 자원을 사용하고 있는 경우(할당한 경우)는 자원으로부터 프로세스로 향하는 화살표로 표시한다.
  ㉢ 프로세스가 자원을 기다리고 있는 경우(대기하는 경우)는 프로세스로부터 자원으로 향하는 화살표로 표시한다.

프로세스 P1이 자원 R1을 할당받음   프로세스 P1이 자원 R1을 기다림

[그림 8-3] 자원 할당 그래프

② **다중 자원 할당 그래프**

자원이 2개 이상의 프로세스를 동시에 허용하는 경우가 있다. 여러 프로세스가 하나의 자원을 동시에 사용하면 이를 **다중 자원**(multiple resource)이라고 한다. 다중 자원은 수용할 수 있는 프로세스 수를 사각형 안에 작은 동그라미로 표현한다.

[그림 8-4]의 (a)와 같이 사각형 안에 작은 동그라미가 2개 있으면 그 자원을 2개의 프로세스가 동시에 사용할 수 있다는 의미이다. 예를 들면 요리사 A는 믹서기를 독점하고, 요리사 B는 제빵기를 독점하고 있을 때 제빵기와 믹서기를 사용하려고 할 경우 [그림 8-4]의 (b)와 같이 자원 할당 그래프를 그릴 수 있다.

(a) 2개의 프로세스를 수용할 수 있는 자원   (b) 요리사 문제의 자원 할당 그래프

[그림 8-4] 다중 자원 할당 그래프

(2) 식사하는 철학자 문제의 자원 할당

> 🗂 **[자원 할당 조건]**
> ① 철학자 4명이 둥그런 식탁에 둘러앉아 식사를 한다.
> ② 왼쪽에 있는 포크를 잡은 뒤 오른쪽에 있는 포크를 잡아야만 식사가 가능하다.
> ③ 철학자들은 음식을 먹기 위해 왼쪽의 포크를 잡은 뒤 오른쪽 포크를 잡으려고 옆을 볼 것이다. 그런데 옆에는 이미 왼손에 포크를 들고 있는 다른 철학자가 앉아 있다.
> ④ 식사하는 철학자 문제의 결과는 오른쪽 포크를 잡지 못해 모두 굶어 죽는다는 것이다.
>
>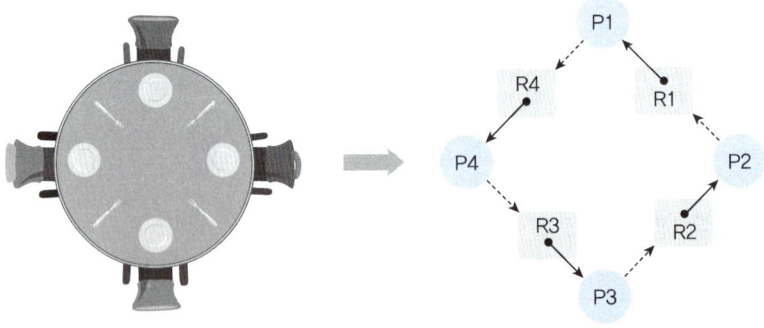
>
> [그림 8-5] 식사하는 철학자 문제의 자원 할당 그래프

4명의 철학자는 프로세스 P1 ~ P4로서 원으로 표현했고, 4개의 포크는 자원 R1 ~ R4로서 사각형으로 표현했다. 4명의 철학자는 자기 왼쪽에 있는 포크를 잡은 채 오른쪽 포크를 기다린다. 이 자원 할당 그래프는 식사하는 철학자 문제에서 교착상태가 어떻게 발생하는지를 뚜렷이 보여준다. 식사하는 철학자 문제에서 교착상태가 발생하는 조건은 다음과 같다.

① **철학자들은 서로 포크를 공유할 수 없다.**
→ 자원을 공유하지 못하면 교착상태가 발생한다.

② **각 철학자는 다른 철학자의 포크를 빼앗을 수 없다.**
→ 자원을 빼앗을 수 없으면 자원을 놓을 때까지 기다려야 하므로 교착상태가 발생한다.

③ **각 철학자는 왼쪽 포크를 잡은 채 오른쪽 포크를 기다린다.**
→ 자원 하나를 잡은 상태에서 다른 자원을 기다리면 교착상태가 발생한다.

④ **자원 할당 그래프가 원형이다.**
→ 자원을 요구하는 방향이 원을 이루면 양보를 하지 않기 때문에 교착상태가 발생한다.

제2절 교착상태 필요조건

1 교착상태 필요조건

식사하는 철학자 문제에서 보듯이 교착상태는 여러 가지 조건에 의해 발생한다. 즉, 교착상태는 상호 배제(mutual exclusion), 비선점(non-preemption), 점유와 대기(hold and wait), 원형 대기(circular wait)를 모두 충족해야 발생한다. 이 중 단 하나라도 충족하지 않으면 교착상태가 발생하지 않는다.

(1) 교착상태 필요조건 중요

① **상호 배제**
한 프로세스가 사용하는 자원은 다른 프로세스와 공유할 수 없는 배타적인 자원이어야 한다. 배타적인 자원은 임계 영역으로 보호되기 때문에 다른 프로세스가 동시에 사용할 수 없다. 배타적인 자원을 사용하면 교착상태가 발생한다.

② **비선점**
한 프로세스가 사용 중인 자원은 중간에 다른 프로세스가 빼앗을 수 없는 비선점 자원이어야 한다. 어떤 자원을 빼앗을 수 있다면 시간 간격을 두고 자원을 공유할 수 있지만 자원을 빼앗을 수 없으면 공유할 수도 없으므로 교착상태가 발생한다.

㉠ 선점 자원
선점 자원은 부작용 없이 소유한 프로세스에서 빼앗아 선점할 수 있는 자원으로, 일정 시간 동안 특정 프로세스에 할당했다가 다른 프로세스에 할당하고, 다시 부작용 없이 처음 프로세스에 재할당할 수 있다. 예를 들면 메모리, 버퍼, 프로세서 등이 있다.

ⓒ 비선점 자원
　　　　하나의 프로세스에서 빼앗아 선점할 수 없고, 부작용 없이 다른 프로세스에 할당할 수는 없는 자원이다. 그러므로 계산 오류를 발생시키지 않고는 현재 소유자에게서 빼앗을 수 없다. 예를 들면 프린터, CD 드라이브, 스캐너, 디스크 드라이브, 임계 영역 등이 있다.
　　　　일반적으로 교착상태는 비선점 자원이 발생시킨다. 선점 자원을 사용할 때도 발생할 수 있지만, 선점 자원은 보통 하나의 프로세스에서 다른 자원을 재할당하여 해결할 수 있으므로 여기서 교착상태를 언급할 때 자원은 비선점 자원을 의미한다.
　③ 점유와 대기
　　프로세스가 어떤 자원을 할당받은 상태에서 다른 자원을 기다리는 상태여야 한다. 다른 프로세스의 작업 진행을 방해하는 교착상태가 발생하려면 다른 프로세스가 필요로 하는 자원을 점유하고 있으면서 또 다른 자원을 기다리는 상태가 되어야 한다.
　④ 원형 대기
　　점유와 대기를 하는 프로세스 간의 관계가 원을 이루어야 한다. 프로세스가 특정 자원에 대해 점유와 대기를 한다고 해서 모두 교착상태에 빠지는 것은 아니다. 점유와 대기를 하는 프로세스들이 서로 방해하는 방향이 원을 이루면 프로세스들이 서로 양보하지 않기 때문에 교착상태에 빠진다.

> **더 알아두기**
>
> **교착상태 필요조건**
> 교착상태는 상호 배제, 비선점, 점유와 대기, 원형 대기를 모두 충족해야 발생하고, 이 중 단 하나라도 충족하지 않으면 발생하지 않는다. 따라서 이 네 가지 조건을 교착상태 필요조건이라고 한다.

(2) 필요조건 간의 관계

　① 상호 배제와 비선점 조건
　　교착상태 필요조건인 상호 배제와 비선점 조건은 자원이 어떤 특징을 가지는지를 나타낸다. 사용하는 자원을 동시에 공유할 수도 없고 중간에 빼앗을 수도 없다면 자원을 가진 프로세스가 자원을 내놓을 때까지 무작정 기다리는 교착상태가 발생한다.
　② 점유와 대기와 원형 대기 조건
　　점유와 대기, 원형 대기 조건은 프로세스가 어떤 행위를 하고 있는지를 나타낸다. 프로세스가 자원을 점유 및 대기하고 있는 상태에서 다른 프로세스를 방해하는 방향이 원을 이루면 서로 양보하지 않기 때문에 교착상태가 발생한다.

2 식사하는 철학자 문제와 교착상태 필요조건

식사하는 철학자 문제를 통해 교착상태 필요조건이 어떻게 적용되는지 알아보자.

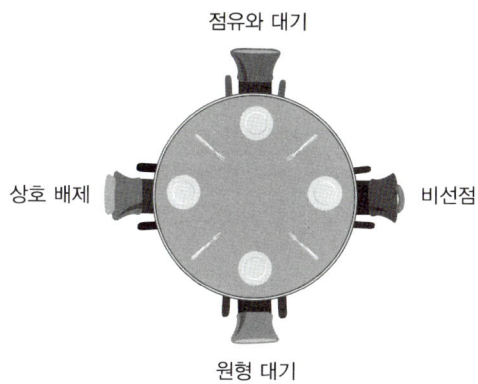

[그림 8-6] 식사하는 철학자 문제와 교착상태 필요조건

(1) 상호 배제
식사하는 철학자 문제에서 포크는 한 사람이 사용하면 다른 사람이 사용할 수 없는 배타적인 자원이다. 이와 같이 교착상태는 배타적인 자원을 여러 프로세스가 사용해야 하는 경우에 발생한다.

(2) 비선점
배타적인 자원을 사용한다고 할지라도 자원을 빼앗을 수 있다면 교착상태가 발생하지 않을 것이다. 식사하는 철학자 중 어떤 사람의 힘이 월등하여 옆 사람의 포크를 빼앗을 수 있다면 교착상태가 발생하지 않는다. 자원을 빼앗을 수 있다는 것은 시간 간격을 두고 그 자원을 공유할 수 있다는 의미이므로 상호 배제가 성립되지 않는다. 교착상태는 비선점 자원을 사용할 때 발생한다.
상호 배제와 비선점 조건은 임계 영역과 관련이 있다. 임계 영역을 보호하기 위해 잠금 장치를 사용하면 상호 배제와 비선점 조건이 보장되기 때문에 교착상태가 발생할 수 있다. 그런데 임계 영역으로 보호되는 모든 자원이 교착상태를 유발하는 것은 아니다. 임계 영역의 자원을 사용하는 프로세스들이 **점유와 대기, 원형 대기** 상황에 처하면 교착상태가 발생한다.

(3) 점유와 대기
한 철학자가 두 자원(왼쪽 포크와 오른쪽 포크)을 다 점유하거나, 반대로 두 자원을 다 기다리는 상태라면 교착상태가 발생하지 않는다. 여기서 두 자원을 다 점유하거나 기다린다는 것은 서로 진행을 방해하는 것이 아니라, 현재 작업을 진행하는 쪽과 기다리는 쪽의 선후 관계를 만든다는 의미이다. 한 프로세스가 자원을 점유한 상태에서 다른 프로세스의 자원을 기다리면 서로 진행을 방해하는 상태가 되므로 교착상태가 발생한다.

(4) 원형 대기

식사하는 철학자들은 둥그런 식탁에서 식사를 한다. 원을 이룬다는 것은 선후 관계를 결정할 수 없어 문제가 계속 맴돈다는 의미이다. 점유와 대기를 하는 프로세스들이 원을 이루면 서로 진행을 방해하는 상태가 되므로 교착상태가 발생한다. 만약 철학자들이 둥그런 식탁이 아니라 사각형 식탁에서 한 줄로 앉아 식사를 한다면 식탁의 한쪽 끝에서부터 철학자가 식사를 시작하고 다 사용한 포크를 내려놓으면 문제가 해결되기 때문에 교착상태가 발생하지 않는다.

제3절 교착상태 해결 방법

1 교착상태 해결 방법 중요

교착상태를 해결하는 방법은 예방(prevention), 회피(avoidance), 검출(detection)이 있고, 추가적으로 교착상태가 발견된 후에 자원을 회복(recovery)하는 방법도 있다.

[표 8-1] 교착상태 해결 방법

해결방법	특징
교착상태 예방	교착상태를 유발하는 네 가지 조건을 무력화한다.
교착상태 회피	교착상태가 발생하지 않는 수준으로 자원을 할당한다.
교착상태 검출	자원 할당 그래프를 사용하여 교착상태를 발견한다.
교착상태 회복	교착상태를 검출한 후 해결한다.

(1) 교착상태 예방

교착상태를 유발하는 네 가지 조건이 발생하지 않도록 무력화하는 방식이다. 교착상태는 상호 배제, 비선점, 점유와 대기, 원형 대기라는 네 가지 조건을 동시에 충족해야 발생하기 때문에 이 중 하나라도 막는다면 교착상태가 발생하지 않지만 이 방법은 실효성이 적어 잘 사용하지 않는다.

(2) 교착상태 회피

자원 할당량을 조절하여 교착상태를 해결하는 방식이다. 즉, 자원을 할당하다가 교착상태를 유발할 가능성이 있다고 판단되면 자원 할당을 중단하고 지켜보는 것이다. 그러나 자원을 얼마만큼 할당해야 교착상태가 발생하지 않는다는 보장이 없기 때문에 실효성이 적다.

(3) 교착상태 검출과 회복

교착상태 검출은 어떤 제약을 가하지 않고 자원 할당 그래프를 모니터링하면서 교착상태가 발생하는지 살펴보는 방식이다. 만약 교착상태가 발생하면 교착 회복 단계가 진행된다. 교착상태를 검출한 후 이를 회복시키는 것은 결론적으로 교착상태를 해결하는 현실적인 접근 방법이다.

2 교착상태 예방 중요 기출

교착상태 예방은 교착상태를 유발하는 네 가지 조건 중 하나라도 발생하지 않도록 막아 교착상태를 처리하는 방법이며, 사전에 예방하는 것으로 네 가지 방법이 있다.

(1) 상호 배제 예방
① 예방 방법
시스템 내에 있는 상호 배타적인 모든 자원, 즉, **독점적으로 사용할 수 있는 자원을 없애버리는** 방법이다. 시스템 내의 모든 자원을 공유할 수 있다면 교착상태가 발생하지 않는다. 식사하는 철학자 문제에서도 모든 철학자가 포크를 공유할 수 있다면 교착상태가 발생하지 않을 것이다. 변수나 파일도 공유하면 교착상태가 없다.

② 문제점
현실적으로 모든 자원을 공유할 수 없으며 상호 배제를 적용하여 보호해야 하는 자원이 있다. 상호 배제를 없애버리는 것은 식사하는 철학자 문제에서 두 사람에게 포크 하나를 같이 사용하라고 하는 것과 같다. 시스템 내에는 공유할 수 없는 자원이 있다. 임계 영역에서 보호받지 못하면 작업의 결과가 달라지는 것과 같이 예금 문제에서도 입금한 돈이 사라지기도 했다. 또한 프린터를 아무렇게나 공유하면 여러 데이터가 엉켜서 출력물이 엉망이 될 것이다. 상호 배제를 무력화하는 것은 사실상 어렵다.

(2) 비선점 예방
① 예방 방법
모든 **자원을 빼앗을 수 있도록** 만드는 방법이다. 식사하는 철학자 문제에서 옆 사람의 포크를 빼앗을 수 있다면 교착상태가 발생하지 않는다.

② 문제점
그런데 임계 영역을 보호하기 위해 잠금을 사용하면 자원을 빼앗을 수 없을 뿐만 아니라 상호 배제도 보장할 수 없다. 그러므로 사실상 시스템의 모든 자원을 빼앗을 수 있도록 하지 못한다.

㉠ 기아현상
설사 어떤 자원을 빼앗을 수 있도록 할지라도 어떤 기준으로 빼앗을지, 빼앗은 시간 중 얼마나 사용할지를 결정하기 어렵다. 이러한 방법은 기아현상을 일으킨다.
순위가 높은 프로세스가 우선순위가 낮은 프로세스의 자원을 무조건 빼앗을 수 있다고 가정하면 자기보다 우선순위가 높은 프로세스가 계속 들어올 경우 우선순위가 가장 낮은 프로세스는 무조건 기아현상에 빠질 것이다.

㉡ 에이징
기아현상은 에이징으로 해결할 수 있다. 우선순위가 낮은 프로세스가 몇 번을 양보한 끝에 무조건 자원을 사용한다고 가정하면 이 프로세스가 점유하고 있는 자원은 비선점 자원이 되어 다시 교착상태에 빠질 수 있다. 즉, 기아현상을 해결하기 위해 에이징을 사용하는 것도 힘들다. 따라서 비선점 조건을 무력화하기는 어렵다.

(3) 점유와 대기 예방

① **예방 방법**

프로세스가 자원을 점유한 상태에서 다른 자원을 기다리지 못하게 하는 방법이다. 즉, '**전부 할당하거나 아니면 아예 할당하지 않는**(all or nothing)' 방식을 적용하는 것이다. 이를 위해 프로세스는 시작 초기에 자신이 사용하려는 모든 자원을 한꺼번에 점유하거나, 그렇지 못할 경우 자원을 모두 반납해야 한다.

식사하는 철학자 문제에서 왼쪽 포크를 잡은 상태에서 오른쪽 포크를 잡지 못하도록 막는 것과 같다. 철학자들은 식사를 시작할 때 양손에 포크를 잡아야 하며, 그렇게 할 수 없다면 이미 잡은 포크는 내려놓아야 한다. 그러면 동작이 빠른 철학자가 먼저 식사를 할 것이다.

[그림 8-7]은 '전부 할당하거나 아니면 아예 할당하지 않은' 방식을 나타낸다. 프로세스 P2는 프로세스 P1이 먼저 자원을 사용하고 놓을 때까지 기다렸다 자원을 사용한다.

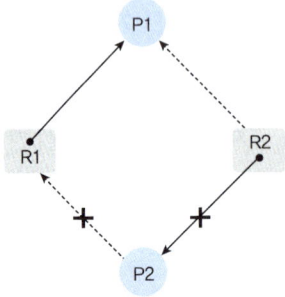

[그림 8-7] 전부 할당하거나 아니면 할당하지 않는 방식

상호 배제 예방과 비선점 예방은 자원에 대한 제약을 풀어버리는 것이다. 그러나 임계 영역으로 보호받는 자원에 대한 제약을 풀기는 어렵다. 점유와 대기 예방은 자원이 아닌 **프로세스 자원 사용 방식을 변환시켜** 교착상태를 처리한다.

② **문제점**

㉠ 프로세스가 자신이 사용하는 모든 자원을 자세히 알기 어렵다.

프로세스가 필요한 자원을 모두 확보한 후 실행했는데 추가로 필요한 자원이 생기면 이를 다시 확보하기가 어렵다.

㉡ 자원의 활용성이 떨어진다.

프로세스가 앞으로 사용할 자원까지 미리 선점해버리기 때문에 그 자원을 필요로 하는 다른 프로세스의 작업이 진행되지 않는다. 당장 사용하지도 않을 자원을 미리 선점하여 자원 낭비가 심하다.

㉢ 많은 자원을 사용하는 프로세스가 적은 자원을 사용하는 프로세스보다 불리하다.

자원을 많이 사용하는 프로세스는 자원을 적게 사용하는 프로세스보다 자원을 동시에 확보하기가 어렵다. 그러므로 많은 자원을 사용하는 프로세스의 작업이 지연되는 기아현상이 발생한다.

㉣ 결국 일괄 작업 방식으로 동작한다.

점유와 대기 예방을 실제로 구현하면 모든 프로세스가 일괄 작업 방식으로 처리된다. 키보드, 마우스 등의 시스템 자원은 대부분의 프로세스가 필요로 하는 자원인데, 이러한 자원을 확보한 순서대로 실행하면 그 자원을 획득한 프로세스가 작업을 끝내야 다른 프로세스가 작업을 할 수 있다. 결국 모든 작업이 일괄 작업 방식으로 처리되어 시스템의 효율이 떨어진다.

(4) 원형 대기 예방
① 예방 방법
점유와 대기를 하는 프로세스들이 원형을 이루지 못하도록 막는 방법이다. 프로세스들이 한 줄로 길게 늘어선다면 그 중의 맨 끝에서부터 문제가 해결될 것이다. 자원을 한 방향으로만 사용하도록 설정함으로써 원형 대기를 예방할 수 있다. 즉 모든 자원에 숫자를 부여하고 숫자가 큰 방향으로만 자원을 할당하는 것이다. 즉, 숫자가 작은 자원을 잡은 상태에서 큰 숫자를 잡는 것은 허용하지만, 숫자가 큰 자원을 잡은 상태에서 작은 숫자를 잡는 것은 허용하지 않는다.

[그림 8-8]은 시스템 자원에 숫자를 부여한 것을 보여준다. 마우스는 1번, 하드디스크는 2번, 프린터는 3번이다. 원형 대기 예방의 경우 프로세스들이 자원을 사용하려고 할 때 작은 번호의 자원을 할당받은 후 큰 번호의 자원을 할당받도록 한다. 이와 반대로는 할당받을 수 없다. 예를 들면 마우스를 할당받은 상태에서 프린터를 할당받을 수 있지만 프린터를 할당받은 상태에서는 마우스나 하드디스크를 할당받을 수 없다. 이렇게 하면 모든 자원이 한쪽 방향으로만(작은 번호에서 큰 번호로만) 사용되기 때문에 원형 대기가 발생하지 않는다.

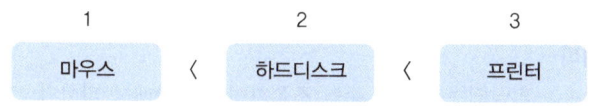

[그림 8-8] 자원에 대한 번호 매김

② 작업 할당 그래프
[그림 8-9]에서 프로세스 P1은 자원 R1을 할당받은 상태에서 자원 R2를 기다리고, 프로세스 P2는 자원 R2를 할당받은 상태에서 자원 R1을 기다린다. 그런데 자원 R1의 번호가 작아서 프로세스 P2의 요청이 거절된다. 프로세스 P2는 자원을 할당받을 수 없어 강제 종료되고 프로세스 P1은 정상적으로 실행된다. 작은 번호의 자원을 쓸 수 없게 하면 자원 할당 그래프에 원형이 생기지 않는다. 원형 대기 예방은 모든 자원을 할당받아야 실행할 수 있는 점유와 대기 예방보다 완화된 방법이다.

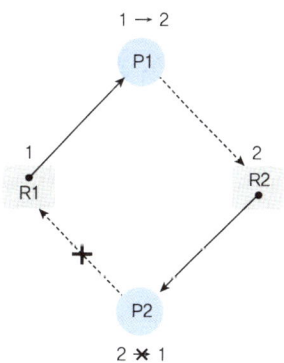

[그림 8-9] 원형 대기를 예방하는 조건

③ **문제점**
  ㉠ 프로세스 작업 진행에 유연성이 떨어진다.
    [그림 8-8]에서는 프린터를 사용한 다음 마우스를 할당받으려면 운영체제가 이를 거부한다. 즉, 프린터를 사용한 다음에는 마우스를 사용할 수 없는데, 사용자 입장에서는 이러한 자원 사용을 납득하기 어렵다.
  ㉡ 자원의 번호를 어떻게 부여할 것인지가 문제이다.
    프로세스가 큰 번호의 자원을 사용한 후 작은 번호의 자원을 사용할 수 없기 때문에 자원에 번호를 붙이는 데 매우 신중해야 한다. 자원에 어떻게 번호를 붙이든 자원 사용에 제약이 따른다.

3 교착상태 회피 중요

(1) 교착상태 회피의 개념

교착상태 회피는 프로세스에 자원을 할당할 때 어느 수준 이상의 자원을 나누어주면 교착상태가 발생하는지를 파악하여 그 수준 이하로 자원을 나누어주는 방법이다. 교착상태가 발생하지 않는 범위 내에서만 자원을 할당하고, 교착상태가 발생하는 범위에 있으면 프로세스를 대기시킨다.

① **교착상태 회피**
  교착상태 회피는 할당되는 **자원의 수를 조절하여** 교착상태를 피한다. 교착상태 예방은 프로세스의 작업 방식을 제약하기 때문에 사용할 수 없는데, 교착상태 회피는 시스템의 운영 방식에 변경을 가하지 않기 때문에 교착상태 예방보다 좀 더 유연하다.
  시스템에 총 20개의 자원이 있다고 가정하면 1개의 자원을 할당하면 교착상태가 발생하지 않는다. 점유와 대기 조건이 충족되지 않기 때문이다. 그러나 20개의 자원을 모두 할당하면 교착상태가 발생할 확률이 매우 높아진다. 자원을 많이 할당할수록 교착상태가 발생할 확률이 커진다.

② **안정 상태와 불안정 상태** 중요
  교착상태 회피는 자원의 총수와 현재 할당된 자원의 수를 기준으로 시스템을 **안정 상태(safe state)** 와 **불안정 상태(unsafe state)** 로 나누고 시스템이 안정 상태를 유지하도록 자원을 할당한다. [그림 8-10]에서 보듯이 할당된 자원이 적으면 시스템의 안정 상태가 커지고, 할당된 자원이 늘어날수록 시스템의 불안정 상태가 커진다. 그렇다고 불안정 상태에서 항상 교착상태가 발생하는 것은 아니고, 교착상태는 불안정한 상태의 일부분이며, 불안정 상태가 커질수록 교착상태가 발생할 가능성이 높아질 뿐이다. 교착상태 회피는 안정 상태를 유지할 수 있는 범위 내에서 자원을 할당함으로써 교착상태를 피한다.

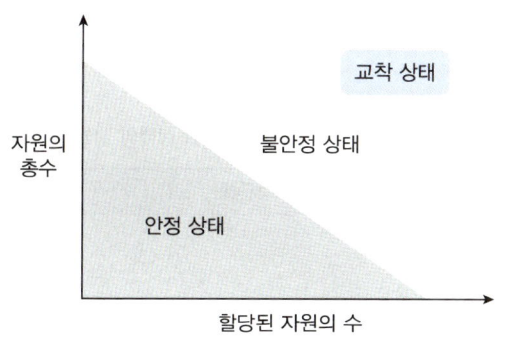

[그림 8-10] 안정 상태와 불안정 상태

③ 교착상태의 회피 방법
  ㉠ 프로세스의 시작 중단
    프로세스의 요구가 교착상태를 발생시킬 수 있다면 프로세스 시작을 중단한다. 예를 들면 현재 수행 중인 모든 프로세스의 최대 자원 요청량과 새로운 프로세스의 최대 요청량을 합한 자원 할당량을 수용할 수 있으면 새로운 프로세스를 수용한다. 그러나 이 예는 프로세스에 최대 요청량이 필요하다는 최악의 상황이므로 바람직하지 않다.
  ㉡ 자원 할당 거부
    프로세스가 요청한 자원을 할당했을 때 교착상태가 발생할 수 있다면 요청한 자원을 할당하지 않는다. 이를 일반적으로 **은행원 알고리즘**(banker's algorithm)이라고 한다.

(2) 프로세스의 시작 중단
  ① 개념
    교착상태를 회피하려면 자원을 언제 요청하는지 추가 정보가 필요하다. 예를 들어, 테이프 드라이브와 프린터가 하나씩 있는 시스템에서 프로세스 P가 두 자원을 모두 해제하기 전에 테이프 드라이브를 요청하고, 그 다음에 프린터를 요청한다고 가정하고, 프로세스 Q는 프린터를 요청하고, 다음에 테이프 드라이브를 요청한다고 가정하자. 각 프로세스마다 요청과 해제에서 정확한 순서를 파악하고 있다면, 요청에 따른 프로세스 대기 여부를 결정할 수 있다.
    프로세스의 요청을 수락할지, 기다리게 할지 여부는 현재 사용 가능한 자원, 프로세스에 할당된 자원 등 각 프로세스에 대한 자원의 요청과 해제를 미리 알고 있어야 결정할 수 있다. 다양한 교착상태 회피 알고리즘 중에서 가장 단순하고 유용한 알고리즘은 각 프로세스가 필요한 자원의 최대치(할당 가능한 자원 수)를 선언하는 것이다. 프로세스가 요청할 자원별로 최대치 정보를 미리 파악할 수 있으면 시스템이 교착상태가 되지 않을 확실한 알고리즘을 만들 수 있다.
  ② 인정 상태의 지원 예
    동일한 자원 10개와 프로세스 P0, P1, P2, P3을 가진 시스템의 예로 시스템의 상태 변화를 알아보자.
    [표 8-2]에서 시스템 t_0 시간에 안정 상태이다. 이때 <P2, P0, P1, P3> 순서는 안정 조건을 만족한다. 프로세스 P0은 자원을 7개, P1은 8개, P2는 4개, P3는 10개를 요청한다. t_0 시간에 자원을 프로세스

P0은 2개, P1은 1개, P2와 P3는 각각 2개를 점유한다면 사용 가능한 자원은 3개(= 10 − 2 − 1 − 2 − 2)이다.

[표 8-2] 안정 상태의 자원 예

프로세스	현재 사용량(t_0 시간)	최대 사용량
P0	2	7
P1	1	8
P2	2	4
P3	2	10
사용 가능 자원 수(= 10 − 2 − 1 − 2 − 2)		3
〈P2, P0, P1, P3〉 순서는 안정 상태		

㉠ P2가 자원 2개를 실행한 후 반납하면, 시스템 자원은 5개의 여분을 갖는다.
㉡ P0이 자원 5개를 할당받아 실행한 후 자원 7개를 반납할 수 있다.
㉢ 사용 가능한 자원은 7개이므로 P1이 자원 7개를 할당받고 실행한 후 자원 8개를 반납할 수 있다.
㉣ P3도 자원 8개를 할당받고 실행한 후 10개를 반납할 수 있으므로 시스템은 안정 상태이다.

③ 불안정 상태의 자원 예

[표 8-3]는 불안정한 상태의 예이다. 여기서는 사용 가능한 자원 한 개를 어떤 프로세스에 할당해도 만족할 수 없다. 그러나 프로세스 P0에 남은 자원을 할당하고 반납하기 전까지 다른 프로세스가 자원을 요청하지 않으면 교착상태를 회피할 수 있다. 불안정 상태는 교착상태가 발생할 수 있는 가능성이 있다는 의미이지, 반드시 교착상태가 발생한다는 의미는 아니다.

[표 8-3] 불안정 상태의 자원 예

프로세스	현재 사용량(t_0 시간)	최대 사용량
P0	5	7
P1	1	8
P2	2	4
P3	1	7
사용 가능 자원 수(= 10 − 5 − 1 − 2 − 1)		1
불안정 상태		

④ 안정 상태에서 불안정 상태로의 변화
㉠ [표 8-4]와 같이 P0의 요청을 허용한다면 시스템은 안정 상태가 된다. P2는 사용 가능한 자원 2개를 할당받아 실행한 후 자원 4개를 반납한다. 그러면 시스템에 여분으로 자원이 4개 있으므로 프로세스 P0는 자원 4개를 할당받아 실행한 후 자원 7개를 반납할 수 있다. 이어 P1은 자원 7개를 할당받아 실행한 후 자원 8개를 반납한다. P3는 자원 8개를 할당받아 실행한 후 반납할 수 있으므로 안정 상태이다.

[표 8-4] 안정 상태의 변화 예

프로세스	현재 사용량(t_0 시간)	최대 사용량
P0	3 → P0에 여분의 자원 할당	7
P1	1	8
P2	2	4
P3	2	10
사용 가능 자원 수(= 10 − 3 − 1 − 2 − 2)		2
〈P2, P0, P1, P3〉 순서는 안정 상태		

ⓒ [표 8-5]와 같이 P1의 요청을 허용하면, P2는 사용 가능한 자원 2개를 할당받아 실행한 후 4개를 반납한다. 그러면 시스템에는 여분으로 자원이 4개 있다. 그런데 P0는 여분 자원이 4개인데 추가로 자원 5개가 필요하므로 대기해야 한다. 마찬가지로 P1은 추가로 자원 6개, P3는 추가로 자원 8개가 필요하므로 결국 교착상태가 된다. 여기서 잘못은 P1의 자원 요청을 허용한 것이다. 다른 프로세스들(P0, P2)이 실행을 마치고 자원을 반납할 때까지 P1을 대기시켰다면, 교착상태를 회피할 수 있었을 것이다.

[표 8-5] 안정 상태에서 불안정 상태로의 변화

프로세스	현재 사용량(t_0 시간)	최대 사용량
P0	2	7
P1	2 → P1에 여분의 자원 할당	8
P2	2	4
P3	2	10
사용 가능 자원 수(= 10 − 2 − 2 − 2 − 2)		2
P2는 실행 가능하나 P0, P1, P3는 불안정 상태		

⑤ 안정 상태 개념에서 교착상태 회피 알고리즘을 정의할 수 있다. 이는 시스템이 항상 안정 상태에 머물러 있도록 하는 단순한 방법이다. 초기 시스템은 안정 상태이다. 따라서 프로세스가 현재 사용 가능한 자원을 요청할 때마다 시스템은 자원을 즉시 할당할 수 있는지 또는 프로세스가 대기해야 하는지를 결정한다. 자원을 할당한 후에도 시스템이 항상 안정 상태에 있을 때만 할당을 허용하면 된다.

(3) 자원 할당 거부(은행원 알고리즘) 중요 기출

교착상태 회피를 구현하는 방법은 여러 가지인데 그중 하나는 다익스트라가 제안한 **은행원 알고리즘(banker's algorithm)**이다. 은행이 대출을 해주는 방식, 즉 대출 금액이 대출 가능한 범위 내이면(안정 상태이면) 허용되지만 그렇지 않으면 거부되는 것과 유사하기 때문에 이렇게 불리게 되었다.

은행원 알고리즘에서 사용하는 변수는 [표 8-6]과 같다. 은행원 알고리즘에서 각 프로세스는 자신이 사용할 자원의 최대 수(Max)를 운영체제에 알려준다. 운영체제가 자원을 할당할 때 시스템의 상태를 파악하는 데 꼭 필요한 정보이기 때문이다.

① **은행원 알고리즘의 변수**

[표 8-6] 은행원 알고리즘의 변수

변수	설명
전체 자원(Total)	시스템 내 전체 자원의 수
가용 자원(Available)	시스템 내 현재 사용할 수 있는 자원의 수 (가용 자원 = 전체 자원 – 모든 프로세스의 할당 자원)
최대 자원(Max)	각 프로세스가 선언한 최대 자원의 수
할당 자원(Allocation)	각 프로세스에 현재 할당된 자원의 수
기대 자원(Need)	각 프로세스가 앞으로 사용할 자원의 수 (기대 자원 = 최대 자원 – 할당 자원)

② **자원 할당 기준**
  ㉠ 각 프로세스의 기대 자원과 비교하여 가용 자원이 하나라도 크거나 같으면 자원을 할당한다. 가용 자원이 기대 자원보다 크다는 것은 그 자원을 사용하여 작업을 끝낼 수 있는 프로세스가 있다는 의미이므로 안정 상태이다.
  ㉡ 가용 자원이 어떤 기대 자원보다 크지 않다면 할당하지 않는다. 가용 자원을 사용하여 작업을 마칠 수 있는 프로세스가 없다는 의미이므로 불안정 상태이다.

③ **안정 상태의 예**

[표 8-7]은 안정한 상태의 예이다.
  ㉠ 시스템에 있는 전체 자원의 수는 14개이다.
  ㉡ 각 프로세스가 필요로 하는 최대 자원의 P1이 5개, P2가 6개, P3이 10개이다.
  ㉢ 각 프로세스에 현재 할당된 자원은 P1이 2개, P2가 4개, P3이 6개이고, 총 12개이다.
  ㉣ 시스템 전체에서 사용할 수 있는 자원은 2개이다.
  ㉤ 기대 자원은 프로세스가 선언한 최대 자원에서 현재 할당된 자원의 수를 뺀 값이므로 P1은 3개, P2는 2개, P3는 4개이다.

[표 8-7] 은행원 알고리즘의 안정한 상태

Total = 14, Available = 2			
프로세스	Max	Allocation	Need
P1	5	2	3
P2	6	4	2
P3	10	6	4

  ㉥ 현재 가용 자원이 2개이며, P2가 필요로 하는 자원이 2개이기 때문에 안정 상태이다.
  ㉦ P2가 가용 자원 2개를 사용하여 실행을 종료하면 이미 할당받아 사용하던 자원 6개를 반환하고, 이를 P1이나 P3에 할당하면 전체 작업을 무리 없이 완료할 수 있다.
  ㉧ 현재 가용 자원을 P2가 아닌 다른 프로세스에 나누어준다면 불안정 상태가 된다. P1이나 P3에 가용 자원을 할당하면 기대 자원을 충족하지 못하기 때문에 작업을 마칠 수 없다. P2에 자원을 할당해야만 안정 상태를 계속 유지할 수 있다.

④ 불안정 상태의 예

[표 8-8]은 불안정 상태의 예이다. 가용 자원이 1개인데 이것으로는 어떤 프로세스의 기대 자원도 충족할 수 없다. 이는 현재 남은 자원으로는 어떤 프로세스도 끝낼 수 없다는 의미이다. 은행원 알고리즘에서는 현재 실행 중인 프로세스 가운데 하나라도 끝낼 수 있을 때 가용 자원을 할당해야 한다.

[표 8-8] 은행원 알고리즘의 불안정한 상태

Total = 14, Available = 1			
프로세스	Max	Allocation	Need
P1	7	3	4
P2	6	4	2
P3	10	6	4

불안정한 상태이므로 안정한 상태로 만들기 위해서는 Allocation을 각각 P1 = 2, P2 = 0, P3 = 2로 수정한다.

(4) 교착상태 회피의 문제점

교착상태 회피의 원칙은 교착상태가 발생하지 않을 수준까지만 자원을 나누어주는 것이나 다음과 같은 문제가 있기 때문에 교착상태 회피를 사용하지 않는다.

① 프로세스 자신이 사용할 모든 자원을 미리 선언해야 한다.

교착상태 회피 방식을 사용하려면 모든 프로세스가 자신이 사용할 자원을 미리 선언해야 하는데 이는 쉬운 일이 아니다. 또한 미리 선언한 자원이 정확하지 않으면 교착상태 회피에서도 교착상태가 발생할 수 있다.

② 시스템의 전체 자원 수가 고정적이어야 한다.

은행원 알고리즘에서 안정 상태나 불안정 상태를 파악하려면 시스템의 전체 자원 수가 고정적이어야 한다. 그러나 일시적인 고장이나 새로운 자원이 추가되는 일이 빈번하므로 시스템의 자원 수는 유동적이다.

③ 자원이 낭비된다.

[표 8-8]에서 모든 불안정 상태가 교착상태가 되는 것은 아님에도 불구하고 자원을 할당하지 않는 것은 자원 낭비이다. 프로세스에 따라 드물지만 최대 자원을 사용하지 않고 작업을 마치는 경우도 있다. 만약 프로세스 P2가 자원을 다 사용하지 않고 종료되면 자원 4개를 반납하기 때문에 다른 프로세스가 작업을 완료할 수 있다. 교착상태 회피는 실제로 교착상태가 발생하지 않는데도 발생할 것이라고 예상함으로써 프로세스에 자원을 할당하는 데 제약을 둔다.

4 교착상태 검출 〈중요〉

(1) 교착상태 검출의 개념

교착상태 예방은 실제로 구현하기 어렵고, 교착상태 회피는 구현할 수는 있지만 자원을 낭비하는 문제가 있다. 따라서 교착상태 해결 방법 중 가장 현실적인 것은 바로 교착상태 검출이다. 교착상태 검출은 운영체제가 프로세스의 작업을 관찰하면서 교착상태 발생 여부를 계속 주시하는 방식이다. 만약 교착상태가 발견되면 이를 해결하기 위해 교착상태 회복 단계를 밟는다. 교착상태 검출은 타임아웃을 이용하는 방법과 자원 할당 그래프를 이용하는 방법이 있다.

(2) 타임아웃을 이용한 교착상태 검출

타임아웃을 이용한 교착상태 검출은 일정 시간 동안 작업이 진행되지 않은 프로세스를 교착상태가 발생한 것으로 간주하여 처리하는 방법이다. 교착상태가 자주 발생하지 않을 것이라는 가정하에 사용하는 것으로, 특별한 알고리즘이 없어 쉽게 구현할 수 있다.

① 타임아웃을 이용한 교착상태 검출의 문제점
  ㉠ 엉뚱한 프로세스가 강제 종료될 수 있다.
    타임아웃 시간 동안 작업이 진행되지 않은 모든 프로세스가 교착상태 때문에 작업이 이루어지지 않은 것은 아니다. 타임아웃을 이용하면 교착상태 외의 다른 이유로 작업이 진행되지 못하는 모든 프로세스가 강제 종료될 수 있다.
  ㉡ 모든 시스템에 적용할 수 없다.
    하나의 운영체제 내에서 동작하는 프로세스들은 그 상태를 운영체제가 감시하기 때문에 타임아웃 방법을 적용할 수 있다. 그러나 여러 군데에 데이터가 나눠 있는 분산 데이터베이스의 경우에는 타임아웃을 이용하는 방법을 적용하기가 어렵다. 분산 데이터베이스는 데이터가 여러 시스템에 나눠져 있고 각 시스템이 네트워크로 연결되어 있어서 이러한 시스템에서는 원격지에 있는 프로세스의 응답이 없는 것이 교착상태 때문인지, 네트워크 문제 때문인지, 단순히 처리가 늦어지는 것인지 정확히 알 수 없다. 그러므로 타임아웃 방법을 적용하여 교착상태를 파악하기 어렵다.

② **타임아웃을 이용한 교착상태 검출 방법**
  ㉠ 가벼운 교착상태 검출
    타임아웃을 이용하는 방법으로, 윈도우에서 '프로그램이 응답이 없어 종료합니다.'라는 메시지는 타임아웃을 이용하는 방법의 대표적인 예이다.

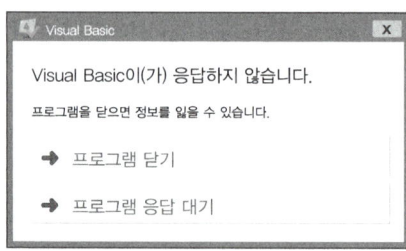

[그림 8-11] 타임아웃을 이용하는 방법의 예

ⓒ 무거운 교착상태 검출
자원 할당 그래프를 이용하는 방법으로, 자주 발생하지 않는 교착상태를 찾기 위해 자원 할당 그래프를 유지하면서 모든 자원을 감시하기란 어려운 일이다.

③ **데이터베이스의 교착상태 처리**
데이터베이스의 교착상태 처리는 운영체제보다 복잡하며, 데이터베이스에서는 특히 데이터의 일관성이 깨지면 안 된다. 데이터를 조작할 때는 반드시 잠금을 얻은 후 작업을 시작해야 하는데 여러 개의 잠금을 얻어 작업하던 중 타임아웃으로 프로세스가 종료되면 일부 데이터에 문제가 발생할 수도 있다.

(3) 자원 할당 그래프를 이용한 교착상태 검출 기출

교착상태를 검출하는 또 다른 방법은 자원 할당 그래프를 이용하는 것이다. 자원 할당 그래프를 보면 시스템 내의 프로세스가 어떤 자원을 사용하고 있는지 혹은 어떤 자원을 기다리고 있는지를 알 수 있다. [그림 8-12]와 [그림 8-13]은 교착상태가 없는 자원 할당 그래프와 교착상태가 있는 자원 할당 그래프를 나타낸다.

① **교착상태가 없는 자원 할당 그래프**
[그림 8-12]는 교착상태가 없는 자원 할당 그래프를 나타낸다. 프로세스 P1은 P2가 자원 R2를 다 사용하고 반환하기를 기다리고, P4는 P1을, P3은 P4를 기다리고 있다. 그러나 이 자원 할당 그래프에는 사이클이 존재하지 않는다. 그러므로 P2가 작업을 마치고 자원 R2를 반환하면 나머지 프로세스의 작업이 계속 진행되며 결국 교착상태가 발생하지 않는다.

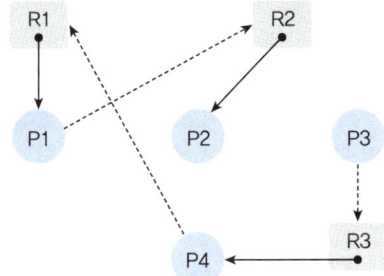

[그림 8-12] 교착상태가 없는 자원 할당 그래프

② **교착상태가 있는 자원 할당 그래프**
[그림 8-13]은 교착상태가 있는 자원 할당 그래프를 나타낸다. 운영체제는 자원을 요청하거나 할당할 때마다 자원 할당 그래프를 갱신하는데, 이때 사이클이 발생하면 교착상태가 검출된 것으로 판단한다. [그림 8-13]에서 프로세스 P2가 추가로 자원 R3을 요구하는 경우인데, P1 → P2 → P4 → P1로 이어지는 사이클이 존재하기 때문에 운영체제는 교착상태가 발생한 것으로 판단한다.

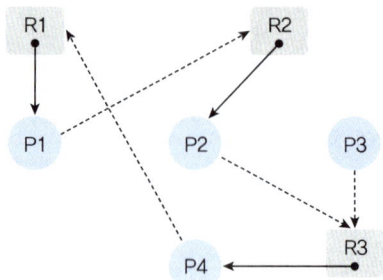

[그림 8-13] 교착상태가 있는 자원 할당 그래프

[그림 8-12]와 [그림 8-13]에서 사각형 안의 동그라미는 동시에 사용 가능한 자원의 수를 나타내는데, 여기서 단일 자원으로 간주하고 하나로 표시했다. 단일 자원을 사용하는 경우 자원 할당 그래프에 사이클이 있으면 교착상태이다. 그러나 다중 자원을 사용하는 경우에는 자원 할당 그래프에 사이클이 있다고 해도 모두 교착상태라고 판단할 수는 없다.

③ 장·단점
  ㉠ 장점
  자원 할당 그래프를 이용하여 교착상태를 검출하는 방법은 프로세스의 작업 방식을 제한하지 않으면서 교착상태를 정확하게 파악할 수 있다.
  ㉡ 단점
  자원 할당 그래프를 유지하고, 갱신하고, 사이클을 검사하는 추가 작업으로 인해 오버헤드가 발생한다.

④ 다중 자원과 교착상태 검출
교착상태 검출 시 단일 자원, 즉 하나의 자원을 하나의 프로세스만 사용할 수 있다고 가정했다. 이 경우 자원 할당 그래프에 사이클이 존재하면 교착상태가 발생한 것으로 본다. 그러나 다중 자원, 즉 하나의 자원을 여러 개의 프로세스가 동시에 사용할 수 있는 경우에는 교착상태 검출이 복잡하다.
  ㉠ 다중 자원과 사이클
  [그림 8-14]에서 자원 R1은 두 프로세스가 동시에 사용할 수 있는 다중 자원이다. 프로세스 P1은 R1을 사용하면서 R2를 기다리고, P2는 자원 R2를 사용하면서 R1도 사용하고 있다. 언뜻 보면 사이클이 형성되어 교착상태 같지만 R1의 자원수가 2개이므로 P2가 자원 R1과 R2를 사용하여 작업을 마친 후 P1이 자원 R2를 사용하여 작업을 마칠 수 있다. 따라서 교착상태가 발생하지 않는다.

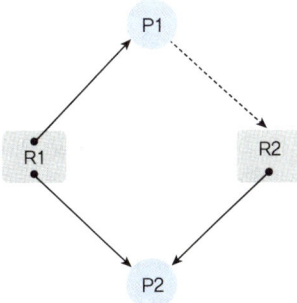

[그림 8-14] 다중 자원과 사이클

그림에서 보듯이 다중 자원의 경우 사이클이 있다고 해서 모두 교착상태가 되는 것은 아니다. 다중 자원이 포함된 자원 할당 그래프에서는 대기 그래프와 그래프 감소 방법을 이용하여 사이클을 찾는다.

ⓒ 대기 그래프와 그래프 감소
- 대기 그래프(wait for graph)는 자원 할당 그래프에서 프로세스와 프로세스 간에 기다리는 관계만을 나타낸 그래프이다.
- 그래프 감소(graph reduction)는 대기 그래프에서 작업이 끝날 가능성이 있는 프로세스의 화살표와 관련 프로세스의 화살표를 연속적으로 지워가는 작업을 말한다.
  여기서 작업이 끝날 가능성이 있는 프로세스란 기다리는 자원이 없는 프로세스를 가리킨다. 이렇게 다중 자원이 있는 대기 그래프에서 그래프가 감소를 완료한 후에도 사이클이 남아 있다면 교착상태가 발생한 것으로 판단한다.

ⓒ 다중 자원 사용 시 교착상태가 발생하지 않는 경우
[그림 8-15]의 (a)에서 자원 R2는 두 프로세스가 동시에 사용할 수 있는 다중 자원으로, 현재 프로세스 P2와 P3에 할당되어 있다. (b)는 (a)에 대한 대기 그래프로, 화살표 위에 그래프 감소 순서를 표시했다. 그래프 감소 결과 사이클이 남아 있지 않으므로 교착상태가 발생하지 않는다.

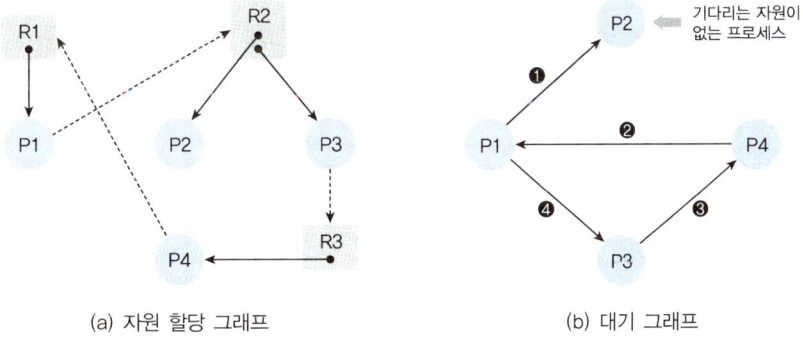

(a) 자원 할당 그래프　　　　　　(b) 대기 그래프

[그림 8-15] 다중 자원 사용 시 교착상태가 발생하지 않는 경우

❶ 작업이 끝날 수 있는 프로세스, 즉 기다리는 자원이 없는 프로세스 P2에 대해 P1에서 P2로 가는 화살표를 지운다.
❷ 프로세스 P1이 작업을 종료할 수 있으므로 P4에서 P1로 가는 화살표를 지운다.
❸ 프로세스 P4가 작업을 종료할 수 있으므로 P3에서 P4로 가는 화살표를 지운다.
❹ 프로세스 P3이 작업을 종료할 수 있으므로 P1에서 P3으로 가는 화살표를 지운다.

㉣ 다중 자원 사용 시 교착상태가 발생하는 경우
[그림 8-16]은 작업이 끝날 수 있는(기다리는 자원이 없는) 프로세스가 존재하지 않기 때문에 그래프 감소를 해도 여전히 사이클이 남아 있어 교착상태가 발생한다.

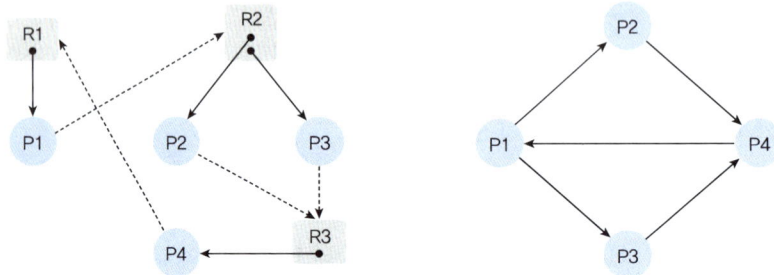

[그림 8-16] 다중 자원 사용 시 교착상태가 발생하는 경우

단일 자원만 있는 자원 할당 그래프에서는 사이클만으로 교착상태 검출이 가능하지만, 다중 자원을 사용할 때는 그래프 감소를 한 후 사이클이 남아 있는지 확인하여 교착상태를 검출한다.

5 교착상태 회복 방법 중요 기출

교착상태에서 회복한다는 것은 순환 대기에서 벗어난다는 것이다. 단순하게 프로세스를 한 개 이상 중단하는 방법과 교착상태의 프로세스들에서 자원을 선점하는 방법이 있다.

(1) 프로세스 중단

프로세스를 중단하여 교착상태에서 회복하는 방법은 정지된 프로세스에 할당되어 있는 모든 자원의 해제를 요청하는 것이다.

① **교착상태 프로세스를 모두 중단**
교착상태의 순환 대기를 확실히 해결하지만 자원 사용과 시간 면에서 비용이 많이 든다. 오랫동안 연산했을 가능성이 있는 프로세스의 부분 결과를 폐기하여 나중에 다시 연산해야 한다.

② **한 프로세스씩 중단**
한 프로세스를 중단할 때마다 교착상태 탐지 알고리즘을 호출하여 프로세스가 교착상태에 있는지 확인한다. 교착상태 탐지 알고리즘을 호출하는 부담이 상당히 크다는 것이 단점이다.

③ **최소 비용으로 프로세스들을 중단하는 방법**
  ㉠ 프로세스의 우선순위
  ㉡ 프로세스가 수행된 시간과 앞으로 종료하는 데 필요한 시간
  ㉢ 프로세스가 사용한 자원 형태와 수(예 자원을 선점할 수 있는지 여부)
  ㉣ 프로세스를 종료하는 데 필요한 자원 수
  ㉤ 프로세스를 종료하는 데 필요한 프로세스 수
  ㉥ 프로세스가 대화식인지 일괄식인지 여부

(2) 자원 선점

자원 선점을 이용하여 교착상태를 해결하려면 프로세스의 자원을 선점해서 교착상태를 해결할 때까지 선점한 자원을 다른 프로세스에 할당해야 한다. 선점권을 이용하여 교착상태를 처리하려면 다음 세 가지 사항을 해결해야 한다.

① **선점 자원 선택**
프로세스를 종료할 때 비용을 최소화하려면 적절한 선점 순서를 결정해야 한다. 비용 요인에는 교착상태 프로세스가 점유한 자원 수, 교착상태 프로세스가 지금까지 실행하는 데 소요한 시간 등 매개변수가 포함된다.

② **복귀**
필요한 자원을 잃은 프로세스는 정상적으로 실행할 수 없다. 따라서 프로세스를 안정 상태로 복귀시키고 다시 시작해야 한다. 일반적으로 안정 상태를 결정하기가 어렵지만, 완전히 복귀시키고(프로세스 중단) 재시작하는 것이 가장 단순한 방법이다. 프로세스를 교착상태에서 벗어날 정도로만 복귀시킬 수 있다면 더 효과적이다. 그러나 이 방법은 시스템이 실행하는 모든 프로세스의 상태 정보를 유지해야 하는 부담이 있다.

③ **기아상태**
희생자 선택 시 기준이 일반적으로 비용요소를 사용하기 때문에 시스템에서 동일한 프로세스가 계속 희생자로 선택되기가 쉽다. 그 프로세스는 지정된 작업을 완료하지 못하는 기아상태가 되어 시스템의 조치가 필요한 상황이 된다. 따라서 시스템은 특정 희생자 프로세스가 어떤 한정된 시간 내에 재개되어 작업을 수행할 수 있도록 보장해 줄 수 있어야 하는데, 이를 위해 비용요소에 복귀 횟수를 포함시키는 방법을 사용한다.

○✗로 점검하자 | 제8장

※ 다음 지문의 내용이 맞으면 ○, 틀리면 ✗를 체크하시오. [1~9]

01 2개 이상의 프로세스가 서로의 작업이 끝나기만 기다리며 작업을 더 이상 진행하지 못하는 상태를 회피상태라고 한다. (   )

> 다중 프로그래밍 시스템에서는 프로세스가 결코 일어나지 않을 사건을 기다리는 상태가 되면 교착상태(deadlock)라고 한다. 컴퓨터 시스템에서 교착상태는 시스템 자원, 공유 변수(또는 파일), 응용 프로그램 등을 사용할 때 발생할 수 있다.

02 프로세스가 어떤 자원을 사용 중이고 어떤 자원을 기다리고 있는지를 나타내는 방향성이 있는 그래프를 자원 할당 그래프라고 한다. (   )

> 자원 할당 그래프를 사용하면 자원의 할당과 대기 상태를 한눈에 파악할 수 있다.

03 네 가지 교착상태 필요조건은 상호 배제 조건, 선점 조건, 점유와 대기 조건, 원형 대기 조건이다. (   )

> 교착상태 필요조건은 상호 배제 조건, 비선점 조건, 점유와 대기 조건, 원형 대기 조건이다.

04 교착상태 해결 방법 중, 교착상태를 유발하는 네 가지 조건을 무력화하는 방법은 교착상태를 탐지하고 회복하는 방법이다. (   )

> 교착상태가 발생하지 않도록 예방(prevention)하는 방법으로는 자원의 상호 배제 조건 방지, 비선점 조건 방지, 점유와 대기 조건 방지, 원형(순환) 대기 조건 방지가 있다.

05 교착상태 해결 방법 중, 교착상태가 발생하지 않는 수준으로 자원을 할당하는 방법으로 교착상태 회피가 있다. (   )

> 교착상태의 발생 가능성을 배제하지 않고 이를 적절히 회피(avoidance)하는 방법으로 프로세스의 시작 중단과 자원 할당 거부가 있다.

정답 1 ✗ 2 ○ 3 ✗ 4 ✗ 5 ○

06 교착상태 해결 방법 중, 자원 할당 그래프를 사용하여 교착상태를 발견하는 방법으로 교착상태 검출이 있다. (   )

>>> 교착상태를 검출하는 방법으로는 자원 할당 그래프를 사용하고, 타임아웃을 이용하는 방법이 있다.

07 교착상태 해결 방법 중, 은행원 알고리즘을 사용하여 해결하는 방법으로 교착상태 예방이 있다. (   )

>>> 교착상태의 발생 가능성을 배제하지 않고 이를 적절히 회피(avoidance)하는 방법으로 프로세스의 시작 중단과 자원 할당 거부(은행원 알고리즘)가 있다.

08 교착상태 해결 방법 중, 교착상태가 검출되면 교착상태를 일으킨 모든 프로세스를 종료하는 방법은 교착상태 회복이다. (   )

>>> 교착상태에서 회복하는 방법으로 단순하게 프로세스를 한 개 이상 중단하는 방법과 교착상태의 프로세스들에서 자원을 선점하는 방법이 있다.

09 자원 할당 그래프에서 비선점이 발견되면 교착상태라고 판단할 수 있다. (   )

>>> 하나의 자원을 하나의 프로세스만 사용하는 단일자원에서 자원 할당 그래프에 사이클이 존재하면 교착상태가 발생한 것으로 본다.

정답 6 ○ 7 × 8 ○ 9 ×

제 8 장 실전예상문제

01 일반적인 프로세스는 자원 요청→자원 사용→자원 해제 순서로 자원을 사용한다.

01 다음 중 프로세스가 자원을 사용하는 정상적인 작동 순서로 옳은 것은?

① 자원 요청→자원 해제→자원 사용
② 자원 사용→자원 요청→자원 해제
③ 자원 해제→자원 요청→자원 사용
④ 자원 요청→자원 사용→자원 해제

02 다중 프로그래밍 시스템에서 프로세스가 결코 일어나지 않을 사건(자원의 할당과 해제)을 기다리는 상태가 되면 교착상태에 빠졌다고 한다.

02 교착상태는 하나 이상의 프로세스가 더 이상 계속할 수 없는 어떤 특정 사건을 기다리고 있는 상태를 말한다. 여기서 특정 사건의 의미로 가장 적당한 것은?

① 무한 연기
② 자원의 요구
③ 자원의 점유 및 대기(보류)
④ 자원의 할당과 해제

03 교착상태 필요조건은 자원의 상호 배제, 비선점, 점유와 대기, 원형 대기이다.

03 다음 중 교착상태 발생의 필요조건으로 옳지 <u>않은</u> 것은?

① 자원의 상호 배제
② 순환 대기
③ 자원의 점유 및 대기(보류)
④ 자원의 선점

정답 01④ 02④ 03④

04 교착상태의 해결 방법 중 점유 및 대기 조건 방지, 비선점 조건 방지, 순환 대기 조건 방지와 가장 밀접한 관계가 있는 것은?
① recovery
② detection
③ prevention
④ avoidance

04 교착상태가 발생하지 않도록 예방(prevention)하는 방법으로는 자원의 상호 배제 조건 방지, 비선점 조건 방지, 점유와 대기 조건 방지, 원형(순환) 대기 조건 방지가 있다.

05 교착상태의 해결 방법 중 시스템에 교착상태가 발생했는지를 점검하고 교착상태에 있는 프로세스와 자원을 발견하기 위해 자원 할당 그래프 등을 사용하는 방법은?
① recovery
② detection
③ prevention
④ avoidance

05 교착상태의 검출은 교착상태의 예방 및 회피가 구현하기도 힘들고, 자원을 낭비하는 문제점이 있어 교착상태를 해결하기 위한 가장 현실적인 방법으로, 운영체제가 프로세스의 작업을 관찰하면서 교착상태의 발생 여부를 확인하고, 교착상태 발견 시 회복단계를 거치는 것이다.

06 다음 내용과 관련 있는 교착상태의 해결 방법으로 옳은 것은?

- mutual exclusion 방지
- hold and wait 방지
- non-preemption 방지
- circular wait 방지

① recovery
② detection
③ prevention
④ avoidance

06
- mutual exclusion 방지: 상호 배제 방지
- non-preemption 방지: 비선점 방지
- hold and wait 방지: 점유와 대기 방지
- circular wait 방지: 원형 대기 방지

정답 04 ③ 05 ② 06 ③

07 교착상태 예방 방법으로는 모든 선지가 해당되지만, 이중 상호 배제 조건 방지는 현실적으로 모든 자원을 공유할 수 없으며 상호 배제를 적용하여 보호해야 하는 자원이 있으므로 상호 배제를 없애는 것은 사실상 어렵다.

08 교착상태의 해결방법으로는 교착상태가 발생하지 않도록 예방(prevention)하는 방법, 교착상태의 발생 가능성을 배제하지 않고 이를 적절히 회피(avoidance)하는 방법, 교착상태를 탐지(detection)하여 다시 회복(recovery)하는 방법이 있다. 이 중 은행원 알고리즘은 교착상태를 회피하는 방법이다.

09 hold and wait(점유와 대기) 조건은 프로세스가 어떤 자원을 할당받은 상태에서 다른 자원을 기다리는 상태여야 함을 의미한다.

07 다음 중 교착상태 예방 방법으로 사실상 적절하지 <u>않은</u> 것은?

① 점유 및 대기 조건 방지
② 비선점 조건 방지
③ 순환 대기 조건 방지
④ 상호 배제 조건 방지

08 다음 중 교착상태의 해결 방안에서 은행원 알고리즘(banker's algorithm)과 관련 있는 것은?

① recovery
② prevention
③ avoidance
④ detection

09 다음 내용은 교착상태의 발생 조건 중 어떤 조건을 방지하기 위한 것인가?

> • 프로세스를 수행하기 전에 필요한 모든 자원을 할당해 준다.
> • 자원을 점유하지 않은 상태에서만 자원을 요구하도록 한다.

① hold and wait
② mutual exclusion
③ non-preemption
④ circular wait

정답 07 ④ 08 ③ 09 ①

10 다음 중 교착상태에 대한 설명으로 옳지 않은 것은?

① 교착상태란 2개 이상의 프로세스가 자원을 점유한 상태에서 서로 다른 프로세스가 점유한 자원을 동시에 사용할 수 있는 현상을 의미한다.
② 교착상태 발생의 필요충분조건은 상호 배제, 점유 및 대기, 환형 대기, 비선점 조건이다.
③ 교착상태의 회피는 교착상태에 빠질 가능성을 인정하고 적절히 이를 회피해 가는 방법이다.
④ 교착상태의 회복은 교착상태에 빠져 있는 프로세스를 중단시켜 시스템이 정상적으로 동작할 수 있도록 하는 방법이다.

10 교착상태란 2개 이상의 프로세스가 서로의 작업이 끝나기만을 기다리며 작업을 더 이상 진행하지 못하는 상태를 말하며, 한 자원을 동시에 사용할 수는 없다.

11 다음 중 교착상태가 발생했을 때 이를 해결하는 후속 방법으로 옳은 것은?

① 예방(prevention)
② 복구(recovery)
③ 회피(avoidance)
④ 탐지(detection)

11 시스템이 교착상태 예방 알고리즘이나 교착상태 회피 알고리즘을 사용하지 않는다면 교착상태가 발생할 수 있으므로, 발생한 교착상태에서 회복하려면 먼저 교착상태 탐지(검사) 알고리즘이 필요하다. 교착상태에서 회복하는 한 가지 방법은 순환 대기를 탈피하는 것인데, 단순하게 프로세스를 한 개 이상 중단하는 방법과 교착상태의 프로세스들에서 자원을 선점하는 방법으로 다시 구분할 수 있다.

12 다음 중 은행원 알고리즘에 대한 설명으로 옳지 않은 것은?

① Dijkstra가 제안했다.
② 자원의 양과 사용자(프로세스) 수가 일정해야 한다.
③ 교착상태 해결 방법 중 예방에 해당된다.
④ 안정 상태와 불안정 상태라는 두 가지 상태가 존재한다.

12 은행원 알고리즘은 교착상태를 회피하는 방법으로 다익스트라가 제안하였다. 은행이 대출을 해주는 방식, 즉 대출 금액이 대출 가능한 범위 내이면(안정 상태이면) 허용되지만 그렇지 않으면 거부되는 것과 유사하기 때문에 이렇게 불리게 되었다.

정답 10 ① 11 ② 12 ③

13 교착상태 회피(avoidance)란 교착상태가 발생할 가능성을 인정하고 (세 가지 필요 조건을 허용) 이를 피하는 방법이다. 회피 방법으로는 프로세스의 시작 중단과 자원 할당 거부(은행원 알고리즘)가 있다.

13 교착상태의 해결 방법 중 회피방법에 해당되는 것을 모두 나열한 것은?

> ㉠ 교착상태가 발생하지 않도록 사전에 시스템을 제어하는 방법이다.
> ㉡ 교착상태 발생의 네 가지 조건 중에서 상호 배제를 제외한 어느 하나를 제거함으로써 수행된다.
> ㉢ 주로 은행원 알고리즘을 사용한다.
> ㉣ 교착상태가 발생할 가능성을 완전히 배제하지는 않는다.

① ㉢, ㉣
② ㉠, ㉡
③ ㉡, ㉢
④ ㉠, ㉣

정답 13 ①

제 9 장

입·출력 시스템과 장치 관리

제1절	입·출력 시스템
제2절	디스크 장치
제3절	디스크 스케줄링
제4절	디스크 캐싱과 RAID
실전예상문제

당신이 저지를 수 있는 가장 큰 실수는 실수를 할까 두려워하는 것이다.

— 앨버트 하버드 —

보다 깊이 있는 학습을 원하는 수험생들을 위한
시대에듀의 동영상 강의가 준비되어 있습니다.
www.sdedu.co.kr ➜ 회원가입(로그인) ➜ 강의 살펴보기

제 9 장 입·출력 시스템과 장치 관리

제1절 입·출력 시스템

1 입·출력장치와 채널

컴퓨터는 필수 장치인 CPU와 메모리, 주변장치인 입·출력장치와 저장장치로 구성되며, 각 장치는 메인보드에 있는 버스로 연결된다. 다양한 주변장치는 데이터 전송 속도에 따라 저속 주변장치와 고속 주변장치로 구분할 수 있다.

(1) 주변장치의 구분

① **저속 주변장치**
  메모리와 주변장치 사이에 오고 가는 데이터의 양이 적어 데이터 전송률이 낮은 장치를 말한다. 키보드의 경우 아무리 빨리 타이핑을 한다고 해도 1초에 1kByte를 넘지 않으므로 저속 주변장치이다.

② **고속 주변장치**
  메모리와 주변장치 사이에 대용량의 데이터가 오고 가므로 데이터 전송률이 높은 장치를 말한다. 출력장치인 그래픽카드의 경우 모니터에 초당 수십 장의 그래픽을 보여주어야 하기 때문에 고속 주변장치이다. 하드디스크도 대용량의 데이터를 메모리에 올리거나 메모리에서 하드디스크로 옮겨야 하기 때문에 고속 주변장치이다. [그림 9-1]은 장치별 최신 인터페이스와 데이터 전송량을 보여준다.

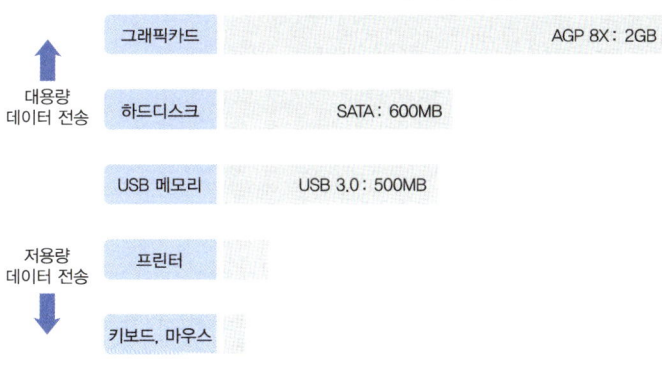

[그림 9-1] 주변장치별 데이터 전송 속도

(2) 채널 공유와 채널 분리

주변장치는 메인보드 내의 버스로 연결되지만 많은 종류의 장치가 연결되기 때문에 버스를 1개만 사용하면 병목현상이 발생한다. 따라서 여러 개의 버스를 묶어서 사용하는데, 이때 데이터가 지나다니는 하나의 통로를 채널이라고 부른다.

주변장치는 저마다 데이터 전송 속도가 다르기 때문에 무분별하게 사용하면 문제가 발생하므로, 여러 채널을 효율적으로 사용하는 방법으로 속도가 비슷한 장치끼리 묶어 채널을 분리하여 사용하면 데이터 전송률을 높일 수 있다. 이처럼 전송 속도가 비슷한 장치끼리 묶어서 장치별로 채널을 할당하면 전체 데이터 전송 속도를 향상시킬 수 있다.

2 입·출력 버스의 구조

(1) 초기의 구조

컴퓨터를 사용하기 시작한 초기에는 주변장치가 많지 않았고 CPU와 메모리의 속도도 빠르지 않았다. 모든 장치가 하나의 버스로 연결되고, CPU가 작업을 진행하다가 입·출력 명령을 만나면 직접 입·출력 장치에서 데이터를 가져왔는데 이를 **폴링(polling)** 방식이라고 한다. 지금도 주변장치는 CPU와 메모리에 비해 속도가 매우 느리다. 따라서 폴링 방식을 적용하여 CPU가 직접 입·출력을 하면 입·출력이 끝날 때까지 다른 작업을 할 수 없다.

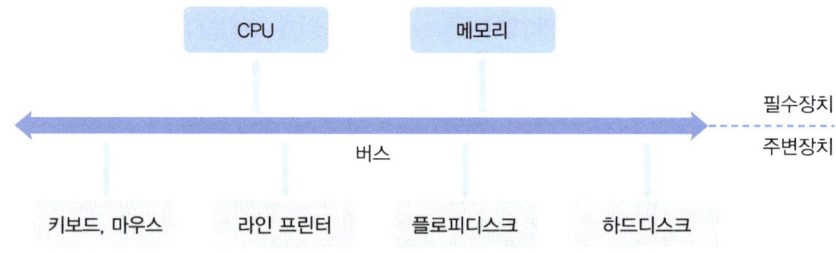

[그림 9-2] 초기 입·출력 버스의 구조

(2) 입·출력 제어기를 사용한 구조

컴퓨터 기술이 발전하면서 CPU와 메모리의 성능이 급격히 향상되고 주변장치의 종류도 다양해졌다. 과거에는 주변장치가 키보드, 마우스, 모뎀, 그래픽카드, 하드디스크 정도였지만 현재는 레이저 프린터, 사운드카드, 랜카드, 스캐너, USB 저장장치 등이 사용되고 있고, 이러한 변화에 따라 CPU가 폴링 방식으로 주변장치를 관리하기가 어려워져서 모든 입·출력을 **입·출력 제어기(I/O controller)**에 맡기는 구조로 바뀌었다.

[그림 9-3]은 입·출력 제어기를 사용한 입·출력 버스를 보여준다. 입·출력 제어기를 사용하면 느린 입·출력장치로 인해 CPU와 메모리의 작업이 느려지는 것을 막을 수 있어 전체 작업 효율이 향상된다.

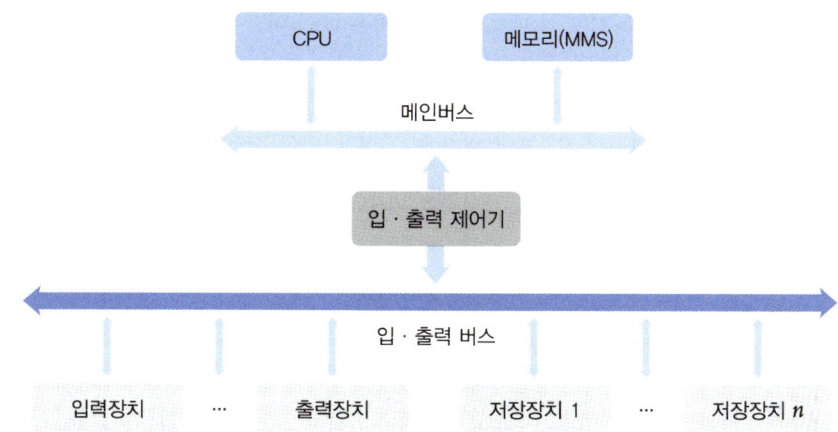

[그림 9-3] 입·출력 제어기를 사용한 입·출력 버스의 구조

(3) 입·출력 버스의 분리

입·출력 제어기를 사용함으로써 작업 효율을 높일 수 있지만, 한편으로 저속 장치 때문에 고속 주변장치의 데이터 전송이 느려지는 문제가 있다. 고해상도의 모니터와 3D 게임이 보급되면서 그래픽카드는 많은 양의 데이터를 전송하게 되고, 그래픽카드와 같은 고속 주변장치가 키보드, 마우스 같은 저속 주변장치와 입·출력 버스를 공유하면 입·출력 속도가 현저히 저하되므로, 이를 해결하기 위해 입·출력 버스를 고속 입·출력 버스와 저속 입·출력 버스로 분리하여 운영하고 있다.

[그림 9-4]는 입·출력 버스를 고속 입·출력 버스와 저속 입·출력 버스로 분리한 구조를 보여주고 있다. 고속 입·출력 버스에는 고속 주변장치를 연결하고 저속 입·출력 버스에는 저속 주변장치를 연결하며, 두 버스 사이의 데이터 전송은 채널 선택기(channel selector)가 관리한다.

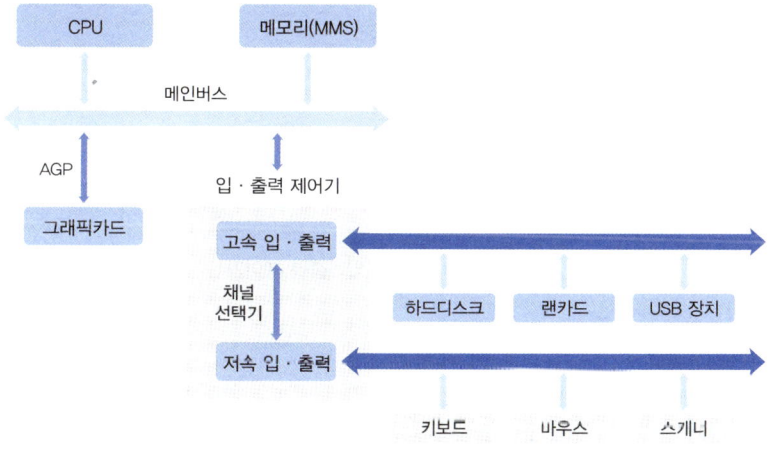

[그림 9-4] 입·출력 버스의 분리

결론적으로 현대의 컴퓨터는 CPU와 메모리를 연결하는 메인 버스, CPU와 그래픽카드를 연결하는 그래픽 버스, 고속 입·출력 버스와 저속 입·출력 버스를 사용한다. 또한 하나의 버스 채널은 주소 버스, 데이터 버스, 제어 버스로 구성되며, 주소 버스에는 데이터를 가져올 주소를 싣고, 데이터 버스에는 실제로 송·수신되는 데이터를 싣고, 제어 버스에는 명령어의 시작과 종료, 데이터의 이동 방향, 오류 처리, 인터럽트 같은 다양한 신호를 싣는다.

3 직접 메모리 접근 기출

입·출력 제어기는 다양한 주변장치의 입·출력을 대행하고 여러 채널에서 온 데이터를 메모리로 옮기는 역할을 한다. 그런데 메모리는 CPU의 명령에 따라 작동한다. **직접 메모리 접근(DMA)**는 CPU의 도움 없이도 메모리에 접근할 수 있게 하는 입·출력 제어기에 부여된 권한으로, 입·출력 제어기에는 직접 메모리에 접근하기 위한 DMA 제어기가 마련되어 있다.

(1) 입·출력 제어기

[그림 9-5]는 입·출력 제어기의 구조를 보여준다. 입·출력 제어기는 여러 채널에 연결된 주변 장치로부터 전송된 데이터를 적절히 배분하여 하나의 데이터 흐름을 막는다. 이렇게 주변장치에서 전송된 데이터 중 어떤 것을 메모리에 보낼지 결정한다. 이렇게 주변장치에서 전송된 데이터는 DMA 제어기를 거쳐 메모리에 올라간다. 반대로 메모리에서 주변장치로 데이터를 전송할 때는 DMA 제어기가 메모리에서 데이터를 가져오면 채널 선택기에서 적당한 채널로 전송한다.

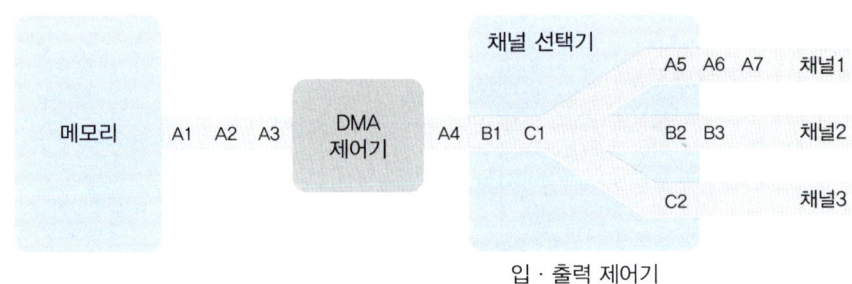

[그림 9-5] 입·출력 제어기

(2) 메모리 공간 분할

메인 메모리는 CPU가 작업하는 전용 공간이다. 그런데 DMA 제어기가 입·출력장치에서 가져온 데이터 혹은 입·출력장치로 가져갈 데이터가 있을 때도 이 공간을 사용한다. 즉 CPU의 작업 공간과 DMA의 작업 공간이 겹치는 것이다. 이를 방지하기 위해 과거에는 [그림 9-6]의 (a)와 같이 DMA 제어기가 전송하는 데이터를 '입·출력 메모리'라는 별도의 메모리에 보관했다. 그러나 이 방식은 입·출력 메모리에서 다시 메인 메모리로 데이터를 옮기는 불필요한 작업을 수반한다.

현재의 입·출력 시스템에서는 [그림 9-6]의 (b)와 같이 CPU가 작업하는 공간과 DMA 제어기가 데이터를 옮기는 공간을 분리하여 메인 메모리를 운영하는데 이를 메모리 맵 입·출력(memory mapped I/O)이라고 부른다. 메모리 맵 입·출력에서는 메인 메모리의 주소 공간 중 일부를 DMA 제어기에 할당하여 작업 공간이 겹치는 것을 막는다.

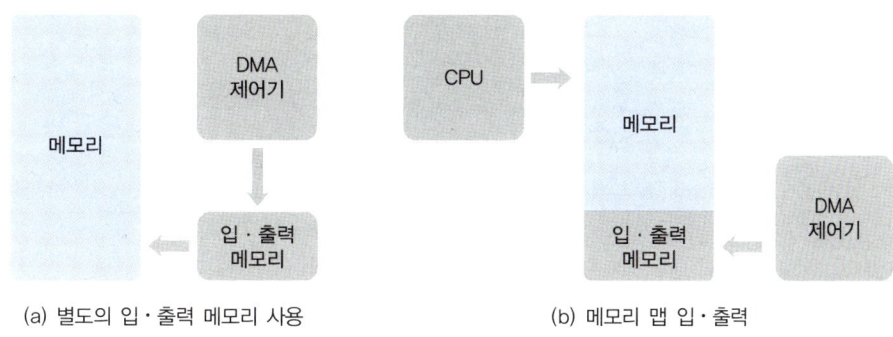

[그림 9-6] 메모리 공간 분할

제2절 디스크 장치

최근에는 메모리의 가격이 많이 저렴해져서 USB 메모리나 SSD 같은 반도체를 이용한 저장장치가 많이 보급되었다. 그러나 아직도 대용량 데이터를 저장하기 위해 하드디스크(HDD : Hard Disk Drive)를 많이 사용한다.

> **더 알아두기**
> 하드디스크의 정확한 의미는 움직이는 헤드를 가진 하드디스크 드라이브(moving-head hard disk drive)이다.

1 디스크 장치의 분류

(1) 하드디스크

하드디스크는 1956년 처음 개발될 당시 23인치의 교탁만한 거대한 크기에 용량이 5MByte정도였다. 당시에는 테이프 드라이브 같이 순차적으로 데이터에 접근하는 저장장치밖에 없었고, 맨 뒤에 있는 데이터를 읽으려면 테이프를 끝까지 감아야 돼 무척 불편했다. 하드디스크는 원반을 사용한 저장장치로, 맨 앞에 있는 데이터나 맨 뒤에 있는 데이터에 접근하는 속도가 거의 비슷하여 수많은 시스템에서 본격적으로 하드디스크를 도입했다.

하드디스크는 같은 용량의 다른 메모리보다 훨씬 싸고 데이터도 반영구적으로 저장할 수 있어 많이 사용되며, 메모리를 보조하는 장치라는 의미에서 제2저장장치라고도 불린다. [그림 9-7]은 하드디스크의 구조를 보여준다. 하드디스크는 스핀들(spindle)이라는 원통 축에 여러 개의 플래터(platter)가 달려 있다.

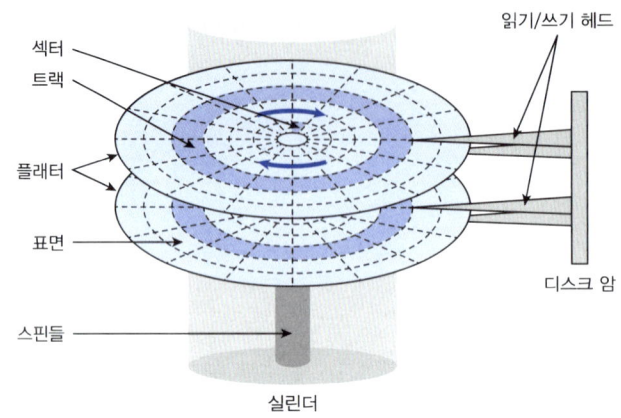

[그림 9-7] 하드디스크의 구조

① **플래터**

플래터는 표면에 자성체가 발라져 있어 자기를 이용하여 0과 1의 데이터를 저장할 수 있다. 플래터의 표면이 N극을 띠면 0으로 S극을 띠면 1로 인식한다. 플래터의 수는 하드디스크마다 다르지만 보통 2장 이상으로 구성되며 항상 일정한 속도로 회전한다. 하드디스크의 성능에 7,500rpm(rotation per minute)이라고 표시되어 있다면 플래터가 1분에 7,500바퀴를 일정한 속도로 회전한다는 의미이다.

② **섹터와 블록**

㉠ 섹터(sector)

물리적인 개념인 섹터(sector)는 **하드디스크의 가장 작은 저장 단위이다**. 하나의 섹터에는 한 덩어리의 데이터가 저장된다.

㉡ 블록은 하드디스크와 컴퓨터 사이에 데이터를 전송하는 **논리적인 저장 단위 중 가장 작은 단위이**다. 블록은 여러 개의 섹터로 구성되며, 윈도우 운영체제에서는 블록 대신 클러스터(cluster)라고 표현한다. 메모리에서는 물리적으로 하나의 바이트마다 주소를 배정하지만, 하드디스크에서는 논리적인 단위인 블록마다 주소가 배정된다. 하드디스크 입장에서는 섹터가 가장 작은 저장 단위이지만 운영체제 입장에서는 하드디스크에 데이터를 보내거나 받을 때 블록이 가장 작은 저장 단위이다.

③ **트랙과 실린더**

㉠ 트랙(track)

트랙(track)은 플래터에 회전축을 중심으로 데이터가 기록되는 동심원, 즉 동일한 동심원 상에 있는 **섹터의 집합**을 말한다. [그림 9-7]에서 볼 수 있듯이 헤드는 디스크 암(disk arm)에 고정되어 있기 때문에 모든 헤드가 항상 같이 움직인다. 따라서 헤드는 여러 플래터의 같은 위치에 있는 트랙을 동시에 읽거나 쓸 수 있다.

ⓛ 실린더
    개념적으로 여러 개의 플래터에 있는 같은 **트랙의 집합**을 실린더(cylinder)라고 부른다.

④ **헤드와 플래터**

[그림 9-8]은 하드디스크의 세로 단면을 나타낸 것으로 하드디스크에서 데이터를 읽거나 쓸 때는 읽기/쓰기 헤드(read/write head)를 사용한다. 헤드의 수는 데이터가 저장되는 플래터의 표면 수와 같다. 디스크 암에 붙어 있는 헤드는 아주 가벼운 물체로 만들어지고, 플래터가 회전을 시작하면 표면에 약한 바람이 일어나, 이 바람에 의해 표면에 약간 떠 있는 형태로 작동한다. 만약 헤드가 플래터에 붙어 고속으로 회전하면 플래터 표면에 상처가 생기게 되어 데이터를 저장할 수 없는 배드 섹터(bad sector)가 된다.

컴퓨터가 종료될 때 헤드가 플래터의 표면에 흠집을 내지 않도록 하드디스크는 헤드를 데이터가 저장되지 않는 플래터의 맨 바깥쪽으로 이동시키는데 이를 파킹(parking)이라고 한다.

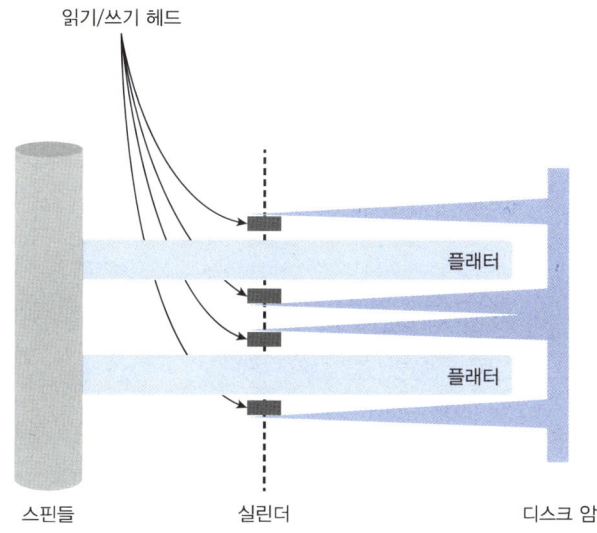

[그림 9-8] 하드디스크의 헤드와 플래터

> **더 알아두기**
>
> **SSD(Solid State Drive)**
> 하드디스크는 테이프를 이용한 저장장치보다 빠르지만 RAM보다는 느리다. 전자의 이동으로 작동하는 RAM과 모터로 헤드를 이동하는 하드디스크는 속도 차이가 있을 수밖에 없다. SSD는 하드디스크의 느린 속도를 대체하기 위해 사용하는 비휘발성 메모리이다. SSD는 플래시 메모리를 이용하기 때문에 속도가 빠를뿐더러 모터를 이용한 구동 부분이 없기 때문에 외부 충격에 강하다. 또한 하드디스크보다 가볍고 전력 소비량도 적다. 반면 같은 용량의 하드디스크에 비해 가격이 훨씬 비싸기 때문에 SSD는 크기가 작고 소비전력이 적은 제2저장장치가 필요한 스마트폰에 사용된다.

(2) CD

하드디스크처럼 원반을 사용하는 저장장치 중 대중화된 CD는 휴대할 수 있는 소형 원반에 데이터를 저장한다. 일반 CD의 경우는 74분짜리 음악파일을 저장할 수 있으며 용량이 640MByte이다(800MByte의 CD도 개발되었다).

하드디스크와 마찬가지로 CD도 트랙과 섹터로 구성되며, 수평으로 움직이는 헤드가 트랙 사이를 움직이면서 데이터를 읽는다. 하드디스크는 자기장의 성질을 이용하여 0과 1을 인식하지만, CD는 표면에 미세한 홈이 파여 있어 헤드에서 발사된 레이저가 홈에 들어가 반사되지 않으면 0으로, 반사되어 돌아오면 1로 인식한다. CD에 데이터를 저장할 때 'CD를 굽는다.'라고 표현하는데, 이는 레이저를 쏘아 표면을 태워서 미세한 홈을 만드는 방식으로 데이터를 저장하기 때문이다.

2 디스크 장치의 데이터 전송 시간 기출

(1) 디스크 장치의 데이터를 전송하는 과정 중요

[그림 9-9]는 하드디스크에서 데이터를 전송하는 과정을 보여준다.

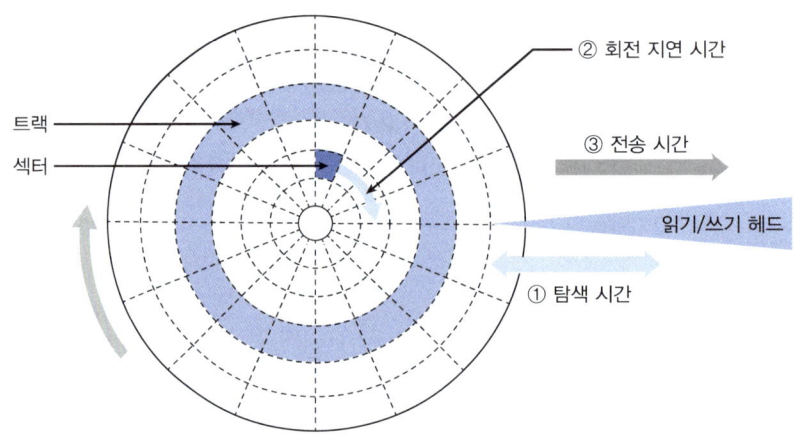

[그림 9-9] 하드디스크의 데이터 전송 과정

① **탐색 시간**

하드디스크의 특정 섹터에 저장된 데이터를 읽거나 쓰려면 그 섹터가 있는 트랙까지 헤드가 이동해야 한다. 이처럼 헤드가 현재 위치에서 그 트랙까지 이동하는 데 걸리는 시간을 탐색 시간(seek time)이라고 한다.

② **회전 지연 시간**

특정 트랙까지 이동한 헤드는 플래터가 회전하여 원하는 섹터를 만날 때까지 기다린다. 이처럼 원하는 섹터를 만날 때까지 회전하는 데 걸리는 시간을 회전 지연 시간(rotational latency time)이라고 한다.

③ 전송 시간

헤드는 원하는 섹터에 있는 데이터를 읽어 전송하는데, 이때 걸리는 시간을 전송 시간(transmission time)이라고 한다.

④ 디스크 액세스 시간(disk access time)
   ㉠ 디스크에서 데이터를 가져오는 데 걸리는 총 시간이다.
   ㉡ 데이터 액세스 시간 = 탐색 시간 + 회전 지연 시간 + 전송 시간

(2) 디스크 장치의 데이터를 전송할 때의 특징

디스크의 데이터 전송 시간 중 가장 많은 비중을 차지하는 것은 탐색 시간이다. 일반적으로 하드디스크의 플래터는 7,500rpm 이상으로 동작한다. 즉, 1분에 7,500번 넘게 회전하기 때문에 회전 지연 시간이 매우 짧고 전자가 이동하는 전송 시간도 매우 짧다. 그러나 모터로 헤드를 이동해야 하는 탐색 시간은 상대적으로 매우 길다. 쌓여 있던 데이터를 지우는 과정을 반복하면서 조각이 발생하기 때문에 하드디스크를 오래 사용하면 점점 느려지고, 조각이 많이 발생하면 큰 덩어리의 데이터를 읽을 때 헤드가 여러 곳을 돌아다녀야 하므로 속도가 느려진다.

하드디스크의 성능을 높이려면 **탐색 시간을 최소화**해야 하고, 탐색 시간을 최소화하는 방법은 조각 모음을 자주 하는 것과 탐색 시간을 최소화하기 위한 디스크 스케줄링 기법을 사용하는 것이다.

제3절 디스크 스케줄링

디스크는 매우 느리지만 자주 사용하는 저장장치이다. 디스크의 데이터 전송 시간 중에 탐색 시간이 가장 느리다. 디스크 스케줄링(disk scheduling)은 트랙의 이동을 최소화하여 이 탐색 시간을 줄이는 데 목적이 있다.

1 디스크 스케줄링의 개념과 종류

(1) 입·출력 장치(디스크 드라이버)에는 요청 큐

입·출력 장치(디스크 드라이버)에는 요청 큐가 있고, 이 요청은 다음 정보를 포함한다.

① 입력 동작인지 출력 동작인지를 나타내는 정보
② 디스크 주소(구동기, 실린더, 표면, 블록)
   구동기는 하나의 장치를 제어하거나 조절하는 하드웨어 장치 또는 프로그램이다.
③ 메모리 주소
④ 전송할 정보의 총량(바이트나 단어의 수)

디스크 드라이버와 제어기를 사용할 수 있다면 요청을 즉시 처리할 수 있지만, 다른 프로세스가 둘 중 하나라도 사용하고 있다면 요청은 디스크 대기 큐에 저장한다.

(2) 디스크 스케줄링의 평가 기준 중요

디스크 대기 큐에서 어떤 프로세스를 선택하여 실행할 것인지 결정하는 알고리즘이 필요하다. 일반적으로 작업이 적재 과정과 파일 입·출력을 디스크에 의존하므로 디스크 스케줄링은 매우 중요하다. 스케줄링은 다음과 같은 기준들로 평가한다.

① **처리량**: 시간당 처리한 서비스 요청 수
② **탐색 시간**: 디스크 헤드(암) 이동 시간
③ **평균 반응 시간**: 요청 후 서비스할 때까지 대기 시간
④ **반응(응답) 시간 변화**: 반응 시간 예측 정도, 즉 적절한 시간 안에 서비스하여 요청이 무기한 연기되는 것을 방지한다.

운영체제는 디스크 액세스 요청을 스케줄하여 디스크를 처리하는 평균 시간을 향상시키는데, 처리량을 최대화하고 평균 반응 시간을 최소화하면서 탐색 시간을 최소화하도록 해야 한다. 물론 시스템 성능은 처리량과 평균 반응 시간을 최적화하여 향상시킬 수 있지만 개별 요청에 지연이 발생할 수 있으므로 시스템 자원을 효과적으로 사용하려면 스케줄링이 필요하다.

(3) 디스크 스케줄링의 종류와 목적

① 디스크 스케줄링의 종류

디스크 스케줄링은 [그림 9-10]에서 볼 수 있듯이 탐색 시간 최적화와 회전 지연 시간 최적화로 분류할 수 있다.

[그림 9-10] 디스크 스케줄링의 종류

② 디스크 스케줄링의 목적

탐색 시간 최적화의 목적은 대기 시간과 총 처리 시간을 줄이려고 **디스크 헤드 이동을 최소화**하는 것이다. 그러나 초기 디스크 시스템과는 달리 현재의 디스크 시스템은 탐색 시간과 평균 지연 시간이 비슷하기 때문에 회전 최적화로도 성능을 개선할 수 있다. 물론 데이터를 순차적으로 액세스하는 일괄 처리 프로세스들은 데이터의 트랙 전체를 액세스하기 때문에 회전 최적화의 효과가 없을 수

있지만, 대화식 프로세스처럼 디스크의 실린더에 분산된 소량의 데이터만 많이 요청할 때는 회전 최적화로도 성능을 크게 개선할 수 있다.

2 FCFS 스케줄링 중요

(1) FCFS 스케줄링의 개념과 특징

FCFS 디스크 스케줄링(First Come, First Service disk scheduling)은 가장 단순한 디스크 스케줄링 방식으로, 요청이 들어온 트랙 순서대로 서비스한다. 선입선처리 스케줄링은 프로그래밍하기 쉽고, 어떤 요청도 무기한 연기하지 않으며, 본질적으로 공평성(공정성)을 유지한다.

디스크 요청이 흩어질 때는 실행 시간 오버헤드가 적지만 서비스 지연을 감소시키는 요청을 재정렬하지 않아서 일반적인 임의의 탐색 패턴 결과로 탐색 시간이 증가하면서 처리량이 감소한다.

(2) FCFS 스케줄링의 동작

[그림 9-11]은 선입선처리 스케줄링의 예를 보여준다. 처음 요청은 트랙 46이고 마지막은 트랙 96으로 되는 선형 요청 디스크 큐를 생각해보자.

큐 : 46, 110, 32, 52, 14, 120, 36, 96

헤드 시작 위치 : 50

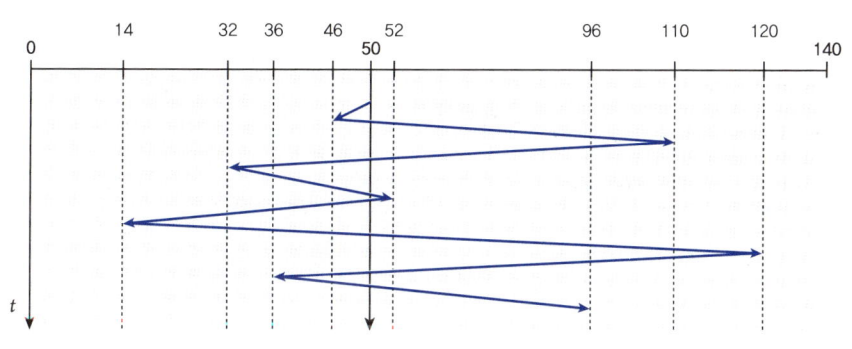

[그림 9-11] 선입선처리 스케줄링

① 입·출력 헤드가 초기에 트랙 50에 있다.
② 헤드는 50에서 46으로 움직이고, 이후에 110 → 32 → 52 → 14 → 120 → 36 → 96으로 움직여 트랙 총 454개의 헤드 이동이 발생한다.
③ 만약 트랙 14와 트랙 120을 요구하기 전과 후에 트랙 36과 트랙 96을 함께 처리한다면 헤드의 총 이동 거리를 실질적으로 줄일 수 있다. 따라서 요청 처리 시간이 감소하여 디스크의 처리율을 높일 수 있을 것이다.

3 최소 탐색 시간 우선 스케줄링

(1) 최소 탐색 시간 우선 스케줄링의 개념과 특징

최소 탐색 시간 우선(SSTF : Shortest Seek Time First) 스케줄링은 디스크 요청을 처리하려고 헤드가 먼 곳까지 이동하기 전에 현재 헤드 위치에 가까운 모든 요구를 먼저 처리하는 방법이다. 처리량과 평균 반응 시간이 중요한 배치 처리 시스템에서는 반응 시간의 변화가 커도 미치는 영향은 적어 최소 탐색 시간 우선 스케줄링을 적용할 수 있다. 하지만 대화형 시스템에서는 불확실한 예측 가능 시간 때문에 적용하기가 부적합하다.

최소 탐색 시간 우선 스케줄링은 선입선처리 스케줄링보다는 일괄 처리 시스템에서 합리적인 해결책이다. 특히 높은 처리량과 낮은 응답 시간은 실질적으로 상당히 개선했지만 최적의 방법은 아니다. 최소 탐색 시간 우선 스케줄링은 최소 작업을 우선 수행하므로 디스크 요구의 기아 상태가 발생할 수 있고, 공정성을 보장할 수 없고, 서비스를 무기한 연기할 수 있으며, 응답 시간의 높은 분산은 대화형 시스템에서는 받아들일 수 없는 단점이다.

(2) 최소 탐색 시간 우선 스케줄링 동작

[그림 9-12]는 최소 탐색 시간 우선 스케줄링의 예를 보여준다.

큐 : 46, 110, 32, 52, 14, 120, 36, 96

헤드 시작 위치 : 50

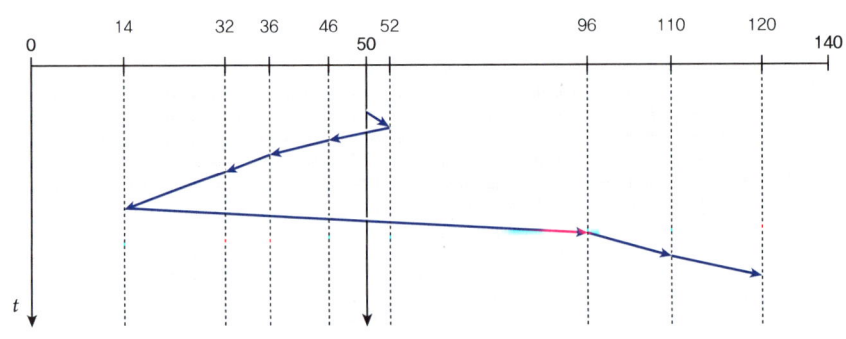

[그림 9-12] 최소 탐색 시간 우선 스케줄링

① 처음 요청인 트랙 50에서 가장 가까운 요청 트랙이 52이므로, 52로 헤드가 이동한다.
② 이후에 52 → 46 → 36 → 32 → 14 → 96 → 110 → 120으로 움직여 트랙 총 146개의 헤드 이동이 발생한다. 이 방법은 선입선처리와 비교하면 헤드의 이동거리가 1/3 정도로, 디스크 서비스 시간을 실질적으로 줄일 수 있다.
③ 실제 시스템에서 언제라도 요구가 발생할 수 있다는 점을 감안해서 트랙 14와 120의 요청이 큐에 있다고 가정하면 트랙 14와 가까운 곳에 다른 요청이 계속 발생할 수 있으므로 트랙 120은 무한히 기다리게 된다.

4 스캔 스케줄링 (중요)

(1) 스캔 스케줄링의 개념과 특징

스캔(scan) 스케줄링은 요청 큐의 동적 특성을 반영하여 기아 상태를 해결한다. 입·출력 헤드가 디스크의 한쪽 끝에서 다른 끝으로 이동하며, 한쪽 끝에 도달했을 때는 역방향으로 이동하면서 요청한 트랙을 처리한다. 즉, 스캔 스케줄링은 헤드가 디스크의 한쪽 끝과 다른 끝 사이를 계속해서 왕복하면서 한 방향으로만 서비스(트랙 번호 하나 증가 또는 감소)하고, 디스크 가장자리에 도달하거나 트랙 0에 도달할 때까지 그 방향의 마지막 트랙까지 서비스한 후 그 역방향으로 전환하는 스케줄링이다.

스캔 스케줄링은 엘리베이터 동작과 유사하기 때문에 **엘리베이터 스케줄링**이라고도 하며, 눈치우기와도 비슷하다. 눈이 내릴 때, 길 한쪽 끝에서 시작하여 반대 방향으로 눈을 치우면서 가면 눈을 치운 뒤쪽에 다시 눈이 쌓인다. 각 트랙에 요청이 균등하다고 가정하면 눈이 쌓이는 현상처럼 한쪽 끝에 이른 헤드가 방향을 바꿀 때 요청 밀도는 최초의 시작 부분이 가장 높고, 나중에 처리한 헤드 바로 뒷부분은 비교적 밀도가 낮다. 따라서 밀도가 높은 쪽의 요청은 상당히 오랫동안 기다려야 한다.

(2) 스캔 스케줄링 동작

[그림 9-13]은 스캔 스케줄링의 예를 보여준다.

큐: 46, 110, 32, 52, 14, 120, 36, 96

헤드 시작 위치: 50

헤드의 이동 방향: 0 ↔ 140

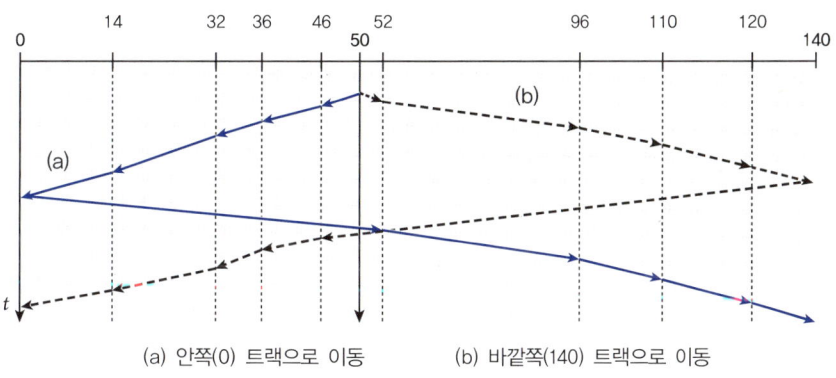

(a) 안쪽(0) 트랙으로 이동   (b) 바깥쪽(140) 트랙으로 이동

[그림 9-13] 스캔 스케줄링

① 처음 요청은 트랙 50이고 헤드의 이동 방향이 [그림 9-13]의 (a)와 같이 트랙 0으로 이동된다고 가정하자.
② 이후에 46 → 36 → 32 → 14 → 0 → 52 → 96 → 110 → 120 → 140으로 움직여 트랙 총 170개의 헤드 이동이 발생한다.

③ [그림 9-13]의 (b)와 같이 트랙 140으로 이동다고 가정하자.
④ 이후에 52 → 96 → 110 → 120 → 140 → 46 → 36 → 32 → 14 → 0으로 움직여 트랙 총 216개의 헤드 이동이 발생한다.
⑤ 물론 새로운 디스크 서비스 요청이 헤드의 바로 앞 요청 큐에 도착하면 즉시 처리한다. 그러나 반대로 헤드 바로 뒤에 있다면 헤드가 디스크 끝까지 이동하고 나서 되돌아올 때까지 기다려야 한다.

5 순환 스캔 스케줄링 종요

(1) 순환 스캔 스케줄링의 개념과 특징

순환 스캔(C-SCAN : Circular-scan) 스케줄링은 스캔 스케줄링을 변형하여 대기 시간을 좀 더 균등하게 처리하는 방법이다. 스캔 스케줄링처럼 헤드는 한쪽 방향으로 이동하면서 요청을 처리하지만, 한쪽 끝에 다다르면 역방향으로 헤드를 이동하는 것이 아니라 다시 처음부터 요청을 처리한다.

순환 스캔 스케줄링은 처음과 마지막 트랙을 서로 인접시킨 원형처럼 디스크를 처리하여 처리량을 향상시킨다. 또 바깥쪽 트랙과 안쪽 트랙을 차별하지 않아 반응 시간의 변화를 줄인다. 물론 동일한 실린더(트랙) 요청이 연속적으로 발생하면 처리가 무기한 연기될 수 있다.

(2) 순환 스캔 스케줄링 동작

[그림 9-14]는 순환 스캔 스케줄링의 예를 보여준다.

큐 : 46, 110, 32, 52, 14, 120, 36, 96

헤드 시작 위치 : 50

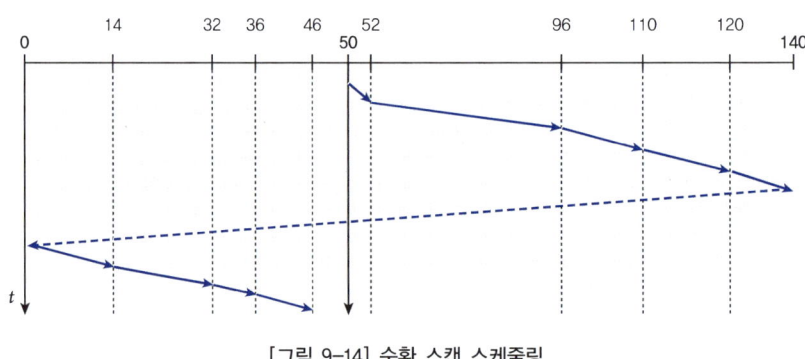

[그림 9-14] 순환 스캔 스케줄링

① 처음 요청은 트랙 50이고 헤드의 이동방향은 [그림 9-14]와 같이 트랙 140으로 이동한다.
② 이후에 52 → 96 → 110 → 120 → 140 → 0 → 14 → 32 → 36 → 46으로 움직여 트랙 총 276개의 헤드 이동이 발생한다.

> **더 알아두기**
>
> **N-step 스캔 스케줄링**
> 스캔 스케줄링과 비슷한 방법으로 디스크 요청 큐는 고정 길이 N의 서브 큐를 분할하고 서브 큐는 각 서브 큐 내부 스캔을 사용하여 한 번에 하나씩 처리한다. 따라서 어느 방향으로 진행할 때 큐에 대기 중인 요청에서만 서비스를 진행한다(큐를 비움). 진행 도중 도착한 요청(새로운 요청)은 다른 큐로 이동 및 추가하여 다시 디스크 헤드가 방향을 바꿔 진행할 때 서비스한다. N이 크면 스캔 알고리즘에 근접하지만 N = 1이면 FCFS에 근접한다. 이 스케줄링은 유연한 대신 복잡하다.

6 룩 스케줄링 (종요)

(1) 룩 스케줄링의 개념과 특징

스캔 스케줄링이나 순환 스캔 스케줄링은 헤드를 디스크의 끝에서 끝으로 이동한다는 원리이지만, 실제로는 이런 방법으로 구현하지 않는다. 일반적으로 헤드는 요청에 따라 각 방향으로 이동하지만, 현재 방향에 더는 요청이 없을 때에는 이동 방향을 바꿔 서비스를 처리한다. 스캔 스케줄링과 순환 스캔 스케줄링의 이런 형태를 변형한 것을 각각 LOOK 스케줄링과 순환 LOOK(또는 C-LOOK) 스케줄링이라 한다. 즉, LOOK 스케줄링은 SCAN 스케줄링에서 변형된 방식이고, 순환 LOOK(또는 C-LOOK) 스케줄링은 C-SCAN 스케줄링의 변형 방식이다. 룩은 진행 방향으로 움직이기 전에 먼저 요청이 있는지 검사한다는 의미이다. 스캔 스케줄링이나 순환 스캔 스케줄링은 헤드를 디스크 끝에서 끝으로 이동하는 원리이다. 반면에 룩 스케줄링은 헤드를 각 방향으로 요청에 따른 거리만큼만 이동하는 원리이다. 현재 방향에서 더는 요청이 없다면 헤드의 이동 방향을 바꾸는 방법이다.

(2) 룩 스케줄링 동작

[그림 9-15]는 C-LOOK 스케줄링의 예를 보여준다.

큐 : 46, 110, 32, 52, 14, 120, 36, 96

헤드 시작 위치 : 50

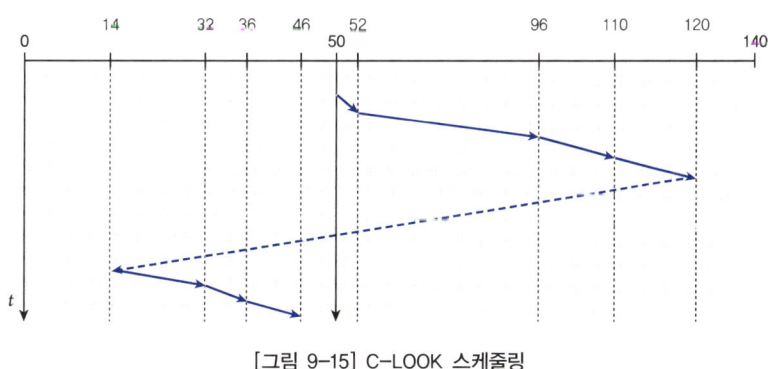

[그림 9-15] C-LOOK 스케줄링

① 처음 요청은 트랙 50이고 헤드의 이동방향은 [그림 9-15]와 같이 트랙 52로 이동한다.
② 이후에 52 → 96 → 110 → 120으로 이동하여 서비스하고, 더는 요청이 없으므로 방향을 바꾼다.
③ 트랙은 14에 도착한 후 다시 역방향으로 헤드를 이동해 가면서 32 → 36 → 46으로 움직여 트랙 총 208개의 헤드 이동이 발생한다.

7 최소 지연 시간 우선 스케줄링 종요

최소 지연 시간 우선(SLTF : Shortest Latency Time First) 스케줄링은 모든 요청 중 지연 시간이 가장 짧은 요청을 먼저 처리한다. 즉, 디스크 헤드가 특정 실린더에 도달했을 때 해당 실린더의 트랙 요청들이 대기하고 있다면, 헤드는 더 이상 움직이지 않고 도착 순서와 관계없이 모든 요청을 우선 처리한다. 최소 지연 시간 우선 스케줄링은 트랙을 일정한 수의 블록으로 나눈 섹터를 토대로 요청들을 섹터 위치에 따라 큐에 넣은 후 가장 가까운 섹터 요청을 먼저 처리한다. 이때 디스크 액세스 요청(디스크의 주소)은 트랙과 섹터로 구성된다. 고정 헤드에서는 탐색을 하지 않으므로 탐색 시간이 없다. 따라서 최저 지연 시간만 지연 시간이 되므로 드럼처럼 고정 헤드를 사용하면 효과적인 알고리즘이다. 때로는 섹터 큐잉(sector queuing) 알고리즘이라고 표현하기도 한다.

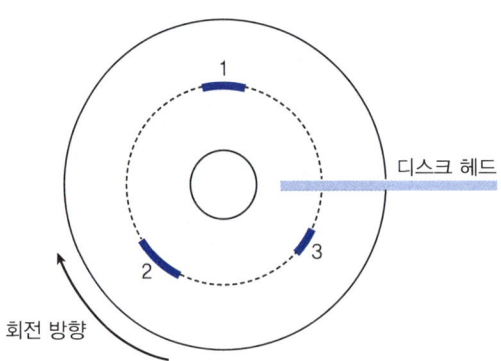

[그림 9-16] 최소 지연 시간 우선 스케줄링

8 최소 위치 결정 시간 우선 스케줄링

최소 위치 결정 시간 우선(SPTF : Shortest Positioning Time First) 스케줄링은 가장 짧은 위치 결정 시간, 즉 탐색 시간과 회전 지연 시간의 합이 가장 짧은 요청을 다음 서비스 대상으로 선택한다. 최소 위치 결정 시간 우선 스케줄링은 최소 탐색 시간 우선 스케줄링처럼 처리량이 많고 평균 반응 시간은 짧다. 그러나 가장 안쪽과 바깥쪽 실린더 요청이 무기한 연기될 가능성이 있다.

에센바흐 방법(Eschenbach Scheme)은 탐색 시간과 회전 지연 시간을 최적화하려고 한 것으로 헤드는 순환 스캔 스케줄링처럼 진행하나, 요청과 관계없이 트랙이 한 바퀴 회전할 동안 요청을 처리하도록 재배열하는 알고리즘이다.

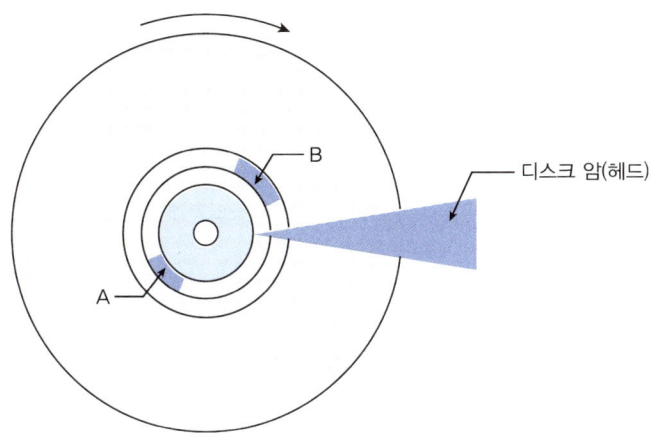

[그림 9-17] 최소 위치 결정 시간 우선 스케줄링

9 디스크 스케줄링 알고리즘의 선택

최소 탐색 시간 우선 스케줄링이 일반적이고 자연스러운 선택이라면, 스캔 스케줄링이나 순환 스캔 스케줄링은 디스크를 많이 사용하는 시스템에 적당하다. 최적 알고리즘을 결정하는 것은 가능하지만, 최적 스케줄링에 필요한 계산량 때문에 스캔 스케줄링이나 최소 탐색 시간 우선 스케줄링 이상의 처리 효율을 얻을 수 있을지 평가하기가 어렵다.

어느 스케줄링 알고리즘이든 성능은 요청의 형태와 수에 좌우된다. 특히 큐가 하나 정도밖에 요청을 하지 않는다면 모든 스케줄링 알고리즘의 효과는 거의 동일하다. 이때는 선입선처리 스케줄링이 적당하다.

디스크 서비스의 요청은 파일 할당 방법에 많은 영향을 받을 수 있다. 연속적으로 할당된 파일을 읽는 프로그램은 디스크의 인접한 범위 내에서 많은 요청이 발생하여 헤드 이동을 제한한다. 링크 파일이나 색인 파일은 블록들이 디스크에 흩어져 헤드의 이동 거리는 길지만, 디스크 사용 효율은 높다.

모든 파일은 열어야 사용할 수 있고, 파일을 열려면 디렉터리 구조를 조사해야 하기 때문에 디렉터리를 자주 호출한다. 따라서 디렉터리 위치에 따라 이동 거리가 다르다. 디렉터리를 디스크의 양 끝에 두는 것보다는 중간 부분에 두는 것이 디스크 헤드 이동을 줄일 수 있다.

지금까지 살펴본 디스크 스케줄링에서 디스크는 시스템의 성능과 신뢰성 측면에서 병목현상이 일어나는 주요 원인이다. 디스크는 컴퓨터의 장치 중에 가장 속도가 느린 장치이다. 비록 메모리와 제어기, 캐시 같은 기술이 성능을 증가시키는 데 도움이 되지만, 전반적으로 시스템 성능은 아직도 디스크의 속도와 신뢰성에 좌우된다.

제4절 디스크 캐싱과 RAID

1 디스크 캐싱

디스크 캐시(Disk cache)란 디스크로부터 읽은 데이터를 보관해두는 메모리 안의 영역을 말한다. 이후 같은 데이터를 읽어야 할 경우가 생겼을 때 실제의 디스크가 아닌 디스크 캐시의 내용을 읽는 것을 디스크 캐싱이라고 한다. 디스크 속도보다 메모리의 속도가 더 빠르기 때문에 디스크 캐시에 의해 속도를 향상시킬 수 있다. 디스크 캐시는 메모리의 일부로, 내부적으로 사용되는 것이기 때문에 사용자는 그 내용을 알 수가 없다. [그림 9-18]은 디스크로부터 데이터를 읽어 들여오는 과정과 디스크 캐싱에 의해 데이터를 읽어오는 과정을 보여준다.

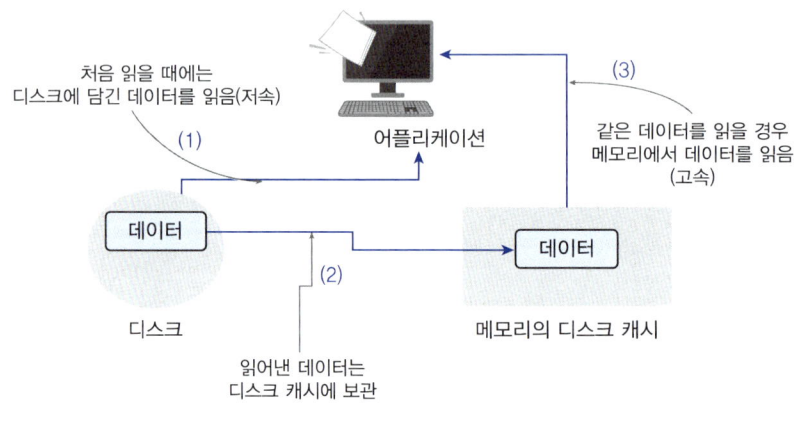

[그림 9-18]

데이터는 보조기억장치에 저장되어 있으며, 처음 데이터를 읽어올 때는 디스크에서 주기억장치로 적재되기 때문에 각각의 디스크의 특성이 전송시간에 따라 달라지며, 메모리에 디스크 캐시된 데이터보다 저속으로 전달되게 된다.

캐시는 디스크보다 속도가 빠른 메모리에 캐싱하여 전체적인 속도를 올리는 기술로 일반적으로 최근에 자주 접근했던 데이터 블록 또는 최근에 계산했던 결과값을 저장해 둔다. 캐시는 데이터의 지역성이라는 특성을 이용해서 성능개선을 달성하며, 지역성에는 공간지역성과 시간지역성이 존재한다.

공간지역성은 한 번 접근한 데이터의 인근에 저장되어 있어 데이터가 다시 접근될 가능성이 높다는 특성이며, 시간지역성은 한 번 접근된 데이터가 가까운 시간 내에 다시 접근될 가능성이 높다는 특성이다. 데이터 접근의 지역성이라는 특성을 이용해서 접근될 데이터를 더 빠른 속도의 메모리상에 가지고 와서 연산을 수행하여 성능을 높이는 것이 캐싱의 목표이다.

(1) 디스크 쓰기 캐싱을 수동으로 설정하거나 해제하는 방법

디스크 쓰기 캐싱을 설정하거나 해제해야 한다. 또한, 디스크 쓰기 캐싱을 켜면 운영 체제 성능이 향상될 수 있다. 그러나 정전, 장비 오류 또는 소프트웨어 오류가 발생할 경우 정보가 손실될 수도 있다.

① 내 컴퓨터를 마우스 오른쪽 단추로 클릭한 다음 속성을 클릭한다.
② 하드웨어 탭을 클릭한 다음 장치 관리자를 클릭한다.
③ 디스크 드라이브를 확장한다.
④ 디스크 쓰기 캐싱을 설정하거나 해제할 드라이브를 마우스 오른쪽 단추로 클릭한 다음 속성을 클릭한다.
⑤ 정책 탭을 클릭한다.
⑥ 디스크에서 쓰기 캐싱 사용 확인란을 선택하거나 선택을 취소한다.
⑦ 확인을 클릭한다.

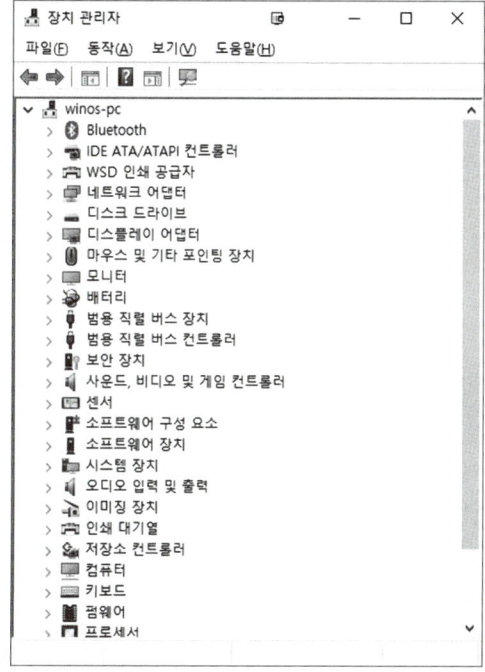

[그림 9-19]

[그림 9-20]

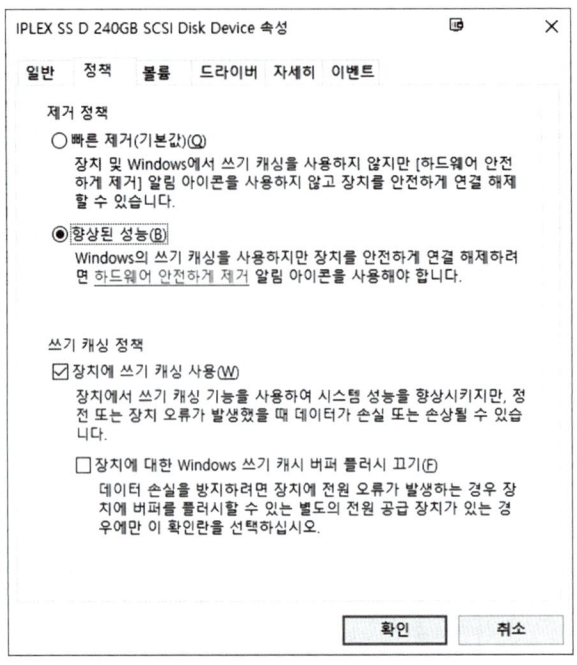

[그림 9-21] 디스크 쓰기 캐싱 설정 방법

(2) 쓰기 캐싱 설정에 대한 자세한 정보
① 빠른 제거

일반적으로 USB 플래시 드라이브, SD, MMC, 컴팩트 플래시 또는 이와 비슷한 메모리 카드 등 시스템에서 자주 제거하는 장치와 그 밖의 외부 연결 저장소의 경우 이 옵션을 선택하는 것이 좋다. 빠른 제거 옵션을 선택하면 Windows에서는 동시 쓰기 캐싱이라는 방법을 사용하여 장치로 전송되는 명령을 관리한다. 동시 쓰기 캐싱에서 장치는 쓰기 명령에 대해 캐시가 없을 때처럼 작동한다. 캐시는 성능도 약간 향상시켜 주지만 그보다는 명령을 주 저장소로 가져옴으로써 데이터를 가능한 한 안전하게 처리할 수 있다는 데 큰 장점이 있다. 또 하나의 주된 장점은 데이터 손실 위험 없이 시스템에서 저장 장치를 빠르게 제거할 수 있다는 것이다. 예를 들어 플래시 드라이브가 실수로 포트에서 빠지더라도 해당 드라이브에 쓰고 있던 데이터가 손실될 가능성이 크게 줄어든다.

② 향상된 성능

일반적으로 가능한 한 높은 성능을 제공해야 하고 시스템에서 자주 제거하지 않는 장치의 경우 이 옵션을 선택하는 것이 좋다. 이 옵션을 선택한 경우 데이터를 모두 쓰기 전에 USB 플래시 드라이브를 제거하는 등 장치와 시스템의 연결이 끊어지면 데이터가 손실될 수 있다.

향상된 성능 옵션을 선택하면 Windows에서는 나중 쓰기 캐싱이라는 방법을 사용한다. 이 방법을 사용하면 고속 캐시를 사용할 경우 쓰기 명령을 완료하는 데 걸리는 시간이 절약되는지를 저장 장치에서 직접 확인할 수 있다. 시간이 절약될 것으로 확인되는 경우, 장치에서는 데이터가 실제로 디스크나 플래시 메모리 등의 주 저장소에 없더라도 데이터가 성공적으로 저장되었다는 신호를 컴퓨터에 보낼 수 있다. 이 방법을 사용하면 저장소 작업의 처리량이 현저하게 늘어나므로 전반적인 시스템 성능에 병목 현상이 발생하는 경우가 많다. 하지만 어떤 이유로든 장치의 전원 공급이 끊기는 경우에는 컴퓨터 시스템에서 안전하게 저장된 것으로 생각하는 캐시의 데이터도 손실될 수 있다.

③ **캐시 플러시**

기본적으로 Windows에서는 캐시 플러시를 사용한다. 즉, 시스템에서 정기적으로 캐시에서 대기하고 있는 모든 데이터를 주 저장 미디어로 전송할 것을 저장 장치에 요청한다. 장치에 쓰기 캐싱 사용을 선택하면 데이터를 전송하라는 이 정기적 명령이 해제되는데, 모든 장치가 이러한 기능을 지원하는 것은 아니다. 데이터 전송 성능이 매우 중요한 경우에는 두 설정을 모두 사용해야 하므로 제거 정책 섹션에서 향상된 성능 옵션을 선택하고, 쓰기 캐싱 정책 섹션에서 장치에 쓰기 캐싱 사용을 선택한다 (시스템 하드웨어 및 저장 장치가 이러한 기능을 지원하는 경우).

④ **장치의 쓰기 캐싱 설정 변경 방법**

USB 플래시 드라이브, SD 또는 MMC 메모리 카드 같은 소비자 중심 저장 장치나 외부 디스크 드라이브의 경우 사용자가 장치의 캐싱 설정을 변경할 수 없다. Windows와 함께 제공되는 Serial Attached SCSI나 내부 SATA의 경우에는 일반적으로 사용자가 설정을 변경할 수 있지만, 장치 제조업체에서 허용하는 경우에 한한다. 특정 장치에서 제공하는 캐싱 기능을 이해하고 사용자의 요구 사항에 가장 적합한 설정을 확인하려면 제조업체에서 제공하는 설명서를 참조해야 한다.

⑤ **데이터 손실 방지에 대한 자세한 정보**

응용 프로그램과 저장 장치 간의 경로 중 어느 위치에서든 쓰기 캐싱을 사용하는 시스템은 안정적이어야 하며 정전 가능성이 없어야 한다. 시스템에 연결된 장치에서 쓰기 캐싱을 사용하는 경우 장치의 캐싱 알고리즘은 캐싱이 작동하고, 캐시 내·외부로 데이터가 이동할 수 있도록 전원이 계속 공급된다는 가정하에 설계된다. 따라서 시스템이나 전원 장치에 전원 유지와 관련하여 알려진 문제가 있으면 이러한 기능을 사용하지 않는 것을 권장한다.

USB 플래시 드라이브, SD, MMC 또는 컴팩트 플래시 메모리 카드 같은 저장 장치와 외부 저장 장치를 제거할 때에도 역시 주의해야 한다. 하드웨어 안전하게 제거 옵션을 사용하면 대부분의 경우 Windows에서 데이터가 보호되지만, 일부 드라이버나 응용 프로그램은 Windows 모델에 맞지 않을 수 있으며, 이 경우 해당 장치를 제거할 때 데이터가 손실될 수 있다. 가능하다면 외부 저장 장치를 시스템에서 제거하기 전에 하드웨어 안전하게 제거 애플릿을 사용하는 것이 가장 좋다.

2 RAID(Redundant Array of Independent Disks 또는 Redundant Array of Inexpensive Disks)

(1) RAID의 정의와 개념

컴퓨터 시스템의 저장 공간이 부족하다면 하드디스크를 추가로 증설하면 된다. 예를 들어 4TB의 용량이 필요한데 1TB 3개와 2TB를 가지고 있다. 각각의 하드디스크를 사용한다면 불편한 점이 많이 발생할 것이다. 예컨대 총용량이 4TB이지만 각 하드디스크의 용량을 넘지 않도록 파일을 잘 분배해야 하는 여러 가지 문제가 발생하게 될 것이다.

서버 컴퓨터의 저장 장치 대부분은 하드웨어 RAID 또는 소프트웨어 RAID 방식을 사용한다. RAID는 여러 개의 하드디스크를 하나의 하드디스크처럼 사용하는 방식이다. 비용을 절감하면서도 신뢰성을 더욱 높이며, 성능까지 향상시킬 수 있다.

① **하드웨어 RAID**

하드웨어 RAID는 하드웨어 제조업체에서 여러 개의 하드디스크를 연결한 장비를 만들어서 그 자체를 공급하는 것이다. 이 방법은 안정적이고 각 제조업체에서 기술 지원을 받을 수 있다는 점에서 많이 선호되는 방법이다. 최근에는 저렴한 가격의 제품도 출시되고 있지만, 안정적이고 성능이 좋은 제품은 상당히 고가인 경우가 많다. 일반적으로 하드웨어 RAID는 고가의 경우 SA-SCSI 하드디스크를 사용하고, 중저가는 SATA 하드디스크를 사용해 만든다.

[그림 9-22] 하드웨어 RAID 예

② **소프트웨어 RAID**

고가의 하드웨어 RAID의 대안으로, 하드디스크만 여러 개 있으면 운영체제에서 지원하는 방식이며 RAID를 구성하는 방법을 의미한다. 하드웨어 RAID보다 신뢰성이나 속도 면에서 떨어지지만, 아주 저렴하게 사용할 수 있으며 좀 더 안전하게 데이터를 저장할 수 있다.

(2) RAID 레벨

RAID는 기본적으로 구성하는 방식에 따라 Linear RAID, RAID 0, RAID 1, RAID 2, RAID 3, RAID 4, RAID 5 일곱 가지로 분류할 수 있다. 일반적으로 실무에서 사용하는 방식은 Linear RAID, RAID 0, RAID 1, RAID 2, RAID 5, RAID 5의 변형인 RAID 6, RAID 1과 RAID 0의 혼합인 RAID 1 + 0 등이다. [그림 9-23]은 각 RAID 방식을 비교하였다.

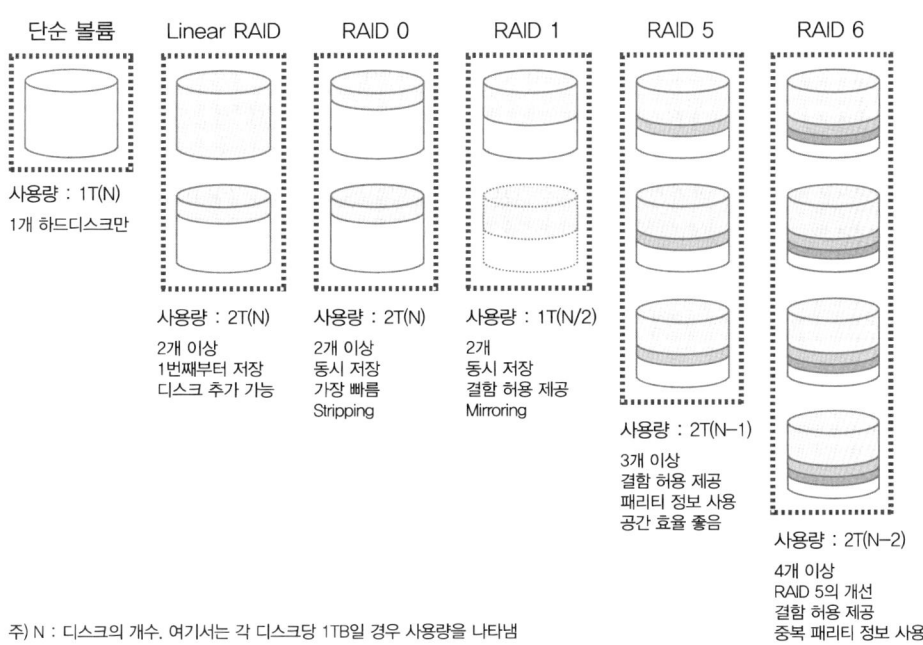

주) N : 디스크의 개수. 여기서는 각 디스크당 1TB일 경우 사용량을 나타냄

[그림 9-23] 각 RAID 방식 비교

① 단순 볼륨

하드디스크 하나를 볼륨 하나로 사용하는 방식으로 RAID 방식에는 포함되지 않는다.

② Linear RAID

최소 2개의 하드디스크가 필요하며, 2개 이상의 하드디스크를 1개의 볼륨으로 사용한다. [그림 9-24]와 같이 2개 이상의 하드디스크를 1개의 볼륨으로 사용하고, 파일이 저장되는 방식은 첫 번째 하드디스크에 데이터가 모두 저장되고, 저장 용량이 모두 채워지면 다음 하드디스크에 데이터를 저장하는 방식이다. 그러므로 첫 번째 하드디스크가 완전히 채워지지 않는다면 다음 하드디스크는 전혀 사용되지 않는다.

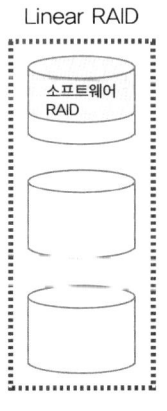

[그림 9-24] Linear RAID 예

③ RAID 0

최소 2개의 하드디스크가 필요하며, 2개 이상의 하드디스크를 1개의 볼륨으로 사용하는 것은 Linear RAID와 동일하지만, RAID 0은 모든 하드디스크에 동시에 저장된다. 만약 3개의 하드디스크를 사용한다면 [그림 9-25]처럼 파일이 저장된다. RAID 0은 1번째, 2번째, 3번째 하드디스크에 동시에 저장되며, 여기서 '동시'라는 말은 중요한 의미를 갖는다. [그림 9-24], [그림 9-25]와 같이 하드디스크에 한 글자당 1초가 걸린다고 가정하면 Linear RAID는 9초가 소요되지만, RAID 0은 동시에 하드디스크 3개를 사용하여 각 디스크당 3글자씩 저장되므로 3초면 저장이 완료된다. 이렇게 여러 개의 하드디스크에 동시에 저장되는 방식을 '스트라이핑(Striping) 방식'이라고 한다.

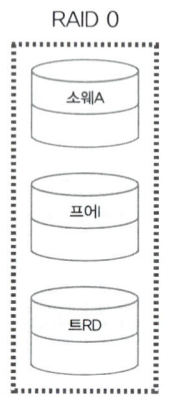

[그림 9-25] RAID 0 예

하드디스크에 데이터가 저장되는 시간은 하드디스크 외에 컴퓨터 시스템의 다른 여러 부분의 성능과도 관련이 있지만, Linear RAID와 비교했을 때 RAID 0의 저장 성능이 향상된다.

㉠ 장점

RAID 0 방식은 RAID 방식 중 저장되는 시간 또는 속도 면에서 성능이 뛰어나고, 하드디스크 개수가 가진 총용량을 모두 사용하므로 저장 효율이 좋다. 예를 들면, 1TB 3개를 사용하면 총 3TB의 용량을 사용할 수 있으므로 공간 효율성이 100%가 된다.

㉡ 단점

만약 [그림 9-25]의 경우 3개의 하드디스크 중 하나가 고장이 났을 경우 모든 데이터를 잃어버린다. 3번째 디스크가 고장 났다면 "소프X웨어XAIX"가 되므로 원래의 데이터가 무엇인지 예측할 수 없다. 그러므로 RAID 0 방식은 데이터 저장에 빠른 성능을 요구하되, 혹시 전부 잃어버려도 큰 문제가 되지 않는 자료를 저장하는 데 적절한 방식이라고 할 수 있다.

④ RAID 1

RAID 1은 미러링(Mirroring) 방식이라고 할 수 있으며, 똑같은 데이터의 복사본을 만드는 것과 같다. 예를 들면 [그림 9-26]과 같이 저장되고, 하드디스크의 전체 용량 면에서는 2배의 용량이 소요되며, 결국 하드디스크 총 용량의 절반밖에 사용하지 못한다.

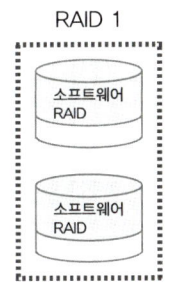

[그림 9-26] RAID 1 예

㉠ 장점

2개의 하드디스크 중 하나가 고장이 나도 데이터는 손상되지 않으며, "결함 허용"을 제공한다. 똑같은 데이터를 2번 저장하므로 2배의 저장시간이 걸린다고 생각할 수 있지만 똑같은 데이터가 다른 하드디스크에 동시에 저장되는 것이므로 저장 속도는 빠르지도 느리지도 않다.

㉡ 단점

비용이 2배가 되며, 계획된 용량보다 2배 큰 저장 공간이 필요하다. RAID 1은 총 2TB 중에서 저장 가능한 용량으로 1TB밖에 사용하지 않기 때문에 저장 효율은 50%밖에 되지 않아 공간 저장 효율이 떨어진다.

[표 9-1] RAID 0와 RAID 1 비교

구분	RAID 0	RAID 1
성능(속도)	뛰어남	변화 없음
데이터 안전성(결함 허용)	보장 못함(결함 허용 X)	보장함(결함 허용 O)
공간 효율성	좋음	나쁨

⑤ RAID 5

RAID 0의 저장 공간 효율과 RAID 1의 데이터 안정성을 모두 적용한 방식이다. RAID 5는 최소한 3개 이상의 하드디스크가 있어야만 구성이 가능하며, 일반적으로는 5개 이상의 하드디스크로 구성한다. 하드디스크에 오류가 발생하면 패리티를 이용하여 데이터를 복구할 수 있다. [그림 9-27]과 같이 '000 111 010 011'이라는 12비트 데이터를 4개의 하드디스크로 구성한다.

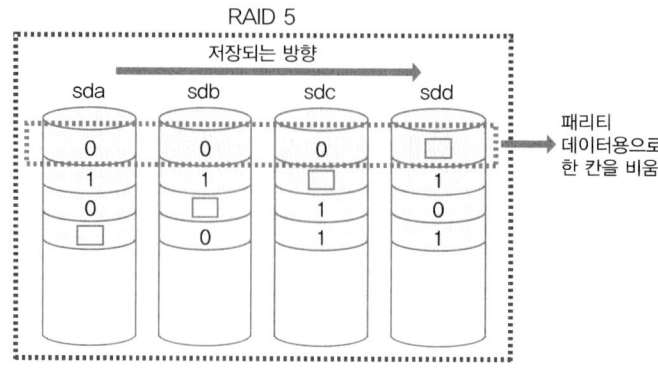

[그림 9-27] RAID 5의 저장하는 방식

[그림 9-27]에서 빈칸으로 표시된 데이터는 패리티 비트로 각 행에 하나씩 패리티 데이터를 사용한다. 첫 번째 행은 sdd, 두 번째 행은 sdc, 세 번째 행은 sdb와 같은 순서로 패리티를 사용할 공간을 비워 놓는다. 처음 3비트인 000을 저장할 때 그림에서의 화살표 방향으로 저장하고 sdd에 짝수 패리티 비트의 결과를 저장한다. 두 번째 3비트인 111의 경우 sdc는 패리티 비트를 비워두고 저장하고, 빈 공간에는 1을 저장한다. 순서대로 sdb의 빈칸에는 1, sda의 빈칸에는 0을 저장한다. 이렇게 저장이 완료된 RAID 5는 어느 정도의 결함을 허용한다.

ⓒ RAID 5 복구방식

두 번째 하드디스크인 sdb가 [그림 9-28]과 같이 고장 난 경우, 첫 행에서 sdb는 알 수 없다. sdd에 생성된 패리티 비트는 짝수 패리티 비트로 생성되었으므로, sdb의 값은 0이 된다는 것을 예측할 수 있다. 나머지도 이와 같은 방법으로 유추하여 [그림 9-28]과 같이 원래의 데이터를 손실 없이 복구하여 사용할 수 있다.

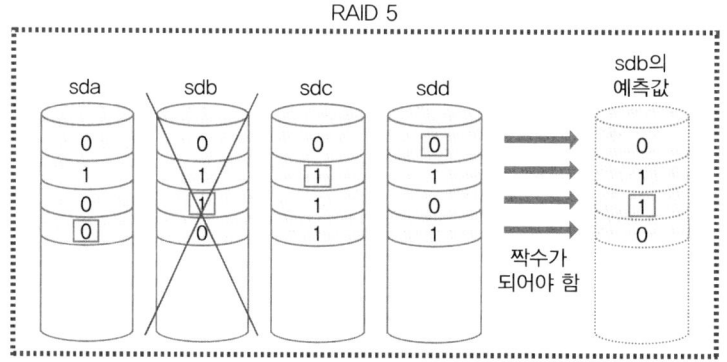

[그림 9-28] sdb 하드디스크가 고장 났을 때 RAID 5 복구방식 예

ⓒ 장점

어느 정도의 결함을 허용하며 저장 공간의 효율도 좋다. 각 하드디스크의 용량이 1TB라고 가정하면 총 사용할 수 있는 공간은 3TB로 전체 용량의 75%가 된다. 만약 RAID 5 방식으로 1TB 하드디스크 10개를 구성하면 전체 용량의 90%를 사용할 수 있으므로, 여러 개의 하드디스크로 RAID 5를 구성할수록 저장 공간의 효율을 높일 수 있다.

⑥ RAID 6

10개의 하드디스크로 RAID 5를 구성할 때 2개의 하드디스크가 동시에 고장 나면 모든 데이터를 복구할 수 없게 된다. 여러 개의 하드디스크를 RAID 5로 구성할 때 신뢰성을 높이려면 RAID 6 방식을 사용하여 개선해 볼 수 있다.

RAID 5는 1개의 패리티를 사용하지만, RAID 6은 2개의 패리티를 사용한다. 공간 효율은 RAID 5보다 약간 낮지만, 2개의 하드디스크가 동시에 고장 나도 데이터에는 이상이 없다. 10개의 하드디스크로 RAID 6을 구성할 때 1개당 1TB라고 가정하면 8TB의 용량을 사용할 수 있으며, 최소 4개의 하드디스크로 구성해야 한다. RAID 5는 최소 3개의 하드디스크가 필요하다. RAID 6은 공간 효율은 RAID 5보다 약간 낮은 반면에, 데이터의 신뢰도는 더욱 높아지는 효과가 있다. 하지만 RAID 5는 패리티를 1개만 생성하면 되지만, RAID 6은 패리티를 2개 생성해야 하므로 내부적인 쓰기 알고리즘이 복잡해져서 성능(속도) 면에서 RAID 5보다 약간 떨어진다.

⑦ RAID 1 + 0 기출

RAID 1 과 RAID 0 방식을 조합해서 구성한 방식으로, RAID 1로 구성한 데이터를 RAID 0으로 구성하는 방법이다. 신뢰성(안전성)과 성능(속도)을 동시에 만족시킬 수 있는 방법이다. [그림 9-29]는 RAID 1 + 0 방식의 예이다.

RAID 1 + 0 방식은 전체 글자 9글자를 저장하는데, 각 하드디스크 5글자/4글자를 저장하면 되므로 5초 이내에 저장이 끝난다. 또 왼쪽 RAID 1과 오른쪽 RAID 1에서 각각 하드디스크가 1개씩 고장 나도 데이터는 안전하므로 신뢰성(안전성)까지 얻을 수 있다.

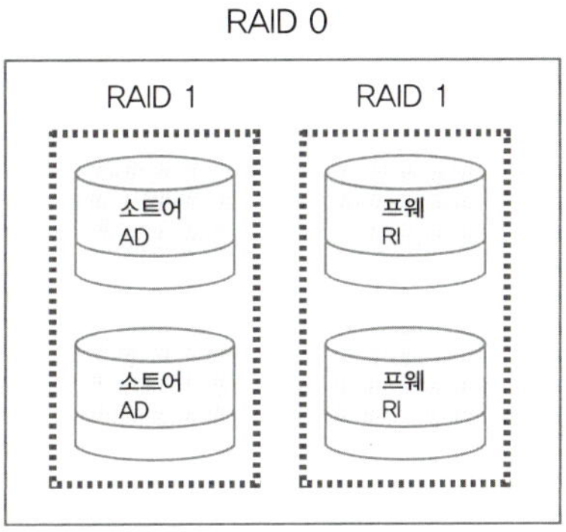

[그림 9-29] RAID 1 + 0 방식 예

○✗로 점검하자 | 제9장

※ 다음 지문의 내용이 맞으면 ○, 틀리면 ✗를 체크하시오. [1~13]

01 입·출력 시스템에서 고속 주변장치는 메모리와 주변장치 사이에 대용량의 데이터가 오고 가므로 데이터 전송률이 높은 장치를 말한다. (   )

> 고속 주변장치는 대용량의 데이터를 메모리에 올리거나 메모리에서 하드디스크로 옮겨야 하기 때문에 하드디스크도 고속 주변장치에 해당된다.

02 여러 개의 버스를 묶어서 사용할 때, 데이터가 지나다니는 하나의 통로를 채널이라 하고, 채널을 분리해서 장치들을 연결한다. (   )

> 채널 공유는 저마다 데이터 전송 속도를 가진 주변장치들을 여러 개의 버스로 묶어서 사용하는 것을 말한다. 채널 분리는 채널 공유로 발생할 수 있는 병목현상을 제거하기 위해 속도가 비슷한 장치끼리 묶는 채널을 분리하여 사용하여 데이터 전송률을 높이는 것을 말한다.

03 입·출력 제어기는 다양한 주변장치의 입·출력을 대행하고 여러 채널에서 온 데이터를 메모리로 옮기는 역할을 한다. (   )

> 직접 메모리 접근은 CPU의 도움 없이도 메모리에 접근할 수 있도록 입·출력 제어기에 부여된 권한으로, 입·출력 제어기에는 직접 메모리에 접근하기 위한 DMA 제어기가 마련되어 있다.

04 디스크 장치의 탐색 시간은 원하는 섹터를 만날 때까지 회전하는 데 걸리는 시간을 말한다. (   )

> 하드디스크의 특정 섹터에 저장된 데이터를 읽거나 쓰려면 그 섹터가 있는 트랙까지 헤드가 이동해야 한다. 탐색 시간은 이처럼 헤드가 현재 위치에서 그 트랙까지 이동하는 데 걸리는 시간을 말한다.

05 디스크 장치의 전송 시간은 헤드가 원하는 섹터에 있는 데이터를 읽어 전송하는 데 걸리는 시간을 말한다. (   )

> 하드디스크의 특정 섹터에 저장된 데이터를 읽거나 쓰려면 그 섹터가 있는 트랙까지 헤드가 이동하고, 트랙까지 이동한 헤드가 섹터를 찾아 회전한다. 즉, 헤드가 찾은 데이터를 읽어 전송을 하게 된다. 이때 데이터를 읽어 전송하는 데 걸리는 시간이 디스크 장치의 전송 시간이다.

정답 **1** ○ **2** ○ **3** ○ **4** ✗ **5** ○

06 디스크 스케줄링의 평가 기준에서 평균 반응 시간은 디스크 헤드(암)의 이동시간을 말한다.
( )

>>>🔍 평균 반응 시간은 큐를 요청 후 서비스할 때까지의 대기 시간을 말한다.

07 디스크 스케줄링에서 회전 지연 시간 최적화를 위한 스케줄링 방법에는 최소 지연 시간 우선 스케줄링과 최소 위치 결정 시간 우선 스케줄링이 있다. ( )

>>>🔍 디스크 스케줄링에는 탐색 시간 최적화와 회전 지연 시간 최적화를 위한 방법으로 구분할 수 있는데, 탐색 시간 최적화 방법에는 FCFS, SSTF, SCAN, C-SCAN, LOOK 스케줄링이 있고, 회전 지연 시간 최적화 방법에는 SLTF, SPTF 스케줄링이 있다.

08 디스크 스케줄링의 목적은 처리량을 최소화하고, 탐색 시간과 총 처리 시간을 줄이려고 디스크 헤드 이동을 최소화하는 것이다. ( )

>>>🔍 디스크 스케줄링은 디스크 대기 큐에서 어떤 프로세스를 선택하여 실행할 것인지 결정하는 알고리즘에서 시간당 처리한 서비스의 요청 수를 최대화하는 데 목적을 두고 있다.

09 FCFS 스케줄링은 가장 단순한 디스크 스케줄링 방식으로, 트랙 요청이 들어온 순서대로 서비스한다. ( )

>>>🔍 선입선처리 스케줄링은 프로그래밍하기 쉽고, 어떤 요청도 무기한 연기하지 않으며, 본질적으로 공평성(공정성)을 유지한다.

10 SSTF 스케줄링에서는 현재 헤드가 있는 위치에서 더 이상 서비스할 트랙이 없으면 헤드가 중간에서 방향을 바꾼다. ( )

>>>🔍 SSTF 스케줄링은 현재 헤드가 있는 위치에서 가장 가까운 트랙부터 서비스한다. 만약 다음에 서비스할 두 트랙의 거리가 같다면 먼저 요청받은 트랙을 서비스한다. 공평성 위배 문제가 발생한다.

11 SCAN 스케줄링은 SSTF 스케줄링의 문제를 보완하기 위한 기법으로, 헤드가 움직이기 시작하면 맨 마지막 트랙에 도착할 때까지 뒤돌아가지 않고 계속 앞으로만 전진하면서 요청받은 트랙을 서비스한다. ( )

>>>🔍 SCAN 스케줄링은 입·출력 헤드가 디스크의 한쪽 끝에서 다른 끝으로 이동하며, 한쪽 끝에 도달했을 때는 역방향으로 이동하면서 요청한 트랙을 처리한다.

정답 6 × 7 ○ 8 × 9 ○ 10 × 11 ○

12 C-SCAN 스케줄링은 헤드가 한쪽 방향으로 움직일 때는 요청받은 트랙을 서비스하고, 반대 방향으로 돌아올 때도 서비스한다. (   )

> C-SCAN 스케줄링은 헤드가 한쪽 방향으로 움직일 때는 요청받은 트랙을 서비스하지만 반대 방향으로 돌아올 때는 서비스하지 않고 헤드만 이동한다.

13 LOOK 스케줄링은 C-SCAN 스케줄링의 변형으로, 더 이상 서비스할 트랙이 없으면 헤드가 중간에서 방향을 바꾼다. (   )

> LOOK 스케줄링은 SCAN 스케줄링의 변형으로, 디스크 헤드가 요청된 트랙을 처리할 때 현재 방향으로만 이동하며, 요청이 있는 트랙이 없을 때 현재 위치에서 방향을 바꿔 불필요한 이동을 줄이고 응답 시간을 개선한다.

정답 12 X 13 X

제 9 장 실전예상문제

01 다음 중 디스크 스케줄링의 평가기준과 거리가 먼 것은?

① 처리율 극대화
② 평균 반응 시간의 단축
③ 디스크 공간 확보
④ 응답 시간 편차의 최소화

> 01 디스크 스케줄링의 평가기준은 처리량, 탐색 시간, 평균 반응 시간, 반응(응답) 시간 변화이다.

02 다음 중 디스크를 스케줄링할 때 발생하는 병목현상을 제거하는 방법으로 옳지 않은 것은?

① 입·출력 채널이 복잡하면 그 채널에 부착된 제어장치를 통합한다.
② 제어장치가 포화 상태가 되면 해당 제어장치에 부착된 디스크 수를 감소시킨다.
③ 입·출력 채널이 복잡하면 그 채널에 부착된 제어장치 중 몇 개를 다른 채널로 옮긴다.
④ 입·출력 채널이 복잡하면 채널을 추가한다.

> 02 컴퓨터의 효율성을 높이는 방법으로 커널이 제공하는 입·출력 채널을 분리, 추가, 이동시키거나 제어장치에 부착된 디스크 수를 감소시켜 디스크에서 발생할 수 있는 병목현상을 제거할 수 있다.

정답 01 ③ 02 ①

03 회전 지연 시간을 최적화하는 스케줄링 방법은 탐색 시간이 필요하지 않은 고정 헤드 디스크 시스템이나 각 트랙마다 헤드가 있는 드럼 등 보조기억장치에서 사용한다. 디스크 스케줄링의 종류는 다음과 같이 구분한다.
[문제 하단 그림 참조]

04 SSTF는 처리량이 주안점인 일괄 처리 시스템에는 유효하나, 응답 시간의 편차가 크기 때문에 대화형 시스템에서는 적당하지 않다.

05 SSTF는 현재 헤드가 있는 위치에서 가장 가까운 트랙부터 서비스한다. 만약 다음에 서비스할 두 트랙의 거리가 같다면 먼저 요청받은 트랙을 서비스한다.

정답 03 ② 04 ① 05 ④

03 다음 중 회전 지연 시간을 최적화하려고 구현된 디스크 스케줄링 방법으로 옳은 것은?

① C-SCAN
② SLTF
③ SSTF
④ FCFS

04 다음 중 탐색 거리가 가장 짧은 요청이 먼저 서비스를 받는 디스크 스케줄링 방법으로 옳은 것은?

① SSTF
② C-SCAN
③ SLTF
④ FCFS

05 디스크의 요청을 처리하려고 헤드가 먼 곳까지 이동하기 전에, 현재 헤드 위치에서 가까운 모든 요구를 먼저 처리하여 전반적인 탐색시간을 줄이는 알고리즘을 사용한 스케줄링으로 옳은 것은?

① SCAN
② C-SCAN
③ FCFS
④ SSTF

※ 다음은 큐와 헤드의 시작위치를 나타낸 것이다. 참고하여 물음에 답하시오. [6 ~ 11]

큐: 15, 8, 17, 11, 3, 23, 19, 14, 20

헤드 시작 위치: 15

06 FCFS 스케줄링을 사용할 때, 헤드의 총 이동거리는?

① 65
② 70
③ 75
④ 80

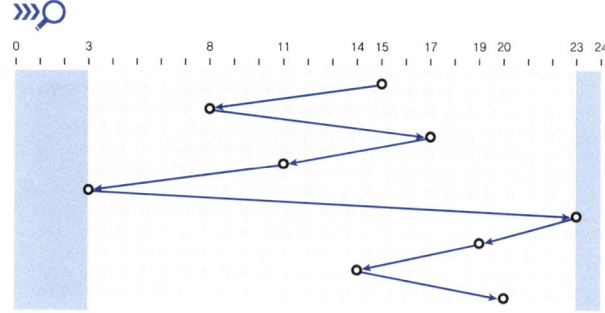

06 헤드가 이동한 총거리는 7 + 9 + 6 + 8 + 20 + 4 + 5 + 6 = 65이다.
[문제 하단 그림 참조]

07 SSTF 스케줄링을 사용할 때, 헤드의 총 이동거리는?

① 65
② 75
③ 35
④ 30

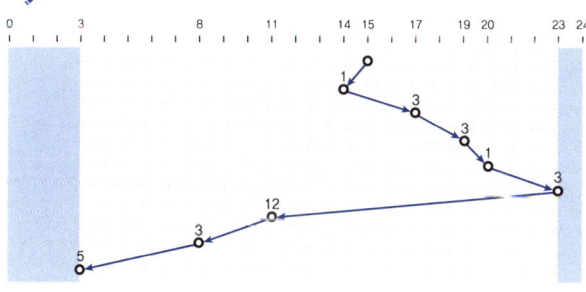

1 + 3 + 2 + 1 + 3 + 12 + 3 + 5 = 30

07 [문제 하단 그림 참조]

정답 06 ① 07 ④

08 [문제 하단 그림 참조]

08 SCAN 스케줄링을 사용할 때, 헤드의 총 이동거리는? (단, 헤드는 0번 트랙으로 이동 중이며, 트랙 번호는 0~24임)

① 31   ② 35
③ 38   ④ 40

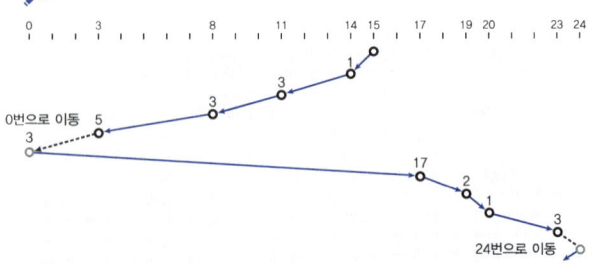

$1+3+3+5+3+17+2+1+3 = 38$

09 [문제 하단 그림 참조]

09 C-SCAN 스케줄링을 사용할 때, 헤드의 총 이동거리는? (단, 헤드는 0번 트랙으로 이동 중이며, 트랙 번호는 0~24임)

① 31   ② 46
③ 50   ④ 70

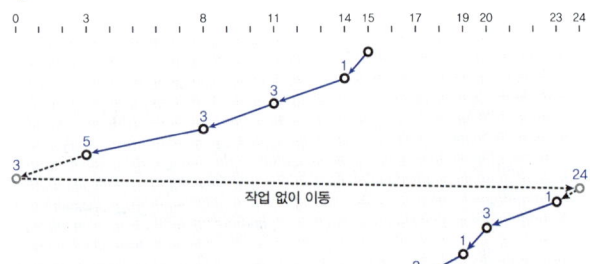

$1+3+3+5+3+24+1+3+1+2 = 46$

정답 08 ③ 09 ②

10 LOOK 스케줄링을 사용할 때, 헤드의 총 이동거리는? (단, 헤드는 0번 트랙으로 이동 중이며, 트랙 번호는 0~24임)

① 31
② 32
③ 46
④ 50

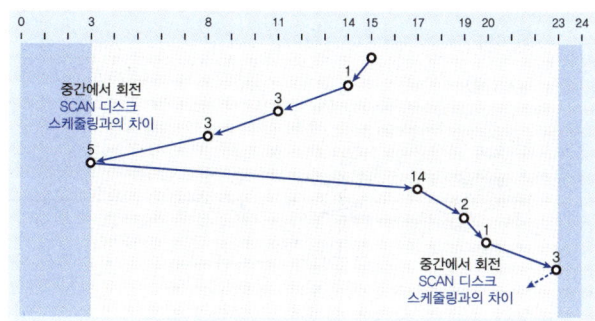

1 + 3 + 3 + 5 + 14 + 2 + 1 + 3 = 32

11 C-LOOK 스케줄링을 사용할 때, 헤드의 총 이동거리는? (단, 헤드는 0번 트랙으로 이동 중이며, 트랙 번호는 0~24임)

① 31
② 35
③ 38
④ 40

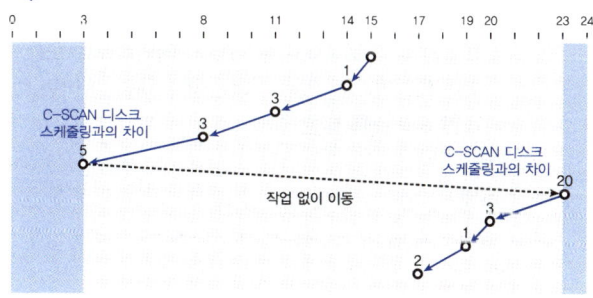

1 + 3 + 3 + 5 + 20 + 3 + 1 + 2 = 38

10 [문제 하단 그림 참조]

11 [문제 하단 그림 참조]

정답 10 ② 11 ③

12 [문제 하단 그림 참조]

13 최소 위치 결정 시간 우선(SPTF: Shortest Positioning Time First) 스케줄링은 에센바흐 방법(Eschenbach Scheme) 알고리즘으로 스케줄링하여 가장 짧은 위치 결정 시간, 즉 탐색 시간과 회전 지연 시간의 합이 가장 짧은 요청을 다음 서비스 대상으로 선택한다.

12 SSTF 디스크 스케줄링 방법을 사용할 때, 헤드의 현재 위치가 트랙 53(그 전의 위치는 트랙 59)이고, 요구 큐에는 트랙번호 〈98, 180, 37, 64, 10, 28〉이 저장되어 있다. 헤드는 몇 번 트랙으로 이동하는가?

① 37
② 28
③ 64
④ 180

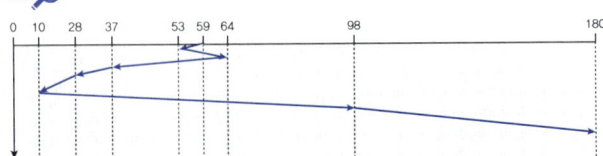

13 다음 내용에 해당하는 디스크 스케줄링 방법으로 옳은 것은?

- 부하가 매우 큰 항공예약시스템에서 사용하려고 개발했으며, 탐색 시간뿐만 아니라 회전 지연 시간을 최적화하려고 개발한 방법이다.
- 헤드는 C-SCAN처럼 움직이며, 예외적으로 모든 실린더는 요청이 있든 없든 간에 전체 트랙이 한 바퀴 회전할 동안 서비스를 받는다.

① SSTF
② FCFS
③ SCAN
④ 에센바흐 방법

정답 12 ③ 13 ④

14 디스크 스케줄링 방법 중 헤드가 바깥쪽에서 안쪽으로 움직이면서 가장 짧은 탐색 거리를 갖는 요청을 서비스하는 것은?

① FCFS
② C-SCAN
③ SCAN
④ SSTF

14 SCAN 알고리즘은 헤드가 바깥쪽에서 안쪽으로 이동하면서 요청을 처리하고, 그 후 반대 방향으로 돌아가며 요청을 처리하므로, 가장 짧은 탐색 거리를 선택하면서 효율적으로 요청을 처리할 수 있다.
C-SCAN 알고리즘은 헤드가 바깥쪽에서 안쪽으로 이동하더라도, 끝에 도달한 후 시작점으로 돌아가서 같은 방향으로 계속 이동하는 방식이므로, 가장 짧은 탐색 거리를 보장하진 않는다.

15 다음 내용에 해당하는 디스크 스케줄링 방법으로 옳은 것은?

> 입·출력 헤드가 디스크의 양쪽 끝을 왕복하면서 동작한다. 움직이고 있는 방향으로 트랙 요청이 있는지 검사하여 그 방향으로 더는 트랙 요청 없으면, 끝까지 가지 않고 그 자리에서 방향을 바꿔 다른 한쪽으로 움직여 나가게 된다.

① LOOK
② C-LOOK
③ FCFS
④ SCAN

15 SSTF 스케줄링의 공평성 위배 문제를 완화하기 위해 만들어진 기법으로, 헤드가 움직이기 시작하면 맨 마지막 트랙에 도착할 때까지 뒤돌아가지 않고 계속 앞으로만 전진하면서 요청받은 트랙을 서비스한다.

16 다음 중에서 디스크 미러링 방식을 사용하는 RAID 1의 특징으로 옳지 <u>않은</u> 것은?

① 신뢰성이 높다.
② 쓰기 속도가 2배이다.
③ 병렬읽기가 가능하다.
④ 비용이 많이 든다.

16 똑같은 데이터를 2번 저장하므로 2배의 저장시간이 걸린다고 생각할 수 있지만, 똑같은 데이터가 다른 하드디스크에 동시에 저장되는 것이므로 저장 속도는 빠르지도 느리지도 않다.

정답 14 ③ 15 ① 16 ②

17 다음 중에서 오류 검출을 위해 패리티를 이용한 RAID 방식은?

① Linear RAID
② RAID 0
③ RAID 1
④ RAID 5

17 RAID 5는 최소한 3개 이상의 하드디스크가 있어야만 구성이 가능하며, 일반적으로는 5개 이상의 하드디스크로 구성한다. 하드디스크에 오류가 발생하면 패리티를 이용하여 데이터를 복구할 수 있다.

18 1TB 하드디스크 4개를 RAID 1 + 0 방식으로 결합할 때 사용되는 용량으로 옳은 것은?

① 1TB
② 2TB
③ 3TB
④ 4TB

18 RAID 1 + 0은 RAID 0(스트라이핑) 방식과 RAID 1(미러링) 방식이 결합된 형태이다. RAID 0은 사용되는 용량 전체가 다 보이지만, RAID 1은 적용되는 용량의 절반만 사용할 수 있다. 그러므로 전체 용량은 4TB이지만 RAID 1 + 0을 적용한 방식에서 사용되는 용량은 2TB가 된다.

19 RAID 6은 RAID 5의 어떤 문제점을 보완하기 위해 개발되었는가?

① 2개 이상의 하드디스크에 문제가 발생할 경우를 대비하기 위해서이다.
② 속도를 향상시키기 위해서이다.
③ 저장 효율을 높이기 위해서이다.
④ 외부로부터 인증을 하기 위해서이다.

19 RAID 5는 3개 이상의 하드디스크가 필요하며 1개의 하드디스크에 문제가 생겼을 경우 복구할 수 있지만, 2개의 하드디스크에 문제가 발생하면 복구할 수 없다.

정답 17 ④ 18 ② 19 ①

20 디스크 캐싱은 데이터 사용의 어떤 특성을 기반으로 적용되는 기술인가?

① 안전성
② 적재성
③ 지역성
④ 분배성

20 디스크 캐싱은 실제의 디스크가 아닌 디스크 캐시의 내용을 읽는 것이다. 캐시는 데이터의 지역성이라는 특성을 이용해서 성능개선을 달성하며, 지역성에는 공간지역성과 시간지역성이 있다.

21 디스크 캐시에 대한 설명으로 옳지 않은 것은?

① 처음 데이터를 읽어 들일 때 데이터가 있는 영역이다.
② 디스크로부터 읽은 데이터를 보관해두는 메모리 안의 영역이다.
③ 디스크 속도보다 메모리의 속도가 더 빠르기 때문에 디스크 캐시에 의해 속도를 향상시킬 수 있다.
④ 디스크 캐시는 메모리의 일부로 내부적으로 사용되는 것이기 때문에 사용자는 그 내용을 알 수가 없다.

21 저장된 데이터를 처음 읽어올 때의 데이터 저장위치는 보조기억장치이며, 이후 지역성 특성을 근거로 디스크 캐시에 저장한다.

22 일반적으로 데이터들이 하드디스크에 접근하는 시간을 개선하기 위해 RAM에 저장하는 기법으로 옳은 것은?

① 버퍼링
② 디스크 캐시
③ 스풀링
④ 가상 드라이브

22 디스크 캐시는 하드디스크에 접근하는 것보다 RAM에 접근하는 것이 더 빠르기 때문에 디스크로부터 읽은 데이터를 메모리 안에 보관해두는 기법이다.

정답 20 ③ 21 ① 22 ②

합격의 공식 시대에듀

나는 내가 더 노력할수록 운이 더 좋아진다는 걸 발견했다.

– 토마스 제퍼슨 –

제10장

파일 관리 시스템

제1절	파일과 파일 시스템
제2절	디렉터리의 구조
제3절	디스크 파일 할당
제4절	파일 보호
실전예상문제	

무언가를 시작하는 방법은 말하는 것을 멈추고 행동을 하는 것이다.

– 월트 디즈니 –

보다 깊이 있는 학습을 원하는 수험생들을 위한
시대에듀의 동영상 강의가 준비되어 있습니다.
www.sdedu.co.kr ➜ 회원가입(로그인) ➜ 강의 살펴보기

제10장 | 파일 관리 시스템

제1절 파일과 파일 시스템

1 파일 시스템의 개요

(1) 파일 시스템의 개념

컴퓨터 시스템에는 다양한 종류의 파일이 있으며 이러한 파일은 하드디스크나 CD 같은 제2저장장치에 보관된다. 보관 과정에서 사용자가 직접 개입하면 다른 사용자의 파일을 훼손하거나 저장장치 내부를 어지럽혀 문제를 일으킬 수 있다. 운영체제는 이를 막기 위해 사용자가 직접 파일을 보관하거나 접근하지 못하도록 한다.

① **파일 시스템과 파일 관리자**

파일을 보관하고 관리하는 파일 관리자를 두어 저장장치의 전체 관리를 맡기는데 이를 **파일 시스템**이라고 한다. 파일 시스템에서 **파일 관리자**는 사용자의 요청에 따라 파일을 정정하거나 파일의 내용을 읽어온다.

가상 메모리에서 메모리 관리자가 메모리 매핑 테이블을 사용하여 가상 주소를 물리 주소로 변환하는 것과 마찬가지로 저장장치에서는 파일 관리자가 파일 테이블을 사용하여 파일을 관리한다. 파일 관리자는 파일 테이블을 사용하여 파일의 생성, 수정, 삭제 등을 수행한다. 또한 사용자가 파일을 사용하고자 할 때 읽기, 쓰기, 실행과 같은 다양한 접근 방법을 제공한다.

② **파일 디스크립터**

사용자가 특정 파일에 접근하려면 파일 관리자로부터 파일에 접근할 수 있는 권한(키)을 획득해야하는데, 파일 접근 권한을 **파일 디스크립터**(file descriptor)라고 한다. 후반부에 다시 학습하기로 한다.

(2) 파일 시스템의 기능 중요

운영체제는 파일 테이블을 가지고 있다. 윈도우의 경우 FAT나 NTFS, 유닉스의 경우 i-node와 같은 파일 테이블을 유지한다. 파일 테이블의 구성은 운영체제마다 다르지만 공통적인 파일 시스템의 기능을 수행한다.

① **파일 구성**

사용자가 각 응용 업무에 적합하게 파일을 구성할 수 있게 한다. 즉, 사용자의 요구에 따라 파일과 디렉터리를 만든다.

② **파일 관리**
파일의 생성, 수정, 저장, 참조, 제거, 보호 기능을 제공하며, 파일을 공유하는 다양한 액세스 제어 방법을 제공한다. 또한 수시로 조각 모음을 하여 사용자가 파일에 빨리 접근할 수 있도록 한다.

③ **보조 메모리 관리**
다양한 형태의 저장장치에 입·출력을 지원하며, 2차 저장장치에 파일을 저장할 공간을 할당한다.

④ **파일 무결성 보장**
파일에 저장된 정보를 손상하지 않도록 보장한다.

⑤ **파일 액세스 방법 제공**
저장된 데이터(파일) 읽기, 쓰기, 실행 및 이들을 여러 형태로 조합한 다양한 액세스 제어 방법을 제공한다.

⑥ **장치 독립성 유지**
물리적 장치 이름을 사용하는 대신 기호화된 이름으로 자신의 파일을 참조하여 장치와 독립성을 유지한다. (예) myDirectory : myFile.txt)

⑦ **파일 백업과 복구**
사고로 정보를 손실하거나 고의로 손상하는 일을 방지하려고 데이터 사본(중복)을 생성하는 백업과 손상된 데이터를 복구할 수 있는 기능을 제공해야 한다.

⑧ **파일 보호**
정보를 암호화하고 해독할 수 있는 기능을 제공하여 정보의 안전과 비밀을 보장하고, 악의적인 접근으로부터 파일을 보호한다.

⑨ **정보 전송**
사용자가 파일 간에 정보 전송 명령을 내릴 수 있게 한다.

(3) 파일 시스템의 목적과 구조

① **파일 시스템의 목적**
파일 시스템의 기능과 더불어 파일 시스템은 사용자가 편리한 인터페이스를 제공해야 한다. 즉, 파일 시스템의 목적은 다양한 형태의 저장장치에 입·출력을 지원하는 것과 함께 데이터의 보호와 처리율을 향상시키려고 성능을 최적화하는 것이다. 이런 파일 관리 요소는 [그림 10-1]과 같다.

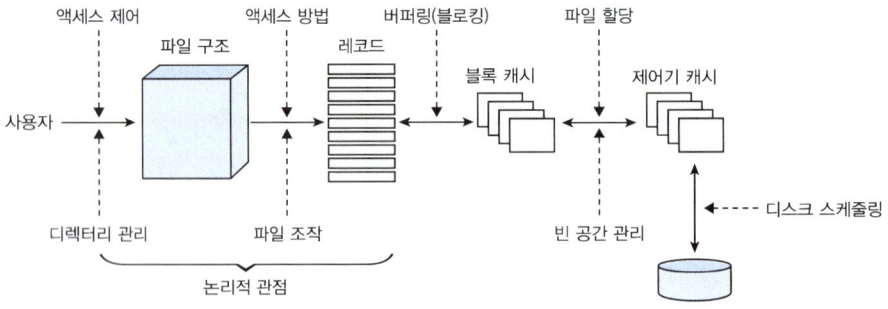

[그림 10-1] 파일 관리 요소

② **파일 시스템의 구조**
파일 시스템은 파일의 개념, 속성, 디렉터리 구조, 파일에 허용하는 연산 등을 정의하는 논리적 파일과 실제 디스크에 이런 논리 파일 시스템을 매핑(mapping)하는 것으로 구분할 수 있다. 파일 시스템은 [그림 10-2]와 같이 여러 계층(수준)으로 구성되어 있으며 각 계층은 낮은 계층의 서비스를 사용한다.

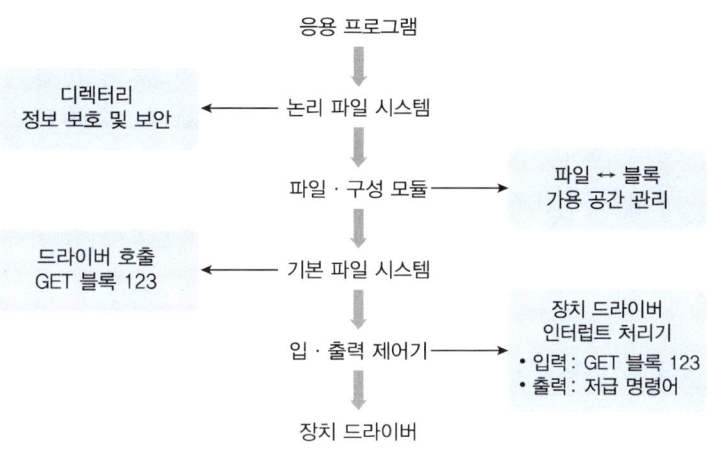

[그림 10-2] 계층적 파일 시스템

㉠ 장치 드라이브 : 주변 장치, 장치 제어기가 채널들과 직접적으로 통신하며, 장치에서 입·출력 연산을 시작하고 입·출력 요구를 완료하는 등 입·출력을 수행한다. 장치 드라이브는 일반적으로 운영체제의 일부분이다. (예 디스크, 테이프 드라이브)
㉡ 입·출력 제어기 : 장치 드라이버 루틴과 인터럽트 처리기로 구성되어 있으며, 명령어를 해석하여 메모리와 디스크 시스템 간에 정보를 전송한다.
㉢ 기본 파일 시스템 : 물리적 입·출력 수준으로 컴퓨터 시스템의 외부 환경과 연결하는 주요 인터페이스이다. 물리적 블록을 읽거나 쓰려고 적정한 장치 드라이버를 호출(명령)하는 계층으로, 디스크에서 블록을 배치하는 것과 관련이 있다(데이터 블록 처리). 이때 각 디스크 블록은 숫자로 표시된 디스크 주소(예 드라이브 1의 실린더 52, 트랙 12, 섹터 12)로 식별한다.
㉣ 파일 구성 모듈 : 특정 파일의 논리 블록과 물리 블록 정보뿐만 아니라 파일 할당과 유형 정보를 이용하여 파일의 논리 블록 주소를 물리 블록 주소로 변환해서 기본 파일 시스템에서 이동할 수 있도록 한다. 또 디스크의 빈(가용) 공간을 파악한다.
㉤ 논리 파일 시스템 : 사용자들이 파일 이름과 디렉터리 등 정보를 이용하여 레코드를 처리(액세스)한 후 하위 층에 넘긴다. 보호 및 보안 관련 일도 이 계층에서 한다. 따라서 논리적 입·출력은 레코드 입·출력 기능을 제공하고 파일의 기초 데이터를 유시한다.

(4) 파일 시스템의 관리

① 블록

파일은 디스크의 블록 하나 이상에 저장되고, 데이터는 **운영체제와 저장장치 간에 블록 단위로 전송**한다. 블록은 **저장장치에서 사용하는 가장 작은 단위**로, 한 블록에 주소 하나가 할당된다. 메모리는 바이트 단위로 저장하고, 하드디스크의 물리적인 구조상 가장 작은 저장 단위는 섹터이다. 메인 메모리는 보통 수 기가바이트이지만 하드디스크는 수 테라바이트이므로 메모리보다 수백 배 이상 크다. 따라서 섹터마다 주소를 부여하면 너무 많은 양의 주소가 필요하기 때문에 파일 관리자는 여러 섹터를 묶어 하나의 블록으로 만들고, 블록 하나에 주소 하나를 배정한다.

블록의 크기는 시스템마다 다르다. [그림 10-3]은 윈도우 FAT32, NTFS 파일 시스템의 포맷화면이다. 사용자는 포맷을 할 때 시스템이 정한 기본 블록 크기를 사용할 수도 있고, 직접 지정할 수도 있다. 이때 블록 크기를 작게 설정하면 내부 단편화 현상이 줄어들어 저장장치를 효율적으로 쓸 수 있지만, 파일이 여러 블록으로 나뉘어 파일 입·출력 속도가 느려진다. 따라서 큰 파일을 많이 사용할 때는 블록 크기를 크게 잡는 것이 좋다.

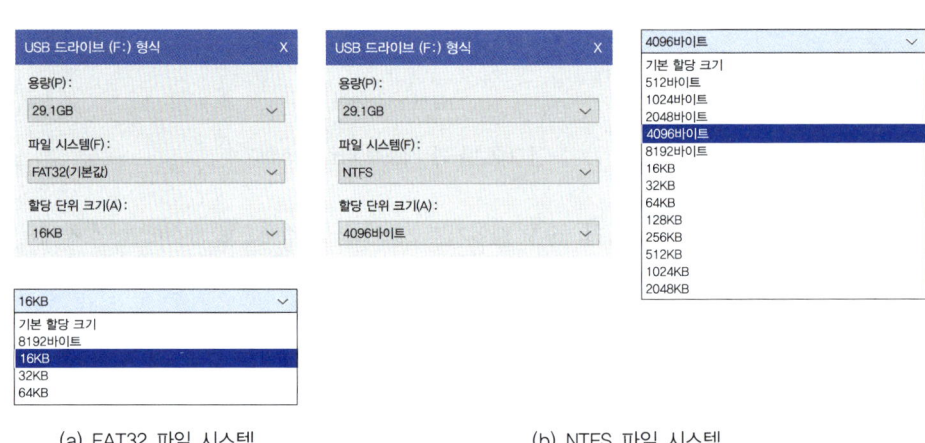

(a) FAT32 파일 시스템   (b) NTFS 파일 시스템

[그림 10-3] 윈도우의 블록 크기 설정

② 파일 테이블

포맷을 하면 각각의 블록에 번호가 매겨지고 파일 테이블에는 파일이 어떤 블록에 있는지 명시된다. [그림 10-4]에서는 파일 A가 1번, 3번, 9번 블록에, 파일 B가 4번, 2번 블록에 있다. 사용자가 파일 A를 요청하면 1번, 3번, 9번 블록을 읽어서 사용자에게 돌려준다.

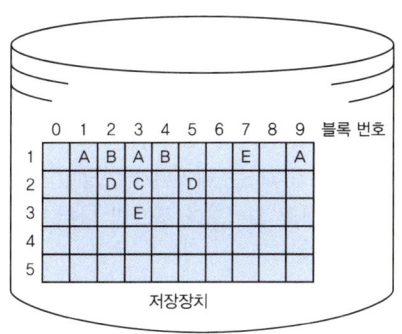

[그림 10-4] 파일 테이블과 블록

2 파일의 개요

(1) 파일의 개념과 구성

① 파일의 개념

대부분의 컴퓨터는 파일(file) 개념을 사용한다. 파일은 프로그램과 데이터 중 **정보의 모음(집합)**이다. 사용자에게 프로그램과 데이터는 다른 개체이지만, 파일 관리 시스템은 이 둘을 동일하게 파일로 처리한다. 파일은 텍스트처럼 형태가 자유롭거나 엄격하게 제한될 수 있으며, 사용 목적에 따라 구조가 특별할 때도 있다.

파일 내용은 운영체제가 물리적 장치에 저장한다. 사용자 관점에서 파일은 논리적으로 저장되는 기본 단위로, 프로그램이나 데이터가 될 수 있다. 이 논리적 파일을 실제 저장장치에 매핑시키는 작업은 운영체제가 담당한다.

② 파일의 구성

파일은 [그림 10-5]와 같이 필드(항목), 레코드, 블록 등으로 세분화할 수 있다.

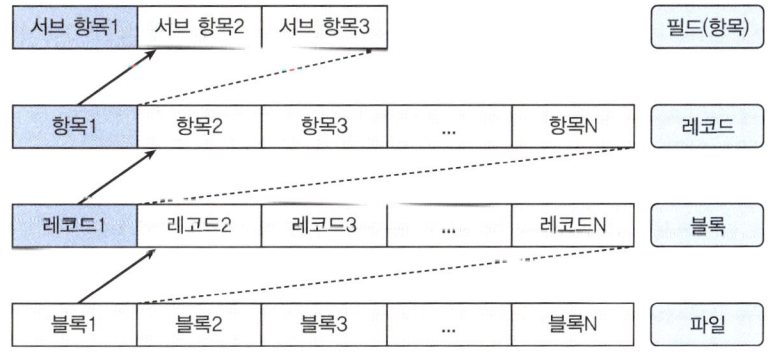

[그림 10-5] 필드(항목), 레코드, 블록, 파일의 관계

㉠ 필드(항목)

필드는 레코드를 구성하는 바이트의 모임으로, 의미 있는 데이터의 가장 작은 단위이다. 필드는 고정 길이나 가변 길이로 구성된다. 고정 길이는 포함할 문자나 바이트 수가 미리 결정된 것이고, 가변 길이는 입력하는 데이터 크기에 맞게 최대 한계까지 확장하는 것이다. 고정 길이는 필드에 입력하는 데이터가 할당된 필드 길이를 초과할 수 없고, 필드에 입력한 데이터가 할당한 데이터의 길이보다 짧으면 나머지 부분이 빈 공간으로 남는다.

㉡ 레코드

레코드는 **파일을 구성하는 요소**로, 필요에 따라 [그림 10-5]와 같이 레코드 몇 개가 모여 블록을 형성하기도 한다. 레코드는 고정 길이나 가변 길이로 구성된다. 고정 길이 레코드는 직접 액세스하기가 쉬워 가장 일반적인 형태이지만, 레코드 크기가 너무 작으면 남은 문자열들이 잘려나가고, 너무 크면 저장 공간이 낭비된다. 가변 길이 레코드는 고정 길이의 단점을 해결하지만, 레코드의 정확한 위치를 파악하기가 어려워 직접 액세스하기 힘들어 일반적으로 순차처리에 적합하다.

(2) 파일의 유형과 확장자

① **파일의 유형**

파일에는 그 파일을 다루는 프로그램을 인식 가능한 내부 구조가 있으므로 파일의 유형으로 파일의 내부 구조 형태도 짐작할 수 있다. 운영체제는 파일 시스템이 지원 가능한 파일 구조를 정의하고, 해당 파일을 다룰 수 있는 특별한 연산 기능을 제공한다. 예를 들면, 시스템이 텍스트 파일과 목적(실행) 파일을 다르게 인식할 수 있다면 이진 목적 파일을 프린트로 출력할 때 이를 미리 막을 수 있다. 파일은 크게 다음 세 가지 유형으로 구분할 수 있다.

㉠ 일반(정규) 파일

일반(정규) 파일은 가장 **일반적인 파일과 데이터를 포함하는 데 사용**하며, 텍스트나 이진(binary) 형태이다. 텍스트 파일은 아스키 형식으로 텍스트에 저장된 정보를 포함하고, 사용자가 읽을 수 있는 파일로 표시하거나 인쇄할 수 있다. 이진 파일은 컴퓨터로 읽을 수 있는 정보를 포함하는 정규 파일로, 작업을 수행하려고 시스템에 지시하는 실행 파일이다. 따라서 명령이나 프로그램은 이진 파일에 저장하여 실행한다.

㉡ 디렉터리 파일

디렉터리 파일은 모든 유형의 파일에 액세스할 수 있는 **정보를 포함**하나, 실제 파일 데이터는 포함하지 않는다. 디렉터리는 정규 파일보다 적은 공간을 차지하며, 파일 시스템 구조에 유연성과 깊이(depth)를 더한다. 각 디렉터리 항목은 파일이나 하위 디렉터리 중 하나를 나타낸다.

㉢ 특수 파일

특수 파일은 시스템 장치를 정의하거나 프로세스로 생성한 **임시 파일**로 파이프(pipe)라고 하는 FIFO, 블록, 문자가 이에 해당된다. 파이프는 일시적으로 다른 프로세스와 통신할 수 있게 하려고 프로세스 하나로 생성하며, 한 프로세스 출력을 다른 프로세스 입력으로 사용할 수 있도록 두 프로세스 사이를 연결한다. 그리고 블록과 문자 파일은 장치를 정의한다.

② 파일의 확장자

모든 파일 이름에는 확장자가 붙는다. 파일에 확장자를 붙이면 파일의 성격을 알 수 있고, [표 10-1]과 같이 현재 많이 사용되는 파일의 확장자들이 있다. 실행 파일을 제외한 나머지는 모두 데이터 파일의 확장자이다. 윈도우의 실행 파일은 exe나 com과 같이 확장자가 정해져 있으나 유닉스는 특별히 정해진 확장자가 없다.

[표 10-1] 파일의 분류와 확장자

파일	확장자	설명
실행 파일	exe, com	유닉스에는 실행 파일 확장자가 없다.
소스코드 파일	c, cpp, pas, java	다양한 소스코드의 확장자
라이브러리 파일	lib, dll	소스코드를 위한 라이브러리의 확장자
배치 파일	bat, sh, csh	초기 배치 파일의 확장자
문서 파일	txt, doc, hwp, pdf, ps	문서 데이터 파일의 확장자
동영상 파일	avi, asf, mkv, mov, mv	동영상 데이터 파일의 확장자
음악 파일	wav, mp3, ogg, acc, flc	음악 데이터 파일의 확장자
이미지 파일	bmp, gif, jpg, png	이미지 데이터 파일의 확장자
압축 파일	rar, zip, arc, al	압축 파일의 확장자

(3) 파일의 이름 명명

① 파일의 이름 명명

사용자가 이름을 사용하여 파일을 참조할 수 있게 하려면 유일한 이름이어야 한다. 파일에는 디렉터리의 루트에서 위치까지 경로가 포함되어 있는데, 특정 파일의 경로명은 디렉터리 이름과 파일 이름으로 구성된다. 예를 들면, [그림 10-6]을 보자.

- 수학과 김동욱 교수의 제안서 파일 경로명 : /수학과/교수/김동욱/제안서
- / : 경로명에서 이름을 구분하는 기호
  그러므로 같은 이름의 파일이더라도 경로명이 다르면 존재할 수 있다.
- 오미옥 교수의 제안서 파일 경로명 : /수학과/교수/오미옥/제안서

② 절대 경로와 상대 경로

모든 경로명을 표시하여 파일을 참조하는 절대 경로가 너무 길어 불편할 때는 작업 디렉터리에서 상대적 위치를 지정하는 상대 경로로 참조할 수 있다. [그림 10-6]에서 p3.c파일의 절대 경로명은 '/수학과/교수/김동욱/교육과정/570/프로그램/a3/p3.c'이고, 현재 위치가 수학과일 때 상대 경로명은 '/교수/김동욱/교육과정/570/프로그램/a3/p3.c'이다.

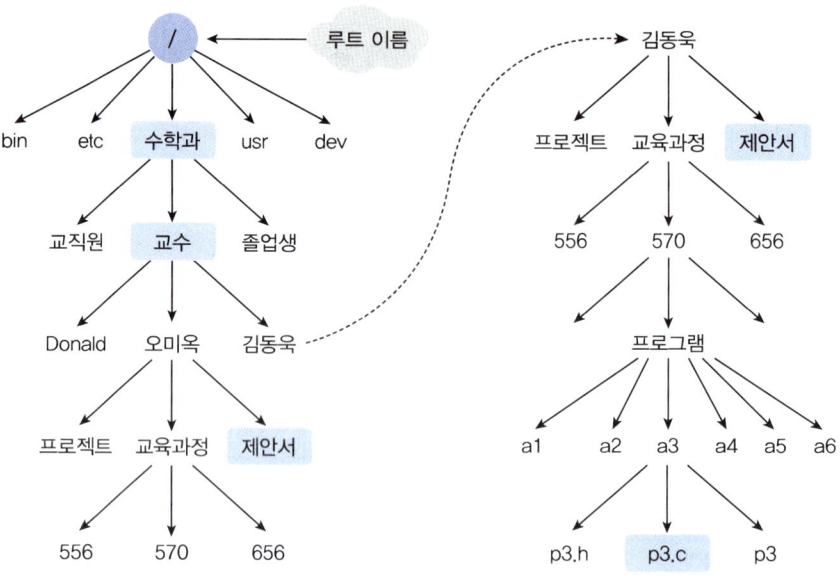

[그림 10-6] 디렉터리 계층 구조와 경로명

(4) 파일의 속성

운영체제는 파일을 열 때 먼저 디렉터리에서 파일 정보가 있는 위치를 찾는다. 시스템이 **파일을 관리하는 데 필요한 정보**를 파일 속성이라고 한다. 대부분 속성을 포함하는 파일 제어 블록은 디스크에 저장하고, 파일 정보는 메인 메모리에 유지하여 파일을 열 때 탐색 시간을 줄인다.

파일 속성은 파일 시스템에 따라 구성이 다르지만 일반적으로 [그림 10-7], [표 10-2]와 같이 디렉터리와 파일 헤더로 구성된 파일 테이블에서 관리하고 다음과 같은 속성을 제공한다.

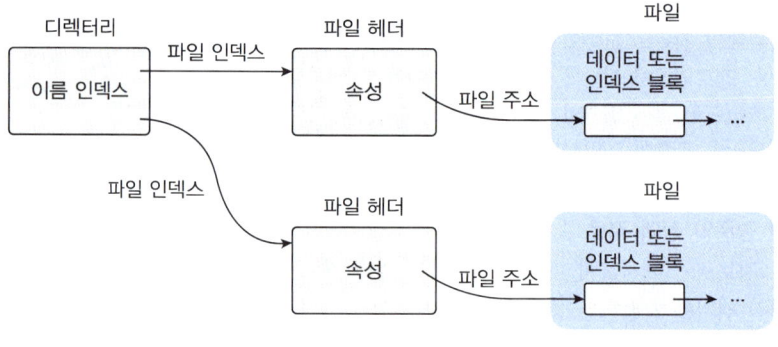

[그림 10-7] 파일의 속성

[표 10-2] 파일 속성의 종류

속성	특징
name	파일의 이름
type	파일의 종류
size	파일의 크기
time	파일의 접근 시간
location	파일의 위치
accessibility	파일의 접근 권한
owner	파일의 소유자

① **파일 이름**: 파일의 이름은 확장자를 포함한 전체 이름을 의미하고, 사용자들이 이해할 수 있는 형태(ASCII 코드)로 붙인다. 실행 파일, 동영상 파일, 사진 파일, 음악 파일과 같이 확장자로 구분된다.
② **파일 식별자**: 식별하려고 각 파일에 할당한 고유 번호로, 사용자가 판독이 불가능한 이름이다.
③ **파일 유형**: 다양한 파일 형식을 지원하는 시스템에 필요하다.
④ **저장 위치**: 파일이 저장된 장치와 그 장치 위치를 표시하는 포인터이다. 이름과 확장자가 같은 두 파일은 한 디렉터리에 존재할 수 없으며 서로 다른 디렉터리에 존재할 수 있다. 파일의 위치가 다르면 운영체제는 서로 다른 파일이라고 여긴다.
⑤ **파일 크기**: 파일의 현재 크기로, 허용 가능한 최대 크기를 포함할 수도 있다.
⑥ **액세스 제어 데이터**: 윈도우에서는 파일 읽기, 쓰기, 실행, 숨김 파일 정도로만 구분하지만 유닉스에서는 소유자, 그룹, 제삼자에 따라 다르게 설정할 수 있다.
⑦ **소유자**: 파일을 최초로 생성한 사람으로 윈도우에서는 파일의 소유자라는 개념은 거의 없지만 유닉스에서는 명확하게 구분하여 사용된다.
⑧ **레코드 크기**: 고정된 크기나 최대 크기 등 레코드 종류에 따라 다르다.
⑨ **시간, 날짜, 사용자 식별 정보**: 생성 시간, 수정 변경 시간, 최근 사용 시간 등으로, 파일을 보호·보안하고 사용자를 감시하는 데 사용한다.

디렉터리에는 파일 이름, 파일 인덱스의 내용을 포함하는 파일들이 들어 있다. 각 파일에 있는 파일 헤더가 파일 속성과 내용을 저장하는데, 유닉스에서는 이 파일 헤더를 i 노드(i node)라고 한다.

(5) 파일의 연산

파일을 지우거나 이름을 바꾸는 것과 같이 파일을 변경하는 것을 파일 작업 또는 파일 연산(file operation)이라고 한다. 파일 작업은 크게 파일 자체를 변경하는 작업과 파일 내용을 변경하는 작업으로 나눌 수 있나.

① **파일 자체를 변경하는 작업**
파일 자체를 변경하는 작업의 종류는 [표 10-3]과 같다. 이는 윈도우의 '파일탐색기'에서 이루어지는 작업을 생각하면 이해하기 쉽다.

[표 10-3] 파일 자체를 변경하는 작업

작업	설명	작업	설명
open	파일을 연다.	copy	파일을 복사한다.
close	파일을 닫는다.	rename	파일의 이름을 변경한다.
create	새로운 파일을 생성한다.	list	파일을 나열한다.
remove	파일을 이동한다.	search	파일을 찾는다.

② 파일 내용을 변경하는 작업

파일 내용을 변경하는 작업은 프로세스 입장에서 수행하는 것으로, [표 10-4]와 같이 주로 함수 형태이다.

[표 10-4] 파일 내용을 변경하는 작업

작업	설명	작업	설명
open( )	파일을 연다.	write( )	파일에 새로운 내용을 쓴다.
create( )	새로운 파일을 생성한다.	update( )	파일 내용 중 일부를 변경한다.
close( )	파일을 닫는다.	insert( )	파일에 새로운 내용을 추가한다.
read( )	파일 내용을 읽는다.	delete( )	파일 내용 중 일부를 지운다.

(6) 파일 디스크립터 중요 기출

운영체제는 파일을 열 때 디렉터리를 탐색하여 파일 정보가 있는 위치를 찾는다. 시스템은 탐색에 도움을 주고자 열린 파일 테이블을 메인 메모리에 유지한다. 열린 파일 테이블은 프로세스나 프로세스 그룹이 현재 열린 파일에 액세스하는 방법을 기록한다. 파일을 열면 다음 연산의 시작 포인터 등 정보가 포함된 파일 개체와 연결되어 있다. **파일 디스크립터**(file descriptor : 기술자)는 파일을 액세스하는 동안 운영체제에 필요한 정보를 모아 놓은 자료구조이다.

① 파일 디스크립터의 내용
  ㉠ 파일 이름, 크기, ID(번호), 구조, 디스크 내 저장 주소
  ㉡ 공유 기능
  ㉢ 액세스 제어 정보
  ㉣ 생성 날짜(시간)
  ㉤ 저장장치 정보

② 파일 디스크립터의 역할

파일 디스크립터는 파일마다 독립적으로 존재하며, 파일을 열 때 프로세스가 생성한다. 파일 디스크립터는 음이 아닌 고유의 정수로, 파일을 액세스하려고 열린 파일(테이블)을 식별하는데 사용한다. 또 시스템에 따라 구조가 다를 수 있으며, 파일 시스템이 관리하므로 사용자가 직접 참조할 수 없다. 디스크의 모든 파일이나 디렉터리는 디스크에 저장하므로, 열린 각 파일이나 디렉터리의 파일 디스크립터는 디스크에 저장했다가 파일을 열면 메모리에 복사한다. 그리고 파일을 닫거나 프로세스를 종료할 때 폐기한다.

(7) 파일 구조

파일은 하나의 데이터 덩어리이고, 파일 구조는 이 데이터 덩어리를 어떻게 구성하느냐에 따라 순차 파일 구조, 인덱스 파일 구조, 직접 파일 구조로 구분할 수 있다.

① 순차 파일 구조

일반 파일은 기본적으로 **순차 파일 구조**(sequential file structure)이다. 파일에 있는 정보는 레코드 단위의 순서로 처리하는 것이 가장 일반적이다. 파일에서 대부분의 동작은 읽기와 쓰기이다. 순차 파일에서 읽기 동작은 파일의 다음 부분을 읽은 후 자동으로 파일 포인터를 증가시킨다. 쓰기 동작은 파일의 끝에 내용을 추가하고, 포인터를 쓴 내용(파일의 새로운 끝)의 끝으로 이동한다.

㉠ 장점
- 모든 데이터가 순서대로 기록되기 때문에 저장 공간에 낭비되는 부분이 없다.
- 구조가 단순하여 테이프는 물론 플로피디스크나 메모리를 이용한 저장장치에도 적용할 수 있다.
- 순서대로 데이터를 읽거나 저장할 때 매우 빠르게 처리된다.

㉡ 단점
- 파일에 새로운 데이터를 삽입하거나 삭제할 때 시간이 많이 걸린다. 중간에 데이터를 삽입하려면 그 뒤에 있는 데이터를 뒤로 밀어 빈 공간을 만들어야 하고, 중간의 데이터를 삭제했을 때는 남은 빈 공간을 메우기 위해 그 뒤에 있는 데이터를 앞으로 당겨야 한다. 따라서 데이터의 변경이 잦은 경우에 적당하지 않다.
- 특정 데이터로 이동할 때 직접 접근이 어렵기 때문에 앞에서부터 순서대로 움직여야 한다. 따라서 데이터 검색에 적당하지 않다.

② 직접 파일 구조

직접 파일 구조(direct file structure)는 저장하려는 데이터의 특정 값에 어떤 관계를 정의하여 물리적인 주소로 바로 변환하는 파일 구조이다. 예를 들어, 키(key)를 학번으로 하여 대학생들의 정보를 저장한다고 가정하면, 직접 파일 구조에서는 학번을 10으로 나누어 나머지를 가지고 주소를 바꾼다. 이 경우 끝자리가 0인 학생은 0번 저장장치에, 1인 학생은 1번 저장장치에 저장한다. 데이터를 찾을 때도 끝자리를 기준으로 찾는다. 이렇게 특정 함수를 이용하여 직접 접근이 가능한 파일 구조가 직접 파일 구조이며, 이때 사용하는 함수를 **해시 함수**(hash function)라고 한다. [그림 10-8]은 직접 파일 구조를 보여준다.

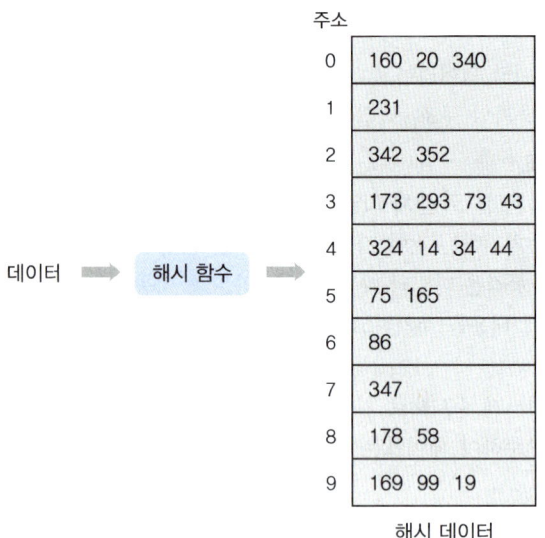

[그림 10-8] 직접 파일 구조

㉠ 장점

해시 함수를 이용하여 주소를 변환하기 때문에 데이터 접근이 매우 빠르다.

㉡ 단점
- 해시 함수를 선정하는 것이 매우 중요한데, 전체 데이터가 고르게 저장될 수 있는 해시 함수를 찾아야 하고, 해시 함수를 저장할 저장 공간이 낭비된다.
- [그림 10-8]의 해시 데이터를 보면 모든 주소에 일정량의 데이터가 고르게 저장되지 않기 때문에 빈 공간이 생겨 저장장치의 이용 효율이 떨어진다.

③ 인덱스 파일 구조

㉠ 개념

순차 파일 구조에서의 특정 데이터에 접근하기 위해 앞에서부터 순차적으로 이동해야 하는 단점을 보완하기 위해 인덱스 파일 구조(index file structure)는 순차 파일 구조에 **인덱스 테이블을 추가**하여 순차 접근과 직접 접근이 가능하다.

인덱스 파일 구조는 플로피디스크, CD-ROM, HDD 등 디스크를 이용한 저장장치가 보급되면서 개발되었다. 순차 파일 구조를 유지하면서도 디스크를 이용한 저장장치의 장점을 살렸다. 예를 들면 음악 CD를 처음부터 재생하면 순서대로 음악을 들을 수 있고, 3번곡을 선택하면 3번곡의 처음부터 음악을 들을 수 있다. 이와 같이 인덱스를 이용한 접근 방식을 **인덱스 순차 접근**(indexed sequential access)이라고 하며, 이렇게 구성된 파일을 ISAM(Index Sequential Access Method) 파일이라고 한다.

㉡ 인덱스 파일 구조 예

[그림 10-9]는 인덱스 파일 구조를 보여준다. 모든 데이터는 오른쪽 그림과 같이 순차 파일 구조로 저장되어 있고 각 순차 파일의 시작점에는 블록 번호가 매겨져 있다. 사용자가 특별한 작업 없이 재생하면 첫 곡부터 순서대로 노래가 나온다. 왼쪽의 인덱스 테이블에는 노래 제목, 가수

등의 정보가 순서대로 정렬되어 있고, 각 노래가 어느 블록에서 시작되는지를 가리키는 블록 번호도 있다. 만약 사용자가 4번곡을 듣고 싶다고 명령을 내리면 인덱스 테이블에서 4번곡의 블록 번호를 찾아 해당 블록(39번)으로 이동하여 4번곡을 재생한다.

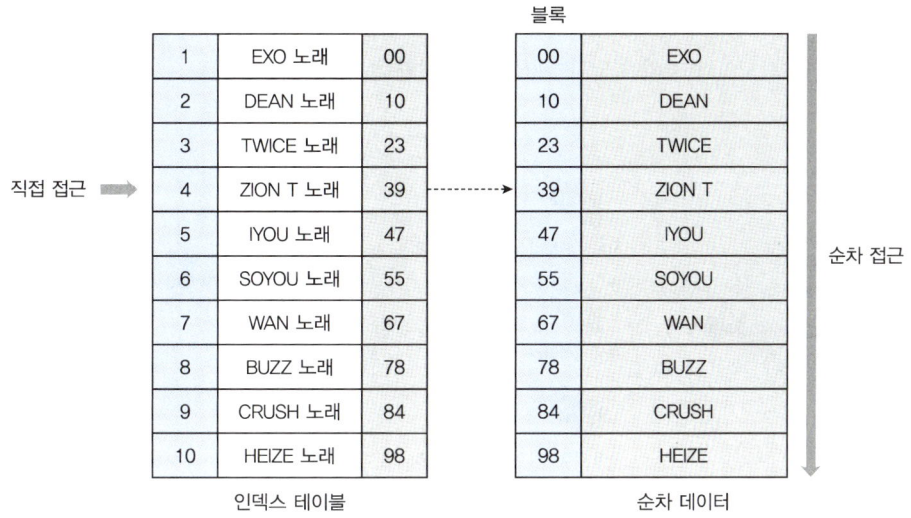

[그림 10-9] 인덱스 파일 구조

인덱스 파일 구조는 순차 접근과 직접 접근이 모두 가능하다. 현대의 파일 시스템은 인덱스 파일 구조로, 파일을 저장할 때는 순차 파일 구조로 저장하고 파일에 접근할 때는 인덱스 테이블을 보고 원하는 파일에 직접 접근한다.

ⓒ 장점
- 인덱스 파일 구조는 인덱스 테이블을 여러 개 만들면 다양한 접근이 가능하다.
- 데이터베이스와 같은 데이터의 빠른 접근이 필요한 시스템에 사용된다.

제2절 디렉터리의 구조

여러 파일을 하나로 섞어놓은 것보다 같은 파일끼리 모아서 보관하면 원하는 파일을 찾기도 쉽고 관리하기도 편하다. 파일을 모아서 관리하는 디렉터리의 구성과 특징을 알아보자.

1 디렉터리의 개념

(1) 디렉터리의 개념

디렉터리는 관련 있는 파일을 하나로 모아 놓은 곳으로 [그림 10-10]의 (a)와 같다. 디렉터리는 1개 이상의 자식 디렉터리(sub directory)를 가질 수 있고, 또한 1개 이상의 파일을 가질 수 있다. 하나의 디렉터리에는 여러 개의 파일과 자식 디렉터리가 존재한다.

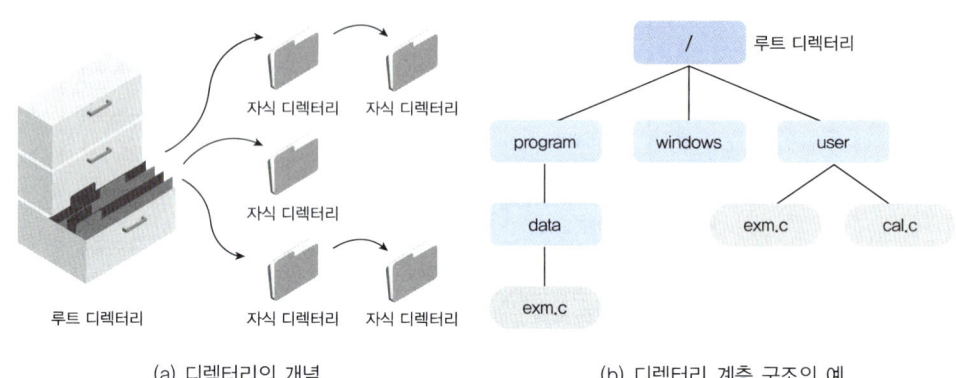

(a) 디렉터리의 개념　　　　　　　　(b) 디렉터리 계층 구조의 예

[그림 10-10] 디렉터리의 구조

운영체제는 논리적 저장장치인 디렉터리를 유지하고 관리하여 디스크 등에 저장된 파일을 관리한다. 시스템에는 다음과 같이 장치 디렉터리와 파일 디렉터리로 분리된 디렉터리가 있다. 여기서 파일 디렉터리 항목 하나는 물리적 속성을 제공하기 위해 장치 디렉터리 포인터를 가지며, 해당 정보의 복사본을 하나 더 가질 수 있다.

① **장치 디렉터리**
각 실제 장치에 저장되어 있다. 장치에 있는 파일의 물리적 속성(예 파일의 위치, 파일의 크기와 할당 과정 등) 등을 나타낸다.

② **파일 디렉터리**
모든 파일의 논리적 구성으로 이름, 파일 유형의 소유한 사용자, 계정 정보, 보호 액세스 코드 등을 기술한다.

(2) 디렉터리 계층 구조

디렉터리는 여러 층으로 구성할 수 있는데, 이때 최상위에 있는 디렉터리를 루트 디렉터리(root directory)라고 한다. [그림 10-10]의 (b)는 디렉터리 계층 구조의 예로, 슬래시(/)는 루트 디렉터리를 뜻한다. 루트 디렉터리 아래에 program, windows, user라는 이름의 자식 디렉터리가 있으며, program 디렉터리 아래에는 data 디렉터리가 있고, data 디렉터리에는 exm.c 파일이 있다. user 디렉터리에는 exm.c 파일과 cal.c 파일이 있다.

> **더 알아두기**
>
> 유닉스에서는 슬래시(/)를 루트 디렉터리를 표시할 때뿐 아니라 디렉터리와 디렉터리 사이의 구분자로도 사용한다. 윈도우에서는 루트 디렉터리와 파티션의 이름을 같이 사용한다. 파티션의 이름은 알파벳과 콜론(예 C:)으로 구성되며, 루트 디렉터리와 디렉터리 구분자로 백슬래시(₩)를 사용한다.

2 디렉터리의 구현

(1) 디렉터리의 구조

디렉터리 공간을 할당하고 관리하는 방법은 파일 시스템의 효율성과 신뢰성에 큰 영향을 준다. 디렉터리는 파일 이름, 파일 인덱스의 내용을 포함하는 파일로 구현한다. 디렉터리에 각 파일의 전체 경로명을 포함할 때는 너무 복잡하고 파일 하나로 구성된 디렉터리에서는 공간을 낭비하므로 디렉터리는 계층적으로 구성되어 있다. [그림 10-11]은 '/수학과/교수/program/a3/p3.c' 경로명의 디렉터리와 속성(파일 헤더)으로 디렉터리를 구현한 예이다.

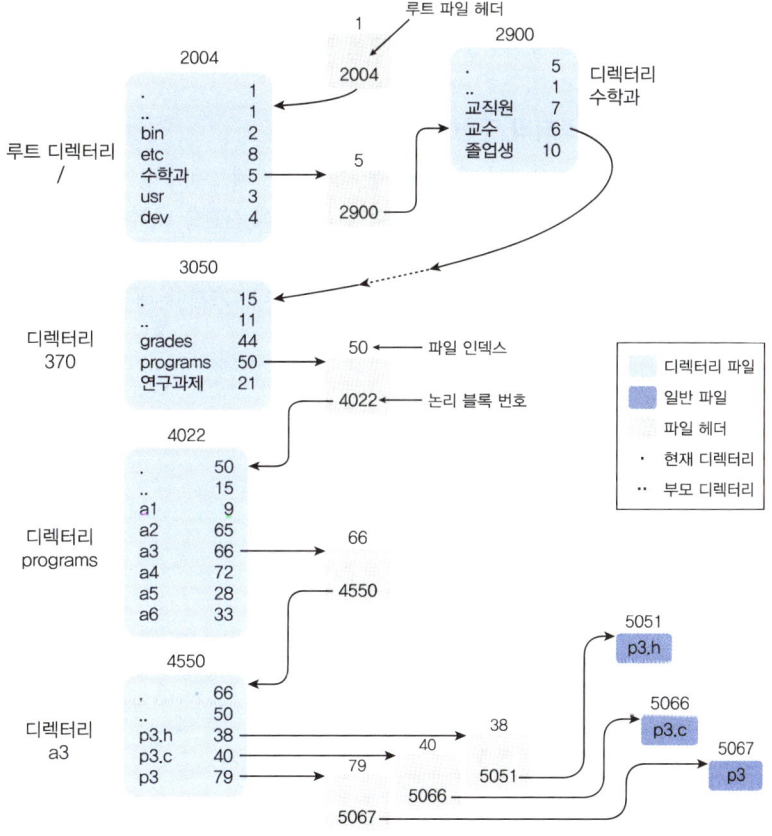

[그림 10-11] 디렉터리 구현의 예

① 루트 파일 헤더는 루트 디렉터리에 대한 논리 블록 번호 2004를 가리킨다. 수학과 디렉터리의 파일 헤더는 파일 인덱스 5, 논리 블록 번호 2900을 가리킨다.
② a3 디렉터리에 있는 p3.h, p3.c, p3 파일 3개의 파일 헤더는 다음과 같다.
  ㉠ p3.h : 파일 인덱스 38, 논리 블록 번호 5051
  ㉡ p3.c : 파일 인덱스 40, 논리 블록 번호 5066
  ㉢ p3 : 파일 인덱스 79, 논리 블록 번호 5067
③ 루트 디렉터리에서 a3 디렉터리의 p3.c파일을 액세스하기까지 파일 헤더 액세스와 디스크 블록 액세스는 각각 디스크 입·출력을 여섯 번 실행한다.
④ 만약 파일 헤더를 메모리에 유지한다면 탐색은 여섯 번(메모리에서), 디스크 전송은 한 번 실행한다. a3가 현재 디렉터리에 있다면 p3.c파일을 액세스하기까지 파일 헤더 액세스와 디스크 블록 액세스는 각각 디스크 입·출력을 한 번 실행한다.
⑤ 그러므로 파일 액세스를 효율적으로 개선하는 방안은 먼저 열린 파일에서 가능하면 파일 헤더를 메모리에 유지하고, 최근에 사용한 디스크 블록(디렉터리와 정규파일 등)은 메모리에 유지하는 것이다.

(2) 선형 리스트를 이용한 디렉터리 구현

간단한 디렉터리를 구현하는 방법은 디렉터리에 파일 이름, 포인터들의 선형적 리스트를 구성하여 파일의 생성과 삭제 등을 실행하는 것이다. 이때 선형 탐색을 해야 파일을 찾을 수 있어 오버헤드가 증가하므로 시스템의 성능을 떨어뜨릴 수 있다는 단점이 있다.

(3) 해시 테이블을 이용한 디렉터리 구현

해시 테이블(hash table)을 이용하여 파일 이름을 제시하면, 해시에서 값을 얻어 리스트를 직접 액세스하도록 디렉터리를 구현할 수 있다. 이 방법은 디렉터리 탐색 시간을 줄이면서 성능을 개선하기에 많이 사용한다. 해시 테이블은 항목의 탐색, 삽입, 삭제를 할 수 있으므로 둘 이상의 이름이 같은 파일을 같은 위치에 지정할 때 충돌이 발생하면 삽입·삭제할 수 있다. 그러나 해시 테이블의 크기가 고정되고 크기에 따라 해시 기능이 제한을 받는다는 문제점이 있다.

3 디렉터리의 연산

파일과 마찬가지로 디렉터리에서도 다양한 연산을 수행할 수 있다.

① 탐색하기: 파일에 기호로 된 이름(symbolic name)이 있고, 이 이름은 파일 간의 연관성을 나타내기 때문에 특정 파일을 찾기 위해 디렉터리를 탐색한다.
② 파일 생성하기: 새로운 파일을 생성하여 디렉터리에 추가한다.
③ 파일 삭제하기: 필요 없는 파일은 디렉터리에서 지운다.
④ 파일 열람하기: 디렉터리의 내용이 되는 파일과 각 파일에서 디렉터리 항목 값을 보여준다.
⑤ 파일 이름 변경하기: 파일의 이름을 변경한다.
⑥ 파일 시스템 순회하기: 파일 시스템의 여러 디렉터리를 순회하면서 파일들을 볼 수 있게 한다.
⑦ 백업하기: 신뢰성을 위해 일정한 시간마다 파일 시스템의 내용과 구조를 자기테이프에 복사한다. 백업한 디스크 공간은 다른 목적으로 전용이 가능하다.

4 디렉터리의 구조

디렉터리는 파일 시스템 내부의 파일들을 조직화하고 연결하므로 다양하게 구성되어 있다.

(1) 1단계 디렉터리

1단계(single level) 디렉터리는 가장 간단한 구조로, 장치 디렉터리가 그 예이다.

① **장점**
  모든 파일이 동일한 디렉터리에 있어 유지하고 이해하기가 쉽다.

② **단점**
  ㉠ 파일 수가 증가하거나 다수의 사용자가 있을 때 모든 파일이 동일한 디렉터리에 있으므로 모두 고유한 이름을 가져야 한다.
  ㉡ 시스템이 정하는 길이의 제한을 받는다.
  ㉢ 사용자 중 한 사람이라도 파일 수가 많을 때(파일을 많이 가지고 있을 때)는 고유한 이름으로 새 파일을 생성해야 하므로 모든 파일 이름을 기억해야 한다.

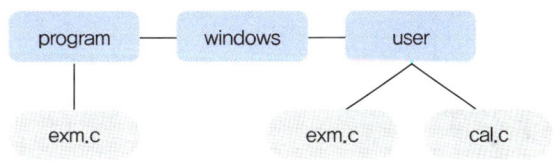

[그림 10-12] 1단계 디렉터리

(2) 다단계 디렉터리

1단계 디렉터리 구조는 매우 단순하지만 파일이 많아지면 불편하여 다단계 디렉터리 구조가 등장하게 되었다. 다단계 디렉터리 구조는 루트 디렉터리를 시작점으로 여러 단계의 디렉터리가 가지처럼 뻗어 있는 나무를 뒤집어놓은 것 같아 트리 디렉터리 구조라고도 한다. 다단계 디렉터리 구조는 단계 확장에 제약이 없고 디렉터리에 파일과 디렉터리를 둘 다 저장할 수 있다. 자료구조에서는 트리를 순환이 없는 그래프라고 정의한다. 다단계 디렉터리 구조는 순환이 없기 때문에 트리 구조이다.

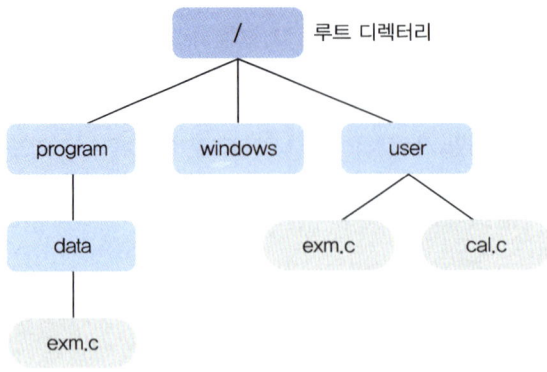

[그림 10-13] 다단계 디렉터리 구조

(3) 그래프 디렉터리

오늘날의 디렉터리 구조에는 순환이 있다. 기본적으로 트리 구조이지만 디렉터리와 디렉터리를 연결하는 링크가 있기 때문이다. 예를 들면 윈도우 바로가기는 다른 디렉터리에 있는 파일이나 다른 디렉터리로 바로 갈 수 있는 지름길 역할을 한다. 유닉스 운영체제에서도 ln 명령어를 사용하면 윈도우의 바로가기와 같은 링크를 만들 수 있다. 바로가기 링크를 포함한 디렉터리 구조는 [그림 10-14]와 같이 순환이 생긴다. 따라서 현재의 디렉터리 구조는 그래프 구조이다.

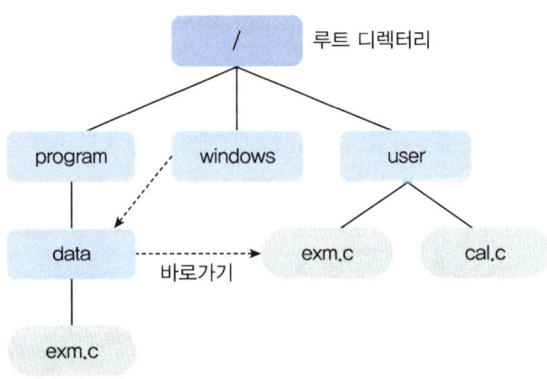

[그림 10-14] 그래프 디렉터리 구조

제3절 디스크 파일 할당

1 연속 할당과 불연속 할당

파일 시스템은 기본적으로 메인 메모리 시스템과 유사하다. 전체 디스크 공간을 같은 크기로 나누고 각 공간에 주소를 붙여서 관리한다. 이때 같은 크기로 나뉜 공간 하나를 블록이라고 하는데 한 블록의 크기는 1 ~ 8kByte 정도이다.

파일 시스템은 파일의 이름과 해당 파일이 시작하는 블록 주소를 가진 파일 테이블을 관리한다. 응용 프로그램이 어떤 파일에서 데이터를 읽고자 하면 파일 관리자는 파일 테이블에서 해당 파일의 블록 주소를 찾아 그 위치에서 데이터를 읽어온다. 파일 테이블은 파티션당 하나씩 존재하며 각 파티션의 맨 앞부분에 위치한다. 일반적으로 하나의 파일은 여러 개의 블록을 사용하는데, 여러 개의 블록을 어떻게 연결하는지에 따라 연속 할당과 불연속 할당 방식으로 구분된다.

연속 할당(contiguous allocation)은 파일을 구성하는 데이터를 디스크 상에 **연속적으로 배열**하는 간단한 방식이다. 연속 할당 방식에서는 파일의 시작 블록만 알면 전체 파일을 찾을 수 있으나 실제로는 사용되지 않는다. 파일을 저장하거나 삭제하다 보면 빈 공간이 생기는데, 디스크에 남은 공간 중 파일의 크기와 맞는 연속된 공간이 없을 때는 연속 할당이 불가능하기 때문이다.

불연속 할당(non-contiguous allocation)은 비어 있는 블록에 **데이터를 분산**하여 저장하고 이에 관한 정보를 파일 시스템이 관리하는 방식이다. 대표적인 불연속 할당 방식으로는 연결 리스트를 이용한 연결 할당과 인덱스를 이용한 인덱스 할당이 있다.

(1) 연결 할당

① **개념**

연결 할당(linked allocation)은 파일에 속한 데이터를 **연결 리스트로 관리하는 방식**이다. 파일 테이블에는 시작 블록에 대한 정보만 저장하고, 나머지 데이터는 시작 블록부터 연결하여 저장한다. 파일의 맨 끝에 해당하는 블록에는 링크 대신 널을 삽입한다. 연결 할당 방식은 체인으로 연결한 것처럼 보여서 **체인 할당**(chained allocation)이라고도 한다.

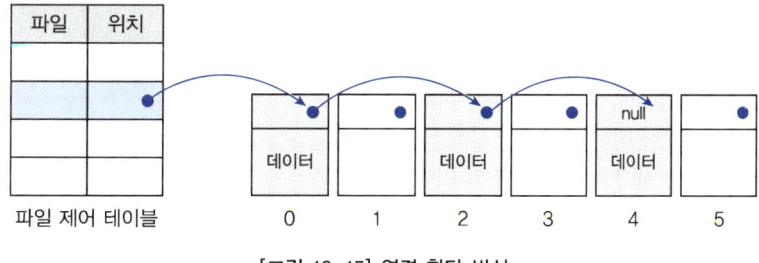

[그림 10-15] 연결 할당 방식

② **구조**

연결 할당 방식은 테이블 형태로 관리된다. 테이블을 이용한 연결 할당 방식의 예로 윈도우의 FAT가 있다. FAT는 파티션 전체 블록에 대한 정보를 가진 테이블로, 열(row)의 개수가 그 파티션에 존재하는 블록의 개수와 같다. FAT에는 각 파일을 구성하는 데이터가 어떤 블록에 연결되어 있는지를 나타내는 번호가 있다. [그림 10-16]은 FAT 구조를 보여주는데, 파일 B의 전체 데이터를 찾아보자.

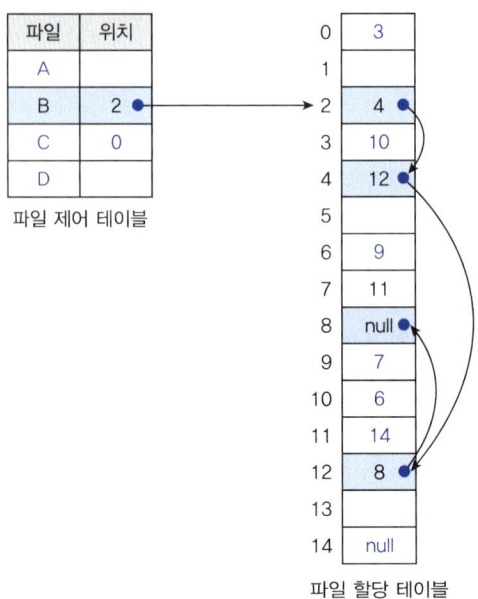

[그림 10-16] 파일 테이블을 이용한 불연속 할당

㉠ 왼쪽 테이블은 파일의 정보와 함께 파일의 시작 블록 정보를 가지고 있고, 이 테이블에서 파일 B는 2라는 숫자를 가지고 있는데, 이는 디스크의 두 번째 블록부터 파일 B가 시작된다는 의미이고 FAT의 두 번째 열에 다음 블록의 정보가 저장되어 있다는 의미이다.
㉡ 이런 식으로 FAT의 열을 따라가면 파일 B의 전체 데이터를 알 수 있다. 즉, 파일 B는 2, 4, 12, 8(null)을 만나면 파일의 끝이다.
㉢ 파일 C는 0, 3, 10, 6, 9, 7, 11, 14(null) 블록에 있음을 알 수 있다.

③ **FAT 용량의 크기**

FAT는 버전에 따라 FAT12, FAT16, FAT32가 있고, FAT 다음의 숫자는 파일 할당 주소의 최대 크기를 나타낸다. 예를 들면 FAT16의 최대 주소 크기는 2^{16}이고, FAT32의 최대 크기는 2^{32}이다.

테이블을 이용한 방식의 단점은 하나의 파티션이 사용할 수 있는 디스크 용량이 테이블의 주소 크기로 제한된다는 것이다. 예를 들면, FAT16은 16bit 주소를 사용하기 때문에 지원하는 최대 파티션의 크기는 32GByte로 한정한다. 또한 32GByte보다 큰 용량의 파티션을 지원하기 위해 만들어진 FAT32의 경우 8TByte까지 지원하지만 하나의 크기가 4GByte로 한정된다. 이러한 이유로 윈도우 운영체제는 64bit 주소를 지원하는 NTFS 파일 시스템을 사용하고 있다.

> **더 알아두기**
>
> USB 메모리의 경우 대부분 FAT32를 사용한다. USB 메모리에 4GByte보다 큰 파일을 저장하려고 하면 빈 공간이 있어도 '빈 공간 없음'이라는 메시지가 뜬다. 이는 FAT32가 4GByte이상의 파일을 지원하지 않아 발생하는 문제로, FAT32를 NTFS파일 시스템으로 바꾸면 해결된다.

(2) 인덱스 할당

① 개념

연결 리스트를 이용한 불연속 할당 방식은 구현이 간편하지만 최대 할당 크기에 제한이 있다는 점이 문제이다. FAT16은 32GByte가 최대 할당 크기이고 FAT32는 8TByte가 최대 할당 크기이다. 이러한 문제를 해결하기 위해 인덱스를 이용한 인덱스 할당(indexed allocation) 방식이 사용된다.

② 구조

[그림 10-17]은 인덱스를 이용한 디스크 할당 방식을 나타낸 것이다. 인덱스 할당 방식에서는 테이블의 블록 포인터가 데이터 블록을 연결하는 것이 아니라, **데이터의 인덱스를 담고 있는 인덱스 블록을 연결한다**. 인덱스 블록은 실제 데이터의 위치에 관한 정보를 순서대로 보관하고 있다.

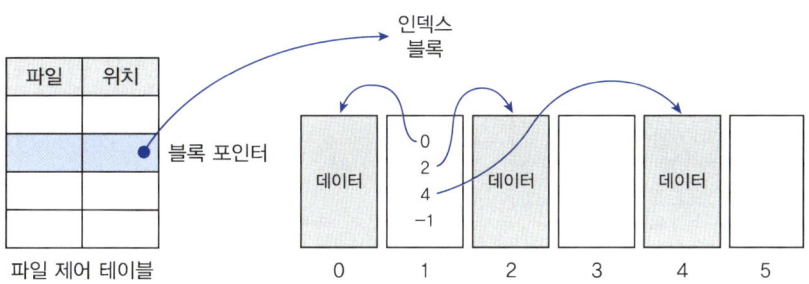

[그림 10-17] 인덱스를 이용한 불연속 할당

데이터가 순서대로 0, 2, 4번 블록에 있다고 인덱스 블록에 표기되어 있으며, 파일의 끝을 알리는 -1은 null을 의미한다.

③ i-node 파일 시스템

인덱스 할당 방식에서 테이블이 꽉 차서 더 이상 데이터를 연결할 수 없을 때는 인덱스 블록을 연결하는 간접 인덱스 블록(indirect index block)을 만들면 테이블을 무한히 확장할 수 있다. 이러한 방식을 사용한 파일 시스템은 유닉스 운영체제의 i-node이다. [그림 10-18]은 i-node 파일 시스템의 구조를 나타낸다.

i-node 파일 시스템의 특징은 파일 크기가 작은 경우 블록을 직접 연결하여 빠르게 접근하고, 파일의 크기가 큰 경우 인덱스 블록과 이를 연결하는 간접 포인터를 이용하여 확장한다. i-node 테이블은 파일 제어 블록(file control block), 블록 포인터(block pointer), 간접 포인터(indirect pointer), 이중 간접 포인터(doubly indirect pointer), 삼중 간접 포인터(triply indirect pointer)로 구성된다.

㉠ 파일 제어 블록 : 파일 소유자와 각종 속성을 나타낸다. 파일에 대한 모든 권한의 정보를 포함하고 있기 때문에 슈퍼 블록(super block)이라고도 한다.
㉡ 블록 포인터 : 데이터가 있는 블록의 위치를 직접 연결하는 포인터이다.
㉢ 간접 포인터 : 크기가 작은 파일은 직접 연결된 블록 포인터로 빠르게 연결할 수 있지만 파일 크기가 커서 블록 포인터가 다 차면 인덱스 블록을 생성한 후 간접 포인터를 생성하여 인덱스 블록을 연결한다.
㉣ 이중/삼중 간접 포인터 : 보통의 경우 인덱스 블록 하나는 256개의 블록을 지정할 수 있다. 파일 크기가 커서 인덱스 블록 하나로도 다 연결할 수 없는 경우에는 이중 간접 포인터를 사용하고, 이보다 더 필요한 경우에는 삼중 간접 포인터를 사용하여 연결한다. 이중 간접 포인터는 256×256개의 인덱스 블록을, 삼중 간접 포인터는 256×256×256개의 인덱스 블록을 연결할 수 있다.

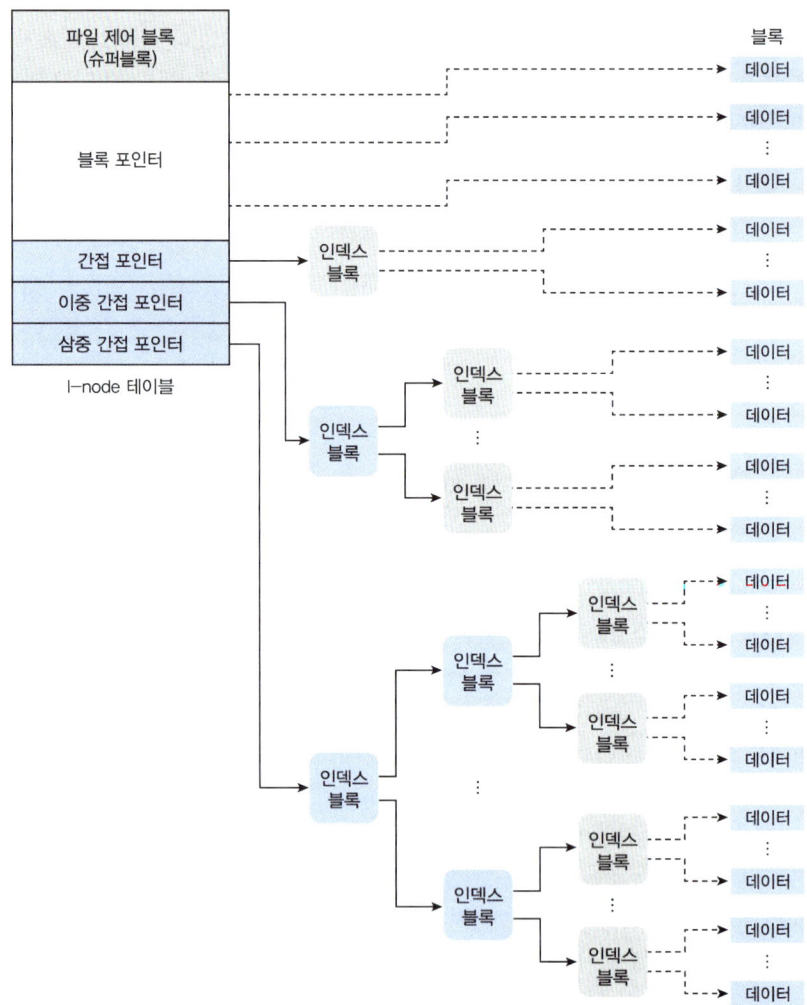

[그림 10-18] i-node 파일 시스템의 구조

(3) 디스크 할당 방법의 비교 〔중요〕〔기출〕

① **연속 할당**
파일의 직접 액세스를 지원하며, 파일을 디스크의 연속적인 주소에 할당(배열)하여 순차 액세스를 지원한다. 작은 파일에 효율적이며, 평균 성능이 아주 좋다.

② **연결 할당**
메모리에 다음 블록 주소를 보관할 수 있으며, 이를 직접 읽을 수 있다. 순차 액세스는 매우 쉬우나, 직접 액세스는 i번째 블록을 읽기 위해 디스크를 i번 읽어야 할 때도 있다.

③ **인덱스 할당**
인덱스 블록이 메모리에 있으면 직접 액세스가 가능하다. 그러나 순차 액세스 블록을 보관하려면 메모리가 많이 필요하다. 이 메모리 공간을 사용할 수 없다면 먼저 인덱스 블록을 읽은 후 원하는 데이터 블록을 읽어야만 한다. 그러므로 2단계 인덱스는 인덱스 블록을 두 번 읽어야 한다. 인덱스 할당의 성능은 인덱스 구조와 파일의 크기, 원하는 블록의 위치가 좌우한다. 파일이 작으면(블록 3 ~ 4개 정도) 연속 할당을 사용하고, 파일이 크면 자동 인덱스 할당으로 변환하는 방법을 사용하기도 한다.

2 디스크의 빈 공간 관리 방법

디스크의 공간에서 제한적으로 삭제된 파일의 공간은 새로운 파일이 다시 사용해야 한다. 그래서 디스크 공간의 빈 트랙을 보존하려고 시스템은 빈 공간 리스트를 두어 여기에 디스크의 블록을 모두 등록한다. 빈 공간 리스트를 탐색하여 탐색된 공간에 새로운 파일을 할당한다. 그리고 이 공간은 빈 공간 리스트에서 삭제한다. 반대로 파일을 삭제할 때는 이 공간을 빈 공간 리스트에 추가한다. 디스크에서 빈 공간 리스트를 관리하는 방법을 크게 비트맵, 연결 리스트, 인덱스 블록으로 구분한다.

(1) 비트맵

빈 공간 리스트는 비트맵(bitmap) 또는 비트 벡터(bit vector)로 구현할 수 있다. 그런 다음 각 블록의 사용 여부를 [그림 10-19]와 같이 1비트로 표현한다. 데이터의 블록 수만큼 bit를 저장할 수 있는 배열을 구성해서 0과 1을 사용하여 파일이 저장되어 있는지 또는 비어 있는지를 판단하는 방법이다.

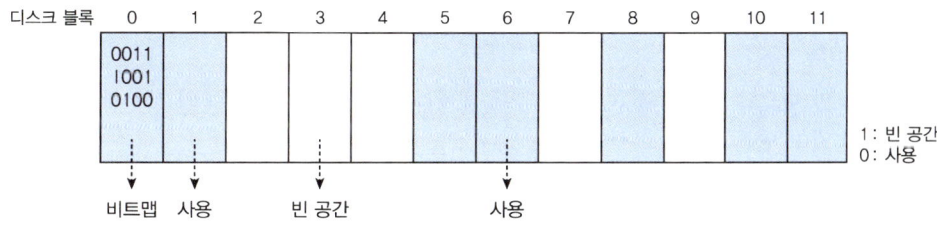

[그림 10-19] 비트 벡터

① **디스크 비트맵의 예**

[그림 10-20]과 같이 디스크 블록 3, 4, 7, 8, 16, 17, 18, 19, 25, 26, 30, 32, 34가 비어있고, 나머지 블록은 사용 중이라면 사용 가능 공간 비트맵은 0001100110000000111100000110010101이 될 것이다. 이런 비트맵은 추가 공간을 요구한다.

블록 크기는 2kByte, 디스크 크기는 1GByte일 때 비트맵 저장에 필요한 공간은 다음과 같다.

비트맵은 2^{19}비트가 필요하므로, 비트맵 저장에 $2^{19}/2^3 = 2^{16} Byte = 64kByte$를 요구한다.

㉠ 블록 크기 = $2^{11} Byte$
㉡ 디스크 크기 = $1 GByte \cong 2^{30} Byte$
㉢ 블록 수 = $2^{30}/2^{11} = 2^{19}$(블록의 개수만큼 비트를 저장할 수 있다.)

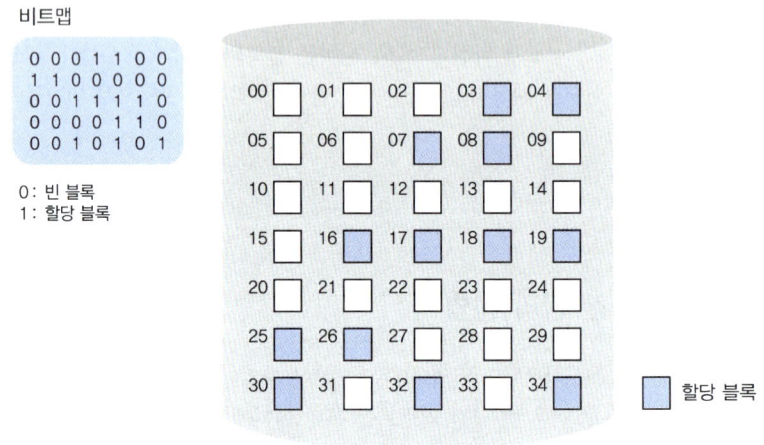

[그림 10-20] 디스크의 비트맵

② **비트맵의 장·단점**

비트맵 방법은 간편하고 디스크에 연속적인 빈 블록 n개를 찾는 데 효과적인 장점이 있으나, 비트 벡터 전체를 메모리에 보관하지 않으면 비효율적이라서 대형 컴퓨터보다는 마이크로 컴퓨터 환경에 더 알맞다. Apple Macintosh 운영체제는 디스크 공간 할당을 위해 비트 벡터 기법을 사용한다. Macintosh 운영체제는 비트맵의 각 워드를 순차적으로 검사하여 0이 아닌 워드를 찾고 그 워드에 첫 번째 1비트를 찾는다.

(2) 연결 리스트

디스크의 빈 디스크 블록을 첫 번째 빈 블록 내에서 다음 빈 디스크 블록의 포인터를 갖도록 [그림 10-21]과 같이 연결 리스트로 구현할 수 있다.

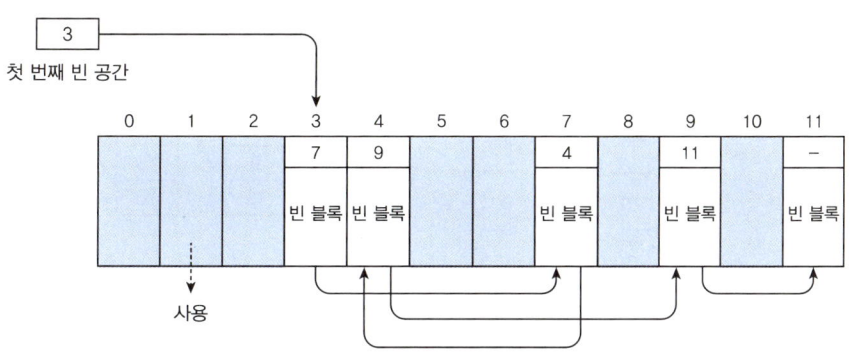

[그림 10-21] 연결(링크된) 리스트

예를 들면, [그림 10-22]는 첫 번째 빈 블록 0에는 빈 공간의 포인터 16이 있고, 블록 16에는 블록 8의 포인터가, 블록 8에는 블록 4의 포인터가, 블록 4에는 블록 19의 포인터가, 블록 19에는 블록 34의 포인터가, 블록 34에는 블록 18의 포인터가 있다. 이런 방법은 빈 공간 리스트를 탐색할 때 각 블록을 모두 읽어야 하기 때문에 비효율적이다.

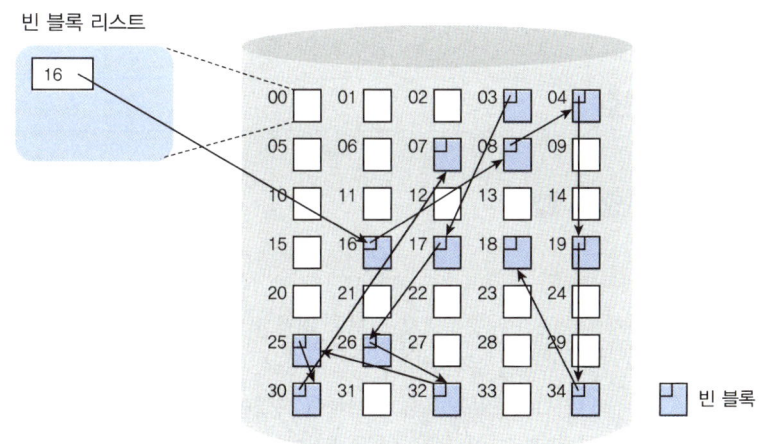

[그림 10-22] 디스크에서 연결 리스트

(3) 인덱스 블록(그룹핑)

인덱스 블록 방법에서는 빈 블록의 포인터를 인덱스 블록에 보관하며, 이들은 서로 연결되어 있다. 인덱스 블록은 빈 블록 주소를 포함하여 인덱스 역할을 하므로, 첫 번째 빈 블록 내에 빈 블록 n개의 번지를 저장한다. 이것의 처음 n-1개는 실제로 비어 있고, 마지막 한 개는 다른 빈 블록 n개의 주소를 포함하는 다른 블록의 디스크 주소이다.

이 방법은 사용 가능한 블록 주소 여러 개를 쉽게 찾을 수 있게 한다. [그림 10-23]에서는 첫 번째 인덱스 블록에 블록 2, 3, 7 등이 저장되어 있다.

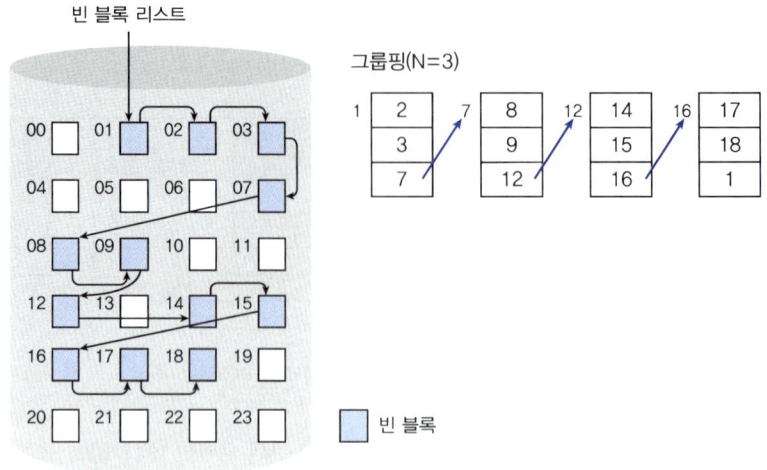

[그림 10-23] 인덱스 블록(그룹핑)

제4절 파일 보호

1 파일 보호의 필요성 기출

(1) 파일 보호

컴퓨터 시스템은 다수의 사용자가 사용하므로 정보를 저장한 파일은 물리적인 손상이나 부적절한 액세스에서 보호해야 한다. 특히 파일을 물리적인 손상에서 보호하는 것을 신뢰성을 보호한다고 표현한다. 일반적으로 디스크에서 테이프로 파일을 자동 복사하여 파일이 불의의 사고로 손실되거나 손상되는 것을 방지한다. 그러나 파일 시스템은 하드웨어의 문제점인 전원 장애, 헤드 파손, 먼지, 온도, 고의적인 파괴 행위로 손상을 받거나 우연한 사고로 제거될 수 있다. 또 파일 시스템 소프트웨어의 오류도 파일 내용을 분실할 수도 있다. 단일 사용자 시스템이라면 단순히 사용 디스켓을 잘 관리하거나 잠금 장치를 이용하면 되지만, 다수 사용자 시스템에서는 다른 방법이 필요하다.

(2) 파일 액세스 제한

파일은 허용하는 액세스 종류를 제한하여 보호할 수 있는데, 파일 액세스는 일반적으로 다음과 같이 세분화할 수 있다.

① **읽기**: 파일을 읽는다.
② **쓰기**: 파일에 기록한다(또는 재기록한다).
③ **실행하기**: 메모리에 파일을 적재하고, 적재된 파일을 실행한다.

④ **추가하기**: 파일의 끝에 새로운 데이터를 기록한다.
⑤ **삭제하기**: 파일을 삭제하며, 재사용하려고 공간을 해제한다.

(3) 파일 보호 방법

보호 방법은 파일 자체 보호와 액세스 경로 보호로 나눌 수 있는데, 좀 더 일반적인 보호 방법은 액세스 경로 보호이다. 디렉터리에 있는 파일을 참조하려면, 먼저 디렉터리와 파일 모두 액세스가 가능해야 하기 때문이다. 따라서 사용자는 사용한 경로명에 따라 파일의 액세스 권한을 갖는다.

2 파일 보호 방법

(1) 파일 명명(file naming)

액세스하려는 파일을 명명할 수 없는 사용자는 액세스 대상에서 제외하여 파일을 보호할 수 있다. 즉, 사용자가 파일을 명명할 수 없으면 해당 사용자는 파일을 작성할 수 없다. 이는 다른 사용자의 파일 이름을 알 수 있는 방법이 없고, 추측하기도 힘들다는 가정에 근거한다. 그러나 파일 이름은 보통 기억하기 쉬운 글자를 많이 사용하므로 추측도 가능할 수 있다.

(2) 암호(password)

각 파일에 암호를 설정하여 보호할 수 있다. 컴퓨터 시스템 자체를 암호로 제어하는 것처럼 각 파일 액세스도 암호로 제어할 수 있다. 암호를 임의로 정하고 자주 변경하면 파일의 액세스를 효율적으로 제한할 수 있다. 하지만 이 방법은 파일별로 독립된 암호가 있어 기억해야 할 암호가 너무 많아 비현실적일 수 있고, 모든 파일의 암호가 하나이면 한 번만 노출되어도 모든 파일에 액세스할 수 있다는 문제가 발생한다. 따라서 세밀한 수준의 보호를 제공하려면 다중 암호를 사용해야 한다.

(3) 액세스 제어(access control)

사용자에 따라 액세스할 수 있는 파일이나 디렉터리 리스트를 두어 사용자 신원에 따라 서로 다른 액세스 권한을 부여한다. 액세스 요구가 발생하면 운영체제가 이 액세스 리스트를 참조하여 액세스 여부를 결정하는 방법으로 보호하는 것이다.

(4) 액세스 그룹

액세스 리스트에서 주된 문제점은 리스트 길이이다. 모든 사용자에게 파일 액세스를 허용하면 모든 사용자가 읽기 액세스를 할 수 있도록 등록해야 하는 문제가 발생한다. 시스템에 있는 사용자의 리스트를 계속 추적하여 액세스 리스트를 구성하면, 고정 크기인 디렉터리 항목이 가변 크기로 바뀌는 등 복잡한 공간 관리 문제가 발생한다. 이 문제점은 각 파일과 연관된 사용자를 다음 세 가지로 분류하면 해결할 수 있는데, 액세스 리스트의 길이가 한결 간결하다.

① **소유자**: 파일을 생성한 사용자이다.
② **그룹**: 파일을 공유하고 비슷한 액세스가 필요한 사용자의 집합이다.
③ **모든 사람**: 시스템에 있는 모든 다른 사용자이다.

유닉스는 [그림 10-24]와 같이 각 그룹을 3비트로 표현하는데, 읽기(r) 액세스, 쓰기(w) 액세스, 실행(x) 액세스를 제어하여 파일당 9비트로 보호 정보를 사용한다.

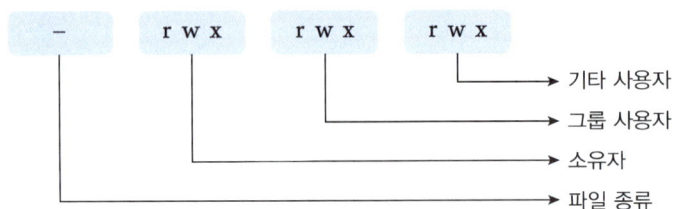

[그림 10-24] 파일을 보호하는 그룹별 제어 비트

(5) 사용자 권한(user permission) 지정

제2의 방어벽이라고 할 수 있는 사용자 권한 지정은 침입자의 손상 정도를 줄일 수 있는 방법이다. 사용자가 계정을 받을 때부터 특정한 디렉터리와 파일만 액세스할 수 있도록 시스템 관리자가 허락하고, 그 외의 영역은 액세스를 불허하는 방법이다. 예를 들면, 한 사용자가 프로그램이 들어 있는 어떤 디렉터리에서 읽기 권한만 부여받았다고 하자. 이는 사용자가 디렉터리의 프로그램을 삭제하거나 수정하는 것을 방지하려고 관리자가 사용자 권한을 축소한 것이다. 네트워크와 호스트 컴퓨터 시스템 관리자는 사용자 권한을 다음과 같이 지정한다.

[표 10-5] 사용자 권한 지정

권한	설명
삭제하기	파일 삭제를 허용한다.
생성하기	새로운 파일 생성을 허용한다.
쓰기	파일에 새 정보를 저장하는 것을 허용한다.
읽기	파일을 열어 정보를 읽는 것을 허용한다.
검색하기	권한 검색 명령을 이용하여 파일을 검색하는 것을 허용한다.

OX로 점검하자 | 제10장

※ 다음 지문의 내용이 맞으면 O, 틀리면 ×를 체크하시오. [1 ~ 12]

01 파일을 사용할 때 운영체제로부터 부여받은 접근 권한을 파일 디스크립터라고 한다. (   )

> 파일 디스크립터(file descriptor : 기술자)는 파일을 액세스하는 동안 운영체제에 필요한 정보를 모아 놓은 자료구조이다.

02 파일 구조 중 처음부터 순서대로 접근하는 구조를 랜덤 파일 구조라고 한다. (   )

> 순차 파일 구조(sequential file structure)이다. 파일에 있는 정보는 레코드 단위의 순서로 처리하는 것이 가장 일반적이다. 파일에서 대부분의 동작은 읽기와 쓰기이다.

03 파일 구조 중 순차 접근과 직접 접근이 모두 가능한 구조는 인덱스 파일 구조이다. (   )

> 순차 파일 구조에서의 특정 데이터에 접근하기 위해 앞에서부터 순차적으로 이동해야 하는 단점을 보완하기 위해 인덱스 파일 구조(index file structure)는 순차 파일 구조에 인덱스 테이블을 추가하여 순차 접근과 직접 접근이 가능하다.

04 저장하려는 데이터의 특정 값에 어떤 관계를 정의하여 물리적인 주소로 바로 변환하는 파일 구조를 간접 파일 구조라고 한다. (   )

> 직접 파일 구조(direct file structure)는 모든 블록을 직접 읽거나 쓸 수 있으며, 읽기나 쓰기 순서는 없고, 대규모 정보를 직접 액세스할 수 있는 구조이다.

05 직접 파일 구조에서 데이터의 변환에 사용하는 함수는 해시 함수이다. (   )

> 직접 파일 구조(direct file structure)는 특정 함수를 이용하여 직접 접근이 가능한 파일 구조이다. 이때 사용하는 함수를 해시 함수(hash function)라고 한다.

06 파일이 전체 디렉터리 가운데 어느 위치에 있는지 나타내는 정보를 목록이라고 한다. (   )

> 경로는 파일이 전체 디렉터리 가운데 어느 위치에 있는지 나타내는 정보이고, 한 디렉터리에는 같은 이름을 가진 파일이 존재할 수 없지만 서로 다른 디렉터리에는 같은 이름의 파일이 존재할 수 있다.

정답 1 O 2 × 3 O 4 × 5 O 6 ×

07 디스크 할당 방식에서 파일에 속한 데이터를 연결 리스트로 관리하는 방식은 연결 할당 혹은 체인 할당이다. (   )

>>> 각 파일을 디스크 블록의 리스트에 연결하여 할당하는 방법이다.

08 윈도우의 FAT는 연속 할당 방식을 사용하여 디스크를 할당한다. (   )

>>> 연결 할당 혹은 체인 할당 방식은 테이블 형태로 관리된다. 테이블을 이용한 연결 할당 방식의 예로 윈도우의 FAT가 있다.

09 디스크 할당 방식에서 데이터의 인덱스를 담고 있는 인덱스 블록끼리 연결하여 최대 할당 크기의 제약이 없는 방식은 인덱스 할당이다. (   )

>>> 연결 리스트를 이용한 불연속 할당 방식은 구현이 간편하지만 최대 할당 크기에 제한이 있다는 문제를 해결하기 위해 인덱스를 이용한 인덱스 할당(indexed allocation) 방식이 사용된다.

10 유닉스의 i-node는 연결 할당 방식을 사용한다. (   )

>>> 인덱스 할당 방식에서 테이블이 꽉 차서 더 이상 데이터를 연결할 수 없을 때는 인덱스 블록을 연결하는 간접 인덱스 블록(indirect index block)을 만들면 테이블을 무한히 확장할 수 있다. 이러한 방식을 사용한 파일 시스템은 유닉스 운영체제의 i-node이다.

11 디스크의 빈 공간을 관리하기 위해 사용하는 자료 구조는 빈 공간 리스트이다. (   )

>>> 디스크 공간의 빈 트랙을 보존하려고 시스템은 빈 공간 리스트를 두어 여기에 디스크의 블록을 모두 등록한다.

12 파일 할당은 파일에 주요 정보를 저장하므로 파일을 보호하기 위해 필요한 방법이다. (   )

>>> 파일 보호는 파일에 주요 정보를 저장하므로 보호를 위한 기능이고, 파일 액세스 제한은 읽기, 쓰기, 실행하기, 추가하기, 삭제하기, 디렉터리 리스트 등을 개별적으로 제어할 수 있다.

정답 7 ○ 8 × 9 ○ 10 × 11 ○ 12 ×

제10장 실전예상문제

01 다음 중 파일 시스템에 대한 설명으로 틀린 것은?

① 사용자가 파일을 생성, 수정, 제거할 수 있도록 한다.
② 고급 언어 번역 기능을 제공한다.
③ 파일을 공유하는 여러 종류의 접근 제어 방법을 제공한다.
④ 불의의 사태에 대비하여 백업과 복구 능력을 갖춰야 한다.

> **01** 파일 시스템은 파일 구성, 파일 관리, 보조 메모리 관리, 파일 무결성 보장, 파일 액세스 방법 제공, 장치 독립성 유지, 파일 백업과 복구 등 기능을 제공한다.

02 다음 중 파일 시스템에 대한 설명으로 옳지 않은 것은?

① 사용자가 파일을 생성하고 수정하며 제거할 수 있도록 한다.
② 파일을 안전하게 사용할 수 있도록 하고, 파일을 보호해야 한다.
③ 손쉽게 사용할 수 있도록 편리한 사용자 인터페이스를 제공해야 한다.
④ 사용자는 자료가 저장되어 있는 특정 장치의 물리적인 제어 방법을 알고 있어야 한다.

> **02** 컴퓨터 파일 시스템에서 파일 관리자는 사용자 요청에 따라 파일을 정정하거나 파일의 내용을 읽어올 수 있지만 사용자가 직접 개입하여 파일에 접근하면 파일을 훼손하거나 저장장치 내부에 문제를 일으킬 수 있으므로 운영체제는 사용자가 직접 파일을 보관하거나 접근하지 못하도록 한다.

03 다음 중 파일 시스템에서 파일에 저장된 정보를 손상하지 않도록 보장하는 기능으로 옳은 것은?

① 파일 보호
② 정보 전송
③ 파일 백업과 복구
④ 파일 무결성 보장

> **03**
> • 파일 무결성 보장은 파일에 저장된 정보를 손상하지 않도록 보장하는 기능을 제공한다.
> • 파일 보호는 정보를 암호화하고 해독할 수 있는 기능을 제공하여 정보의 안전과 비밀을 보장한다.
> • 정보 전송은 사용자가 파일 간에 정보 전송 명령을 내릴 수 있게 한다.
> • 파일 백업과 복구는 사고로 정보를 손실하거나 고의로 손상하는 일을 방지하려고 데이터 사본(중복)을 생성하는 백업과 손상된 데이터를 복구할 수 있는 기능을 제공해야 한다.

정답 01 ② 02 ④ 03 ④

04 파일 디스크립터는 파일에 대한 정보를 관리하는 구조체이다. 일반적으로 파일 위치, 파일 상태, 파일 크기, 파일 작성 일자, 마지막 수정 일자, 판독 횟수, 접근 권한, 파일 타입, 소유자 정보 등이 포함되어 있다. 이는 운영체제가 파일을 관리하고 접근할 때 중요한 역할을 한다.

04 다음 중 파일 디스크립터에 포함하지 <u>않는</u> 내용은?

① 파일 작성자
② 파일 작성 일자
③ 파일 위치
④ 판독 횟수

05 파일 디스크립터는 파일을 열 때 프로세스가 생성하고, 파일을 닫거나 프로세스를 종료할 때 폐기한다.

05 다음 중 파일 디스크립터에 대한 설명으로 옳지 <u>않은</u> 것은?

① 파일마다 독립적으로 존재한다.
② 해당 파일의 오픈에 상관없이 주기억장치에 상주한다.
③ File Control Block이라고도 한다.
④ 시스템에 따라 구조가 다를 수 있다.

06 파일 디스크립터는 각 파일마다 독립적으로 존재하고, 디스크의 모든 파일이나 디렉터리는 디스크에 저장하므로, 열린 각 파일이나 디렉터리의 파일 디스크립터는 디스크에 저장했다가 파일을 열면 메모리에 복사한다.

06 다음 중 파일 디스크립터에 대한 설명으로 옳지 <u>않은</u> 것은?

① 파일 제어 블록이라고도 한다.
② 시스템에 따라 구조가 다르다.
③ 모든 파일이 파일 디스크립터 하나를 공용으로 한다.
④ 파일 시스템이 관리하므로 사용자가 직접 참조할 수 없다.

정답 04 ① 05 ② 06 ③

07 파일 구성 방법 중 ISAM의 특징으로 옳지 <u>않은</u> 것은?

① 레코드가 직접 액세스 기억장치의 물리적 주소를 직접 액세스한다.
② 각 레코드는 레코드 키 값에 따라 논리적으로 배열한다.
③ 시스템은 각 레코드의 실제 주소가 저장된 인덱스를 관리한다.
④ 일반적으로 디스크 기억장치에 많이 이용한다.

07 인덱스를 이용한 접근 방식을 인덱스 순차 접근(indexed sequential access)이라고 하며, 이렇게 구성된 파일을 ISAM 파일이라고 한다.

08 다음 중 직접 파일 구조에 대한 설명으로 옳지 <u>않은</u> 것은?

① 직접 접근 기억장치의 물리적 주소로 직접 레코드에 접근한다.
② 키에 일정한 함수를 적용하여 상대 레코드 주소를 얻고, 그 주소를 레코드에 저장하는 파일 구조이다.
③ 직접 파일에 적합한 장치로는 자기테이프를 주로 사용한다.
④ 직접 접근 기억장치의 물리적 구조에 대한 지식이 필요하다.

08 자기테이프, 카드 입·출력, 프린터에 만들어지는 파일은 모두 순차 파일이다.

09 특정 레코드를 검색하기 위해 키(key)와 보조기억장치 사이의 물리적인 주소로 변환할 수 있는 매핑함수가 필요한 파일로 옳은 것은?

① indexed sequential file
② partitioned file
③ sequential file
④ direct file

09 직접 파일 구조(direct file structure)는 저장하려는 데이터의 특정 값에 어떤 관계를 정의하여 물리적인 주소로 바로 변환하는 파일 구조이다.

정답 07 ① 08 ③ 09 ④

10 디렉터리는 파일 시스템 내부의 파일들을 조직화하고 연결하므로 다양하게 구성되어 있다. 1단계 구조, 다단계(트리) 구조, 그래프 구조 등이 있다.

10 다음 중 파일 시스템에서 일반적인 디렉터리 구성방법이 <u>아닌</u> 것은?

① 1단계 디렉터리 구조
② 다단계 디렉터리 구조
③ 트리 디렉터리 구조
④ 메시 디렉터리 구조

11 1단계(single level) 디렉터리는 가장 간단한 구조로, 장치 디렉터리가 그 예이다. 모든 파일이 동일한 디렉터리에 있어 유지하고 이해하기가 쉽지만, 파일 수가 증가하거나 다수의 사용자가 있을 때 모든 파일이 동일한 디렉터리에 있으므로 모두 고유한 이름을 가져야 하는 단점이 있다.

11 파일 시스템의 디렉터리 중 가장 간단한 디렉터리 구조로, 모든 파일의 이름이 유일하고 동일한 디렉터리 내에 위치하여 관리하는 디렉터리 구조로 옳은 것은?

① 비순환 디렉터리 구조
② 다단계 디렉터리 구조
③ 1단계 디렉터리 구조
④ 그래프 디렉터리 구조

12 트리 디렉터리 구조(다단계 디렉터리 구조)는 루트 디렉터리를 시작점으로 여러 단계의 서브 디렉터리나 파일을 가질 수 있다. 단계 확장에 제약이 없고 디렉터리에 파일과 디렉터리를 둘 다 모두 저장할 수 있다. 순환이 없는 그래프라고 정의할 수 있다.

12 디렉터리 구조를 확장한 임의 트리로 하나의 루트 디렉터리와 다수의 종속 디렉터리로 구성된 디렉터리로 옳은 것은?

① 트리 디렉터리 구조
② 비순환 디렉터리 구조
③ 1단계 디렉터리 구조
④ 그래프 디렉터리 구조

정답 10 ④ 11 ③ 12 ①

13 여러 사용자가 공유하려는 파일들을 하나의 디렉터리 또는 일부 서브 트리에 저장해 놓고, 여러 사용자가 이를 같이 사용할 수 있도록 지원하는 가장 효율적인 디렉터리 구조로 옳은 것은?

① 비순환 그래프 디렉터리 구조
② 트리 디렉터리 구조
③ 1단계 디렉터리 구조
④ 순환 디렉터리 구조

13 비순환 그래프 디렉터리 구조는 순환이 없는 구조로 하위 디렉터리가 상위 디렉터리나 상위 파일을 공유할 수 있고, 하나의 파일이나 디렉터리가 경로 이름을 여러 개 가질 수 있다. 공유된 하나의 파일을 탐색할 때 다른 경로로 두 번 이상 찾아갈 수 있으므로 성능 저하를 초래할 수 있다.

14 파일 보호 방법 중 다음 설명에 해당하는 것으로 옳은 것은?

> 사용자에 따라 접근할 수 있는 파일이나 디렉터리의 리스트를 정해서 사용자의 신원에 따라 서로 다른 접근 권한을 허용한다.

① access control
② naming
③ password
④ user permission

14 액세스 제어(access control)는 액세스 요구가 발생하면 운영체제가 이 액세스 리스트를 참조하여 액세스 여부를 결정하는 방법으로 보호하는 것이다.

15 다음 중 디스크의 빈 공간 관리 방법이 아닌 것은?

① 비트맵
② 연결 리스트
③ 인덱스 블록
④ 인덱스 할당

15 디스크 공간의 빈 트랙을 보존하려고 시스템은 빈 공간 리스트를 두어 여기에 디스크의 블록을 모두 등록하여, 빈 공간 리스트를 탐색하여 탐색된 공간에 새로운 파일을 할당한다. 디스크에서 빈 공간 리스트를 관리하는 방법을 크게 비트맵, 연결 리스트, 인덱스 블록으로 구분한다.

정답 13 ① 14 ① 15 ④

합격의 공식 시대에듀

미래가 어떻게 전개될지는 모르지만, 누가 그 미래를 결정하는지는 안다.

– 오프라 윈프리 –

제11장

UNIX 운영체제

제1절	UNIX의 탄생과 구성
제2절	UNIX 프로세스의 관리
제3절	시스템 호출 인터페이스
제4절	UNIX의 파일 시스템
제5절	UNIX의 메모리 관리
제6절	UNIX 시스템 사용 명령어

실전예상문제

당신이 할 수 있다고 생각하든, 할 수 없다고 생각하든 그렇게 될 것이다.

– 헨리 포드 –

보다 깊이 있는 학습을 원하는 수험생들을 위한
시대에듀의 동영상 강의가 준비되어 있습니다.
www.sdedu.co.kr ➜ 회원가입(로그인) ➜ 강의 살펴보기

제 11 장 | UNIX 운영체제

제1절　UNIX의 탄생과 구성

1　UNIX의 탄생과 발전 과정

유닉스는 1969년 미국의 통신회사인 AT&T 산하의 벨 연구소에서 켄 톰슨과 데니스 리치가 개발했다. 처음에는 어셈블리어로 개발했다가 C언어로 다시 만들어 고급 언어로 작성한 최초의 운영체제가 되었다. 데니스 리치가 연구했던 멀틱스는 당시 복잡하고 거대한 구조 때문에 실패했으나 새로운 유닉스를 만드는 데 지대한 영향을 미쳤다. 유닉스(Uni + ics)라는 이름도 멀틱스(Multi + ics)에 기반을 둔다. 유닉스가 개발되고 얼마 후 소스코드가 공개되어, 대학교나 기업에서는 이를 이용한 연구를 진행하여 다양한 기능을 추가했다. 이후 각각 AT&T의 상업용 유닉스(시스템 V)와 버클리 대학교의 BSD(Berkeley Software Distribution)로 분리되어 발전했다. BSD 버전은 버클리 대학교의 프로그래머들이 상당 부분 수정했는데, 특히 네트워크 기능을 추가한 점은 가장 주목할 만하다. BSD 버전의 유닉스는 HP나 2009년 오라클에 합병된 썬 마이크로시스템즈 등 컴퓨터 제조회사에서 많이 사용했다. 두 계열의 장점을 결합한 형태로 개발된 SVR4를 기반으로 한 유닉스 제품들이 개발되었다.

2　UNIX의 특징 중요

유닉스는 다른 운영체제와 마찬가지로 컴퓨터를 제어하는 많은 작은 프로그램으로 구성되어 있다. 특히 C언어를 사용하여 모듈 형태로 작성하므로 다음과 같은 특징이 있다.

(1) 대화형 시스템

사용자는 유닉스와 대화를 나누면서 사용한다. 사람과 시스템 사이의 대화 형태를 '사용자' 인터페이스라고 하는데, 명령어 기반 사용자 인터페이스와 그래픽 기반 사용자 인터페이스로 분류한다. 유닉스는 대표적인 명령어 기반 사용자 인터페이스이다. 사람이 유닉스가 이해할 수 있는 명령어를 입력하면, 유닉스는 명령어 처리 결과를 화면에 출력한다.

(2) 다중 사용자 시스템

여러 사람이 같은 컴퓨터에 동시에 접속하여 데이터를 사용하는 것이다. 사용자는 네트워크 또는 컴퓨터에 직렬 회선으로 연결한 단말기로 유닉스에 접속하여 원하는 작업을 할 수 있다.

(3) 다중 작업용 시스템
다중 작업(multitasking)은 컴퓨터 한 대에서 여러 작업을 동시에 수행하는 것이다. 유닉스에서는 파일 편집 작업을 처리하면서 네트워크 서비스 제공, 출력 등의 작업이 가능하다.

(4) 높은 이식성과 확장성 제공
유닉스는 운영체제의 대부분이 하드웨어에 따라 달라지는 어셈블리어가 아니라 고급언어인 C언어로 작성되어 있다. 그래서 다른 하드웨어로 이식해도 처음부터 다시 개발할 필요 없이 거의 그대로 사용할 수 있다. 또 각 기능을 모듈로 나눠 새로운 기능에 필요한 모듈만 추가하면 되므로 편리하다.

(5) 계층적 트리 파일 시스템
유닉스는 계층적인 트리 구조를 사용하여 파일을 관리한다. 최상위에 위치한 루트 디렉터리를 정점으로 하위 디렉터리를 계층적으로 구성한다.

(6) 다양한 부가 기능 제공
유닉스는 운영체제의 기본 기능 외에 프로그래밍 및 디버깅 도구, 문서 편집 도구, 출력 관련 도구를 제공하고, 사용자가 필요한 기능을 추가, 제거하는 것도 가능하다.

3 UNIX의 구성 요소

유닉스는 [그림 11-1]과 같이 커널, 셸, 유틸리티, 파일 시스템으로 구성된다. 유닉스는 기능을 대부분 유틸리티로 제공하기에 커널을 극히 단순화하는 특징이 있다.

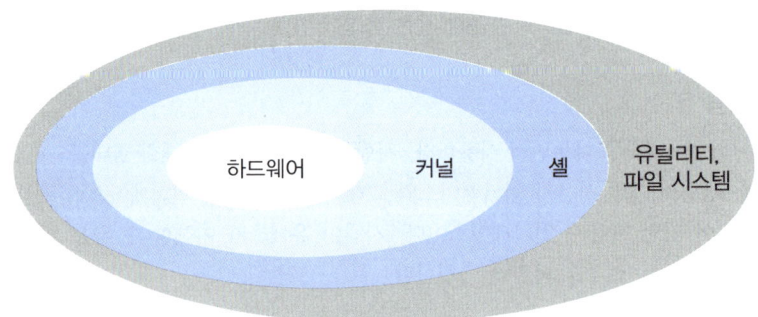

[그림 11-1] 유닉스의 구조

(1) 커널 중요

① 커널의 기능

커널(kernel)은 유닉스 운영체제의 핵심이고, 프로세스 관리, 메모리 관리, 파일 시스템 관리, 장치 관리 등 컴퓨터의 모든 자원 초기화, 제어 기능을 수행한다. 시스템을 최초로 구동할 때 커널은 메모리에 적재, 메모리에 상주하면서 프로세스 스케줄링과 메모리, 디스크 드라이브, 네트워크 인터페이스 등 하드웨어 자원을 모든 사용자에게 할당, 제어한다. 또 입·출력(I/O)와 같은 복잡한 기능을 대신 한다.

② 커널의 구성

[그림 11-2]와 같이 유닉스는 크게 커널과 응용 프로그램으로 구성된다. 일부 모듈이 다른 모듈의 내부 연산과 상호작용하기에 실제와 다른 부분이 있으나 논리적 관점을 잘 보여준다. 그리고 응용 프로그램은 시스템 호출(system call)로 커널에 컴파일과 파일 조작 등 기능을 의뢰한다.

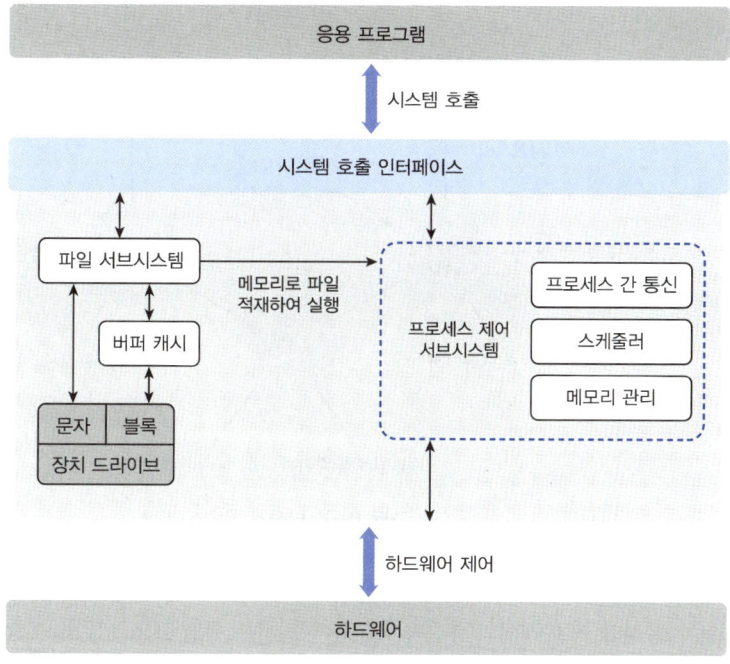

[그림 11-2] 커널의 내부 구조도

㉠ 파일 서브 시스템

파일 서브 시스템은 메모리, 외부장치에 데이터를 전송하거나 블록 단위로 입·출력을 실행할 메모리의 일부를 버퍼로 할당하고, 이것을 사용자의 주소 공간과 외부장치 사이에 두는 디스크 캐시 방법으로 파일을 관리한다. 파일 공간 할당, 자유 공간 관리, 파일 접근 제어, 데이터를 가져오는 역할 등을 수행하고, 프로세스는 시스템 호출을 하여 파일 서브 시스템과 상호작용한다. 장치 드라이버는 주변장치를 제어하는 모듈로 다른 시스템을 임의 메모리로 보이게 한다.

ⓛ 프로세스 제어 서브 시스템

프로세스 제어 서브 시스템은 프로세스의 동기화와 프로세스 간 통신, 프로세스 간 메모리 관리, 프로세스 스케줄링과 디스패칭 등을 담당한다. 프로세스를 제어하는 시스템 호출에는 fork, exec, exit, wait, signal 등이 있다.

③ 발전된 유닉스 커널

유닉스는 [그림 11-3]과 같이 그동안 개발한 많은 기술을 통합하고 추가한 모듈 구조로 발전 중이다. 모듈로 구성된 핵심 기능 몇 개와 인터페이스를 이용하여 프로세스에 필요한 기능과 서비스를 제공한다.

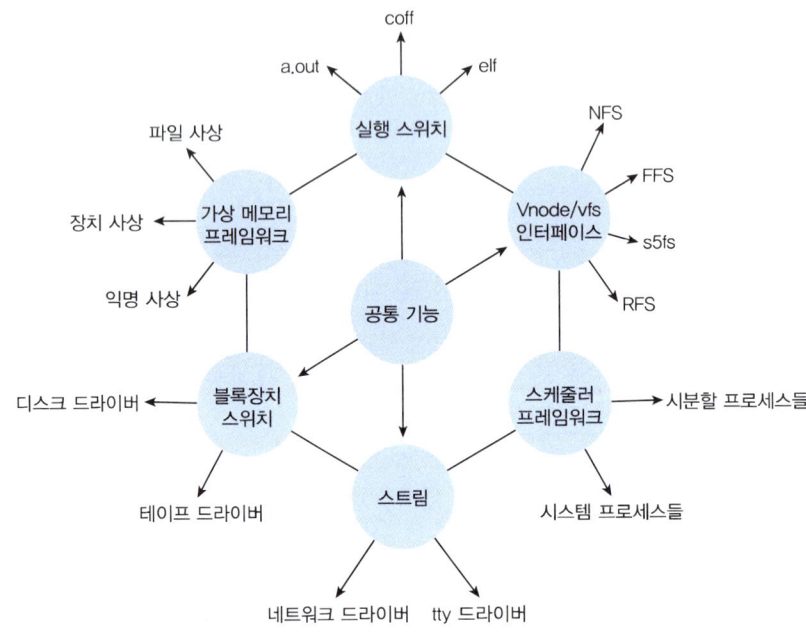

[그림 11-3] 발전된 유닉스 커널

(2) 셸

셸(shell)은 사용자와 커널 사이의 중간자 역할을 담당하는 특별 프로그램이다. 셸은 사용자가 입력한 명령을 해석하여 커널에 인계하고 커널이 명령의 수행 결과를 돌려주면 셸은 이것을 다시 사용자가 이해할 수 있는 형태로 변환하여 출력한다. 유닉스에서 셸의 종류는 최초의 셸인 본 셸(sh, bourne shell), C 셸(csh, C shell), 콘 셸(ksh, korn shell), 배시 셸(bash, bourne again shell) 등 다양하다.

(3) 유틸리티와 파일 시스템

유닉스는 각종 개발 도구, 문서 편집 도구, 네트워크 관련 도구 등 다양한 유틸리티를 제공한다. 유틸리티는 사용자에게 편의를 제공하려고 준비한 시스템 프로그램, 유닉스 기본 명령어로 구성한다. 사용자가 작성한 응용 프로그램도 유틸리티로 취급하고, 계층적으로 구성된 파일 시스템을 사용하며, 시스템 파일과 사용자 파일을 체계적으로 관리한다.

제2절 UNIX 프로세스의 관리

1 UNIX 프로세스의 종류

유닉스 프로세스는 프로세서가 기계어 명령으로 해석하는 바이트(텍스트), 데이터, 스택으로 구성된다. 프로세스는 자신의 스택과 데이터는 읽거나 쓸 수 있지만, 다른 프로세스의 스택과 데이터는 읽거나 쓸 수 없다. 프로세스 간 통신은 시스템 호출로 하며, 프로세스 0을 제외한 모든 프로세스는 fork 시스템 호출로 생성한다. 커널은 각 프로세스의 정수로 된 유일한 프로세스 식별자(ID)로 구분한다. 프로세스 0은 시스템을 부팅할 때 생성하고, 프로세스 0(스와퍼)은 프로세스 1(init)을 생성한다. 프로세스 1은 모든 프로세스의 조상(ancestor)이다. 즉, 사용자가 로그인하면 사용자에게 사용자 프로세스를 생성하는 프로세스이다. 유닉스에는 다음 세 가지 종류의 프로세스가 있다.

① **사용자 프로세스** : 단말기의 사용자와 관련된 프로세서이다.
② **커널 프로세스** : 커널 모드에서 실행하며, 프로세스 0이 해당된다. 커널 프로세스를 변경하려면 커널을 재컴파일해야 한다.
③ **데몬 프로세스** : 다른 사용자와 전혀 관련 없지만, 전역 함수와 같이 네트워크 제어·관리 등 시스템을 지원하는 프로세스이다.

2 UNIX 프로세스의 상태

(1) UNIX 프로세스의 상태

유닉스는 사용자 프로세스 환경에서 실행되므로 [그림 11-4]와 같이 사용자 모드와 커널 모드가 필요하며, 시스템 프로세스와 사용자 프로세스를 사용한다.

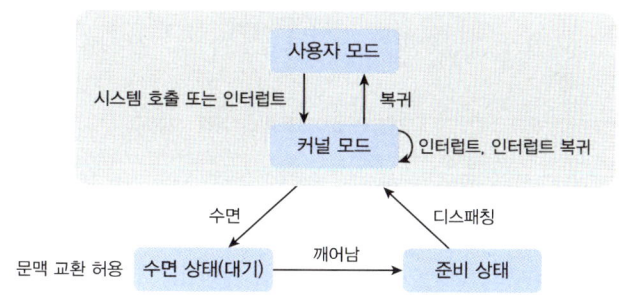

[그림 11-4] 유닉스 프로세스의 상태

① **커널 모드 동작**

시스템 프로세스는 커널 모드에서 동작하며, 프로세서 할당과 프로세스 스케줄링, 메모리 할당, 프로세스 교환 등 시스템 관리 작업을 수행하는 운영체제 코드를 실행한다. 커널은 이런 작업들을 실행하기 위해 프로세스 테이블을 유지한다.

② **사용자 모드 동작**
사용자 프로세스는 사용자 모드에서 동작하며 사용자 프로그램이나 유틸리티를 수행하지만, 인터럽트 등이 발생하면 시스템 호출을 하여 커널 모드로 들어간다.

③ **프로세스 상태**
프로세스를 크게 수행 상태, 준비 상태, 수면(대기) 상태의 집합으로 표현하면 [그림 11-4]와 같다.
㉠ 수행 상태 : 프로세스를 현재 사용자 모드 또는 커널 모드에서 수행 중이다.
㉡ 준비 상태 : 스케줄러를 선택하면 수행할 수 있는 준비 상태, 즉 실행 대기 상태가 된다.
㉢ 수면(대기) 상태 : 입·출력 완료를 기다리거나 다른 프로세스가 종료하기를 기다리는 상태이다. 시스템 자원을 이용할 수 있을 때까지 기다리는 상태처럼 더는 수행할 수 없을 때이다.

(2) UNIX 프로세스의 상태 세분화 종요

[그림 11-4]의 프로세스 상태는 [그림 11-5]와 같이 아홉 가지로 더 세분화할 수 있다.

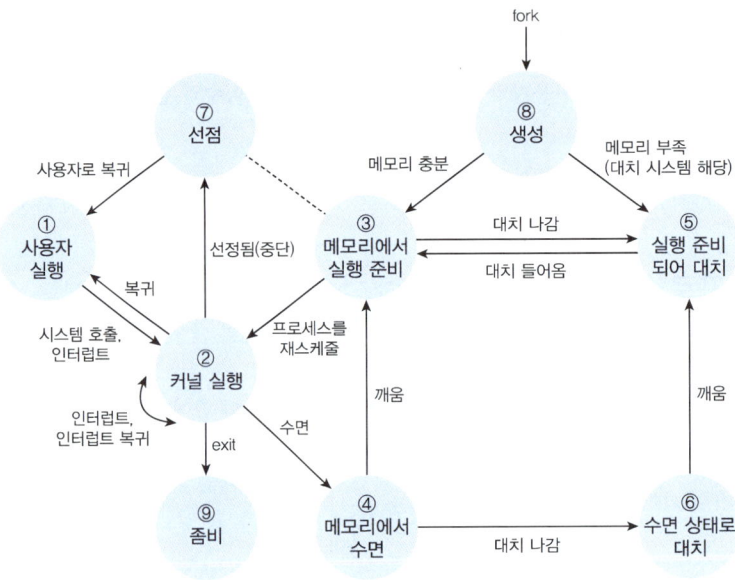

[그림 11-5] 프로세스 상태 전이도

① **사용자 실행** : 사용자 모드에서 실행한다.
② **커널 실행** : 커널 모드에서 실행한다.
③ **메모리에서 실행 준비** : 프로세스가 실행 중이지는 않지만, 커널이 프로세스를 스케줄하면 바로 실행할 수 있다.
④ **메모리에서 수면** : 메인 메모리에 있는 프로세스로 이벤트가 발생할 때까지 실행할 수 없다(대기 상태).
⑤ **실행 준비되어 대치** : 프로세스가 실행할 준비가 되어 있지만, 커널이 이 프로세스를 스케줄링하기 전에 프로세스 0(스와퍼)을 먼저 메인 메모리에 저장해야 한다(대치).

⑥ **수면 상태로 대치** : 메인 메모리에 있던 프로세스가 이벤트를 기다리다 보조기억장치로 이동한다(대기 상태).
⑦ **선점** : 프로세스가 커널 모드에서 사용자 모드로 돌아왔지만, 커널이 그 프로세스를 선점하여 다른 프로세스를 스케줄하려고 프로세스 교환을 실행한다.
⑧ **생성** : 프로세스를 새롭게 생성했지만 아직 실행 준비가 안 된 상태이다. 프로세스 0을 제외한 모든 프로세스의 시작 상태이다.
⑨ **좀비** : exit 시스템 호출을 실행한 후 프로세스가 더는 존재하지 않지만, 부모 프로세스가 수집할 정보(exit 코드나 시간 통계 기록)를 가지고 있다.

3 UNIX 프로세스의 구조

유닉스 프로세스의 구조는 [그림 11-6]과 같다.

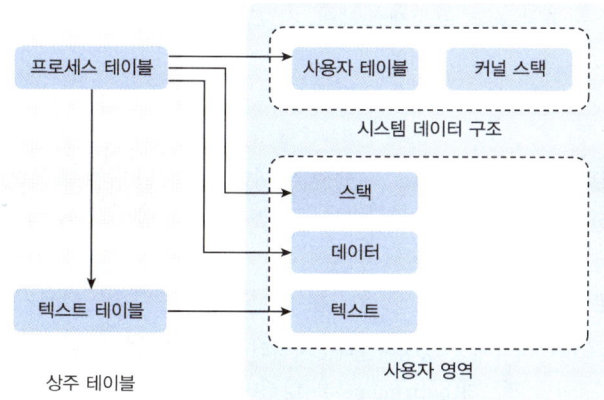

[그림 11-6] 유닉스 프로세스의 구조

(1) 프로세스 테이블

프로세스 상태 필드(준비 상태, 실행 상태, 수면 상태 등), 사용자 영역 포인터, 프로세스 식별자 ID(또는 PID), 사용자 식별자 ID(또는 UID), 프로세스 크기, 이벤트 디스크립터, 스케줄링 매개변수 항목 등 정보를 프로세스마다 유지하며, 항상 메인 메모리에 상주한다. 공유 코드가 있는 프로세스에서 텍스트 테이블을 유지하여 공유 코드의 메인 메모리 주소(디스크 주소)와 이 코드를 사용하는 프로세스 수 추적 카운터 등의 정보를 포함한다.

(2) 각 프로세스의 사용자 영역

텍스트, 데이터, 스택으로 구분한다. 텍스트에는 프로그램의 명령어들을 저장하여 읽을 수만 있고, 데이터와 스택은 항상 동일한 주소 공간에 있지만 독립적으로 반대 방향으로 늘어난다. 사용자 영역에는 커널을 실행할 때 필요한 추가 정보가 들어 있다. 구체적으로 프로세스의 테이블 포인터, 시스템 호출

매개변수, 사용자 식별자, 사용자와 커널의 사용 시간, 시스템 호출을 할 때 발생하는 오류, 시스템 호출의 반환 값, 프로세스가 시그널을 수신했을 때 수행하는 동작, 입·출력과 파일의 매개변수 등이 담겨 있다. 이 정보는 프로세스를 가상 메모리에서 페이징할 때도 사용한다.

(3) 사용자 테이블

프로세스가 대치되지 않고 메모리에 있을 때 필요한 정보를 보관한다. 그런 다음 해당 프로세스를 활성화할 때만 메인 메모리의 임시 영역에 적재한다. 사용자 테이블은 커널 가상 데이터 영역으로 매핑, 열린 파일의 테이블은 사용자 테이블에 유지된다.

제3절 시스템 호출 인터페이스

시스템 호출 인터페이스는 파일 조작, 프로세스 제어, 시그널 등을 이용하여 정의할 수 있다.

1 파일 조작

유닉스에서 파일은 바이트의 연속이지만, 커널 측면에서는 어떤 구조도 없다. 예를 들면, 일반적인 테스트 파일은 개행문자(newline) 하나로 구분하는 ASCII 문자의 행들로 구성되어 있으나, 커널은 이런 것을 전혀 모른다.

(1) UNIX의 파일 경로명

파일은 트리 구조의 디렉터리에서 생성하는데, 디렉터리는 다른 파일 찾는 방법을 알려 주는 정보가 들어 있는 파일이다. 파일 경로명(path name)은 디렉터리 주소에서 파일에 도달할 수 있는 경로를 의미한다. 유닉스 시스템의 파일명은 255문자 이내에서 사용 가능하고, 주의할 것은 대·소문자를 구별한다는 것이다.

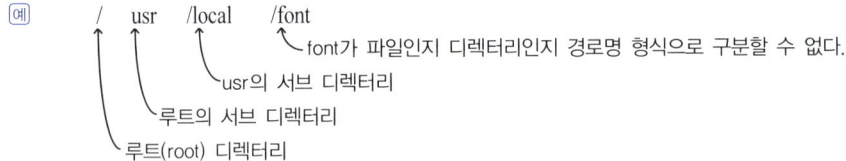

(2) UNIX의 절대 경로와 상대 경로

유닉스의 경로명은 절대 경로명과 상대 경로명으로 구분한다.
① 절대 경로명은 파일 시스템의 루트에서 /로 시작하므로, '/usr/local/font'는 절대 경로명이다.

② 상대 경로명은 현재 디렉터리에서 시작하고, 'local/font'는 현재 디렉터리에서 local 디렉터리에서 이름이 'font'인 파일이나 디렉터리를 가리킨다. 디렉터리에서 '.'이라는 파일 이름은 디렉터리 자신을 가리키는 하드 링크이다.

> **더 알아두기**
>
> **하드 링크(물리적 링크)**
> 링크(link)는 파일이나 디렉터리를 직접 복사하지 않고, 기존 파일이나 디렉터리를 실제로 복사한 파일처럼 사용할 수 있도록 연결하는 기능으로, 하드 링크는 동일한 파일 시스템에서 원본 파일을 복사하여 사본을 생성한다. 원본을 삭제해도 원본과 내용이 동일한 파일이 있어, 자원을 공유하면서 데이터도 안전하게 관리할 수 있다. 하드 링크는 파일 복사와 비슷하다. 차이점은 파일 복사는 i 노드와 함께 복사하는 것이고, 하드 링크는 여러 파일이 i 노드 하나를 공유한다.

(3) 파일의 종류

① **정규 파일**

정규 파일이란 .login 이나 a.txt 같은 보통 파일을 말한다.

② **디렉터리 파일**

유닉스에서는 정규 파일과 디렉터리 파일을 모두 파일이라고 부르며, 디렉터리 파일은 ./data 같은 디렉터리를 의미한다. 다음 [표 11-1]에서 '/' 밑에 있는 디렉터리를 성격별로 나타낸 것이다.

[표 11-1] 유닉스의 디렉터리 성격

디렉터리명	디렉터리 성격 설명
/	UNIX 커널의 실행 파일 및 시스템 관리에 중요한 .login, .profile의 파일이 포함되어 있다.
/bin	UNIX의 기본 커맨드 파일들이 위치한다.
/etc	init, passwd 등 시스템 관리용의 커맨드나 데이터 파일들이 위치한다.
/lib	커맨드들이 사용하는 기본적인 파일들이 배치된다.
/temp	커맨드 실행 중에 필요한 임시 파일들을 위치시키기 위하여 사용되는 디렉터리다.
/usr	일반적으로 시스템 관리자의 파일들을 배치한다.
/usr/bin	워드, 데이터베이스 관리 프로그램들과 개발된 프로그램 등이 포함된다.
/usr/home	사용자들의 홈 디렉터리로서 대표적으로 지정하는 것이나 시스템을 설치할 때 다른 곳으로 정해 줄 수도 있으며 사용자 계정을 만들 때에 다른 곳으로 만들어 줄 수도 있다.
/usr/include	C언어의 header 파일들이 포함된다.
/usr/man	UNIX의 매뉴얼이 위치한다.
/usr/spool	CPU와 주변장치를 중첩하여 수행시키기 위하여 주변장치로 출력되는 데이터 파일들을 임시로 저장하는 스풀용의 디렉터리이다.
/usr/adm	UNIX의 사용자와 프로세스의 작동을 monitor하는 accounting error reports 같은 프로그램들이나 데이터 파일들이 포함된다.
/dev	운영체제에서 사용하는 장치들(CD-ROM, 키보드, 모니터, 디스크 등)이 파일 형태로 있다.

③ 유닉스의 특수 파일

하드웨어 장치도 파일 시스템에서 이름을 갖는 특수 파일이다. 이런 특수 파일들은 커널에서 장치 인터페이스로 인식하지만, 다른 파일처럼 시스템 호출이나 사용자가 액세스 할 수 있다. 유닉스의 특수파일은 터미널이나 프린터와 같은 입·출력 장치들의 접근을 위해 사용되는데, 장치 파일 (device file)이라고도 한다. 유닉스 계열 운영 체제에서 마치 흔한 파일처럼 보이는 파일 시스템 안에 보이는 장치 드라이버의 인터페이스이다. 소프트웨어가 표준 입·출력 시스템 호출을 사용하여 장치 드라이버와 상호 작용할 수 있게 해 준다.

디렉터리 '/dev' 아래의 파일들이 있다. 예를 들면 /dev/tty12는 12번 터미널을 의미한다. 이곳에서는 자신이 가지고 있는 장치가 /dev 디렉터리 내의 어떤 형식의 장치를 가지고 있는지를 알고만 있어도 장치를 인식할 수 있다. [그림 11-7]은 유닉스에서 일반적인 파일 시스템의 디렉터리 구조를 보여준다.

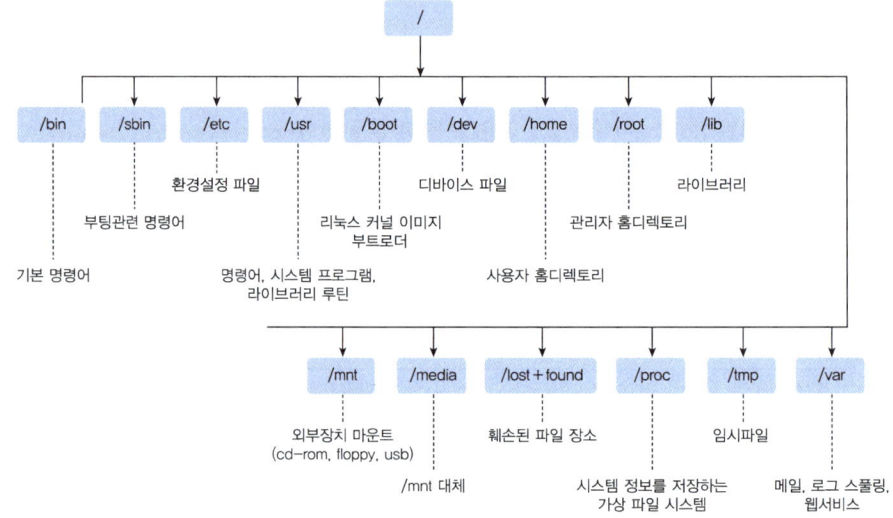

[그림 11-7] 유닉스에서 일반적인 파일 시스템의 디렉터리 구조

2 프로세스 제어 기출

(1) fork 명령어와 wait 명령어 수행

① fork 명령어 수행

프로세스는 fork 명령어로 만들고, 부모 프로세스 주소 공간의 복사본(동일한 프로그램과 값이 똑같은 동일한 변수)으로 구성된다. 부모와 자식 관계의 프로세스는 fork 명령어를 수행 후에도 계속 실행하지만, 새로운 자식 프로세스는 fork 명령어의 반환 값으로 0을 되돌려준다.

② execve 명령어 수행

execve 명령어는 가상 메모리에 새로운 프로그램을 대치, 부모와 자식 프로세스 중 하나의 프로세스를 생성 후 사용한다.

③ exit 명령어와 wait 명령어 수행

프로세스는 exit 명령어로 종료하고, wait 명령어로 부모 프로세스가 자식 프로세스의 종료를 기다린다. 자식 프로세스에 오류가 발생하면 exit 명령어를 수행한다. 자식 프로세스가 존재하는 시간과 부모 프로세스가 wait 명령어를 끝내는 시간 사이에 프로세스는 아무 일도 하지 않는다. 즉, 부모 프로세스가 상태 정보를 수집할 수 있도록 계속 존재한다. 부모 프로세스를 자식 프로세스보다 먼저 종료하면 자식 프로세스는 좀비 프로세스가 된다. [그림 11-8]은 fork 명령어와 wait 명령어 수행의 예를 보여준다.

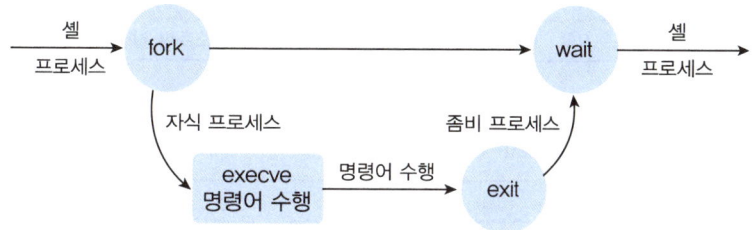

[그림 11-8] fork 명령어와 wait 명령어 수행의 예

(2) 사용자 프로세스

모든 사용자 프로세스는 프로세스 식별자 1인 init 프로세스의 후손이다. 각 단말기 포트는 init로 생성한 getty 프로세스를 갖는다. getty 프로세스는 사용자의 로그인 이름을 execve로 로그인 프로세스에 전달한다. 로그인 프로세스는 사용자 패스워드와 '/etc/passwd' 파일에서 얻은 암호화된 문자열과 비교하여 일치하면 사용자 접속을 허락한다. 로그인 프로세스는 로그인한 사용자 프로세스에 정수의 프로세스 사용자 식별자를 설정한 후 셸이나 명령어 해석기를 수행한다.

3 시그널

(1) 시그널

소프트웨어 인터럽트이다. 대부분의 규모 있는 어플리케이션에서 시그널을 다룰 필요가 있다. 시그널은 초기 버전의 유닉스에서부터 지원되어 왔으나, Version 7과 같은 시스템에서 제공되는 시그널 모델은 믿음직한 것이 아니었다. 시그널은 잃어버리는 경우도 있었고, 이미 선택되어진 시그널을 코드의 결정적인 부분에서 끄는 것은 아주 어려운 일이었다. 4.3 BSD와 SVR3 둘 다 시그널 모델을 변경하였고, 신뢰할 수 있는 시그널을 추가하였다. 그러니 버클리와 AT&T에서 바꾼 내용은 호환이 되지 않았다. 다행히도, POSIX.1은 신뢰할만한 시그널 루틴을 표준화하였다.

(2) 시그널의 종류
① 프로그램 오류 시그널
심각한 프로그램의 에러가 운영체제나 컴퓨터 자체에 의해 검출되었을 때 발생된다.

시그널	설명
SIGFPE	심각한 산술적 에러를 보고한다.
SIGILL	쓸모없거나 특권이 부여된 명령어를 실행하려 했다는 의미이다
SIGSEGV	할당된 메모리의 범위를 벗어나는 곳에서 읽거나, 쓰기를 시도할 때 발생된다.
SIGBUS	유용하지 않은 포인터가 비참조되었을 때 발생된다.
SIGABRT	프로그램 그 자체와 abort가 호출되었음을 보고함으로써 발생되는 에러를 지적한다.

② 종료 시그널
프로세스를 종료함을 알리기 위해 사용된다.

시그널	설명
SIGHUP	사용자 터미널의 단절을 보고하기 위해 사용된다.
SIGINT	사용자가 INTR 문자를 입력했을 때 보내어진다.
SIGQUIT	SIGINT와 유사하고, 그 프로세스가 종료될 때 프로그램 에러 시그널처럼 코어 파일을 작성한다.
SIGTERM	프로그램을 종료하는데 사용하는 포괄적인 시그널로 무시될 수 있다.
SIGKILL	즉각적인 프로그램 종료를 일으키기 위해서 사용되고, 무시될 수 없으며, 그 결과는 항상 치명적이 된다.

③ 작업 제어 시그널
작업 제어를 지원하기 위해 사용된다.

시그널	설명
SIGCHLD	자식 프로세스들 중의 하나라도 종료되거나 멈출 때마다 부모 프로세스에게 보내어진다.
SIGCONT	중지된 프로세스가 계속 실행될 때 보내진다.
SIGSTOP	프로세스를 멈춘다. 무시될 수 없다.
SIGTSTP	상호 작용하는 멈춤 신호이다. 무시될 수 있다.
SIGTTOU	배경 작업에 속한 프로세스가 터미널에 출력하려 시도하거나 그 터미널 모드를 설정하려 시도할 때 발생된다.
SIGKILL	프로세스를 종료한다. 무시될 수 없다.

제4절 UNIX의 파일 시스템

1 디스크 블록의 구조

유닉스에는 디렉터리 파일, 일반 파일, 장치 파일이 있다. 이 모든 파일은 트리 구조가 하나이며 계층적으로 관리한다. 유닉스 파일 시스템은 이런 파일을 디스크 블록이라는 논리적인 단위로 관리한다.

(1) 디스크 블록의 연결

mkfs(make file system) 명령어로 파일 시스템을 생성하면 [그림 11-9]와 같은 디스크 블록들을 연결 리스트 형태로 만든다. 각 디스크 블록은 자유 디스크 블록의 번호를 포함하는 배열 형태이고, 이 중 한 항목은 다음 디스크 블록의 번호를 가리킨다.

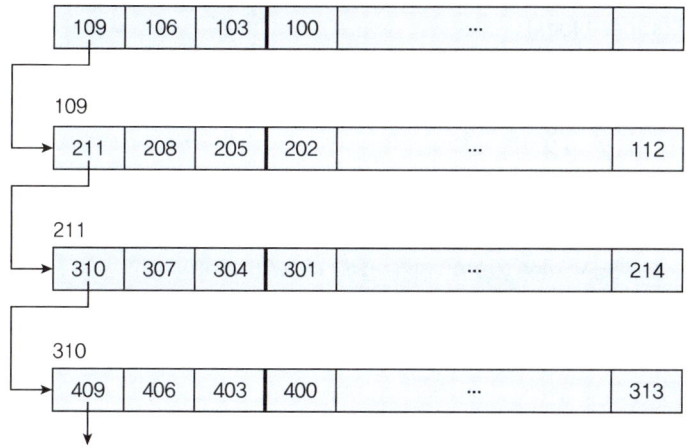

[그림 11-9] 연결 리스트 형태의 디스크 블록

> **더 알아두기**
> **파일 시스템과 관련된 유닉스 명령어**
> • mkfs : 파일 시스템 생성
> • mout : 파일 시스템 마운팅, 즉 파일 시스템 사용 준비

(2) 디스크 블록 구조 중요

유닉스 디스크 블록은 [그림 11-10]과 같이 네 영역으로 구성된다.

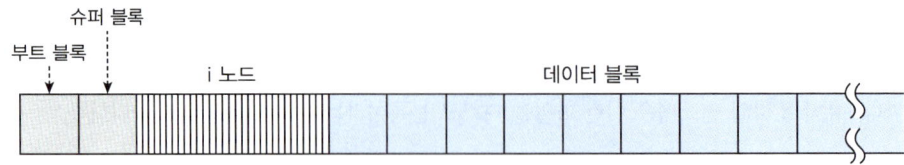

[그림 11-10] 유닉스 디스크 블록의 구조

① **부트 블록(boot block)**
부트 블록은 파일 시스템에서 유닉스 커널을 적재시키는 프로그램을 포함하는데, 이런 프로그램을 부트스트랩(bootstrap) 또는 부트로더(bootloader)라고 한다.

② **슈퍼 블록(super block)**
슈퍼 블록은 디스크에 대한 다양한 정보를 저장하고 있는 곳으로, 전체 블록의 수, 블록의 크기, 사용 중인 블록의 수, 사용할 수 있는 블록의 번호, i-노드 리스트의 크기, 사용할 수 있는 i-노드의 번호 등의 정보를 저장한다.
  ⊙ 파일 시스템에 있는 블록의 총 수
  ⊙ 파일 시스템에 있는 자유 i-노드의 리스트와 i-노드 수
  ⊙ 파일 시스템에서 이용 가능한 자유 블록 리스트(비트맵)
  ⊙ 바이트 단위로 된 블록의 크기
  ⊙ 자유 블록 수
  ⊙ 사용 중인 블록 수
  ⊙ 자유 i-노드 리스트에서 다음 자유 i-노드를 가리키는 인덱스
  ⊙ 파일 수

③ **i-노드**
i-노드는 여러 개의 정보로 구성되어 있다. 파일 관리에 필요한 정보를 저장하며, 파일 하나에서 i-노드 한 개를 만든다. 'i-노드 번호'라고 하는 번호로 구별한다. i-노드에는 [표 11-2], [그림 11-11]과 같은 정보가 저장되어 있다.

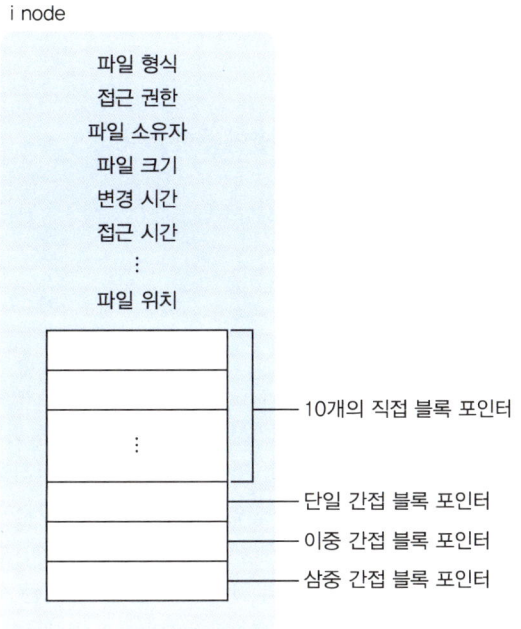

[그림 11-11] i-노드의 구조

[표 11-2] i-노드에 저장된 정보(크기 단위 : Byte)

필드	크기	설명
모드(형식)	2	파일 형태, 보호 비트
N링크	2	i-노드에 대한 디렉터리 엔트리 수
사용자 식별자	2	파일의 개별 소유자
그룹 식별자	2	파일의 그룹 소유자
크기	4	파일의 크기(바이트 수)
주소	39	주소 정보(직접 블록 10개, 간접 블록 3개)
생성자	1	생성 번호
액세스 시간	4	파일에 마지막으로 액세스한 시간
수정 시간	4	파일을 마지막으로 수정한 시간
변경 시간	4	i-노드를 수정한 마지막 시간

i-노드 영역에는 디스크 주소가 13개 포함되며, 3Byte 주소(포인터) 13개로 구성된 39Byte 주소 정보가 들어 있다. 처음 주소 10개는 파일의 데이터 블록(10kByte) 10개를 나타내며, 파일이 블록보다 크다면 다음과 같이 사용한다.

㉠ 11번째 주소는 단일 간접 블록이라고 하며, 다음 블록(256kByte) 256개를 나타낸다.

㉡ 파일이 더 많은 크기의 블록을 포함한다면, 12번째 주소는 이중 블록을 가리킨다. 즉, 각 블록은 다시 블록 256개를 나타내므로 256×256 블록으로 65MByte 크기가 된다.

ⓒ 파일이 더 크다면 13번째 주소는 삼중 간접 블록을 가리킨다. 따라서 256×256×256 블록으로 16GByte 크기가 된다.

④ **데이터 블록**
일반적인 파일이나 디렉터리 파일의 내용이 들어 있다.

2 UNIX에서 연속 파일 할당

(1) 연속 파일 할당

유닉스에서 사용자가 디스크 블록이 10개씩 필요한 파일 A, 파일 B, 파일 C를 생성하여 블록을 연속적으로 할당한다면 [그림 11-12]의 (a)와 같다. 이때 파일 B를 15개 크기로 확장하려면, 커널이 파일 B를 연속된 블록 15개가 있는 영역으로 복사해야 한다. 그러면 파일 B가 사용했던 공간은 [그림 11-12]의 (b)와 같이 블록 10개 이하의 파일에만 사용할 수 있다. 물론 이 단편화는 쓰레기 수집(garbage collection)으로 해결할 수 있으나, 시스템의 처리 능력을 떨어뜨리는 결과를 초래한다. 그리고 파일에 디스크 블록을 하나씩 할당하여 블록들이 파일 시스템의 여러 곳에 분산되도록 해서 융통성을 높일 수 있는데, 이런 할당 방법은 데이터를 찾는 알고리즘을 복잡하게 한다. i-노드 리스트에 파일의 데이터가 들어 있는 블록 번호를 모두 담을 수 있지만, 이런 선형 목록은 관리하기가 어렵다.

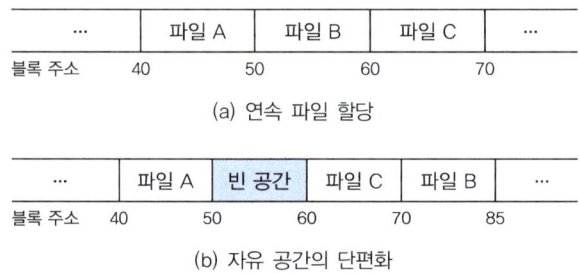

[그림 11-12] 연속 파일 할당과 자유 공간의 단편화

(2) 다중 블록 인덱스 파일 할당

만약 블록 하나가 1kByte 데이터를 가질 수 있다면, 10kByte 파일은 블록 번호 10개의 인덱스가 필요하고, 100kByte 파일은 블록 번호 100개의 인덱스가 필요하다. 그래서 i-노드의 크기를 작게 유지하면서 비교적 큰 파일을 지원하기 위해 [그림 11-13]과 같이 직접 블록은 데이터 블록 주소를 직접 가지고 있다. 단일 간접 블록과 이중 간접 블록 등에는 데이터 블록 주소를 가진 블록 주소를 저장하는 방법을 사용한다.

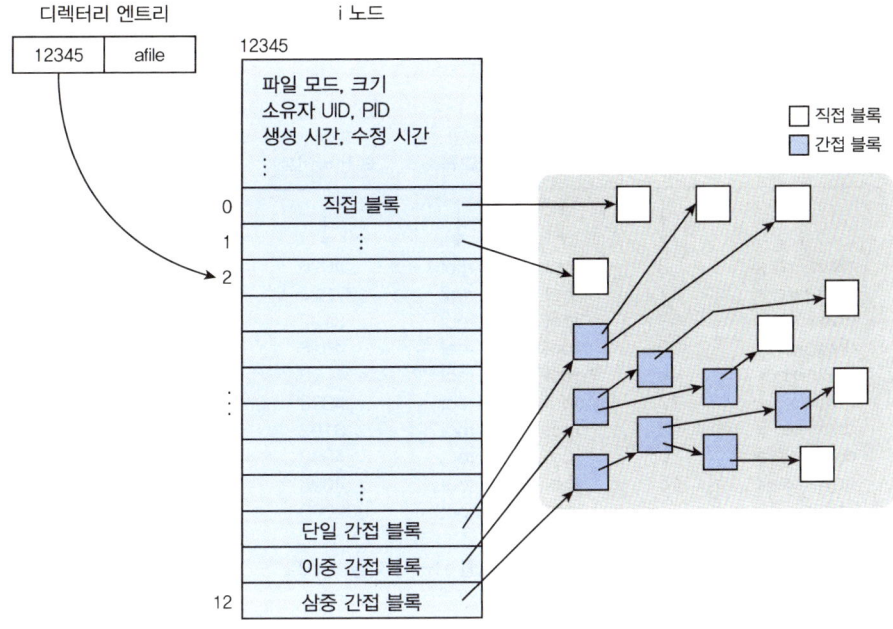

[그림 11-13] 다중 블록 인덱스 파일 할당

3 UNIX의 디렉터리

(1) UNIX에서 파일과 디렉터리를 구현할 때의 차이점

유닉스에서 파일과 디렉터리를 구현할 때 차이는 거의 없다. 디렉터리 내용은 데이터 블록에 있고 일반 파일처럼 i 노드로 표현하는데, i 노드의 형태 필드만 일반 파일과 디렉터리를 구분한다. 그런데 일반 파일에는 없으나, 디렉터리에는 특별한 구조가 있다. 예를 들면, 유닉스 버전 7에서 파일 이름은 14자로 제한되므로 디렉터리 i-노드 번호 2Byte와 파일 이름 14Byte를 합쳐 16Byte가 된다.

① 디렉터리를 사용할 때의 규칙

경로명의 첫 글자가 '/'이면 루트 디렉터리이고, 그 외는 현재 디렉터리를 나타낸다. 사용자는 경로명으로 파일을 참조하고, 파일 시스템은 i 노드, 즉 기억된 i 노드를 사용하여 파일을 정의한다. 따라서 커널은 사용자 경로명을 i 노드로 매핑해야 한다. 디렉터리를 사용할 때의 규칙은 다음과 같다.
㉠ 경로명이 '/'로 시작하면 루트 디렉터리에서 시작한다.
㉡ 경로명에서 마지막 이름은 요청한 파일 이름이다.
㉢ 경로명에 '.', '?'이 나타나면 '.'은 현재 디렉터리, '?'은 상위 디렉터리를 의미한다. 따라서 모든 경로명은 이 둘을 제외하고는 트리 아래쪽으로 진행한다.
㉣ 경로명에는 공백이 허용되지 않는다.

② 디렉터리 내의 파일 리스트 예
[그림 11-14]는 디렉터리 내의 파일 리스트를 보여준다.

ⓘ 액세스 권한	ⓛ 링크 수	ⓒ 소유자	ⓔ 그룹	ⓜ 크기(바이트)	ⓗ 날짜(변경)			ⓢ 파일 이름
↓	↓	↓	↓	↓	↓			↓
drwxr-xr-x	2	root	root	4096	Mar	21	2002	bin
drwxr-xr-x	17	root	root	77824	Aug	11	14:40	dev
drwxr-xr-x	69	root	root	8192	Sep	25	18:15	etc
drwxr-xr-x	66	root	root	4096	Sep	25	18:15	home
dr-xr-xr-x	46	root	root	0	Aug	11	10:39	proc
drwxr-x---	12	root	root	4096	Aug	7	2002	root
drwxr-xr-x	2	root	root	8192	Mar	21	2002	bin
drwxrwxrwx	6	root	root	4096	Sep	29	04:02	tmp
drwxr-xr-x	16	root	root	4096	Mar	21	2002	user
-rw-r--r--	1	root	root	802068	Sep	6	2001	vmlinuz

[그림 11-14] 파일 리스트

ⓘ 액세스 권한 : d는 디렉터리, '-'는 일반 파일, b는 특수 파일, c는 문자 특수 파일 등을 나타낸다. rwx는 파일의 소유자, 소유자 그룹의 다른 사용자, 나머지 모든 사용자의 읽기(r), 쓰기(w), 실행(x)의 액세스 권한을 나타낸다.
ⓛ 링크 수 : 동일한 파일을 참조하는 링크 수로, 별명 수라고도 한다.
ⓒ ~ ⓢ : 각각 소유자 이름, 그룹 이름, 파일 크기(Byte), 변경한 날짜와 시간, 파일 이름을 나타낸다.

제5절 UNIX의 메모리 관리

1 UNIX의 메모리 관리 개요

유닉스는 처음에 단일 사용자를 위해 개발했지만, 나중에는 다중 사용자 환경에 적합하도록 발전했다. 다중 프로그래밍 유닉스에서는 메모리 관리 방법으로 **대치**나 **페이징**을 사용한다. 크기가 작은 작업은 대치를, 다수의 큰 작업은 페이징을 사용할 수 있다. 메모리 관리자는 각 프로세스를 메모리에 저장하는 동안 중첩되지 않도록 보호하며, 메모리에 상주하는 커널은 여러 프로세스가 메모리에 동시에 있도록 메모리 경계를 설정한다.

2 대치

(1) UNIX에서 대치의 개념

유닉스는 메인 메모리와 대치장치 사이에 전체 프로세스를 전송하고, 고유 텍스트를 제외한 프로세스 일부만 전송하지 않는다. 그래서 대치를 구현하기가 용이하고, 시스템의 오버헤드가 있지만 커널이 단편화를 고려하지 않고 대치장치에 연속 공간을 할당하기 때문에 메모리의 외부 단편화 문제가 심각하다. 커널은 파일 시스템의 자유 공간을 슈퍼 블록에서 액세스되는 자유 블록 연결 리스트로 관리, 대치장치의 자유 공간은 맵 테이블에 유지한다. 유닉스에서 메모리와 대치 공간의 할당은 최초 적합 전략을 이용한다. 하나의 맵은 배열로 할당 가능한 자원 주소와 그 위치에 있는 사용 가능한 자원 수로 구성한다.

(2) 대치 공간의 할당

① **초기의 대치 맵과 대치 공간의 할당**

예를 들면 [그림 11-15]의 (a)와 같이 주소가 1부터 시작하고 블록이 10,000개로 구성된 초기의 대치 맵이 있다고 하자. [그림 11-15]의 (b)는 100개, 50개, 100개를 각각 할당할 때 변화하는 대치 맵으로, 앞에서부터 250개를 할당하고 251번지부터 시작하는 자유공간이 9,750개 있다는 것을 보여준다.

② **대치 공간을 자유 공간으로 변화**

[그림 11-15]의 (d)와 같이 커널이 101번지에서 시작하는 대치 자원을 자유 공간으로 할당한다면, 대치 맵은 다시 새로운 항목을 만든다. 이어서 (e)와 같이 다시 1번지에서 시작하는 대치 자원도 자유 공간으로 변환하면 커널은 다시 조정된다.

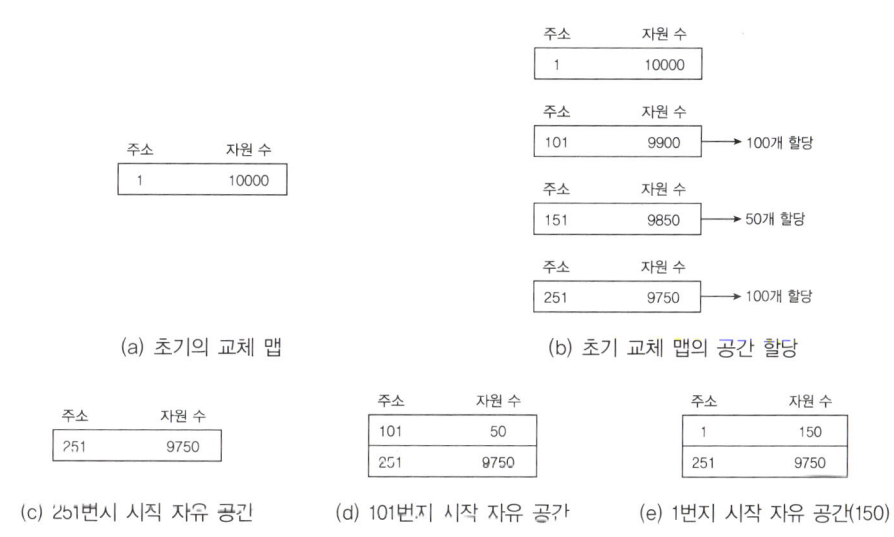

[그림 11-15] 초기의 대치 맵과 공간의 할당 및 대치 공간을 자유 공간으로 변화

3 페이징

페이징을 사용하면 메모리의 외부 단편화를 해결할 수 있지만, 내부 단편화가 발생한다. 또 페이징은 복잡한 하드웨어 구성과 시스템 오버헤드의 증가, 작업 부하가 크면 스래싱 현상을 일으킬 수 있다는 단점이 있지만, 프로세스 및 디스크 블록 버퍼에 메인 메모리의 페이지 프레임을 할당하는 가상 메모리 기능을 제공하여 사용자 프로세스와 디스크 입·출력을 위해 효과적으로 메모리를 관리할 수 있다.

(1) 페이지 프레임 데이터 테이블

페이징 방법에 사용하는 페이지 프레임 데이터 테이블은 [그림 11-16]과 같다. 이 테이블은 대치 알고리즘에서 중요하다. 페이지 프레임 테이블은 각 메모리의 삭제 프레임 정보와 프레임 번호로 인덱스를 보유한다.

페이지 상태	참조횟수	논리장치	블록번호	Pfdata 포인터

[그림 11-16] 페이지 프레임 데이터 테이블

① **페이지 상태**: 프레임을 사용할 수 있는지 또는 연관된 페이지가 있는지 여부를 나타낸다. (예) 프로세스의 할당 여부)
② **참조횟수**: 페이지에 참조한 프로세스 수를 나타낸다. 프로세스들이 동일한 물리적 페이지를 공유할 수 있다.
③ **논리장치**: 페이지의 물리적 사본이 들어 있는 디스크의 장치 번호를 나타낸다.
④ **블록 번호**: 페이지 데이터가 있는 디스크의 블록 번호를 나타낸다.
⑤ **페이지 프레임 데이터 포인터(Pfdata 포인터)**: 프레임 테이블로 빈 프레임의 단일 링크 리스트를 스레드로 사용하는 포인터 필드이다. 빈 페이지이면 이 포인터는 다음 빈 페이지를 가리키므로 빈 리스트 할당에 유용하다.

(2) 수정된 시계(2차 기회 대치) 페이지 대치 알고리즘

페이지 대치 알고리즘은 실행 중인 프로토콜을 지원하며, 사용 가능한 프레임을 충분히 유지하기 위해 최근 최소 사용 알고리즘을 사용했다. 최근에는 수정된 시계 페이지 대치 알고리즘을 사용하며, [그림 11-17]과 같다.

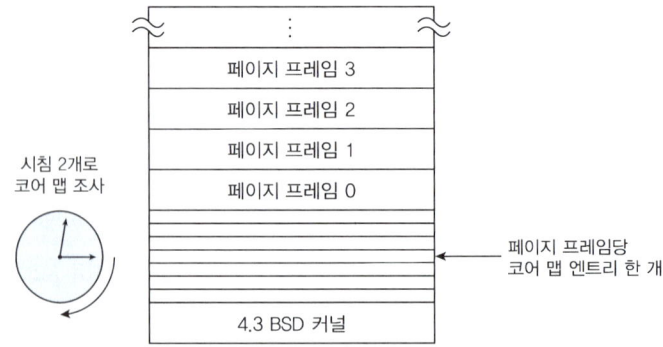

[그림 11-17] 수정된 시계(2차 기회 대치) 페이지 대치 알고리즘

수정된 시계 페이지 대치 알고리즘은 페이지를 처음 메모리에 적재하면 0, 참조하면 1로 설정한다. 선시침이 대치 대상이 되는 페이지를 조사하여 각 페이지를 0으로 설정하고, 그런 다음 후 시침이 동일한 페이지 리스트의 참조 비트를 조사하여 1로 설정된 프레임은 대치 대상에서 제외한다.

(3) 프로세스의 작업 집합

페이징을 구현하여 프로세스의 전체 가상 주소 공간을 메모리에 적재하지 않아도 수행이 가능해졌다. 따라서 프로세스의 가상 주소 크기가 시스템에서 이용 가능한 물리적 주소의 양을 초과할 수 있었다. 또 프로세스는 제한된 지역을 중심으로 참조하는 지역성 원리를 적용하므로, 프로세스가 참조한 페이지 집합을 작업 집합(working set)이라고 한다.

① **작업 집합**

작업 집합은 전체 프로세스의 작은 부분으로 대치 시스템보다 많은 프로세스를 동시에 메인 메모리에 적재하여 대치량과 시스템의 스래싱 현상을 감소시킬 수 있다.

② **프로세스의 작업 집합**

프로세스의 페이지 참조 순서에 따라 작업 집합을 윈도우 크기별로 [그림 11-18]에서 보여준다. 여기서는 최근 최소 사용 대치 방법을 채택한다.

페이지 참조 순서	작업 집합 (윈도우 크기)			
	2	3	4	5
24	24	24	24	24
15	15 24	15 24	15 24	15 24
18	18 15	18 15 24	18 15 24	18 15 24
23	23 18	23 18 15	23 18 15 24	23 18 15 24
24	24 23	24 23 18	|	|
17	17 24	17 24 23	17 24 23 18	17 24 23 18
18	18 17	18 17 24	|	|
24	24 18	|	|	|
18	18 24	|	|	|
17	17 18	|	|	|
17	17	|	|	|
15	15 17	15 17 18	17 24 23 18	|
24	24 15	24 15 17	|	|
17	17 24	|	|	|
24	24 17	|	|	|
18	18 24	24 24 17	|	|

[그림 11-18] 프로세스의 작업 집합

프로세스를 실행하면서 프로세스의 메모리 참조 패턴에 따라 작업 집합을 바꾼다. 윈도우 크기가 클수록 작업 집합이 크면 프로세스의 페이지 부재가 덜 발생하지만 페이지 참조의 순서를 기억하는 비용이 많이 들기 때문에 순수한 작업 집합 모델을 구현하는 것은 비현실적이다. 대신 시스템은 프로세스가 페이지를 액세스할 때마다 참조 비트를 설정하고, 메모리 참조를 주기적으로 샘플링하여 개략적인 작업 모델을 구현한다. 어떤 페이지를 최근에 참조했다면 해당 페이지는 작업 집합의 일부분이 된다. 아니면 대치될 자격이 생길 때까지 메모리에서 기다리게 된다.

제6절 UNIX 시스템 사용 명령어

1 시동과 종료

(1) login

login은 사용자가 console을 이용할 때와 터미널을 이용할 때는 다소 차이가 있지만 그렇지 않은 경우도 있다. 예를 들자면 어떤 telnet 접속 프로그램으로 접속할 경우 뜨지 않던 openwindows가 다른 프로그램에서는 뜰 수도 있다.

(2) command line의 입력 형식

유닉스는 명령어 입력 시에 대소문자 구분이 있다는 점과 항상 명령어의 사용법에 있어서 자신이 없을 때에는 아래의 형식으로 도움말을 이용토록 한다. 그리고 앞으로 나오는 프롬프트는 '#'로 통일한다. 이러한 프롬프트에 대해서는 크게 연연하지 않아도 된다. 예를 들자면 시스템에 Solaris 2.5를 설치한 다음 처음 뜨는 root용 프롬프트는 '#'이다. 하지만 이것을 수정할 수도 있다.

Solaris를 설치하게 되면 먼저 root는 Sun Shell(이하 sh)로 셋팅이 되어 있어서 그렇게 뜬다. 하지만 C Shell(이하 csh)로 설정할 경우에는 달라진다. 그리고 자신만의 Shell 파일(.cshrc)에서 set prompt 문법을 이용하여 아예 프롬프트를 바꿀 수도 있으므로 이 부분에 대해서는 크게 신경을 쓰지 않도록 한다.

```
# man ls
```

(3) 비밀번호의 설정과 변경

비밀번호는 시스템을 사용함에 있어서 가장 소중히 다뤄야 할 부분이다. 쉽게 알 수 없는 즉 자신의 신상명세와 연관 없는 것을 고르고 남들이 알지 못하도록 해야 한다. 예를 들어 규칙을 이용하여 암호를 설정하는 습관을 가지는 것도 도움이 된다. 다음의 명령어로 암호를 바꿀 수 있다.

```
# passwd

Enter New password:
Re-enter New password:
```

(4) logout

시스템 사용을 종료할 때에는 실행 중인 프로세스가 없는지 확인을 하고 종료한다.

종료할 때에는 logout과 exit 또는 Ctrl + D를 사용한다.

2 기본적인 명령어

기본적으로 UNIX는 대소문자를 구별한다. 그리고 alias가 되어있지 않는 한 소문자로 명령어를 입력하는 것이 일반적이므로 이에 주의하여야만 한다.

명령어	설명
id	사용자의 이름과 번호의 표시(사용자가 속한 group id와 user id를 표시함)
pwd	사용자의 현재의 디렉터리 표시
tty	사용자 단말기의 장치 파일명 표시
stty	터미널 제어 특성의 표시 및 지정, 현재 컴퓨터 시스템과 연결되어 있는 단말기나 콘솔의 입·출력을 논리적으로 변경
date	시스템의 날짜와 시간의 표시
cal	현재의 달력을 보고자 할 때 사용
who	현재 접속되어 있는 사용자들 표시
whoami	현재 접속해 있는 자신의 id를 표시
finger	시스템 사용자의 개인 정보 표시 (예 #finger root)

3 주로 사용하는 명령어

명령어	설명	예
where	찾고자 하는 파일이나 디렉터리의 위치를 알려줌	# where index.html
ps	프로세스의 상태 표시	
df	디스크의 사용 가능한 공간 표시	# df -u
cp	파일 복사	# cp index.html index_old.html
mv	파일 이동	# mv index.html index_new.html
rm	파일 제거	# rm index.html
rmdir	디렉터리 제거	# rmdir ./images
chdir	디렉터리 변경 (위치 이동)	# chdir /usr/local
cd	디렉터리 변경 (위치 이동)	# cd /usr/local/bin
hostname	현재 접속해 있는 host의 이름을 표시	# hostname
man	해당하는 command의 manual을 참조하고자 할 때, 단 /usr/man에 그 항목이 있어야만 함	# man ls
&	background 처리를 위하여 명령어 뒤에 붙여줌	# test &
alias	특정한 명령어를 자신이 임의로 수정	# alias cx chmod (cx는 chmod를 대신한다)
unalias	alias를 해제	# unalias cx
find	디렉터리를 탐색하여 지정 화일의 위치 표시	# find index.html
cat	파일의 내용을 표시, DOS에서의 type명령어와 유사	# cat index.html
more	파일의 내용을 한 면씩 화면에 표시	# cat index.html	more
pg	파일의 내용을 표시	# pg index.html
head	파일의 처음 부분을 표시 (기본값은 10라인)	# head index.html
tail	파일의 마지막 부분을 표시 (기본값은 10라인)	# tail index.html
lp	파일의 내용 인쇄 요청	# lp index.html
chmod	권한 변경	# chmod 755 index.html
chown	소유권 변경	# chown webadm ./htdocs
chgrp	그룹 변경	# chgrp student webadm

○× 로 점검하자 | 제11장

※ 다음 지문의 내용이 맞으면 ○, 틀리면 ×를 체크하시오. [1~11]

01 유닉스 시스템은 여러 사람이 같은 컴퓨터에 동시에 접속하여 데이터를 사용하기 때문에 다중 작업용 시스템이다. (   )

>>> 다중 작업용 시스템은 컴퓨터 한 대에서 여러 작업을 동시에 수행하는 것으로, 유닉스 시스템은 다중 작업, 다중 사용자 시스템의 특징을 가지고 있다.

02 유닉스의 구성 요소는 하드웨어, 커널, 셸, 유틸리티, 파일 시스템이다. (   )

>>> 유닉스는 하드웨어, 커널, 셸, 유틸리티, 파일 시스템으로 구성된다. 유닉스는 기능을 대부분 유틸리티로 제공하기에 커널을 극히 단순화하는 특징이 있다.

03 커널의 기능은 유닉스 운영체제의 핵심적인 요소이고, 사용자와 하드웨어 사이의 중간 역할을 담당한다. (   )

>>> 커널은 프로세스 관리, 메모리 관리, 파일 시스템 관리, 장치 관리 등 컴퓨터의 모든 자원 초기화 및 제어 기능을 수행한다.

04 셸은 사용자와 커널 사이의 중간자 역할을 담당하는 특별 프로그램이다. (   )

>>> 셸이 사용자가 입력한 명령을 해석하여 커널에 인계하고 커널이 명령의 수행 결과를 돌려주면 셸은 이것을 다시 사용자가 이해할 수 있는 형태로 변환하여 출력한다.

05 유닉스에는 운영체제 프로세스, 커널 프로세스, 데몬 프로세스가 있다. (   )

>>> 유닉스에는 사용자 프로세스(단말기와 사용자), 커널 프로세스(커널 모드 실행), 데몬 프로세스(네트워크 제어, 관리)가 있다.

정답 **1** × **2** ○ **3** × **4** ○ **5** ×

06 유닉스의 사용자 프로세스는 사용자 모드 동작으로 시스템을 호출하여 커널 모드에 들어갈 수 있다. (   )

> 사용자 프로세스는 사용자 모드에서 동작하고 사용자 프로그램이나 유틸리티를 수행하며, 인터럽트 등이 발생하면 시스템 호출을 하여 커널 모드로 들어간다.

07 유닉스의 프로세스 테이블은 프로세스의 상태 필드, 사용자 영역 포인터 등 정보를 프로세스마다 유지하면서, 항상 가상 메모리에 상주한다. (   )

> 프로세스 테이블은 프로세스 상태 필드, 프로세스 식별자, 사용자 영역 포인터 등의 정보를 프로세스마다 유지하면서, 항상 메인 메모리에 상주한다.

08 유닉스 시스템 호출 인터페이스는 파일 조작, 프로세스 제어, 파일 시스템 등을 이용하여 정의할 수 있다. (   )

> 시스템 호출 인터페이스는 파일 조작, 프로세스 제어, 시그널 등을 이용하여 정의할 수 있다.

09 유닉스 시스템에서 디렉터리 파일은 디렉터리를 의미한다. (   )

> 유닉스에서는 정규 파일과 디렉터리 파일을 모두 파일이라고도 부르며, 디렉터리 파일은 './data' 같은 디렉터리를 의미한다.

10 디스크 블록의 영역은 세 가지로 구분되며 부트 블록, 슈퍼 블록, i-node이다. (   )

> 디스크 블록의 영역은 네 가지로 구분되며 부트 블록, 슈퍼 블록, i-node, 데이터 블록이다.

11 유닉스의 메모리 관리에서 페이징 방법은 복잡한 하드웨어 구성으로 시스템 오버헤드가 증가된다. (   )

> 페이징을 사용하면 메모리의 외부 단편화가 해결되지만, 내부 단편화가 발생하고, 작업 부하가 크면 스래싱 현상이 발생할 수 있지만, 사용자 프로세스와 디스크 입·출력을 위해 효과적으로 메모리 관리를 할 수 있다.

정답 6 ○ 7 × 8 × 9 ○ 10 × 11 ○

제 11 장 실전예상문제

01 다음 중 유닉스에 대한 설명으로 옳지 <u>않은</u> 것은?

① 유닉스는 대부분 C언어로 작성되어 있다.
② 다중 작업, 다중 사용자 시스템이다.
③ Network 기능이 풍부하다.
④ stand alone 시스템에서 주로 사용한다.

> 01 stand alone 시스템은 다른 어떤 장치의 도움도 필요 없이 그것만으로 완비된 장치를 뜻한다. 예를 들면, 팩시밀리의 경우 컴퓨터, 프린터, 모뎀 및 다른 장치들을 필요로 하지 않으므로 스탠드 얼론(stand-alone) 장치라고 말할 수 있다.

02 다음 중 유닉스에 대한 설명으로 옳지 <u>않은</u> 것은?

① 파일 시스템에서 각 파일의 소유자, 크기, 생성 시간 정보는 데이터 블록에 저장한다.
② 셸은 사용자와 시스템 간 대화를 가능하게 하는 유닉스 시스템의 메커니즘이다.
③ 루트 노드를 시작으로 하는 계층적 파일 시스템 구조를 사용한다.
④ 커널은 프로세스 관리, 기억장치 관리, 입·출력 관리 등의 기능을 수행한다.

필드	크기	설명
모드(형식)	2	파일 형태, 보호 비트
N링크	2	i-노드에 대한 디렉터리 엔트리 수
사용자 식별지	2	파일의 개별 소유자
그룹 식별자	2	파일의 그룹 소유자
크기	4	파일의 크기(바이트 수)
주소	39	주소 정보(직접 블록 10개, 간접 블록 3개)
생성자	1	생성 번호
액세스 시간	4	파일에 마지막으로 액세스한 시간
수정 시간	4	파일을 마지막으로 수정한 시간
변경 시간	4	i-노드를 수정한 마지막 시간

> 02 데이터 블록은 일반적인 파일이나 파일의 내용을 저장한다. i-노드는 다음 그림과 같이 파일 관리에 필요한 정보를 저장한다.
> [문제 하단 표 참고]

정답 01 ④ 02 ①

03 유닉스는 다중 사용자 시스템이다. 여러 사람이 같은 컴퓨터에 동시에 접속하여 데이터를 사용하는 것이다. 사용자는 네트워크나 컴퓨터에 직렬 회선으로 연결한 단말기로 유닉스에 접속하여 원하는 작업을 할 수 있다.

04 유닉스는 하드웨어, 커널, 셸, 유틸리티, 파일 시스템으로 구성된다. 셸은 사용자와 커널 사이의 중간자 역할을 담당하는 특별한 프로그램으로, 사용자가 입력한 명령을 해석하여 커널에 인계하고 커널이 명령의 수행 결과를 돌려주면 셸은 이것을 다시 사용자가 이해할 수 있는 형태로 변환하여 출력한다. 커널은 유닉스 운영체제의 핵심이고, 프로세스 관리, 메모리 관리, 파일 시스템 관리, 장치 관리를 담당한다.

05 백그라운드 수행을 통해 현재 하고 있던 작업을 잠시 뒤에 혼자 실행하도록 두고 다른 작업을 할 수 있게 한다. 즉, 개념적으로 멀티태스킹 작업을 하는 것이다.

03 다음 중 유닉스의 특징으로 옳지 않은 것은?

① 계층적 트리 구조의 파일 시스템이 있다.
② 다중 작업은 지원하지만 다중 사용자는 지원하지 않는다.
③ 높은 이식성과 확장성을 제공한다.
④ 대화형 시스템이다.

04 다음 중 유닉스에 대한 옳은 설명만으로 묶은 것은?

> ⓐ 두 사람 이상의 사용자가 동시에 시스템을 가용할 수 있어 정보와 유틸리티를 공유하는 편리한 작업 환경을 제공한다.
> ⓑ 상당 부분 C언어를 사용하여 작성했으며, 이식성이 우수하다.
> ⓒ 셸은 프로세스 관리, 기억장치 관리, 입·출력 관리 등 기능을 수행한다.
> ⓓ 사용자는 하나 이상의 작업을 백그라운드에서 수행할 수 있으므로 여러 작업을 병행 처리할 수 있다.

① ⓐ, ⓑ, ⓓ
② ⓐ, ⓑ
③ ⓒ, ⓓ
④ ⓐ, ⓒ, ⓓ

05 다음 중 유닉스에서 명령을 백그라운드로 수행할 때 가장 큰 장점으로 옳은 것은?

① 기억장치를 적게 차지한다.
② 수행 중인 명령문이 끝나기 전에 다른 명령문을 줄 수 있다.
③ 해당 명령문의 수행 시간을 단축할 수 있다.
④ CPU를 독점적으로 사용할 수 있다.

정답 03 ② 04 ① 05 ②

06 다음 중 유닉스 시스템에서 셸에 대한 설명으로 옳지 않은 것은?

① 프로세스를 관리한다.
② 명령어를 해석하는 명령 해석기이다.
③ 단말장치에서 받은 명령을 커널로 보내거나 해당 프로그램을 작동시킨다.
④ 사용자와 커널 사이에 중계자 역할을 한다.

06 커널은 시스템을 최초로 구동할 때 메모리에 적재되고, 메모리에 상주하면서 프로세스 스케줄링과 메모리, 디스크 드라이브, 네트워크 인터페이스 등 하드웨어 자원을 모든 사용자에게 할당, 제어한다. 또 입·출력(I/O)과 같은 복잡한 기능을 대신한다.

07 다음 중 유닉스에서 파일 모드가 '-rwxrwxrwx'일 때의 설명으로 옳지 않은 것은?

① 어떤 사용자라도 실행할 수 있다.
② 어떤 사용자라도 읽을 수 있다.
③ 디렉터리 파일이다.
④ chmod 명령어를 사용하여 파일 모드를 변경할 수 있다.

07 [문제 하단 그림 참조]

r(읽기), w(쓰기), x(실행)

파일을 모든 사용자들이 읽고, 쓰고, 실행시킬 수 있는 권한이 있다.

정답 06 ① 07 ③

08
- 셸: 사용자와 커널 사이의 중간자 역할을 담당하는 특별한 프로그램이다.
- 커널: 프로세스 관리, 메모리 관리, 파일 시스템 관리, 장치 관리 등 컴퓨터의 모든 자원을 초기화하고 제어하는 기능을 수행한다.
- 유틸리티: 사용자에게 편의를 제공하려고 준비한 시스템 프로그램, 유닉스 기본 명령어로 구성한다.
- IPC: 프로세스 간 통신(interprocess communication)의 약자로, 프로세스 사이에 데이터를 주고받는 일을 의미한다.

09 command.com은 MS-DOS의 표준 셸이다. 키보드 입력 내용을 해석하고 MS-DOS 명령이나 프로그램을 실행하는 것으로 유닉스에서의 shell과 동일한 역할을 한다.

10 다음 그림은 유닉스 디스크 블록의 구조를 나타낸다.
데이터 블록에는 일반적인 파일이나 디렉터리 파일의 내용이 들어있다.
[문제 하단 그림 참조]

08 유닉스 시스템에서 명령어 해석기로 사용자의 명령어를 인식하여 필요한 프로그램을 호출하고 그 명령을 수행하는 기능을 담당하는 것은?

① 셸
② 커널
③ 유틸리티
④ IPC

09 다음 중 유닉스에서 도스의 'command.com'과 동일한 역할을 수행하는 것은?

① damon
② kernel
③ utility
④ shell

10 다음 중 유닉스 파일 시스템의 구조를 설명하는 내용으로 옳지 <u>않은</u> 것은?

① i-노드 테이블: 파일 크기, 디스크 주소, 파일 유형, 사용 허가권, 생성 날짜 등을 기록한다.
② 사용자 그룹 블록: 일반적인 파일이나 디렉터리 파일의 내용이 들어있다.
③ 슈퍼 블록: 파일 시스템 크기, i-노드 테이블 크기, free 블록 리스트 등 파일 시스템을 관리하는 데 필수적인 정보를 저장한다.
④ 부트 블록: 컴퓨터 내로 읽혀져서 운영체제를 부트(boot)하거나 초기화하는 부트스트랩 코드를 저장하며, 루트 영역 외에는 사용되지 않는다.

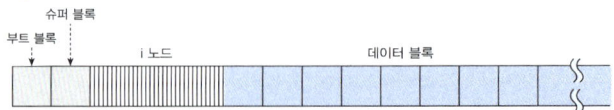

정답 08 ① 09 ④ 10 ②

11 다음 중 유닉스의 파일 시스템에서 슈퍼 블록에 대한 설명으로 옳지 <u>않은</u> 것은?

① 사용 가능한 i-노드 수를 알 수 있다.
② 부트스트랩할 때 사용하는 코드를 갖고 있다.
③ 파일 시스템마다 각각의 슈퍼 블록이 있다.
④ 사용 가능한 디스크 블록 수를 알 수 있다.

11 부트 블록은 파일 시스템에서 유닉스 커널을 적재시키는 프로그램을 포함하는데, 이런 프로그램을 부트스트랩(bootstrap) 또는 부트로더(bootloader)라고 한다.

12 유닉스 파일 시스템에서 파일 소유자의 사용자 번호 및 그룹 번호, 파일의 보호 권한, 파일 타입, 생성 시기, 파일 링크 수 등 각 파일이나 디렉터리 정보를 모두 저장하는 블록은?

① i-노드 블록
② 부트 블록
③ 슈퍼 블록
④ 데이터 블록

12 i-노드 블록은 파일 관리에 필요한 정보를 저장하며, 파일 하나에서 i-노드 한 개를 만든다. i-노드에는 모드(형식), N링크, 사용자 식별자, 그룹 식별자, 크기, 주소, 생성자, 액세스 시간, 수정 시간, 변경 시간 등의 정보가 저장되어 있다.

13 다음 중 유닉스 시스템에서 사용자가 새로운 프로세서를 생성하려고 부모 프로세스를 복제하는 시스템 호출 방법은?

① wait
② exit
③ execve
④ fork

13 fork 명령어는 프로세스를 만들고, 부모 프로세스 주소 공간의 복사본(동일한 프로그램과 값이 똑같은 동일한 변수)으로 구성된다.

정답 11 ② 12 ① 13 ④

합격의 공식 시대에듀

실패하는 게 두려운 게 아니라, 노력하지 않는 게 두렵다.

- 마이클 조던 -

제12장

LINUX 운영체제

제1절	LINUX의 발전 과정
제2절	LINUX의 특징
제3절	LINUX의 파일과 디렉터리
제4절	LINUX의 파일 시스템
제5절	셸(shell)
제6절	VFS
실전예상문제	

가장 큰 영광은 한 번도 실패하지 않음이 아니라 실패할 때마다 다시 일어서는 데에 있다.

– 공자 –

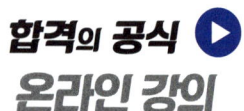  보다 깊이 있는 학습을 원하는 수험생들을 위한
시대에듀의 동영상 강의가 준비되어 있습니다.
www.sdedu.co.kr → 회원가입(로그인) → 강의 살펴보기

제12장 LINUX 운영체제

제1절 LINUX의 발전 과정

1 LINUX의 탄생과 역사

1991년 핀란드 헬싱키 대학의 리누스 토발즈(Linus Benedict Torvalds)라는 학생에 의해 만들어진 운영체제로, 당시 21살의 학생이었던 리누스 토발즈는 앤디 타넨바움(Andy Tanebaum) 교수가 학생들의 학습을 주목적으로 개발한 미닉스(MINIX)를 사용하던 중에 유닉스와 호환되는 공개된 운영체제의 개발 계획을 MINIX 사용자 모임에 발표했다.

초기의 LINUX는 이식성이 고려되지 않은, 다만 i386계열에서 운영되는 유닉스 호환 운영체제를 목표로 하는 프로젝트였다. 초기 버전 0.01은 가장 기본적인 커널만을 포함하고 있었다. 리눅스 공식 버전인 0.02는 bash(GNU Bourne Again Shell)와 gcc(GNU C컴파일러) 정도가 실행될 수 있는 수준이었다. [그림 12-1]은 UNIX와 GNU에 대한 역사적 과정이다.

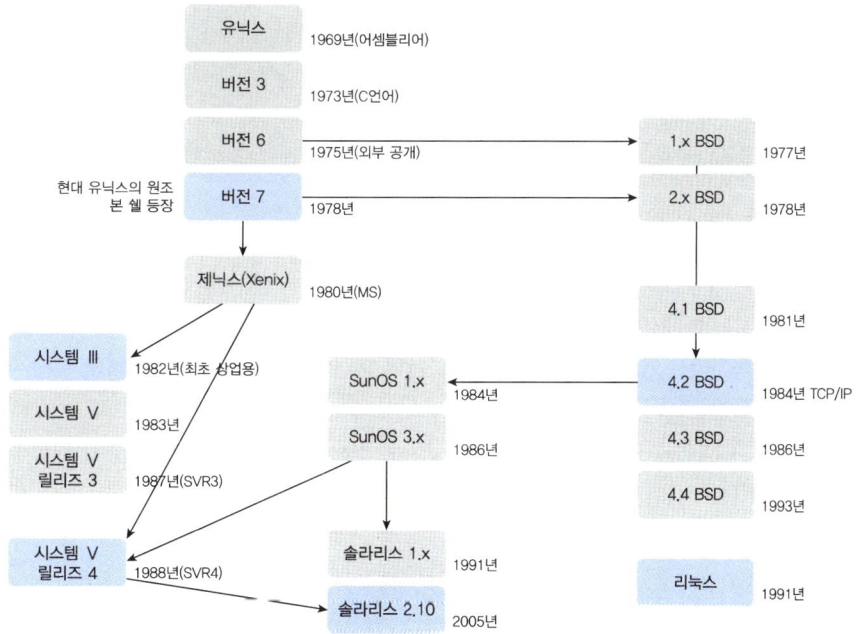

[그림 12-1] UNIX와 GNU에 대한 역사적 과정

(1) 1960년대 후반

① 1965년 MIT, AT&T 벨 연구소, General Electric에서는 Multics라는 실험적인 운영체제를 공동으로 개발하는 프로젝트를 진행하여 멀티태스킹, 멀티유저를 지원하는 초기 형태의 시분할 운영체제를 만들고자 했다.
② Multics는 초기의 설계 목표와는 다르게 비대해지고 쓸모없는 운영체제로 개발되어갔고, 프로젝트는 좌초되었다.
③ 하드웨어를 운영하는 어셈블러로 작성하여 사용하는 유닉스 역시 미니 컴퓨터인 PDP-7에서 돌아가도록 만들어진 것이었으며, 어셈블리어로 작성되었다. 또 다른 기종에 이식하려면 그 기종에 맞는 어셈블리어로 다시 작성해야만 하는 불편함이 있었다.
④ 이렇게 초기의 UNIX는 기계 의존적이며, 이종 간에 호환성이 없는 운영체제 UNIX를 운영체제로 사용하던 PDP-7 또한, 많은 소프트웨어를 제공하지 못하는 상황이었다.

(2) 1973년

① 데니스 리치(Dennis Ritchie)가 C언어를 개발함으로써, 어셈블리 언어로 되어있던 UNIX는 C언어로 재작성되어 다시 탄생하게 되었다.
② 이후 UNIX는 이식성과 호환성 있는 시스템으로서 사용자들로부터 큰 반향을 일으켰고, 벨 연구소를 중심으로 유닉스 사용자 그룹이 형성되며 빠르게 버전업되면서 전파되었다.
③ UNIX는 주로 연구와 학습을 목적으로 대학이나, 연구소 등에 무료로 배포되었고, Source 프로그램이 공개되어 있었던 UNIX는 많은 대학들과 연구원들에 의해 연구되어 마침내 상업 시장에 진출하기에 이르렀다.
④ Berkeley Unix(BSD), SYSV와 같은 계열로 분화되고, SunOS, OSF/1, AIX, HP-UX, Solaris, IRIX, SCOUNIX 등과 같은 다양한 버전의 유닉스 운영체제들의 탄생 모체가 되었다.

(3) 1980년대 초반

① UNIX는 당시 가장 인기 있는 기종인 DEC의 PDP-11와 VAX를 주축으로 발전하였다.
② MIT의 인공지능 연구소에서는 PDP-10에 탑재하기 위한 시분할 운영체제인 ITS가 개발되어, 연구 내용을 상업화하려는 움직임이 있었고, 이로 인해 분열의 조짐이 보이면서, 몇몇 핵심 연구원들은 상업적인 것을 목적으로 하는 회사로 떠나게 된다.
③ DEC가 VAX와 PDP-11을 주력제품으로 삼으면서, PDP-10을 단종시킴으로써 더 이상 ITS의 개발은 멈추게 된다.

2 GNU 프로젝트의 시작

(1) 1984년 1월

① MIT 인공지능 연구소의 연구원으로 ITS 프로젝트에 참여하였던 리차드 스톨먼(Richard Stollman)은, 소스를 공개하지 못하도록 하는 분위기와 기술을 상업화하려는 조류에 반감을 갖고, 새로운 시스템을 구상하였다.
② 그는 C언어로 작성된, 그리고 모두에게 공개된 UNIX 시스템을 위해 GNU(GNU is Not Unix) 프로젝트를 시작하였다.
③ 그는 GNU 프로젝트의 결과물들이 자신이 몸담았던 MIT로부터 저작권과 관련한 어떤 제약을 받게 될 것을 우려하여 MIT 연구원직을 사직할 만큼, 완전히 자유로운 운영체제를 원했다.

(2) 1985년

① GNU 프로젝트로 개발된 에디터인 Emacs에 대한 사용자들의 관심이 높아지면서, 스톨먼은 GNU 프로젝트 운영을 위해 FSF(Free Software Foundation, 자유 소프트웨어 재단)을 설립하게 된다.
② 개발이 진행된 프로그램들은 GNU 프로그램들의 배포 라이센스인 GPL 하에서 판매되었으며, 판매 수익은 프로젝트를 운영하는데 사용되었다. 모든 GNU 프로젝트는 FSF를 중심으로 진행한다.

(3) 1990년

① GNU 프로젝트는 거의 완성단계에 이르렀으나, 운영체제에서 핵심이 되는 커널이 빠져있는 상태였다.
② 스톨먼은 Mach를 기반으로 한 커널인 'Hurd'라는 이름의 커널을 개발하기 시작하였으나, 이미 공개된 프로그램들에 대한 지원 등 여러 가지 이유로 GNU 커널의 개발은 좀처럼 진척되지 않았다.

3 LINUX의 등장

1991년, 필란드 헬싱키의 한 학생에 의해 GNU 시스템에 적합한 커널이 개발되었다. 이를 리누스 토발즈의 리눅스라고도 한다. 당시 21살의 대학생이었던 리누스는, 앤디 타넨바움 교수가 학생들의 학습을 주목적으로 개발한 미닉스(MINIX)를 사용하던 중, 유닉스와 호환되는 공개된 운영체제의 개발 계획을 MINIX 사용자 모임에 발표한다. 그는 개발할 운영체제가 "단지 취미이며 GNU처럼 거대하거나 전문적인 것은 아니다."라고 프로젝트 초기에 의도를 밝힌다. 초기의 리눅스는 이식성이 고려되지 않은, 다만 i386 계열에서 운영되는 유닉스 호환 운영체제를 목표로 하는 프로젝트였고, 초기 버전 0.01은 가장 기본적인 커널만을 포함하고 있었으며 실행조차 되지 않는 수준이었다. 얼마 후 리누스 공식 버전인 0.02가 발표되었는데, Bash(GNU Bourne Again Shell)와 GCC(GNU C컴파일러) 정도가 실행될 수 있는 수준이었다.

4 GNU와 함께하는 LINUX

(1) 1992년
① 3월 리눅스는 0.95로 버전업하여, 인텔 x86칩을 사용하고, GUI를 추가하였다.
② GNU커널로 개발 중이던 Hurd의 개발이 순조롭지 않았던, 스톨먼과 FSF는 유닉스 커널과 호환 가능한 커널인 리눅스를 GNU 시스템의 커널로 채택하였다.
③ 리눅스는 강력한 GNU C컴파일러인 GCC로 컴파일된 많은 응용 프로그램들을 가지게 되었고, GNU 시스템은 완전한 구조를 갖추게 된다.
④ 리누스의 주도 하에 리눅스의 커널 부분을 계속 개발하였고, 리누스는 최대한 확장 가능한, 즉 사용자에게 제어권이 있고 어떠한 인터페이스에도 종속되지 않도록 개발을 이끌고자 하는 의지가 있었다.
⑤ 리누스는 그의 글을 통해서 리눅스의 성공의 원인을 다음과 같이 밝히고 있다. "리눅스의 성공은 훌륭한 설계 원칙과 좋은 개발 모델 때문이라고…."

(2) 1994년 이후 ~ 현재
① **1994년**
리눅스는 1년 6개월여 만에 버전 1.0이 발표되었다. 이 버전에는 네트워킹 기능이 추가되고, 리눅스에 확실한 수익 모델이 있다고 판단한 밥 영과 마크 유잉은 레드햇 사를 설립한다. 최초로 자사에서 패키징한 레드햇의 최초 배포본을 발표한다.
② **1995년**
리눅스는 더 이상 i386계열에서 돌아가는 학습용 운영체제가 아닌, 인텔, 디지털, 썬 스팍 프로세스에도 포팅됨으로써 그 영역을 넓혔으며, 알파프로세서용의 64비트 리눅스도 등장한다.
③ **1996년**
리눅스 버전 2.0이 발표되었다. 여러 프로세서를 한 번에 사용할 수 있는 컴퓨팅 파워가 추가되었다.
④ **1998년**
1만여 명의 프로그래머가 뉴스 그룹에서 코드 향상과 테스팅에 참여하게 된다.
⑤ **1999년**
SMP 기능의 공식 지원으로 최대 16개까지의 CPU 장착 가능, 최대 동시 접속 사용자수 2048명까지 지원하는 시스템으로 발전한다.
⑥ **2003년 ~ 현재**
다양한 분야에 리눅스가 도입되고, IBM과 SUN이라는 거대 기업의 지원을 받으면서 UNIX와 MS의 명성에 도전하게 된다.

5 LINUX의 종류

리눅스 관련 라이브러리를 받거나 패치하는 경우 어떤 버전을 받아야할지 애매한 경우가 많다. 리눅스의 여러 가지의 변종들과 그 변종들 간의 관계에 대해서 알아보자. 리눅스는 오픈소스 운영체제이기 때문에 수많은 개발자들이 용도에 맞게 튜닝하여 사용할 수 있어서 수많은 종류(약 300여 가지)의 배포판이 생겨났다. 각각의 대표적인 리눅스 배포판들은 서로 다른 기능과 장·단점을 가지고 있으니 이에 대해 알아보자.

(1) 데비안(Debian)

데비안 리눅스는 GNU의 공식적인 후원을 받는 유일한 배포판으로, 패키지 설치 및 업그레이드가 단순하다. 데비안이라는 이름은 데비안 프로젝트의 창시자인 이안 머독과 그의 부인인 데브라의 이름에서 유래했다. 현대적 리눅스 배포판들 중의 원조라고도 한다. 90년대 초반 SlackWare(슬랙웨어) 등과 함께 등장한 데비안은 아직까지도 그 단단한 기반에 많은 유저들을 확보하고 있다. 오래되고 가장 인기있는 OS 중 하나로 군림하다보니 패키지의 양도 굉장히 많다. 다만, 너무 안정적이려는 특성 때문에 새로운 배포판 출시까지의 기간이 길고 서버에서 주로 쓰이는 특징이 있다. 우분투라는 유명한 버전을 배출해 냈다.

(2) 우분투(Ubuntu)

데스크톱에서 리눅스를 쉽게 사용할 수 있도록 만들어진 리눅스 배포판이다. 우분투는 데비안, GNU, 리눅스에 기초한 리눅스로 고유의 데스크톱 환경인 유니티를 사용한다. 영국에 기반을 둔 캐노니컬이라는 회사의 지원을 받으며 6개월에 한 번씩 새 판이 나오고, 사용자 편의성에 많은 초점을 맞추어, 윈도우나 맥OS 사용자가 리눅스 계열을 처음 사용하고자 할 때 자주 추천을 받게 되는 배포판 중 하나이다. 설치 과정이 간편하고, 사용이 직관적임에도 불구하고 중요 기능들에 있어서 부족함이 없는 훌륭한 배포판이다. 2012년 기준 PC에서 가장 인기 있는 리눅스 배포판이다. 각종 데스크탑 환경을 기반으로 Ubuntu Mate(Mate), Kubuntu(KDE), Xubuntu(XFCE), Lubuntu(LXDE)로 발전했다.

(3) 레드햇(Red Hat)

레드햇 리눅스는 세계적으로 가장 인기 있는 배포판으로 평가받는다. 레드햇 리눅스는 지원없이 무료로 사용하거나, 기술 지원을 받는 리눅스 배포판으로 알려져 있다. 현재는 레드햇 사(社)가 유료로 기술 지원을 하는 기업용 리눅스인 '레드햇 엔터프라이즈 리눅스'와 페도라 프로젝트에서 개발하고 있는 '페도라'로 나뉘어져 있다.

> **더 알아두기**
>
> **RHEL(Red Hat Enterprise LINUX : 레드햇 엔터프라이즈 리눅스)**
> 레드햇이 개발하여 판매하는 상용 리눅스 배포판이다. Red Hat Cetification Program(RHCP)이라고 불리는 레드햇 국제 자격증 과정으로도 유명하다. 레드햇 서버 혹은 데스크탑 사용 자격이 있는가를 검증해주는 자격증 프로그램이다.

(4) 페도라(Fedora)

레드햇에서 후원하는 페도라 프로젝트에서 개발한 RPM 기반의 리눅스 배포판이면서 개인이나 기업 등 다양한 환경에서 사용될 수 있도록 만들어진 리눅스이다. 다른 리눅스 배포판에 비해 6개월 간격으로 새로운 버전이 배포되어 상대적으로 짧은 교환주기를 갖는다. 또한 각 버전마다 13개월씩만 지원하므로 매우 짧다.

> **더 알아두기**
>
> **RPM**
> Redhat Pakage Manager의 약자로 레드햇이 개발한 패키지 배포와 관리 시스템이다.

(5) CentOS

업스트림 소스인 레드햇 엔터프라이즈 리눅스와 완벽하게 호환되는 무료 기업용 컴퓨팅 플랫폼을 제공하기 위해 만들어진 리눅스이다. 레드햇 엔터프라이즈 리눅스의 소스코드를 그대로 빌드하고 레드햇 상표 대신 CentOS라는 상표가 붙기만 하므로 레드햇 엔터프라이즈 리눅스의 업데이트를 가장 잘 따라가는 리눅스로 알려져 있다. 단, 레드햇의 기술지원을 받지는 않고 자체 커뮤니티에 의해 관리되고 있다.

> **더 알아두기**
>
> **플랫폼**
> 컴퓨터 시스템의 기본이 되는 특정 프로세서 모뎀과 하나의 컴퓨터 시스템을 바탕으로 하는 운영체제를 말한다.

리눅스 커널의 마스코트인 Tux(턱스)

[그림 12-2] LINUX들의 로고

제2절　LINUX의 특징

1　멀티 플랫폼(Multiplatform)

리눅스는 모든 인텔 CPU(80386-SX 이상) 및 호환 CPU를 장착한 PC에서 사용 가능하다. 이외에도 모토로라 사의 680X0 계열 CPU를 장착한 아미가(Amiga)나 아타리(Atari) PC, DEC사의 알파시스템, 선(SUN)사의 Sparc과 애플사의 파워PC, MIPS 기종에 이식되었고 그 외의 여러 워크스테이션에 이식이 진행 중이다.

2　다른 운영체제에 대한 지원

리눅스는 PC에서 사용되는 대부분의 운영체제에 대해 지원 방안이 강구되어 있다. Windows 운영체제에서의 파일을 읽거나 쓸 수 있으며 Windows OS에서 8자 이상의 파일 이름을 리눅스에서 볼 수 있다. DOSEMU를 쓰면 상당수의 도스 프로그램을 리눅스에서 실행할 수 있다. 도스 파일 시스템에 리눅스를 설치하는 것도 가능 하므로 도스 상태에서 바로 리눅스를 실행할 수 있다. 이외에도 OS/2, 매킨토시의 파일을 읽을 수 있고, IBCS(Intel Binary Compatibitity Standard)의 포팅이 진행 중이어서 PC용 유닉스인 SCO, SVR3, SVR4용 으로 개발된 상당수의 프로그램이 리눅스에서 바로 실행 가능하다.

3　네트워킹 〔중요〕

리눅스는 네트워크에 관한 한 타의 추종을 불허한다. 컴퓨터에서 구현된 네트워크 기능은 모두 리눅스에 있다 고 보면 된다. 리눅스는 이더넷(Ethernet), 토큰링(Token Ring), 아크넷(Arcnet) 등 3대 주요 랜 표준을 지원 하며 ISDN, FDDI, ATM, X.25, Frame Relay 등의 주요 네트워크 장비가 리눅스에서 사용 가능하다. 리눅스 에서 지원하는 네트워크 프로토콜과 네트워크 기능은 다음과 같다.

① IPX - 노벨 네트웨어 서버 및 클라이언트
② Appletalk - 맥 PC의 파일 및 프린터서버
③ NetBEUI(SAMBA) - Win95, Windows for Workgroup, 랜 매니저 PC와의 랜 구축
④ TCP/IP - NFS(Network File System) 서버, Telnet, FTP

또 리눅스 PC에 적절한 하드웨어를 결합하면 기존 제품보다 훨씬 저렴한 가격으로 브리지, 라우터, 게이트웨 이를 만들 수 있다.

4 인터넷 종요

리눅스는 탄생 단계부터 인터넷을 이용하였으며 모든 개발자들이 거의 인터넷을 통해 정보를 주고받고 있다. 인터넷이 없었다면 리눅스는 존재하지 않았을지도 모른다. 리눅스 개발자들이 모두 인터넷 사용자들이므로 리눅스가 인터넷의 모든 기능을 지원하는 것은 어쩌면 당연한 일인지도 모른다. 인터넷용 프로그램인 웹브라우저(넷스케이프, 모자이크), 메일(pine, elm), 뉴스(tin, nn) 외에도 다음과 같은 프로그램도 있다.

① 웹 서버(Apache, CERN, NCSA)
② 메일 서버(Sendmail, Smail)
③ 뉴스 서버(INND, C-News)
④ DNS(Domain Name System) 서버
⑤ IRC 서버 등 유닉스에서 가능한 모든 인터넷 서버의 기능을 리눅스에서도 사용할 수 있다. 인터넷용 시리얼 프로토콜인 PPP, SLIP, CSLIP 등도 지원된다. 전 세계의 상당수의 인터넷 서비스 제공자(ISP : Internet Service Provider)가 리눅스를 인터넷 서비스에 사용하고 있으며, 이들을 위한 linux.admin.isp라는 뉴스 그룹도 있다.

5 특징 정리 종요

① 다중 사용자(Multi user) : 여러 사용자 계정으로 작업할 수 있다.
② 다중 작업(Multi tasking) : 여러 작업을 동시에 진행할 수 있다.
③ Windows에서는 GUI(Graphic User Interface) 환경에서 작업을 하지만 리눅스는 TUI(Text User Interface) 환경에서 작업할 수 있다.
④ Client 용도보다는 Server 용도로 사용을 한다.
⑤ UNIX와는 호환이 되지만 Windows와는 호환이 완벽하게 이루어지지 않는다.
⑥ 다른 운영체제에 비해서 안정적이다
⑦ Windows는 고사양을 필요로 하지만 LINUX는 그렇지 않다.
⑧ 강력한 네트워크망을 구축할 수 있다.
⑨ 확장성, 이식성이 뛰어난다. 그러나 새로 개발된 장치를 바로 사용할 수는 없다.
⑩ Windows에서는 레지스트리가 존재하는데, LINUX에서는 문서화 파일로 존재한다.
⑪ Windows에서는 확장자가 있지만(예 txt.jpg), LINUX에서는 확장자 개념이 없이 파일명을 확장자처럼 사용한다.
⑫ Windows에서는 대·소문자 구분을 하지 않지만, LINUX에서는 반드시 구분을 해야 한다.
⑬ 한글 지원이 미흡하여, 별도의 한글 지원 패키지를 설치한 후 사용해야 한다.
⑭ X window 시스템을 사용하고, GUI 환경과 TUI 환경이 별개로 동작한다.
⑮ 보안상의 취약점이 쉽게 노출될 수 있다. 그러나 많은 프로그래머들이 연구하고 있으며 보안 문제가 발생한다고 해도 신속하게 해결 가능한 상태이다.
⑯ 공개 운영체제이기 때문에 문제점이 발생했을 경우에 기술 지원을 받는 데 한계가 있다.

제3절 LINUX의 파일과 디렉터리

리눅스에서는 데이터를 읽을 수 있는 자원 또는 데이터를 쓸 수 있는 대상은 모두 파일로 간주한다. 따라서 디스크에 저장된 일반적인 파일 뿐만 아니라 파일들을 조직화하는 데 사용되는 디렉터리와 입·출력 장치들도 모두 파일처럼 사용된다.

1 파일의 종류

리눅스에서는 일반 파일, 디렉터리, 장치 파일, 심볼릭 링크 파일 등의 여러 종류의 파일이 있다.

(1) 일반 파일

일반 파일(ordinary file)은 데이터를 가지고 있으면서 디스크에 저장되는 파일이다. 텍스트 파일 혹은 이진 파일은 모두 일반 파일이다. 텍스트 파일은 파일 내용이 문자들로 이루어진 파일이다. 이진 파일은 파일의 내용이 텍스트가 아닌 파일이며 실행 파일이나, 이미지, 동영상들을 저장하는 파일 등이 모두 이진 파일이다. 보통 이진 파일은 특정 소프트웨어를 이용해서 만들거나 그 내용을 볼 수 있다.

(2) 디렉터리

디렉터리(directory)는 파일들을 계층적으로 조직화하는 데 사용되는 일종의 특수 파일이며, 디렉터리의 내용은 그 디렉터리 내에 있는 파일이나 서브 디렉터리 이름들이다.

(3) 장치 파일

장치 파일(device file)은 시스템에 부착된 주변 장치를 나타내는 특수 파일이다. 리눅스 시스템은 하드디스크, DVD 드라이브, 프린터 등 시스템에 부착된 대부분의 장치를 장치 파일 형태로 관리한다.

(4) 심볼릭 링크 파일

심볼릭 링크(symbolic link) 파일은 어떤 파일을 가리키는 또 하나의 경로명을 저장하는 파일로, 기존 파일을 가리키는 포인터와 같은 역할을 하는 파일이다.

2 디렉터리 계층 구조

(1) 디렉터리 구조

디렉터리(directory)는 파일들을 계층화하여 조직하는 데 사용되는 일종의 특수 파일이며, 폴더(folder)라고도 한다. 디렉터리는 그 디렉터리 내에 파일과 서브 디렉터리들을 포함함으로써 계층 구조를 이룬다. 어떤 디렉터리 안에 있는 디렉터리를 서브 디렉터리라고 하고 서브 디렉터리의 상위 디렉터리는 부모 디렉터리라고 한다. 부모 디렉터리는 다른 디렉터리들을 서브 디렉터리로 가지고 있다. [그림 12-3]은 리눅스의 주요 디렉터리를 보여준다.

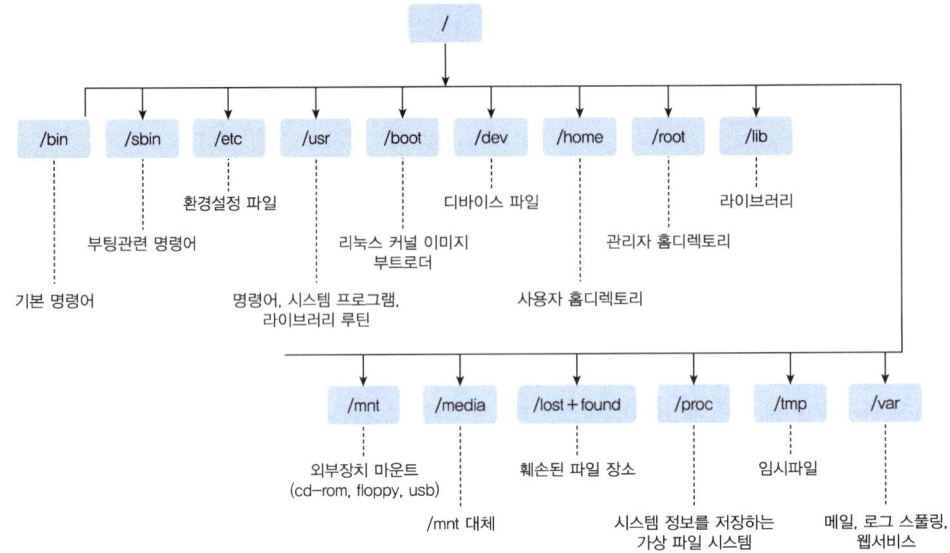

[그림 12-3] 리눅스의 주요 디렉터리

(2) 서브 디렉터리에 저장되는 용도별 파일

각 서브 디렉터리는 [표 12-1]과 같은 용도의 파일들을 저장하는 데 사용된다.

[표 12-1] 서브 디렉터리 내 저장된 파일

디렉터리	설명
/	최상위 디렉터리
/bin	• Binaries and other executable programs • ls, cat과 같은 필수 기본 binary 명령 파일이 저장된 디렉터리
/opt	• Optional or third party software • 응용프로그램 패키지 설치 디렉터리
/boot	• Files needed to boot the operating system • 부팅에 필요한 커널 파일 저장 디렉터리
/root	• The home directory for the root account • 루트 유저의 홈 디렉터리
/dev	• Device files • 장치 파일이 담긴 디렉터리
/sbin	• System administration binaries • init, fsck 와 같은 필수 시스템 binary 명령 파일이 저장된 디렉터리
/etc	• Host-specific system-wide configuration files • 호스트별 시스템 설정 파일

/srv	• Contains data which is served by the system • 시스템에서 제공하는 서비스에 대한 데이터	
/home	• User's home directories, containing saved files, personal settings, etc. • 유저의 홈 디렉터리	
/tmp	• Temporary space, typically cleared on reboot • 일반적으로 재부팅 시 지워지는 임시 파일	
/lib	• Libraries essential for the binaries in /bin and /sbin • 시스템 라이브러리	
/usr	• User related programs, libraries, and docs. • 사용자 관련 프로그램, 라이브러리 및 문서	
/media	• Used to mount removable media like CD-ROMS • 이동식 미디어 디스크를 마운트하는 데 사용	
/var	• Variable files • 로그, 임시 전자 메일 파일 등과 같은 가변 파일	
/var/log	• Log files • 로그 파일	
/mnt	• Used to mount external file systems • 외부 파일 시스템을 마운트하는 데 사용	

3 홈 디렉터리와 경로명

(1) 홈 디렉터리

리눅스 시스템은 다중 사용자 시스템이기 때문에 각 사용자마다 별도의 홈 디렉터리(home directory)가 있다. 각 사용자의 홈 디렉터리는 사용자 계정을 만들 때 정해지는데 보통 [그림 12-3]의 '/home' 디렉터리 아래에 사용자명과 같은 이름으로 만들어진다.

(2) 경로명 **중요**

경로명(path name)은 파일이나 디렉터리에 대한 정확한 이름으로 두 종류의 경로명을 사용할 수 있다.

① **절대 경로명(absolute path name)**
   대상 파일이나 디렉터리까지의 경로 이름을 루트 디렉터리로부터 시작하여 정확하게 적는 것이다. 이때 절대 경로명은 정확하고 확실한 이름이지만 너무 길기 때문에 불편하다.

② **상대 경로명(relative path name)**
   상대 경로명은 파일이나 디렉터리의 경로 이름을 현재 작업 디렉터리부터 시작해서 기술한다. 현재 작업 디렉터리는 현재 작업 중인 디렉터리를 말한다.

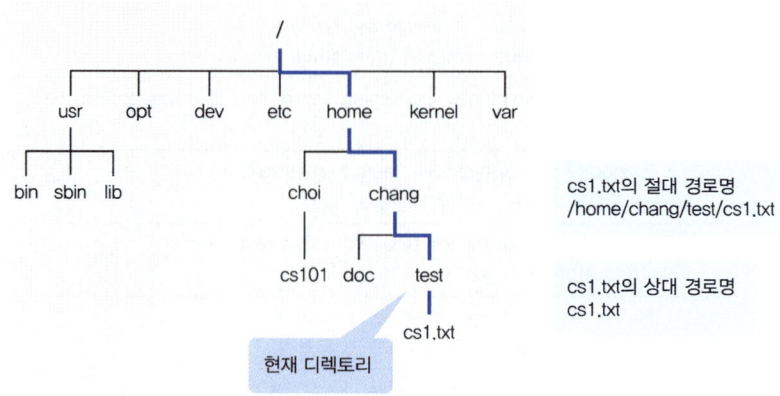

[그림 12-4] 절대 경로와 상대 경로

제4절 LINUX의 파일 시스템

1 파일 시스템

(1) 파일 시스템 보기

파일 시스템은 통상 하드디스크나 CD-ROM 같은 실제 자료 보관 장치를 사용하여 파일을 구성하고 관리하는 시스템을 말한다. 리눅스 파일 시스템은 가상 파일 시스템(VFS : Virtual File System) 형태로 구성되는데 VFS는 실제 파일 시스템의 구현과 사용자 프로세스 사이에 존재하는 추상화 계층 역할을 수행한다. VFS는 표준 리눅스 파일 시스템을 지원할 뿐만 아니라 다른 여러 종류의 파일 시스템을 지원하기 위한 일반적인 공통 인터페이스를 제공한다.

① df 명령어(리눅스 시스템 내의 파일 시스템의 디스크 사용 정보 확인)

[예]

```
$ df
Filesystem           1K-blocks        Used     Available    Use%    Mounted on
/dev/mapper/root      51606140      7570736     41413964     16%    /
tmpfs                  1030972          676      1030296      1%    /dev/shm
/dev/sda1               495844        29048       441196      7%    /boot
/dev/mapper/home     424544656      3577668    399401344      1%    /home
```

㉠ /   루트 파일 시스템. 현재 16% 정도 사용
㉡ /dev/shm   시스템의 가상 공유 메모리를 위한 파일 시스템

© /boot　　　　　리눅스 커널의 메모리 이미지와 부팅을 위한 파일 시스템
　　　② /home　　　　여러 사용자들의 홈 디렉터리를 위한 파일 시스템
② 특정 파일 시스템에 대한 정보 확인
　　예 '/boot' 파일 시스템에 대한 정보 확인

```
$ df/boot
Filesystem      1K-blocks      Used      Available      Use%      Mounted on
/dev/sda1       495844         29048     441196         7%        /boot
```

(2) 파일 시스템 구조 중요

① 표준 리눅스 파일 시스템 구조
표준 리눅스 파일 시스템은 전체적인 구조는 [그림 12-5]와 같이 부트 블록, 슈퍼 블록, i-노드(i-리스트), 데이터 블록 부분으로 구성된다.

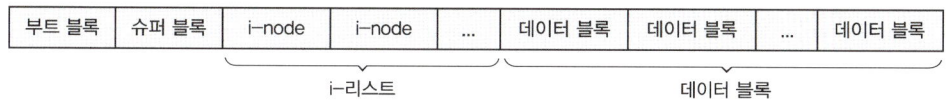

[그림 12-5] 파일 시스템의 구조

　　③ 부트 블록(boot block)
　　　파일 시스템 시작부에 위치하고 일반적으로 첫 번째 섹터를 차지한다. 리눅스가 처음 시작될 때 사용되는 부트 코드가 저장되는 블록이다.
　　© 슈퍼 블록(super block)
　　　전체 파일 시스템에 대한 정보를 저장한다. 이 정보는 파일 시스템 내의 총 블록 수, 사용 가능한 i-노드 개수, 사용 가능한 블록들을 나타내는 비트맵, 블록의 크기, 사용 중인 블록 수, 사용 가능한 블록 수 등의 정보들을 포함한다.
　　© i-리스트(i-list)
　　　각 파일에 대한 상태 정보를 저장하는 i-노드들의 리스트로 한 블록은 약 40개 정도의 i-node를 포함한다.
　　② 데이터 블록(data block)
　　　파일의 내용(데이터)을 저장하기 위한 블록이다.
② 리눅스 파일 시스템의 종류와 역할 중요
　　③ Super Block
　　　슈퍼 블록은 파일 시스템에 의존하는 정보를 가지며 파일 시스템의 크기, 마운트 횟수, 매직넘버 등 파일 시스템의 전체적인 정보를 가진다.
　　© i-node
　　　i-node는 파일에서 파일의 이름을 제외한 모든 정보를 가진다. 파일 이름은 i-node 번호와 함께

디렉터리 안에 저장되고, 각 파일 이름에 부여되는 고유 번호와 대부분의 정보가 있으며 i-node로 이루어진 테이블에서 i-node 번호를 찾으면 모든 정보를 알 수 있다.

ⓒ Data Block

데이터 블록은 i-node에 포함되고, i-node는 다수의 데이터 블록을 포함할 수 있다. 데이터 블록은 파일의 데이터를 저장하기 위해 사용된다.

ⓔ Directory Block

디렉터리 블록은 파일 이름과 i-node의 번호를 저장하기 위해 사용된다.

ⓜ Indirection Block

간접 블록은 추가적인 데이터 블록을 위한 포인터들이 사용하는 목적으로 할당되는 공간이다. 실제 i-node는 적은 수의 데이터 블록을 가지고 있고 더 많은 데이터 블록이 필요할 경우 이것을 지정할 수 있는 포인터가 필요해지며 이때 포인터들이 사용하는 동적 블록을 간접 블록이라 부른다.

ⓗ Hole

홀은 i-node나 간접 블록 안의 데이터 블록의 주소로 특별한 값을 지정하며 이는 파일 시스템에 의해 파일 안에 자리 잡게 된다. 그러나 실질적으로 디스크 상의 공간에 할당되지 않는 0바이트를 가지며 파일 안에 특정 공간을 차지하고 있다고 가정해야 한다.

(3) 파일 시스템 종류

① MINIX

과거 MINIX에서 사용되던 파일 시스템으로 가장 오래되고 기본이 되는 파일 시스템이다.

② XIAFS

MINIX의 파일 이름과 파일 시스템에 대한 제한을 보완한 MINIX 파일 시스템의 수정 버전이다.

③ MS-DOS

MS-DOS의 FAT(File Allocation Table) 파일 시스템과 호환을 지원하는 파일 시스템으로, MS-DOS는 OS/2와 윈도우즈 NT의 FAT 파일 시스템과도 호환된다.

④ Isofs CD-ROM

ISO 기준을 따르는 표준 CD-ROM 파일 시스템이다.

⑤ hpfs OS/2

OS/2의 파일 시스템으로 현재는 읽기 전용인 파일 시스템 역할을 하여 파일 시스템에 대한 읽기만 가능하다.

⑥ UMSDOS

MS-DOS 파일 시스템을 리눅스 상에서도 사용할 수 있도록 하여, 긴 파일명과 소유자, 접근 허가, 링크와 장치 파일 등을 사용할 수 있도록 확장된 파일 시스템이다.

⑦ NFS

네트워크 파일 시스템(Netwrok File System)으로서, 네트워크상의 많은 컴퓨터가 각각의 시스템에 가진 파일들을 상호 간에 쉽게 공유하려고 제공되는 공유 파일 시스템이다.

⑧ Sysv

System V/386, Xenix 그리고 Coherent 파일 시스템이다.

⑨ EXT

리눅스 초기에 사용하던 파일 시스템이다.

⑩ EXT2

256Byte 길이의 파일 이름, 2GByte 단일 파일, 4TByte 디스크 한정으로 사용 가능한 파일 시스템이다. 예상치 못한 장애로 인해 시스템이 비정상적으로 종료되었을 경우 부팅시 e2fsck를 실행하여 파일 시스템을 일괄 검사하는 기능이 있다.

⑪ EXT3

커널 버전 2.4 이상부터 지원하는 EXT2의 업그레이드 버전 파일 시스템으로, 저널링 파일 시스템을 지원하고 데이터 신뢰성 강화와 빠른 작업 속도, 16TByte까지 디스크 사용이 가능해졌다. 하지만 삭제 파일 복구가 용이하지 않다는 단점이 있다.

⑫ EXT4

EXT3의 문제점이 개선되고 파일 시스템 체크 속도가 현저하게 빨라졌으며 파일 복구가 용이하다. CentOS/RedHat 6버전, 페도라 9버전부터 사용할 수 있다.

2 파일 상태 정보와 i-노드

(1) 파일 상태 정보

파일 상태(file status) 정보는 파일에 대한 모든 정보라고 생각할 수 있는데 블록 수, 파일 종류, 접근 권한, 링크 수, 파일 소유자의 사용자명 및 그룹명, 최종 수정 시간 등을 포함한다.

예 ls -sl 명령은 파일 상태 정보를 간단히 보여준다.

```
$ ls -sl cs1.txt
4096  - rw-rw-r--  1 dwkim root 2088 10-23 12:49 cs1.txt
 ①    ②      ③      ④    ⑤     ⑥    ⑦    ⑧     ⑨
```

① 블록 수
② 파일의 종류 : -(파일), d(디렉터리)
③ 접근 권한 : 소유자(-rw : 읽고, 쓰기), 그룹(-rw : 읽고, 쓰기), 그룹외 사용자(r-- : 읽기)
④ 하드 링크의 수
⑤ 파일 소유자의 로그인 ID
⑥ 파일 소유자의 그룹 이름(ID)
⑦ 파일의 크기(Byte 단위)
⑧ 파일이 마지막으로 수정된 날짜
⑨ 파일명

예 stat 명령은 파일의 더 자세한 정보를 확인할 수 있다.

```
$ stat cs1.txt
File : 'cs1.txt'
Size : 2088    Blocks : 8 IO Block : 4096 일반 파일
Device : fd02h/64770d            Inode : 268456513 Links : 1
Access : (0664/-rw-rw-r--) Uid : (1000/dwkim) Gid : (1002/cs)
Context : system_u : object_r : user_home_t : s0
Access : 2016-10-31 17:09:23.082488375 +0900
Modify : 2012-10-23 12:51:04.000000000 +0900
Change : 2016-10-04 09:17:212.543444408 +0900
Birth : -
```

cs1.txt 파일의 자세한 상태를 확인할 수 있다. 파일 이름, 파일 크기, 블록 수, 파일의 종류, i-node 번호, 링크 수, 접근 권한, 사용자 ID, 그룹 ID, 접근 시간, 수정 시간 등도 자세히 확인할 수 있다.

(2) i-node와 데이터 블록 중요

리눅스 파일 시스템에서 각 파일에 대한 정보는 i-노드(i-node)라고 불리는 자료구조로 표현된다. 각 i-노드는 [표 12-2]와 같이 한 파일에 대한 거의 모든 정보를 보여준다.

[표 12-2] i-노드 내의 파일 상태 정보

파일 상태 정보	설명
파일 크기	파일 크기(kByte 단위)
파일 종류	파일 종류를 나타낸다.
접근 권한	파일에 대한 소유자, 그룹, 기타 사용자의 읽기/쓰기/실행 권한
하드 링크 수	파일에 대한 하드 링크 개수
소유자 및 그룹	파일의 소유자 ID 및 소유자가 속한 그룹
파일 크기	파일의 크기(Byte 단위)
최종 접근 시간	파일에 최후로 접근한 시간
최종 수정 시간	파일을 생성 혹은 최후로 수정한 시간
데이터 블록 주소	실제 데이터가 저장된 데이터의 블록의 주소

제5절 셸(shell)

1 셸의 개념

셸(shell)은 운영체제와 사용자 사이의 창구 역할을 하는 소프트웨어이다. 이 소프트웨어는 마치 조개껍데기와 같이 사용자와 운영체제 사이의 창구 역할을 하는 층을 형성하기 때문에 셸이라는 이름이 붙었다.

(1) 셸의 역할

리눅스에서 어떻게 명령어 혹은 프로그램을 실행할 수 있을까? 사용자가 명령어를 실행시키는 간단한 방법은 셸 프롬프트에서 실행할 명령어 이름을 입력하면 셸이 프로세스를 만들어 입력한 명령어를 실행시키는 것이다. 셸은 사용자와 운영체제 사이의 창구 역할을 하는 소프트웨어로 사용자로부터 명령어를 입력받아 이를 해석하여 실행시키는 명령어 처리기(command processor) 역할을 수행한다.

(2) 셸의 기능 중요

명령어 해석기 기능, 프로그래밍 기능, 사용자 환경 설정 기능을 한다.

① **명령어 해석기 기능**

사용자와 커널 사이에서 명령을 해석하여 전달하는 해석기(interpreter)와 번역기(translator) 기능을 하고, 사용자가 로그인하면 셸(로그인 셸)이 자동으로 실행되어 사용자가 명령을 입력하기를 기다린다. 로그인 셸은 /etc/passwd 파일에 사용자별로 지정한다. 프롬프트는 셸이 사용자의 명령을 기다리고 있음을 나타내는 표시를 한다.

② **프로그래밍 기능**

셸은 자체 내에 프로그래밍 기능이 있어 반복적으로 수행하는 작업을 하나의 프로그램으로 작성하는 기능을 한다. 셸 프로그램을 셸 스크립트라고도 한다.

③ **사용자 환경 설정 기능**

사용자 환경을 설정할 수 있도록 초기화 파일 기능을 제공하고, 초기화 파일에는 명령을 찾아오는 경로를 설정하거나, 파일과 디렉터리를 새로 생성할 때 기본 권한을 설정하거나, 다양한 환경 변수 등을 설정한다.

2 셸의 종류

리눅스에서 사용 가능한 셸은 공통의 핵심 기능을 공유하고, 그 핵심 기능 외에 각 셸마다 가지는 고유의 추가 기능에는 여러 종류가 있는데 그 중 대표적인 셸은 본 셸, 콘 셸, C 셸, 배시 셸이 있다.

(1) 본 셸

본 셸(Bourne shell)은 유닉스 V7에 처음 등장한 최초의 셸이다. 개발자의 이름인 스티븐 본(Stephen Bourne)의 이름을 따서 본 셸이라고 한다. 본 셸의 명령 이름은 '/bin/sh'이다. 초기에 본 셸은 단순하고 처리 속도가 빨라서 많이 사용되었고, 지금도 시스템 관리 작업을 수행하는 많은 셸 스크립트는 본 셸을 기반으로 하고 있다. 히스토리, 에일리어스, 작업 제어 등 사용자의 편의를 위한 기능을 제공하지 못해 이후에 다른 셸들이 등장하게 된다. 페도라 19에서 본 셸의 경로를 확인해보면 배시 셸과 심볼릭 링크로 연결되어 있다.

```
[user1@localhost ~]$ ls -l /bin/sh
lrwxrwxrwx. 1 root root 4 2월 5 21:39 /bin/sh → bash
[user1@localhost ~]$
```

[그림 12-6] 본 셸의 프롬프트

(2) C 셸

C 셸(C shell)은 캘리포니아 대학교(버클리)에서 빌 조이(Bill Joy)가 개발하였고, BSD 유닉스에 포함되어 발표되었다. 본 셸에는 없던 에일리어스나 히스토리 같은 사용자 편의 기능이 포함되어 있고, 셸 스크립트 작성을 위한 구문 형식이 C언어와 같아 C 셸이라는 이름을 가지게 되었다. C 셸의 명령 이름은 '/bin/csh'이다.

(3) 콘 셸

콘 셸(Korn shell)은 1980년대 중반 AT&T 벨 연구소의 데이비드 콘(David Korn)이 콘 셸을 개발하였고, 유닉스 SVR 4에 포함되어 발표되었다. C 셸과 달리 본 셸과의 호환성을 유지하고 히스토리, 에일리어스 기능 등 C 셸의 특징도 모두 제공하면서 처리 속도도 빠르다. 콘 셸의 명령 이름은 '/bin/ksh'이다.

(4) 배시 셸

배시 셸(bash shell)은 본 셸을 기반으로 개발된 셸로서 1988년 브레인 폭스(Brain Fox)가 개발하였고, 본 셸과 호환성을 유지하면서 C 셸, 콘 셸의 편리한 기능도 포함하고 있다. 배시 셸의 명령 이름은 '/bin/bash'이다. 배시 셸의 모든 버전은 GPL 라이선스에 의거하여 자유롭게 사용 가능하고, 리눅스의 기본 셸로 제공되고 있어 리눅스 셸로도 많이 알려졌다.

제6절 VFS

1 VFS(Virtual File System, 가상파일시스템)의 개념 기출

리눅스를 사용하면 다양한 형식으로 포맷된 디스크를 사용할 수 있다. 보통 리눅스에서는 EXT2, EXT3, EXT4를 사용하지만 윈도우에서 사용하는 NTFS나 FAT 같은 디스크도 사용할 수 있다. 그런데 어떤 디스크를 사용하든 간에 프로그램을 작성할 때는 open, read, write, close와 같은 시스템 호출을 사용해서 이 모든 것을 처리할 수 있다. 그러나 예전에는 그렇지 않았다. 실제 파일시스템이 무엇이냐에 관계없이 공통된 인터페이스(open, read, write, close 등)로 접근하는 것은 매우 어려운 일이었다. 가상파일시스템(VFS)은 리눅스에서 다양한 파일 시스템 형식(EXT2, EXT3, EXT4, NTFS, FAT 등)에 관계없이, 동일한 인터페이스(open, read, write, close 등)를 통해 파일을 처리할 수 있도록 설계된 계층이다.

2 VFS의 유무에 따른 리눅스 시스템 비교

(1) VFS가 존재하지 않는 시스템

[그림 12-7]과 같이 하드디스크를 3개의 파티션으로 나누고 각각 EXT2, EXT4, XFS 파일시스템을 mount 했을 때, 사용자 task는 EXT2 파일시스템에 저장된 파일에 접근할 때는 EXT2 고유의 함수를 호출해야 하고, EXT4 파일시스템에 저장된 파일에 접근할 때는 EXT4 고유의 함수를 호출해야 한다. 이처럼 VFS가 존재하지 않는 경우에는 사용자가 직접 파일시스템의 종류를 판별하고 그에 해당하는 함수를 호출해야 하는 문제점이 발생한다.

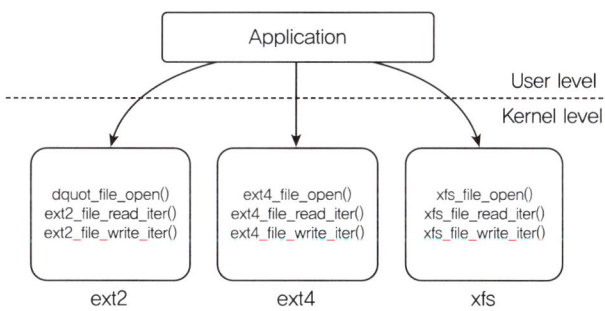

[그림 12-7] VFS가 존재하지 않는 리눅스 시스템

(2) VFS가 존재하는 시스템

[그림 12-8]과 같이 애플리케이션은 open(), read(), write()와 같이 일관된 함수를 통해 파일시스템에 접근할 수 있다. VFS는 인자에 담겨있는 파일을 확인하여 해당 파일을 관리하는 파일시스템이 무엇인지를 판단하고, 사용자가 호출한 일관된 함수에 맞는 파일시스템 고유의 함수를 호출한다. 또한 파일시

스템의 함수가 리턴한 결과를 애플리케이션에 전달한다. 그러므로 VFS는 애플리케이션이 접근하는 파일이 어느 파일시스템에 저장되었는지 고려할 필요 없이 일관된 POSIX 표준 인터페이스를 이용해 파일에 접근하는 것을 가능하게 한다.

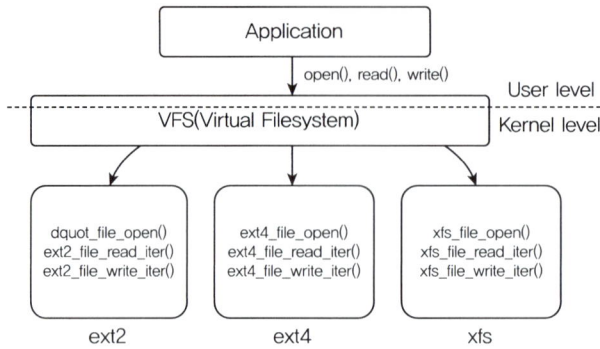

[그림 12-8] VFS가 존재하는 리눅스 시스템

[VFS의 유무에 따른 리눅스 시스템 비교]

VFS가 없는 시스템	VFS가 있는 시스템
• 파일시스템(EX2, EXT4, XFS 등)마다 다른 함수 호출이 필요 • 사용자가 파일 시스템 종류를 직접 확인하고 적합한 함수를 호출해야 함 • 문제점 : 복잡성 증가, 비효율적 관리	• open, read, write 같은 일관된 인터페이스를 통해 파일 접근 가능 • VFS가 파일 시스템 종류를 자동으로 판단하여 적절한 함수를 호출 • 장점 : 사용자와 개발자 부담 감소

○✕로 점검하자 | 제12장

※ 다음 지문의 내용이 맞으면 ○, 틀리면 ✕를 체크하시오. [1~8]

01 리눅스는 다중 사용자와 다중 작업을 할 수 있는 운영체제이다. (   )
> 리눅스는 유닉스와 마찬가지로 여러 사용자 계정으로 작업할 수 있고, 여러 작업을 동시에 진행할 수 있다.

02 리눅스 운영체제는 완벽하게 한글 지원을 한다. (   )
> 한글 지원이 미흡하여, 별도의 한글 지원 패키지를 설치한 후 사용해야 한다.

03 디렉터리 파일은 어떤 파일을 가리키는 또 하나의 경로명을 저장하는 파일로 기존 파일을 가리키는 포인터와 같은 역할을 하는 파일이다. (   )
> 디렉터리(directory)는 파일들을 계층적으로 조직화하는 데 사용되는 일종의 특수 파일이며, 디렉터리의 내용은 그 디렉터리 내에 있는 파일이나 서브 디렉터리의 이름들이다.

04 리눅스 '/root' 디렉터리는 최상위 디렉터리이다. (   )
> '/root' 디렉터리는 루트 유저의 홈 디렉터리를 의미한다.

05 상대 경로명은 파일이나 디렉터리의 경로 이름을 현재 작업 디렉터리부터 시작해서 기술하는 것이다. (   )
> 현재 작업 중인 디렉터리를 기준으로 기술하는 경로명을 말한다.

06 간접 블록은 추가적인 데이터 블록을 위한 포인터들이 사용하는 목적으로 할당되는 공간이다. (   )
> 실제 i-node는 적은 수의 데이터 블록을 가지고 있지만 더 많은 데이터 블록이 필요할 경우 더 많은 포인터들을 사용하기 위한 동적 블록을 사용하는데, 이를 간접 블록이라 부른다.

07 NFS는 MS-DOS 파일 시스템을 리눅스 상에서도 사용할 수 있게 하여, 긴 파일명과 소유자, 접근 허가, 링크와 장치 파일 등을 사용할 수 있도록 확장된 파일 시스템이다. (   )
> 네트워크 파일 시스템(Netwrok File System)으로써 네트워크상의 많은 컴퓨터가 각각의 시스템에 가진 파일들을 상호 간에 쉽게 공유하려고 제공되는 공유 파일 시스템이다.

08 셸은 사용자와 운영체제 사이의 창구 역할을 하는 소프트웨어로 사용자로부터 명령어를 입력받아 이를 해석하여 실행시키는 명령어 처리기(command processor) 역할을 수행한다. (   )
> 셸(shell)은 운영체제와 사용자 사이의 창구 역할을 하는 소프트웨어로, 사용자가 명령어를 실행시키는 간단한 방법은 셸 프롬프트에서 실행할 명령어 이름을 입력하면 셸이 프로세스를 만들어 입력한 명령어를 실행한다.

정답 1 ○ 2 ✕ 3 ✕ 4 ✕ 5 ○ 6 ○ 7 ✕ 8 ○

제12장 실전예상문제

01 셀은 커널과 사용자간의 다리 역할을 하는 것으로, 사용자로부터 명령을 받아 그것을 해석하고 프로그램을 실행하는 역할을 한다.

01 다음 내용에서 빈칸을 올바르게 채운 것은?

> 셸은 사용자와 ⃞ ㉠ ⃞ 사이의 인터페이스를 제공하는 특수 소프트웨어로, 사용자로부터 명령어를 입력받아 그 명령어를 해석하여 수행해 주는 ⃞ ㉡ ⃞ 이다.

① ㉠ : 프로세스 ㉡ : 스케줄링
② ㉠ : 프로세서 ㉡ : 메모리
③ ㉠ : 운영체제 ㉡ : 명령어 해석기
④ ㉠ : 커널 ㉡ : 파일

02 절대 경로명(absolute path name)은 대상 파일이나 디렉터리까지의 경로 이름을 루트 디렉터리로부터 시작하여 정확하게 적는 것이다. 상대 경로명(relative path name)은 파일이나 디렉터리의 경로 이름을 현재 작업 디렉터리부터 시작해서 기술한다.

02 다음 내용에서 빈칸을 올바르게 채운 것은?

> 절대 경로명은 ⃞ ㉠ ⃞ 부터 시작하고, 상대 경로명은 ⃞ ㉡ ⃞ 부터 시작한다.

① ㉠ : 루트 디렉터리 ㉡ : 현재 디렉터리
② ㉠ : 자식 디렉터리 ㉡ : 부모 디렉터리
③ ㉠ : 디렉터리 ㉡ : 파일
④ ㉠ : 계층 구조 ㉡ : 디렉터리

정답 01 ③ 02 ①

03 다음 중 리눅스의 파일 속성에 포함되지 않는 것은?

① 접근 권한
② 소유자
③ 수정 시간
④ 파일 위치

```
$ ls -sl cs1.txt
4096   - rw-rw-r--  1 dwkim root  2088 10-23 12:49 cs1.txt
  ①    ②   ③       ④  ⑤    ⑥      ⑦    ⑧           ⑨
```

03 파일의 속성을 간단히 알아보기 위해 'ls -sl'을 실행하면 알 수 있다. [문제 하단 그림 참조]
① 블록 수
② 파일의 종류: -(파일), d(디렉터리)
③ 접근권한: 소유자(-rw: 읽고, 쓰기), 그룹(-rw: 읽고, 쓰기), 그룹 외 사용자(r--: 읽기)
④ 하드 링크의 수
⑤ 파일 소유자의 로그인 ID
⑥ 파일 소유자의 그룹 이름(ID)
⑦ 파일의 크기(Byte 단위)
⑧ 파일이 마지막으로 수정된 날짜
⑨ 파일명

04 다음 주어진 보기의 빈칸을 올바르게 채운 것은?

> 리눅스에서는 파일의 보안을 위해 파일의 ㉠ , ㉡ , 그룹외의 소유자로 구분하여 파일의 접근 권한을 관리한다.

① ㉠: 운영자 ㉡: 커널
② ㉠: 셸   ㉡: 커널
③ ㉠: 소유자 ㉡: 그룹
④ ㉠: 그룹   ㉡: 디렉터리

04 리눅스는 파일에 무단으로 접근하는 것을 방지하고 보호하는 기능을 제공한다. 사용자는 자신의 파일과 디렉터리 중에서 사용자, 그룹, 그룹 외의 사용자가 접근해도 되는 것과 그렇지 않은 것을 구분하여 접근 권한을 제한한다.

05 다음 중 셸의 주요 기능으로 옳지 않은 것은?

① 사용자 환경 설정
② 프로세스 생성
③ 프로그램 기능
④ 명령어 해석

05 셸(shell)은 운영체제와 사용자 사이의 창구 역할을 하는 소프트웨어로, 명령어 해석기 기능, 프로그래밍 기능, 사용자 환경 설정 기능 등을 한다.

정답 03 ④ 04 ③ 05 ②

06 배시 셸(bash shell)은 본 셸을 기반으로 개발된 셸로서 1988년 브레인 폭스(Brain Fox)가 개발하였고, 본 셸과 호환성을 유지하면서 C 셸, 콘 셸의 편리한 기능도 포함한다. 배시 셸의 모든 버전은 GPL 라이선스에 의거하여 자유롭게 사용 가능하다.

07 표준 리눅스 파일 시스템의 전체적인 구조는 다음 그림과 같다.
[문제 하단 그림 참조]

08 i-node는 파일에서 파일의 이름을 제외한 모든 정보를 가진다. 파일 이름은 i-node 번호와 함께 디렉터리 안에 저장되고, 각 파일 이름에 부여되는 고유 번호와 대부분의 정보가 있으며 i-node로 이루어진 테이블에서 i-node 번호를 찾으면 모든 정보를 알 수 있다.

정답 06 ③ 07 ① 08 ①

---

06 다음 내용에 해당하는 것은?

> 본 셸을 기반으로 개발된 셸로서, 리눅스의 기본 셸로 제공되고 있어 리눅스 셸로도 많이 사용되고 있는 셸이다.

① 본 셸
② 콘 셸
③ 배시 셸
④ C 셸

07 다음 내용에서 빈칸을 올바르게 채운 것은?

> 리눅스 파일 시스템은 부트 블록, ㉠ , ㉡ , 데이터 블록 부분으로 구성된다.

① ㉠: 슈퍼 블록 ㉡: i-node
② ㉠: 커널 ㉡: 셸
③ ㉠: i-node ㉡: i-node 리스트
④ ㉠: i-node ㉡: 파일 이름

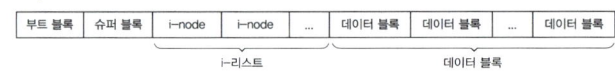

| 부트 블록 | 슈퍼 블록 | i-node | i-node | … | 데이터 블록 | 데이터 블록 | … | 데이터 블록 |

i-리스트 / 데이터 블록

08 다음 중 리눅스 파일 시스템에 대한 설명으로 옳지 <u>않은</u> 것은?

① i-node는 하나의 데이터 블록만을 포함할 수 있다.
② 슈퍼 블록은 전체 파일 시스템에 대한 정보를 저장한다.
③ 디렉터리 블록은 파일 이름과 i-node의 번호를 저장하기 위해 사용된다.
④ 간접 블록은 추가적인 데이터 블록을 위한 포인터들이 사용하는 목적으로 할당되는 공간이다.

09 다음 중 리눅스 파일 시스템의 종류에 대한 설명으로 옳지 <u>않</u>은 것은?

① NFS는 네트워크 파일 시스템으로써 네트워크상의 많은 컴퓨터의 상호 연결을 위한 공유 파일 시스템이다.
② MINIX는 리눅스 초기에 사용하던 파일 시스템이다.
③ EXT4는 파일 시스템의 체크 속도가 빨라졌으며, 파일 복구가 가능한 파일 시스템이다.
④ UMSDOS는 MS-DOS 파일 시스템을 리눅스에서도 사용할 수 있도록 확장된 파일 시스템이다.

09 MINIX 파일 시스템은 MINIX 운영체제에서 사용되던 파일 시스템으로 가장 오래되고 기본이 되는 파일 시스템이다.

10 다음 중 셸 프로그램을 셸 스크립트라고 하는 셸의 기능으로 옳은 것은?

① 셸의 명령어 해석기 기능
② 셸의 프로그램 기능
③ 셸의 사용자 환경 설정 기능
④ 본 셸의 기능

10 셸 자체 내에 프로그래밍 기능이 있어 반복적으로 수행하는 작업을 하나의 프로그램으로 작성하는 기능을 한다.

11 다음 중 리눅스의 특징으로 옳지 <u>않은</u> 것은?

① UNIX와는 호환되지만 Windows와는 완벽한 호환이 이루어지지 않는다.
② 보안상의 취약점이 쉽게 노출되지 않는다.
③ 한글 지원이 미흡하여, 별도의 한글 지원 패키지를 설치한 후 사용해야 한다.
④ 공개 운영체제이기 때문에 문제점이 발생했을 경우에 기술 지원을 받는 데 한계가 있다.

11 리눅스는 보안상의 취약점이 쉽게 노출될 수 있으나, 많은 프로그래머들이 연구하고 있으며 보안 문제가 발생한다고 해도 신속하게 해결 가능한 상태이다.

정답 09 ② 10 ② 11 ②

12 ② 사용자가 직접 파일 시스템을 판별하고 함수를 호출할 필요는 없다. VFS가 이를 자동으로 처리해 준다.
③ VFS는 파일 시스템의 추상화 계층일 뿐 직접 파일을 관리하는 것은 아니며, 실제 파일 관리는 각 파일 시스템에서 수행된다.
④ VFS가 파일 시스템의 차이를 추상화하기 때문에, 어플리케이션은 파일 시스템 고유의 함수를 호출하지 않고 VFS를 통해 통일된 인터페이스로 접근한다.

12 리눅스의 가상파일시스템에 대한 설명으로 옳은 것은?

① 실제 파일시스템에 관계없이 공통된 인터페이스로 파일시스템에 접근하도록 하는 계층이다.
② 사용자가 직접 파일시스템의 종류를 판별하고 그에 해당하는 함수를 호출한다.
③ 해당 파일을 관리하는 파일시스템이 VFS이므로 사용자는 파일을 확인만 하면 각각의 파일시스템을 판단할 필요가 없다.
④ 사용자가 파일에 접근할 때 어플리케이션에서 커널 레벨을 통해 각각의 파일시스템 고유의 함수를 호출하여 접근한다.

정답 12 ①

부록

최종모의고사

최종모의고사 제1회
최종모의고사 제2회
정답 및 해설

어떤 것이 당신의 계획대로 되지 않는다고 해서 그것이 불필요한 것은 아니다.

– 토마스 에디슨 –

보다 깊이 있는 학습을 원하는 수험생들을 위한
시대에듀의 동영상 강의가 준비되어 있습니다.

www.sdedu.co.kr ➜ 회원가입(로그인) ➜ 강의 살펴보기

제1회 최종모의고사 | 운영체제

제한시간: 50분 | 시작 ___시 ___분 – 종료 ___시 ___분

정답 및 해설 475p

01 다음 중 운영체제의 작업 수행 방법에 대한 설명으로 옳지 <u>않은</u> 것은?

① 프로세서를 둘 이상 설치하여 여러 명령을 동시에 처리하는 시스템을 다중 처리 시스템이라고 한다.
② 컴퓨터 여러 대가 작업을 나눠 처리하고, 그 내용이나 결과를 네트워크를 이용하여 상호 교환하도록 연결된 시스템을 분산 처리 시스템이라고 한다.
③ 하나의 컴퓨터 시스템에서 여러 프로그램을 함께 메인 메모리에 적재하고, 이들이 처리장치를 번갈아 사용하며 실행하도록 하는 것을 다중 프로그래밍이라고 한다.
④ 컴퓨터 한 대를 여러 사용자가 동시에 대화식으로 사용하는 방법으로, 처리 속도가 매우 빨라 각 사용자가 시스템을 독립적으로 사용하는 것처럼 인식하는 시스템을 일괄 처리 시스템이라고 한다.

02 실시간 처리 시스템에서 '소프트 리얼타임 시스템'의 주요 특징으로 가장 적절한 것은?

① 모든 작업이 정확하게 정해진 시간에 완료되어야 한다.
② 시스템이 지연을 완전히 제거할 수 있는 능력을 가지고 있다.
③ 작업의 지연이 발생하면 시스템이 실패하고 작업이 무효가 된다.
④ 작업의 지연이 발생하더라도 시스템이 전체적으로 정상적으로 작동할 수 있다.

03 다음 중 시스템 버스에 대한 설명으로 옳지 <u>않은</u> 것은?

① 데이터 버스는 메모리 버퍼 레지스터(MBR)와 연결되어 있으며, 양방향이다.
② 시스템 버스는 하드웨어를 물리적으로 연결하여 서로 데이터를 주고받을 수 있게 하는 통로이다.
③ 제어 버스는 제어 장치와 연결될 버스로, CPU가 메모리와 주변 장치에 제어 신호를 단방향으로 보내기 위해 사용한다.
④ 제어 버스가 다음에 어떤 작업을 할지 신호를 보내고 주소 버스가 위치 정보를 전달하면 데이터가 데이터 버스에 실려 목적지까지 이동한다.

04 계층형 구조 커널의 접근 방식과 반대로 개발된 커널은 무엇인가?

① 단독 구조 커널
② 계층형 구조 커널
③ 단일형 구조 커널
④ 마이크로 구조 커널

05 다음 중 사용자 불가시 레지스터의 주요 기능으로 가장 적절한 것은?

① 프로그램의 실행 흐름을 제어하고, 데이터를 저장한다.
② 사용자 애플리케이션의 데이터를 처리하는 데 사용된다.
③ 프로그램의 상태를 모니터링하고, 사용자가 직접 접근할 수 있다.
④ 하드웨어 및 시스템의 동작을 제어하고, 커널 모드에서만 접근할 수 있다.

06 다음 중 메모리 관리 유닛(MMU)의 작업에 대한 설명으로 옳지 않은 것은?

① 적재(fetch) 작업은 프로세스와 데이터를 메모리에 가져오는 작업이다.
② 배치 정책(placement policy)에는 최초 적합, 최적 적합, 최악 적합이 있다.
③ 적재 정책(fetch policy)에는 요구 적재(demand fetch)와 예상 적재(anticipatory fetch)가 있다.
④ 재배치 정책(replacement policy)은 나누어진 메모리의 구역에 따라 프로세스와 데이터를 어떤 위치에 놓을지 결정하는 것이다.

07 다음 내용에 해당하는 레지스터는 무엇인가?

- 사용자 영역이 운영체제 영역으로 침범하는 것을 방지하는 레지스터이다.
- 운영체제 영역과 사용자 영역 경계 지점의 주소를 가진 레지스터이다.

① 주소 레지스터
② 경계 레지스터
③ 데이터 레지스터
④ 인덱스 레지스터

08 다음과 같이 분할된 기억장치에 최적 적합 알고리즘으로 프로세스 P1(100kB), P2(200kB), P3(300kB), P4(400kB)를 할당할 때 내부 단편화는 얼마나 발생하는가?

할당 영역	분할 크기	작업 크기
A	100kB	P1 → 100kB
B	600kB	
C	300kB	P3 → 300kB
D	400kB	P4 → 400kB
E	200kB	P2 → 200kB

① 0kB
② 114kB
③ 200kB
④ 314kB

09 메모리 주소의 용량을 늘리기 위해 가장 일반적으로 사용하는 방법으로 가장 적절한 것은?

① CPU의 클록 속도 증가
② 주소 버스의 비트 수 증가
③ 메모리 모듈의 속도 증가
④ 캐시 메모리의 크기 증가

10 다음과 같이 한 페이지의 크기와 가상 주소가 주어졌을 때 A와 B를 각각 $VA=<P,D>$ 형태로 올바르게 변환한 것은?

구분	한 페이지 크기	가상 주소
(A)	1024Byte	2000번지
(B)	2048Byte	3000번지

       A   B
① $VA=<0,955>$ $VA=<1,952>$
② $VA=<0,976>$ $VA=<0,952>$
③ $VA=<1,976>$ $VA=<1,952>$
④ $VA=<2,976>$ $VA=<2,952>$

11 다음과 같은 세그먼테이션 테이블이 있을 때, 가상 주소($VA=<0,100>$)의 물리 주소는 얼마인가?

세그먼트 번호	크기	시작 주소
0	120	500
1	550	1024
2	200	2048
3	1024	4096

① 120
② 600
③ 1024
④ 오류가 발생하고 프로세스가 종료된다.

12 다음 중 페이지 테이블 매핑 방식에 대한 설명으로 옳지 않은 것은?

① 페이지 테이블 관리를 메모리에서 또는 스왑 영역에서 하느냐에 따라 가상 주소를 물리 주소로 변환하는 방법이 달라진다.
② 직접 매핑은 페이지 테이블 전체가 가상 메모리 영역에 존재한다.
③ 연관 매핑은 페이지 테이블 전체를 스왑 영역에서 관리하는 방식이다.
④ 집합-연관 매핑은 모든 페이지 테이블을 스왑 영역에서 관리하고 일부만 물리 메모리로 가져온다.

13 가상 메모리에서 페이지 기반 메모리 분할의 주요 특징으로 옳은 것은?

① 메모리의 물리적 크기에 맞춰 가상 주소 공간을 자동으로 조정한다.
② 메모리를 고정된 크기의 블록으로 나누며, 각 블록을 페이지라고 한다.
③ 프로세스가 사용할 수 있는 전체 메모리를 한 번에 메모리에 할당한다.
④ 메모리를 가변 크기의 세그먼트로 나누며, 각 세그먼트는 프로세스의 논리적 부분을 나타낸다.

14 다음 중 세그먼트 기반 메모리 분할의 주요 장점으로 옳은 것은?

① 페이지 교체 비용을 줄여 메모리 접근 속도를 향상시킨다.
② 모든 세그먼트는 동일한 크기이므로 메모리 관리가 단순해진다.
③ 메모리를 고정된 크기의 블록으로 나누어 외부 단편화를 방지한다.
④ 프로그램의 논리적 구조를 반영하여 가변 크기의 메모리 세그먼트를 할당할 수 있다.

15 가상 메모리 관리에서 페이지 부재 발생에 대한 설명으로 옳지 않은 것은?

① 메모리에 빈 프레임이 있는 상태에서 페이지 부재가 발생하면 스왑 영역에 있는 페이지를 메모리의 빈 영역에 올리고 페이지 테이블을 갱신한다.
② 메모리에 빈 프레임이 없는 상태에서 페이지 부재가 발생하면 메모리에 있는 프레임 중 하나를 스왑 영역으로 보낸 후 해당 페이지를 가져올 수 있다.
③ 페이지 부재가 발생하면 메모리 관리자는 스왑 영역에서 해당 페이지를 물리 메모리로 옮긴 후 작업을 진행한다.
④ 페이지 부재는 사용자의 프로세스가 주어진 메모리 공간을 벗어나거나 접근 권한이 없는 곳에 접근할 때 발생한다.

16 다음 중 페이지 교체 알고리즘에 대한 설명으로 옳지 않은 것은?

① LFU 페이지 교체 알고리즘은 사용 빈도가 적은 페이지를 스왑 영역으로 보낸다.
② LRU 페이지 교체 알고리즘은 시간적으로 멀리 떨어진 페이지를 스왑 영역으로 보낸다.
③ NUR 페이지 교체 알고리즘은 최근에 사용한 적이 없는 페이지를 스왑 영역으로 보낸다.
④ 무작위 페이지 교체 알고리즘은 무작위로 대상 페이지를 선정하여 운영체제 영역으로 보낸다.

17 가상기억장치 관리 방법에서 페이지 크기에 대한 설명으로 옳은 것은?

① 페이지 크기가 클수록 페이지 테이블의 크기가 작아진다.
② 페이지 크기가 클수록 마지막 페이지의 내부 단편화가 줄어든다.
③ 페이지 크기가 작을수록 마지막 페이지의 내부 단편화는 늘어난다.
④ 참조하는 정보와 무관한 정보는 페이지 크기가 작을 때보다 페이지 크기가 클 때 더 많이 주기억장치에 적재될 수 있다.

18 페이지 4개를 수용할 수 있는 주기억장치가 있으며, 초기에는 모두 비어 있다고 가정한다. 다음 순서로 페이지가 참조되며 FIFO 교체 알고리즘을 사용할 경우 페이지 부재 발생 횟수는?

> 페이지 참조 순서 : 1, 2, 3, 1, 2, 4, 5, 1

① 6회   ② 7회
③ 8회   ④ 9회

19 다음 내용과 가장 관련 있는 용어는 무엇인가?

> 일반적으로 가상 메모리 시스템에서 다중 프로그래밍 정도가 클수록(적재된 작업 수가 많을수록) CPU의 이용률은 증가한다. 그러나 어느 정도를 넘어서면 CPU 이용률이 급격히 떨어지고 디스크 장치의 이용률이 증가한다.

① locality
② thrashing
③ working set
④ fragmentation

20 페이지 테이블 엔트리(PTE)의 구성요소 중에서 실제 물리적 메모리 주소를 가리키는 부분은 무엇인가?

① 유효 비트(valid bit)
② 페이지 크기(page size)
③ 가상 주소(virtual address)
④ 프레임 번호(frame number)

21 다음 중 페이지 크기(page size)가 디스크의 입출력 시간(I/O time)에 미치는 영향에 대한 설명으로 가장 적절한 것은?

① 페이지 크기가 커지면 페이지 테이블의 크기가 작아진다.
② 페이지 크기가 작아지면 디스크의 입출력 시간이 항상 감소한다.
③ 페이지 크기와 디스크 입출력 시간은 직접적인 상관관계가 없다.
④ 페이지 크기가 커지면 페이지 폴트 시 디스크에서 메모리로 전송되는 데이터양이 증가할 수 있다.

22 프로세스의 상태가 실행 상태일 때 작업을 할 수 있는 것으로 옳지 않은 것은?

① timeout
② wakeup
③ exit
④ block

23 특정 프로세스의 작업을 중단하여 CPU를 다른 프로세스에 넘겨줄 때 이전 프로세스의 레지스터들은 저장하고, 실행될 프로세스의 레지스터를 시스템에 적재하는 작업은 무엇인가?

① 디스패치
② 세마포어
③ 문맥 교환
④ 모니터

24 입력된 작업이 다음과 같을 경우 HRN 알고리즘으로 스케줄링할 때 우선순위가 가장 낮은 작업은 무엇인가?

작업	대기시간	서비스시간
A	10	5
B	5	2
C	25	10
D	1	3

① A
② B
③ C
④ D

25 다음 중 프로세스 제어 블록(PCB)의 주요 구성요소와 그 역할에 대한 설명으로 옳지 않은 것은?

① 프로세스 식별자(PID)는 각 프로세스를 고유하게 식별하기 위해 사용된다.
② 프로세스 상태는 프로세스가 현재 실행 중인지, 대기 중인지 등을 나타낸다.
③ CPU 레지스터 정보는 프로세스가 일시 중단되었을 때 CPU의 상태를 저장하는 데 사용된다.
④ 메모리 관리 정보는 프로세스 간의 메모리 공유를 관리하기 위한 정보를 포함한다.

26 분산 운영체제의 구조 중 완전 연결(fully connected)에 대한 설명으로 옳지 않은 것은?

① 사이트 간 메시지 전달이 매우 빠르다.
② 사이트 간 연결은 여러 회선이 있으므로 신뢰성이 높다.
③ 모든 사이트는 시스템 내 다른 모든 사이트와 직접 연결한다.
④ 사이트와 사이트 간 메시지 전달에 통신 비용이 많이 소요된다.

27 다음 중 상호 배제를 구현하기 위한 방법에 대한 설명으로 옳지 않은 것은?

① 세마포어는 정수의 변수로 양수와 음수의 값을 가진다.
② 모니터는 한 순간에 여러 프로세스가 모니터에 동시에 진입하여 자원을 공유할 수 있다.
③ TestAndSet(TAS) 명령어는 특별한 하드웨어 명령어를 사용하여 간단한 방법으로 임계 영역 문제를 해결할 수 있다.
④ 데커의 알고리즘은 병행 프로그래밍에서 두 프로세스가 서로 통신하기 위해 공유 메모리를 사용하여 충돌 없이 단일 자원을 공유할 수 있도록 허용한다.

28 병행 프로세스의 선행 그래프(Precedence Graph)와 그 역할에 대한 설명으로 옳지 않은 것은?

① 선행 그래프의 노드는 병행 프로세스가 수행해야 할 작업을 나타낸다.
② 선행 그래프는 병행 프로세스 간의 실행 순서를 나타내기 위해 사용된다.
③ 선행 그래프는 프로세스 간의 메모리 공유 구조를 나타내기 위한 도구이다.
④ 선행 그래프의 간선은 한 프로세스가 다른 프로세스보다 먼저 수행되어야 함을 나타낸다.

29 교착상태를 회피하는 데 사용하는 은행원 알고리즘에 대한 설명으로 옳지 않은 것은?

① 은행원 알고리즘은 대화식 시스템에 적용할 수 있다.
② 은행원 알고리즘을 적용하려면 자원의 양이 일정해야 한다.
③ 은행원 알고리즘을 적용하려면 사용자 수가 일정해야 한다.
④ 은행원 알고리즘은 모든 요구를 유한한 시간 안에 할당하는 것을 보장한다.

30 다음 중 시스템의 안정 상태와 불안정 상태에 대한 설명으로 옳지 않은 것은?

① 교착상태는 불안정한 상태의 일부분이다.
② 할당된 자원이 적으면 시스템의 안정 상태가 커진다.
③ 불안정 상태에서 항상 교착상태가 발생하는 것은 아니다.
④ 할당된 자원이 줄어들수록 불안정 상태가 커지고, 교착상태가 발생할 가능성이 높아진다.

31 자원 할당을 결정할 때 고려해야 할 주요 조건으로 옳지 않은 것은?

① 자원 할당 시 프로세스의 우선순위를 고려하여 자원을 배분한다.
② 자원을 할당할 때는 자원 요구량이 최대일 때의 상황을 기준으로 해야 한다.
③ 자원이 부족할 때 프로세스가 자원을 요청하면, 요청된 자원이 모두 사용 가능해야 한다.
④ 자원 요청 시 요청된 자원이 모두 확보되지 않으면 프로세스는 자원 요청을 대기 상태로 전환한다.

32 다음 중 디스크 스케줄링 기법에 대한 설명으로 옳지 <u>않은</u> 것은?

① LOOK 스케줄링은 헤드가 한쪽 방향으로 움직일 때에만 요청받은 트랙을 서비스한다.
② SCAN 스케줄링은 SSTF 스케줄링의 공평성 위배 문제를 완화하기 위해 만들어진 기법이다.
③ SPTF 스케줄링은 탐색 시간과 회전 지연 시간의 합이 가장 짧은 요청을 다음 서비스 대상으로 선택한다.
④ SLTF 스케줄링은 작업 요청이 들어온 섹터의 순서를 디스크가 회전하는 방향에 맞추어 다시 정렬한 후 서비스한다.

33 다음 중 입출력 버스의 기본 구조에 대한 설명으로 옳지 <u>않은</u> 것은?

① 입출력 버스는 CPU와 입출력장치 간의 데이터 전송을 담당한다.
② 입출력 버스는 CPU와 메모리 간의 직접적인 데이터 전송을 지원하지 않는다.
③ 주소 버스는 데이터의 전송 위치를 지정하며, 데이터 버스는 실제 데이터를 전송한다.
④ 제어 버스는 데이터 전송의 타이밍과 흐름을 제어하며, 주로 메모리와 입출력장치 간의 통신을 관리한다.

34 다음 중 RAID 5의 구성에 대한 설명으로 옳지 <u>않은</u> 것은?

① RAID 5는 최소 3개의 디스크가 필요하다.
② RAID 5는 데이터와 패리티 정보를 분산하여 저장한다.
③ RAID 5는 모든 디스크가 동일한 패리티 블록을 저장한다.
④ RAID 5는 데이터의 읽기 성능이 좋지만, 쓰기 성능은 낮을 수 있다.

35 다음 중 디스크의 빈 공간 관리 방법에 대한 설명으로 옳지 <u>않은</u> 것은?

① 비트맵 방법은 대형 컴퓨터 환경에서 사용하는 것이 적절하다.
② 비트맵 방법은 비트 벡터 전체를 메모리에 보관해야 하므로 비효율적이다.
③ 연결 리스트 방법은 디스크의 빈 디스크 블록을 첫 번째 빈 블록 내에서 다음 빈 디스크 블록의 포인터를 갖도록 연결 리스트를 구현한다.
④ 인덱스 블록 방법에서는 빈 블록의 포인터를 인덱스 블록에 보관하며, 이들을 서로 연결하는 방법으로 사용 가능한 블록 주소 여러 개를 쉽게 찾을 수 있게 한다.

36 다음 중 파일 시스템의 기능에 대한 설명으로 옳지 <u>않은</u> 것은?

① 파일 시스템은 파일과 디렉터리를 저장하고 관리하며, 파일의 읽기 및 쓰기 작업을 관리하고 최적화하는 역할을 한다.
② 파일 시스템은 파일의 이름·크기·위치 및 기타 메타데이터를 관리한다.
③ 파일 시스템은 하드웨어의 물리적 결함을 감지하고 수리한다.
④ 파일 시스템은 파일의 액세스 권한을 설정하여 보안을 제공한다.

37 다음 중 파일의 속성에 대한 설명으로 옳지 <u>않은</u> 것은?

① 숨김(hidden) 속성은 파일을 파일 탐색기에서 보이지 않도록 설정한다.
② 보호(protected) 속성은 파일이 암호화되어 특정 사용자만 접근할 수 있게 한다.
③ 읽기 전용(read-only) 속성은 파일을 읽을 수만 있고, 수정할 수 없도록 설정한다.
④ 시스템(system) 속성은 운영체제에 중요한 파일임을 나타내며, 삭제나 수정이 제한된다.

38 다음 중 유닉스에 대한 설명으로 옳지 <u>않은</u> 것은?

① 유닉스는 다중 프로그래밍으로, 메모리 관리는 대치나 페이징을 사용한다.
② 유닉스 프로세스의 사용자 프로세스는 단말기의 사용자와 관련된 프로세스이다.
③ 커널(kernel)은 사용자와 커널 사이의 중간자 역할을 담당하는 특별 프로그램이다.
④ 유닉스의 파일 시스템은 파일 소유자, 그룹, 다른 사람들에게서 사용자를 구분하여 파일을 보호한다.

39 다음 중 UNIX의 명령어와 그 기능에 대한 설명으로 옳지 <u>않은</u> 것은?

① ps : 프로세스의 상태를 표시한다.
② cd : 현재 작업 디렉터리를 변경한다.
③ rm : 파일이나 디렉터리를 삭제한다.
④ rmdir : 파일을 이동한다.

40 다음 중 LINUX의 특징으로 옳지 <u>않은</u> 것은?

① 네트워킹 및 보안 기능이 강력하다.
② 다중 사용자와 다중 작업을 지원한다.
③ 오픈 소스 소프트웨어로, 누구나 자유롭게 수정 및 배포할 수 있다.
④ 그래픽 사용자 인터페이스(GUI)만 제공하며, 커맨드라인 인터페이스(CLI)는 지원하지 않는다.

제2회 최종모의고사 | 운영체제

제한시간: 50분 | 시작 ___시 ___분 - 종료 ___시 ___분

▣ 정답 및 해설 482p

01 다음 중 운영체제의 수행 기능에 대한 옳은 설명을 모두 고른 것은?

> ㉠ 목적 프로그램과 라이브러리, 로드 모듈을 연결하여 실행 가능한 로드 모듈을 만든다.
> ㉡ 사용자 간에 데이터를 공유할 수 있도록 한다.
> ㉢ 사용자와 컴퓨터 시스템 간의 인터페이스 기능을 제공한다.
> ㉣ 자원의 스케줄링 기능을 제공한다.

① ㉠, ㉡, ㉢, ㉣
② ㉠, ㉢, ㉣
③ ㉡, ㉢, ㉣
④ ㉠, ㉡, ㉣

02 다음 중 클라우드 컴퓨팅의 기본 서비스 모델 중에서 사용자가 소프트웨어 및 애플리케이션을 직접 설치하거나 관리하지 않고, 인터넷을 통해 소프트웨어를 제공받는 모델은 무엇인가?

① PaaS(Platform as a Service)
② SaaS(Software as a Service)
③ IaaS(Infrastructure as a Service)
④ FaaS(Function as a Service)

03 다음 중 폰 노이만 구조의 특징에 대한 설명으로 옳지 않은 것은?

① 모든 프로그램이 메모리에 올라와야 실행할 수 있는 구조이다.
② CPU, 메모리, 입출력장치, 저장장치가 버스로 연결되어 있는 구조를 말한다.
③ CPU와 기억장소가 서로 일치되어, 연산의 입력 및 결과를 빠르게 처리할 수 있다.
④ 프로그램과 데이터가 모두 하나의 기억장소(메모리)에 있는 프로그램 내장 방식이다.

04 운영체제의 여러 기능이 서로 연결되어 있어 상호 의존성이 높기 때문에 기능상의 작은 결함이 시스템 전체로 확산될 수 있는 커널은 무엇인가?

① 계층형 구조 커널
② 디버깅 구조 커널
③ 단일형 구조 커널
④ 마이크로 구조 커널

05 다음 중 멀티코어 시스템과 멀티프로세서 시스템의 주요 차이점을 설명한 것으로 가장 적절한 것은?

① 멀티코어 시스템은 각 코어가 별도의 프로세서를 담당하는 반면, 멀티프로세서 시스템은 각 프로세서가 독립적으로 작업을 수행한다.
② 멀티코어 시스템은 하나의 프로세서 내에 여러 개의 코어를 포함하며, 멀티프로세서 시스템은 여러 개의 독립적인 프로세서를 사용하는 구조이다.
③ 멀티코어 시스템은 캐시 메모리를 공유하지 않으며, 멀티프로세서 시스템은 모든 프로세서가 캐시를 공유한다.
④ 멀티코어 시스템과 멀티프로세서 시스템의 차이점은 없다.

06 다음 중 연속 메모리 할당에 해당하지 않는 방법은?

① 직접 배치
② 분산 메모리 할당
③ 중첩(오버레이)
④ 고정 분할 방법

07 상대 주소를 절대 주소로 변환하는 과정에서 사용되는 레지스터는 무엇인가?

① 경계 레지스터
② 사용자 레지스터
③ 인덱스 레지스터
④ 재배치 레지스터

08 다음과 같이 분할된 기억장치에 최초 적합 알고리즘으로 P1(111kB), P2(222kB), P3(333kB), P4(300kB)를 할당할 때 내부 단편화는 얼마나 발생하는가?

할당 영역	분할 크기	작업 크기
A	100kB	
B	500kB	P1 → 111kB P2 → 222kB
C	200kB	
D	300kB	P4 → 300kB
E	600kB	P3 → 333kB

① 222kB
② 300kB
③ 434kB
④ 발생하지 않음

09 메모리 오버레이를 사용하는 경우, 메모리 공간이 부족할 때 어떻게 프로그램을 관리하는가?

① 프로그램을 여러 번 복사하여 메모리 공간을 확장한다.
② 프로그램을 실행하기 전에 메모리 공간을 자동으로 확장한다.
③ 프로그램을 하드 드라이브에 저장하고, 메모리에는 로드하지 않는다.
④ 프로그램의 일부분만을 메모리에 로드하고, 필요한 부분을 동적으로 교체한다.

10 페이지 크기가 10kB이고 메모리 크기가 128kB인 메모리 페이징 시스템이 있다고 가정할 때, 다음 내용에서 괄호 안에 들어갈 숫자를 순서대로 고른 것은?

> ㉠ 페이지 프레임 수 : (　)개
> ㉡ 메모리 주소를 해결하는 데 필요한 비트 수 : (　)비트
> ㉢ 페이지 번호에 사용하는 비트 수 : (　)비트
> ㉣ 오프셋에 사용하는 비트 수 : (　)비트

	㉠	㉡	㉢	㉣
①	10	17	5	12
②	11	16	3	13
③	12	15	2	13
④	12	17	4	14

11 다음 중 세그먼테이션-페이징 혼용 기법에 대한 설명으로 옳지 않은 것은?

① 페이지 테이블에 권한 비트가 추가되면 페이지 테이블의 크기가 커진다.
② 메모리 접근 권한 검사는 가상 주소에서 물리 주소로 주소 변환이 일어날 때마다 시행된다.
③ 가상 메모리의 주소 변환은 페이징 기법을 사용하고 물리 주소의 주소 변환은 세그먼테이션 기법을 사용한다.
④ 매핑 테이블에 메모리 접근 권한의 정보를 가지고 있으며, 주소 변환이 일어날 때마다 유용한 접근인지 아닌지 검사한다.

12 다음 중 집합-연관 매핑 방식에 대한 설명으로 옳지 않은 것은?

① 집합-연관 매핑 방식은 페이지 주소를 세분화한다.
② 전체 페이지 테이블은 연관 매핑과 마찬가지로 운영체제 영역에 있다.
③ 디렉터리 테이블을 보면 원하는 테이블 묶음이 어디에 있는지 알 수 있으므로, 전체 테이블을 찾아보지 않아도 TLB 미스를 바로 알 수 있다.
④ 집합-연관 매핑 방식에서는 페이지 테이블을 같은 크기의 여러 묶음으로 나누고, 각 묶음의 시작 주소를 가진 디렉터리 테이블을 새로 만들어 관리한다.

13 세그먼테이션 기법에서 각 세그먼트는 어떻게 관리되는지 가장 적절하게 설명한 것은?

① 각 세그먼트는 페이지 테이블을 통해 관리된다.
② 각 세그먼트는 물리적 메모리의 연속적인 공간에만 할당된다.
③ 각 세그먼트는 고정된 메모리 주소를 할당받고, 해당 주소에 고정적으로 위치한다.
④ 각 세그먼트는 세그먼트 테이블을 통해 관리되며, 세그먼트 테이블은 세그먼트의 시작 주소와 길이를 저장한다.

14 역 매핑 방식에서 가상 주소를 물리적 주소로 변환할 때 발생할 수 있는 주요 단점에 해당하는 것은?

① 페이지 테이블의 크기가 지나치게 커져 성능이 저하된다.
② 각 프로세스가 별도의 페이지 테이블을 유지하기 때문에 메모리 낭비가 발생한다.
③ 물리적 메모리 프레임을 찾기 위해 추가적인 검색이 필요하여 변환 속도가 느려질 수 있다.
④ 가상 메모리 페이지가 물리적 프레임에 고정적으로 할당되어 메모리 효율이 떨어진다.

15 다음 중 지역성(locality) 이론에 대한 설명으로 옳지 않은 것은?

① 캐시는 지역성 이론을 사용하는 대표적인 장치이다.
② 페이지 교체 알고리즘에서도 지역성을 고려하여 대상 페이지를 선정한다.
③ 캐시는 시간적으로나 지역적으로 가까이 있는 데이터를 가져옴으로써 캐시 적중률을 높일 수 있다.
④ 공간의 지역성은 프로그래밍에서 순환(루프), 서브프로그램, 스택, 계산이나 합계에 사용하는 변수에서 발생한다.

16 다음 중 페이지 교체 알고리즘의 성능 평가 기준으로 옳지 않은 것은?

① 유지 비용
② 페이지 수
③ 평균 대기 시간
④ 전체 작업에 걸리는 시간

17 가상 메모리 관리 시스템에서 페이지에 대한 설명으로 옳지 않은 것은?

① 한 페이지의 크기가 작을수록 더 많은 페이지 수가 필요한데, 이에 따라 PMT(Page Map Table) 크기도 더 많이 요구한다.
② 프로그램이 지역성을 갖는 환경에서는 페이지 크기가 작을수록 효과적인 working set을 가진다.
③ 페이지 크기가 작을수록 디스크 접근 횟수가 줄어들어 전체적인 입출력 효율성이 증가한다.
④ 페이지 크기가 너무 크면 프로그램 내의 필요 없는 부분까지 한 페이지에 존재하여 낭비가 크다.

18 LRU 교체 알고리즘을 사용하고 페이지 참조의 순서가 다음과 같다고 가정한다. 할당된 프레임 수가 4개일 때 페이지 부재는 몇 번 발생하는가? (단, 초기에는 기억장치가 모두 비어 있다고 가정함)

〈페이지 참조 순서〉
0, 1, 2, 3, 0, 1, 4, 0, 1, 2, 3, 4

① 5회   ② 6회
③ 7회   ④ 8회

19 다음 중 스래싱 현상을 해결하는 방법으로 옳지 않은 것은?

① 부속한 자원을 증실한다.
② 일부 프로세스를 종료시킨다.
③ 다중 프로그래밍 정도를 증가시킨다.
④ 프로세스에 필요한 만큼의 프레임을 제공하여 예방한다.

20 다음 중 페이지 테이블 엔트리(PTE)에서 페이지 폴트가 발생했음을 나타내는 비트는?

① 유효 비트(valid bit)
② 수정 비트(dirty bit)
③ 참조 비트(reference bit)
④ 페이지 폴트 비트(page fault bit)

21 정적 할당(static allocation)과 동적 할당(dynamic allocation)의 차이에 대한 설명으로 옳은 것은?

① 정적 할당은 프로그램 실행 중에 메모리 크기를 변경할 수 있다.
② 동적 할당은 프로그램이 시작될 때 메모리 크기가 미리 결정된다.
③ 정적 할당은 일반적으로 스택(stack) 영역을 사용한다.
④ 동적 할당은 주로 컴파일 시점에 메모리 크기를 결정한다.

22 다음 중 프로세스의 상태 변화가 옳지 않은 것은?

① exit(PID) : 실행 → 완료
② block(PID) : 실행 → 대기
③ wakeup(PID) : 준비 → 실행
④ timeout(PID) : 실행 → 준비

23 선점형 스케줄링과 비선점형 스케줄링에 대한 설명으로 옳지 않은 것은?

① 선점형 스케줄링은 실행 상태에 있는 작업을 중단시키고 새로운 작업을 실행할 수 있다.
② 비선점형 스케줄링은 실행 상태에 있는 작업이 완료될 때까지 다른 작업이 불가능하다.
③ 선점형 스케줄링은 프로세스가 CPU를 독점할 수 없어 대화형이나 시분할 시스템에 적합하다.
④ 비선점형 스케줄링은 기다리는 프로세스가 적어 처리율이 증가되어, 일괄 작업 방식 스케줄러에 사용된다.

24 다음과 같이 준비 큐에 프로세스 P1, P2, P3가 차례로 도착하였고, 라운드 로빈 스케줄링을 이용할 때 평균 반환 시간은? (단, 타임 슬라이스는 4msec, 단위 msec)

작업	실행시간
P1	10
P2	5
P3	7

① 15.5
② 17.2
③ 19.7
④ 22.3

25 다음 중 프로세스 제어 블록(PCB)에 대한 설명으로 옳지 <u>않은</u> 것은?

① PCB는 운영체제에 의해 생성되며, 프로세스가 종료되면 삭제된다.
② PCB는 운영체제가 프로세스의 상태를 관리하기 위해 사용하는 데이터 구조이다.
③ PCB는 한 프로세스에 하나만 존재하며, 프로세스 간의 데이터 교환을 위해 공유된다.
④ PCB는 프로세스의 메모리 관리 정보, CPU 레지스터 상태, 프로세스 상태 등을 포함한다.

26 분산 처리 시스템의 위상(topology)에 따른 분류에서 성형 구조에 대한 설명으로 옳지 <u>않은</u> 것은?

① 터미널 증가에 따라 통신회선 수도 증가한다.
② 제어가 집중되고, 모든 동작을 중앙 컴퓨터로 감시한다.
③ 중앙 노드 외의 장애는 다른 노드에 영향을 주지 않는다.
④ 각 노드를 point-to-point 형태로 모든 노드와 직접 연결한다.

27 다음 중 임계 영역에 대한 설명으로 옳은 것은?

① 임계 영역에서 작업은 신속하게 진행해야 한다.
② 프로세스들의 상호 배제가 일어나지 않도록 주의해야 한다.
③ 임계 영역에서 수행 중인 프로세스는 인터럽트가 가능한 상태로 만들어야 한다.
④ 임계 영역이란 어느 한 시점에서 프로세스 2개 이상이 동시에 자원 또는 데이터를 사용하도록 지정된 공유 영역을 의미한다.

28 임계 영역(critical section)을 해결하기 위한 조건에 대한 설명으로 옳지 <u>않은</u> 것은?

① 모든 프로세스가 임계 영역에 진입하기 전에 반드시 대기 상태를 거쳐야 한다.
② 상호 배제(mutual exclusion) 조건은 임계 영역에 동시에 하나의 프로세스만 진입할 수 있도록 보장한다.
③ 한정 대기(bounded waiting) 조건은 임계 영역에 진입하려는 프로세스가 무한정 대기하지 않도록 보장한다.
④ 진행 조건(progress)에서는 임계 영역에 진입할 프로세스가 없다면, 대기 중인 프로세스가 임계 영역에 들어갈 수 있어야 한다.

29 다음 중 교착상태의 회복 방법에 대한 설명으로 옳지 않은 것은?

① 교착상태에 있는 모든 프로세스를 중단시킨다.
② 교착상태가 없어질 때까지 교착상태에 포함된 자원을 하나씩 비선점시킨다.
③ 교착상태가 없어질 때까지 교착상태에 포함된 프로세스를 하나씩 종료시킨다.
④ 교착상태 회복 방법은 시스템 안에 존재하는 교착상태를 제거하는 데 사용한다.

30 자원이 총 12개이고 현재 할당된 자원이 10개일 때, 다음 시스템을 안정 상태가 되도록 하는 데 필요한 요구량 A, B는 얼마인가?

프로세스	현재 할당량	최대 요구량	추가 요구량
P1	2	5	3
P2	4	(A)	(B)
P3	4	8	4

    A   B
① 3   1
② 6   3
③ 6   2
④ 7   2

31 비선점(No Preemption) 방식에서 교착상태를 예방하기 위한 방법으로 옳지 않은 것은?

① 자원 요청 시, 자원이 충분히 확보되지 않으면 자원 할당을 보류한다.
② 프로세스가 자원을 점유한 상태에서 자원을 강제로 반환하도록 요구할 수 있다.
③ 자원을 점유한 프로세스가 다른 자원을 요청할 때, 자원을 강제로 반환하지 않는다.
④ 프로세스가 자원을 점유한 상태에서 다른 프로세스가 자원을 요청할 경우, 자원을 강제로 반환하지 않는다.

32 다음 중 디스크의 회전 지연시간 최적화 스케줄링으로 고정 헤드 저장장치에서 사용되는 것은?

① SLTF(Shortest Latency Time First)
② SPTF(Shortest Positioning Time First)
③ FCFS(First Come First Service)
④ SSTF(Shortest Seek Time First)

33 다음 중 DMA(Direct Memory Access)를 사용하는 입출력 버스의 특징으로 옳지 않은 것은?

① DMA는 CPU의 개입 없이 메모리와 입출력장치 간에 데이터를 직접 전송할 수 있다.
② DMA는 데이터 전송 요청 시 CPU의 명령어를 통해 제어되며, 데이터 전송은 CPU가 직접 수행한다.
③ DMA는 데이터 전송 속도를 높이고 CPU의 부담을 줄여준다.
④ DMA를 사용할 경우 DMA 컨트롤러가 메모리와 입출력장치 간의 직접적인 데이터 전송을 처리한다.

34 다음 중 RAID 1의 장단점에 대한 설명으로 옳지 않은 것은?

① RAID 1은 쓰기 성능이 향상된다.
② RAID 1은 읽기 성능이 향상될 수 있다.
③ RAID 1은 데이터의 미러링을 사용하여 모든 데이터가 두 개의 디스크에 동일하게 저장된다.
④ RAID 1은 모든 디스크에 동일한 데이터를 저장하므로, 하나의 디스크가 고장 나더라도 데이터가 손실되지 않는다.

35 다음 중 i-node 파일 시스템에 대한 설명으로 옳지 않은 것은?

① 파일 제어 블록은 파일 소유자와 각종 속성을 나타내며, 슈퍼 블록(super block)이라고도 한다.
② 블록 포인터는 데이터가 있는 블록의 위치를 직접 연결하는 포인터이다.
③ 크기가 작은 파일은 직접 연결된 블록 포인터로 빠르게 연결할 수 있지만, 크기가 큰 파일은 간접 포인터를 생성하여 인덱스 블록을 연결한다.
④ 인덱스 블록 하나가 64개의 블록을 지정할 수 있으므로, 이중 간접 포인터는 64×64개의 인덱스 블록을, 삼중 간접 포인터는 64×64×64개의 인덱스 블록을 연결할 수 있다.

36 다음 중 파일의 유형에 대한 설명으로 옳지 않은 것은?

① 텍스트 파일은 사람이 읽을 수 있는 문자 데이터로 구성된다.
② 바이너리 파일은 실행 가능한 프로그램 코드나 데이터를 포함할 수 있다.
③ 임시 파일은 프로그램이 일시적으로 사용하는 파일로, 보통 프로그램 종료 후 삭제된다.
④ 시스템 파일은 운영체제에서 사용되는 중요한 파일들로, 일반 사용자가 쉽게 수정할 수 있다.

37 다음 중 파일 디스크 할당 방식에 대한 설명으로 옳지 않은 것은?

① 연속 할당은 외부 단편화 문제를 해결하는 데 매우 효과적이다.
② 연속 할당(contiguous allocation)은 파일이 디스크 상의 연속된 블록에 할당되는 방식이다.
③ 연결 할당(linked allocation)은 파일의 각 블록이 다음 블록의 주소를 포함하는 방식이다.
④ 인덱스 할당(indexed allocation)은 파일의 모든 블록이 인덱스 블록에 의해 관리되는 방식이다.

38 다음 중 UNIX 디렉터리 구조에 대한 설명으로 옳지 않은 것은?

① /는 루트 디렉터리로, 모든 파일 시스템의 최상위 디렉터리이다.
② /home 디렉터리는 일반 사용자들의 홈 디렉터리가 위치하는 곳이다.
③ /etc 디렉터리는 시스템 설정 파일들이 위치하는 곳이다.
④ /bin 디렉터리는 사용자 정의 스크립트와 바이너리 파일이 저장되는 곳이다.

39 다음 중 리눅스의 특징으로 옳지 않은 것은?

① 여러 사용자 계정으로 작업할 수 있다.
② 여러 작업을 동시에 진행할 수 있다.
③ 확장성과 이식성이 뛰어나 새로 개발된 장치를 바로 사용할 수 있다.
④ 보안상의 취약점이 쉽게 노출될 수 있으나 많은 프로그래머들이 연구하고 있으며, 보안 문제가 발생한다고 해도 신속하게 해결이 가능한 상태이다.

40 다음 중 리눅스 셸의 주요 기능에 대한 설명으로 옳지 않은 것은?

① 셸은 프로그램이 컴파일되는 동안 코드 최적화를 수행한다.
② 셸은 사용자와 커널 사이의 명령어 해석기로서의 역할을 수행한다.
③ 셸은 사용자 명령을 해석하고, 해당 명령을 실행하기 위해 커널과 상호작용한다.
④ 셸은 배치 작업을 자동화하기 위해 스크립트를 작성할 수 있는 환경을 제공한다.

제1회 정답 및 해설 | 운영체제

01	02	03	04	05	06	07	08	09	10	11	12	13	14	15	16	17	18	19	20
④	④	③	④	④	④	②	①	②	③	②	②	②	④	④	④	①	①	②	④
21	22	23	24	25	26	27	28	29	30	31	32	33	34	35	36	37	38	39	40
④	②	③	④	④	④	④	②	④	④	①	①	②	④	①	③	②	③	④	④

01 정답 ④

④는 시분할 시스템에 대한 설명이다. 시분할 시스템은 다수의 사용자가 동시에 컴퓨터의 자원을 공유할 수 있는 기술로, 다양한 터미널에 위치한 많은 사용자가 특정 컴퓨터 시스템을 동시에 사용할 수 있게 한다.
일괄(batch) 처리 시스템은 직렬 처리 기술과 동일하며, 작업 준비 시간을 줄이려고 데이터가 발생할 때마다 즉시 처리하지 않고 데이터를 일정 시간 또는 일정량이 될 때까지 모아 두었다가 한꺼번에 처리하는 것이다.

02 정답 ④

소프트 리얼타임 시스템(soft real-time system)은 작업이 지연될 수 있지만, 전체 시스템이 여전히 정상적으로 작동하는 시스템이다. 작업의 지연이 성능에 영향을 미칠 수 있지만 시스템의 전반적인 작동에는 큰 문제가 없다.

03 정답 ③

제어 버스는 제어 장치와 연결될 버스로, CPU가 메모리와 주변 장치에 제어 신호를 보내기 위해 사용한다. 메모리와 주변장치에서도 작업이 완료되거나 오류가 발생하면 제어 신호를 보내기 때문에 양방향이다. 다음 표는 버스의 종류와 특징을 나타낸다.

버스	특징
제어 버스	제어 장치와 연결될 버스로, CPU가 메모리와 주변 장치에 제어 신호를 보내기 위해 사용한다. 메모리와 주변 장치에서도 작업이 완료되거나 오류가 발생하면 제어 신호를 보내기 때문에 양방향이다.
주소 버스	메모리 주소 레지스터(MAR)와 연결된 버스로, 메모리나 주변장치에 데이터를 읽거나 쓸 때 위치 정보를 보내기 위해 사용하며, 단방향이다.
데이터 버스	메모리 버퍼 레지스터(MBR)와 연결된 버스로, 데이터의 이동이 양방향으로 이루어진다.

04 정답 ④

마이크로 구조 커널은 계층형 구조 커널의 접근 방식과 반대로 개발되어 프로세스 관리, 메모리 관리, 프로세스 간 통신 관리 등 가장 기본적인 기능만 제공한다. 각 모듈은 독립적으로 작동하기 때문에 하나의 모듈이 실패하더라도 전체 운영체제가 멈추진 않는다.

05 정답 ④

사용자 불가시 레지스터는 하드웨어 및 시스템의 동작을 제어한다. 일반적으로 커널 모드에서만 접근할 수 있으며, 시스템의 내부 상태와 동작을 관리하는 데 사용된다.

06 정답 ④

재배치 정책(replacement policy)은 메모리가 충분하지 않을 때 현재 메모리에 적재된 프로세스 중 제거할 프로세스를 결정하는 교체 방법이다.

07 정답 ②

메모리 관리자는 사용자가 작업을 요청할 때마다 경계 레지스터의 값을 벗어나는지 검사하고, 만약 경계 레지스터의 값을 벗어나는 작업을 요청하는 프로세스가 있으면 그 프로세스를 종료한다. 다음 그림은 운영체제와 경계 레지스터를 보여준다.

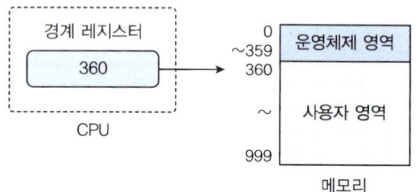

08 정답 ①

할당 영역	분할 크기	작업 크기	단편화
A	100kB	P1 → 100kB	0
B	600kB		
C	300kB	P3 → 300kB	0
D	400kB	P4 → 400kB	0
E	200kB	P2 → 200kB	0

P1 → 100kB는 A영역 100KB에, P2 → 200kB는 E영역 200KB에, P3 → 300kB는 C영역 300KB에, P4 → 400kB는 D영역 400KB에 각각 할당되어 내부 단편화는 발생하지 않는다.

09 정답 ②

메모리 주소의 용량을 늘리기 위해 가장 일반적으로 사용하는 방법은 주소 버스의 비트 수를 증가시키는 것이다. 주소 버스의 비트 수를 늘리면 더 많은 메모리 주소를 지원할 수 있다.

10 정답 ③

[공식] 가상 주소를 $<P, D>$로 변환

P = 나눗셈(가상 주소 / 한 페이지의 크기)의 몫
D = 나눗셈(가상 주소 / 한 페이지의 크기)의 나머지

A : $P = 2000 / 1024$의 몫 1, $D = 2000 / 1024$의 나머지가 976이므로 $VA = <1, 976>$

B : $P = 3000 / 2048$의 몫 1, $D = 3000 / 2048$의 나머지가 952이므로 $VA = <1, 952>$

11 정답 ②

가상 메모리 시스템에서 사용자에게 보이는 메모리는 항상 0부터 시작하므로, 페이징 기법이든 세그먼테이션 기법이든 D는 사용자가 지정한 주소 그 자체이다. 프로세스는 세그먼트 0으로 분할되었다. 세그먼테이션 테이블에서 세그먼트 0의 시작 주소(500)를 알아낸 후 시작 주소에서 거리 100을 더하여 물리 주소 600번지를 구한다.

12 정답 ②

직접 매핑은 페이지 테이블 전체가 물리 메모리의 운영체제 영역에 존재하는 방식으로, 별다른 부가 작업이 없이 바로 주소 변환이 가능하고, 주소 변환 시 원하는 프레임 번호를 한 번에 바로 얻을 수 있다.

13 정답 ②

가상 메모리에서 페이지 기반 메모리 분할은 메모리를 고정된 크기의 블록으로 나누며, 각 블록을 페이지라고 한다. 페이지 기반 메모리 분할은 외부 단편화 문제를 해결하고, 메모리 할당과 관리를 효율적으로 수행하는 방식이다.

14 정답 ④

세그먼트 기반 메모리 분할은 프로그램의 논리적 구조를 반영하여 가변 크기의 메모리 세그먼트를 할당할 수 있다는 장점이 있다. 프로그램의 코드, 데이터, 스택 등을 별도의 세그먼트로 나누어 관리하는 데 유리하며, 각 세그먼트는 프로세스의 논리적 부분을 나타낸다.

15 정답 ④

페이지 부재는 해당 페이지가 물리 메모리에 없을 때 발생하는 오류로, 사용자 프로세스와 무관하다.
세그먼테이션 오류는 사용자의 프로세스가 주어진 메모리 공간을 벗어나거나 접근 권한이 없는 곳에 접근할 때 발생한다. 즉, 사용자 프로세스에 의해 발생하며 해당 프로세스를 강제 종료하여 해결한다.

16 정답 ④

무작위 페이지 교체 알고리즘(random page replacement algorithm)은 페이지 교체 알고리즘 중 가장 간단하게 구현할 수 있는 방식으로, 스왑 영역으로 보낼 대상 페이지를 특별한 로직 없이 무작위로 선정한다. 알고리즘의 성능이 좋지 않아 거의 사용되지 않는다.

17 정답 ①

다음 표는 페이지 크기별 특징을 나타낸다.

작은 페이지	큰 페이지
페이지 테이블의 크기 증가	페이지 테이블의 크기 감소
내부 단편화 감소	내부 단편화 증가
디스크 입·출력 증가	디스크 입출력 감소
지역성 증가, 페이지 부재 비율 증가	지역성 악화, 페이지 부재 비율 감소

18 정답 ①

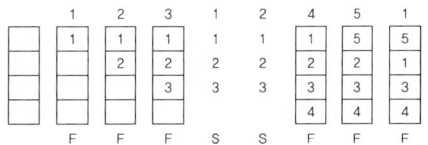

19 정답 ②

처음에는 프로그램이 정상적으로 메모리에 올라오지만 메모리가 꽉 찬 후에는 새로운 프로그램을 메모리에 올리기 위해 기존 프로그램을 스왑 영역으로 옮기는 횟수가 잦아진다. 이와 같이 하드디스크의 입출력이 너무 많아져서 잦은 페이지 부재로 작업이 멈춘 것 같은 상태를 스래싱(thrashing)이라고 한다. 다음 그림은 멀티 프로그래밍 정도와 스래싱의 관계를 나타낸다.

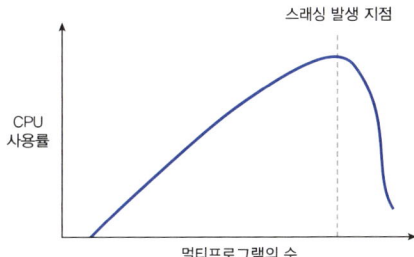

20 정답 ④

페이지 테이블 엔트리에서 프레임 번호(frame number)는 가상 주소가 매핑되는 실제 물리적 메모리의 페이지 프레임을 가리키며, 페이지 테이블을 통해 가상 주소를 물리적 주소로 변환하는 핵심 요소이다.

21 정답 ④

페이지 크기가 커지면 페이지 폴트가 발생할 때 디스크에서 메모리로 전송되는 데이터의 양이 증가하게 된다. 이는 한 번의 페이지 전송으로 더 많은 데이터를 메모리로 가져올 수 있다는 것을 의미하며, 페이지 크기가 클수록 단일 페이지 전송에 소요되는 시간도 길어질 수 있다.
페이지 크기가 커지면 페이지 테이블 크기가 작아져 메모리 관리가 더 효율적일 수 있지만, 자주 사용되지 않는 데이터도 함께 로드되므로 메모리 낭비가 발생할 수 있다.

22 정답 ②

대기 상태는 실행 상태에 있는 프로세스가 입출력을 요청하면 입출력이 완료될 때까지 기다리는 상태이며, 입출력이 완료되면 준비 상태로 간다. 즉, wakeup은 대기 상태에서 준비 상태로 변화되는 것을 의미한다.

23 정답 ③

문맥 교환(context switching)은 CPU를 차지하던 프로세스가 나가고 새로운 프로세스를 받아들이는 작업을 말한다. 실행 상태에서 나가는 프로세스 제어 블록에는 지금까지의 작업 내용을 저장하고, 반대로 실행 상태로 들어오는 프로세스 제어 블록의 내용으로 CPU가 다시 세팅된다. 이는 이전 작업 상태가 저장되어야 다음 작업을 할 수 있기 때문이다. 이와 같이 두 프로세스 제어 블록을 교환하는 작업이 문맥 교환이다.

24 정답 ④

HRN 알고리즘에서 '우선순위 = (대기시간 + CPU 사용시간) / CPU 사용시간'이며, 계산 결과가 큰 값이 우선순위가 높다. 그러므로 D가 우선순위가 가장 낮다.

작업	대기 시간	서비스 시간	우선순위
A	10	5	(10 + 5) / 5 = 3
B	5	2	(5 + 2) / 2 = 3.5
C	25	10	(25 + 10) / 10 = 3.5
D	1	3	(1 + 3) / 3 = 1.33

25 정답 ④

④ 메모리 관리 정보는 해당 프로세스가 사용하는 메모리의 위치와 범위, 페이지 테이블 또는 세그먼트 테이블 등의 정보를 포함하지만, 프로세스 간의 메모리 공유를 관리하기 위한 정보는 PCB의 직접적인 역할이 아니다. 프로세스 간 메모리 공유는 보통 다른 메커니즘(예 공유 메모리, IPC 등)을 통해 관리된다.
① 프로세스 식별자(PID)는 운영체제가 각 프로세스를 고유하게 구분하기 위해 사용하는 고유한 번호이며, 운영체제는 특정 프로세스를 식별하고 관리할 수 있다.
② 프로세스 상태는 프로세스가 현재 어떤 상태에 있는지를 나타내며, 예를 들어, 실행 중, 대기 중, 종료 상태 등이 있다.
③ CPU 레지스터 정보는 프로세스가 중단되었을 때 현재의 CPU 상태(레지스터 값, 프로그램 카운터 등)를 PCB에 저장하여 프로세스가 다시 실행될 때 이전 상태로 복원될 수 있도록 한다.

26 정답 ④

완전 연결은 망 구조라고도 한다. 노드 간에 직접 통신선이 있어야 하므로 처음 설치할 때 비용이 많이 든다. 메시지를 전달할 때 두 노드를 연결하는 링크 하나만 매우 빠르다. 그리고 많은 링크가 고장이 나야 시스템을 분할하므로 신뢰성이 매우 높다.
완진 연결 구조에서는 모든 사이트가 서로 직접

연결되어 있기 때문에 통신 경로가 짧고 직접적이다. 즉, 각 사이트는 다른 사이트와 간접적인 경로를 거치지 않고 직접 연결되므로, 메시지 전달에 드는 통신비용이 적게 소요된다.

27 정답 ②

모니터는 시스템 호출과 같은 개념이다. 운영체제는 시스템 자원을 사용자로부터 숨기고 사용자의 요구사항을 처리할 수 있는 인터페이스만 제공하므로, 모니터 내부의 자원을 원하는 프로세스는 반드시 해당 모니터의 진입부를 호출해야 공유 데이터에 접근할 수 있다.

28 정답 ③

병행 프로세스의 선행 그래프는 여러 병행 프로세스가 실행될 때, 각 프로세스 간의 실행 순서를 나타내기 위해 사용되며, 병행 프로세스 간의 의존 관계를 명확히 하여 어떤 작업이 다른 작업에 선행되어야 하는지를 시각적으로 표현한다. 따라서 선행 그래프는 프로세스 간의 메모리 공유 구조를 나타내기 위한 것이 아니라, 프로세스 간의 실행 순서와 의존 관계를 시각적으로 표현하기 위한 도구이다.

29 정답 ④

은행원 알고리즘은 자원을 안전하게 할당하는 방법으로, 교착상태를 회피하는 데 사용된다. 이 알고리즘의 핵심은 시스템이 안전 상태를 유지하도록 자원을 할당하는 것으로, 만약 어떤 요구를 할당했을 때 시스템이 불안전 상태에 빠질 가능성이 있다면 그 요구는 거절될 수 있다. 따라서 모든 요구가 유한한 시간 내에 반드시 처리된다고 보장할 수는 없다.

30 정답 ④

다음 그림은 할당된 자원의 수와 자원의 총수에 따른 시스템의 안정과 불안정 상태의 관계를 나타낸다. 할당된 자원이 적을수록 시스템의 안정 상태가 커지고, 할당된 자원이 늘어날수록 불안정 상태가 커진다. 교착상태는 불안정한 상태의 일부분이며, 불안정 상태가 커질수록 교착상태가 발생할 가능성이 높아진다. 그러나 불안정 상태에서 항상 교착상태가 발생하는 것은 아니다.

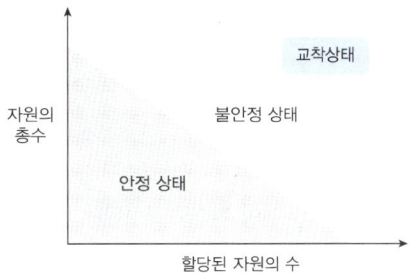

31 정답 ①

① 자원 할당에서 우선순위를 고려하는 것은 특정 스케줄링 전략의 일환으로, 교착상태를 예방하기 위한 기본 조건과는 직접적으로 관련이 없다.
② 자원을 할당할 때 시스템이 교착상태에 빠지지 않도록 안전 상태를 유지해야 하며, 은행가 알고리즘과 같은 기법을 통해 구현된다.
③ 자원 요청 시 요청된 자원이 모두 사용 가능해야만 자원을 할당할 수 있으며, 교착상태를 방지하는 데 도움이 된다.
④ 자원 요청 시 요청된 자원이 모두 확보되지 않으면 해당 프로세스는 대기 상태로 전환되며 자원 요청을 계속 대기한다.

32 정답 ①

LOOK 스케줄링은 SCAN 스케줄링의 변형으로, 더 이상 서비스할 트랙이 없으면 헤드가 중간에서 방향을 바꿔 반대 방향으로 이동하며 요청을 처리한다.

C-SCAN 또는 C-LOOK 스케줄링은 헤드가 한쪽 방향으로 움직일 때는 요청받은 트랙을 서비스하지만 반대 방향으로 돌아올 때는 서비스하지 않고 헤드만 이동한다.

33 정답 ②

입출력 버스는 CPU와 입출력장치 간의 데이터 전송을 담당하며, 기본적으로 주소 버스·데이터 버스·제어 버스로 구성된다. 입출력 버스는 주로 입출력장치와 CPU 간의 데이터 전송을 지원하고, CPU와 메모리 간의 데이터 전송은 일반적으로 데이터 버스를 통해 이루어진다.

34 정답 ③

RAID 5는 데이터와 패리티 정보를 디스크에 분산하여 저장한다. 패리티 정보는 데이터 복구를 위한 중요한 역할을 하며, 데이터의 안정성을 제공하고 한 개의 디스크가 고장 나도 데이터를 복구할 수 있다.

RAID 5는 패리티 블록을 모든 디스크에 동일하게 저장하지 않고, 디스크마다 다른 위치에 패리티 블록을 저장하여 성능을 최적화한다.

35 정답 ①

비트맵 방법의 빈 공간 리스트는 비트맵(bitmap) 또는 비트 벡터(bit vector)로 구현할 수 있으며, 간편하고 디스크에 연속적인 빈 블록 n개를 찾는 데 효과적인 장점이 있다. 하지만 비트 벡터 전체를 메모리에 보관하지 않으면 비효율적이라서 대형 컴퓨터보다는 마이크로 컴퓨터 환경에 더 알맞다.

36 정답 ③

파일 시스템은 하드웨어의 물리적 결함을 감지하거나 수리하지 않으며, 이러한 작업은 하드웨어 유지보수와 관련된 것이다.

37 정답 ②

보호 속성은 일반적인 파일 속성에는 존재하지 않으며, 파일의 보호는 주로 암호화나 사용자 권한 설정을 통해 이루어진다.

38 정답 ③

셸(shell)이 사용자가 입력한 명령을 해석하여 커널에 인계하면 커널이 명령의 수행 결과를 돌려주고, 셸은 이것을 다시 사용자가 이해할 수 있는 형태로 변환하여 출력한다. 즉, 사용자와 커널 사이의 중간자 역할을 한다.

커널(kernel)은 유닉스 운영체제의 핵심이며, 프로세스 관리, 메모리 관리, 파일 시스템 관리, 장치 관리 등 컴퓨터의 모든 자원의 초기화 및 제어 기능을 수행한다.

39 정답 ④

rmdir 명령어는 디렉터리를 제거(삭제)하는 데 사용된다. 파일을 이동하는 명령어는 mv를 사용한다.

40 정답 ④

Linux는 다양한 컴퓨팅 환경에서 널리 사용되는 운영체제로, 오픈 소스 소프트웨어이다. 다양한 배포판이 존재하고, 여러 사용자가 동시에 시스템에 접근하고 여러 작업을 병렬로 수행할 수 있다.

Linux는 강력한 커맨드라인 인터페이스(CLI)를 기본적으로 제공하며, 또한 GUI 환경도 선택적으로 사용할 수 있다. 네트워킹 및 보안 기능이 강력하여 서버 운영체제로 많이 사용된다.

제2회 정답 및 해설 | 운영체제

01	02	03	04	05	06	07	08	09	10	11	12	13	14	15	16	17	18	19	20
③	②	③	③	②	②	④	③	④	④	③	②	④	③	④	②	③	④	③	①
21	22	23	24	25	26	27	28	29	30	31	32	33	34	35	36	37	38	39	40
③	③	④	③	③	④	①	①	②	③	②	①	①	④	④	④	①	④	③	①

01 정답 ③

㉠은 컴파일러의 기능에 대한 설명이다. 다음 그림은 운영체제의 기능을 나타낸다.

02 정답 ②

SaaS(Software as a Service)는 사용자가 소프트웨어를 직접 설치하거나 관리하지 않고, 인터넷을 통해 제공받는 모델이다. 사용자는 소프트웨어를 웹 브라우저를 통해 접근할 수 있으며, 서버나 인프라를 신경 쓸 필요가 없다.

03 정답 ③

폰 노이만 구조는 프로그램과 데이터가 모두 하나의 기억장소(메모리)에 있는, 즉 1차원적으로 서로 혼재되어 저장된다. 또한 프로그램 내장 방식으로 수행할 프로그램을 기억장치에 저장시켜 두고, 개별 명령어들을 순서대로 가져와서 별도의 중앙처리장치에서 이를 실행한다.

04 정답 ③

단일형 구조 커널은 모듈이 거의 분리되지 않았기 때문에 모듈 간의 통신 비용이 줄어들어 효율적인 운영이 가능하다. 그러나 모든 모듈이 하나로 묶여있기 때문에 버그나 오류를 처리하기가 어렵다. 또한 다양한 환경의 시스템에 적용하기 어렵다. 여러 종류의 컴퓨터에 이식하려면 수정이 필요한데, 단일형 구조에서는 수정이 어렵기 때문에 이식성이 낮다.

05 정답 ②

멀티코어 시스템은 하나의 프로세서 내에 여러 개의 코어를 포함하여 병렬 처리를 지원하는 반면, 멀티프로세서 시스템은 여러 개의 독립적인 프로세서를 사용하여 병렬 처리를 수행한다. 이 두 시스템은 병렬 처리를 위한 구조가 서로 다르다. 멀티코어 시스템에서는 각 코어가 특정 캐시를 공유할 수 있다. 멀티프로세서 시스템에서는 각 프로세서가 독립적으로 자신의 캐시를 사용할 수 있으며, 일부 시스템에서는 공유 캐시도 존재할 수 있다.

06 정답 ②

메모리 적재(할당) 방법에는 연속 메모리 할당과 불연속 할당 방법이 있다. 연속 메모리 할당에는 직접 배치, 중첩(오버레이), 고정 분할 방법 등이 있다. 다음 그림은 메모리 할당 방법을 나타낸다.

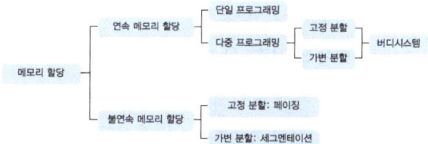

07 정답 ④

[상대 주소를 절대 주소로 변환하는 과정]
㉠ 사용자 프로세스가 상대 주소에 있는 데이터를 요청한다.
㉡ CPU는 메모리 관리자에게 상대 주소에 있는 내용을 가져오라고 명령한다.
㉢ 메모리 관리자는 재배치 레지스터를 사용하여 상대 주소와 재배치 레지스터 주소의 합을 절대 주소로 변환하고, 메모리에 변환된 주소에 저장된 데이터를 가져온다.

다음 그림은 상대 주소를 절대 주소로 변환하는 과정을 보여준다.

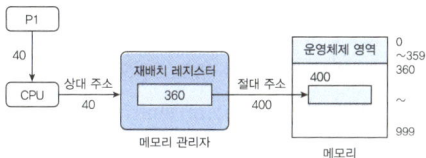

08 정답 ③

할당 영역	분할 크기	작업 크기	단편화
A	100kB		
B	500kB	P1 → 111kB P2 → 222kB	500 − 111 = 389kB 389 − 222 = 167kB
C	200kB		
D	300kB	P4 → 300kB	
E	600kB	P3 → 333kB	600 − 333 = 267kB

P1 → 111kB는 B영역 500KD에 분할 할당되고, 내부 단편화는 389kB가 생긴다.
P2 → 222kB는 B영역에 새로 생긴 B영역의 389KB에 분할 할당되고, 내부 단편화는 167kB 생긴다.

P3 → 333kB는 E영역에 600KB에 할당되고, 내부 단편화는 267kB 생긴다.
P4 → 300kB는 D영역 300kB에 할당된다.
내부 단편화는 모두 434kB가 발생한다.

09 정답 ④

메모리 오버레이 기술은 프로그램 전체를 메모리에 로드하지 않고 필요한 부분만을 메모리에 로드한 후 나중에 필요에 따라 동적으로 교체하는 방식을 통해 메모리 공간을 효율적으로 관리한다.

10 정답 ④

㉠ 페이지 프레임 수는 128kB / 10kB = 12개
㉡ 이 메모리 주소를 해결하는 데 필요한 비트 수를 구하려면, 128kByte를 표현하기 위해서는 131,072(= 2^{17})Byte가 되므로, 17비트가 필요하다.
㉢ 페이지 프레임 수가 12개이므로, 페이지 번호로 사용되는 비트 수가 4개가 되어야 12개를 표현할 수 있다.
㉣ 오프셋에 사용하는 비트 수는 페이지 크기가 10k($10×2^{10}$)이며, 10k는 2^{13}~2^{14} 사이에 있기 때문에 14개면 충분하다.

11 정답 ③

세그먼테이션-페이징 혼용 기법에서 주소 변환 시 사용자 입장(가상 메모리)에서는 기본적으로 세그먼테이션 기법을 사용하고, 메모리 관리자 입장(물리 메모리)에서는 페이징 기법을 사용한다.

12 정답 ②

집합-연관 매핑 방식에서 전체 페이지 테이블은 연관 매핑과 마찬가지로 스왑 영역에 있으며, 일부 테이블은 묶음 단위로 옮긴다. 따라서 집합-연관 매핑 방식에서는 해당 묶음이 현재 메모리에 있는지, 스왑 영역에 있는지를 표시하는 디렉터리 테이블을 새로 만든다.

13 정답 ④

세그먼테이션 기법에서는 각 세그먼트가 세그먼트 테이블을 통해 관리된다. 세그먼트 테이블에는 각 세그먼트의 시작 주소와 길이 정보가 포함되어 있으며, 이를 통해 프로그램이 메모리에서 어느 위치에 로드되어 있는지 관리할 수 있다.

14 정답 ③

역 매핑 방식에서는 가상 주소를 물리적 주소로 변환할 때, 물리적 메모리 프레임에 대해 검색을 수행해야 하므로 검색 과정이 느려질 수 있다. 이를 보완하기 위해 해시 테이블을 사용하거나, TLB(Translation Look-aside Buffer)를 활용하여 검색 속도를 개선하는 기법이 사용된다.

15 정답 ④

공간의 지역성은 현재 위치에서 가까운 데이터에 접근할 확률이 먼 거리에 있는 데이터에 접근할 확률보다 높다는 것으로 프로그래밍에서 배열 검색(순회), 순차적 코드의 실행, 근처의 관련 변수 선언에서 발생한다.

16 정답 ②

어떤 알고리즘이 다른 알고리즘보다 성능이 좋은지 평가하는 다양한 비교 요소에는 평균 대기시간, 전체 작업에 걸리는 시간, 유지 비용 등이 있다.

17 정답 ③

페이지 크기가 작을수록 디스크 접근 횟수가 증가하여 전체적인 입출력 효율성이 감소한다. 즉, 페이지 크기가 작다는 것은 그만큼 수행 완료된 페이지들이 많아진다는 것이다.

18 정답 ④

LRU 페이지 교체 알고리즘(Least Recently Used page replacement algorithm)은 최근 최소 사용 페이지 교체 알고리즘이라고도 한다. 이 알고리즘은 메모리에 올라온 후 가장 오랫동안 사용되지 않은 페이지를 스왑 영역으로 옮긴다.

19 정답 ③

동시에 실행하는 프로그램의 수를 다중 프로그래밍 정도(degree of multiprogramming)라고 하는데, 다중 프로그래밍 정도가 너무 높으면 스래싱이 발생한다.

프로그램의 수가 적을 때는 CPU 사용률이 계속 증가하다가 메모리가 꽉 차면 CPU가 작업하는 시간보다 스왑 영역으로 페이지를 보내고 새로운 페이지를 메모리에 가져오는 작업이 빈번해져서 CPU가 작업할 수 없는 상태에 이르게 되는데, 이러한 시점을 스래싱 발생 지점(thrashing point)이라고 한다. 다음 그림은 다중 프로그래밍 정도와 스래싱의 관계를 나타낸다.

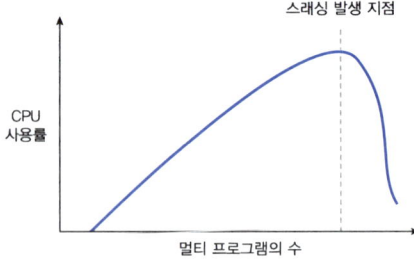

20 정답 ①

페이지 테이블 엔트리에는 페이지 폴트 비트라는 항목이 따로 존재하지 않으며, 페이지 폴트는 유효 비트(valid bit)가 설정되어 있지 않을 때 발생한다. 즉, 유효 비트가 0일 경우 해당 페이지는 메모리에 존재하지 않으며, 이를 해결하기 위해 페이지 폴트가 발생하게 된다.

21 정답 ③

정적 할당은 프로그램이 실행되기 전에 메모리 크기가 미리 결정되며, 주로 스택(stack)이나 데이터(data) 영역을 사용하여 변수를 할당한다. 프로그램이 종료되거나 함수 호출이 끝나면 할당된 메모리는 자동으로 해제된다.
동적 할당은 프로그램 실행 중에 필요한 메모리를 할당하고, 개발자가 직접 메모리를 해제해야 하며, 주로 힙(heap) 영역을 사용한다. 컴파일 시점이 아닌 실행 시점에 메모리 크기를 결정한다.

22 정답 ③

다음 표는 프로세스의 상태와 관련 작업을 나타낸다.

상태	설명	작업
생성 상태	프로그램을 메모리에 가져와 실행 준비가 완료된 상태이다.	• 메모리 할당 • PCB 생성
준비 상태	실행을 기다리는 모든 프로세스가 자기 차례를 기다리는 상태로, 실행될 프로세스를 CPU 스케줄러가 선택한다.	dispatch(PID) : 준비 → 실행
실행 상태	선택된 프로세스가 타임 슬라이스를 얻어 CPU를 사용하는 상태로, 프로세스 사이의 문맥 교환이 발생한다.	• timeout(PID) : 실행 → 준비 • exit(PID) : 실행 → 완료 • block(PID) : 실행 → 대기
대기 상태	실행 상태에 있는 프로세스가 입출력을 요청하면 입출력이 완료될 때까지 기다리는 상태로, 입출력이 완료되면 준비 상태로 간다.	wakeup(PID) : 대기 → 준비
완료 상태	프로세스가 종료가 된 상태로, 사용하던 모든 데이터가 정리되고 정상 종료인 exit와 비정상 종료인 abort를 포함한다.	• 메모리 삭제 • PCB 삭제

23 정답 ④

다음 표는 선점형 스케줄링과 비선점형 스케줄링의 비교를 나타낸다.

구분	선점형	비선점형
작업 방식	실행 상태에 있는 작업을 중단시키고 새로운 작업을 실행할 수 있다.	실행 상태에 있는 작업이 완료될 때까지 다른 작업이 불가능하다.
장점	프로세스가 CPU를 독점할 수 없어 대화형이나 시분할 시스템에 적합하다.	CPU 스케줄러의 작업량이 적고 문맥 교환의 오버헤드가 적다.
단점	문맥 교환의 오버헤드가 많다.	기다리는 프로세스가 많아 처리율이 떨어진다.
사용	시분할 방식의 스케줄러에 사용된다.	일괄 작업 방식 스케줄러에 사용된다.
중요도	높다	낮다

24 정답 ③

평균 반환시간 : (17 + 20 + 22) / 3 = 19.7

반환시간

P1(4)	P2(4)	P3(4)	P1(4)	P2(1)	P3(3)	P1(2)

P2(17) P3(20) P1(22)

0   4   8   12   16 17   20   22

25 정답 ③

③ PCB는 한 프로세스에 하나만 존재하며, 다른 프로세스와 공유되지 않는다. 각 프로세스를 독립적으로 관리하기 위한 데이터 구조이므로, 프로세스 간의 데이터 교환을 위해 사용되지 않는다.
① 프로세스가 생성되면 PCB도 함께 생성되고, 프로세스가 종료되면 PCB는 삭제된다. 이를 통해 운영체제는 여러 프로세스를 효과적으로 관리하고 스케줄링할 수 있다.
② 프로세스 제어 블록(PCB)은 운영체제가 각 프로세스를 관리하기 위해 사용하는 중요한 데이터 구조로, 각 프로세스에 대해 고유하게 생성된다.
④ PCB는 해당 프로세스의 상태, 메모리 관리 정보, CPU 레지스터 상태, 프로세스 식별자(PID), 우선순위 등 다양한 정보를 포함한다.

26 정답 ④

성형(star) 구조는 모든 노드를 중앙 노드에 직접 연결하고, 다른 노드끼리는 서로 연결하지 않는다. 중앙 노드가 메시지 교환을 담당하는데, 중앙 노드에서 병목 현상이 발생하면 성능이 현저히 떨어지게 되고, 중앙 노드에서 장애가 발생하면 전체 시스템이 마비된다. 성형 구조는 기본 이용이 노드 수에 비례하여 늘어나지만 비교적 간단한 구조이고, 통신비용이 저렴하며, 집중 제어로 유지 보수하기가 쉽다.

27 정답 ①

① 임계 영역에서의 작업은 신속하게 진행되어야 하며, 가능한 한 다른 프로세스들이 대기하지 않도록 해야 한다.
② 여러 프로세스가 동시에 자원에 접근하지 못하도록 해야 하므로, 상호 배제는 반드시 일어나야 한다.
③ 임계 영역에서는 상호 배제를 보장하기 위해 프로세스 간의 경쟁을 방지해야 하므로, 인터럽트를 가능하게 만드는 것은 오히려 위험하다. 인터럽트를 방지하거나 다른 상호 배제 기법을 사용해야 한다.
④ 임계 영역은 하나의 프로세스만 자원에 접근하도록 보장하는 영역이기 때문에, 여러 프로세스가 동시에 자원에 접근하는 것은 허용되지 않는다.

28 정답 ①

① 임계 영역(critical section) 문제는 여러 프로세스가 공유 자원에 동시에 접근하는 상황에서 발생할 수 있는 충돌을 방지하기 위해 해결되어야 한다. 이를 해결하기 위해 상호 배제, 한정 대기, 진행의 융통성(진행 조건) 조건이 필요하다.
② 상호 배제 조건은 임계 영역에 하나의 프로세스만 진입할 수 있어야 하며, 동시에 두 개 이상의 프로세스가 임계 영역에 진입하는 것을 방지한다.
③ 한정 대기 조건은 프로세스가 임계 영역에 진입하기 위해 대기할 때 무한정 대기하지 않도록 보장해야 하며, 특정 프로세스가 영원히 임계 영역에 진입하지 못하는 상황을 방지한다.
④ 진행의 융통성(진행 조건) 조건은 임계 영역에 진입할 프로세스가 없는 경우, 대기 중인 프로세스가 진입할 수 있도록 보장해야 하며, 아무도 임계 영역에 없을 때 대기 중인 프로세스가 진입할 수 있는 권한을 가진다.

29 정답 ②

교착상태를 회복하는 방법은 순환 대기에서 벗어나는 것이다. 단순하게 프로세스를 한 개 이상 중단하는 방법과 교착상태의 프로세스들에서 자원을 선점하는 방법이 있다.

30 정답 ③

- 시스템에 있는 전체 자원의 수는 12개이다.
- 각 프로세스가 필요로 하는 최대 자원의 P1이 5개, P2가 A개, P3이 8개이다.
- 각 프로세스에 현재 할당된 자원은 P1이 2개, P2가 4개, P3가 4개이고, 총 10개이다.
- 시스템 전체에서 사용할 수 있는 자원은 2개이다. 즉, 가용 자원과 현재 할당량을 합한 양으로 실행할 수 있는 프로세스는 P2의 최대 요구량이 6이 되면 실행할 수 있다. 그러므로 시스템이 안정 상태가 되려면 A = 6, B = 2여야 한다.

31 정답 ②

② 비선점 방식에서는 자원을 점유한 프로세스로부터 강제로 자원을 반환시키지 않으며, 프로세스는 자원 사용을 완료하거나 자발적으로 자원을 반환할 때까지 자원을 점유한다.
① 비선점 방식에서는 자원을 요청할 때, 요청된 자원이 충분히 확보되지 않으면 자원 할당을 보류하고, 프로세스는 대기 상태로 전환된다.
③ 비선점 방식에서는 자원을 점유한 프로세스가 다른 자원을 요청할 때, 해당 프로세스는 자원을 강제로 반환하지 않으며, 자원은 자발적으로 반환될 때까지 점유된다.
④ 비선점 방식에서는 프로세스가 자원을 점유한 상태에서 다른 프로세스가 자원을 요청할 경우, 이미 자원을 점유한 프로세스로부터 강제로 자원을 반환시키지 않으며, 프로세스는 자발적으로 자원을 반환할 때까지 점유한다.

32 정답 ①

SLTF(Shortest Latency Time First) 스케줄링은 헤드가 고정된 저장장치에서 사용하는 스케줄링 기법으로, 작업 요청이 들어온 섹터의 순서를 디스크가 회전하는 방향에 맞추어 다시 정렬한 후 서비스한다. 다음 그림은 디스크 스케줄링 기법을 구분한 그림이다.

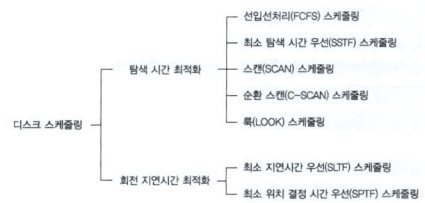

33 정답 ②

DMA는 CPU의 개입 없이 메모리와 입출력장치 간에 데이터를 직접 전송할 수 있는 기능으로, 데이터 전송 속도를 높이고 CPU의 부담을 줄이는 데 도움을 준다. DMA는 CPU의 개입 없이 데이터 전송을 직접 처리하며, CPU는 데이터 전송 요청을 설정하지만 실제 데이터 전송은 DMA 컨트롤러가 처리한다.

34 정답 ①

RAID 1은 데이터 미러링을 통해 데이터의 복제본을 두 개 이상의 디스크에 저장하여 데이터의 안정성을 제공한다. 디스크 중 하나에서 읽기 작업이 수행되는 동안 다른 디스크에서도 읽기 작업이 가능하므로 읽기 성능은 향상되지만, 모든 데이터를 두 개의 디스크에 동시에 기록해야 하므로 RAID 0보다 쓰기 성능은 느려질 수 있다.

35 정답 ④

보통의 경우 인덱스 블록 하나는 256개의 블록을 지정할 수 있다. 파일 크기가 커서 인덱스 블록 하나로도 다 연결할 수 없는 경우에는 이중 간접 포인터를 사용하고, 이보다 더 필요한 경우에는 삼중 간접 포인터를 사용하여 연결한다. 이중 간접 포인터는 256×256개의 인덱스 블록을, 삼중 간접 포인터는 256×256×256개의 인덱스 블록을 연결할 수 있다.

36 정답 ④
시스템 파일은 운영체제에서 사용되는 중요한 파일로, 보통 일반 사용자가 쉽게 접근하거나 수정할 수 없다. 이러한 파일들은 시스템의 안정성과 보안을 유지하기 위해 보호된다.

37 정답 ①
파일 디스크 할당 방식은 파일을 디스크에 저장하는 방법을 의미한다.
① · ② 연속 할당은 파일 접근 속도가 빠르지만, 파일 크기를 변경하거나 삭제할 때 외부 단편화 문제가 발생할 수 있다.
③ 연결 할당은 파일 크기의 유동성을 잘 처리할 수 있지만, 중간 블록이 손상되면 전체 파일을 읽을 수 없게 될 수 있다.
④ 인덱스 할당은 파일의 접근이 빠르고, 단편화 문제를 줄일 수 있다.

38 정답 ④
UNIX 디렉터리 구조는 계층적인 파일 시스템 구조로 이루어져 있다.
① /는 루트 디렉터리로, 모든 다른 디렉터리는 이 루트 디렉터리 아래에 위치한다.
② /home 디렉터리는 각 사용자의 개인 파일이 저장된다.
③ /etc 디렉터리는 시스템의 기본 설정 파일들이 여기에 저장된다.
④ /bin 디렉터리 안에는 모든 사용자가 사용할 수 있는 중요한 명령어들이 들어 있으며, 사용자 정의 스크립트는 보통 이 위치에 저장되지 않는다.

39 정답 ③
리눅스는 확장성과 이식성이 뛰어나지만 새로 개발된 장치를 바로 사용할 수 없다.

40 정답 ①
코드 최적화는 컴파일러가 수행하는 작업으로, 셸이 담당하진 않는다. 리눅스 셸은 사용자가 시스템과 상호작용할 수 있도록 하는 명령어 해석기로, 커널에게 명령을 전달하여 실행되도록 한다. 즉, 사용자 명령을 해석하고 실행하는 역할을 수행하며, 이를 위해 커널과 상호작용한다.

독학학위제 2단계 전공기초과정인정시험 답안지(객관식)

컴퓨터용 사인펜만 사용

★ 수험생은 수험번호와 응시과목 코드번호를 표기(마킹)한 후 일치여부를 반드시 확인할 것.

전공분야

성 명

수험번호

※ 감독관 확인란

관리번호 (역번) (응시자수)

답안지 작성시 유의사항

1. 답안지는 반드시 컴퓨터용 사인펜을 사용하여 다음 [보기]와 같이 표기할 것.
   [보기] 잘 된 표기: ● 잘못된 표기: ⊘ ⊗ ◐ ◑ ○ ◯ ◉
2. 수험번호 (1)에는 아라비아 숫자로 쓰고, (2)에는 "●"과 같이 표기할 것.
3. 과목코드는 뒷면 "과목코드번호"를 보고 해당과목의 코드번호를 찾아 표기하고, 응시과목란에는 응시과목명을 한글로 기재할 것.
4. 교시코드는 문제지 전면의 교시를 해당란에 "●"과 같이 표기할 것.
5. 한번 표기한 답은 긁거나 수정액 및 스티커 등 어떠한 방법으로도 고쳐서는 아니되고, 고친 문항은 "0"점 처리됨.

[이 답안지는 마킹연습용 모의답안지입니다.]

독학학위제 2단계 전공기초과정인정시험 답안지(객관식)

[이 답안지는 마킹연습용 모의답안지입니다.]

독학학위제 2단계 전공기초과정인정시험 답안지(객관식)

컴퓨터용 사인펜만 사용

★ 수험생은 수험번호와 응시과목 코드번호를 표기(마킹)한 일치여부를 반드시 확인할 것.

전공분야

성 명

수험번호
2 — — —

※ 감독관 확인란

관리번호 (연번)
(응시자수)

과목코드 / 응시과목

과목코드	응시과목
① ① ① ①	1 ① ② ③ ④ 21 ① ② ③ ④
② ② ② ②	2 ① ② ③ ④ 22 ① ② ③ ④
③ ③ ③ ③	3 ① ② ③ ④ 23 ① ② ③ ④
④ ④ ④ ④	4 ① ② ③ ④ 24 ① ② ③ ④
⑤ ⑤ ⑤ ⑤	5 ① ② ③ ④ 25 ① ② ③ ④
⑥ ⑥ ⑥ ⑥	6 ① ② ③ ④ 26 ① ② ③ ④
⑦ ⑦ ⑦ ⑦	7 ① ② ③ ④ 27 ① ② ③ ④
⑧ ⑧ ⑧ ⑧	8 ① ② ③ ④ 28 ① ② ③ ④
⑨ ⑨ ⑨ ⑨	9 ① ② ③ ④ 29 ① ② ③ ④
⓪ ⓪ ⓪ ⓪	10 ① ② ③ ④ 30 ① ② ③ ④
교시코드	11 ① ② ③ ④ 31 ① ② ③ ④
① ② ③ ④	12 ① ② ③ ④ 32 ① ② ③ ④
	13 ① ② ③ ④ 33 ① ② ③ ④
	14 ① ② ③ ④ 34 ① ② ③ ④
	15 ① ② ③ ④ 35 ① ② ③ ④
	16 ① ② ③ ④ 36 ① ② ③ ④
	17 ① ② ③ ④ 37 ① ② ③ ④
	18 ① ② ③ ④ 38 ① ② ③ ④
	19 ① ② ③ ④ 39 ① ② ③ ④
	20 ① ② ③ ④ 40 ① ② ③ ④

답안지 작성시 유의사항

1. 답안지는 반드시 컴퓨터용 사인펜을 사용하여 다음 보기와 같이 표기할 것.
   보기 : 잘된 표기: ● 잘못된 표기: ⊗ ⊙ ⊙ ◐ ○
2. 수험번호 (1)에는 아라비아 숫자로 쓰고, (2)에는 "●"와 같이 표기할 것.
3. 과목코드는 뒷면 "과목코드번호"를 보고 해당과목의 코드번호를 찾아 표기하고, 응시과목란에는 응시과목명을 한글로 기재할 것.
4. 교시코드는 문제지 전면의 교시를 해당란에 "●"와 같이 표기할 것.
5. 한번 표기한 답은 긁거나 수정액 및 스티커 등 어떠한 방법으로도 고쳐서는 아니되고, 고친 문항은 "0"점 처리함.

[이 답안지는 마킹연습용 모의답안지입니다.]

독학학위제 2단계 전공기초과정인정시험 답안지(객관식)

★ 수험생은 수험번호와 응시과목 코드번호를 표기(마킹)한 후 일치여부를 반드시 확인할 것.

전공분야

성명

수험번호

응시과목

응시과목						응시과목				
1	①	②	③	④		21	①	②	③	④
2	①	②	③	④		22	①	②	③	④
3	①	②	③	④		23	①	②	③	④
4	①	②	③	④		24	①	②	③	④
5	①	②	③	④		25	①	②	③	④
6	①	②	③	④		26	①	②	③	④
7	①	②	③	④		27	①	②	③	④
8	①	②	③	④		28	①	②	③	④
9	①	②	③	④		29	①	②	③	④
10	①	②	③	④		30	①	②	③	④
11	①	②	③	④		31	①	②	③	④
12	①	②	③	④		32	①	②	③	④
13	①	②	③	④		33	①	②	③	④
14	①	②	③	④		34	①	②	③	④
15	①	②	③	④		35	①	②	③	④
16	①	②	③	④		36	①	②	③	④
17	①	②	③	④		37	①	②	③	④
18	①	②	③	④		38	①	②	③	④
19	①	②	③	④		39	①	②	③	④
20	①	②	③	④		40	①	②	③	④

과목코드

교시코드 ① ② ③ ④

답안지 작성시 유의사항

1. 답안지는 반드시 컴퓨터용 사인펜을 사용하여 다음 *보기*와 같이 표기할 것.
   보기 잘된 표기: ●   잘못된 표기: ⊗ ⊖ ⊙ ◐ ○ ●
2. 수험번호 (1)에는 아라비아 숫자로 쓰고, (2)에는 "●"와 같이 표기할 것.
3. 과목코드는 뒷면 "과목코드번호"를 보고 해당과목의 코드번호를 찾아 표기하고,
   응시과목란에는 응시과목명을 한글로 기재할 것.
4. 교시코드는 문제지 전면 의 교시를 해당란에 "●"와 같이 표기할 것.
5. 한번 표기한 답은 긁거나 수정액 및 스티커 등 어떠한 방법으로도 고쳐서는
   아니되도, 고친 문항은 "0"점 처리함.

[이 답안지는 마킹연습용 모의답안지입니다.]

※ 감독관 확인란

(인)

관리번호 (응시자수)

참고문헌

- 구현회, 『그림으로 배우는 구조와 원리 운영체제』, 한빛아카데미.
- 김창환, 『운영체제 길라잡이 2판』, 복두출판사.
- 박규석 외 4명, 『운영체제』, 생능출판사.
- 조성호, 『쉽게 배우는 운영체제』, 한빛아카데미.
- 조영성 외 1명, 『운영체제론』, 불스홀릭.
- 창병모, 『유닉스 리눅스』, 생능출판사.
- 정보통신기술용어해설(http://www.ktword.co.kr/)

절대로 고개를 떨구지 말라. 고개를 치켜들고 세상을 똑바로 바라보라.

— 헬렌 켈러 —

시대에듀 독학사 컴퓨터공학과 2단계 운영체제

개정3판1쇄 발행	2025년 03월 05일 (인쇄 2025년 01월 09일)
초 판 발 행	2019년 10월 21일 (인쇄 2019년 08월 28일)
발 행 인	박영일
책 임 편 집	이해욱
편 저	김동욱
편 집 진 행	송영진
표지디자인	박종우
편집디자인	차성미 · 고현준
발 행 처	(주)시대고시기획
출 판 등 록	제10-1521호
주 소	서울시 마포구 큰우물로 75 [도화동 538 성지 B/D] 9F
전 화	1600-3600
팩 스	02-701-8823
홈 페 이 지	www.sdedu.co.kr
I S B N	979-11-383-8534-3 (13000)
정 가	29,000원

※ 이 책은 저작권법의 보호를 받는 저작물이므로 동영상 제작 및 무단전재와 배포를 금합니다.
※ 잘못된 책은 구입하신 서점에서 바꾸어 드립니다.

합격의 공식 **시대에듀**

시대에듀 독학사
컴퓨터공학과

왜? 독학사 컴퓨터공학과인가?

4년제 컴퓨터공학 학위를 최소 시간과 비용으로 단 1년 만에 초고속 취득 가능!

- 독학사 학과 중 **거의 유일한 공과 계열 학과**
- 컴퓨터 관련 취업에 **가장 유용한 학과**
- 전산팀, 서버관리실, R&D, 프로그래머, 빅데이터・데이터베이스 전문가, 시스템・임베디드 엔지니어, 각종 IT 관련 연구소 등 **다양한 분야로 취업 가능**

컴퓨터공학과 과정별 시험과목(2~4과정)

1~2과정 교양 및 전공기초과정은 객관식 40문제 구성
3~4과정 전공심화 및 학위취득과정은 객관식 24문제+**주관식 4문제** 구성

2과정(전공기초)	3과정(전공심화)	4과정(학위취득)
논리회로	인공지능	알고리즘
C프로그래밍	컴퓨터네트워크	통합컴퓨터시스템
자료구조	임베디드시스템	통합프로그래밍
컴퓨터구조	소프트웨어공학	데이터베이스
운영체제	프로그래밍언어론	
이산수학	정보보호	
객체지향프로그래밍	컴파일러	
웹프로그래밍	컴퓨터그래픽스	

※ 시대에듀에서 개설된 과목은 굵은 글씨로 표시하였습니다.

시대에듀 컴퓨터공학과 학습 커리큘럼

기본이론부터 실전문제풀이 훈련까지!
시대에듀가 제시하는 각 과정별 최적화된 커리큘럼에 따라 학습해 보세요.

STEP 01 기본이론 — 핵심이론 분석으로 확실한 개념 이해
STEP 02 문제풀이 — 실전예상문제를 통해 문제 유형 파악
STEP 03 모의고사 — 최종모의고사로 실전 감각 키우기
STEP 04 핵심요약 — 핵심요약집으로 중요 포인트 체크

핵심요약집 120% 활용 방안

교수님 코칭!

독학사 시험은 매년 정해진 평가영역에서 개념 위주의 문항이 출제됩니다. 결코 어렵게 출제되는 것이 아니기에 기본적인 사항 위주로 개념을 잘 정리해 둔다면 충분히 합격 점수인 60점 이상을 획득할 수 있습니다.

정리되지 않은 학습으로는 기울인 노력 대비 좋은 결과를 얻지 못합니다. 본서에 있는 핵심요약집은 각 단원별로 중요한 내용을 한 번 더 정리한 것으로, 다음과 같이 활용한다면 효율적인 학습에 도움이 될 것입니다.

정리 노트로 활용!

핵심요약집은 기본서의 핵심 내용이 단원별로 정리·요약되어 있으므로 중요 부분을 확인하기 쉬우며, 나만의 정리 노트로 활용할 수 있습니다.

자투리 시간에 활용!

바쁜 일상에서 공부할 시간을 따로 내는 것은 어려운 일입니다. 자투리 시간을 활용하여 정리된 요약집으로 틈틈이 복습한다면, 효과적으로 학습 시간을 확보할 수 있을 것입니다.

복습에 활용!

새로운 내용을 파악할 때 예습보다는 복습의 효과가 비교적 더 큽니다. 기본서 학습 후 복습할 때 핵심요약집을 통해 중요 내용을 떠올려 본다면 보다 효과적으로 정리할 수 있습니다.

시험 직전에 활용!

시험 직전에 많은 내용을 짧은 시간 안에 확인하려면 평소 정리 및 준비를 잘 해 두어야 합니다. 핵심요약집을 활용하여 시험 직전에 중요 부분을 확인한다면 합격에 도움이 될 것입니다.

운영체제

시험장에 가져가는
핵심요약집

시/험/전/에/ 보/는/ 핵/심/요/약/ 키/워/드/

사람은 행복하기로 마음먹은 만큼 행복하다.

- 에이브러햄 링컨 -

운영체제

시험장에 가져가는 핵심요약집

제1장 운영체제의 개요

1 운영체제의 정의

운영체제는 사용자가 응용 프로그램을 실행할 수 있는 기반 환경을 제공하여 컴퓨터를 편리하게 사용할 수 있도록 도와주고, 하드웨어를 효율적으로 사용할 수 있도록 다양한 기능을 제공하는 소프트웨어임

2 운영체제의 역할

① 시스템 운영 요소를 적절하게 사용할 수 있도록 제어 (→ 조정자)
② 각 응용 프로그램에 필요한 자원(프로세스, 메모리, 파일, 장치 등)을 할당하거나 효율적으로 운영하기 위해 자원을 할당하는 방법을 결정 (→ 자원할당자 또는 관리자)
③ 응용 프로그램과 입·출력장치를 제어 (→ 응용 프로그램과 입·출력장치 제어자).

3 운영체제의 발전 목적

운영체제는 크게 편리성(사용자에게 편리한 환경 제공), 효율성(시스템 성능 향상), 제어 서비스 향상이라는 세 가지 목적에서 발전해 왔음

4 운영체제의 기능

5 운영체제의 발전과정

시기(구분)	운영체제	주요 기술 및 특징
0기 (1940년대)	없음	• 기계어 직접 사용 • 진공관(0과 1) 사용 • 작업별 순차 처리
1기 (1950년대)	일괄 처리	• 작업별로 처리 • 버퍼링, 스풀링 방법 등장 • 운영체제의 등장(IBM 701 개발) • 카드리더, 라인 프린터
2기 (1960년대 초반)	대화형	• 작업시간 예측 어려움 • 문서 편집기, 게임 응용 프로그램 • 키보드, 모니터
3기 (1960년대 후반)	• 시분할 • 다중 프로그래밍 • 다중 처리 • 다중 사용자	• 다중 프로그래밍 기술 개발 • 운영체제를 고급 언어로 작성(C언어) • 데이터 통신 지원용 운영체제 사용
4기 (1970년대 후반)	• 분산 • 다중모드	• 개인용 컴퓨터의 등장(PC) • 일괄 처리, 시분할, 실시간, 다중 프로그래밍들을 제공 • LAN, TCP/IP
5기 (1990년대)	클라이언트/서버	• 웹 시스템 • 서버의 과부하
6기 (2000년대)	• P2P 시스템 • 그리드 컴퓨팅 • 모바일 시스템 • 클라우드 컴퓨팅 • 사물 인터넷	• 메신저 및 파일 공유 • 네트워크 기반의 분산 및 병렬운영체제의 보편화 • 다양한 기능, 확장성, 호환성 극대화 • 다양한 통신망의 확대와 개발형 시스템 발달 • 컴퓨팅 자원, 스토리지, 소프트웨어 등을 사용자에게 서비스 형태로 제공

6 운영체제의 유형

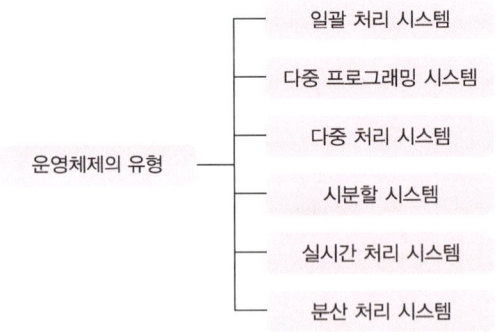

7 일괄 처리 시스템

데이터가 발생할 때마다 즉시 처리하지 않고 일정 기간 또는 일정량이 될 때까지 모아 두었다가 한꺼번에 처리하여 작업 준비 시간을 줄였음

(1) 일괄 처리

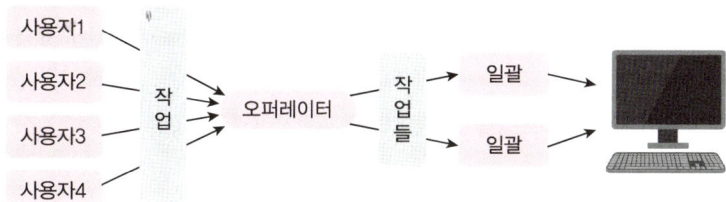

(2) 버퍼링

프로세서와 입·출력장치의 속도 차이로 생긴 유휴기간이 없도록 입·출력장치별로 입·출력 버퍼를 두어, 프로세서에서 연산을 할 때 동시에 다른 작업을 입·출력함

(3) 스풀링

속도가 빠른 디스크를 버퍼처럼 사용하여 입·출력장치에서 미리 읽는 것

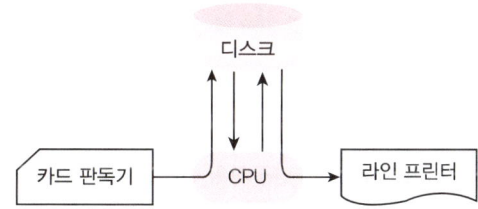

8 다중 프로그래밍 시스템

프로세서가 유휴 상태일 때 실행 중인 둘 이상의 작업이 프로세서를 전환(인터리빙)하여 사용할 수 있도록 동작

9 시분할 시스템

① 다중 프로그램을 논리적으로 확장한 개념으로, 프로세서가 다중 작업을 교대로 수행함
② 다수의 사용자가 동시에 컴퓨터의 자원을 공유할 수 있는 기술로, 다양한 터미널에 위치한 많은 사용자가 특정 컴퓨터 시스템을 동시에 사용할 수 있게 함

10 다중 처리 시스템

① 단일 컴퓨터 시스템 내에서 둘 이상의 프로세서를 사용하여 동시에 둘 이상의 프로세스(프로그램)를 지원함
② 여러 프로세서와 시스템 버스, 클록, 메모리와 주변장치 등을 공유함

11 실시간 처리 시스템

컴퓨터에 어떤 자료를 입력시켰을 때, 빠른 시간 내에 응답을 주어 사용자가 실제로 원하는 시간 내에 문제를 해결할 수 있도록 해 주는 처리 방식

① 경성 실시간 처리 시스템(hard real time processing system) : 무기 제어, 발전소 제어, 철도 자동 제어, 미사일 자동 조준 등
② 연성 실시간 처리 시스템(soft real time processing system) : 동영상을 재생하는 시스템

12 분산 처리 시스템

시스템마다 독립적인 운영체제와 메모리로 운영하며, 필요할 때 통신하는 시스템

제2장 컴퓨터 시스템의 구성

1 컴퓨터 시스템의 구성

컴퓨터 시스템은 프로세서, 메모리(기억장치), 주변장치의 하드웨어(hardware)와 명령어로 작성한 프로그램인 소프트웨어(software)로 구성되며, 이런 구성 요소는 컴퓨터의 주기능인 프로그램을 실행하기 위해 버스로 상호 연결되어 있음

2 컴퓨터 하드웨어의 구성

컴퓨터는 CPU, 메인 메모리, 입력장치, 출력장치, 저장장치로 구성되며, 컴퓨터로 하는 작업은 대부분 CPU와 메인 메모리의 협업으로 이루어지기 때문에 CPU와 메인 메모리는 필수 장치로 분류되고 그 외의 부품은 주변장치라고 함

3 프로세서의 개념

프로세서(CPU : 중앙처리장치)는 컴퓨터 하드웨어 구성 요소 중 운영체제와 가장 밀접한 부분으로, 컴퓨터의 모든 장치의 동작을 제어하고 연산을 수행함

4 프로세서의 구성

① 프로세서는 연산장치와 제어장치, 레지스터로 구성되며, 내부 버스로 연결되어 있음
② 일반적으로 제어와 데이터 처리를 담당함

5 메모리의 종류

① **레지스터** : 속도는 가장 빠르나 용량이 작음
② **캐시** : 프로세서 내부와 외부에 있으면서 처리 속도가 빠른 프로세서와 상대적으로 느린 메인 메모리의 속도 차이를 보완
③ **메인 메모리** : 프로세서 외부에 있으면서 프로세서에서 수행할 프로그램과 데이터를 저장하거나 프로세서에서 처리한 결과를 저장
④ **보조기억장치** : 속도는 느리나 용량이 큼(예 자기디스크, 광디스크, 자기테이프 등)

6 메모리 계층 구조

여러 계층의 메모리를 연결하여 비용, 속도, 용량, 접근시간 등을 상호 보완한 계층적 메모리 구조를 메모리 계층 구조라고 함

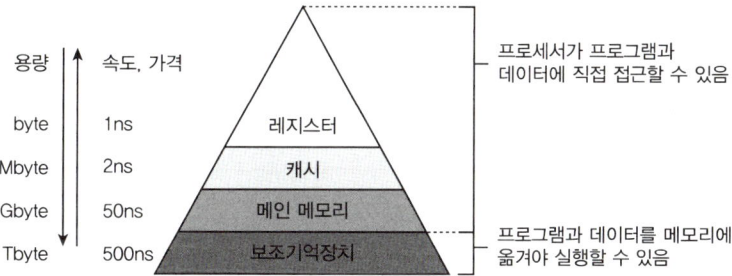

7 시스템 버스

① 시스템 버스는 하드웨어를 물리적으로 연결하여 서로 데이터를 주고받을 수 있게 하는 통로임
② 컴퓨터 내부의 다양한 신호(데이터 입·출력 신호, 프로세서 상태 신호, 인터럽트 요구와 허가 신호, 클록 신호 등)를 시스템 버스로 전달함
③ 시스템 버스는 기능에 따라 데이터 버스, 주소 버스, 제어 버스로 구분함

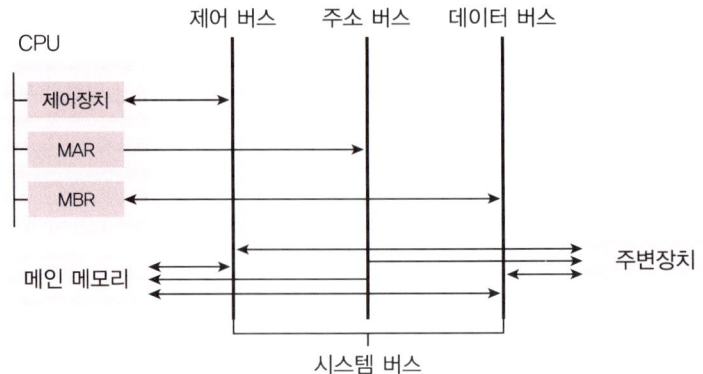

8 주변장치

주변장치는 프로세서와 메인 메모리를 제외한 하드웨어 구성요소로, 단순히 입·출력 장치라고도 하는데, 크게 입력장치, 출력장치, 저장장치로 구분함

9 폰 노이만 구조

CPU, 메모리, 입·출력장치, 저장장치가 버스로 연결되어 있는 폰 노이만 구조에서는 모든 프로그램이 메모리에 올라와야 실행이 가능함

10 명령어 구조

① 명령어는 사용자가 원하는 연산과 오퍼랜드, 처리 순서를 프로세서에 지시하는 것임
② 연산부호(OP code)와 명령어가 처리할 데이터, 데이터가 저장된 레지스터나 메모리 주소인 피연산자(operand)로 구성됨

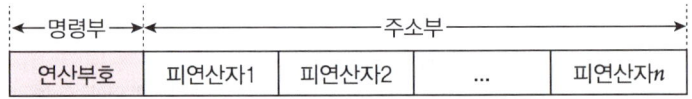

11 명령어 실행

(1) 명령어는 명령어 인출과 명령어 실행 주기의 반복 처리로 실행함

(2) 명령어 실행 사이클은 인출 사이클, 간접 사이클, 실행 사이클, 인터럽트 사이클로 구성됨

① 명령어 실행 사이클

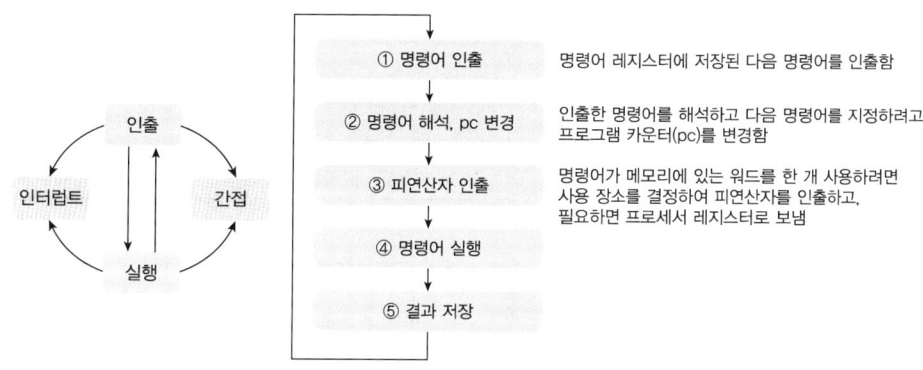

⑥ 다음 명령어로 이동, 다음 명령어의 ①단계부터 다시 시작

② 인출 사이클 과정

시간	레지스터 동작	설명
①	PC → MAR	PC에 저장된 주소를 프로세서 내부 버스를 이용하여 MAR에 전달
②	MAR(Memory) → MBR	MAR에 저장된 주소에 해당하는 메모리 위치에서 명령어를 인출한 후 이 명령어를 MBR에 저장함. 이때 제어장치는 메모리에 저장된 내용을 읽도록 제어신호를 발생시킴
	PC + 1 → PC	다음 명령어를 인출하려고 PC를 증가시킴
③	MBR → IR	MBR에 저장된 내용을 IR에 전달

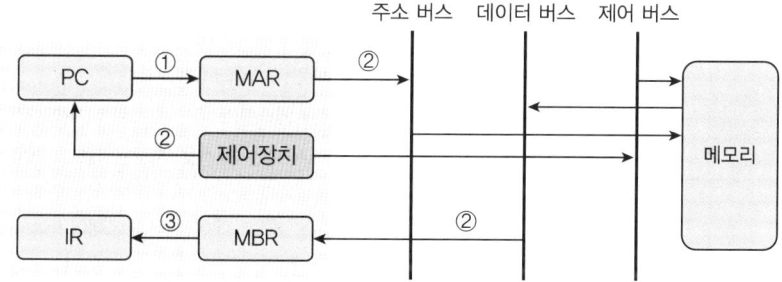

③ 간접 사이클 과정

시간	레지스터 동작	설명
①	IR(address) → MAR	IR에 저장된 명령어의 피연산자(주소부)를 MAR에 전달
②	MAR(Memory) → MBR	MAR에 저장된 주소에 해당하는 메모리 위치에서 데이터를 인출한 후 이 데이터를 MBR에 저장함. 이때 제어장치는 메모리에 저장된 내용을 읽도록 제어신호를 발생시킴
③	MBR → IR(address)	MBR에 저장된 내용을 IR에 전달

12 인터럽트

① 인터럽트는 현재 실행 중인 프로그램의 수행을 연기하고 다른 프로그램의 수행을 요구하는 명령임
② 시스템의 처리 효율을 향상시키며, 프로그램이 실행 순서를 바꿔가면서 처리하여 다중 프로그래밍에 사용함

시간	레지스터 동작	설명
①	PC → MBR	PC의 내용을 MBR에 저장
②	IntRoutineAddress → PC	인터럽트 루틴 주소를 PC에 저장
②	Save_Address → MAR	PC에 저장된 인터럽트 루틴 주소를 MAR에 저장
③	MBR → MAR	MBR의 주소에 있는 내용을 지시된 메모리 셀로 이동

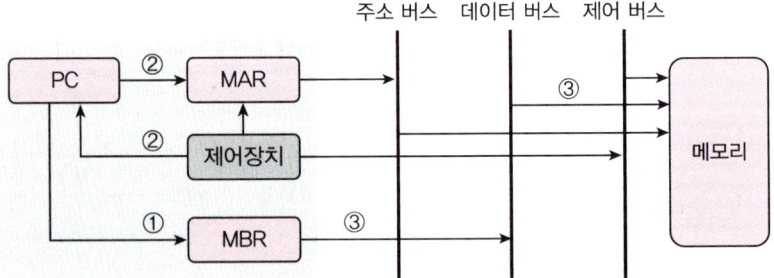

13 운영체제의 서비스

① **부팅 서비스** : 컴퓨터 하드웨어를 관리하고 프로그램을 실행할 수 있도록 컴퓨터에 시동을 검
② **사용자 서비스** : 사용자 인터페이스 제공, 프로그램 실행, 입·출력 동작 수행, 파일 시스템 조작, 통신(네트워크) 등으로 프로그래머가 프로그래밍 작업을 쉽게 수행할 수 있도록 함
③ **시스템 서비스** : 자원할당, 계정, 보호와 보안 등으로 시스템의 효율적인 동작을 보장
④ **시스템 호출** : 프로세서 제어, 파일 조작, 장치 조작, 정보 관리, 통신 등으로 프로그램이 운영체제의 기능을 서비스 받을 수 있는 프로그램과 운영체제 간의 인터페이스를 제공

14 운영체제의 구조

(1) 단일 구조 운영체제

① 단일(monolithic) 구조 또는 모놀리식 커널 구조 운영체제는 초기에 생겨난 가장 보편적인 형태
② 운영체제의 모든 기능을 커널과 동일한 메모리 공간에 적재한 후 시스템 호출만으로 사용할 수 있는 작고 간단하면서 시스템 기능이 제한된 구조
③ 대표적인 예로는 도스와 초기 유닉스가 있음

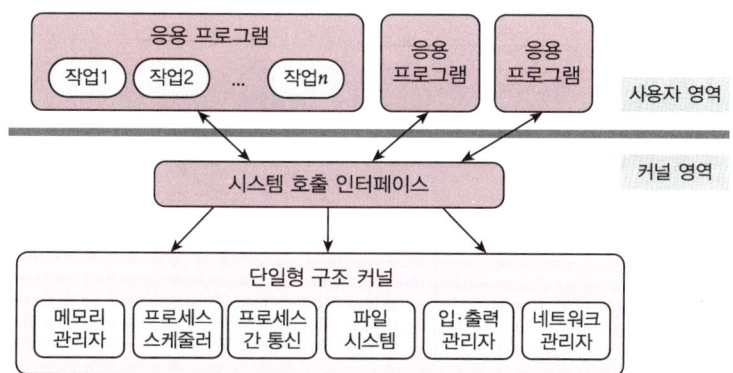

(2) 계층 구조 운영체제

① 비슷한 기능을 수행하는 요소를 그룹으로 묶어 최하위 계층인 하드웨어에서 최상위 계층인 사용자 인터페이스까지 다수의 계층(수준)으로 구성됨
② 시스템을 계층으로 나누면 시스템 설계나 구현이 단순하고 시스템 검증과 오류 수정이 쉬움

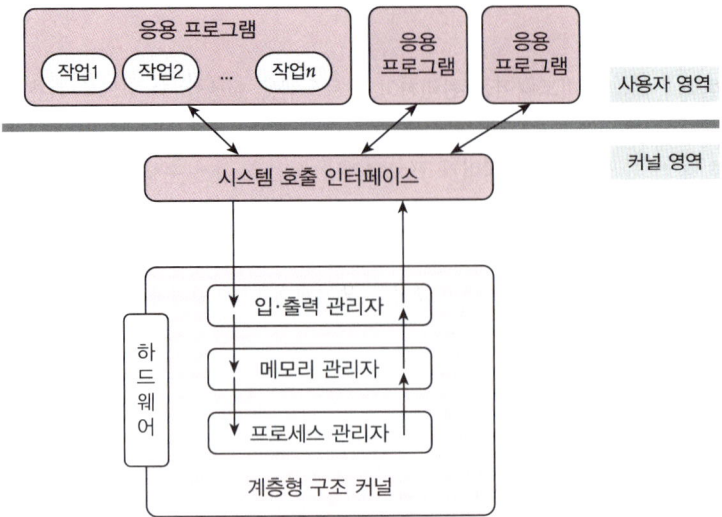

(3) 마이크로 커널 구조 운영체제

커널에는 최소 기능만 포함시켜 크기를 대폭 줄이고 기타 기능은 사용자 공간으로 옮겨 사용자 영역에서 수행하는 서버 구현 방법

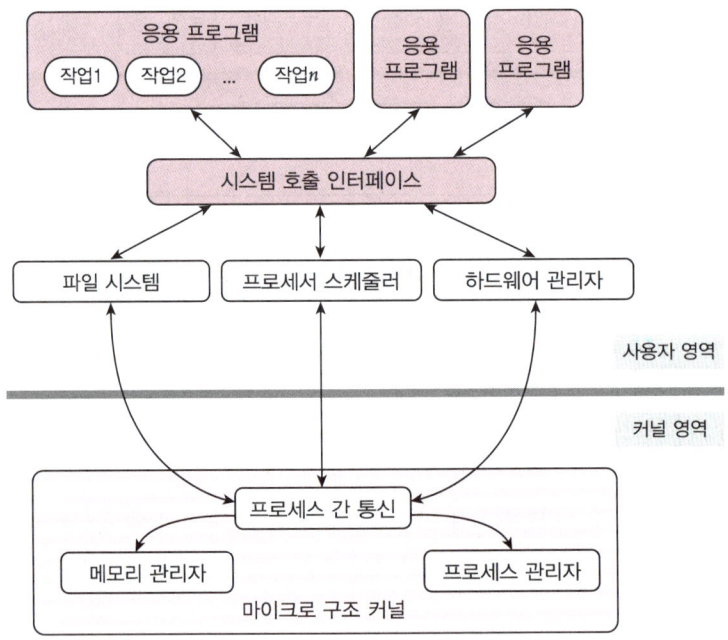

제3장 주기억장치 관리

1 메모리 관리의 복잡성

과거의 일괄 처리 시스템에서는 한 번에 한 가지 작업만 처리했기 때문에 메모리 관리가 어렵지 않았으나, 오늘날의 시분할 시스템에서는 운영체제를 포함한 모든 응용 프로그램이 메모리에 올라와 실행되기 때문에 메모리 관리가 복잡함

2 컴파일러

① 컴파일러는 소스코드를 컴퓨터가 실행할 수 있는 기계어로 번역한 후 한꺼번에 실행할 수 있도록 해주는 언어 번역 프로그램임
② 오류를 발견하고 코드를 최적화기 위해 컴파일러를 사용함
③ 사용자가 소스 코드를 작성하면 컴파일러는 '컴파일 → 목적 코드와 라이브러리 연결 → 동적 라이브러리를 포함하여 최종 실행'의 순서로 작동함

3 메모리 관리자의 정책

① **가져오기 정책** : 프로세스가 필요로 하는 데이터를 언제 메모리로 가져올지 결정하는 정책
② **배치 정책** : 가져온 프로세스를 메모리의 어떤 위치에 올려놓을지 결정하는 정책
③ **재배치 정책** : 메모리가 꽉 찼을 때 메모리 내에 있는 어떤 프로세스를 내보낼지 결정하는 정책

4 절대 주소와 상대 주소

① **절대 주소** : 실제 물리 주소를 가리키며 메모리 관리자 입장에서 바라본 주소
② **상대 주소** : 사용자 영역이 시작되는 주소를 0번지로 변경하여 사용하는 주소

5 메모리 오버레이

프로세스의 크기가 실제 메모리(물리 메모리)보다 클 때 전체 프로세스를 메모리에 가져오는 대신 적당한 크기로 잘라서 가져오는 기법

6 스왑

메모리가 모자라서 쫓겨난 프로세스를 저장장치의 특별한 공간, 즉 스왑 영역에 모아두는 기법으로, 스왑 영역에서 메모리로 데이터를 가져오는 작업은 스왑인, 메모리에서 스왑 영역으로 데이터를 내보내는 작업은 스왑아웃이라고 함

7 메모리 분할 방식

① **가변 분할 방식**: 프로세스의 크기에 따라 메모리를 나누는 방식
② **고정 분할 방식**: 프로세스의 크기와 상관없이 메모리를 같은 크기로 나누는 방식

8 외부 단편화와 내부 단편화

① **외부 단편화**: 할당할 프로세스의 크기보다 메모리에 남아 있는 조각이 작아서 할당이 불가능한 현상
② **내부 단편화**: 각 메모리 조각에 프로세스를 배치하고 공간이 남는 현상

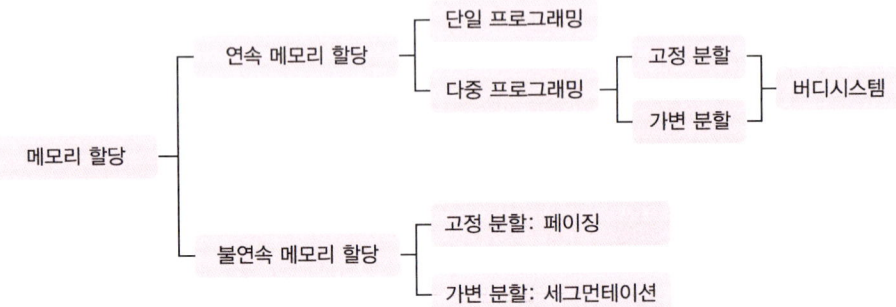

9 가변 분할 방식의 메모리 배치 방식

① **최초 배치**: 메모리에서 적재 가능한 공간을 순서대로 찾다가 첫 번째로 발견한 공간에 프로세스를 배치하는 방법
② **최적 배치**: 메모리의 빈 공간을 모두 확인한 후 적당한 크기 가운데 가장 작은 공간에 프로세스를 배치하는 기법
③ **최악 배치**: 최적 배치와 정반대로, 빈 공간을 모두 확인한 후 가장 큰 공간에 프로세스를 배치하는 방법

10 조각 모음

단편화가 발생하면 이미 배치된 프로세스를 옆으로 옮겨 빈 공간들을 하나의 큰 덩어리로 만드는 것을 의미

① **메모리 통합(coalescing)**: 하나의 작업이 끝났을 때 다른 빈 공간과 인접해 있는지 점검하여 하나로 합치는 것
② **메모리 압축(compaction)**: 메모리의 내용을 적절히 움직여 사용 가능 공간을 큰 블록 하나로 만드는 것

제4장 가상기억장치의 구성

1 가상 메모리의 개념

물리 메모리의 크기와 상관없이 프로세스에 커다란 메모리 공간을 제공하는 기술로, 프로세스는 운영체제가 어디에 있는지, 물리 메모리의 크기가 어느 정도인지 신경 쓰지 않고 메모리를 마음대로 사용할 수 있음

구분	가상 메모리	물리 메모리
최대 메모리 크기	CPU의 비트 값에 의존	CPU의 비트 값에 의존
메모리 분할 방식	세그먼테이션	가변 분할 방식
	페이징	고정 분할 방식
	세그먼테이션-페이징 혼용	
주소 지정 방식	가상 주소	절대 주소, 상대 주소

2 가상 메모리의 크기

가상 메모리에서 메모리 관리자가 사용할 수 있는 메모리의 전체 크기는 물리 메모리와 스왑 영역을 합한 크기임

3 매핑 테이블

가상 주소가 물리 메모리의 어느 위치에 있는지 알 수 있도록 정리한 표로, 페이징 기법에서는 페이징 매핑 테이블 또는 페이지 테이블이라고 부르며, 세그먼테이션 기법에서는 세그먼테이션 매핑 테이블 또는 세그먼테이션 테이블이라고 부름

4 페이징 기법

① 고정 분할 방식을 이용한 가상 메모리 관리 기법으로, 물리 주소 공간을 같은 크기로 나누어 사용함
② 가상 주소의 분할된 각 영역은 페이지라고 부르며, 물리 메모리의 각 영역은 가상 주소의 페이지와 구분하기 위해 프레임이라고 부름

5 페이지 테이블 매핑 방식

① **직접 매핑**: 페이지 테이블 전체가 물리 메모리의 운영체제 영역에 존재하는 방식
② **연관 매핑**: 페이지 테이블 전체를 스왑 영역에서 관리하는 방식으로, 물리 메모리의 공간이 작을 때 사용함
③ **집합-연관 매핑**: 연관 매핑의 문제를 개선한 방식으로, 페이지 테이블을 일정한 집합으로 자르고, 자른 덩어리 단위로 물리 메모리에 가져옴
④ **역 매핑**: 위의 세 가지 매핑과 달리 물리 메모리의 프레임 번호를 기준으로 테이블을 구성함

6 매핑 방식 구조

(1) 직접 매핑 방식

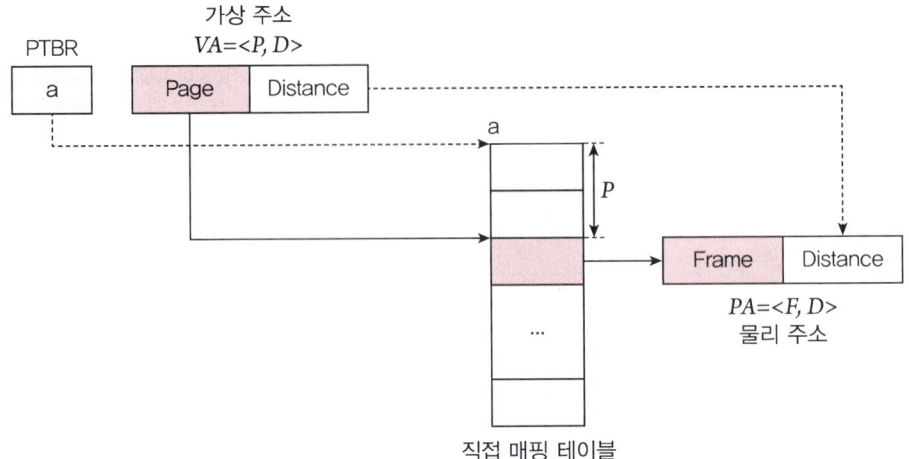

(2) 연관 매핑 방식

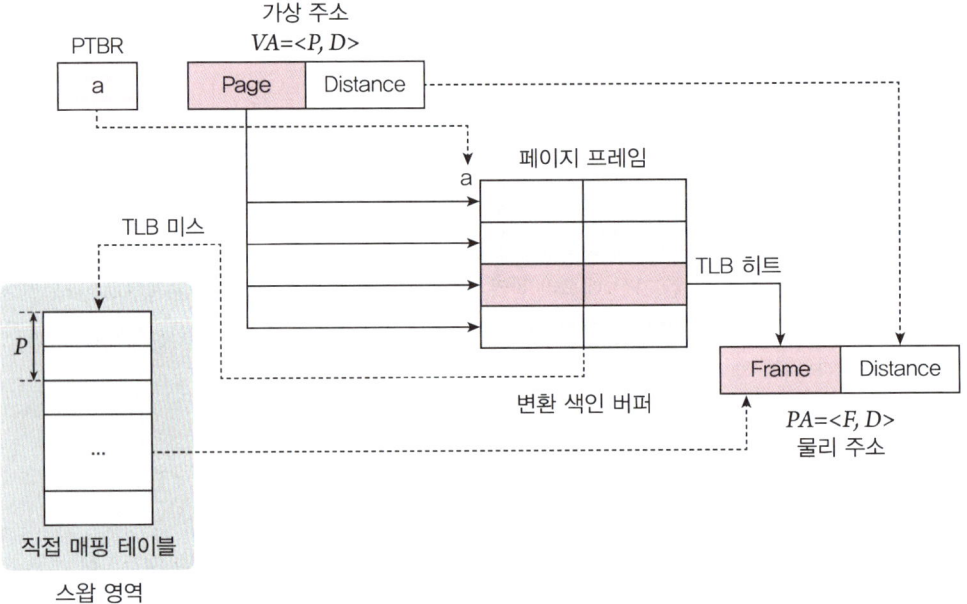

(3) 집합-연관 매핑 방식

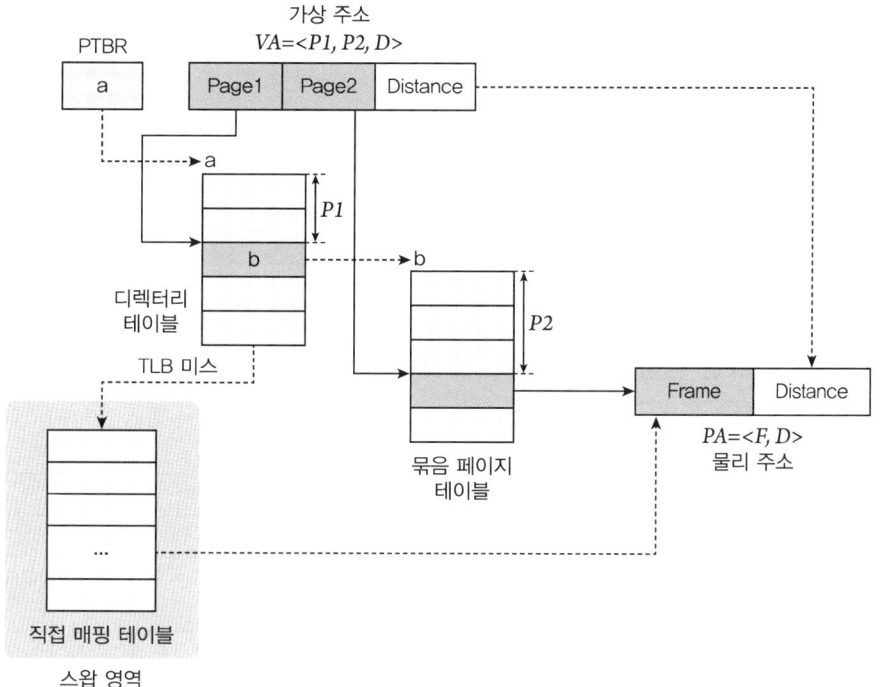

(4) 역 매핑 방식

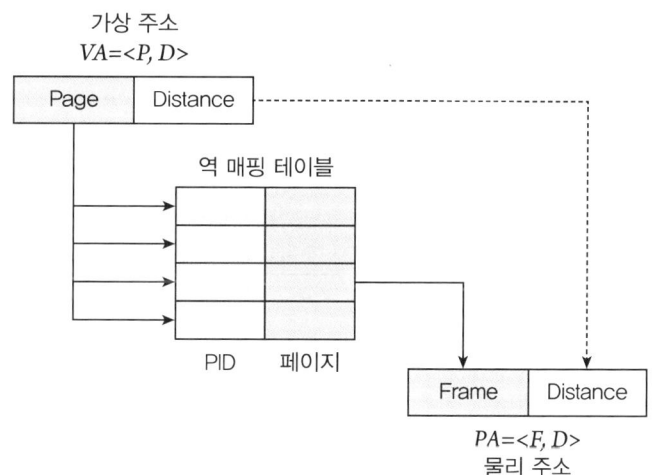

7 세그먼테이션 기법

가변 분할 방식을 이용한 가상 메모리 관리 기법으로, 물리 메모리를 프로세스의 크기에 따라 가변적으로 나누어 사용

8 세그먼테이션-페이징 혼용 기법

사용자 입장에서는 세그먼테이션 기법을 사용하고 메모리 관리자 입장에서는 페이징 기법을 사용하는 가상 메모리 관리 기법으로, 메모리 보호 및 중복 정보를 세그먼테이션 테이블에서 관리함으로써 메모리 관리를 효율적으로 할 수 있음

9 가상 주소 표현 방법과 물리 주소 표현 방법

(1) 페이징 기법

$VA=<P,D>$	VA : 가상 주소(Virtual address)
	P : 페이지(Page)
	D : 페이지의 처음 위치에서 해당 주소까지의 거리(Distance) 또는 오프셋(Offset)이라고 정의하기도 함

(2) 물리 주소 표현

$PA=<F,D>$	PA : 물리 주소, 실제 주소
	F : 프레임(Frame)
	D : 프레임의 처음 위치에서 해당 주소까지의 거리(Distance)

(3) 가상 주소를 변환

[공식] 가상 주소를 $<P,D>$로 변환

P = 나눗셈(가상 주소 / 한 페이지의 크기)의 몫
D = 나눗셈(가상 주소 / 한 페이지의 크기)의 나머지 [단위 : $Byte$]

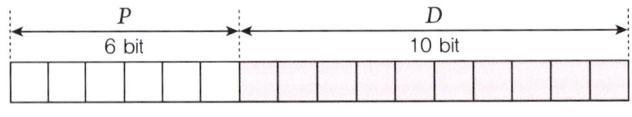

[16bit 가상 주소의 예]

(4) 세그먼테이션 기법

$VA=<S,D>$	VA : 가상 주소(Virtual Address)
	S : 세그먼트 번호(Segment number)
	D : 세그먼트의 시작 지점에서 해당 주소까지의 거리(Distance)

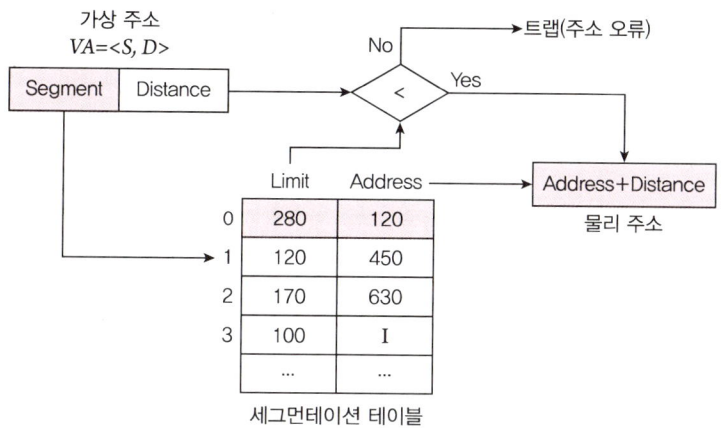

(5) 세그먼테이션-페이징 혼용 기법

$VA=<S,P,D>$	VA : 가상 주소(Virtual Address)
	S : 세그먼트 번호(Segment number)
	P : 페이지 번호
	D : 페이지의 처음 위치에서 해당 주소까지의 거리(Distance)

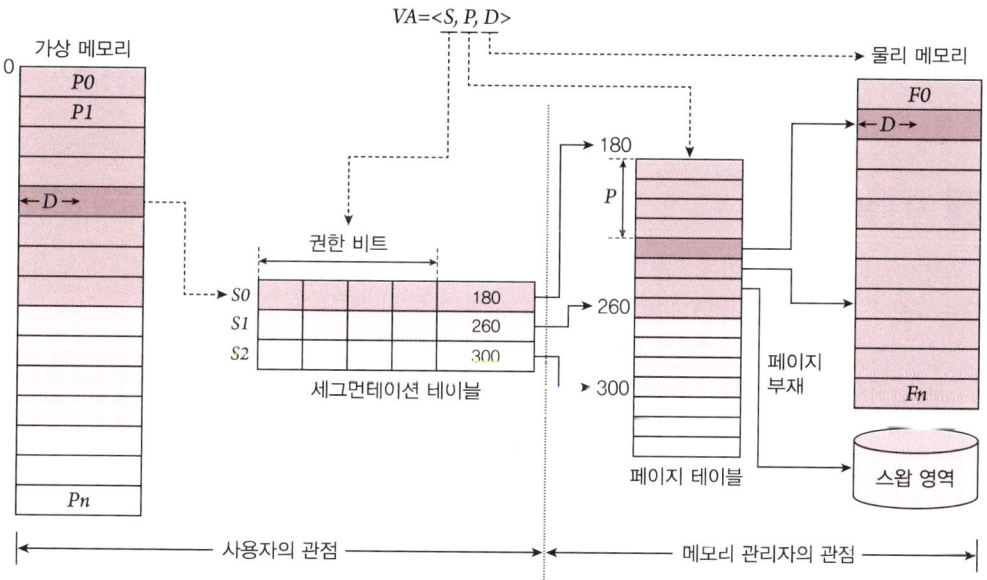

제5장 가상기억장치의 관리

1 가상 메모리

가상 메모리는 사용자와 논리적 주소를 물리적으로 분리한 후 사용자가 메인 메모리 용량을 초과한 프로세스에 주소를 지정하여 메모리를 제한 없이 사용할 수 있도록 하는 개념으로, 각 프로세스에 균일한 주소 공간을 제공하여 메모리 관리가 단순하며, 메인 메모리를 더 효율적으로 사용할 수 있음

2 요구 페이징

① 가장 일반적인 가상 메모리 체계로, 스와핑을 사용하는 페이징 시스템과 비슷함
② 프로그램을 실행하기 위해 프로그램의 일부만 메인 메모리에 적재함
③ 순차적으로 작성되어 있는 프로그램의 모듈을 처리할 때 다른 부분은 실행하지 않는다는 특징을 이용함
④ 메모리를 효율적으로 사용할 수 있지만, 메인 메모리와 디스크 간의 과도한 페이지 교체로 오버헤드를 증가시켜 시스템의 성능을 떨어뜨린다는 단점이 있음

3 예상 페이징

① 앞으로 필요할 것이라고 예상되는 페이지를 미리 가져오는 방식으로, 대표적인 경우가 캐시임
② 캐시는 앞으로 필요할 것이라고 예상되는 부분을 고속의 캐시 메모리에 가져다 놓음으로써 시스템의 성능을 향상시킴

4 페이지 부재

페이지 부재(page fault)는 저장하지 않은 페이지를 사용하려고 할 때 나타나는 현상으로, 즉 프로세스가 페이지를 요청했을 때 그 페이지가 메모리에 없는 상황을 말함

5 지역성

기억장치에 접근하는 패턴이 메모리 전체에 고루 분포되어 있는 것이 아니라 특정 영역에 집중되는 성질을 말하며 크게 공간의 지역성, 시간의 지역성, 순차적 지역성으로 나뉨
① **시간 지역성**: 순환(루프), 서브프로그램, 스택, 계산이나 합계에 사용하는 변수
② **공간 지역성**: 배열 검색(순회), 순차적 코드의 실행, 근처의 관련 변수 선언

6 페이지 교체

페이지 교체는 페이지 부재가 발생하면 메인 메모리에 있으면서 사용하지 않는 페이지를 디스크로 내보내고 새로운 페이지로 바꾸는 과정으로, 내보낼 페이지를 선정할 때는 시스템의 효율성에 영향을 주므로 페이지 부재 비율이 가장 낮은 알고리즘을 선택함

7 선입선출(FIFO) 교체 알고리즘

① 가장 간단한 페이지 교체 알고리즘으로, 각 페이지가 메모리 안으로 들어간 시간을 이용하여 가장 오래된 페이지부터 우선 교체함
② 선입선출(FIFO) 교체 알고리즘은 프로그램이 쉽지만 벨래디의 변이 현상 때문에 문제가 있음

8 최적(OPT) 페이지 교체 알고리즘

① 최적 페이지 교체 알고리즘은 모든 알고리즘 가운데 페이지 부재 비율이 가장 낮음
② 앞으로 가장 오랫동안 사용하지 않을 페이지를 교체한다는 아이디어를 표현한 알고리즘으로, 고정된 프레임 수에서 가능한 낮은 페이지 부재 비율을 보장함
③ 최적 페이지 교체 알고리즘은 참조 문자열을 정확하게 언제 사용할지 정보를 요구하는데, 이것을 알기 어렵기 때문에 현실적으로 구현하기 어려움

9 최근 최소 사용(LRU) 페이지 교체 알고리즘

① 가까운 미래의 근사치로서 가장 최근의 데이터를 사용하여 오랫동안 사용하지 않은 페이지를 교체하는 알고리즘
② 최근 최소 사용 알고리즘은 최적의 근사치이지만, 구현하려면 하드웨어를 지원해야 함

10 최소 빈도 사용(LFU) 페이지 교체 알고리즘

① LFU 페이지 교체 알고리즘은 페이지가 몇 번 사용되었는지를 기준으로 대상 페이지를 선정함
② 현재 프레임에 있는 페이지마다 그동안 사용된 횟수를 세어 횟수가 가장 적은 페이지를 스왑 영역에 옮김

11 NUR 페이지 교체 알고리즘

① NUR(Not Used Recently) 페이지 교체 알고리즘은 최근 사용하지 않는 페이지를 교체하여 낮은 오버헤드로 최근 최소 사용 페이지 교체 전략에 거의 동일하게 대치할 수 있음
② 최근 사용하지 않는 페이지를 교체하는 방법으로, 최근에 사용하지 않는 페이지들은 가까운 미래에도 사용하지 않을 가능성이 높다는 개념을 바탕으로 함

[NUR 페이지 교체 알고리즘에서 대상 페이지 선정 순서]

선정 순서	(참조, 변경)비트	설명
1	(0,0)	가장 먼저 선정함. 즉 접근(참조)한 적도 변경(수정)한 적도 없는 페이지를 스왑 영역으로 옮김
2	(0,1)	최근에 사용하지 않았으나, 수정한 페이지를 스왑 영역으로 옮김
3	(1,0)	최근에 사용했으나, 수정하지 않은 페이지를 스왑 영역으로 옮김
4	(1,1)	최근에 사용하고, 수정한 페이지를 스왑 영역으로 옮김

12 FIFO 변형 페이지 교체 알고리즘

① **2차 기회 페이지 교체 알고리즘**
  ㉠ 2차 기회 페이지 교체 알고리즘(second chance page replacement algorithm)의 성능은 LRU, LFU, NUR 페이지 교체 알고리즘보다 약간 낮고 FIFO 페이지 교체 알고리즘보다 약간 높은 것으로 알려져 있음
  ㉡ 그러나 큐를 유지하는 비용이 높고, 페이지가 성공하면 큐의 중앙에 있는 값을 뒤로 이동하는 작업이 추가되는 것이 단점임

② **시계(클록) 알고리즘**
  ㉠ 스왑 영역으로 옮길 대상 페이지를 가리키는 포인터를 사용하는데, 이 포인터가 큐의 맨 바닥으로 내려가면 다음 번에는 다시 큐의 처음을 가리키게 됨
  ㉡ NUR 페이지 교체 알고리즘보다 추가 공간이 적게 들지만 알고리즘이 복잡하고 계산량이 많다는 단점이 있음

13 프레임 할당 알고리즘

페이지 부재의 횟수를 줄이려면 프레임을 할당하는 방법도 매우 중요함
  ① **균일 프레임 할당 알고리즘** : 각 프로세스에 똑같이 프레임을 할당하는 방법
  ② **비례 프레임 할당 알고리즘** : 사용 가능한 메모리를 각 프로세스의 크기에 비례하여 할당하는 방법

14 스래싱

① 스래싱은 페이지 교환이 계속 일어나는 현상으로, 어떤 프로세스가 현재 작업 집합에서 프레임이 충분하지 않을 때 발생함
② 스래싱은 각 프로세스에 충분한 프레임을 주거나 적정하게 스케줄링하여 방지할 수 있음

15 작업 집합 모델

프로세스가 많이 참조하는 페이지 집합을 메모리 공간에 계속 상주시켜 빈번한 페이지 교체 현상을 줄이도록 프로그램의 수행 과정을 지역성으로 설명하는 모델임

① 작업 집합 크기가 작고 페이지 프레임 수가 적으면, 페이지 부재 비율이 높아 스래싱 현상을 일으킬 수 있음
② 작업 집합 크기가 크고 페이지 프레임 수가 많으면, 프로세스의 실제 작업 페이지와 다른 페이지까지 메모리를 차지하여 메모리 낭비와 멀티(다중) 프로그래밍 정도를 감소시킬 수 있음

16 페이지 부재 비율

① 페이지 부재 비율(PFF, Page Fault Frequency)은 스래싱을 예방하는 직접적인 액세스 방법으로, 페이지 환경에서 프로세스 실행을 측정하는 기준이 됨
② 페이지 부재 비율이 상한 값을 넘으면 프로세스에 다른 프레임을 더 할당함
③ 하한 값보다 낮으면 프레임을 회수하여 스래싱을 방지하면서 부재 비율을 측정·조절하여 작업 집합 모델보다 오버헤드가 적음

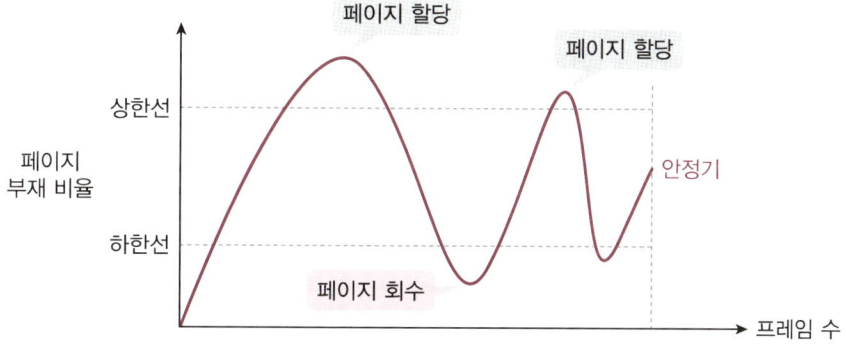

[페이지 부재 비율과 페이지 할당]

17 페이지 크기별 특징

작은 페이지	큰 페이지
페이지 테이블의 크기가 증가	페이지 테이블의 크기 감소
내부 단편화 감소	내부 단편화 증가
디스크 입·출력 증가	디스크 입·출력 감소
지역성 증가, 페이지 부재 비율 증가	지역성 악화, 페이지 부재 비율 감소

제6장 프로세스 관리

1 프로그램과 프로세스

프로그램은 저장장치에 저장되어 있는 정적인 상태이고, 프로세스는 실행을 위해 메모리에 올라온 동적인 상태임

(1) 프로세스의 정의
① 실행 중인 프로그램
② 비동기적(asynchronous) 행위
③ 실행 중인 프로시저
④ 실행 중인 프로시저의 제어 추적
⑤ 운영체제에 들어 있는 프로세스 제어 블록(PCB)
⑥ 시스템에서 CPU와 같은 자원에 할당하여 실행할 수 있는 개체, 디스패치(dispatch)가 가능한 대상

(2) 프로그램과 프로세스 비교

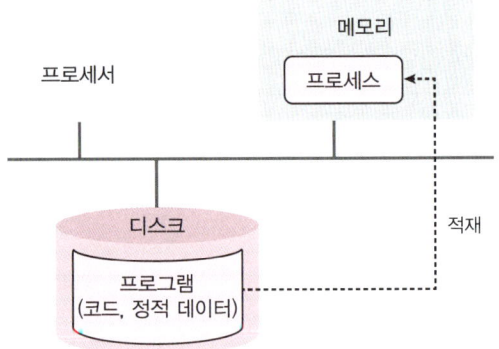

2 프로세스의 상태

구분	내용
생성 상태	프로그램을 메모리에 가져와 실행 준비가 완료된 상태
준비 상태	• 실행을 기다리는 모든 프로세스가 자기 차례를 기다리는 상태 • 실행될 프로세스를 CPU 스케줄러가 선택함
실행 상태	• 선택된 프로세스가 타임 슬라이스를 얻어 CPU를 사용하는 상태 • 프로세스 사이의 문맥 교환이 일어남

대기 상태	• 실행 상태에 있는 프로세스가 입·출력을 요청하면, 입·출력이 완료될 때까지 기다리는 상태 • 입·출력이 완료되면 준비 상태로 감
완료 상태	• 프로세스가 종료된 상태 • 사용하던 모든 데이터가 정리됨 • 정상 종료인 exit와 비정상 종료인 abort를 포함

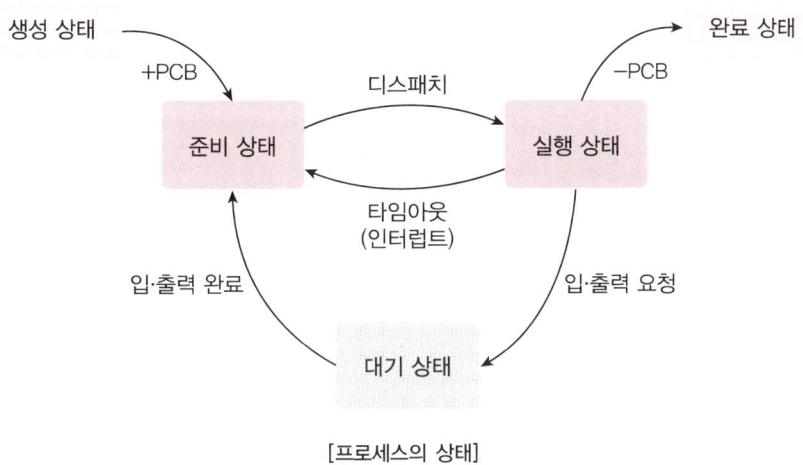

[프로세스의 상태]

3 프로세스 제어 블록

① 프로세스를 실행하는 데 필요한 중요한 정보를 보관하는 자료구조로, 모든 프로세스는 고유의 프로세스 제어 블록을 가짐
② 프로세스 제어 블록은 프로세스 생성 시 만들어져서 프로세스가 실행을 완료하면 폐기됨

4 프로세스의 문맥 교환

① 두 프로세스의 프로세스 제어 블록 및 이와 관련된 값들을 교환하는 작업을 말함
② 이전 프로세스의 상태 레지스터 내용을 보관하고 다른 프로세스의 레지스터를 적재하여 프로세스를 교환하는데, 이런 일련의 과정을 문맥 교환(context switching)이라고 함
③ 일반적으로 문맥 교환은 한 프로세스가 자신에게 주어진 시간을 다 사용하면 발생하고, 인터럽트가 걸렸을 때도 발생함

5 프로세스의 구조

① 프로세스는 실행 중에 새로운 프로세스를 생성할 수 있음
② 프로세스를 새로 생성하는 프로세스는 부모 프로세스(parent process)이고, 생성되는 프로세스는 자식(서브) 프로세스(child precess)임
③ 이때 프로세스 생성 순서를 저장하고 부모-자식 관계를 유지하여 계층적으로 생성함

6 프로세스의 생성

프로세스를 생성하면 운영체제는 해당 프로세스에서 프로세서 제어 블록을 만들어 주소 공간을 할당하는데, 일괄 처리 환경에서는 준비 큐에 작업이 도착할 때 프로세스를 생성하고, 대화형 환경에서는 새로운 사용자가 로그온할 때 프로세스를 생성함

7 프로세스의 종료

① 프로세스가 마지막 명령을 실행하면 종료함
② 일괄 처리 환경에서는 작업 종료를 의미하는 신호로 인터럽트를 발생하거나 시스템 호출로 중단 명령을 전달하여 프로세스를 종료함
③ 대화형 환경에서는 사용자가 로그오프하거나 터미널을 닫으면 프로세스를 종료함
④ 이외에 오류도 프로세스를 종료할 수 있음

8 프로세스의 제거

① 프로세스 제거는 프로세스를 파괴하는 것으로, 프로세스를 제거하면 사용하던 자원을 시스템에 돌려주고, 해당 프로세스는 시스템 리스트나 테이블에서 사라져 프로세스 제어 블록을 회수함
② 자식 프로세스는 부모 프로세스를 제거하면 자동으로 제거됨

9 프로세스의 중단과 재시작

① 다중 프로그래밍 환경에서도 프로세서의 유휴시간이 발생하는데, 입·출력 동작이 일반 연산보다 느려 유휴상태가 되거나 프로세서의 동작시간이 입·출력보다 짧아 프로세스 문맥 교환이 일어난 후에도 기다리게 되어 유휴시간이 발생함
② 유휴시간 문제는 프로세스 중단(일시정지) 상태를 이용하여 해결할 수 있음
③ 중단 원인을 제거하여 다시 실행하는 것을 재시작이라고 함

10 프로세스의 상태와 관련 작업

상태	설명	작업
생성 상태	프로그램을 메모리에 가져와 실행 준비가 완료된 상태	메모리 할당, PCB 생성
준비 상태	실행을 기다리는 모든 프로세스가 자기 차례를 기다리는 상태. 실행될 프로세스를 CPU 스케줄러가 선택	dispatch(PID) : 준비 → 실행
실행 상태	선택된 프로세스가 타임 슬라이스를 얻어 CPU를 사용하는 상태. 프로세스 사이의 문맥 교환이 발생	timeout(PID) : 실행 → 준비 exit(PID) : 실행 → 완료 block(PID) : 실행 → 대기

대기 상태	실행 상태에 있는 프로세스가 입·출력을 요청하면 입·출력이 완료될 때까지 기다리는 상태. 입·출력이 완료되면 준비 상태로 감	wakeup(PID) : 대기 → 준비
완료 상태	프로세스가 종료가 된 상태. 사용하던 모든 데이터가 정리되고, 정상 종료인 exit와 비정상 종료인 abort를 포함	메모리 삭제, PCB 삭제

11 프로세스의 우선순위 변경

프로세스 제어 블록의 우선순위 값을 변경할 수 있고, 프로세스 스케줄러는 준비 리스트의 우선순위를 이용하여 프로세스를 처리함

12 스레드의 개념

① 프로세스는 두 가지 특징인 자원과 제어로 구분할 수 있으며, 제어만 분리한 실행 단위를 스레드(thread)라고 함
② 프로그램 카운터(PC)와 스택 포인터(SP) 등을 비롯한 스레드 실행 환경 정보(문맥 정보), 지역 데이터, 스택을 독립적으로 가지면서 코드, 전역 데이터, 힙을 다른 스레드와 공유함

13 단일 스레드와 다중 스레드

① 스레드가 한 개인 단일 스레드와 스레드가 여러 개인 다중 스레드로 구분함
② 다중 스레드는 프로그램 하나를 여러 실행 단위로 쪼개어 실행하는 측면에서 다중 처리(멀티 프로세싱)와 의미가 비슷하지만 프로세스의 스레드는 자원을 공유하므로 자원 생성과 관리의 중복성을 최소화하여 실행 능력을 향상시킬 수 있음

14 스레드 사용 방법

① 스레드를 사용자 수준에서 적용할 수 있고, 프로그램의 비동기적 요소를 구현하는데 사용할 수도 있음
② 실행 중인 스레드를 대기 상태로 바꾸고 제어를 다른 스레드로 옮기는 상태 변화를 이용하여 많은 요청을 효과적으로 처리할 수도 있음
③ 데이터베이스 시스템에서도 스레드를 활용할 수 있음

15 스레드의 구현

① 사용자 수준 스레드는 스레드 라이브러리를 이용하여 작동하고, 사용자 영역에 있는 스레드 여러 개가 커널 영역의 스레드 한 개에 다대일(N : 1)로 매핑됨
② 커널 수준 스레드는 커널(운영체제)에서 지원하고, 사용자 영역 스레드별로 커널 영역 스레드가 일대일(1 : 1)로 매핑됨
③ 이 둘을 혼합한 형태가 혼합형 스레드로 사용자 영역에서 스레드를 생성하고, 다수의 사용자 수준 스레드에 다수의 커널 스레드가 다대다(N : M)로 매핑됨

16 멀티스레드의 장점

① **응답성 향상** : 한 스레드가 입·출력으로 인해 작업이 진행되지 않더라도 다른 스레드가 작업을 계속하여 사용자의 작업 요구에 빨리 응답할 수 있음
② **자원 공유** : 한 프로세스 내에서 독립적인 스레드를 생성하면 프로세스가 가진 자원을 모든 스레드가 공유하게 되어 작업을 원활하게 진행할 수 있음
③ **효율성 향상** : 불필요한 자원의 중복을 막음으로써 시스템의 효율이 향상됨
④ **다중 CPU 지원** : 2개 이상의 CPU를 가진 컴퓨터에서 멀티 스레드를 사용하면 다중 CPU가 멀티 스레드를 동시에 처리하여 CPU 사용량이 증가하고 프로세스의 처리 시간이 단축됨

17 CPU 스케줄링

CPU 스케줄러는 프로세스가 생성된 후 종료될 때까지 모든 상태 변화를 조정하는 일을 하며, CPU 스케줄링은 CPU 스케줄러가 하는 모든 작업을 가리킴

18 스케줄링의 개념

스케줄링은 여러 프로세스가 번갈아 사용하는 자원을 어떤 시점에 어떤 프로세스에 할당할지 결정하는 것으로, 프로세스의 이용률을 높일 수 있고, 프로세서 처리율(주어진 시간에만 처리하는 작업량)이 증가하는 장점이 있음

19 스케줄링의 목적

① **공평성** : 모든 프로세스가 자원을 공평하게 배정받아야 하며, 자원 배정에서 특정 프로세스가 배제되어서는 안 됨
② **효율성** : 시스템 자원이 유휴 시간 없이 사용되도록 스케줄링을 하고, 유휴 자원을 사용하려는 프로세스에는 우선권을 주어야 함
③ **안정성** : 우선순위를 사용하여 중요 프로세스가 먼저 작동하도록 배정함으로써 시스템 자원을 점유하거나 파괴하려는 프로세스로부터 자원을 보호해야 함
④ **확장성** : 프로세스가 증가해도 시스템이 안정적으로 작동하도록 조치해야 하며, 또한 시스템 자원이 늘어나는 경우 이 혜택이 시스템에 반영되게 해야 함
⑤ **반응 시간 보장** : 응답이 없는 경우 사용자는 시스템이 멈춘 것으로 가정하기 때문에 시스템은 적절한 시간 안에 프로세스의 요구에 반응해야 함
⑥ **무한 연기 방지** : 특정 프로세스의 작업이 무한히 연기되어서는 안 됨

20 스케줄러의 종류

스케줄러에는 장기 스케줄러(작업 스케줄러)와 단기 스케줄러(프로세스 스케줄러)가 있는데, 시분할 방법이나 가상 메모리 체제는 중기 스케줄러를 사용함

① **장기 스케줄러**: 실행할 작업을 준비 큐(입력 큐)에서 꺼내 메모리에 적재함
② **단기 스케줄러**: 메모리의 준비 상태에 있는 프로세스 중에서 실행할 프로세스를 선택하고 프로세서를 할당함
③ **중기 스케줄러**: 프로세스들이 프로세서를 서로 차지하려고 할 때 프로세스를 별도의 기억장소에서 빼낼 수 있어 다중 프로그래밍의 정도를 줄일 수 있는데, 이를 스와핑(교체) 방법이라고 함

21 선점형 스케줄링과 비선점형 스케줄링

한 프로세스가 자원(예 프로세서)을 선택했을 때 다른 프로세스가 해당 자원을 빼앗을 수 없다면 비선점형 스케줄링이고, 이와 반대로 현재 실행 중인 프로세스를 인터럽트할 수 있거나 준비 상태로 이동할 수 있다면 선점형 스케줄링임

구분	선점형	비선점형
작업 방식	실행 상태에 있는 작업을 중단시키고 새로운 작업을 실행할 수 있음	실행 상태에 있는 작업이 완료될 때까지 다른 작업이 불가능함
장점	프로세스가 CPU를 독점할 수 없어 대화형이나 시분할 시스템에 적합함	CPU 스케줄러의 작업량이 적고 문맥 교환의 오버헤드가 적음
단점	문맥 교환의 오버헤드가 많음	기다리는 프로세스가 많아 처리율이 떨어짐
사용	시분할 방식의 스케줄러에 사용됨	일괄 작업 방식 스케줄러에 사용됨
중요도	높음	낮음

22 스케줄링 알고리즘의 선택 기준

스케줄링 알고리즘을 선택할 때는 프로세서 사용률과 처리율을 최대화하고, 반환시간, 대기시간, 응답시간을 최소화하는 것이 바람직함

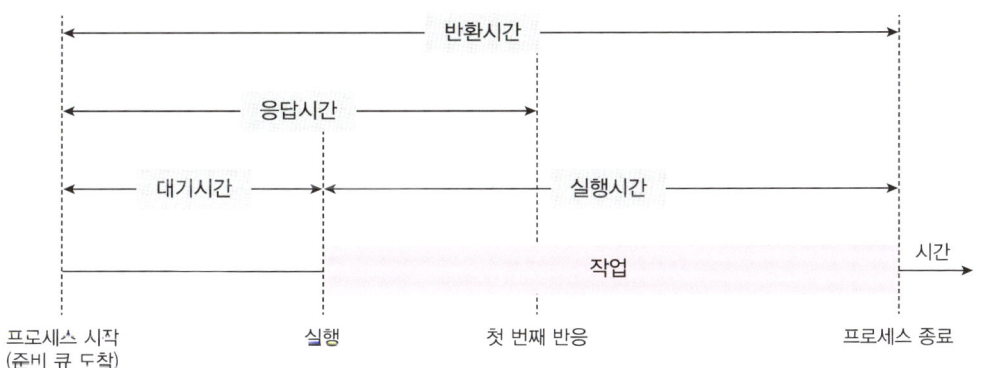

[대기시간, 응답시간, 실행시간, 반환시간의 관계]

23 스케줄링 알고리즘

구분	종류
비선점형 알고리즘	FCFS 스케줄링, SJF 스케줄링, HRN 스케줄링
선점형 알고리즘	라운드 로빈 스케줄링, SRT 스케줄링, 다단계 큐 스케줄링, 다단계 피드백 큐 스케줄링
둘 다 가능	우선순위 스케줄링

스케줄링	내용
FCFS	준비 큐에 도착한 순서대로 CPU를 할당하는 비선점형 스케줄링 방식
SJF	준비 큐에 있는 프로세스 중에서 실행 시간이 가장 짧은 작업부터 CPU를 할당하는 비선점형 스케줄링 방식
HRN	CPU를 할당받기 위해서 기다린 시간과 CPU 사용 시간을 고려하여 스케줄링을 하는 비선점형 스케줄링 방식
라운드 로빈	한 프로세스가 할당 받은 시간(타임 슬라이스) 동안 작업을 하다가 작업을 완료하지 못하면 준비 큐의 맨 뒤로 가서 자기 차례를 기다리는 선점형 방식
SRT	기본적으로 라운드 로빈 스케줄링을 사용하지만, CPU를 할당받을 프로세스를 선택할 때 남아있는 작업 시간이 가장 적은 프로세스를 선택하는 선점형 방식
우선순위	프로세스는 중요도에 따라 우선순위를 갖는데, 이러한 우선순위를 반영하여 CPU를 할당하는 방식으로, 선점형과 비선점형으로 구현 가능
다단계 큐	우선순위에 따라 준비 큐를 여러 개 사용하는 비선점형 방식으로, 프로세스는 운영체제로부터 부여받은 우선순위에 따라 해당 우선순위의 큐에 삽입되어 실행됨
다단계 피드백 큐	다단계 큐 스케줄링과 기본적인 형태가 같지만, CPU를 사용하고 난 프로세스가 원래의 큐로 되돌아가지 않고 우선순위가 하나 낮은 큐의 끝으로 들어감

제7장 병행 프로세스

1 병행 프로세스

① 프로세서 하나가 여러 프로세스를 동시에 실행하는 것처럼 보이는 것을 병행 프로세스라고 함
② 병행 프로세스는 단일 처리 시스템에서 서로 독립적으로 작업을 수행하는 독립 프로세스, 다른 프로세스와 협력하면서 특정 기능을 수행하는 비동기적 병행 프로세스인 협력 프로세스로 구분함

2 병행 프로세스의 해결 과제

① 시스템의 신뢰도를 높이고 처리 속도를 개선하여 처리 능력을 향상시키려면 공유 자원을 상호 배타적으로 사용해야 함
② 어떤 프로세스가 작업을 실행 중일 때 나머지 프로세스는 그 작업에 관련된 작업을 수행할 수 없도록 상호배제와 동기화를 해야 함

③ 프로세스는 동시에 수행하는 다른 프로세스의 실행 속도와 관계없이 항상 일정한 실행 결과를 보장하도록 결정성을 확보해야 함
④ 특히 교착 상태를 해결하고 병행 프로세스들의 병렬 처리 능력을 극대화해야 함

3 선행 그래프와 병행 프로그램

① 선행 그래프는 선행 제약을 논리적으로 표현한 것으로, 순차적 활동을 표현하는 방향성 비순환 그래프임
② 선행 그래프는 연산의 선행 제약을 정의하는 데 유용하지만 2차원이라면 프로그램에 사용하기가 어려워 fork과 join 구조, 병행 문장(parbegin/parend)이 제시되었음

　㉠ 간단한 산술 연산의 알고리즘과 선행 그래프

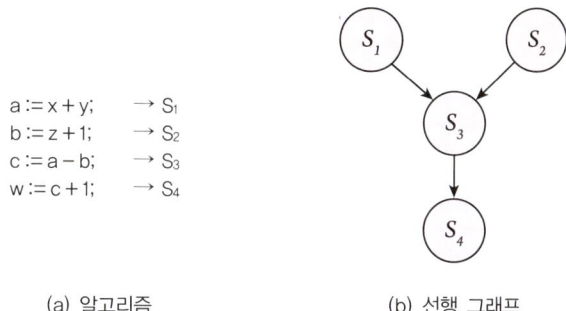

(a) 알고리즘　　　　　　(b) 선행 그래프

　㉡ 비순환 선행 그래프와 순환 선행 그래프

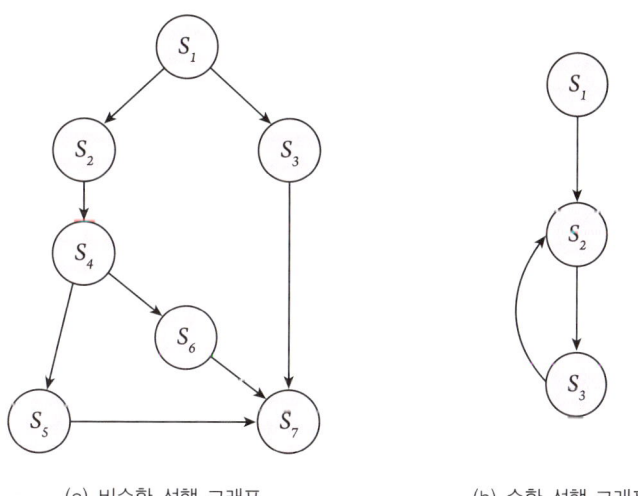

(a) 비순환 선행 그래프　　　　(b) 순환 선행 그래프

© fork 구조의 알고리즘과 선행 그래프

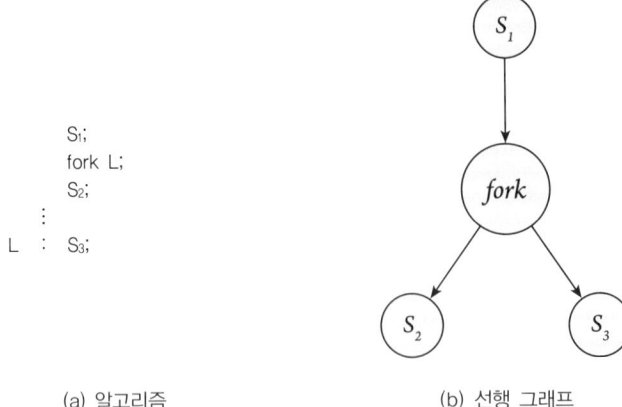

```
        S₁;
        fork L;
        S₂;
         ⋮
   L  :  S₃;
```

(a) 알고리즘   (b) 선행 그래프

② join 구조의 알고리즘과 선행 그래프

```
    ...
    count := count - 1;
    if count = 0 then quit;
```

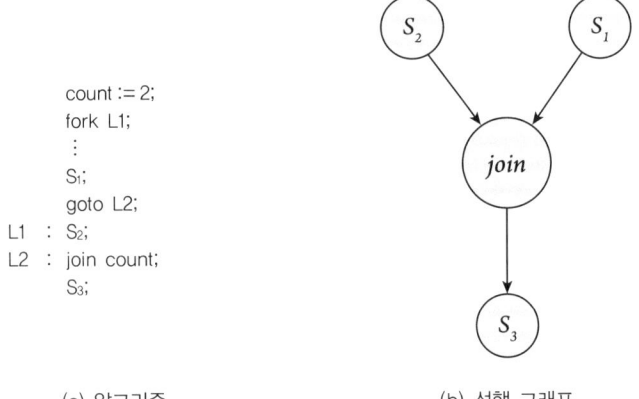

```
         count := 2;
         fork L1;
          ⋮
         S₁;
         goto L2;
   L1 :  S₂;
   L2 :  join count;
         S₃;
```

(a) 알고리즘   (b) 선행 그래프

ⓓ 산술 연산에서 fork와 join 구조의 알고리즘과 선행 그래프

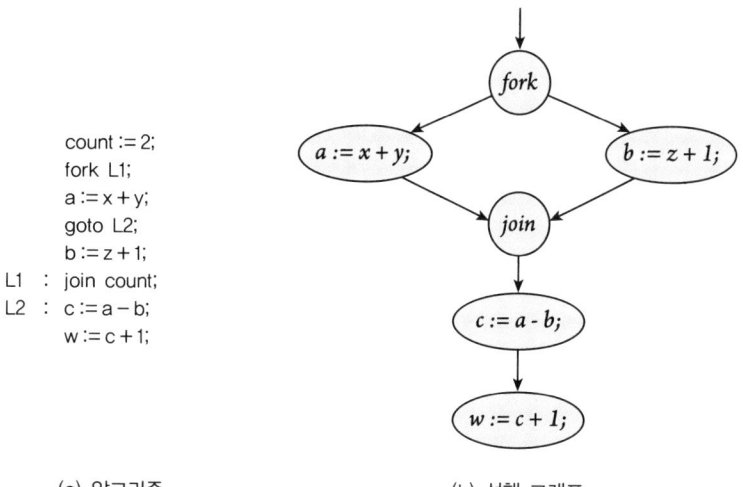

```
        count := 2;
        fork L1;
        a := x + y;
        goto L2;
        b := z + 1;
L1  :   join count;
L2  :   c := a – b;
        w := c + 1;
```

(a) 알고리즘   (b) 선행 그래프

ⓔ 일반 구조의 병행 문장과 선행 그래프

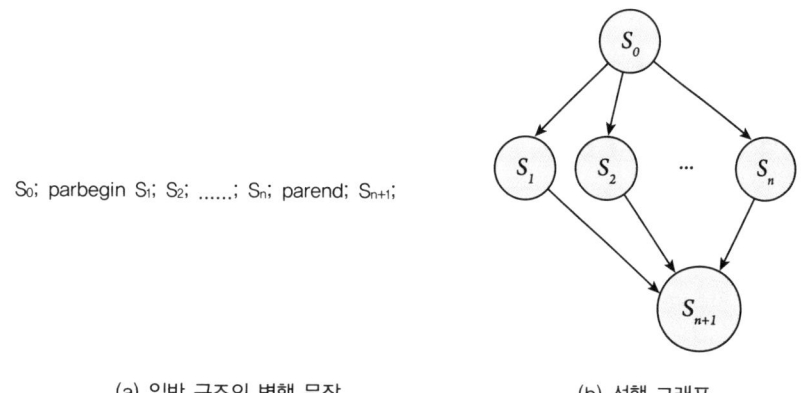

S₀; parbegin S₁; S₂; ……; Sₙ; parend; Sₙ₊₁;

(a) 일반 구조의 병행 문장   (b) 선행 그래프

⊗ 복잡한 구조의 병행 문장과 선행 그래프

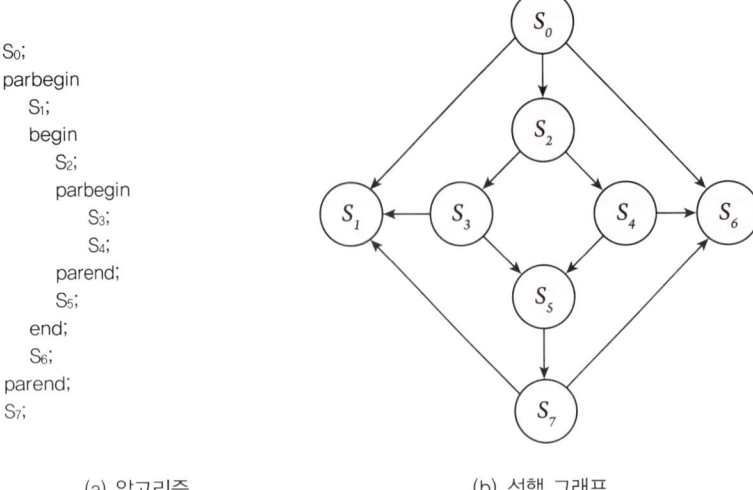

```
S₀;
parbegin
    S₁;
    begin
        S₂;
        parbegin
            S₃;
            S₄;
        parend;
        S₅;
    end;
    S₆;
parend;
S₇;
```

(a) 알고리즘　　　　　(b) 선행 그래프

4　프로세스 간 통신의 개념

프로세스가 다른 프로세스와 데이터를 주고받는 것을 말하며 프로세스 내부 데이터 통신, 프로세스 간 데이터 통신, 네트워크를 이용한 데이터 통신이 있음

5　프로세스 간 통신의 분류

분류 방식	종류	예
통신 방향에 따른 분류	양방향 통신	일반적 통신, 소켓
	반양방향 통신	무전기
	단방향 통신	전역 변수, 파일, 파이프
통신 구현 방식에 따른 분류	대기가 있는 통신(동기화 통신)	파이프, 소켓
	대기가 없는 통신(비동기화 통신)	전역 변수, 파일

6　네트워크의 구성

네트워크는 몇 개의 독립적인 시스템이 적절한 영역 내에서 빠른 속도의 통신 채널을 이용하여 상호 통신할 수 있도록 지원하는 데이터 통신 시스템임

① **강결합 시스템** : 프로세서들이 메모리를 공유하는 다중 처리 시스템
② **약결합 시스템** : 둘 이상의 독립된 시스템이 통신선으로 연결되며, 시스템은 자신만의 운영체제, 메모리, 프로세서, 입·출력장치 등으로 독립적으로 운영됨

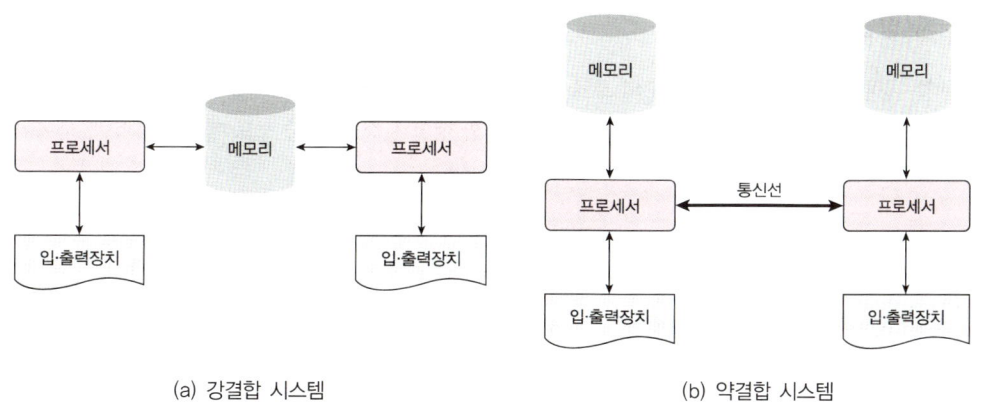

(a) 강결합 시스템　　　　　　　　(b) 약결합 시스템

7 네트워크 구조

구분	내용
망(mesh) 구조	• 각 노드를 시스템(네트워크) 내의 다른 모든 노드와 직접 연결하는 완전 연결 구조 • 네트워크의 각 노드는 하나 이상의 노드에 연결되나 서로 각각 모두 연결된 노드 없이 부분적으로 연결된 부분 연결 구조로 나뉨
트리(tree) 구조	• 트리 또는 계층 구조라고 함 • 회사의 컴퓨터 네트워크에 사용되는 구조로 네트워크의 각 노드가 트리로 구성되어 있음
성(star) 구조	모든 노드가 중앙 노드에 직접 연결되고, 중앙 노드 외의 다른 모든 노드는 서로 연결되어 있지 않음
링(ring) 구조	각 노드가 정확히 2개의 다른 노드와 연결됨
버스(bus) 구조	연결 버스(중앙의 통신회선) 하나에 모든 노드가 연결됨

8 분산 시스템

분산 시스템은 저렴한 노드 여러 개를 하나의 운영체제가 제어할 수 있도록 구현한 시스템임

① **분산 시스템의 구축 목적**: 자원 공유 용이, 연산 속도 향상, 신뢰성 향상, 통신 기능
② **분산 시스템의 투명성**
　㉠ 투명성은 상호 연결된 컴퓨터를 사용자가 하나의 컴퓨터 시스템으로 인식할 수 있도록 분산을 감추어 사용자가 이에 대한 정보를 몰라도 작업을 수행할 수 있도록 지원한 개념임
　㉡ 종류: 액세스(access) 투명성, 위치(location) 투명성, 고장(failure) 투명성, 중복(replication) 투명성, 이동(migration) 투명성, 영속(permanence) 투명성, 자원(resource) 투명성, 트랜잭션(transaction) 투명성, 재배치(reassignment) 투명성, 규모(scale) 투명성, 병행(concurrency) 투명성

9 다중(병렬) 처리

다중 처리는 병렬 처리라고도 하며 다수의 프로세서를 동시에 수행함으로써 시스템 성능을 향상키는 방법으로, 연결하는 방법에 따라 공동 버스 시스템, 크로스바 교환 행렬 시스템, 다중 포트 메모리 시스템, 하이퍼큐브 시스템으로 구분할 수 있음

10 다중 처리 시스템의 운영체제

① **주종 운영체제** : 하나의 프로세서를 주(M)로 지정해 운영체제를 실행하고 나머지 프로세서는 사용자 수준으로 프로그램을 실행할 수 있는 종(S)으로 지정함
② **분리 실행** : 각 프로세서가 서로 다른 운영체제를 가지며 각 프로세서에 발생하는 인터럽트는 해당 프로세서에서 해결하는 구성 방법
③ **대칭** : 모든 프로세서가 동등한 입장에 있으며, 운영체제는 모든 프로세서와 입·출력장치, 기억장치를 사용할 수 있도록 관리함

11 공유 자원

여러 프로세스가 공동으로 이용하는 변수, 메모리, 파일 등을 말하며, 공유 자원은 공동으로 이용되기 때문에 누가 언제 데이터를 읽거나 쓰느냐에 따라 그 결과가 달라질 수 있음

12 상호배제와 동기화

병행 프로세스에서 프로세스 하나가 공유 자원을 사용할 때 다른 프로세스가 해당 데이터에 접근할 수 없게 하는 것을 상호배제(mutual exclusion)라고 하며, 공유 자원을 동시에 사용하지 못하게 실행을 제어하는 방법을 동기화라고 함

13 임계 영역

① 임계 영역(critical section)은 여러 프로세스가 접근 가능하지만 어느 순간에는 프로세스 하나만 사용할 수 있는 영역으로, 상호배제를 간편하게 구현할 수 있음
② 해결방법은 상호배제, 진행의 융통성, 한정 대기 조건을 만족하면 됨

14 생산자-소비자 문제 및 프로세스 관계

① 생산자-소비자 문제는 운영체제에서 비동기적으로 수행하는 모델로, 생산자 프로세스가 생산하는 정보를 소비자 프로세스가 소비하는 형태임
② 생산자와 소비자가 불필요하게 공회전하지 않도록 생산자와 소비자를 동기화해야 함

15 상호배제 방법

수준	방법	종류
고급	소프트웨어로 해결	데커의 알고리즘, 크누스의 알고리즘, 램포드의 베이커리(빵집) 알고리즘, 핸슨의 알고리즘, 다익스트라의 알고리즘
고급	소프트웨어가 제공 : 프로그래밍 언어와 운영체제 수준에서 제공	세마포어, 모니터
저급	하드웨어로 해결 : 저급 수준	TestAndSet(TAS)

① **데커의 알고리즘**
  병행 프로그래밍의 상호배제 문제를 풀 수 있는 첫 번째 해결책으로, 두 프로세스가 서로 통신하려고 공유 메모리를 사용하여 충돌 없이 단일 자원을 공유할 수 있도록 허용함

② **TestAndSet(TAS) 명령어**
  소프트웨어적인 해결책은 더 복잡하고, 프로세스가 2개 이상일 때는 더 많이 대기할 수 있는데, 이때 기계를 비교하거나 단어 내용을 검사·수정하는 특별한 하드웨어 명령어(TAS)를 사용하여 간단한 방법으로 임계 영역 문제를 해결할 수 있음

③ **세마포어**
  ㉠ 임계 영역 해결 알고리즘은 바쁜 대기로 프로세스를 낭비한다는 단점이 있음
  ㉡ 다익스트라는 1965년 진입 조건을 반복 조사하지 않고 true일 때 프로세스 상태를 확인하는 새로운 동기화 도구인 세마포어를 제안하여 이 문제를 해결했음
  ㉢ 세마포어는 상호배제에 사용할 뿐만 아니라 다양한 연산의 순서도 제공함

④ **모니터**
  ㉠ 세마포어를 잘못 사용하면 여러 가지 오류가 쉽게 발생하여 프로그램을 작성하기가 어려우므로, 이런 단점을 극복하기 위해 모니터가 등장함
  ㉡ 핸슨이 제안하고 호(Hoare)가 수정한 공유 자원과 이것의 임계 영역을 관리하는 소프트웨어 구성체, 즉, 병행 프로그래밍 구조임

제8장 교착상태

1 교착상태의 개념과 발생 조건

① 다중 프로그래밍 시스템에서는 프로세스가 결코 일어나지 않을 사건을 기다리는 상태가 되면, 이를 교착상태(deadlock)라고 함
② 교착상태는 상호배제, 점유와 대기, 비선점 조건, 순환 대기를 만족할 때 발생함

2 자원 할당 그래프

프로세스가 어떤 자원을 사용 중이고 어떤 자원을 기다리고 있는지를 방향성이 있는 그래프로 표현한 것으로, 자원 할당 그래프를 사용하면 자원의 할당과 대기 상태를 한눈에 파악할 수 있음

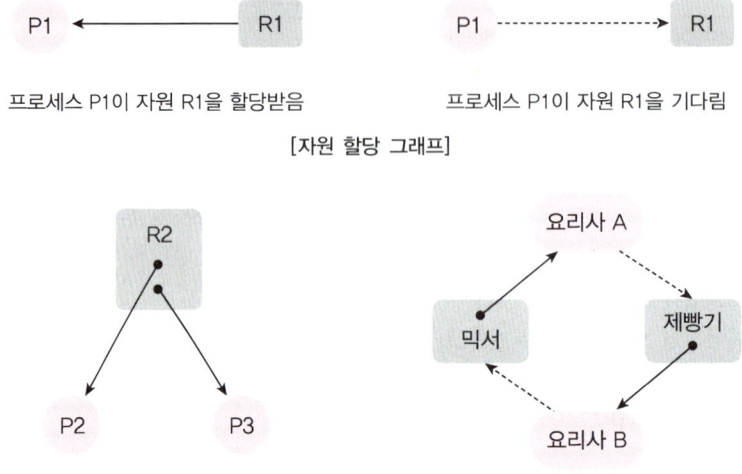

[자원 할당 그래프]

(a) 2개의 프로세스를 수용할 수 있는 자원   (b) 요리사 문제의 자원 할당 그래프

[다중 자원 할당 그래프]

3 교착상태 필요조건

구분	내용
상호배제	한 프로세스가 사용하는 자원은 다른 프로세스와 공유할 수 없는 배타적인 자원이어야 함
비선점	한 프로세스가 사용 중인 자원은 다른 프로세스가 빼앗을 수 없는 비선점 자원이어야 함
점유와 대기	프로세스가 어떤 자원을 할당받은 상태에서 다른 자원을 기다리는 상태여야 함
원형 대기	점유와 대기를 하는 프로세스 간에 관계가 원을 이루어야 함

4 식사하는 철학자 문제

철학자 4명이 둥그런 식탁에 둘러앉아 식사를 하는데, 왼쪽에 있는 포크를 잡은 뒤 오른쪽에 있는 포크를 잡아야만 식사가 가능하다는 조건이 있는 문제로, 식사하는 철학자 문제는 교착상태를 설명하기 위한 예로 오랫동안 사용되었음

5 교착상태의 해결 방법

해결방법	특징
교착상태 예방	교착상태를 유발하는 네 가지 조건을 무력화함
교착상태 회피	교착상태가 발생하지 않는 수준으로 자원을 할당함
교착상태 검출	자원 할당 그래프를 사용하여 교착상태를 발견함
교착상태 회복	교착상태를 검출한 후 해결함

(1) 교착상태가 발생하지 않도록 예방(prevention)하는 방법

① 자원의 상호배제 조건 방지 : 자원을 비공유함
② 점유와 대기 조건 방지 : 프로세스가 작업을 수행하기 전에 필요한 자원을 모두 요청하고 획득함
③ 비선점 조건 방지 : 프로세스가 일부 자원을 점유하고 있으면서 다른 자원을 요청했을 때 즉시 할당할 수 없으면 프로세스가 현재 점유한 모든 자원을 해제한 후 대기함
④ 순환(환형) 대기 조건 방지 : 모든 자원에 일련의 순서를 부여하고 각 프로세스가 오름차순으로만 자원을 요청할 수 있게 함

(2) 교착상태의 발생 가능성을 배제하지 않고 이를 적절히 회피(avoidance)하는 방법

교착상태가 발생할 가능성을 인정하고(세 가지 필요조건 허용) 교착상태가 발생하려고 할 때 회피하는 방법은 다음 두 가지로 설명할 수 있음
① 프로세스의 시작 중단 : 프로세스의 요구가 교착상태를 발생시킬 수 있다면 프로세스 시작을 중단함
② 자원 할당 거부 : 프로세스가 요청한 자원을 할당했을 때 교착상태가 발생할 수 있다면 요청한 자원을 할당하지 않음(은행원 알고리즘)

(3) 교착상태를 탐지(detection)하여 다시 회복(recovery)하는 방법

① 시스템이 교착상태 예방 알고리즘이나 교착상태 회피 알고리즘을 사용하지 않는다면 교착상태가 발생할 수 있음
② 발생한 교착상태에서 회복하려면 먼저 교착상태 탐지(검사) 알고리즘이 필요함
③ 교착상태에서 회복하는 한 가지 방법은 순환 대기를 탈피하는 것인데, 단순하게 프로세스를 한 개 이상 중단하는 방법과 교착상태의 프로세스들에서 자원을 선점하는 방법으로 다시 구분할 수 있음

6 은행원 알고리즘

교착상태 회피를 구현하는 방법으로, 자원의 총수와 현재 할당된 자원의 수를 기준으로 시스템을 안정 상태와 불안정 상태로 나누고 시스템이 안정 상태를 유지하도록 자원을 할당함

7 기아상태

교착상태가 자원을 자유롭게 할당한 자원 부족의 결과라면, 기아상태는 작업이 결코 사용할 수 없는 자원을 계속 기다리는 결과(교착상태)를 예방하려고 자원을 할당할 때 발생(기다림)하는 결과임

제9장 입·출력 시스템과 장치 관리

1 입·출력 시스템

입·출력 시스템은 컴퓨터 시스템의 물리적 입·출력장치와 입·출력 모듈을 포함하는데, 물리적 입·출력장치는 실제 입·출력을 수행하고, 입·출력 모듈은 메모리나 프로세스, 레지스터 등 내부 저장장치와 물리적 입·출력장치 사이의 이진 정보를 제공함

2 입·출력 버스의 구조

현대의 컴퓨터는 CPU와 메모리를 연결하는 메인 버스, CPU와 그래픽카드를 연결하는 그래픽 버스, 고속 입·출력 버스와 저속 입·출력 버스를 사용함

(1) 입·출력 제어기를 사용한 입·출력 버스의 구조

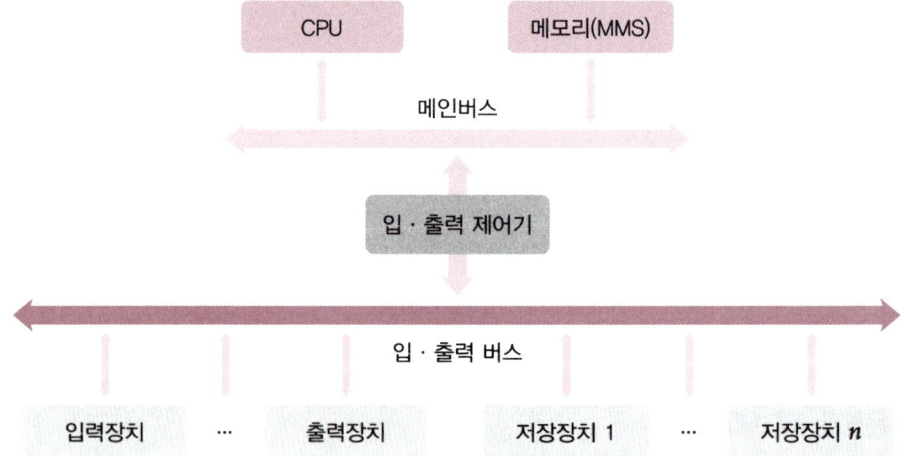

(2) 입·출력 버스의 분리

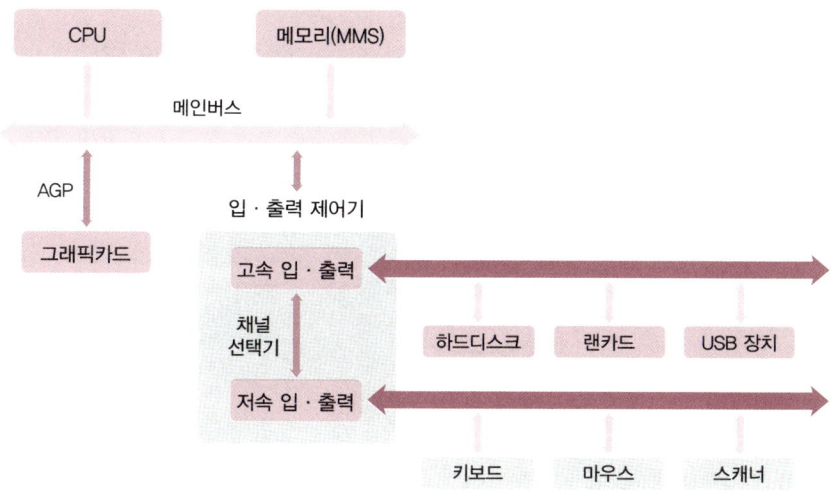

3 직접 메모리 접근

CPU의 도움 없이도 메모리에 접근할 수 있도록 입·출력 제어기에 부여된 권한으로, 입·출력 제어기에는 직접 메모리에 접근하기 위한 DMA 제어기가 마련되어 있음

4 디스크 시스템

디스크 시스템은 디스크 드라이버, 프로세서, 디스크 제어기로 분류할 수 있음

디스크 드라이버	구동 모터, 액세스 암 이동장치, 입·출력 헤드 부분의 기계적인 부분을 담당함
프로세서	원하는 컴퓨터의 논리적인 상호작용, 즉 원하는 데이터의 위치(디스크 주소)와 버퍼, 판독, 기록 등을 관리함
디스크 제어기	디스크 드라이버의 인터페이스 역할을 함

5 디스크 장치의 전송 과정

① **탐색 시간(seek time)** : 헤드가 현재 위치에서 그 트랙까지 이동하는 데 걸리는 시간
② **회전 지연 시간(rotational latency time)** : 원하는 섹터를 만날 때까지 회전하는 데 걸리는 시간
③ **전송 시간(transmission time)** : 헤드는 원하는 섹터에 있는 데이터를 읽어 전송하는 데 걸리는 시간

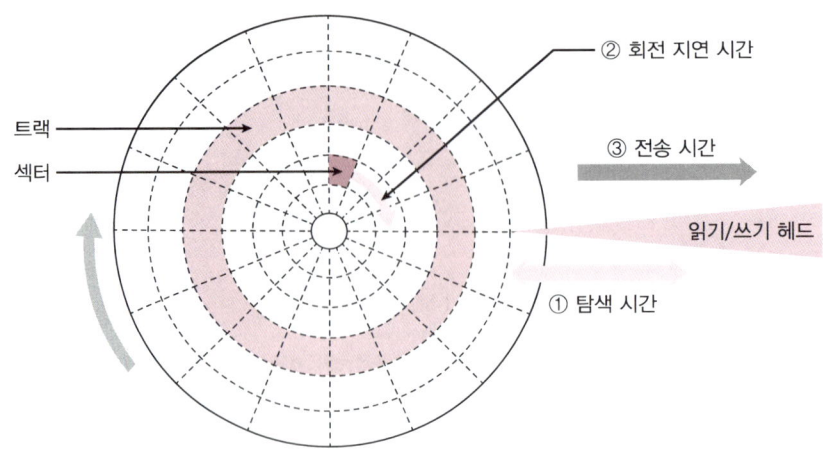

6 디스크 장치의 액세스 시간

① **이동 디스크 데이터 액세스 시간**: 탐색 시간 + 회전 지연 시간 + 전송 시간
② **고정 헤드 디스크 데이터 액세스 시간**: 회전 지연 시간 + 전송 시간 (탐색 시간이 필요 없으므로)

7 디스크 스케줄링의 평가 기준

① **처리량**: 시간당 처리한 서비스 요청 수
② **탐색 시간**: 디스크 헤드(암) 이동 시간
③ **평균 반응 시간**: 요청 후 서비스할 때까지 대기 시간
④ **반응(응답) 시간 변화**: 반응 시간 예측 정도

8 디스크 스케줄링 기법

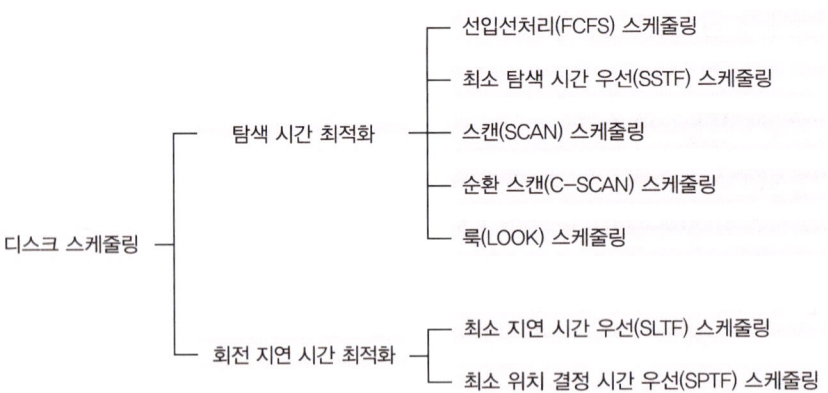

구분	내용
FCFS 스케줄링	• First Come First Service • 가장 단순한 디스크 스케줄링 방식으로, 트랙 요청이 들어온 순서대로 서비스함
SSTF 스케줄링	• Shortest Seek Time First • 현재 헤드가 있는 위치에서 가장 가까운 트랙부터 서비스함 • 만약 다음에 서비스할 두 트랙의 거리가 같다면 먼저 요청받은 트랙을 서비스함
SCAN 스케줄링	• 엘리베이터 스케줄링이라고도 함 • 입·출력 헤드가 디스크의 한쪽 끝에서 다른 끝으로 이동하며, 한쪽 끝에 도달했을 때는 역방향으로 이동하면서 요청한 트랙을 처리함
C-SCAN 스케줄링	스캔 스케줄링처럼 헤드는 한쪽 방향으로 이동하면서 요청을 처리하지만, 한쪽 끝에 다다르면 역방향으로 헤드를 이동하는 것이 아니라 다시 처음부터 요청을 처리함
LOOK 스케줄링	• SCAN 스케줄링의 변형 버전 • 더 이상 서비스할 트랙이 없으면 헤드가 중간에서 방향을 바꿈
C-LOOK 스케줄링	• C-SCAN 스케줄링의 변형 버전 • 헤드가 한쪽 방향으로 움직일 때는 요청받은 트랙을 서비스하지만 반대 방향으로 돌아올 때는 서비스하지 않고 헤드만 이동함
SLTF 스케줄링	• Shortest Latency Time First • 헤드가 고정된 저장장치에서 사용하는 스케줄링 기법으로, 작업 요청이 들어온 섹터의 순서를 디스크가 회전하는 방향에 맞추어 다시 정렬한 후 서비스함
SPTF 스케줄링	• Shortest Positioning Time First • 가장 짧은 위치 결정 시간, 즉 탐색 시간과 회전 지연 시간의 합이 가장 짧은 요청을 다음 서비스 대상으로 선택함 • 에센바흐(Eschenbach Scheme) 방법을 알고리즘으로 사용함

제10장 파일 관리 시스템

1 파일 시스템

① 파일 시스템은 정보를 저장하는 논리적인 관점과 저장장치의 물리적인 특성을 고려하여 논리적 저장 단위인 파일을 정의하고 메모리에 매핑시키는 기능을 제공함
② 즉, 파일 구성, 파일 관리, 보조 메모리 관리, 파일 무결성 보장, 파일 액세스 방법 제공, 장치 독립성 유지, 파일 백업과 복구 등 기능을 제공함

2 파일

파일은 보조저장장치(디스크)에 기록된 이름과 정보의 모음으로, 프로그램과 사용자 데이터를 저장하며, 필드(항목), 블록, 레코드 등으로 세분화할 수 있음

① **속성** : 파일 이름, 파일 식별자, 파일 유형, 저장 위치, 파일 크기, 액세스 제어 데이터, 소유자, 레코드 크기, 시간, 날짜, 사용자 식별 정보

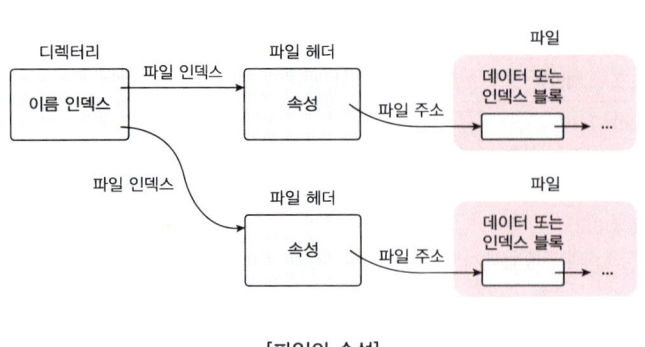

[파일의 속성]　　　　　　　　　　　　[파일 속성의 종류]

② **유형**: 일반(정규) 파일, 디렉터리 파일, 특수 파일
③ **연산**: 파일 생성하기, 파일 열기, 파일 쓰기, 파일 읽기, 파일 재설정하기, 파일 삭제하기, 파일 크기 조절하기, 속성 설정하기, 파일 이름 바꾸기, 파일 닫기

작업	설명	작업	설명
open	파일 열기	copy	파일을 복사
close	파일 닫기	rename	파일의 이름을 변경
create	새로운 파일을 생성	list	파일을 나열
remove	파일을 이동	search	파일을 찾음

3 파일 디스크립터

파일 디스크립터(descriptor)는 파일을 액세스하는 동안 운영체계에 필요한 정보를 모아 놓은 자료구조이며 파일 이름, 크기, ID(번호), 구조, 저장 주소(디스크 내), 공유 기능, 액세스 제어 정보, 생성 날짜(시간), 저장 장치 정보 등을 담고 있음

4 파일 구조

구분	내용
순차 파일 구조	파일 내용이 하나의 긴 줄로 늘어선 형태로 저장되어 있어 순차 접근만 가능한 구조
인덱스 파일 구조	순차 파일 구조에 인덱스 테이블을 추가하여 순차 접근과 직접 접근이 가능한 구조
직접 파일 구조	저장하려는 데이터의 특정 값에 어떤 관계를 정의하여 물리적인 주소로 바로 변환하는 구조

5 디렉터리

(1) 디렉터리는 운영체제가 디스크 등에 저장된 파일을 관리하는 데 사용하는 논리적 저장장치로, 파일 시스템에서 다른 파일의 이름과 위치 정보를 담은 파일임

(2) 장치 디렉터리와 파일 디렉터리로 구분함

(3) 디렉터리 구조에는 1단계 디렉터리, 다단계 디렉터리, 트리 구조 디렉터리, 순환 그래프 디렉터리 등이 있음

① 1단계 디렉터리

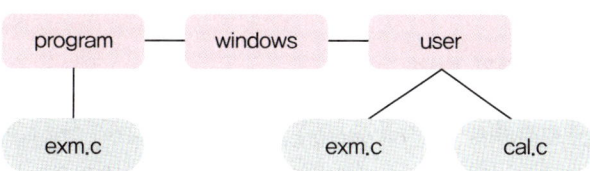

② 다단계 디렉터리 구조

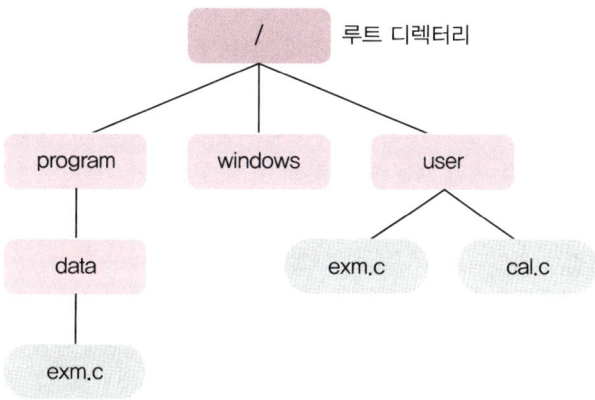

③ 그래프 디렉터리 구조

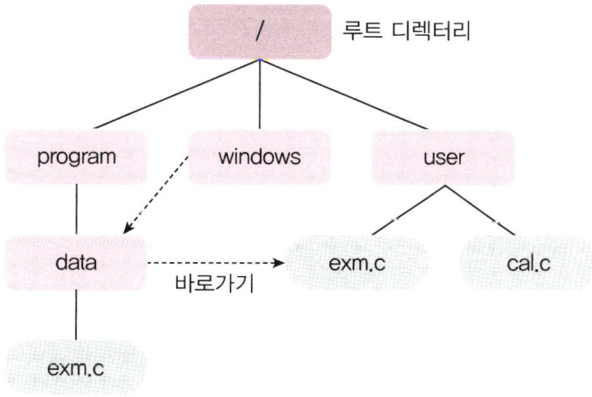

6 파일의 디스크 할당

구분	내용
연속 할당	• 파일을 디스크의 연속적인 주소에 할당하는 방법 • 파일의 직접 액세스와 연결 할당을 이용한 순차 액세스를 지원함 • 작은 파일에 효율적이며, 평균 성능이 아주 좋음
연결 할당	• 각 파일을 디스크 블록의 리스트에 연결하여 할당하는 방법 • 순차 액세스는 매우 쉬우나, 직접 액세스는 i번째 블록을 읽으려고 디스크를 i번 읽어야 할 때도 있음
인덱스 할당	• 포인터를 인덱스 블록이라는 하나의 장소에서 관리하여 할당하는 방법으로, 직접 액세스를 지원함 • 구현하기가 쉽고 외부 단편화가 없으나 인덱스 블록을 보관하려면 메모리가 많이 필요함 • 따라서 인덱스 할당의 성능은 인덱스 구조와 파일의 크기, 원하는 블록의 위치로 좌우됨

7 디스크의 빈 공간 관리 방법

① **비트맵(bitmap) 또는 비트 벡터(bit vector)** : 간편하고 디스크에 연속적인 빈 블록 n개를 찾는 데 효과적이나, 비트 벡터 전체를 메모리에 보관하지 않으면 비효율적이라서 대형 컴퓨터보다는 마이크로컴퓨터 환경에 더 알맞음
② **연결 리스트** : 디스크의 빈 디스크 블록을 첫 번째 빈 블록 내에 다음 빈 디스크 블록의 포인터를 갖도록 연결 리스트로 구현하는데, 빈 공간 리스트를 탐색할 때 각 블록을 모두 읽어야 하기 때문에 비효율적임
③ **인덱스 블록(그룹핑)** : 빈 블록의 포인터를 인덱스 블록에 보관하고, 이들은 서로 연결되어 있으며, 사용 가능한 블록 주소 여러 개를 쉽게 찾을 수 있음

8 파일 보호 방법

① 파일 명명(file naming)
② 암호(password)
③ 액세스 제어(access control)
④ 액세스 그룹(access group)
⑤ 사용자 권한(user permission) 지정

제11장 UNIX 운영체제

1 UNIX의 탄생

1969년 미국의 통신회사 AT&T 산하의 벨 연구소에서 켄 톰슨과 데니스 리치가 개발함

2 UNIX의 특징

대화형 시스템, 다중 사용자 시스템, 다중 작업용 시스템, 높은 이식성과 확장성 제공, 계층적 트리 파일 시스템, 다양한 부가 기능 제공

3 UNIX의 구성요소

① **커널(kernel)** : 프로세스 관리, 메모리 관리, 파일 시스템 관리, 장치관리 등 컴퓨터의 모든 자원을 초기화하고 제어하는 기능을 수행
② **셸(shell)** : 사용자와 커널 사이의 중간자 역할을 담당하는 특별한 프로그램
③ **유틸리티와 파일 시스템** : 유틸리티는 사용자에게 편의를 제공하려고 준비한 시스템 프로그램이며, 유닉스는 계층적으로 구성된 파일 시스템을 사용하여 시스템 파일과 사용자 파일을 체계적으로 관리함

4 UNIX 프로세스의 종류

① **사용자 프로세스** : 단말기의 사용자와 관련된 프로세스
② **커널 프로세스** : 커널 모드에서 실행하며, 프로세스 0이 해당됨
③ **데몬 프로세스** : 네트워크 제어・관리 등 시스템을 지원하는 프로세스

5 UNIX 프로세스의 상태

① **수행** : 프로세스를 현재 사용자 모드 또는 커널 모드에서 수행 중임
② **준비** : 스케줄러를 선택하면 수행할 수 있는 준비 상태, 즉 실행 대기 상태가 됨
③ **수면(대기)** : 입・출력 완료를 기다리거나 다른 프로세스가 종료하기를 기다리는 상태로, 시스템 자원을 이용할 수 있을 때까지 기다리는 상태처럼 수행할 수 없을 때임

6 UNIX 프로세스의 구조

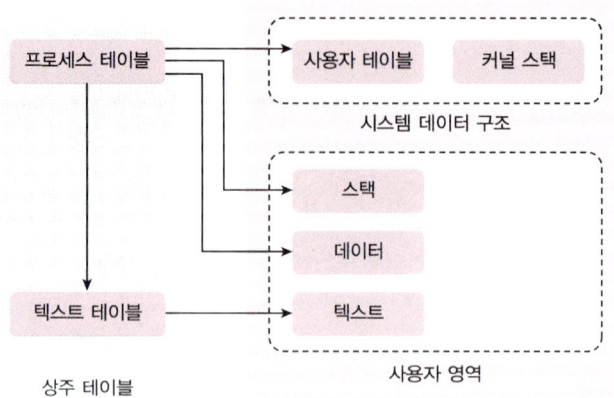

7 UNIX 프로세스의 스케줄링

유닉스 스케줄러는 다단계 피드백이 있는 순환 할당 스케줄러에 속함

8 시스템 호출 인터페이스

① **파일 조작**
  ㉠ 경로명은 디렉터리 구조에서 파일에 도달할 수 있는 경로로, 절대 경로명과 상태 경로명으로 구분할 수 있음
  ㉡ 파일 조작 관련 명령에는 creat, open, close, read, write, cat, rm, cp, mv 등이 있음
② **프로세스 제어**: 프로세스 제어와 관련된 명령에는 fork(프로세스 생성), exit(프로세스 종료), execve(가상 메모리에 새로운 프로그램 대치), wait(부모 프로세스가 자식 프로세스 종료 기다리기) 등이 있음
③ **시그널**: 소프트웨어 인터럽트와 비슷한 예외 조건들을 다루는 기능으로, 운영체제에 쓰이는 제한된 형태의 프로세스 간 통신임

9 UNIX의 메모리 관리

구분	내용
대치	• 메인 메모리와 대치장비 사이에 전체 프로세스를 전송하므로 구현하기가 쉽고 시스템 오버헤드가 적게 들지만, 메모리의 외부 단편화 문제가 심각함 • 대치는 순환 할당 알고리즘을 사용함
페이징	• 메모리의 외부 단편화는 해결할 수 있지만 내부 단편화가 발생함 • 복잡한 하드웨어 구성과 시스템 오버헤드의 증가, 작업 부하가 크면 스래싱 현상을 일으킬 수 있음 • 프로세스 및 디스크 블록 버퍼에 메인 메모리의 페이지 프레임들을 할당하는 가상 메모리 기능을 제공하여 사용자 프로세스와 디스크 입·출력을 위해 효과적으로 메모리를 관리할 수 있음

10 UNIX 파일 시스템

유닉스에는 디렉터리와 파일, 일반 파일, 장치 파일이 있으며, 이 모든 파일은 하나의 트리 구조를 가지고 계층적으로 관리함

디렉터리명	디렉터리 성격 설명
/	UNIX 커널의 실행 파일 및 시스템 관리에 중요한 .login, .profile의 파일이 포함되어 있음
/bin	UNIX의 기본 커맨드 파일들이 위치함
/etc	init, passwd 등 시스템 관리용의 커맨드나 데이터 파일들이 위치함
/lib	커맨드들이 사용하는 기본적인 파일들이 배치됨
/temp	커맨드 실행 중에 필요한 임시 파일들을 위치시키기 위하여 사용되는 디렉터리
/usr	일반적으로 시스템 관리자의 파일들이 배치됨
/usr/bin	워드, 데이터베이스 관리 프로그램들과 개발된 프로그램 등이 포함됨
/usr/home	사용자들의 홈 디렉터리로서 대표적으로 지정하는 것이나 시스템을 설치할 때 다른 곳으로 정해줄 수도 있으며 사용자 계정을 만들 때에 다른 곳으로 만들어 줄 수도 있음
/usr/include	C언어의 header 파일들이 포함됨
/usr/man	UNIX의 매뉴얼이 위치함
/usr/spool	CPU와 주변장치를 중첩하여 수행시키기 위하여 주변장치로 출력되는 데이터 파일들을 임시로 저장하는 스풀용의 디렉터리
/usr/adm	UNIX의 사용자와 프로세스의 작동을 monitor하는 accounting error reports 같은 프로그램들이나 데이터 파일들이 포함됨
/dev	운영체제에서 사용하는 장치들(CD-ROM, 키보드, 모니터, 디스크 등)이 파일 형태로 있음

11 디스크 블록의 구조

① **부트 블록**: 파일 시스템에 유닉스 커널을 적재시키는 프로그램을 포함
② **슈퍼 블록**: 파일 시스템을 관리하는 정보를 저장
③ **i-노드**: 파일 관리에 필요한 정보를 저장
④ **데이터 블록**: 일반 파일이나 디렉터리 파일의 내용이 들어 있음

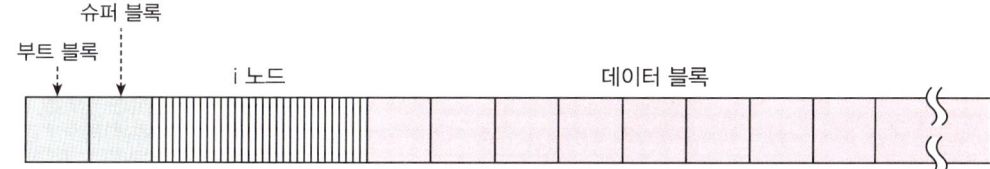

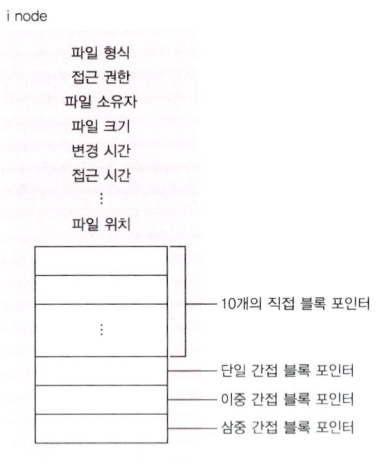

필드	크기	설명
모드(형식)	2	파일 형태, 보호 비트
N링크	2	i-노드에 대한 디렉터리 엔트리 수
사용자 식별자	2	파일의 개별 소유자
그룹 식별자	2	파일의 그룹 소유자
크기	4	파일의 크기(바이트 수)
주소	39	주소 정보(직접 블록 10개, 간접 블록 3개)
생성자	1	생성 번호
액세스 시간	4	파일에 마지막으로 액세스한 시간
수정 시간	4	파일을 마지막으로 수정한 시간
변경 시간	4	i-노드를 수정한 마지막 시간

[i-노드의 구조]   [i-노드에 저장된 정보(크기 단위: Byte)]

12 UNIX의 연속 파일 할당

① 연속 파일 할당으로 발생하는 단편화는 쓰레기 수집(garbage collection)으로 해결할 수 있으나, 시스템의 처리 능력을 떨어뜨리는 결과를 초래함
② 파일에 디스크 블록을 하나씩 할당하여 블록들이 파일 시스템의 여러 곳에 분산되도록 함으로써 융통성을 높일 수 있는데, 이런 할당 방법은 데이터를 찾는 알고리즘을 복잡하게 함

13 UNIX의 디렉터리

유닉스에서 파일과 디렉터리를 구현할 때 차이는 거의 없으며, 디렉터리 내용은 데이터 블록에 있고 일반 파일처럼 i-노드로 표현하는데, i-노드의 형태 필드만 일반 파일과 디렉터리를 구분함

14 기본적인 명령어

명령어	설명
id	사용자의 이름과 번호의 표시 (사용자가 속한 group id와 user id를 표시함)
pwd	사용자의 현재의 디렉터리 표시
tty	사용자 단말기의 장치 파일명 표시
stty	터미널 제어 특성의 표시 및 지정, 현재 컴퓨터 시스템과 연결되어 있는 단말기나 콘솔의 입·출력을 논리적으로 변경
date	시스템의 날짜와 시간의 표시
cal	현재의 달력을 보고자 할 때 사용
who	현재 접속되어 있는 사용자들 표시
whoami	현재 접속해 있는 자신의 id를 표시
finger	시스템 사용자의 개인 정보 표시 (예 #finger root)

15 주로 사용하는 명령어

명령어	설명	예
where	찾고자 하는 파일이나 디렉터리의 위치를 알려줌	# where index.html
ps	프로세스의 상태 표시	
df	디스크의 사용 가능한 공간 표시	# df -u
cp	파일 복사	# cp index.html index_old.html
mv	파일 이동	# mv index.html index_new.html
rm	파일 제거	# rm index.html
rmdir	디렉터리 제거	# rmdir ./images
chdir	디렉터리 변경 (위치 이동)	# chdir /usr/local
cd	디렉터리 변경 (위치 이동)	# cd /usr/local/bin
hostname	현재 접속해 있는 host의 이름을 표시	# hostname
man	해당하는 command의 manual을 참조하고자 할 때, 단 /usr/man에 그 항목이 있어야만 함	# man ls
&	background 처리를 위하여 명령어 뒤에 붙여줌	# test &
alias	특정한 명령어를 자신이 임의로 수정	# alias cx chmod (cx는 chmod를 대신함)
unalias	alias를 해제	# unalias cx
find	디렉터리를 탐색하여 지정 화일의 위치 표시	# find index.html
cat	파일의 내용을 표시, DOS에서의 type명령어와 유사	# cat index.html
more	파일의 내용을 한 면씩 화면에 표시	# cat index.html	more
pg	파일의 내용을 표시	# pg index.html
head	파일의 처음 부분을 표시 (기본값은 10라인)	# head index.html
tail	파일의 마지막 부분을 표시 (기본값은 10라인)	# tail index.html
lp	파일의 내용 인쇄 요청	# lp index.html
chmod	권한 변경	# chmod 755 index.html
chown	소유권 변경	# chown webadm ./htdocs
chgrp	그룹 변경	# chgrp student webadm

제12장 LINUX 운영체제

1 LINUX의 탄생

1991년 핀란드 헬싱키 대학의 리누스 토발즈(Linus Benedict Torvalds)라는 학생에 의해 만들어진 운영체제

2 LINUX의 특징

① 여러 사용자 계정으로 작업할 수 있음
② 여러 작업을 동시에 진행할 수 있음
③ Windows에서는 GUI(Graphic User Interface) 환경에서 작업을 하지만 리눅스는 TUI(Text User Interface) 환경에서 작업할 수 있음
④ Client 용도보다는 Server 용도로 사용함
⑤ UNIX와는 호환이 되지만 Windows와는 호환이 완벽하게 이루어지지 않음
⑥ 다른 운영체제에 비해서 안정적임
⑦ Windows는 고사양을 필요로 하지만 LINUX는 그렇지 않음
⑧ 강력한 네트워크망을 구축할 수 있음
⑨ 확장성, 이식성이 뛰어나지만, 새로 개발된 장치를 바로 사용할 수는 없음
⑩ Windows에서는 레지스트리가 존재하는데, LINUX에서는 문서화 파일로 존재함
⑪ Windows에서는 확장자가 있지만(예 txt.jpg), LINUX에서는 확장자 개념이 없이 파일명을 확장자처럼 사용함
⑫ Windows에서는 대·소문자 구분을 하지 않지만, LINUX에서는 반드시 구분을 해야 함
⑬ 한글 지원이 미흡하여, 별도의 한글 지원 패키지를 설치한 후 사용해야 함
⑭ X window 시스템을 사용하고, GUI 환경과 TUI 환경이 별개로 동작함
⑮ 보안상의 취약점이 쉽게 노출될 수 있으나, 많은 프로그래머들이 연구하고 있으며 보안 문제가 발생한다고 해도 신속하게 해결 가능한 상태임
⑯ 공개 운영체제이기 때문에 문제점이 발생했을 경우에 기술 지원을 받는 데 한계가 있음

3 파일의 종류

리눅스에서는 일반 파일, 디렉터리, 장치 파일, 심볼링 링크 파일 등 여러 종류의 파일이 있음

4 디렉터리 계층 구조

① 디렉터리(directory)는 파일들을 계층화하여 조직하는 데 사용되는 일종의 특수 파일이며, 폴더(folder)라고도 함
② 디렉터리는 그 디렉터리 내에 파일과 서브 디렉터리들을 포함함으로써 계층 구조를 이룸

디렉터리	설명
/	최상위 디렉터리
/bin	• Binaries and other executable programs • ls, cat과 같은 필수 기본 binary 명령 파일이 저장된 디렉터리
/opt	• Optional or third party software • 응용프로그램 패키지 설치 디렉터리
/boot	• Files needed to boot the operating system • 부팅에 필요한 커널 파일 저장 디렉터리
/root	• The home directory for the root account • 루트 유저의 홈 디렉터리
/dev	• Device files • 장치 파일이 담긴 디렉터리
/sbin	• System administration binaries • init, fsck 와 같은 필수 시스템 binary 명령 파일이 저장된 디렉터리
/etc	• Host-specific system-wide configuration files • 호스트별 시스템 설정 파일
/srv	• Contains data which is served by the system • 시스템에서 제공하는 서비스에 대한 데이터
/home	• User's home directories, containing saved files, personal settings, etc. • 유저의 홈 디렉터리
/tmp	• Temporary space, typically cleared on reboot • 일반적으로 재부팅 시 지워지는 임시 파일
/lib	• Libraries essential for the binaries in /bin and /sbin • 시스템 라이브러리
/usr	• User related programs, libraries, and docs. • 사용자 관련 프로그램, 라이브러리 및 문서
/media	• Used to mount removable media like CD-ROMS • 이동식 미디어 디스크를 마운트하는 데 사용
/var	• Variable files • 로그, 임시 전자 메일 파일 등과 같은 가변 파일
/var/log	• Log files • 로그 파일
/mnt	• Used to mount external file systems • 외부 파일 시스템을 마운트하는 데 사용

5 파일 시스템 보기 명령어

df 명령어(리눅스 시스템 내의 파일 시스템의 디스크 사용 정보 확인)

6 표준 리눅스 파일 시스템 구조

부트 블록	슈퍼 블록	i-node	i-node	...	데이터 블록	데이터 블록	...	데이터 블록
		i-리스트			데이터 블록			

7 리눅스 파일 시스템의 종류와 역할

① **Super Block** : 파일 시스템의 전체적인 정보를 가짐
② **i-node** : i-node는 파일에서 파일의 이름을 제외한 모든 정보를 가짐
③ **Data Block** : i-node에 포함되고, i-node는 다수의 데이터 블록을 포함할 수 있고, 파일의 데이터를 저장하기 위해 사용됨
④ **Directory Block** : 파일 이름과 i-node의 번호를 저장하기 위해 사용됨
⑤ **Indirection Block** : 추가적인 데이터 블록을 위한 포인터들이 사용하는 목적으로 할당되는 공간
⑥ **Hole** : i-node나 간접 블록 안의 데이터 블록의 주소로 특별한 값을 지정하며 이는 파일 시스템에 의해 파일 안에 자리 잡게 됨

8 리눅스 파일 시스템의 종류

① **minix** : minix 운영체제에서 사용되던 파일 시스템으로, 가장 오래되고 기본이 되는 파일 시스템
② **umsdos** : MS-DOS 파일 시스템을 리눅스 상에서도 사용할 수 있도록 확장된 파일 시스템
③ **nfs** : 네트워크 파일 시스템(Netwrok File System)으로서, 네트워크상의 많은 컴퓨터가 각각의 시스템에 가진 파일들을 상호 간에 쉽게 공유하려고 제공되는 공유 파일 시스템
④ **ext** : 리눅스 초기에 사용하던 파일 시스템
⑤ **ext4** : 파일 시스템 체크 속도가 현저하게 빨라졌으며 파일 복구가 용이함
⑥ **기타** : xiafs, msdos, Isofs CD-ROM, hpfs OS/2, sysv, ext2, ext3 등

9 파일 상태 정보 확인

① **간단한 상태 정보 확인** : ls -sl 실행
② **자세한 상태 정보 확인** : stat 파일명(또는 디렉터리명)

10 i-노드 내의 파일 상태 정보

파일 상태 정보	설명
파일 크기	파일 크기 (kByte 단위)
파일 종류	파일의 종류
접근 권한	파일에 대한 소유자, 그룹, 기타 사용자의 읽기/쓰기/실행 권한
하드 링크 수	파일에 대한 하드 링크 개수
소유자 및 그룹	파일의 소유자 ID 및 소유자가 속한 그룹
최종 접근 시간	파일에 최후로 접근한 시간
최종 수정 시간	파일을 생성 혹은 최후로 수정한 시간
데이터 블록 주소	실제 데이터가 저장된 데이터의 블록의 주소

11 셸의 기능

① **명령어 해석기 기능**

사용자와 커널 사이에서 명령을 해석하여 전달하는 해석기(interpreter)와 번역기(translator) 기능

② **프로그래밍 기능**

자체 내에 프로그래밍 기능이 있어 반복적으로 수행하는 작업을 하나의 프로그램으로 작성

③ **사용자 환경 설정 기능**

사용자 환경을 설정할 수 있도록 초기화 파일 기능을 제공하고, 초기화 파일에는 명령을 찾아오는 경로를 설정하거나, 파일과 디렉터리를 새로 생성할 때 기본 권한을 설정하거나, 다양한 환경 변수 등을 설정

12 셸의 종류

구분	내용
본 셸 (Bourne shell)	• 유닉스 V7에 처음 등장한 최초의 셸 • 명령 이름은 '/bin/sh'
C 셸 (C shell)	• 본 셸에는 없던 사용자 편의 기능을 포함 • 명령 이름은 '/bin/csh'
콘 셸 (Korn shell)	• 본 셸과의 호환성을 유지하고 히스토리, 에일리어스 기능 등 C 셸의 특징도 모두 제공하면서 처리 속도도 빠름 • 명령 이름은 '/bin/ksh'
배시 셸 (bash shell)	• 본 셸을 기반으로 개발된 셸로, 본 셸과 호환성을 유지하면서 C 셸, 콘 셸의 편리한 기능도 포함 • 리눅스의 기본 셸로 제공되고 있어 리눅스 셸로도 많이 알려졌음 • 명령 이름은 '/bin/bash'

전력을 다해서 시간에 대항하라.

— 톨스토이 —

국가평생교육진흥원 평가영역 완벽 반영!

최적의 도서, 최고의 강의로
학위취득을 위한 가장 빠른 길을 안내합니다.

독학사 시리즈 누적판매 36만 부!
(2010~2024년까지 본사 독학사 시리즈 전체 판매량 기준)

학위취득을 위한 최적의 수험서
시대에듀 독학학위연구소에서 철저히 분석하여 교재에 담았습니다.

검증된 강의력!
과목별 최고 교수진의 합격 전략 강의

학사학위를 취득하기로 결정하셨다면
지금 바로 시대에듀 독학사와 함께하세요!

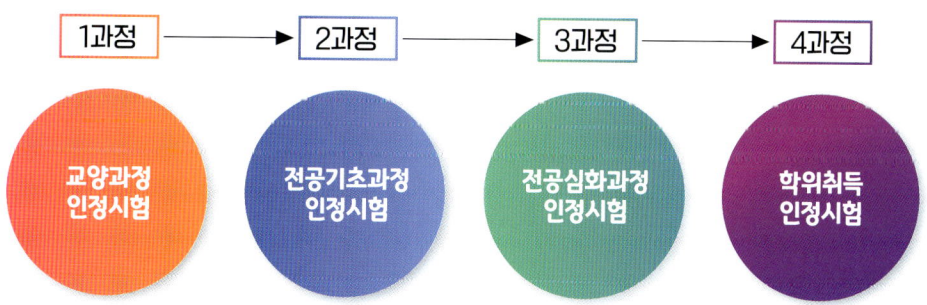

www.sdedu.co.kr

독학사 2단계 컴퓨터공학과
운영체제 핵심요약집

한번에 Pass!

〈YES24〉 '08년 4월(1·3주차), 5월(5주차), 7월(3주차), 9월(3주차), 10월(3-4주차) | '09년 2월(4주차), 3월(1-2주차) | '10년 2월(4주차) | '12년 12월(1주차) | '13년 5월 | '14년 5월 | '15년 4-5월, 11-12월 | '16년 1-2월 | '17년 1-2월, 4-5월 | '18년 1-2월, 4-5월, 11-12월 | '19년 1-5월, 11-12월 | '20년 1-2월, 4-5월, 11-12월 | '21년 1월 | '22년 1월, 10월 | '23년 9-12월 | '24년 1-2월, 9-12월

〈알라딘〉 '08년 11월(4주차) | '09년 3월(3주차) | '10년 10월(5주차) | '11년 9월(2주차), 12월 | '12년 3월(3주차), 4월(2주차) | '13년 2-3월, 12월 | '14년 1월 | '16년 1-2월, 4월, 11-12월 | '17년 1-2월, 4월 | '18년 1-2월 | '19년 1-5월, 9-12월 | '20년 1-5월, 9-12월 | '21년 1월 | '22년 9월 | '23년 2월, 9-12월 | '24년 1-2월, 8-12월

(※ 공개 데이터 기준, 일부 생략)

1과정 교양과정 | 심리학과 | 경영학과 | **컴퓨터공학과** | 국어국문학과 | 영어영문학과 | 간호학과 | 4과정 교양공통

독학사 컴퓨터공학과 2~4과정 교재 시리즈

독학학위제 공식 평가영역을 100% 반영한 이론과 문제로 구성된 완벽한 최신 기본서 라인업!

START

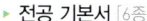

2과정

▶ 전공 기본서 [6종]
- 논리회로
- C프로그래밍
- 자료구조
- 컴퓨터구조
- 운영체제
- 이산수학

▶ 6과목 벼락치기
논리회로 + C프로그래밍 + 자료구조 +
컴퓨터구조 + 운영체제 + 이산수학

3과정

▶ 전공 기본서 [6종]
- 인공지능
- 컴퓨터네트워크
- 임베디드시스템
- 소프트웨어공학
- 프로그래밍언어론
- 정보보호

4과정

▶ 전공 기본서 [4종]
- 알고리즘
- 통합컴퓨터시스템
- 통합프로그래밍
- 데이터베이스

※ 표지 이미지 및 구성은 변경될 수 있습니다.

GOAL!

➕ **독학사 전문컨설턴트가 개인별 맞춤형 학습플랜을 제공해 드립니다.**

시대에듀 홈페이지 **www.sdedu.co.kr**   상담문의 **1600-3600**   평일 9~18시 · 토요일 · 공휴일 휴무

시대에듀 동영상 강의 | www.sdedu.co.kr

나는 이렇게 합격했다

당신의 합격 스토리를 들려주세요
추첨을 통해 선물을 드립니다

베스트 리뷰
갤럭시탭/ 버즈 2

상/하반기 추천 리뷰
상품권 / 스벅커피

인터뷰 참여
백화점 상품권

이벤트 참여방법

합격수기

시대에듀와 함께한 도서 or 강의 선택 ▶ 나만의 합격 노하우 정성껏 작성 ▶ 상반기/하반기 추첨을 통해 선물 증정

인터뷰

시대에듀와 함께한 강의 선택 ▶ 합격증명서 or 자격증 사본 첨부, 간단한 소개 작성 ▶ 인터뷰 완료 후 백화점 상품권 증정

이벤트 참여방법
다음 합격의 주인공은 바로 여러분입니다!

QR코드 스캔하고 ▷▷▷
이벤트 참여하여 푸짐한 경품받자!

합격의 공식

시대에듀